本书由国家科技支撑计划课题“干旱环境下古代壁画保护成套技术集成与应用示范（2014BAK16B01）”资助出版

干旱环境下古代壁画保护成套技术集成与应用示范研究

陈港泉　李燕飞　樊再轩
李　茸　周启友　靳治良　著
董亚波　朱万煜　冯　伟

科 学 出 版 社
北　京

内 容 简 介

古代壁画是我国文化遗产的重要组成部分，其丰富的历史信息和形象资料能够全面体现文化遗产的历史、艺术、科学价值。因其脆弱性和珍贵性，古代壁画保护是当前文物保护中最为困难的课题之一。本书针对三处干旱环境下的文化遗址，依据文物保护的理念和步骤，按照现状调查、环境监测、病害研究、壁画修复材料和工艺筛选研究、壁画修复试验、修复效果评估的程序步骤，在古代壁画起甲、空鼓、酥碱三类典型病害的保护修复基础理论研究，古代壁画修复材料、工艺筛选研究，古代壁画保护修复效果评估方法和相关装置设备研发等方面取得了突破，在全面总结近年来我国干旱环境下古代壁画保护修复研究成果的基础上，形成了壁画保护修复方法体系，推进了我国古代壁画保护研究工作。

本书可供从事古代壁画及其相关文物保护的科研人员、大专院校文物保护专业的师生，以及壁画保护工程设计和施工企业的技术人员阅读、参考。

图书在版编目（CIP）数据

干旱环境下古代壁画保护成套技术集成与应用示范研究 / 陈港泉等著. —北京：科学出版社，2019.12

ISBN 978-7-03-062480-2

Ⅰ. ①干… Ⅱ. ①陈… Ⅲ. ①壁画-文物保护-研究-中国-古代 Ⅳ. ①K879.414

中国版本图书馆CIP数据核字（2019）第218033号

责任编辑：樊 鑫 / 责任校对：邹慧卿
责任印制：肖 兴 / 封面设计：金舵手

科学出版社 出版
北京东黄城根北街16号
邮政编码：100717
http://www.sciencep.com

中国科学院印刷厂 印刷
科学出版社发行 各地新华书店经销

*

2019年12月第 一 版 开本：787×1092 1/16
2019年12月第一次印刷 印张：31 1/4 插页：10
字数：740 000

定价：328.00元

（如有印装质量问题，我社负责调换）

前　言

古代壁画包括石窟寺壁画、古建筑壁画、古墓葬壁画。古代壁画是我国文化遗产中的重要组成部分，我国也是世界上壁画遗存最为丰富的国家之一。古代壁画保存有丰富的历史信息和形象资料，真实地反映了当时社会生产力的发展水平、生活状况、技术水平以及人们的创造能力等，能够全面体现历史、艺术、科学价值。截至目前，在我国 37 项世界文化遗产（含文化景观遗产）中，包含壁画的达 19 处之多。在 4295 处全国重点文物保护单位中，位于干旱半干旱地区的石窟寺（石刻）类全国重点文物保护单位 57 处，古建筑类全国重点文物保护单位 620 处，古墓葬类全国重点文物保护单位 124 处，这些文化遗产绝大多数都保存有壁画。

古代壁画绝大部分保存在我国干旱半干旱地区。由于古代壁画自身物理力学性质和建造工艺特点，加之长时间自然和人为因素的影响，使得绝大多数的古代壁画都有病害发生，有些甚至处于濒危状态，亟待保护。近年来，随着旅游事业的快速发展，古代壁画的保存状况又面临新的潜在威胁。尽管长期以来文物保护工作者采取了许多科学保护措施，但是壁画逐渐劣化的趋势无法逆转。因此，如何长久保存这些珍贵文化遗产所蕴含的历史信息和形象资料是一个严峻的挑战。

我国开展古代壁画保护工作已有几十年的历史，从最初的抢救性保护修复逐渐过渡到预防性保护。多年来，在科学研究的基础上，文物保护工作者开展了众多古代壁画保护工程项目，抢救了一大批处于濒危的珍贵壁画，并逐渐形成了一套成熟的壁画保护工艺和程序，系统而全面地开展了与壁画保护工艺相适合的材料、工具、装置等研发工作，并形成了几项壁画保护方面的国家或行业标准。近年来又通过科研课题总结、研究，取得了一批古代壁画保护方面的成果，在许多重要的壁画保护修复方案、工程中得到了应用。这些成果和壁画保护工程，为开展“古代壁画保护成套技术集成与应用示范研究”奠定了基础。

但是，由于我国古代壁画保护科研起步晚，再加上古代壁画所处地域及其载体的特殊性，同一种壁画病害产生机理各异，对这些壁画病害采用同样的保护修复材料和工艺存在很大的风险。一些壁画病害机理的研究，特别是壁画盐害的研究尚不深入，制约了盐害壁画保护修复材料和工艺的研究；壁画保护修复效果的评价尚不完善，等等。这些问题得不到较好的解决，将严重制约古代壁画保护修复科学化水平的提升。

本研究在国家科技支撑计划课题“干旱环境下古代壁画保护成套技术集成与应用示范（2014BAK16B01）”的支持下，按照《中国文物古迹保护准则》的要求和程序，开展古代壁画典型的三种病害：盐害（酥碱）、起甲、空鼓的保护修复基础理论研究、修复材料和工艺筛选科学化研究、修复效果评估研究。本研究选择敦煌石窟第465窟、甘肃夏河拉卜楞寺、嘉峪关魏晋墓三处干旱环境下不同类型、不同地域的古代壁画进行保护成套技术集成与应用示范。研究内容主要集中在以下几个方面：

（1）开展三处干旱环境下不同类型、不同地域的古代壁画现状调查研究，掌握病害壁画的分布状况，分析壁画制作材料的组成成分，开展石窟寺洞窟环境监测及监测技术方法研究。

（2）针对干旱环境下的古代壁画起甲、酥碱、空鼓等典型病害，按照文物保护的基本原则与理念，结合成熟的壁画保护修复技术，通过模拟实验，研究古代壁画起甲修复材料筛选科学评价方法，集成不同类型起甲壁画的修复工艺；改进脱盐材料性能和脱盐装置，集成酥碱壁画保护修复工艺和装置；在现有空鼓灌浆材料的基础上，针对不同支撑体，改进空鼓灌浆材料使之更具有适用性。

（3）开展固相状态下的壁画地仗可溶盐成盐规律，解释酥碱、疱疹两种盐害壁画的表观现象；开展壁画地仗可溶盐运移规律研究，建立起针对壁画地仗及其附近区域的温度场变化、水汽运移和可溶盐溶解沉淀的数学模型。

（4）针对起甲壁画保护修复、酥碱壁画保护修复、壁画空鼓灌浆加固等，研发加固效果定量或半定量评估方法、程序或技术标准。对目前古代壁画保护修复调查、评估应用到的无损检测仪器设备，开展二次研发或技术应用研究；研发古代壁画表面盐分实时检测装置，用于壁画脱盐效果的评估；开展基于物理、化学、图像观察等多方式组合使用的壁画修复效果评估体系研究，建立基于图像识别技术的壁画微小变化定量分析研究。

在技术集成与应用示范过程中，课题组通过系统总结和凝练近年来我国在干旱环境下古代壁画保护修复方面取得的研究成果，提出了有关壁画起甲、酥碱、空鼓修复从材料、工艺、实施、效果评估等各环节的技术指标和工艺的典型壁画修复成套技术；研发了高灵敏度、小范围三维高密度电阻率成像系统；找到了石窟寺温湿度监测传感器布设最佳方案；首次开展遗址类盐害固相氯化钠、硫酸钠、硝酸钠、氯化钙、硝酸钙盐分迁移规律研究；研发了淀粉接枝四元高吸水树脂并成功将其合成负载于无纺布上；研发了便携式无损盐分检测装置；首次采用基于相机重定位技术结合壁画微变提取与测量系统，实现了壁画修复效果定量评估计算。

通过干旱环境下古代壁画保护成套技术集成与应用示范研究，本研究进一步促进了我国古代壁画保护项目的科学化、规范化发展，带动了自然科学和人文社会学科的深度交叉和融合，为各类型古代壁画保护修复项目提供了有意义的借鉴实例，不但解决了文物保护单位壁画保护面临的问题，保护了珍贵的文化遗产，提高了全民的文化遗产保护意识，而且对于提高遗址展陈利用潜力，更好地服务于当地的文化旅游事业，带动地方经济可持续发展，促进民族团结等方面都具有重要意义。在本研究实施过程中也形成了一支高学历、产学研结合的古代壁画保护科研团队，将高校、科研院所的研究人员带入到文物保护领域，提高了我国古代壁画保护研发的能力和水平。

目　　录

第1章　古代壁画现状调查分析研究

1.1　概　　况

1.1.1　莫高窟第 465 窟

莫高窟位于敦煌市东南约 25km 的鸣沙山东麓，前临宕泉河，东向三危山，全长约 1680m。石窟分为南北两区，存有壁画、塑像的洞窟多集中在南区，是古代僧侣信众礼佛的场所。北区绝大多数洞窟是僧侣修行、居住、生活、瘗埋的场所。1961 年莫高窟被列为全国重点文物保护单位，1987 年被联合国教科文组织批准列入世界文化遗产名录。

莫高窟第 465 窟是元代开凿的一个大中型洞窟，位于莫高窟北区北段上层（图 1-1），洞窟占地面积约 127m^2，现存壁画约 382m^2。洞窟形制为覆斗形顶，中心设圆坛（图 1-2）。该窟壁画内容丰富，壁画人物造型生动传神，画面色彩浓重鲜明，给人一种深奥空灵的震撼之美。据专家考证，它是莫高窟现存唯一的一座典型的元代藏传佛教无上瑜伽密洞窟，画风深受波罗密教文化风格的影响。由于其独特的题材，正好提供了敦煌地区吐蕃、西夏等多民族在此交汇融合、相互影响与交流的一个典型例证，反映出敦煌“丝绸之路”上一段波澜壮阔的历史画卷，具有特殊的学术价值与意义。

由于洞窟经历了 700 余年的时间，受壁画胶结材料老化、自然侵蚀以及人为干扰等因素的影响，该窟各壁都存在严重的壁画颜料层起甲、粉化、脱落、污染、地仗层空鼓、酥碱等病害，特别是颜料层片状起甲病害严重影响壁画的安全性。

图 1-1　莫高窟第 465 窟位置示意图

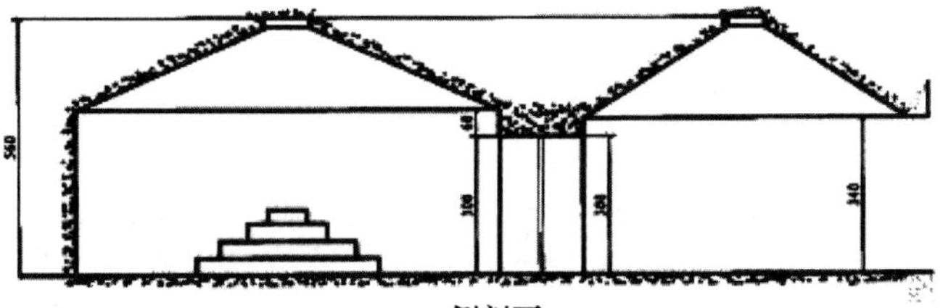

侧剖面

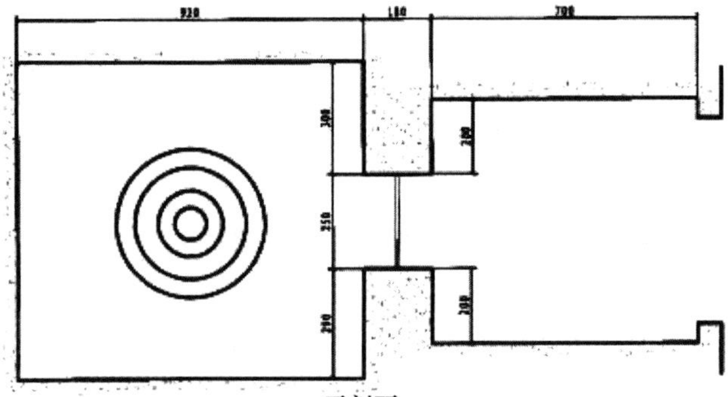

平剖面

图 1-2 莫高窟第 465 窟平、侧剖面图

1.1.2 拉卜楞寺

拉卜楞寺位于甘肃省甘南藏族自治州夏河县县城西郊的凤岭山脚下，创建于清康熙四十八年（1709 年），1982 年被列入第二批全国重点文物保护单位。

拉卜楞寺是藏传佛教格鲁派六大宗主寺之一，建筑规模仅次于西藏日喀则的扎什伦布寺，是拉萨以外藏传佛教最高学府之一，创建人是第一世嘉木样活佛。嘉木样一世俄昂宗哲（1648～1721 年），夏河甘加人，在拉萨四十余年，深通经典，有“宗喀巴后第一人”之称。他居住拉卜楞寺十三年，弘法宣教，为寺院组织建设和讲修工作倾注了全部心血。1710 年，他创建了该寺“显宗闻思学院”，次年建大经堂及后殿、净厨，1716 年建“密宗续部学院”，为寺院发展开创了良好局面。1720 年康熙帝颁扬金印、金册，封他为“扶法禅师传学大宝法王”。此后经历代世嘉木样活佛的修建，拉卜楞寺先后共建有经堂六座，佛殿约三十座，活佛府邸三四十院，普通僧舍五百余院约一万余间，占地共 866000m^2，建筑面积为四十余万平方米，规模宏大。

拉卜楞寺下设六大学院：闻思学院、下续部学院、上续部学院、时轮学院、医明学院和喜金刚学院，各学院有经堂一座。显宗闻思学院居其冠，为全寺之中枢，又称“大经堂”，一世嘉木样创建，二世、五世嘉木样扩建，成为有前楼、前庭院、正殿和后殿共数百间房宇、占地十余亩的庞大建筑群。作为藏传佛教高级宗教学府，拉卜楞寺历来人才辈出，涌现出许多著名学者。嘉木样一世、二世是其中的佼佼者。还有不少高僧曾得到清政府和达赖、班禅活佛的重用，被聘为清王朝的国师或达赖、班禅的经师，因而使该寺享誉遐迩，四方崇仰。除寺主嘉木样活佛外，该寺尚有著名的“四大色赤”活佛系统，即贡唐仓、萨木察仓、霍尔藏仓、德哇仓。其后喇嘛孕苦仓、阿莽仓活佛也居色赤地位。

20世纪80年代落实宗教政策后，拉卜楞寺经历年修整，现主要有弥勒佛殿、释迦牟尼佛殿、狮子吼佛殿（亦称“狮吼殿”）、宗喀巴殿等二十余座殿宇，以及六大学院等建筑。其建筑形式分藏、汉、藏汉混合式三类，鳞次栉比，金碧辉煌，气势宏大，以“外不见木，内不见石”的特点著称。显宗大经堂1985年毁于大火，1986年国家拨专款按原规模重建，1990年完成，保留了原建筑的式样、规模和风格。寺中现存众多佛教塑像、壁画和唐卡，是藏传佛教艺术中的瑰宝。

拉卜楞寺现存文物众多，绘画包括壁画和唐卡画，壁画内容包括佛本生、佛经故事、佛像、历史人物、医学图解等，色泽鲜艳，充满生活气息。唐卡画即卷轴画，绘在布幄上，十分精致。拉卜楞寺的堆绣艺术亦堪称一绝，用各种色彩的绸缎剪成所需各种形状，如佛像、人物、鸟兽、山水、花草、虫鱼等，绣在布幔上，底部垫以羊毛等物，有着强烈的立体感。拉卜楞寺的造型艺术，如坛城、雕塑、酥油花等，都具有浓郁的宗教、民族特色。

拉卜楞寺还保存着清朝光绪皇帝给第四世嘉木样的封文、民国政府给第五世嘉木样及萨木察活佛的封文、民国政府褒扬第五世嘉木样令、清道光赐给第三世嘉木样的印鉴、民国政府颁给第五世嘉木样的印鉴等，另有金、银、铜、象牙、石、木等大小印鉴21枚。

拉卜楞寺藏经楼内存放着浩如烟海的藏文古籍，1958年前拉卜楞寺藏书达22.8万余部，后来损失严重。现存经籍仅占原藏书的39.6%，计有6.5万余部，1.82万余种（复本书和《甘珠尔》、《丹珠尔》除外），包括医药类、声明类、工艺类、天文历算类、修辞类、书信类、历史类、传记类、全集类和各种佛典。

由于拉卜楞寺属于殿堂遗址，其壁画主要病害为烟熏、空鼓、裂缝以及颜料层起甲、脱落等。

1.1.3　嘉峪关魏晋墓

甘肃嘉峪关魏晋墓群位于酒泉市肃州区西约20km处的果园乡和嘉峪关市东约18km的新城镇连接地段的戈壁滩和部分农田当中，中心位置为东经98°17′，北纬39°47′，2001年被国务院公布为第五批全国重点文物保护单位，时代为魏（三国）至唐（220～907年）。墓群区域南北长约20km，东西宽约3km，面积约60km^2，遗存墓葬1400余座，在已发掘的近60座墓中多为画像砖墓。

六、七号墓是嘉峪关新城墓群的一部分，相距约500m，这两座墓发掘于1972～1973年间，均为魏晋画像砖墓。这两座墓建造工艺不同于其他几座墓：首先挖墓道，然后顺着墓道方向在地下根据墓室大小挖出拱形洞室，再用干砖叠砌墓室，先筑后室，再砌中室、前室，最后砌墓门和门楼，并用砖建门楼掩堵墓顶和洞室之间高约1.7m的空间。在这些空间内用砂砾回填，使墓室保持稳定。在墓室内部的砖表面上绘有反映当时社会生活状况的图画。

魏晋绘画正处于我国绘画史上繁荣和发展的重要阶段，绘画艺术日益精细，画工的技艺也随着飞快提高，出现了专业的画家。他们继承了汉代绘画艺术的传统，在此基础上又有了进一步的发展，人物肖像画注重对人物性格、内心感情的刻画。从墓室壁画的艺术技巧来看，这些壁画并不是简单地罗列对象和堆积事物，而是加以艺术概括，以精炼的笔墨表现比较复杂的事物。从壁画绘画手法来看，用笔简洁，所绘对象的轮廓、形象，不仅形似，而且比例也比较准确。壁画所使用色彩的浓淡、位置和画面的线条配合得宜。壁画线描已注意到运用线条的粗细变化来表现对象的轻重、刚柔和动静的差别。综观这些墓室壁画，当时的绘画艺术已经达到了相当高的水平（图 1-3）。

图 1-3 墓室中精美的砖壁画

河西地区魏晋墓群墓葬年代略有先后，它衔接了汉画和北朝佛教绘画之间重要的一环，填补了我国美术史上三国至西晋这一时期的空白，这对研究魏晋绘画的变革和发展过程，探讨魏晋时期如何在传统艺术基础上吸收外来艺术，提供了重要资料。

墓室在经历十几个世纪后，在自然破坏和人为因素影响下，墓室及画像砖受到破坏，画面出现脱落、霉变、起甲等病害，很多砖体出现破损、断裂，这对画像砖墓的保存极为不利。

1.2 现状调查

1.2.1 莫高窟第 465 窟

1. 调查方法及内容

现状调查的方法：按照中华人民共和国国家标准《古代壁画病害与图示》（GB/T 30237—2013）和中华人民共和国文物保护行业标准《古代壁画现状调查规范》（WW/T 006—2007）的要求，课题组对第 465 窟壁画保存现状进行了详细的调查，并绘制病害示意图。

1）摄影

课题组对第 465 窟所有壁画进行拍照，记录壁画现状，并为现状调查和其他保护工作提供翔实的第一手资料。拍摄采用尼康 D80 相机，照明采用专业摄影 LED 光源。拍摄时采用色标卡矫正，选择合适曝光和色值。

2）绘制壁画病害图

课题组在对壁画保存现状进行详细调查的基础上，为了准确、直观、真实反映壁画修复前的状况，使用自动计算机辅助设计软件（Auto CAD）并以拍摄的数码照片为底图，按照调查标准，手工绘制完成壁画病害图。

3）病害种类

经现场调查分析，课题组确定第 465 窟的病害种类。现存的壁画病害主要有：颜料层龟裂起甲、脱落、粉化；地仗层空鼓、酥碱、裂缝等，同时还存在历史加固、划痕、泥渍覆盖、污染等病害。

4）现状调查图例

根据病害图例（表 1-1），课题组对照壁画实际情况绘制壁画病害现状调查图。

表 1-1　壁画病害图示符号及规格

编号	图示符号	名称	符号说明
01	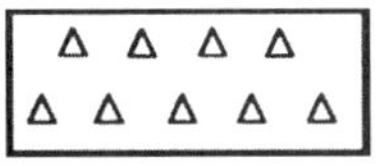	起甲	单个符号大小以 $4mm^2$ 为宜，间隔不小于 1mm
02	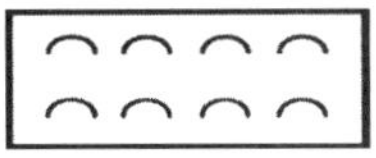	泡状起甲	单个符号大小以 $4mm^2$ 为宜，间隔不小于 1mm
03	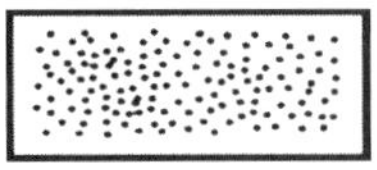	粉化	黑点直径以 0.5mm 为宜
04	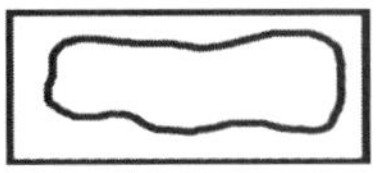	颜料层脱落	闭合曲线
05	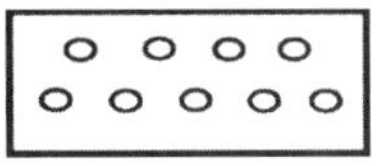	点状脱落	圆圈直径以 2mm 为宜，间隔不小于 1mm
06	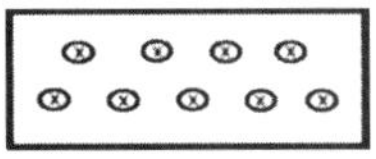	疱疹状脱落	单个符号大小以 $4mm^2$ 为宜，间隔不小于 1mm
07	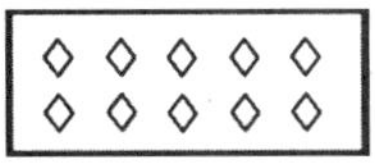	龟裂	$4mm^2$ 为宜，间隔不小于 1mm
08	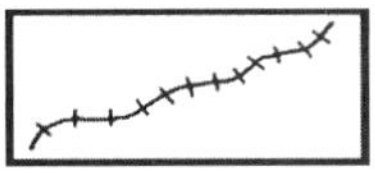	裂隙	长线随裂隙走向表示，短线以长 2mm、相隔 5mm 为宜
09	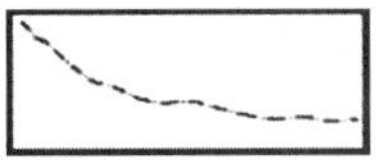	划痕	线段长 5mm，黑点直径与线段宽度一致，随划痕走向表示
10	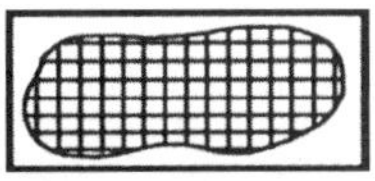	覆盖	平行线间隔以 3～5mm 为宜
11	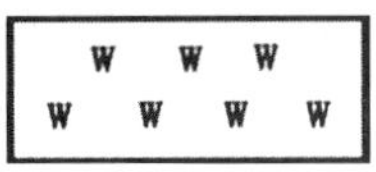	涂写	单个符号大小以 $10mm^2$ 为宜，间隔不小于 1mm

续表

编号	图示符号	名称	符号说明
12	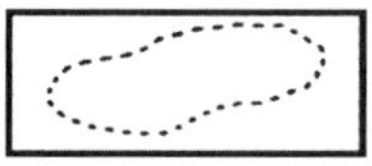	烟熏	为 2mm 线段的闭合虚线表示
13	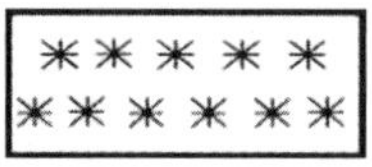	盐霜	单个符号大小以 4mm^2 为宜，间隔不小于 1mm
14	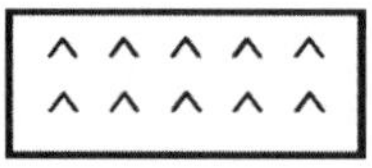	酥碱	单个符号大小以 4mm^2 为宜，间隔不小于 1mm
15	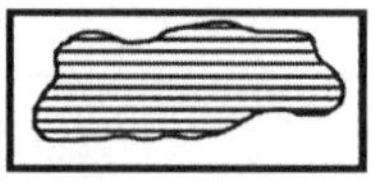	空鼓	平行线间隔以 3～5mm 为宜
16	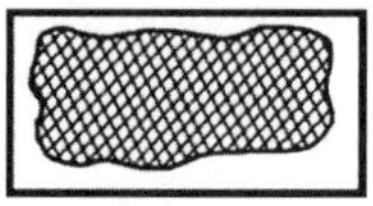	地仗脱落	平行线间隔以 3～5mm 为宜
17	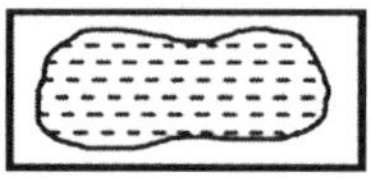	水渍	线段长以 2mm、平行间隔以 3～5mm 为宜
18	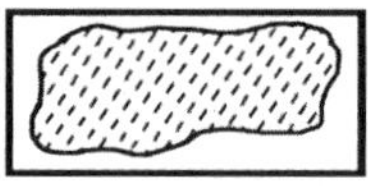	泥渍	线段长以 2mm、平行间隔以 3～5mm 为宜
19	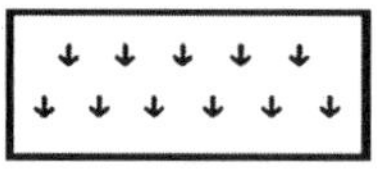	动物损害	单个符号大小以 4mm^2 为宜，间隔不小于 1mm
20	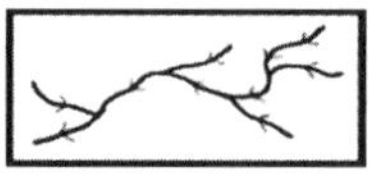	植物损害	随枝条或根系的走向、分布表示；对称短线长度以 1mm 为宜，分布均匀
21	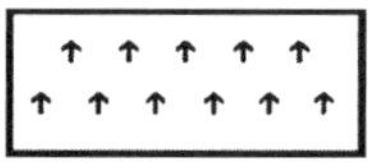	微生物损害	单个符号大小以 4mm^2 为宜，间隔不小于 1mm

2. 调查结果

1）前室

（1）东壁壁画病害现状如图 1-4 所示。东壁经后期重修，整壁空鼓病害严重，南侧上方地仗层脱落。

（2）南壁壁画病害现状如图 1-5 所示。主要病害有：颜料层粉化、脱落，地仗层空鼓，历史加固，划痕，涂写等。

颜料层粉化、脱落：分布在壁面中间佛塔部分；地仗层空鼓：整壁多处空鼓；历史加固：分布在佛塔下方和南壁东、西两侧（图 1-6）下方；划痕：画面中部有多条划痕；涂写：有多处人为涂写，主要分布在壁面的中下部（图 1-7）。

图 1-4　前室东壁示意图

图 1-5　前室南壁示意图

图 1-6　南壁西侧下方历史加固

图 1-7　南壁东侧中部涂写

南壁东侧拐角处有一通道口，现已封闭。

（3）西壁壁画病害现状如图 1-8 所示。主要病害有：颜料层粉化、脱落，龟裂起甲，空鼓，地仗层脱落，裂缝，划痕等。

颜料层粉化、脱落：分布在壁面南侧佛塔下方和北侧佛塔中部；龟裂起甲：分布在整个甬道一圈红色花纹上；空鼓：北侧中部空鼓严重；地仗层脱落：分布在北侧中部和画面上方中部（图 1-9、图 1-10）；裂缝：北侧佛塔中部有数条裂缝及白色污染（图 1-11）；划痕：北侧佛塔中部有一条长 110cm 的横向划痕，下方有数条不规则划痕（图 1-12），南侧佛塔下方有游人刻画痕迹。

图 1-8 前室西壁示意图

图 1-9 西壁北侧地仗层脱落及裂缝

图 1-10 西壁北侧下方地仗层脱落

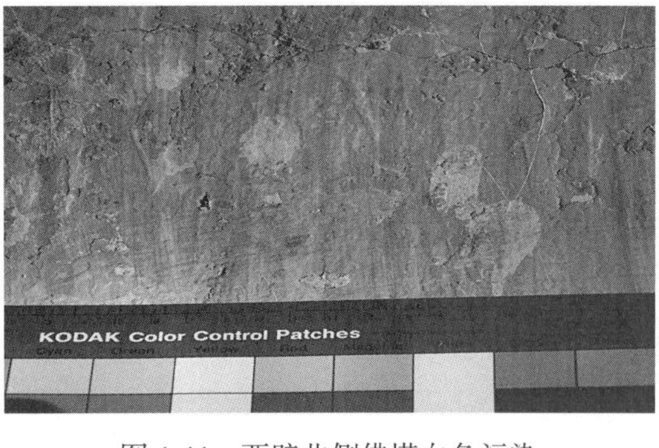

图 1-11 西壁北侧佛塔白色污染

图 1-12 西壁北侧下方划痕

（4）北壁壁画病害现状如图 1-13 所示。主要病害有：颜料层粉化、脱落，地仗层脱落，历史加固，划痕，裂缝，涂写等。

颜料层粉化、脱落：主要分布在壁面中上部；地仗层脱落：分布在壁面中下部（图 1-14）；历史加固：东侧拐角有一通道口（已封闭），且周边有历史加固；划痕：佛塔的东、西两侧有多条抓痕（图 1-15）和人为刻画；裂缝：西侧上方有一条纵向裂缝（图 1-16）；涂写：有多处人为涂写（图 1-17）。

图 1-13　前室北壁示意图

图 1-14　北壁西侧涂写及地仗层脱落

图 1-15　北壁佛塔局部动物抓痕

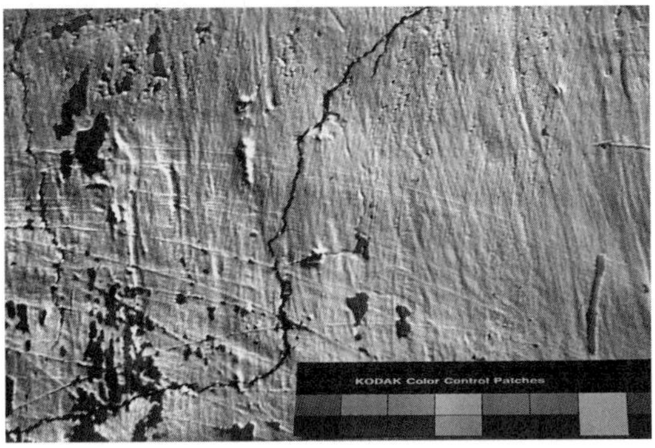

图 1-16　北壁西侧上方裂缝

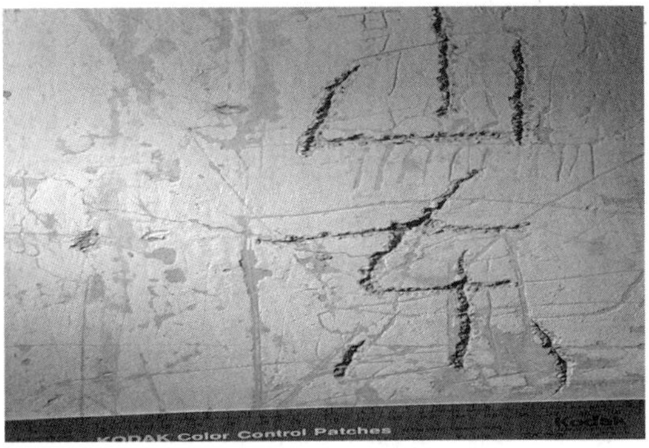

图 1-17　北壁西侧游人涂写

（5）藻井及四披病害现状如图 1-18～图 1-22 所示。主要病害有：颜料层龟裂、起甲、脱落，地仗层脱落，泥质覆盖，裂缝等。

颜料层龟裂、起甲：藻井井心起甲严重，藻井四边有局部起甲；颜料层脱落：藻井多处颜料层脱落；地仗层脱落：分布在北披东侧下方和东披下方（图 1-23）；泥质覆盖：藻井多处泥质覆盖（图 1-24）；裂缝：东披有一纵向裂缝，贯穿东披。

图 1-18　前室藻井示意图

图 1-19　前室东披示意图

图 1-20　前室南披示意图

图 1-21　前室西披示意图

图 1-22　前室北披示意图

图 1-23　东披裂缝、地仗层脱落

图 1-24　藻井泥质覆盖

2）甬道

（1）甬道北壁壁画病害现状如图 1-25 所示。主要病害有：历史加固、颜料层脱落、底色层脱落、裂缝等。

历史加固：分布在北壁中部；颜料层脱落：分布在北壁中上部；底色层脱落：北壁下部局部有白粉层脱落；裂缝：北壁有一长约 62cm 横向裂缝。

（2）甬道南壁壁画病害现状如图 1-26 所示。主要病害有：历史加固、底色层脱落、裂缝等。

历史加固：分布在南壁中部上方；底色层脱落：分布在南壁下方；裂缝：南壁中部有数条不规则裂缝。

图 1-25　甬道北壁

图 1-26　甬道南壁

（3）甬道顶部壁画病害现状如图 1-27～图 1-29 所示。顶部南侧有一大块历史加固痕迹。

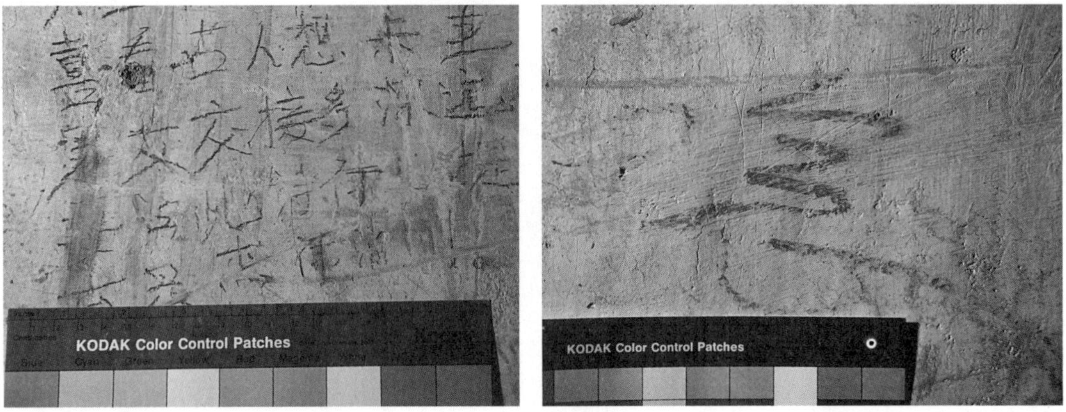

图 1-27　甬道南北两侧涂写

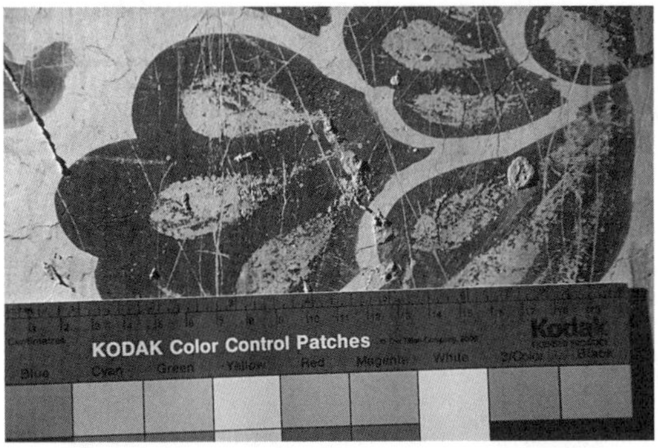

图 1-28　甬道北侧泥质覆盖及划痕

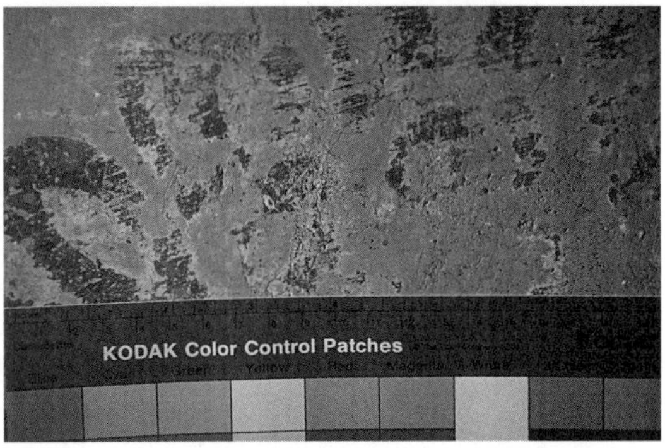

图 1-29　甬道北侧颜料层脱落

3）主室

（1）东壁壁画病害现状如图 1-30 所示。主要病害有：颜料层龟裂、起甲、脱落，动物损害，地仗层脱落，历史加固，空鼓，裂缝，划痕，覆盖等。

颜料层龟裂、起甲：病害主要分布在北侧主尊像背光褐色颜料处（图 1-31），装饰及耳环和裙子上均有，还有主尊像北侧从下到上第三身小神像，主尊像南侧从上到下第二身小神像（头部、腿部以及手臂局部），主尊像下方从北到南第四身小神像的右上方，东壁南侧上方天王的背光处，南侧左下天王的装饰和背光上方局部，南侧右天王背光及腿部与坐骑头部，四身火焰童子火焰纹局部；颜料层脱落：病害主要分布在北侧主尊像及小佛像的背光处、北侧边缘处上方，南侧上方天王及右下方天王局部（图 1-32）；动物损害：分布在北侧主尊头部上方及左右两侧，甬道上方小神像脚部；地仗层脱落：病害主要分布在南侧下方第三身佛像下方，东壁北侧下部；历史加固：分布在北侧下方第一身小神像；空鼓：病害主要分布在东壁上方及北侧处、北侧下方和主尊像的腿部及面部，甬道口的边缘处及南侧下方；裂缝：北侧右方有一条长约 58cm 的纵向裂缝，甬道口上方有一条长约 320cm 的横向裂缝，南侧左方黑色颜料处有一条长约 300cm 的纵向裂缝（图 1-33）；划痕：北侧左上方有一条长约 30cm 划痕，南侧下方绿色颜料处有游人刻画（图 1-34）；覆盖：北侧下方有一处贴纸覆盖（图 1-35）。

图 1-30　东壁示意图

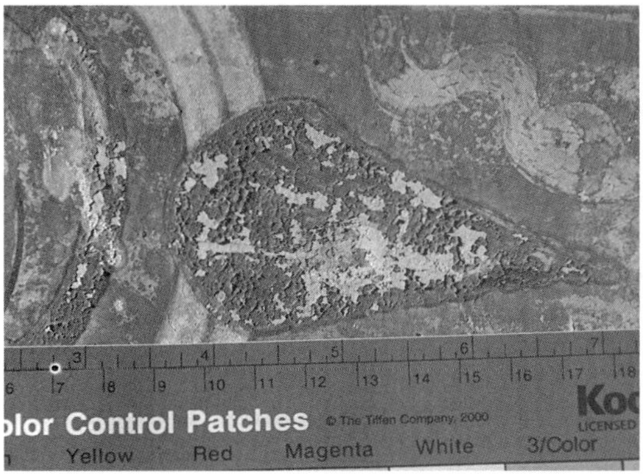

图 1-31　东壁北侧下方颜料层起甲

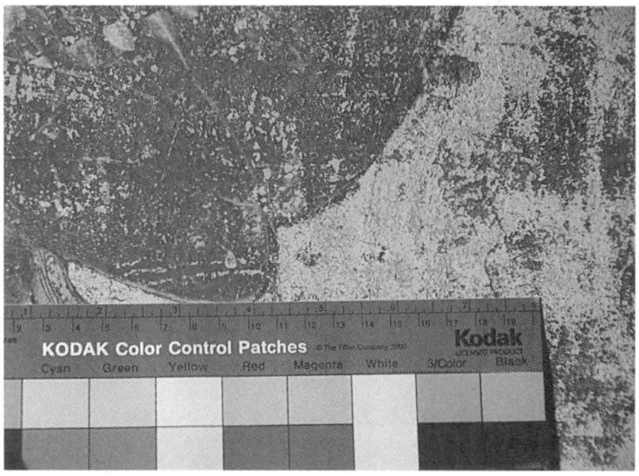

图 1-32　东壁南侧颜料层脱落

图 1-33　东壁南侧下方裂缝及地仗层脱落

图 1-34　东壁南侧下方游人刻画

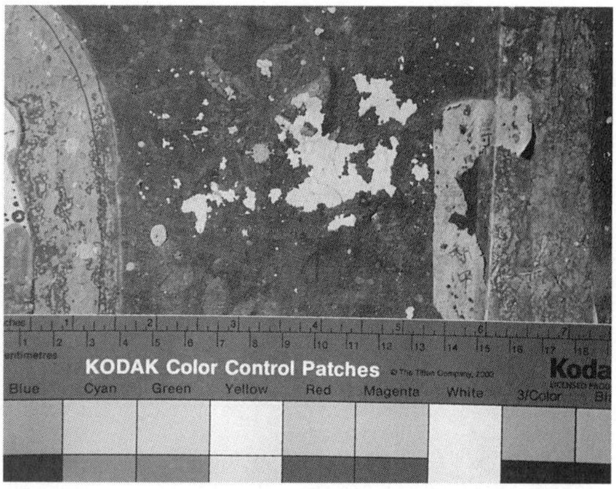

图 1-35　东壁北侧下方贴纸覆盖

（2）南壁壁画病害现状如图 1-36 所示。主要病害有：颜料层龟裂、起甲、脱落，地仗层脱落，历史加固，空鼓，划痕等。

图 1-36　南壁示意图

颜料层龟裂、起甲：病害主要分布于东起第一幅双身像背光黑色颜料上，第一幅画面左侧从上到下第二身小神像，第一幅画面右侧从上到下第二、三、四身小神像的背光，第二幅双身像的背光及主尊像脚下所踩人物中部，第二幅画面左侧从上到下第二、三、四、五身小神像上，第一幅与第二幅画面交界处的中、上部，第二幅画面下方小神像的背光上，第三幅双身像局部，第三幅画面的左侧从上到下第一、二、三、四、五身小神像上，第三幅画面的上方从左到右第二、三、四身小神像上，第三幅画面的右侧从上到下第三、四、五身小神像上，第二幅与第三幅画面交界处的中部黑色颜料上（图 1-37）；颜料层脱落：主要分布在东起第一幅双身像的主尊及背光上，第一幅画面下方从左到右第一、二、六身小神像的背光和第五身的人物及背光上，第一幅画面左侧从上到下第二、四身小神像人物及背光，第一幅画面右侧从上到下第二、三、四、五身小神像的背光上，第一幅画面上方一排小神像的人物及背光，第二幅双身像的主尊像及其背光上，第二幅画面下方从左到右第一、二、三、四身小神像的人物及背光和第六身的背光，第二幅画面左侧从上到下第二、三、四身小神像人物及背光，第二幅画面右侧从上到下第四、五身小神像的人物及背光，第二幅画面上方一排小神像的人物及背光，第三幅画面颜料层脱落严重（图 1-38）；地仗层脱落：东起第一幅画面下方从左到右第五身小神像上方（图 1-39）；历史加固：东起第一幅画面左侧从下到上第三身小神像右侧，第一身双身像的脚左侧；空鼓：东起第二幅画面的下方第五、六处空鼓，南壁画面的边缘处；划痕：东起第一身双身像左侧从下到上第二身与第三身小神像之间有长约 50cm 的人为刻画和多条动物抓痕（图 1-40）。

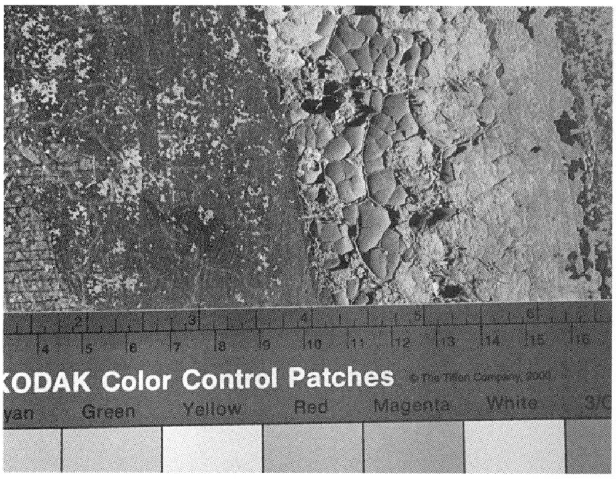

图 1-37　南壁西侧下方、中部颜料层起甲

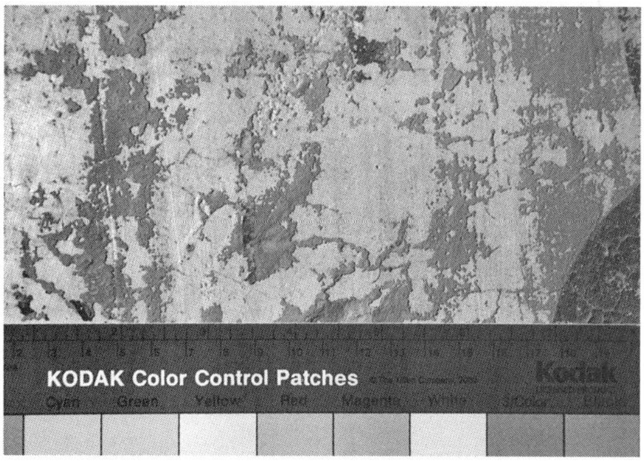

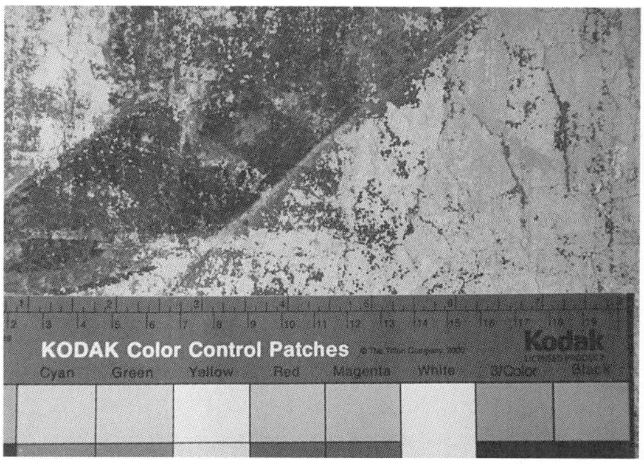

图 1-38　南壁西侧下方颜料层脱落

图 1-39　南壁中部下方地仗层破损

图 1-40　南壁东侧主尊像腿部的动物抓痕

（3）西壁壁画病害现状如图 1-41 所示。主要病害有：颜料层龟裂、起甲、脱落，地仗层脱落，历史加固，空鼓，划痕等。

图 1-41 西壁示意图

颜料层龟裂、起甲：南起第一幅画面起甲严重，尤其是主尊像头部上方黑色颜料处，第二幅画面整幅起甲，尤其是主尊像的人物及背光处，第三幅画面整幅起甲（图 1-42）；颜料层脱落：西壁颜料层脱落严重，分布在南起第一幅画面上方第一身小神像的背光和第二、三、四、五的人物及背光处，同时还分布在第二幅画面主尊像头部和腿部，画面下方第二、五身小神像的背光，画面左右两侧从上到下第四、五身小神像的背光处，画面上方小神像的人物及背光处，第三幅画面上方小神像的人物及背光处（图 1-43、图 1-44）；地仗层脱落：底部多处地仗层脱落；历史加固：南起第三幅画面的右侧有一块面积较大的历史加固（图 1-45），主尊像背光左侧下方有两处历史加固；空鼓：主要分布南起在第二幅画面下方第二、三身小神像处，历史加固的边缘处，第三幅画面面的右下角处；划痕：南起第一幅画面主尊像右侧下方有人为刻画痕迹（图 1-46）。

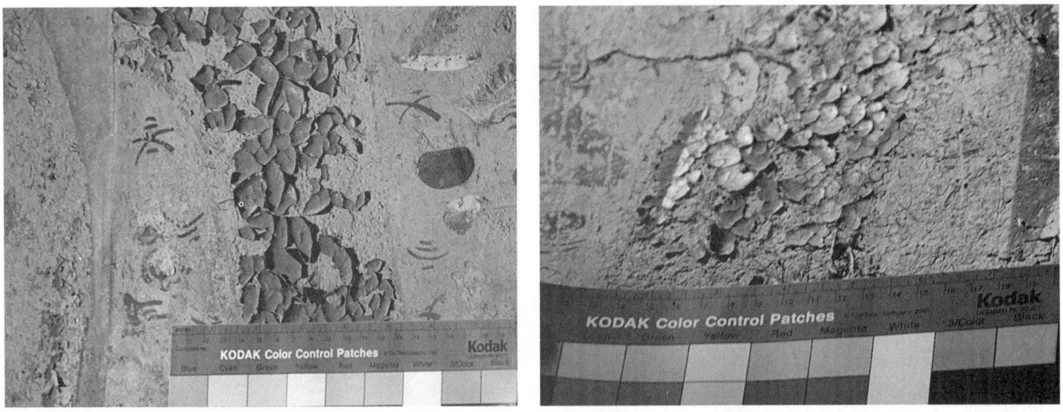

图 1-42 西壁南北两侧上方颜料层起甲

图 1-43　西壁北侧下方颜料层脱落

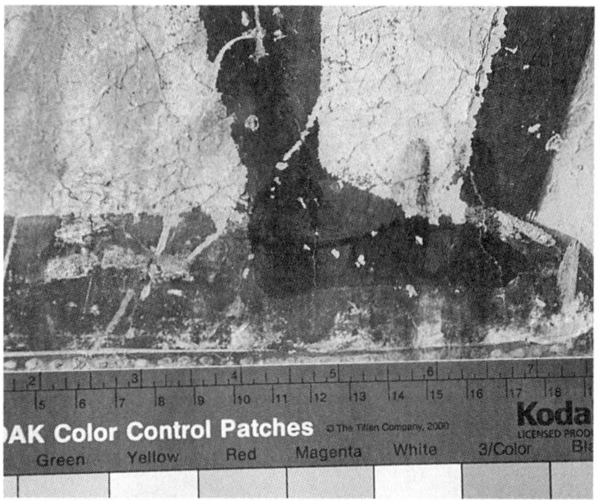

图 1-44　西壁中部颜料层脱落

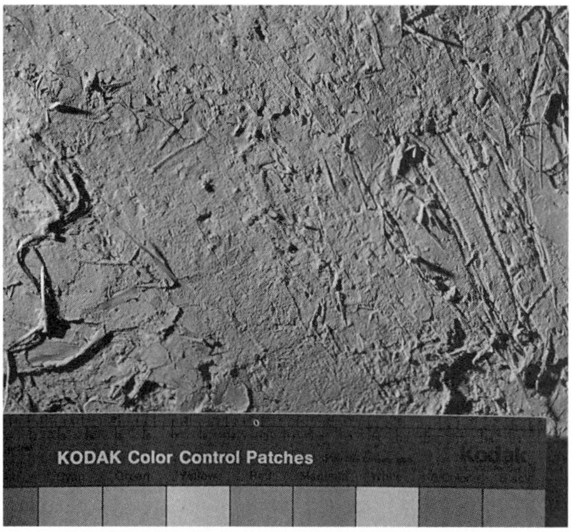

图 1-45　西壁北侧历史加固

图 1-46　西壁南侧下方人为切割痕迹

（4）北壁壁画病害现状如图 1-47 所示。主要病害有：颜料层龟裂、起甲、脱落，动物损害，历史加固，空鼓，酥碱，裂缝，划痕，覆盖等。

颜料层龟裂、起甲：病害主要分布在西起第一幅画面小神像的背光处，第二幅画面的主尊像的背光处（图 1-48），第二幅画面左侧从上到下第二身小神像的背光及黑色颜料处，第三、四、五身人物和背光处，第二幅画面的下方从左到右第二身小神像黑色颜料处，第四身人物及背光处，第五身小神像人物头部及黑色颜料处，第二幅画面右侧第一身小神像的背光、头部、腿部及黑色颜料处，第二、三身画面的背光处，第四身小神像的背光黑色颜料处，第二幅画面上方小神像的背光处，第三幅画面起甲严重，第三幅画面主尊像整尊和上方小神像，第三幅画面左侧从上到下第二、三、四、五、六身小神像，下方从左到右第二、三、四、五、六身小神像人物局部，右侧从上到下小神像的人物及背光处；颜料层脱落：主要分布在西起第三幅主尊像的背光处和小神像的人物及背光处（图 1-49、图 1-50）；动物损害：病害主要分布在西起第一幅画面上方小神像处，第二幅画面上方小神像身体部分（图 1-51）；历史加固：西起第一幅画面的左侧下方有一大块历史加固，第二幅画面左侧从上到下第身小神像的右侧有一处历史加固；空鼓：西起第一幅画面右侧纵向裂缝两侧有严重的空鼓病害，第三幅画面下方第三、四身小神像出现空鼓，北壁的边缘处有空鼓病害；酥碱：病害主要分布在北壁西起第一幅画面，病害面积占第一幅画面的五分之三（图 1-52）；裂缝：西起第一幅画面右侧有一纵向裂缝，裂缝曾进行过修复（图 1-53）；划痕：西起第一幅画面右侧从下到上第三身人物中部有一条长约 30cm 的划痕，第二、三幅画面之间下方有一条长约 50cm 的横向划痕，第二、三幅画面之间下方有人为刻画；覆盖：西起第一幅画面左侧上方有一处泥质覆盖。

图 1-47　北壁示意图

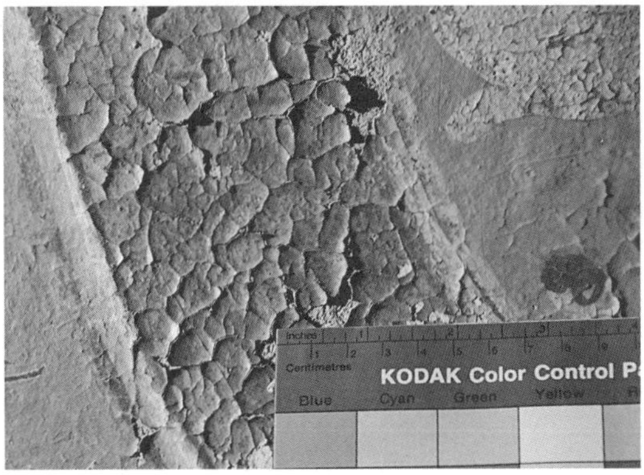

图 1-48　北壁中部上方颜料层起甲

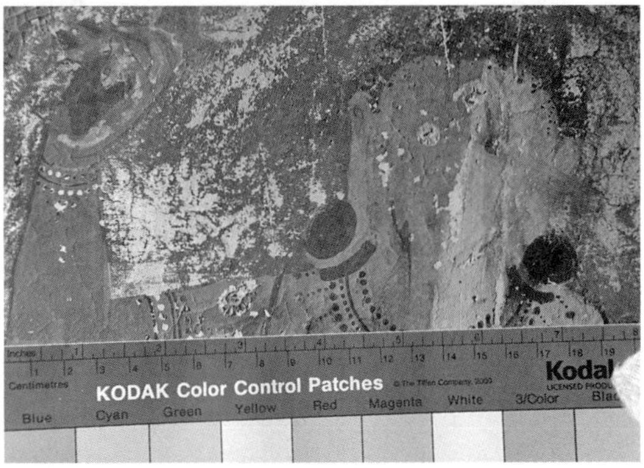

图 1-49　北壁东侧下方颜料层脱落及划痕

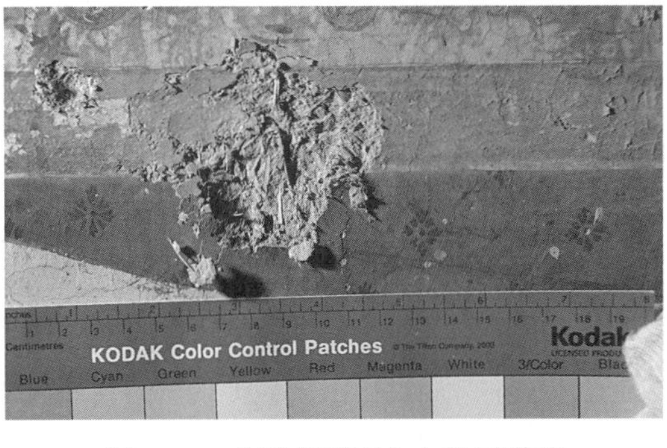

图 1-50　北壁东侧下方白粉层脱落

图 1-51　北壁西侧上方动物抓痕

图 1-52　北壁西侧酥碱

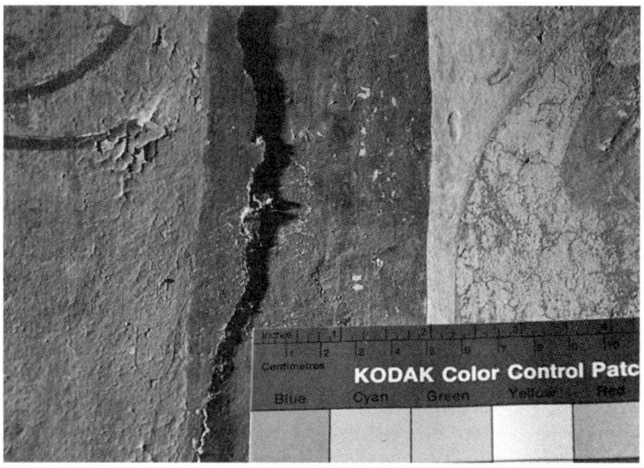

图 1-53　北壁西侧中部裂缝

（5）藻井及四披壁画病害现状。藻井（图 1-54）主要病害有：颜料层龟裂、起甲、粉化脱落，污染等。

图 1-54　藻井示意图

颜料层龟裂、起甲：主要分布在主尊佛身体、背光处（图 1-55）和供养菩萨身体上；颜料层粉化脱落：画面模糊，颜料层粉化脱落严重；动物损害污染病害：藻井的西北角落有一动物巢穴（图 1-56）。

东披壁画病害现状如图 1-57 所示。主要病害有：颜料层龟裂、起甲、脱落，动物损害，空鼓，裂缝，覆盖等。

图 1-55　藻井如来面部颜料层起甲、脱落

图 1-56　藻井处鸟巢

图 1-57　东披示意图

颜料层龟裂、起甲：东披龟裂、起甲严重（图 1-58），主要分布在人物的头光、背光、皮肤、衣饰、坐骑、乐器等上；颜料层脱落：整幅画面颜料层粉化脱落严重（图 1-59），主要分布在人物的头光、背光、衣饰等处（图 1-60）；动物损害：东披上方中部有动物抓痕；空鼓：分布在与南北披及东壁交界处，主尊佛的头部、肩膀，右下角供养菩萨及其坐骑上；裂缝：东披画面上有许多裂缝，分布不规律；覆盖：东披的南侧上方角落有一处覆盖；后期重绘：东披北侧后期重绘痕迹（图 1-61）。

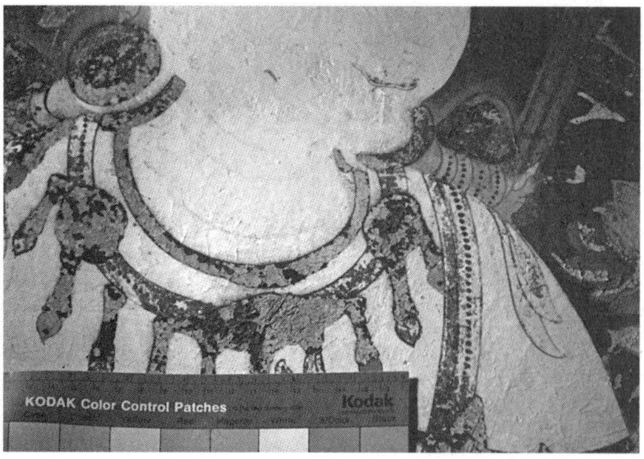

图 1-58　东披北侧颜料层起甲

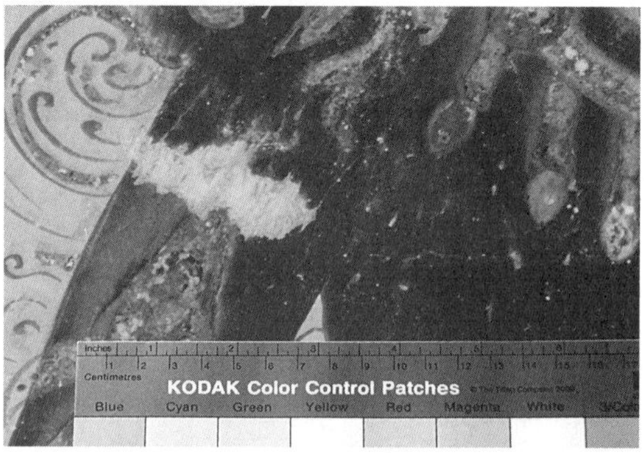

图 1-59　东披北侧菩萨手臂处颜料层粉化脱落

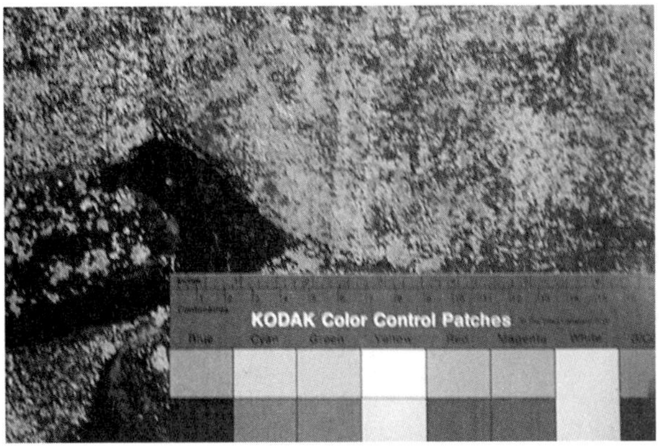

图 1-60　东披北侧颜料层点状脱落

图 1-61　东披北侧后期重绘痕迹

南披壁画病害现状如图 1-62 所示。主要病害有：颜料层龟裂、起甲、粉化脱落，动物损害，空鼓，裂缝，划痕，覆盖等。

颜料层龟裂、起甲：南披龟裂、起甲严重，主要分布在人物的头光、背光、皮肤、衣饰等上（图 1-63）；颜料层脱落：整幅画面颜料层粉化脱落严重，主要分布在人物的头光、背光、皮肤、衣饰等上（图 1-64）；动物损害：南披的西侧一菩萨身上多处动物抓痕；空鼓：分布在与东西披及南壁交界处，南披东侧第三身菩萨头部；

图 1-62　南披示意图

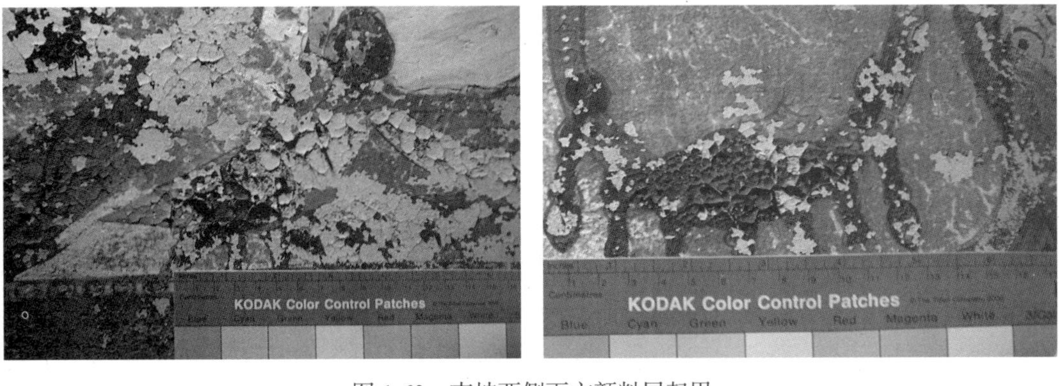

图 1-63　南披西侧下方颜料层起甲

裂缝：画面上有许多裂缝，分布不规律；划痕：画面上有划痕多处，分布不规律；覆盖、重绘：主尊像的右脚处有贴纸覆盖，西侧中部后期重绘（图 1-65）。

图 1-64　南披西侧下方颜料层点状脱落

图 1-65　南披西侧中部后期重绘

西披壁画病害现状如图 1-66 所示。主要病害有：颜料层龟裂、起甲、脱落，空鼓，划痕等。

颜料层脱落：西披颜料层脱落严重，主要分布在人物的头光、背光、皮肤、衣饰等上（图 1-67、图 1-68）；颜料层龟裂、起甲：西披龟裂、起甲严重，主要分布在人物的头光、背光、皮肤、衣饰等上（图 1-69）；空鼓：主要分布于南北披及西壁交界处，主尊佛的腿部，西披多处有小面积空鼓；划痕：画面上有多处划痕，分布不规律。

图 1-66　西披示意图

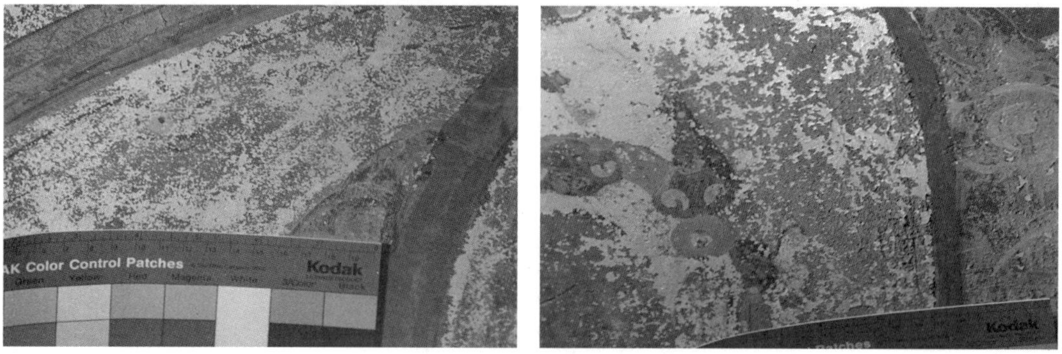

图 1-67　西披东侧下方颜料层脱落

图 1-68　西披主尊像颜料层脱落

图 1-69　西披东侧下方颜料层起甲

北披壁画病害现状如图 1-70 所示。主要病害有：颜料层龟裂、起甲、脱落，动物损害，历史加固，空鼓，裂缝，划痕等。

颜料层龟裂、起甲：北披龟裂起甲严重，主要分布在人物的头光、背光、皮肤、衣饰等上（图 1-71）；颜料层脱落：北披颜料层脱落严重，主要分布在人物的头光、背光、皮肤、衣饰等上（图 1-72）；动物损害：北披西侧下方与北壁交界处有动物抓痕；历史加固：北披西侧下方有一处历史加固（图 1-73）；空鼓：北披多处空鼓，分

图 1-70　北披示意图

图 1-71　北披东侧颜料层起甲

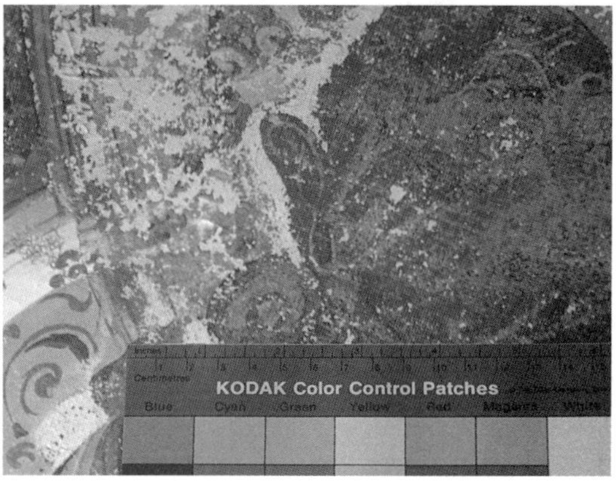

图 1-72　北披西侧下方颜料层脱落

布在与东西披及北壁的交界处，画面的中部和左侧上方；裂缝：画面上有许多裂缝，分布不规律（图 1-74）；划痕：画面上有多处划痕，分布不规律。

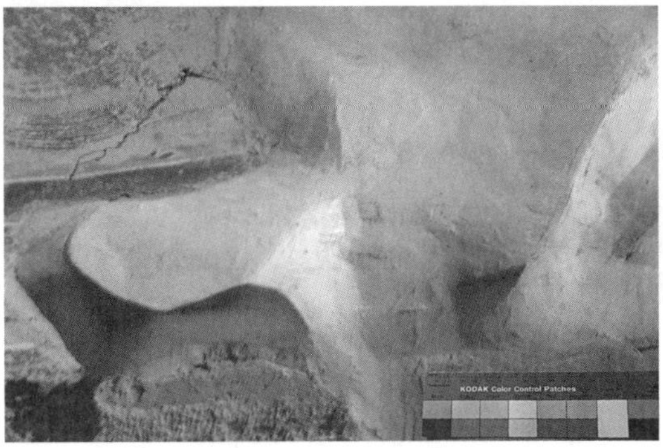

图 1-73　北披西侧下方历史加固

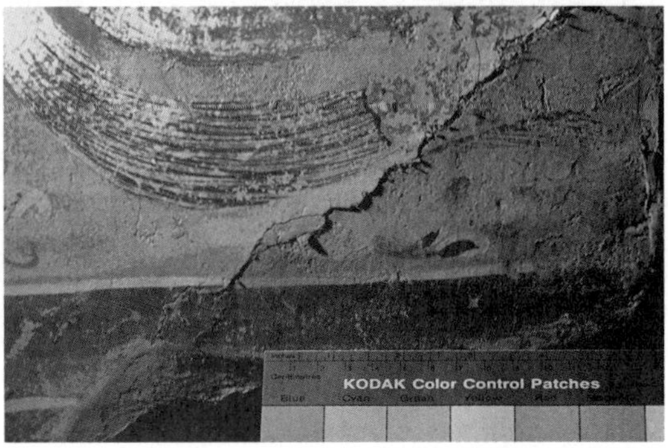

图 1-74　北披西侧下方裂缝

4）中心佛坛（图 1-75～图 1-78）

图 1-75　中心佛坛东向面示意图

图 1-76　中心佛坛南向面示意图

图 1-77　中心佛坛西向面示意图

图 1-78　中心佛坛北向面示意图

主要病害有：颜料层龟裂、起甲、脱落，酥碱，残损，历史加固，污染等。

颜料层龟裂、起甲：中心佛台龟裂、起甲严重，主要分布在东向面第三层南侧，北向面底层西侧，西向面第三层局部（图 1-79）；颜料层脱落：主要分布在中心佛台东向面底层中部，其余向面局部；酥碱：东向面第二层北侧，北向面第二层中部，西向面中部（图 1-80）；历史加固：佛台东向面中部（图 1-81）；残损：西、南向面局部有残损（图 1-82）；污染：东向面第二层南侧有一处颜色污染。

图 1-79　颜料层龟裂、起甲

图 1-80　酥碱

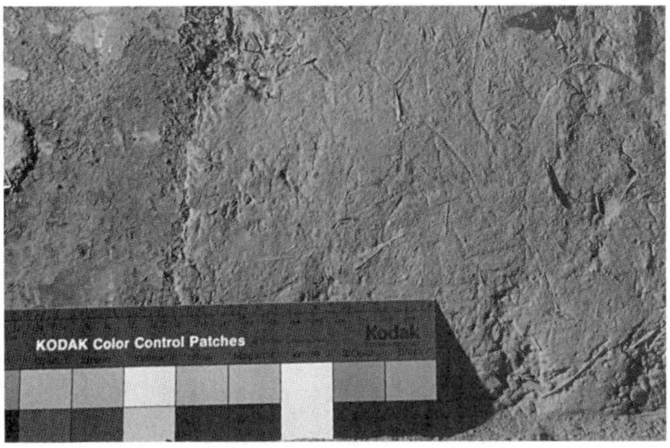

图 1-81　历史加固

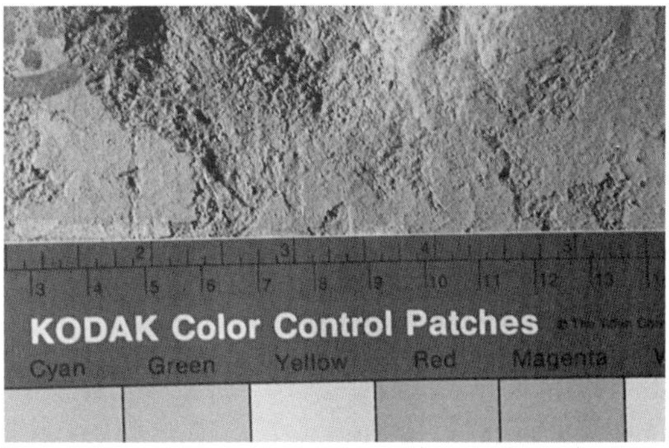

图 1-82　破损

3. 病害面积统计

壁画病害面积统计的工作，对于壁画病害类型与程度判断起到至关重要的作用，并可对方案设计、经费概预算提供可靠的依据。课题组对所有壁画进行拍照，依据国家行业标准，进行了壁画病害面积的精确统计，按照自动计算机辅助设计软件（AutoCAD）面积统计标准，统计出病害区域（表 1-2）。

部分 465 窟病害图如图 1-83～图 1-86 所示。

表 1-2　465 窟壁画病害区域统计表

序号	病害名称	病害区域
1	起甲	$241.20m^2$
2	颜料层脱落	$136.40m^2$
3	粉化	$134.90m^2$
4	底色层脱落	$13.40m^2$
5	空鼓	$184.90m^2$
6	酥碱	$89.24m^2$
7	地仗脱落	$82.70m^2$
8	裂缝	57.20m
9	历史加固	$4.79m^2$
10	污染	$332.10m^2$
11	划痕	27.10m

图 1-83　465 窟病害图（北壁）

图 1-84　465 窟病害图（东壁）

图 1-85　465 窟病害图（南壁）

图 1-86　465 窟病害图（西壁）

1.2.2　拉卜楞寺

拉卜楞寺调查方法同莫高窟第 465 窟，图 1-87 为拉卜楞寺主要佛殿分布图。

拉卜楞寺存有大量的壁画（绘制在泥质地仗层上）、布画（粘贴或绷于木框钉在墙上）以及唐卡。壁画主要分布在弥勒佛殿、下续部学院、时轮学院、寿安寺、医学院、嘉木样行宫、大经堂。其中大经堂于 1985 年 4 月 7 日不幸焚毁，并于 1990 年 7 月 25 日完成重建，殿堂壁画由来自青海同仁五屯的画师重新绘制，此次调查中发现大经堂部分壁画空鼓非常严重。其余各佛殿、学院和嘉木样行宫现存壁画共计约 1600 多平方米。受环境及人为因素影响，壁画均有不同程度的病害产生，主要有烟熏、空鼓、裂缝、颜料层起甲、颜料层脱落等。

通过调查，各个主殿及不同位置烟熏程度不一，弥勒佛殿、下续部学院、时轮学院烟熏程度较重（图 1-88）。寿安寺因为其修建年代相对较晚，烟熏程度较轻（图 1-89）。

空鼓及裂缝也是比较常见的病害，通常发生在门框及立柱周围（图 1-90、图 1-91）。对各个殿堂进行壁画病害调查，结果见表 1-3。图 1-92、图 1-93 为拉卜楞寺部分病害现状调查图。

图 1-87　拉卜楞寺主要佛殿分布图

（1. 下续部学院　2. 大经堂　3. 弥勒佛殿　4. 嘉木样行宫　5. 时轮学院　6. 寿安寺　7. 医学院）

图 1-88　弥勒佛殿南壁上部烟熏

图 1-89　寿安寺主殿东壁门楣轻度烟熏

图 1-90　时轮学院主殿南壁裂缝

图 1-91　下续部学院前廊南壁裂缝、空鼓

表 1-3　拉卜楞寺壁画病害区域统计表

	弥勒佛殿	下续部学院	时轮学院	寿安寺	医学院	嘉木样行宫	大经堂	总计
裂缝（m）	268.17	59.23	140.43	47.32	2.38	31.93	81.27	630.73
空鼓（m^2）	161.38	54.47	47.79	40.43	1.33	41.01	218.69	485.10
点状脱落（m^2）	23.68	10.40	15.18	1.80	1.19	1.46	10.32	64.03
颜料层脱落（m^2）	11.71	4.70	5.01	2.32	1.59	11.46	3.19	39.98
地仗脱落（m^2）	0.38	1.18	0.30	0.80	0	0	1.78	4.44
起甲（m^2）	55.65	32.11	12.35	3.70	1.15	0.54	69.34	174.84
酥碱（m^2）	1.97	2.21	0.55	1.69	0.10	0.34	11.80	18.66
划痕（m）	7.82	23.16	0.55	1.19	0.03	2.17	25.51	60.43
覆盖（m^2）	1.86	13.74	1.50	1.42	0	0.03	21.87	40.42
历史加固（m^2）	0.85	0.42	0.18	0	0	0.03	0	1.48
泥渍（m^2）	6.21	5.73	0.51	16.31	1.61	0.59	6.15	37.12
烟熏（m^2）	442.85	411.83	147.24	0	0	59.45	0	1061.37

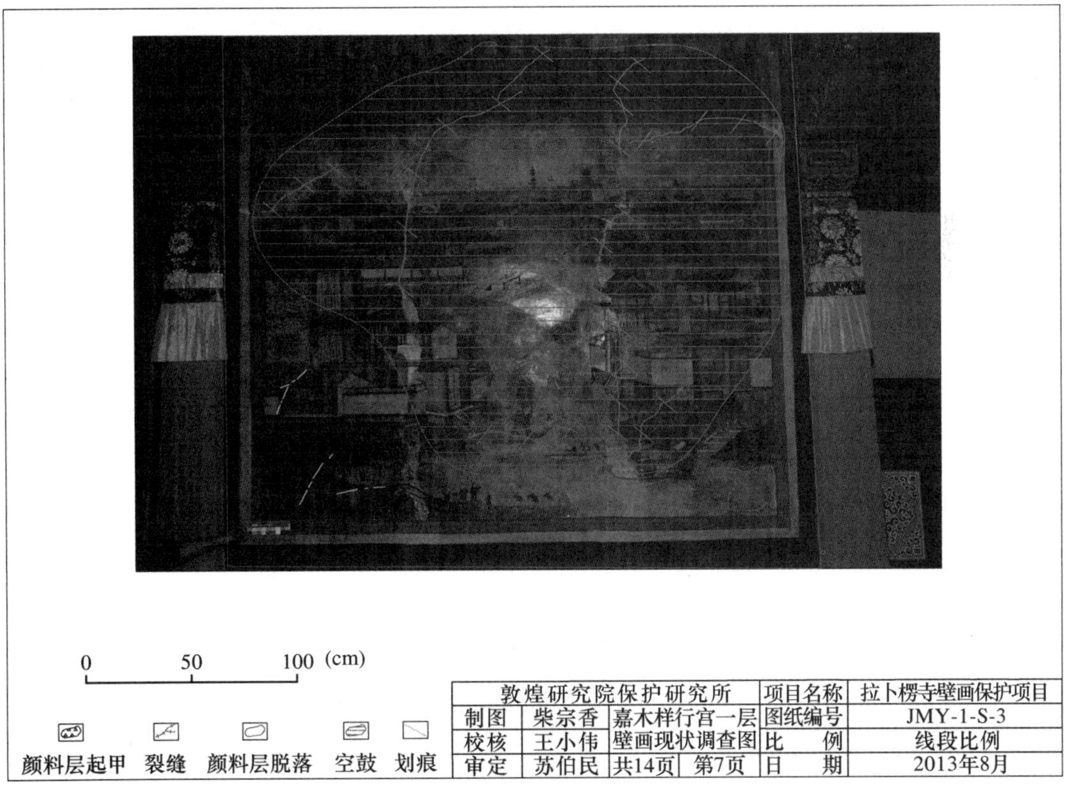

图 1-92　嘉木样行宫南壁一层壁画现状调查图

0 25 50 (cm)

裂缝 空鼓 颜料层点状脱落

敦煌研究院保护研究所			项目名称	拉卜楞寺壁画保护项目
制图	高文强	大经堂二层西壁	图纸编号	DJ-2-W-3
校核	王小伟	壁画现状调查图	比　例	线段比例
审定	苏伯民	共15页　第8页	日　期	2013年8月

图 1-93　大经堂西壁二层壁画现状调查图

1.2.3 嘉峪关魏晋墓

六号、七号墓坐南向北，建筑形制独特，由墓道、墓门、门楼、前室、中室、后室、甬道、耳室、壁龛等组成。建筑用砖分为印纹方形砖、长方形砖、雕刻砖、画像砖等。墓门用条形砖叠砌为拱券形，券顶以上采用条形砖叠造门楼，门楼墙面嵌砌有斗拱、人物、兽首等造型的雕刻砖，墓顶多为盝顶式和拱券式。

1. 调查方法及内容

1）测绘

课题组首先对这两座墓进行了平、剖面的测绘，绘制出了整个墓的形制与结构。测绘图作为病害现状调查的底图使用。

2）摄影

摄影的目的是为了记录壁画现状情况并为其他保护工作提供资料依据，为本次现状调查提供底稿。课题组先对每一个壁面进行大范围拍照，再对出现的严重病害部位进行特写。

3）病害种类

这两座墓普遍存在的病害现状有：砖受压产生裂缝、破损、脱落，局部颜料层脱落，颜料层起甲、酥碱、霉变，其中裂缝和破损脱落较为严重。通过详细调查，课题组统计了六号墓和七号墓病害情况（表 1-4）。

表 1-4　六号墓和七号墓病害情况统计

墓室号	位置	病害种类及数量					
		裂隙（m）	砖表面脱落（m^2）	颜料层脱落（m^2）	霉菌（m^2）	起甲（m^2）	酥碱 / 盐害（m^2）
六号墓	前室北壁	6.10	0.60	0.50	0	0	0
	前室东壁	5.00	0.40	0.40	0	0	0
	前室南壁	5.30	1.00	0	0	0	0
	前室西壁	3.30	0.18	0.30	0.20	0	0
	中室北壁	8.60	0.30	0	0	0	0
	中室东壁	5.60	0.38	0.20	0	0	0
	中室南壁	6.10	0.34	0.10	0.20	0	0
	中室西壁	9.90	0.36	0.50	0.30	0	0
	后室南壁	0.90	0	0	0.10	0	0.50
	小计	50.80	3.56	2.00	0.80	0	0.50

续表

墓室号	位置	病害种类及数量					
		裂隙（m）	砖表面脱落（m^2）	颜料层脱落（m^2）	霉菌（m^2）	起甲（m^2）	酥碱 / 盐害（m^2）
七号墓	前室北壁	10.30	0.22	0.20	0	0	0
	前室东壁	9.20	0.18	0.30	0	0	0
	前室南壁	10.20	0.14	0.30	0	0	0
	前室西壁	6.60	0.18	0.10	0	0	0
	中室北壁	8.10	0.48	0.10	0	0	0
	中室东壁	5.20	0.50	0.10	0	0	0
	中室南壁	7.50	0.40	0.10	0	0	0
	中室西壁	5.80	0.30	0.20	0	0	0
	后室南壁	11.40	0.12	0.10	0	0.50	0
	小计	74.30	2.52	1.50	0	0.50	0
总计		125.10	6.08	3.50	0.80	0.50	0.50

4）现状调查图

课题组用拍摄的各墙壁大范围的照片作为底图，根据中华人民共和国标准《古代壁画病害与图示》（GB/T 30237—2013）中制定的病害种类和图例，用 Auto CAD 软件将每一个壁的病害标注在底图照片上。

2. 调查结果

1）六号墓

A. 前室

东壁：有五层画像砖，共有画像砖 83 块，有完整画像的为 21 块。南侧有一耳室，中上部有两处砖受压断裂，整个东壁多处受压出现裂缝，局部破损脱落，耳室门周边受压裂缝较多，北侧破损脱落较严重。画像砖边沿表面颜料层都有零星脱落，南侧中部有一画像砖表面颜料层脱落。

南壁：有五层画像砖，共有画像砖 42 块，其中有完整画像为 14 块。多处砖受压破损脱落，墓道口两周边受压裂缝较多，西侧上部砖破损脱落严重，部分画像砖表面颜料层零星脱落。

西壁：有四层画像砖，共有 56 块，其中有完整画像的为 16 块。下部有两个耳室，整壁砖受压裂缝较多，多处破损脱落，两耳室中间下侧砖松动。画像砖表面颜料层零星脱落，北侧中上部表面盐害严重，已基本看不清画面。

北壁：有五层画像砖，共有 36 块，其中有完整画像的为 12 块。整壁砖受压裂缝破损较多，墓道口周边及西侧上部砖破损脱落严重，东侧上部为盗洞，临时用砖支护，周边砖松动，表面颜料层零星脱落。

B. 中室

东壁：有五层画像砖，共有 73 块，其中有完整画像的为 25 块。整壁砖受压裂缝较多，多处破损脱落。中上部砖松动，一层已经脱落，北侧受压破损严重。画像砖表面颜料层多处零星脱落，中部有一块画像砖受压裂缝错位，南侧拐角处砖破损脱落。

南壁：有五层画像砖，共有 30 块，其中有完整画像的为 12 块。整壁砖受压裂缝较多，多处破损脱落，墓道口周边受压裂缝破损严重。表面颜料层零星脱落，东侧中部表面颜料层脱落较严重，西侧中上部表面颜料层霉变严重。

西壁：有五层画像砖，共有 72 块，其中有完整画像的为 25 块。整壁砖受压裂缝较多，局部脱落，上部构造砖有两处脱落。中上部一块裂缝错位脱落。颜料层局部零星脱落，东侧上部颜料层脱落严重，并且霉变严重。

北壁：有三层画像砖，共有 17 块，其中有完整画像的为 8 块。中部有两块砖脱落，整壁受压裂缝较多，局部破损脱落。墓道口周边受压破损脱落严重。表面颜料层零星脱落，西侧上部脱落严重，画面模糊不清。

C. 后室

南壁：有三层画像砖，共有 30 块，其中有完整画像的为 12 块。整壁基本完好，中部局部有受压裂缝。上部砖表面颜料层白粉脱落，西侧下部表面盐害严重。

六号墓现状如图 1-94～图 1-109 所示。图 1-110、图 1-111 为六号墓部分病害现状调查图。

2）七号墓

A. 前室

东壁：有五层画像砖，共有 54 块，其中有完整画面的有 19 块。中部有一耳室，整壁条形构造砖裂缝较多，局部破损。尤其是中部耳室门周边受压破损较严重。表面颜料层砖边沿脱落较多，底层画像砖已模糊不清。

南壁：有五层画像砖，共有 37 块，其中有完整画面的有 8 块。整壁构造裂缝较

图 1-94　六号墓前室东壁中部裂缝

图 1-95　六号墓前室东壁中部受压断裂

图 1-96　六号墓前室南壁西侧中部裂缝

图 1-97　六号墓前室南壁墓道口西侧

图 1-98　六号墓前室西壁中下部受压裂缝

图 1-99　六号墓前室西壁北侧上部盐害

图 1-100　六号墓前室北壁墓道口东侧破损

图 1-101　六号墓前室北壁东侧盗洞做支护

图 1-102　六号墓中室东壁北侧破损

图 1-103　六号墓中室东壁北侧裂缝错位

图 1-104　六号墓中室南壁东侧裂缝破损

图 1-105　六号墓中室南壁西侧上部霉变

图 1-106　六号墓中室西壁南侧裂缝错位

图 1-107　六号墓中室西壁南侧上部霉变

图 1-108　六号墓后室南壁中部裂缝

图 1-109　六号墓后室南壁下盐害脱落

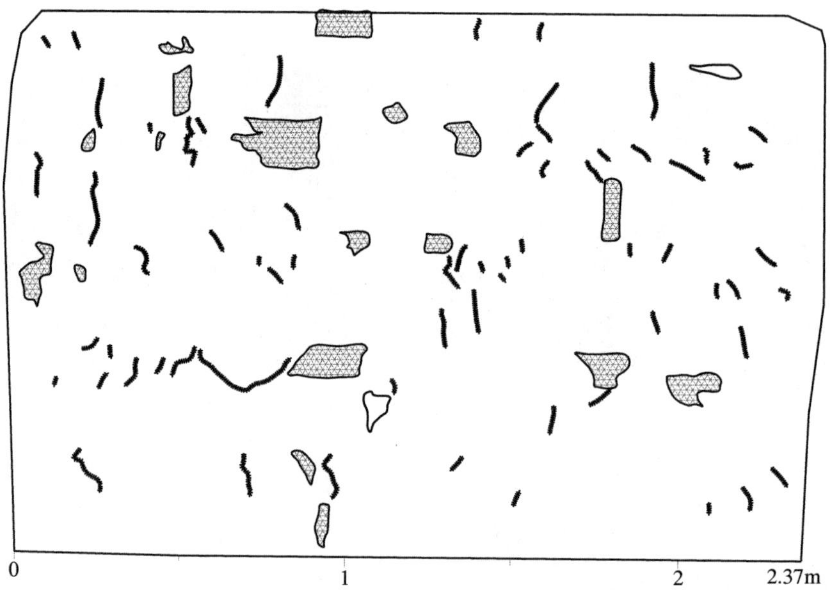

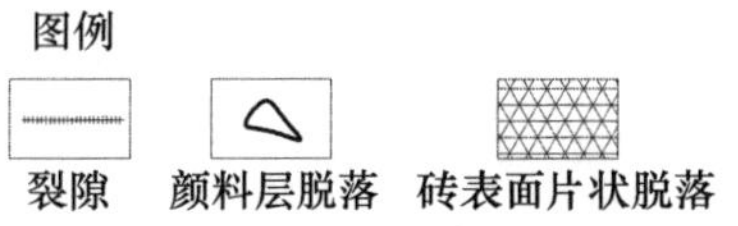

六号墓中室东壁现状调查图			敦煌研究院	
嘉峪关新城墓群六、七号墓保护设计			设计阶段	方案设计
项目负责	王旭东	图　号		WJM-2
设　计	乔　海　杨善龙	比　例		见标注
审　核	刘　涛	日　期		2010 年 3 月
审　定	陈港泉	共 44 张		第 13 张

图 1-110　六号墓中室东壁现状调查图

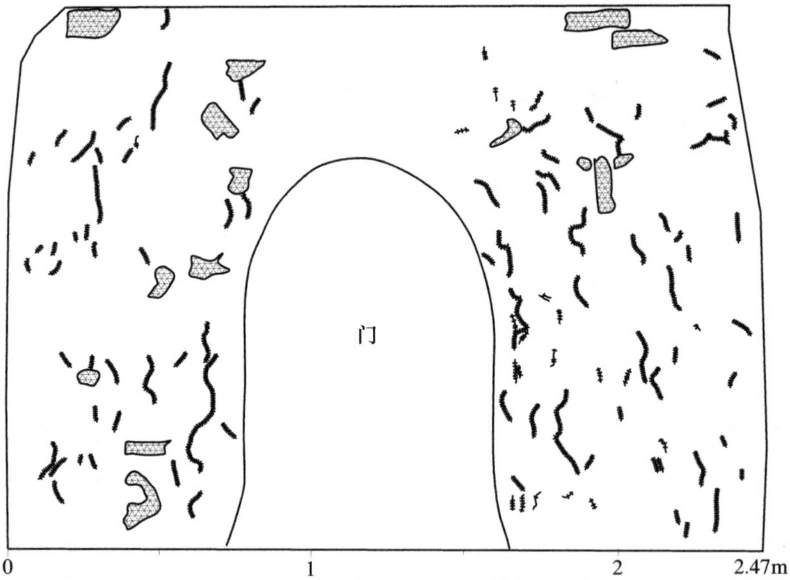

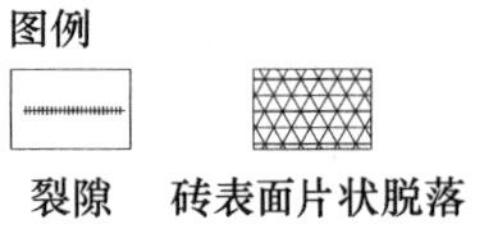

六号墓中室北壁现状调查图			敦煌研究院	
嘉峪关新城墓群六、七号墓保护设计			设计阶段	方案设计
项目负责	王旭东	图　号		WJM-2
设　计	乔　海　杨善龙	比　例		见标注
审　核	刘　涛	日　期		2010 年 3 月
审　定	陈港泉	共 44 张		第 12 张

图 1-111　六号墓中室北壁现状调查图

多，墓道口周边受压破损较严重，边沿处局部脱落严重。表面颜料层局部零星脱落，东侧下部砖边沿层脱落。

西壁：有五层画像，共85块，其中有完整画面的27块。整壁条形构造砖裂缝较多，局部受压破损，中部有耳室，周边破损严重。画像砖表面颜料层零星脱落，中下部画面模糊不清。南侧中部画像砖受压变形、错位。

北壁：有五层画像砖，共25块，其中有完整画面的10块，整壁构造砖裂缝较多，尤其在墓道口两侧条形构造砖块裂缝严重，多处受压脱落，上部与西壁中上部砖块脱落。表面颜料层局部零星脱落。

B. 中室

东壁：有四层画像砖，共60块，其中有完整画面的24块，整壁构造裂缝较多，局部脱落。中上部条形构造砖块受压裂缝错位鼓起，上部有两个砖块脱落，中部脱落的砖块掉落在地面上。表面颜料层局部零星脱落。

南壁：有五层画像砖，共28块，其中有完整画面的8块，整壁构造砖裂缝较多，局部脱落，墓道口周边受压破损较严重，东侧中部小方孔周边受压变形破损严重。表面颜料层砖体边沿处零星胶落。

西壁：有五层画像砖，共62块，其中有完整画面的15块。整壁构造砖裂缝较多，局部脱落。中部有耳室，周边受压破损较严重。表面颜料层零星脱落，南侧下部砖块表面有一大片脱落。

北壁：有三层画像砖，共16块，其中有完整画面的8块，整壁构造砖裂缝较多，局部脱落，墓道口两侧脱落严重，上部有两处砖体脱落，拐处砖体变形。表面颜料层画像砖边沿脱落。

C. 后室

南壁：有五层画像砖，共88块，其中有完整画面的有30块。整壁构造砖裂缝较多，局部脱落。表面颜料层零星脱落，西侧中部一块砖体表面颜料层起甲，下部砖画面模糊不清。

七号墓画像砖状况如图1-112～图1-119所示。图1-120、图1-121为七号墓部分病害现状调查图。

3）壁画病害成因初步分析

六、七号墓画像砖存在的病害主要有画面起甲、霉变、酥碱等，这些病害的形成原因是多方面的，具体分析如下。

A. 起甲

从现场调查来看，六、七号墓砖壁画起甲的原因主要有两种：一是由于砖体受到挤压，砖体破碎而导致的起甲；另一种是由于颜料胶结层老化，颜料层脱离砖体而形成的起甲。

图 1-112　七号墓中室东壁南侧破损错位

图 1-113　七号墓中室东壁中下部裂缝

图 1-114　七号墓中室南壁西侧中部破损

图 1-115　七号墓前室南壁墓道口东侧裂缝

图 1-116　七号墓中室西壁南侧受压破损

图 1-117　七号墓中西壁南侧中部受压破损

图 1-118　七号墓后室南壁中部受压破损

图 1-119　七号墓后室南壁西侧颜料层起甲

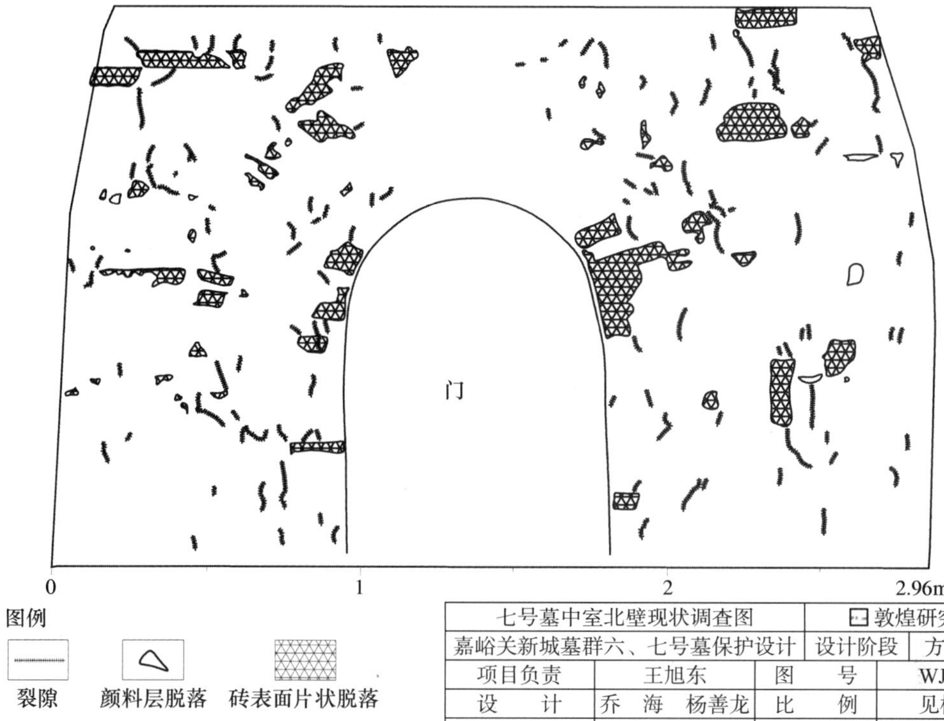

七号墓中室北壁现状调查图		⊡ 敦煌研究院	
嘉峪关新城墓群六、七号墓保护设计		设计阶段	方案设计
项目负责	王旭东	图　　号	WJM-2
设　　计	乔　海　杨善龙	比　　例	见标注
审　　核	刘　涛	日　　期	2010 年 3 月
审　　定	陈港泉	共 44 张	第 21 张

图 1-120　七号墓中室北壁现状调查图

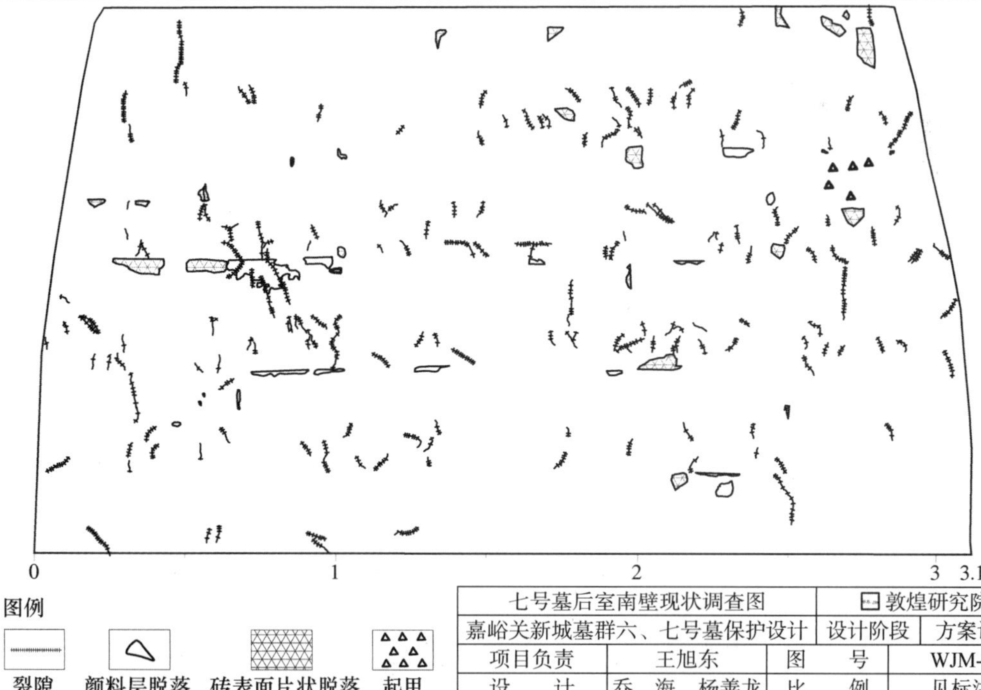

七号墓后室南壁现状调查图		⊡ 敦煌研究院	
嘉峪关新城墓群六、七号墓保护设计		设计阶段	方案设计
项目负责	王旭东	图　　号	WJM-2
设　　计	乔　海　杨善龙	比　　例	见标注
审　　核	刘　涛	日　　期	2010 年 3 月
审　　定	陈港泉	共 44 张	第 25 张

图 1-121　七号墓后室南壁现状调查图

B. 霉变

墓室处于地下高温、潮湿（相对地表）的环境，这种环境非常有利于霉菌的生长和增殖。在适宜的环境条件下，沉降在壁画表面的微生物孢子可以萌发，并利用壁画胶结材料中的有机成分进行生长、扩散、繁衍。

C. 酥碱

酥碱病害就是水盐运移的一种表现，在砖体和开凿墓室的沙砾岩中含有一定的易溶盐，这些易溶盐在水汽及地表水下渗的作用下运移至墓室，然后水汽从墓室蒸发，盐分迁移至砖表面，使画面出现酥碱病害。

第2章　环境调查研究

文物赋存环境的不稳定性严重影响了文物的安全。温湿度尤为重要，它们对文物中的物理化学反应过程有着很大的影响。较高的温度会加速物理反应的过程，同时也会导致文物中水汽渗透率的加速，从而破坏文物中的湿度平衡，加速文物的破损。另外，温度越高，污染气体的挥发也会越快，导致文物周围的空气环境不断恶化，使文物的老化进程加速。由于文物制作材料不尽相同，当外界温度发生变化时，不同材料的膨胀系数不同，产生的热应力也会不同，当到达某个临界值时，会导致文物产生形变，最终导致文物的损坏。湿度对文物的影响同样很大，当湿度升高时，文物会吸水膨胀，湿度降低时，文物会失水收缩，从而导致文物的弯曲、错位、破裂等。湿度同样会引起可溶盐溶解、结晶、运移，导致文物劣化。此外，微生物的生长繁殖和湿度环境息息相关，过高的湿度会加快文物的虫蛀和霉变。因此，掌握文物赋存环境的温湿度分布状况，是保护文物的前提。

2.1　莫高窟第 465 窟

2.1.1　第 465 窟微环境特征研究

课题组在 465 窟不同位置、不同高度布设温湿度监测仪，分析洞窟内不同层位、不同深度微环境监测数据，研究温湿度分布特征，以期为莫高窟的预防性保护和开放管理提供科学依据。

1. 监测方法

1）仪器型号

美国 ONSET 公司生产的 U23 系列温湿度记录仪（图 2-1、图 2-2）。

2）布设

布设 34 枚温湿度监测仪，用以监测洞窟空间各方位温度及其相对湿度，其中，前室布点 4 处、甬道 1 处、主室 6 处，分不同高度布设，具体布设位置如表 2-1、图 2-3、图 2-4 所示。

图 2-1　前室监测仪

图 2-2　主室监测仪布设

表 2-1　监测仪编号及布设位置

监测仪位置		监测仪编号
前室东壁	地面	AE1
	距地面 1.8m	AE2
	距地面 3.6m	AE3
前室东北角	地面	ANE1
	距地面 1.8m	ANE2
	距地面 3.6m	ANE3
前室中央	地面	AC1
	距地面 1.8m	AC2
	距地面 3.6m	AC3
	距地面 4.6m	AC4
前室西壁	地面	AW1
	距地面 1.8m	AW2
	距地面 3.6m	AW3
甬道	地面	Y1
	距地面 1.8m	Y2
	距地面 2.9m	Y3
主室东披	地面	PE1
	距地面 1.8m	PE2
	距地面 3.6m	PE3
主室东南角	地面	SE1
	距地面 1.8m	SE2
	距地面 3.6m	SE3
主室中央	距地面 1.8m	C1
	距地面 3.6m	C2
	距地面 5.5m	C3

续表

监测仪位置		监测仪编号
主室西北角	地面	NW1
	距地面 1.8m	NW2
	距地面 3.6m	NW3
主室西披	地面	PW1
	距地面 1.8m	PW2
	距地面 3.6m	PW3
主室西壁	地面	W1
	距地面 1.8m	W2
	距地面 3.6m	W3

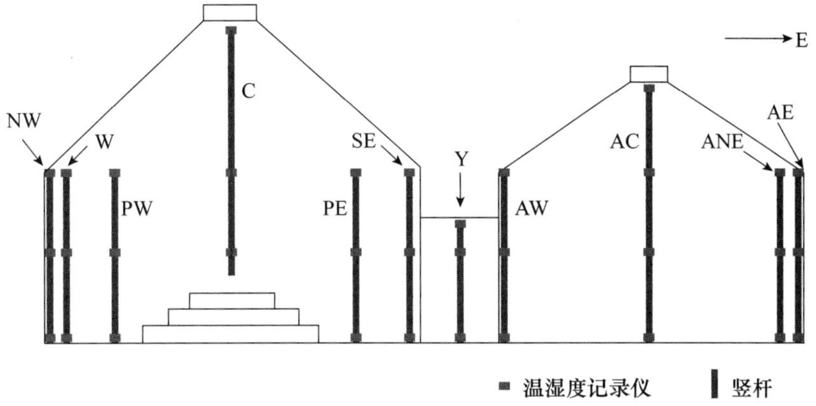

图 2-3　第 465 窟剖面图及监测仪布设

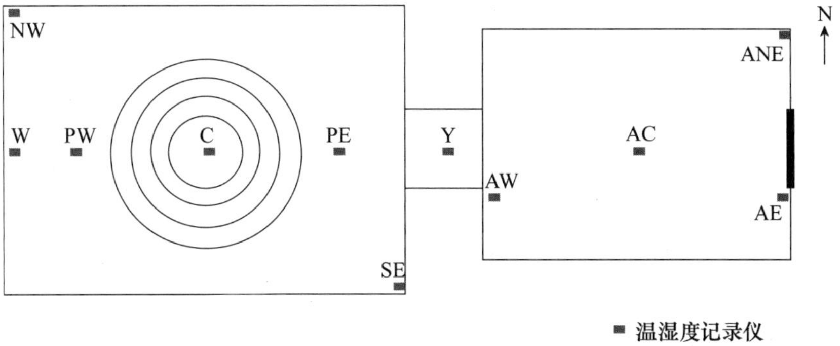

图 2-4　第 465 窟平面图及监测仪布设

3）监测周期

监测从 2016 年 1 月 1 日开始至 2016 年 12 月 31 日止，数据采集时间间隔为 5min，数据处理及图表绘制使用 MS Excel 软件。2016 年 465 窟为非开放洞窟，除偶有工作人员进入外，其他时间均处于关闭状态。

2. 监测结果分析

1）洞窟内外温湿度统计

课题组对465窟内外温湿度监测数据进行统计，得到各监测点温度和相对湿度的年平均值、最大值以及日较差年平均值和最大值（表2-2）。从表2-2中可以看出，窟外年平均温度和年平均相对湿度分别为12.1℃和31.9%，温度日较差和相对湿度日较差年平均值依次为11.1℃和27.8%。窟内34个监测点的年平均温度范围为13.5～16.4℃，年平均相对湿度范围为24.1%～29.2%，温度日较差年平均值范围为0.2～3.1℃，相对湿度日较差年平均值范围为2.0%～7.3%。窟外年平均温度低于窟内1.4～4.3℃，窟外年平均相对湿度高于窟内2.7%～7.8%，窟内温度日较差和相对湿度日较差年平均值均显著低于窟外，这表明窟内温度和相对湿度较为恒定，日波动幅度很小。同时，还可以看出大体上距离窟门越近的监测点其温度和相对湿度日较差越大，反之则越小。

表2-2　温度和相对湿度统计

监测点	温度（℃）				相对湿度（%）			
	年平均值	年最大值	日较差年平均值	日较差年最大值	年平均值	年最大值	日较差年平均值	日较差年最大值
窟外	12.1	42.2	11.1	19.1	31.9	100.0	27.8	99.7
AE1	13.5	27.3	3.1	9.8	28.3	67.7	7.3	25.9
AE2	16.0	31.3	2.2	8.0	24.9	62.2	4.5	18.3
AE3	16.3	31.0	1.5	7.5	24.1	59.6	4.2	16.7
ANE1	14.4	24.2	0.8	3.3	26.7	55.7	3.2	13.0
ANE2	15.8	29.1	1.0	5.8	24.9	59.9	3.4	13.9
ANE3	16.1	31.1	1.1	7.7	24.3	57.2	3.6	15.9
AC1	13.6	23.4	1.8	5.8	28.1	61.0	4.5	18.5
AC2	15.9	29.0	1.2	6.6	25.7	61.9	4.0	16.9
AC3	16.0	30.2	1.4	7.6	24.8	60.6	4.3	17.0
AC4	16.4	31.5	1.6	8.6	24.2	60.7	4.7	18.3
AW1	14.1	21.2	0.8	3.3	28.2	63.0	3.2	13.5
AW2	15.6	28.5	1.1	6.4	25.5	62.5	4.1	17.1
AW3	16.0	29.9	1.3	7.5	24.7	61.6	4.4	17.5
Y1	13.6	20.3	0.7	4.2	29.2	65.9	2.8	14.0
Y2	14.8	21.2	0.4	3.4	27.8	67.3	2.7	13.3
Y3	15.7	26.2	0.8	5.4	26.4	63.6	3.1	14.0
SE1	14.3	19.5	0.2	2.3	28.9	66.9	2.1	9.4
SE2	14.8	20.4	0.3	2.4	28.3	69.0	2.7	13.0

续表

监测点	温度（℃）				相对湿度（%）			
	年平均值	年最大值	日较差年平均值	日较差年最大值	年平均值	年最大值	日较差年平均值	日较差年最大值
SE3	15.0	21.0	0.3	2.5	28.2	69.3	2.5	13.9
PE1	14.0	19.8	0.5	2.6	28.5	66.4	2.3	10.3
PE2	14.8	20.8	0.3	3.1	28.2	69.1	2.7	13.7
PE3	15.2	22.9	0.5	3.7	27.6	67.7	2.6	13.2
C1	14.8	20.0	0.2	1.7	28.0	68.5	2.5	12.2
C2	15.0	21.3	0.3	2.7	28.2	69.3	2.5	13.6
C3	15.2	22.4	0.4	3.4	27.9	69.0	2.6	13.8
PW1	14.4	18.7	0.2	1.9	28.7	67.6	2.0	10.4
PW2	14.8	20.4	0.3	2.5	28.5	70.3	2.7	13.5
PW3	15.0	21.3	0.3	2.8	28.0	69.4	2.6	14.1
NW1	14.2	19.0	0.3	2.2	29.8	70.5	2.4	11.2
NW2	14.7	20.5	0.3	2.8	28.5	70.6	2.8	13.6
NW3	15.0	21.4	0.3	3.1	28.1	70.1	2.6	13.9
W1	14.4	18.7	0.2	1.8	29.3	70.0	2.2	11.3
W2	14.8	20.3	0.3	2.6	28.7	71.6	2.8	13.7
W3	15.0	21.4	0.4	2.9	28.1	69.7	2.6	13.8

2）洞窟内温度分布特征

A. 纵深方向温度分布规律

从图2-5～图2-7可以看出，监测时段内第465窟地面层、中层（距地面1.8m）、上层（距地面3.6m）各监测点的温度变化趋势基本一致，大致呈半波正弦曲线变化，具体表现为1月份呈下降趋势，2月初开始上升，至8月初达到最高峰，此后又逐渐下降，全年1月底温度最低，8月初温度最高。

前室和主室这两个相对独立的空间温度差异明显，前室和主室全年温差为零的临界点出现在3月底和10月底，在临界点之间的时间段内，由前室东壁至主室西壁温度逐渐下降，而临界点之外的时间段则呈相反趋势，即由前室东壁至主室西壁温度逐渐升高。前室温度波动幅度明显大于主室，且层位越高，前室和主室其各自空间内由东至西各监测点的温度差异越小，即随着层位上升，洞窟内纵深方向的温度分布越来越趋向均匀。

由前述分析可知前室、主室内东西壁两处的温差最大，因此，以东西壁月平均温差来反映前室、主室以及整个洞窟纵深方向的温度波动幅度，如图2-8～图2-10所示。从图中可以看出，监测时段内第465窟地面层、中层（距地面1.8m）、上层（距地面3.6m）东西壁温差变化规律一致，均表现为前室东西壁温差大于主室东西壁温差，且呈现层位越高东西壁温差越小的趋势。

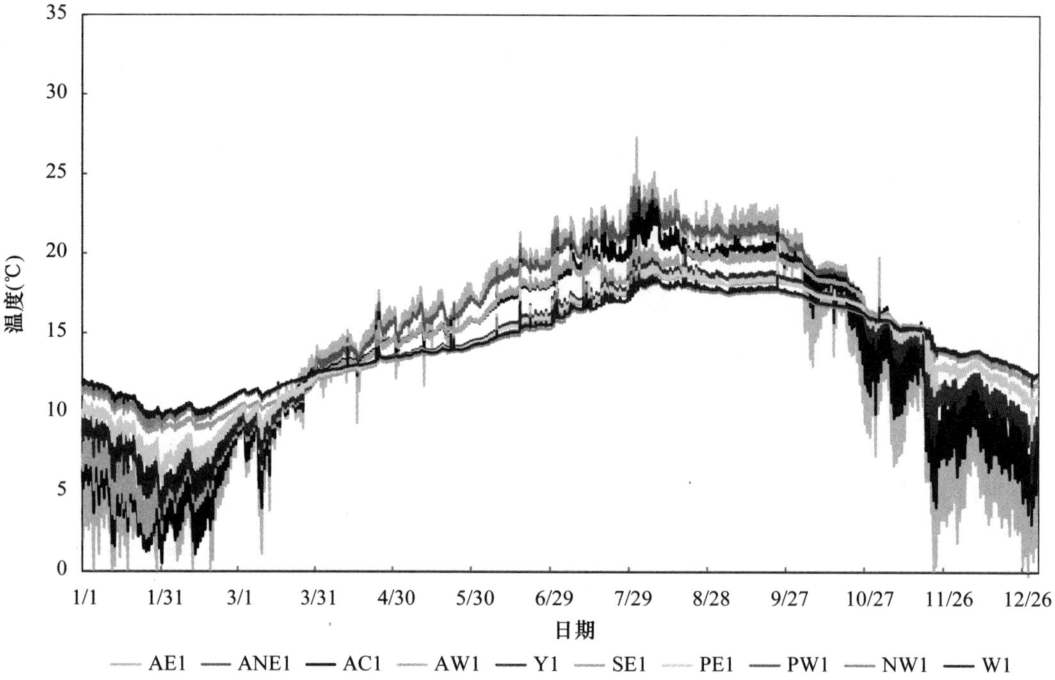

图 2-5　第 465 窟地面层温度变化曲线

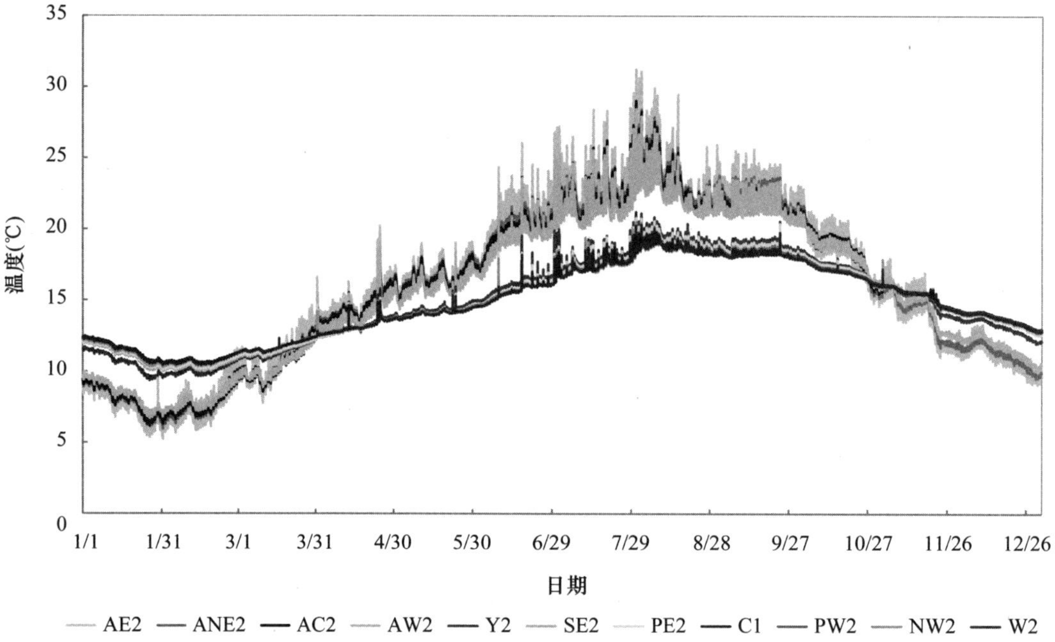

图 2-6　第 465 窟中层温度变化曲线

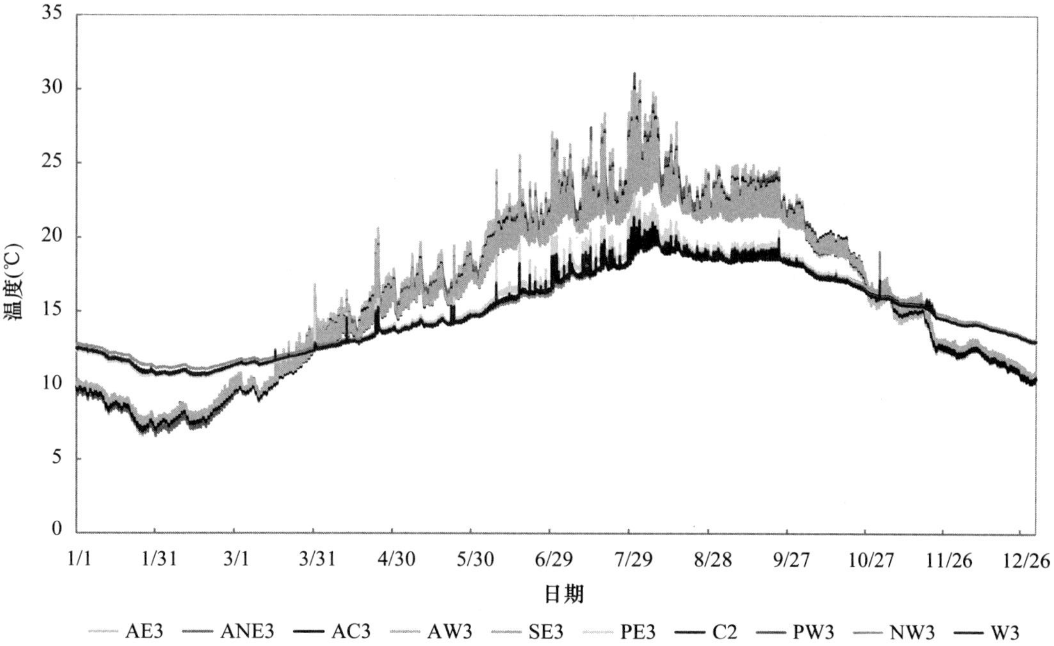

图 2-7　第 465 窟上层温度变化曲线

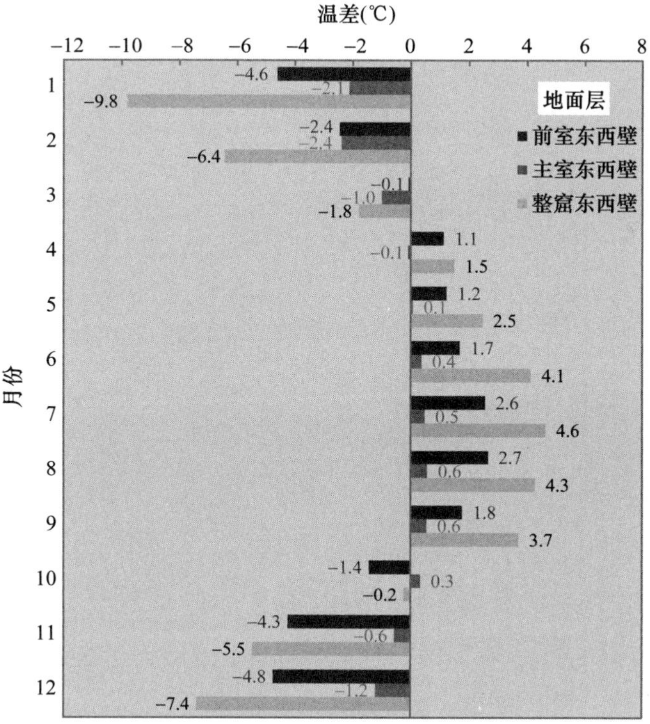

注：图中所示温差$\Delta T = T_{东壁} - T_{西壁}$

图 2-8　第 465 窟地面层东西壁温差

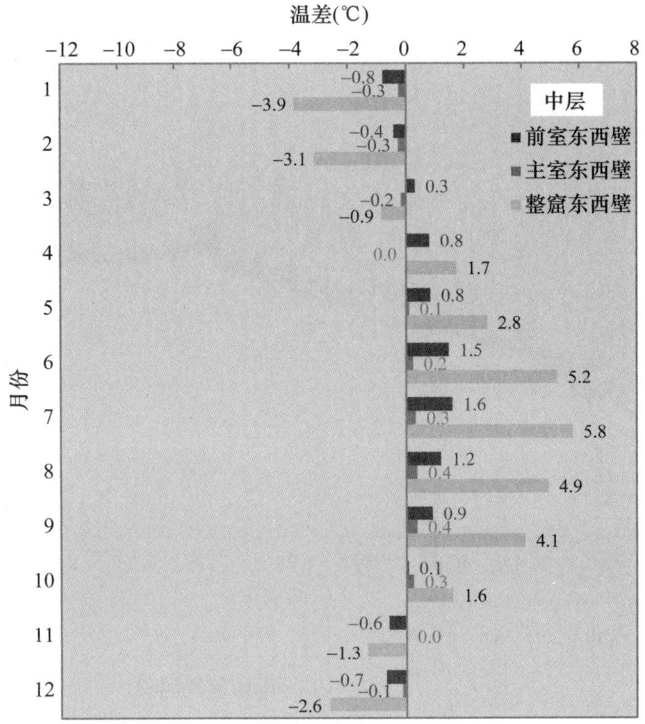

注：图中所示温差$\Delta T = T_{东壁} - T_{西壁}$

图 2-9　第 465 窟中层东西壁温差

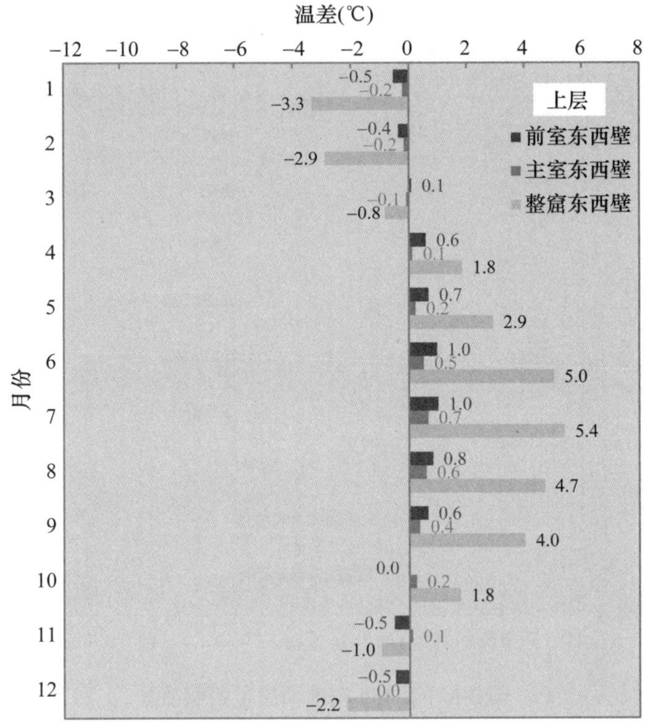

注：图中所示温差$\Delta T = T_{东壁} - T_{西壁}$

图 2-10　第 465 窟上层东西壁温差

主室地面层、中层（距地面 1.8m）、上层（距地面 3.6m）东西壁月平均温差年最大值依次为 2.4℃、0.4℃、0.7℃，前室依次为 4.8℃、1.6℃、1.0℃，整窟依次为 9.8℃、5.8℃、5.4℃。这表明前室和主室在各自相对独立的空间范围内，其 1.8m 以上纵深方向的温度分布极为均匀，但就整个洞窟而言东西两端温度仍存在较大差异。

资料显示前室体积约为 154.7m^3，主室约为 278.2m^3，主室体积为前室的 1.8 倍，但其东西壁温差却小于前室，这表明前室与主室之间的分隔墙体能够很好地缓冲外界环境对主室的影响，使得主室温度在时间和空间上都更为稳定。

B. 垂直方向温度分布规律

图 2-11～图 2-13（图版一～图版三）为第 465 窟垂直方向温度分布情况，我们分别选取前室中央、主室中央以及甬道的监测点进行讨论。从图中可以看出此三处垂直方向温度变化规律相似，均表现为由低到高温度不断上升。前室中央地面层温度明显小于中上层，但中上层各层位之间的温度非常接近。甬道垂直方向的温度变化规律与前室大体相同，主室中央中上层各层位间温差极小，这表明洞窟内 1.8m 以上空间，其垂直方向的温度分布极为均匀。

此外，从图中还可以看出洞窟内外温度变化趋势一致，但窟外温度波动幅度远远大于窟内。3 月底和 9 月底是洞窟内外温差为零的临界点，在临界点之间的时间段，窟外温度高于窟内，前室中央、甬道、主室中央中层至顶层的温度均受窟外影响而波动，且波动幅度与洞窟内外温差成正比。在临界点之外的时间段，窟外温度低于窟内，前室中央地面层温度受窟外环境影响而大幅波动，波动程度与洞窟内外温差成正比。这些特征表明在洞窟内外进行空气交换时，若窟外温度高于窟内，窟外暖空气进入洞窟，会在 1.8m 以上层位形成较强气流，若窟外温度低于窟内，窟外冷空气进入

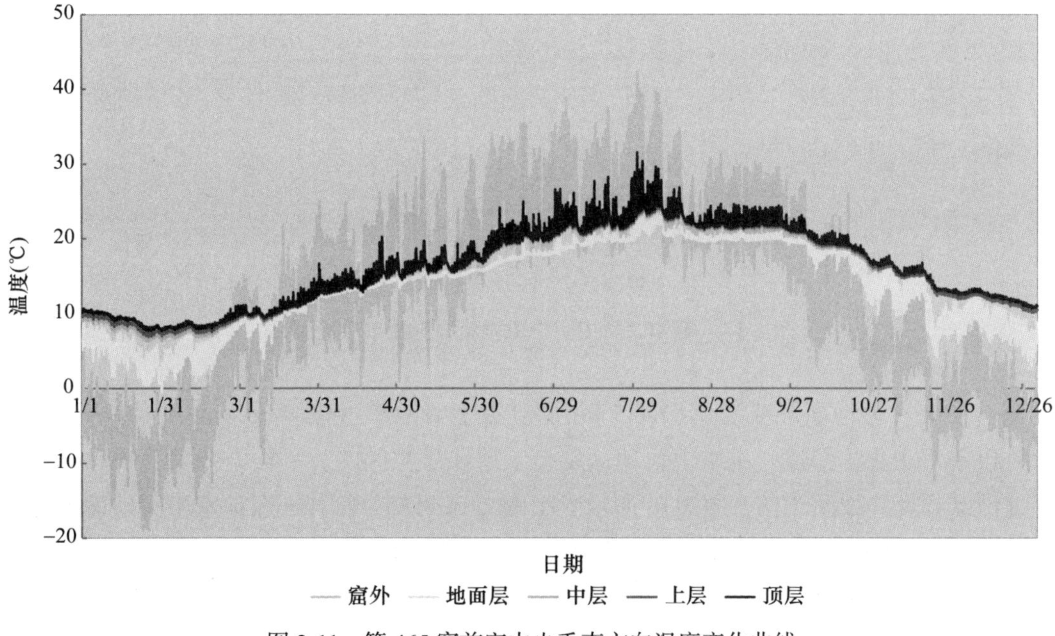

图 2-11 第 465 窟前室中央垂直方向温度变化曲线

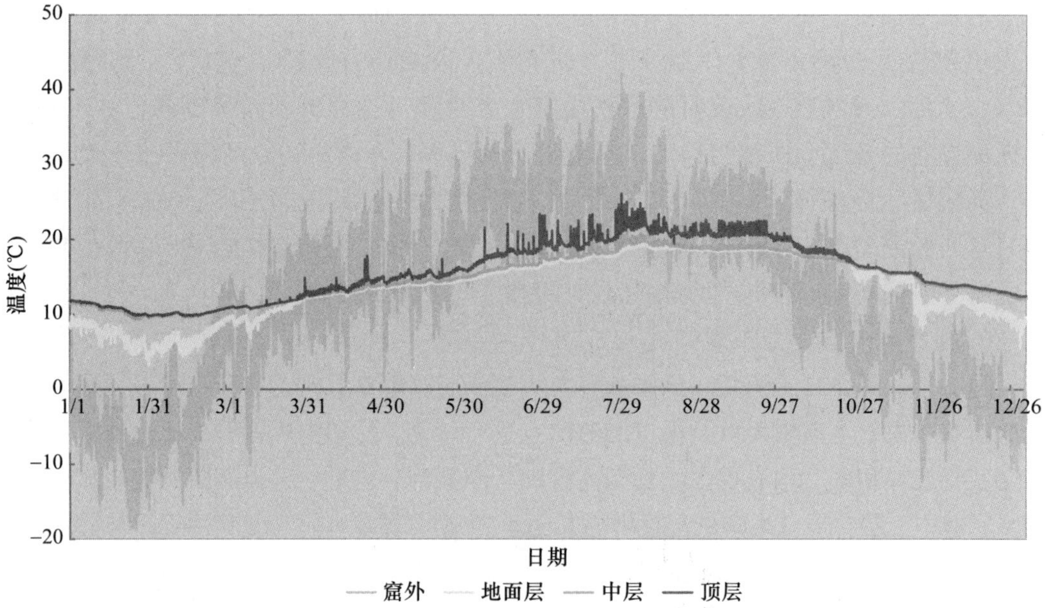

图 2-12　第 465 窟甬道垂直方向温度变化曲线

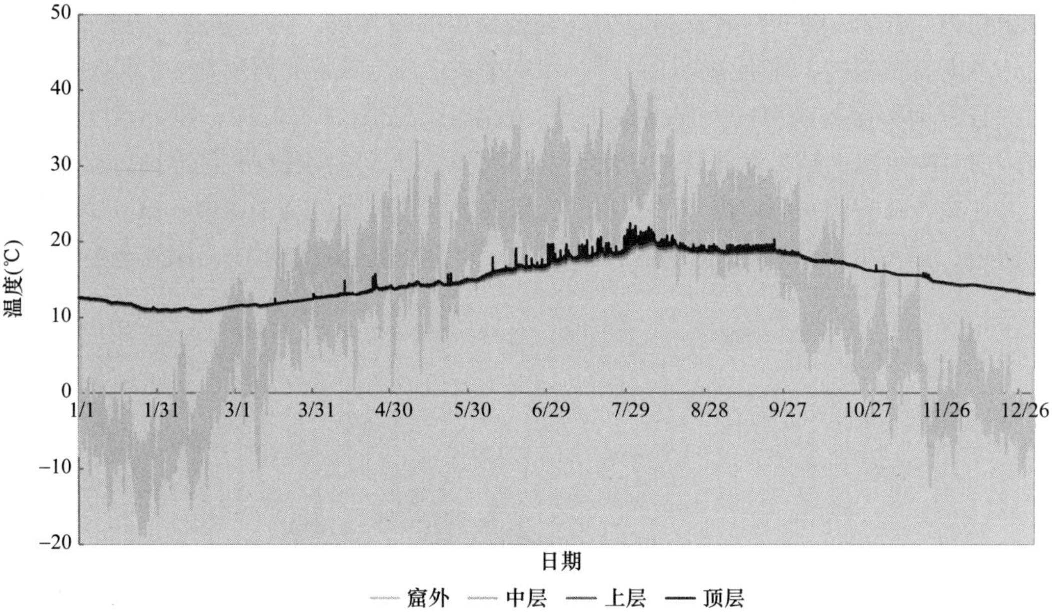

图 2-13　第 465 窟主室中央垂直方向温度变化曲线

洞窟，主要在近地面形成气流，对 1.8m 以上层位不会产生显著影响。

以前室中央、甬道、主室中央地面层至上层各层位间的月平均温差来反映垂直方向温度波动幅度，如图 2-14～图 2-16 所示。由图 2-14 可知，第 465 窟前室中央地面层至中层（距地面 1.8m）的月平均温差远远大于中层（距地面 1.8m）至上层（距地面 3.6m）。全年地面层至中层的月平均温差最大值为 3.5℃，最小值为 0.7℃，依次出现在 2016 年 1 月和 3 月，而中层至上层的月平均温差最大值为 0.5℃，仅为地面层至中层温差的 1/7。

由图 2-15、图 2-16 可知，前室中央地面层至中层的月平均温差大于甬道月平均温差的时间占全年的 5/6，甬道地面层至中层的月平均温差年最大值为 3.3℃，最小值为 0.2℃。前室中央中层至上层的月平均温差显著大于主室中央的时间为 7 个月，主室中央中层至上层的月平均温差年最大值为 0.4℃，最小值为 0℃。

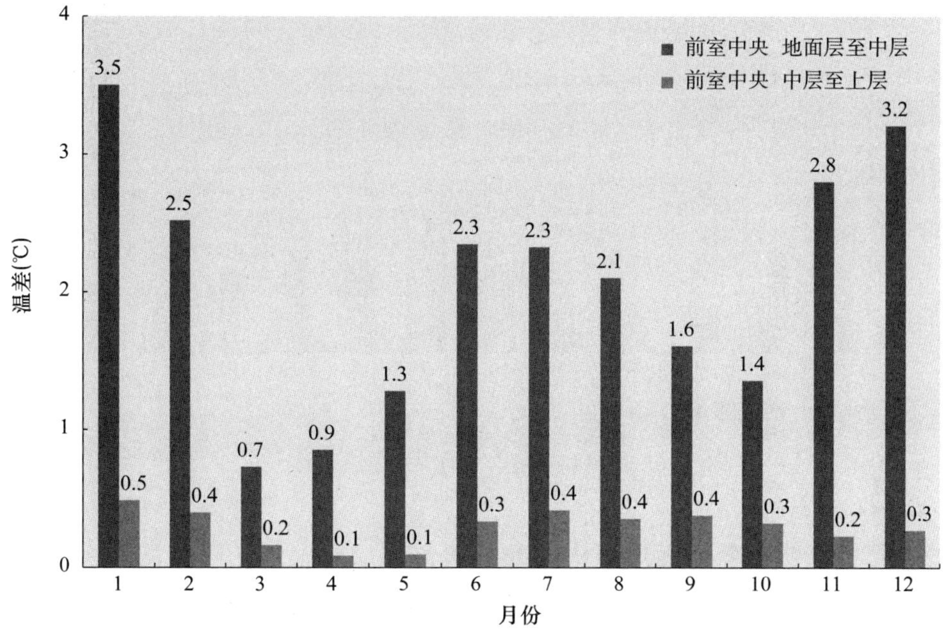

注：图中所示温差$\Delta T=T_{中层}-T_{地面层}$，$\Delta T=T_{上层}-T_{中层}$

图 2-14 第 465 窟前室中央各层位间温差

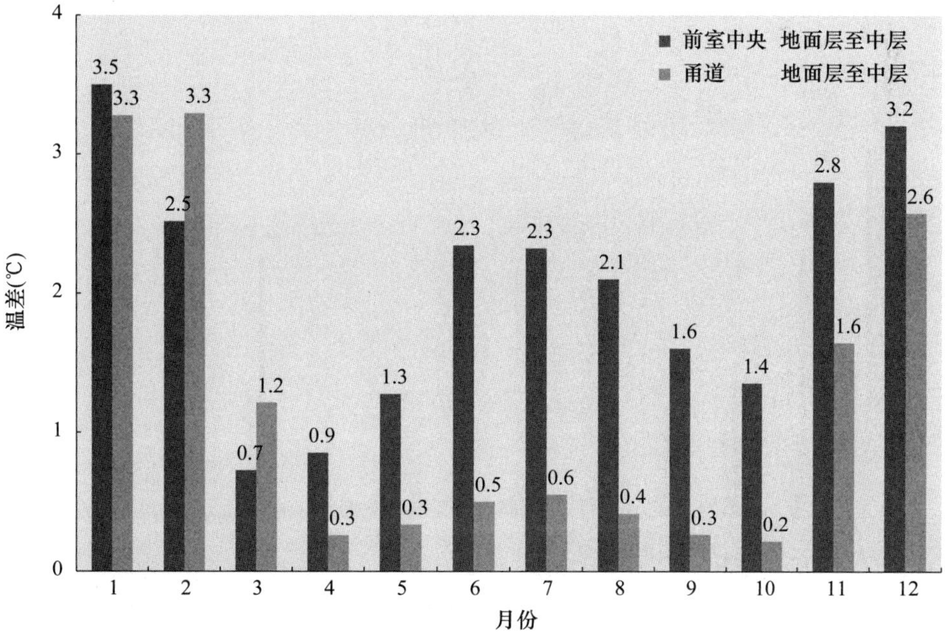

注：图中所示温差$\Delta T=T_{中层}-T_{地面层}$

图 2-15 前室中央和甬道的地面层与中层温差对比

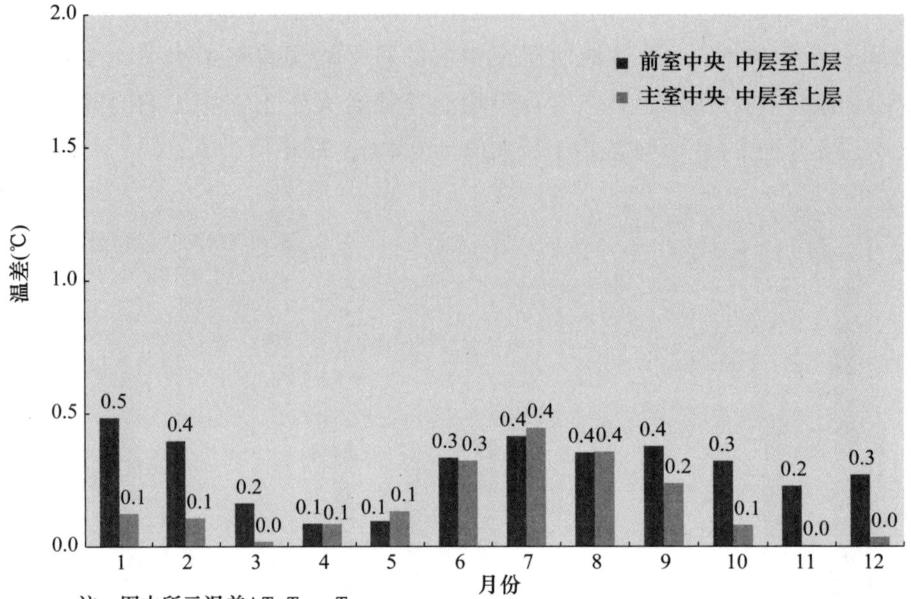

注：图中所示温差$\Delta T=T_{上层}-T_{中层}$

图 2-16　前室和主室中央的中上层温差对比

上述分析表明虽然地面层至中层的距离与中层至上层的距离均为 1.8m，但二者温度分布差异极为明显，距地面 1.8m 至 3.6m 空间范围内，其垂直方向温差小于 1℃，而 1.8m 以下空间范围内，其垂直方向温差最大值大于 3℃。同时，层位间温差大致随洞窟深度的增大而减小。

从图 2-17～图 2-19 中可以看出，前室地面温度日较差月平均值大体呈“U”形，

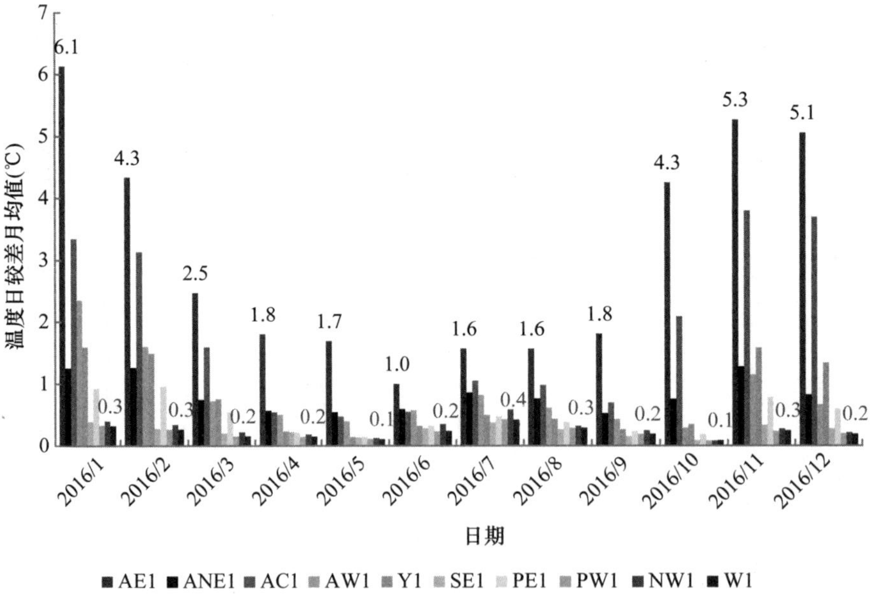

图 2-17　第 465 窟地面层温度日较差月均值

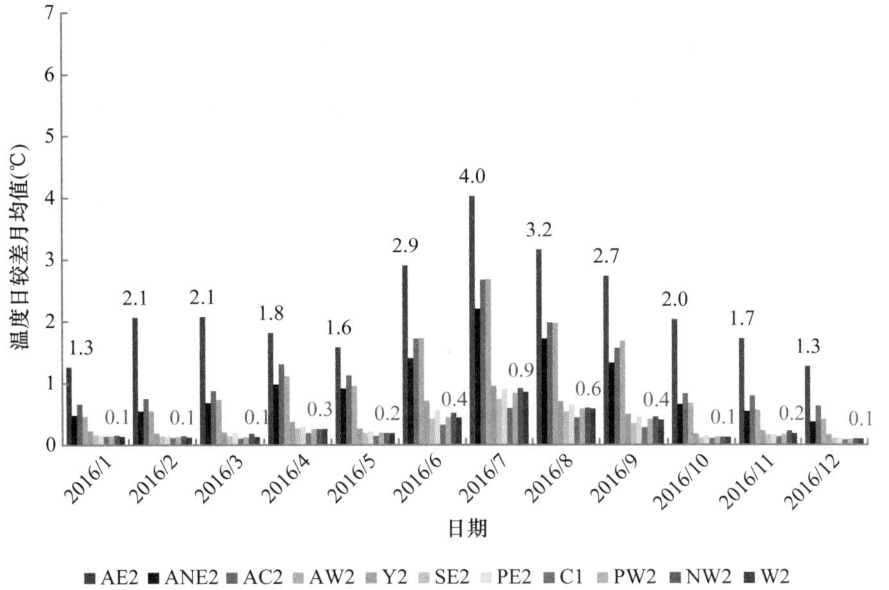

图 2-18　第 465 窟中层温度日较差月均值

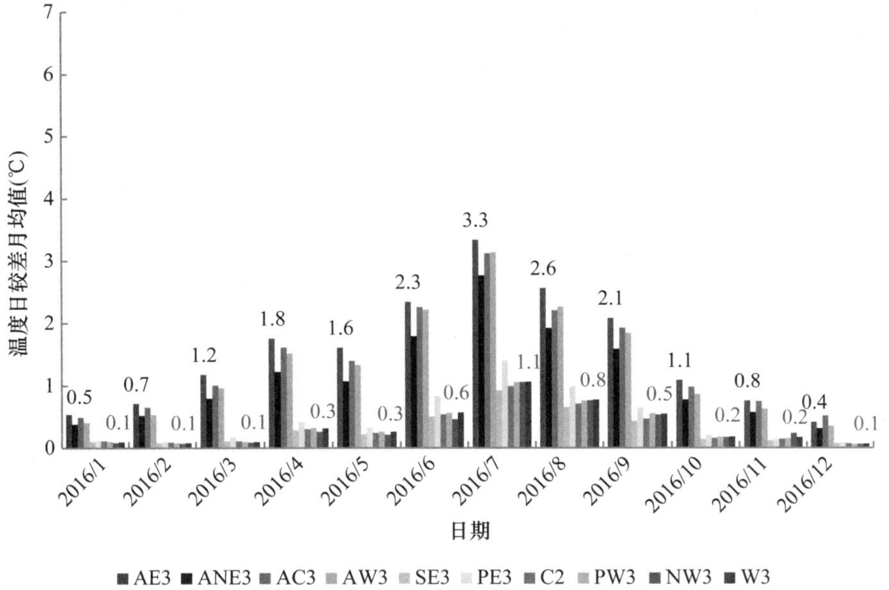

图 2-19　第 465 窟上层温度日较差月均值

表现出两头高中间低的趋势，最大值均出现在 1 月，前室东壁地面最大值为 6.1℃。前室 1.8m、3.6m 以及主室的温度日较差月平均值大体呈“Λ”形，表现为由中间向两边逐渐降低的趋势，最大值出现在 7 月。7 月前室东壁和主室西壁 1.8m、3.6m 处温度日较差月均值依次分别为 4℃、3.3℃和 0.9℃、1.1℃。此外，从图中还可以看出前室温度日波动幅度显著大于主室，1.8m 和 3.6m 处温度日波动水平相当，但随高度升高，前室温度日波动幅度大体呈下降趋势，主室大体呈上升趋势。

3）洞窟内相对湿度分布特征

A. 纵深方向相对湿度变化规律

从图 2-20～图 2-22 可以看出，监测时段内第 465 窟地面层、中层（距地面 1.8m）、上层（距地面 3.6m）各监测点的相对湿度变化趋势基本一致，相对湿度受降雨影响明显，在发生降雨时其会显著升高并出现峰值。2016 年全年降雨 72.5mm，降雨集中在 4～8 月，此时段相对湿度剧烈波动。8 月降雨 45mm，占全年降雨量的 62.1%，故

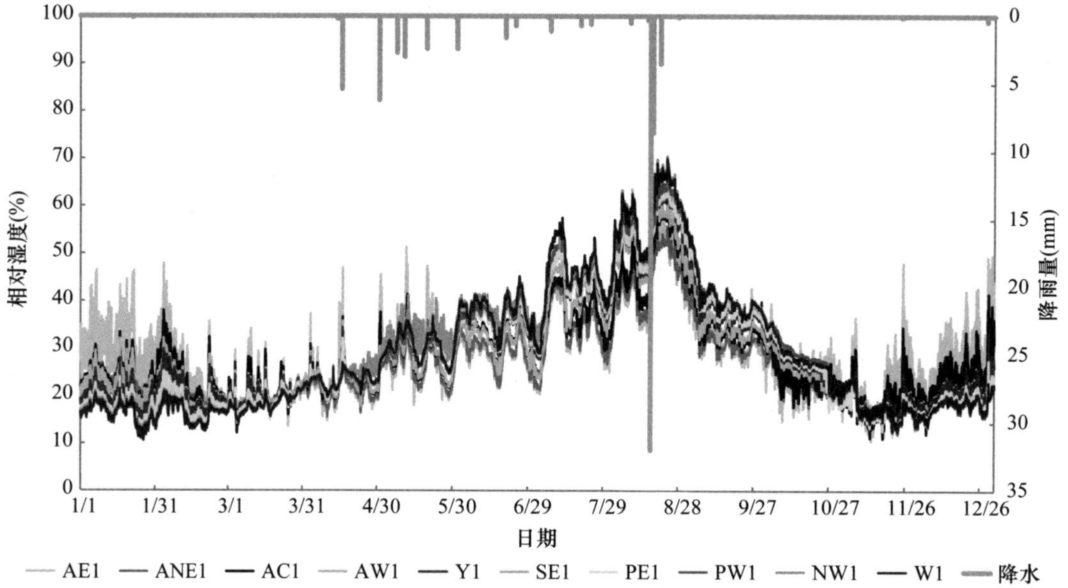

图 2-20　第 465 窟地面层相对湿度变化曲线

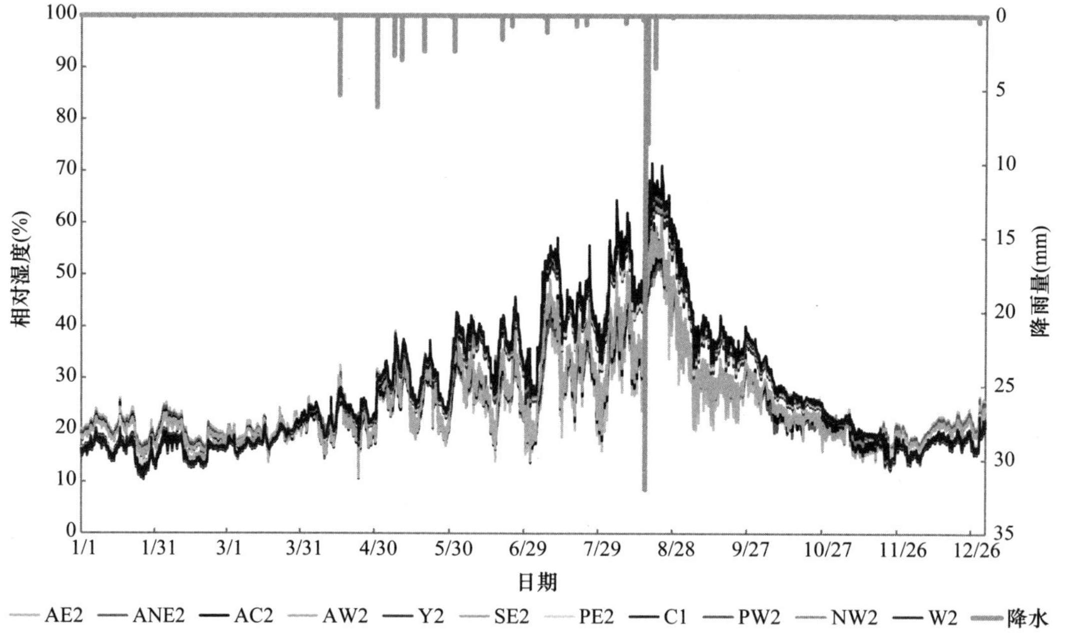

图 2-21　第 465 窟中层相对湿度变化曲线

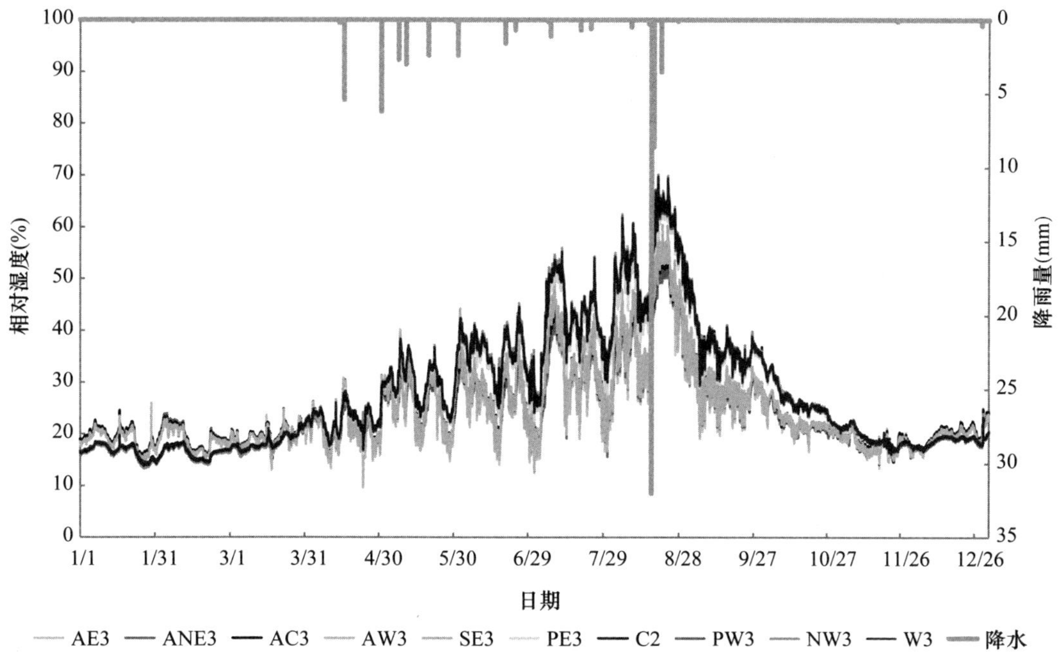

图 2-22 第 465 窟上层相对湿度变化曲线

全年最高相对湿度出现在 8 月。

前室和主室相对湿度差异明显，前室和主室全年相对湿度差为零的临界点出现在 3 月底和 11 月底，临界点之间的时间段，由前室东壁至主室西壁相对湿度逐渐上升，临界点之外的时间段则呈相反趋势，即由前室东壁至主室西壁相对湿度逐渐下降。前室相对湿度波动幅度明显大于主室，且层位越高，前室和主室其各自空间内由东至西各监测点的相对湿度差异越小，即随着层位上升，洞窟内纵深方向的相对湿度分布越来越趋向于均匀。

以东西壁月平均相对湿度差来反映前室、主室以及整个洞窟纵深方向的相对湿度波动幅度，从图 2-23～图 2-25 中可以看出，监测时段内第 465 窟地面层、中层（距地面 1.8m）、上层（距地面 3.6m）东西壁相对湿度差变化规律一致，均表现为前室东西壁相对湿度差大于主室，且呈现层位越高东西壁相对湿度差越小的趋势。

主室地面层、中层（距地面 1.8m）、上层（距地面 3.6m）东西壁月平均相对湿度差年最大值依次为 4.1%、1.7%、1.8%，均出现在 8 月，前室依次为 8.7%、3.0%、2.0%，除地面层最大值出现在 1 月外，中层和上层均出现在 8 月，整窟依次为 14.7%、15.0%、13.2%，出现时间与前室相同。这表明前室和主室在各自相对独立的空间范围内，其 1.8m 以上纵深方向的相对湿度分布极为均匀，但就整个洞窟而言，东西两端相对湿度差异仍不容忽视。

B. 垂直方向相对湿度分布规律

图 2-26～图 2-28 为第 465 窟垂直方向相对湿度分布情况，从图中可以看出前室中央、主室中央以及甬道垂直方向相对湿度变化规律类似，大体表现为由低到高相对

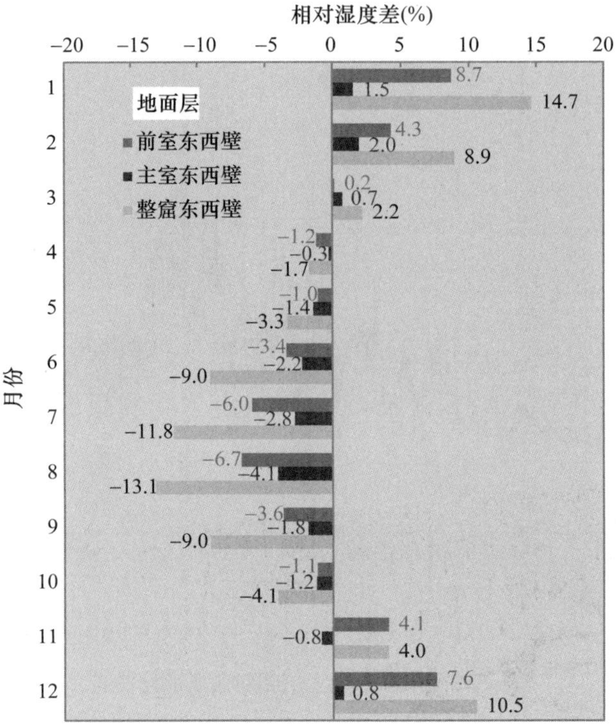

注：图中所示相对湿度差ΔRH=RH$_{东壁}$−RH$_{西壁}$

图 2-23 第 465 窟地面层东西壁相对湿度差

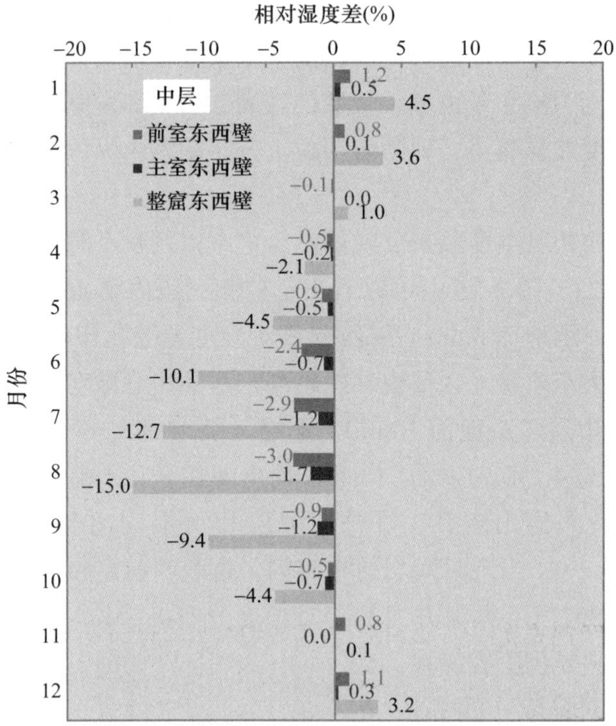

注：图中所示相对湿度差ΔRH=RH$_{东壁}$−RH$_{西壁}$

图 2-24 第 465 窟中层东西壁相对湿度差

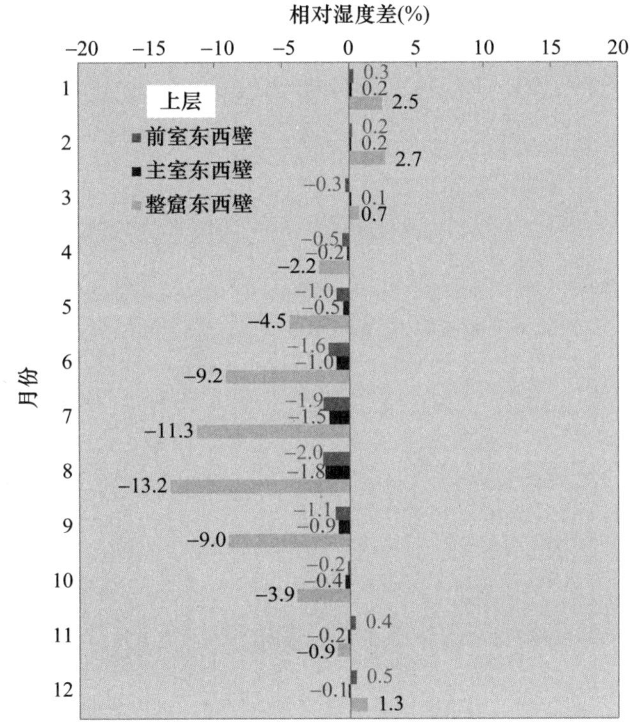

注：图中所示相对湿度差$\Delta RH=RH_{东壁}-RH_{西壁}$

图 2-25　第 465 窟上层东西壁相对湿度差

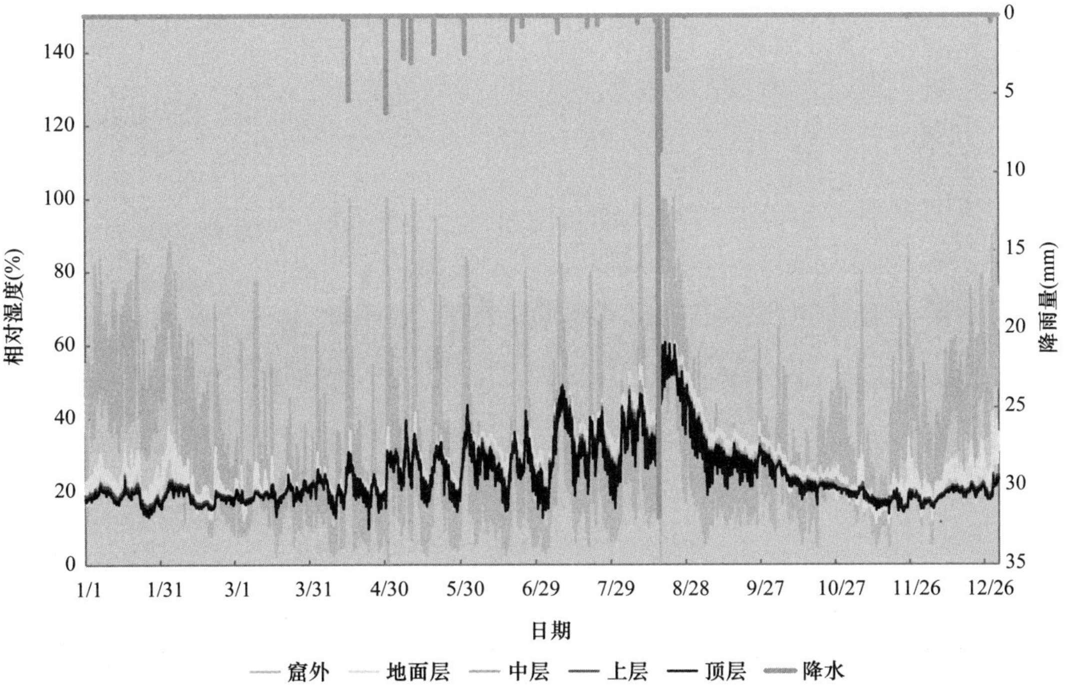

图 2-26　第 465 窟前室中央垂直方向相对湿度变化曲线

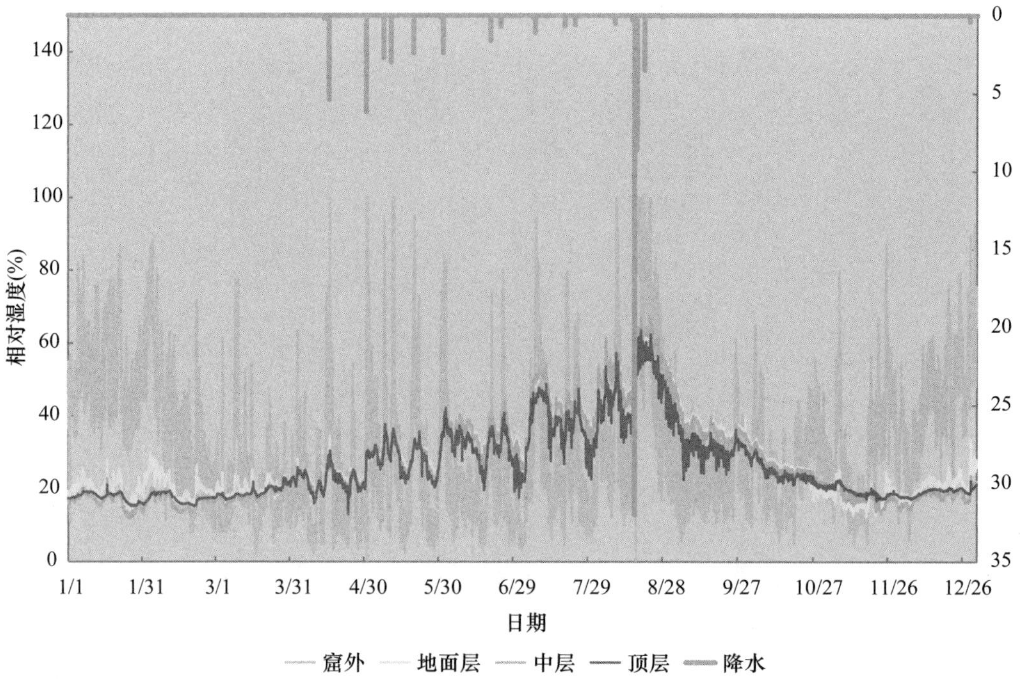

图 2-27　第 465 窟甬道垂直方向相对湿度变化曲线

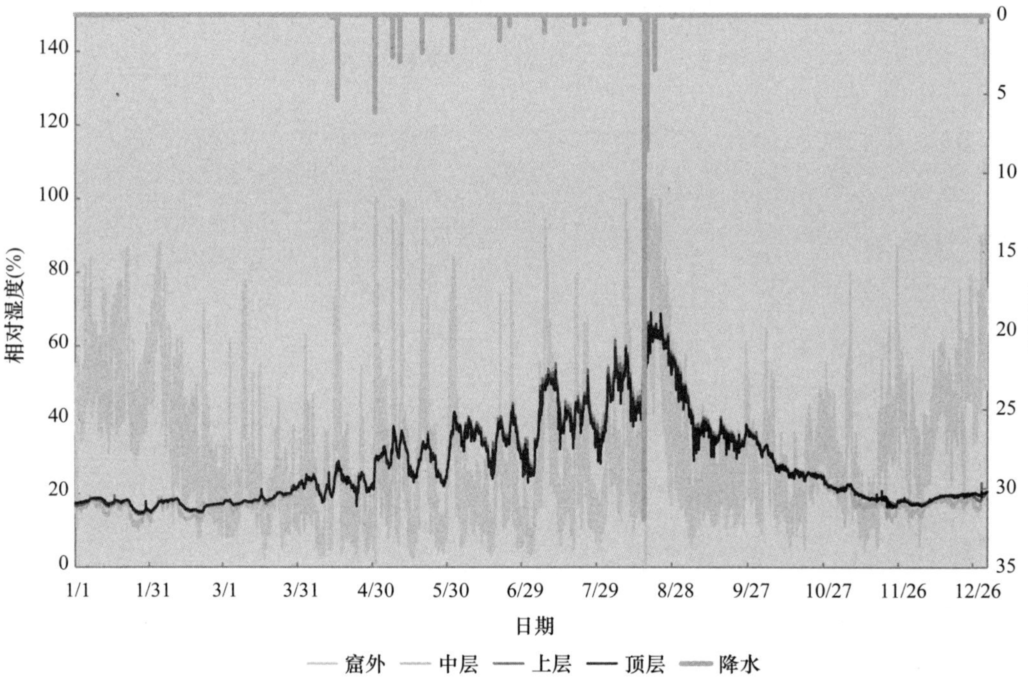

图 2-28　第 465 窟主室中央垂直方向相对湿度变化曲线

湿度逐渐下降。前室中央地面层相对湿度明显高于中上层，但中层至顶层各层位间相对湿度极为接近。甬道垂直方向的相对湿度变化规律与前室大体相同，主室中央中层至顶层各层位间相对湿度差极小，这表明洞窟内 1.8m 以上空间，其垂直方向的相对湿度分布相当均匀。

此外，从图中还可以看出洞窟内外相对湿度变化趋势一致，但窟外相对湿度波动幅度远远大于窟内。洞窟内外相对湿度水平显著受降雨影响，窟外相对湿度因降雨而达到 100% 的天数为 10 天，而洞窟内由于墙体等的阻隔，最高相对湿度未超过 70%。3 月底和 10 月底是洞窟内外相对湿度差为零的临界点，在临界点之间的时间段内且无降雨情况下，窟外相对湿度低于窟内，前室中央、甬道、主室中央中层至顶层的相对湿度均受窟外影响而波动。在临界点之外的时间段，窟外相对湿度高于窟内，前室中央地面层相对湿度受窟外湿度影响而大幅波动。

以前室中央、甬道、主室中央地面层至上层各层位间的月平均相对湿度差来反映垂直方向相对湿度波动程度，如图 2-29～图 2-31 所示。由图 2-29 可知，第 465 窟前室中央地面层至中层（距地面 1.8m）的月平均相对湿度差远远大于中层（距地面 1.8m）至上层（距地面 3.6m）。全年地面层至中层的月平均相对湿度差最大值为 5.1%，出现在 8 月，最小值为 0.9%，出现在 3 月和 11 月，而中层至上层的月平均相对湿度差最大值仅为 1.1%，出现在 8 月和 9 月。

由图 2-30、图 2-31 可知，前室中央地面层至中层的月平均相对湿度差大于甬道的时间比例为 5/6，全年甬道地面层至中层的月平均相对湿度差最大值为 4.2%，最小值为 0.2%。前室中央中层至上层的月平均相对湿度差与主室中央相比，主室中央整体上更大，全年主室中央中层至上层的月平均相对湿度差最大值为 1.8%，出现在 11 月。

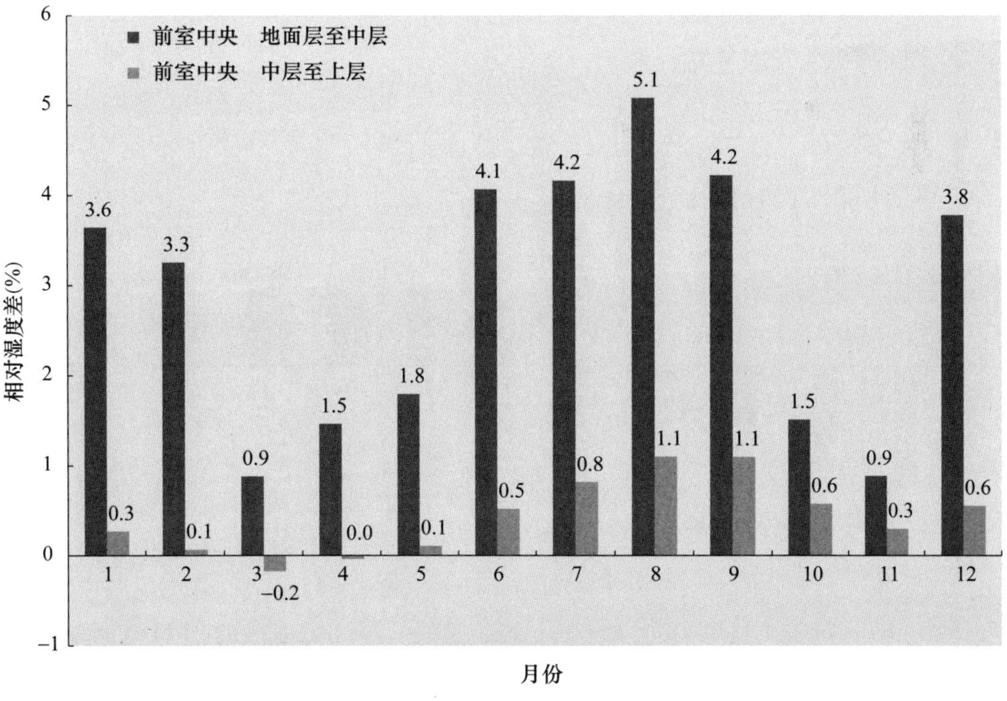

注：图中所示相对湿度差$\Delta RH=RH_{地面层}-RH_{中层}$，$\Delta RH=RH_{中层}-RH_{上层}$

图 2-29　前室中央各层位间相对湿度差

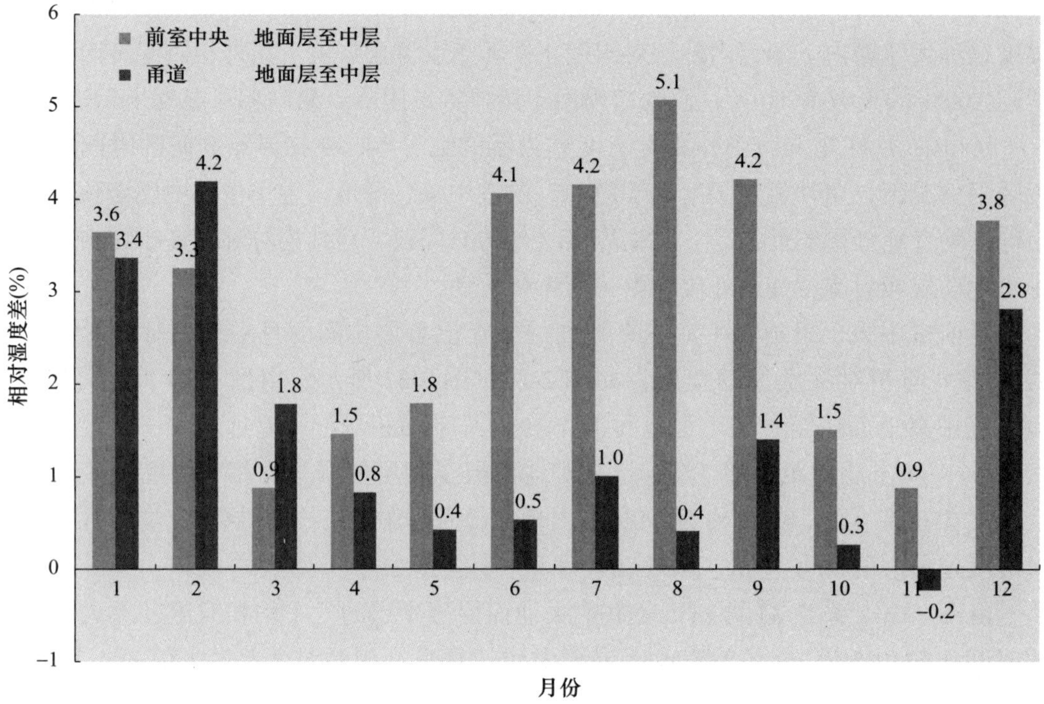

注：图中所示相对湿度差$\Delta RH=RH_{地面层}-RH_{中层}$

图 2-30　前室中央和甬道的地面层与中层相对湿度差对比

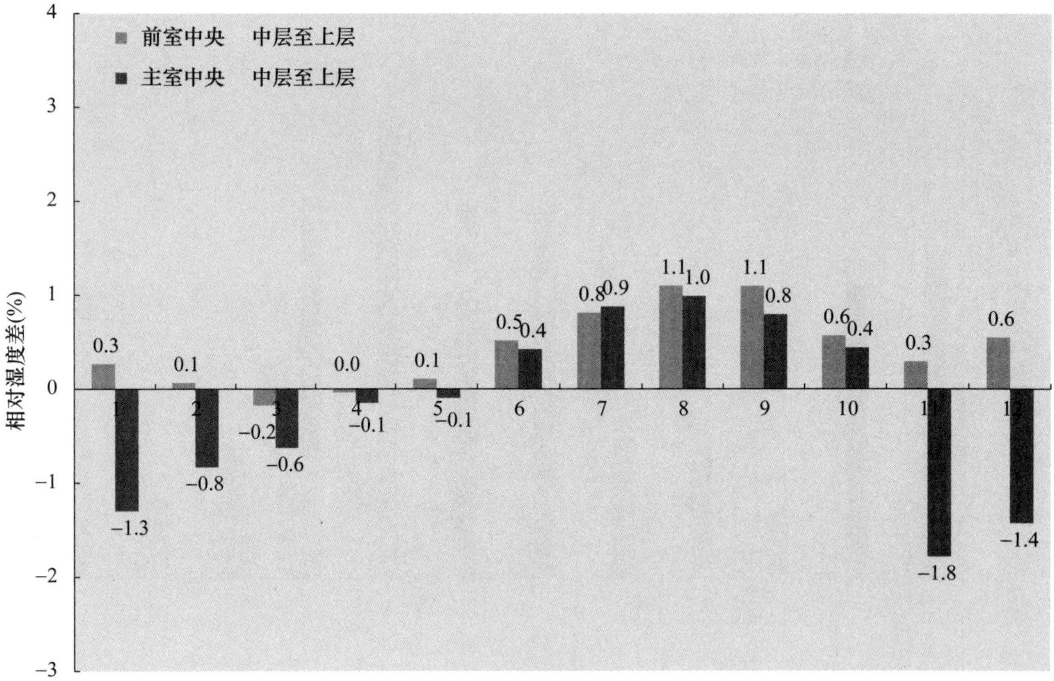

注：图中所示相对湿度差$\Delta RH=RH_{中层}-RH_{上层}$

图 2-31　前室和主室中央的中上层相对湿度差对比

上述分析表明地面层至中层与中层至上层的相对湿度分布差异明显，距地面 1.8m 至 3.6m 空间范围内，其垂直方向相对湿度差小于 2%，而 1.8m 以下空间范围内，其垂直方向相对湿度差最大值为 5.1%。

从图 2-32～图 2-34 中可以看出，前室地面相对湿度日较差月平均值大体呈“U”形，表现出两头高中间低的趋势，最大值均出现在 1 月，其中前室东壁地面最大值为 12.2%。前室 1.8m、3.6m 以及主室的相对湿度日较差月平均值大体呈“Λ”形，表现为

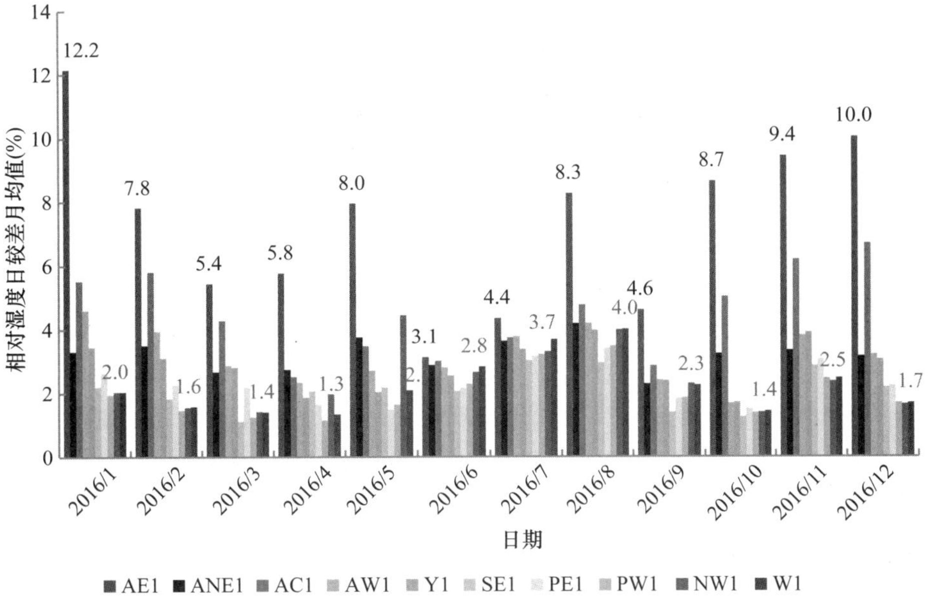

图 2-32　第 465 窟地面层相对湿度日较差月均值

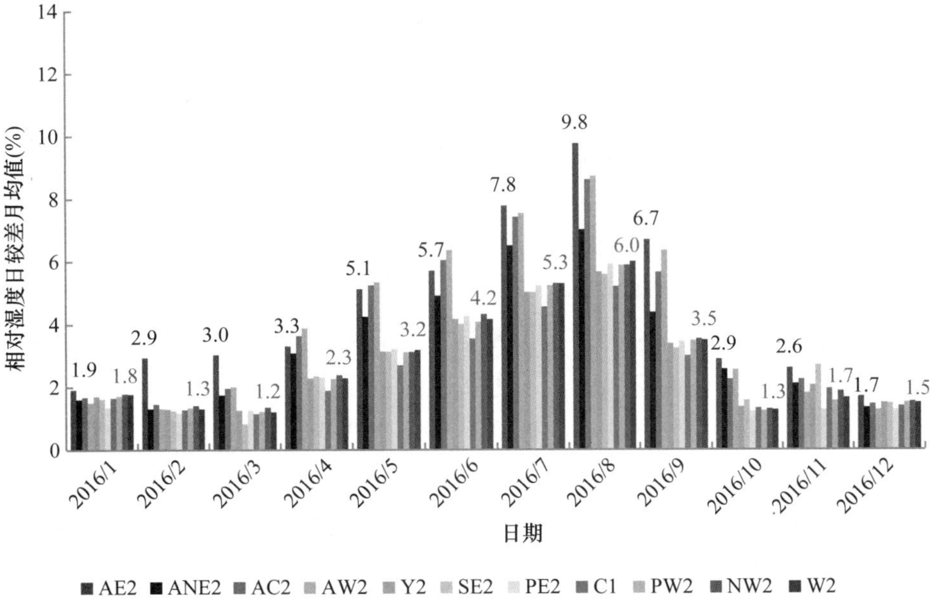

图 2-33　第 465 窟中层相对湿度日较差月均值

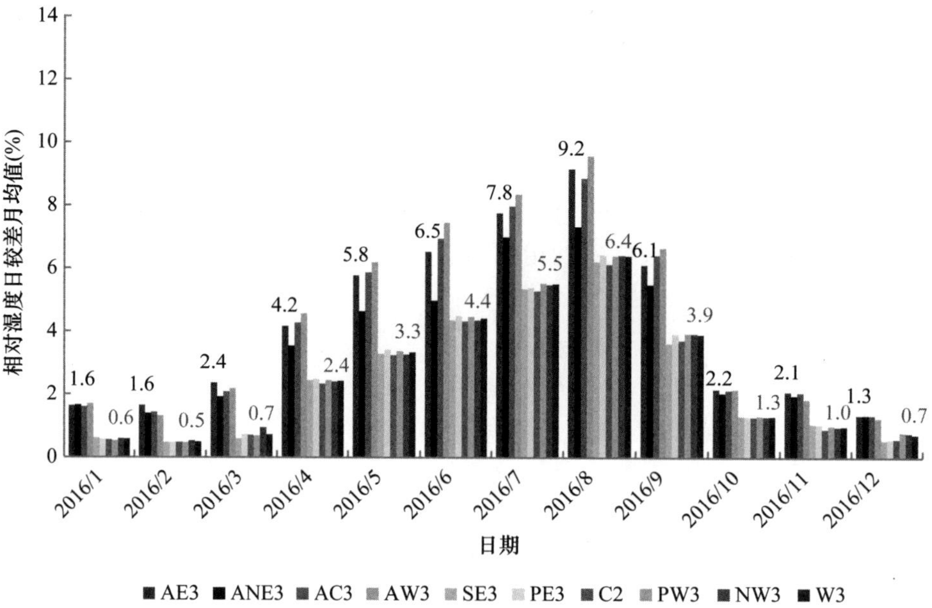

图 2-34　第 465 窟上层相对湿度日较差月均值

由中间向两边逐渐降低的趋势，年最大值出现在 8 月。8 月前室东壁和主室西壁在 1.8m、3.6m 处相对湿度日较差月均值依次分别为 9.8%、9.2% 和 6%、6.4%。此外，从图中还可以看出前室相对湿度日波动幅度显著大于主室，1.8m 和 3.6m 处相对湿度日波动水平相当，但随高度升高，前室相对湿度日波动幅度大体呈下降趋势，主室大体呈上升趋势。

3. 结论

通过对第 465 窟前室、甬道、主室温湿度监测数据在纵深和垂直方向上进行分析，得到如下结论：

（1）全年窟内温度呈正弦半波曲线变化，8 月温度最高，1 月温度最低。34 个监测点年平均温度范围为 13.5～16.4℃，年平均相对湿度范围为 24.1%～29.2%。温度和相对湿度日波动幅度大体与监测点距窟门距离成反比，34 个监测点温度日较差年平均值范围为 0.2～3.1℃，相对湿度日较差年平均值范围为 2.0%～7.3%。

（2）前室和主室的温度和相对湿度均存在显著差异，全年前室和主室的温差和相对湿度差为零的临界点均有两个，在临界点之间前室温度高于主室，前室相对湿度低于主室，在临界点之外，前室温度低于主室，前室相对湿度高于主室。

（3）洞窟内温湿度由外向内、由低到高呈规律性变化。窟外温度高于窟内时，由外至内温度依次降低，相对湿度依次升高，窟外温度低于窟内时，由外至内温度依次升高，相对湿度依次降低。温度由低到高逐渐增大，相对湿度相反，大体表现为由低至高逐渐减小。

（4）窟外温度高于窟内时，1.8m、3.6m 处的温度波动较为剧烈，波动幅度与洞窟内外温差成正比。窟外温度低于窟内时，前室地面层温度波动较为剧烈，波动程度与洞窟内外温差成正比。

（5）窟内相对湿度水平显著受降雨影响，全年窟内最高相对湿度不超过 70%。4～10 月窟外相对湿度低于窟内，1.8m、3.6m 处的相对湿度波动较为剧烈。1～2 月和 11～12 月窟外相对湿度高于窟内，前室地面层相对湿度大幅波动。

（6）随着层位上升，窟内温度分布越来越趋向均匀。前室中层（距地面 1.8m）、上层（距地面 3.6m）东西壁月平均温差年最大值依次为 1.6℃、1.0℃，主室依次为 0.4℃、0.7℃。垂直方向上，前室和主室中央中层至上层月平均温差均小于 1℃。

（7）随着层位上升，窟内相对湿度分布越来越趋向均匀。前室中层（距地面 1.8m）、上层（距地面 3.6m）东西壁月平均相对湿度差年最大值依次为 3.0%、2.0%，主室依次为 1.7%、1.8%。垂直方向上，前室和主室中央中层至上层月平均相对湿度差小于 2%。

2.1.2　温湿度传感器优化布局研究

1. 研究背景

目前温湿度无线传感器在微气象环境的监测中已经广泛使用，文化遗产保护过程对微气象环境数据采集的可靠性和稳定性有着很高的要求，要想提高微气象环境的监测精度，除了提高数据采集设备的精确度外，还需要合理设计传感器的数量以及传感器的布设位置。由于洞窟内的微环境分布具有一定的规律性，布设过多的传感器必然会导致冗余传感器的产生，此外过多的传感器会提高布设成本，导致过多的能源消耗，同时会严重影响历史文物对外的展示。

因此本研究工作从如何减少传感器部署，以及提高传感器监测精度出发，以莫高窟 465 窟为例，通过采集大量的数据以及实验，找出适合洞窟的传感器布局方案，对洞窟微气象环境进行合理科学的监测。

2. 研究目的

实验目标主要包括以下两个方面。

（1）挑选部分传感器数据，通过反距离加权法和普通克里金的各个模型来进行插值分析，通过交叉验证对比他们的插值精度，挑选出较优的适合洞窟微气象环境的插值方法，在此基础上建立环境场模型。

（2）利用模拟退火算法，结合插值算法，减少采样传感器数量，然后通过布局优化算法将剩下的传感器布设在采样关键位置，提高监测效率和精度。

3. 布设方法以及数据处理

课题组在 465 洞窟中布设 34 个传感器，布设平面图和侧剖面图如图 2-35、图 2-36 所示，采用 2015 年 10 月至 12 月期间的温湿度数据进行分析研究。

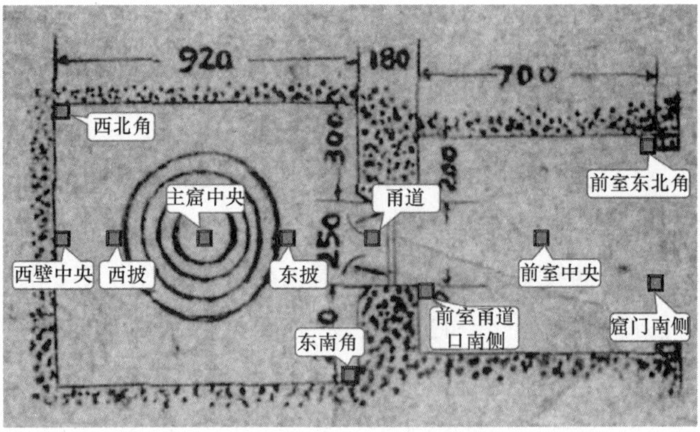

图 2-35　莫高窟 465 窟传感器布设平面图

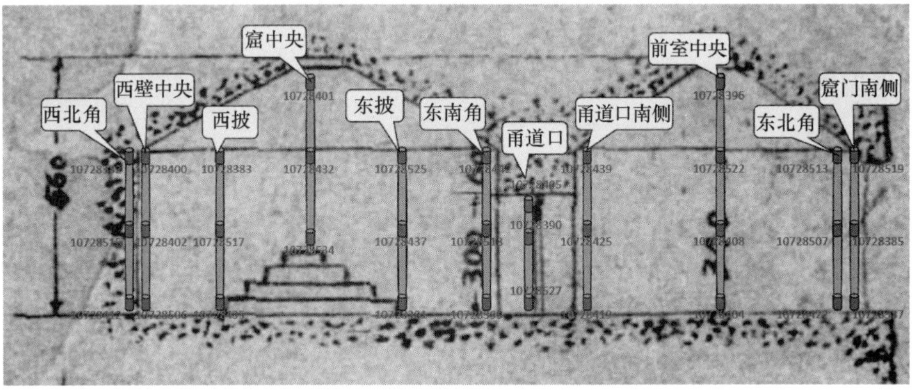

图 2-36　莫高窟 465 窟传感器布设侧剖面图

465 窟分为前室和主室两个部分，中间通过甬道连接。前室东西长 7m、南北宽 6.5m；主室东西长 9.2m、南北宽 8.4m；甬道东西长 1.8m、宽 2.5m。前室最高处有 4.65m，主室最高处有 5.5m。

在洞窟内部署 11 根竖杆，竖杆的位置依次为窟门南侧、前室东北角、前室中央、前室甬道口南侧、甬道、主室东南角、主室东披、主室中央、主室西披、主室西壁中央，以及主室西北角（图 2-35、图 2-36）。每个竖杆上有 3～4 个温湿度传感器，一共 34 个传感器。传感器每隔五分钟采集一组数据，每个传感器大约有 14000 组数据。

实验以主室西南角为坐标原点以 *X* 轴为南壁、*Y* 轴为西壁建立坐标系。然后依次确定各个传感器的空间坐标，各个传感器坐标及位置如表 2-3 所示。

表 2-3　传感器坐标及位置

传感器编号	传感器位置	*X* 轴坐标（cm）	*Y* 轴坐标（cm）	*Z* 轴坐标（cm）
10728412	西北角地面	0	900	0
10728515	西北角中	0	900	190
10728382	西北角上	0	900	360
10728506	西壁地面	0	460	0

续表

传感器编号	传感器位置	X 轴坐标（cm）	Y 轴坐标（cm）	Z 轴坐标（cm）
10728402	西壁中	0	460	190
10728400	西壁上	0	460	360
10728435	西披地面	191.1	460	0
10728517	西披中	191.1	460	190
10728383	西披上	191.1	460	360
10728534	窟中央祭坛	461.1	460	150
10728432	窟中央中	461.1	460	360
10728401	窟中央上	461.1	460	550
10728391	东披地面	737.1	460	0
10728437	东披中	737.1	460	190
10728525	东披上	737.1	460	360
10728399	东南角地面	920	0	0
10728518	东南角中	920	0	180
10728442	东南角上	920	0	360
10728527	甬道地面	1010	460	0
10728390	甬道中	1010	460	180
10728405	甬道上	1010	460	290
10728419	前室甬道口南侧地面	1100	290	0
10728425	前室甬道口南侧中	1100	290	180
10728439	前室甬道口南侧上	1100	290	320
10728404	前室中央地面	1450	460	0
10728408	前室中央中	1450	460	180
10728522	前室中央上中	1450	460	360
10728396	前室中央上	1450	460	465
10728422	前室东北角地面	1800	740	0
10728507	前室东北角中	1800	740	180
10728513	前室东北角上	1800	740	320
10728387	窟门南侧地面	1800	300	0
10728385	窟门南侧中	1800	300	180
10728519	窟门南侧上	1800	300	320

4. 莫高窟洞窟微环境场建模研究

1）插值方法选择

A. 实验目的

本实验目的是挑选出适合敦煌莫高窟 465 窟的空间插值方法，为后续莫高窟洞窟微环境场模型的研究以及传感器布局优化做铺垫。这些空间插值方法包括反距离加权法、球状模型 kriging、线性模型 kriging、指数模型 kriging、幂模型 kriging。

其中反距离加权的插值预测方法主要以相近即相似的假设前提为基础，即温湿度的预测点离采样点距离越近，它们的温湿度值也就越接近。在估算某一点的温湿度时，假设距离最近的 N 个点对其有影响，那么这 N 个点对该点影响与他们之间的距离成反比。

普通克里金的插值法中，在有关半方差函数模型的选择上，从目前较为成熟的线性模型、指数模型、幂模型、球状模型 4 种模型的插值结果来预测误差。四种模型的公式如（公式 2-1）～（公式 2-4）所示：

线性模型：

$$\begin{cases} r(h)=C_0+C\dfrac{h}{a} & 0<h<a \\ r(h)=C_0+C & h>a \end{cases} \qquad \text{（公式 2-1）}$$

指数模型：

$$\begin{cases} r(h)=C_0+C\left[1-\exp\left(\dfrac{-h}{a}\right)\right] & h>0 \\ r(h)=0 & h=0 \end{cases} \qquad \text{（公式 2-2）}$$

幂函数模型：

$$r(h)=h^{\alpha} \qquad 0<\alpha<2 \qquad \text{（公式 2-3）}$$

球状模型：

$$\begin{cases} r(h)=C_0+C\left[\dfrac{1.5h}{a}-0.5\left(\dfrac{h}{a}\right)^3\right] & 0<h<a \\ r(h)=C_0+C & h>a \\ r(h)=0 & h=0 \end{cases} \qquad \text{（公式 2-4）}$$

空间变异主要是由两部分组成：随机性和结构性。C_0 代表块金值的大小，表示出数据存在一定的块金效应，即一定区域范围内数据内部可能发生的随机变化程度，这种随机变化可能是由采样引起的误差，短距离内数据的变异以及随机或固有的变异等因素导致的正基地效应。C 称之为偏基台值，有时又被称之为结构方差，它的产生是因为自然因素导致的变量结构变异。块金值 / 基台值又可称之为块金比，它所代表的含义是区域变量在空间范围上的异质性水平，它的值越大表示随机因素对区域化变量在空间上表现出的变异性贡献越大，它的值越小则表示随机因素对变异性的贡献较小，而结构性因素占主导，对变异性的贡献值越大。根据以往的研究，一般将块金比划分三个层次：当其值小于 25% 时，表示区域化变量在空间分布上存在着强烈的自相关性，当其值处于 25%～75% 之间时，表示区域化变量在空间分布上存在中等的自相关性，当其值大于 75% 水平时，表示区域化变量在空间范围上的自相关性较弱。

莫高窟温湿度传感器布局优化的目的是用较少的传感器来替代较多的传感器，

从而对洞窟中的温湿度环境进行合理准确的监测。在莫高窟 465 窟中，原始的传感器数量为 34 个，因为要使用较少的传感器来确定最终布局，这里也考虑使用较少的传感器来对各个插值方法进行插值精度的验证，这里将验证时的传感器数量设计为 10 个。

实验从均方根误差出发，来对反距离加权法以及普通克里金法的各个模型插值效果进行交叉验证。模型选择标准是插值的均方根误差越小模型越适合。

B. 实验过程

由上节可知，最终选定的用来对插值方法进行验证的传感器数量为 10 个。这里通过随机选取 20 组传感器布局，在每个布局中分别对剩下的 24 个传感器进行插值。然后对插值结果分别进行均方根误差的计算，并对结果进行可视化展示。

C. 实验结果

插值结果分别从温度和湿度两方面进行展示。

温度插值结果分析。表 2-4 对随机抽取 10 个传感器的 20 种布局下的反距离加权法、球状模型 kriging 法、线性模型 kriging 法、幂模型 kriging 法以及指数模型 kriging 法的温度插值均方根误差进行展示。

表 2-4　温度插值结果

	Idw	Kriging spherical	Kriging linear	Kriging power	Kriging exponential
布局 1	0.768002003	0.691105235	0.575429322	0.789992994	0.757814348
布局 2	1.417671626	1.383254136	1.367682696	1.355332809	1.446891969
布局 3	1.310205912	1.139535529	0.89951292	1.080930696	0.996841104
布局 4	1.344883509	1.398543661	1.190238984	1.16336583	1.42825866
布局 5	0.642219069	0.598829646	0.762007508	1.168280914	0.646930851
布局 6	1.511944179	1.543325004	1.360116674	1.363976003	1.577428662
布局 7	1.287564316	1.482767641	1.12411919	1.145867211	1.432623853
布局 8	1.462058518	1.513013992	1.411194152	1.412841088	1.547614759
布局 9	1.283291832	1.211948117	1.104226619	1.121560063	1.287846847
布局 10	1.308523416	1.28640458	1.18927098	1.188173995	1.34437443
布局 11	1.593437039	1.486837032	1.4667487	1.559879545	1.499616755
布局 12	1.059705364	1.14185429	0.987473292	0.824915276	1.042628331
布局 13	1.815373433	1.703246748	1.25890388	2.03558217	1.414481499
布局 14	1.43991309	1.4504911	1.236842997	1.170279472	1.498616581
布局 15	1.281298726	1.293476001	1.1027637	1.09683869	1.339710282
布局 16	1.494173515	1.549588203	1.435045354	1.411038486	1.58859574
布局 17	1.487119056	1.603696021	1.418026703	1.45151235	1.538765119

续表

	Idw	Kriging spherical	Kriging linear	Kriging power	Kriging exponential
布局 18	1.026878027	0.883733637	0.816420283	0.845013404	0.989834553
布局 19	0.667965986	0.861556255	0.567627919	0.628974809	0.829964733
布局 20	1.249754886	1.241338201	1.186224231	1.184044078	1.283145856

为了方便观察，图 2-37、图 2-38 对上述数据进行了可视化展示，由于一共有 20 组布局，布局数较多不便可视化展示，这里展示时分为两组，图 2-37 含前十组传感器布局，图 2-38 包含后十组传感器布局。

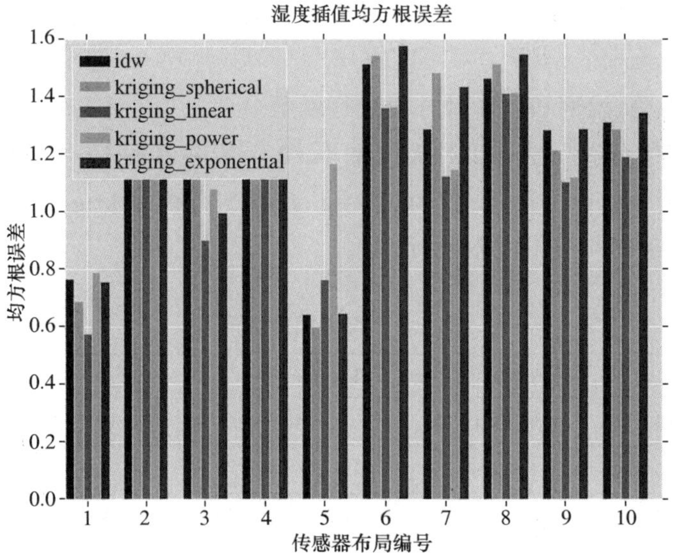

图 2-37　前十组传感器布局温度插值均方根误差

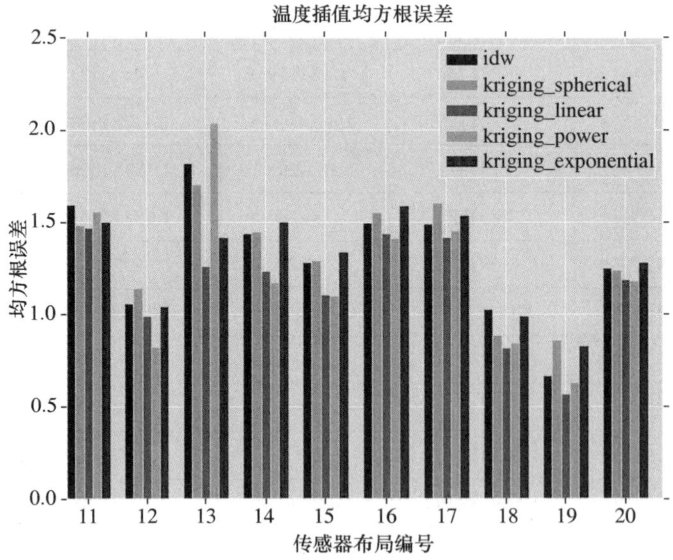

图 2-38　后十组传感器布局温度插值均方根误差

从图 2-37、图 2-38 中的 20 组传感器布局所对应的温度插值均方根误差可以看出，在大多数布局中，线性模型的 kriging 法，相比反距离加权法以及 kriging 的其他模型拥有更好的插值结果。

湿度插值结果分析。表 2-5 对随机抽取 10 个传感器的 20 种布局下的反距离加权法、球状模型 kriging 法、线性模型 kriging 法、幂模型 kriging 法以及指数模型 kriging 法的湿度插值均方根误差进行展示。

表 2-5　湿度插值结果

	Idw	Kriging spherical	Kriging linear	Kriging power	Kriging exponential
布局 1	1.001129146	0.968304467	0.982566753	1.421744933	0.900601031
布局 2	2.108987838	2.092625535	2.062620853	2.061573926	2.130222397
布局 3	2.149782004	1.854332898	1.366258907	1.611019207	1.68669951
布局 4	2.012555016	2.058331896	1.849889771	1.92687682	2.080454405
布局 5	1.516276639	1.103194207	1.022753602	1.975050849	1.05684951
布局 6	2.223470223	2.254000465	2.140908613	2.179119847	2.276840093
布局 7	1.964791253	2.154417822	1.897580131	1.880985338	2.120889302
布局 8	2.177392913	2.206149155	2.096911581	2.085682036	2.23578867
布局 9	2.015398569	1.999552436	1.975356857	1.973086194	2.04073158
布局 10	1.978733831	1.961844094	1.896543332	1.889692747	2.013979063
布局 11	2.167664017	2.184087336	2.183872691	2.17265504	2.18731431
布局 12	1.852244365	1.729925383	1.413772235	1.65457126	1.443107575
布局 13	2.957022289	2.778649036	1.957550452	3.565603549	2.354837581
布局 14	2.059257643	2.048376418	1.938552321	1.935754361	2.105738091
布局 15	1.94704491	1.970289955	1.799470036	1.89183501	2.010317425
布局 16	2.163225127	2.217667071	2.150243982	2.181183814	2.24342523
布局 17	2.171700625	2.262208932	2.189253812	2.148368019	2.201047712
布局 18	1.468868223	1.460601602	1.446772586	1.470408504	1.448546826
布局 19	0.941144316	1.045454993	0.773168118	1.323878281	0.977406758
布局 20	2.008766408	2.002147981	1.963976426	1.967270201	2.026606538

为了方便观察，图 2-39、图 2-40 对上述数据进行了可视化展示，这里由于一共有 20 组布局，布局数较多不便可视化展示，这里展示时分为两组，图 2-39 含前十组传感器布局，图 2-40 包含后十组传感器布局。从图 2-39、图 2-40 中的 20 组传感器布局所对应的湿度插值均方根误差可以看出，在大多数布局中，线性模型的 kriging 法，相比反距离加权法以及 kriging 的其他模型拥有更好的插值结果。

插值方法小结。通过上述随机抽取的 20 组传感器布局来对不同的空间插值方法比较可以发现，在莫高窟 465 窟中，无论是对温度进行插值估计，还是对湿度进行

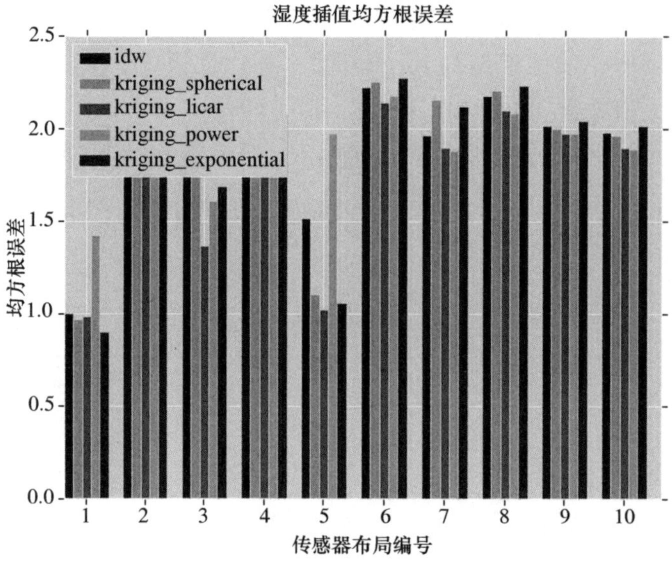

图 2-39　前十组传感器布局湿度插值均方根误差

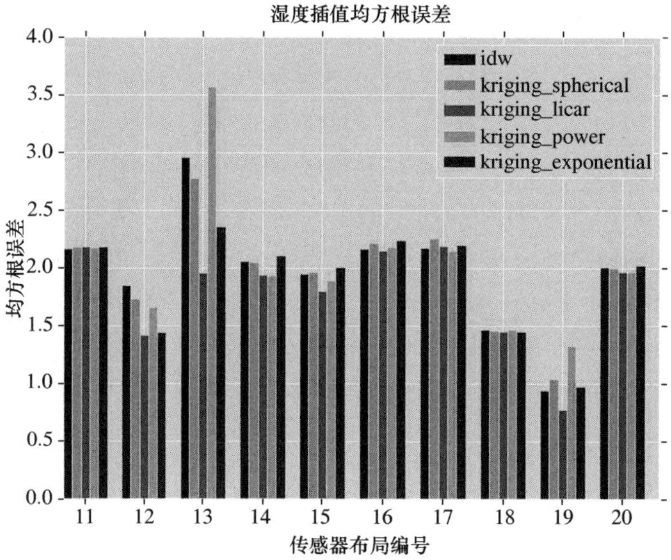

图 2-40　后十组传感器布局湿度插值均方根误差

插值估计，线性模型克里金相比反距离加权法、球状模型 kriging、指数模型 kriging、幂模型 kriging 都有着更好的插值精度。因此后面的洞窟微环境场模型研究以及传感器布局优化中考虑使用该插值方法。

2）洞窟微环境场模型

A. 实验目的

通过上小节中对插值方法的对比，课题组找出了适合莫高窟 465 窟的空间插值方法。原先使用这 34 个温湿度传感器只能对固定的传感器位置进行监测，为了更全面地对整个洞窟环境进行监测，以及对后面传感器布设优化提供支持，这里通过已有的传感器，以及挑选出的空间插值方法对整个洞窟进行全面的监测。

B. 实验过程

这里为了便于对洞窟空间进行插值计算，以及对最终结果的展示，将插值空间设计成长为 1800cm、宽为 840cm、高为 560cm 的长方体空间。长宽高依次每隔 5cm 设计一个待插入点，用已知的 34 个传感器点对这些未知的待插入点进行插值估计，并绘制出整个长方体空间的温湿度热力图。

C. 实验结果

这里将使用热力图来描述洞窟中的温湿度值。为了更好地对整个洞窟的温湿度环境进行展示，课题组分别取 *Z* 轴坐标为 0cm、180cm、360cm 的三个平面，以及 *Y* 轴坐标为 420cm 时的垂直面来绘制温湿度的热力图。洞窟温度（图 2-41～图 2-43）和湿度（图 2-44～图 2-46）的热力图分别如下所示。

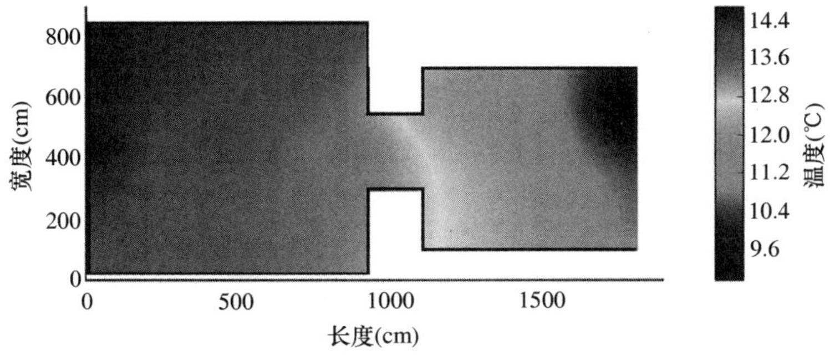

图 2-41　高度为 0cm 时洞窟温度热力图

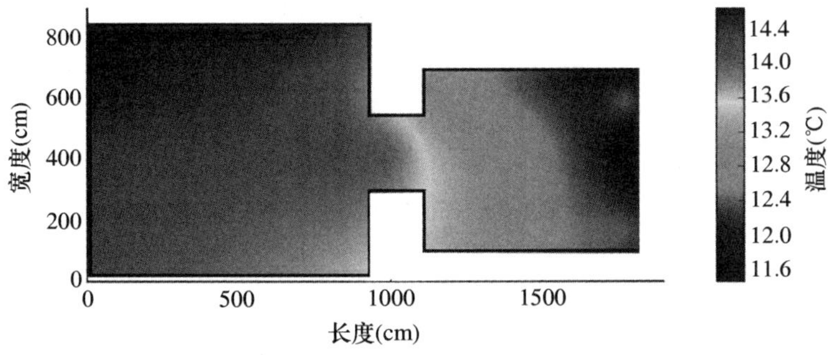

图 2-42　高度为 180cm 时洞窟温度热力图

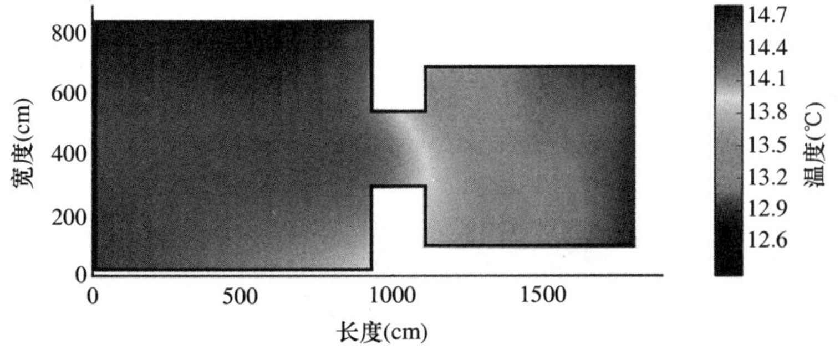

图 2-43　高度为 360cm 时洞窟温度热力图

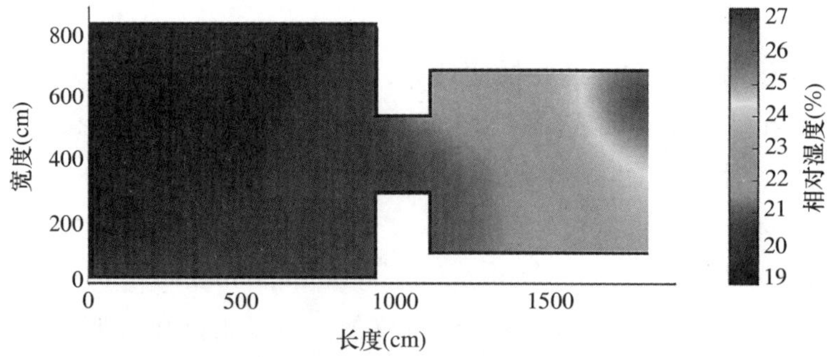

图 2-44　高度为 0cm 时洞窟湿度热力图

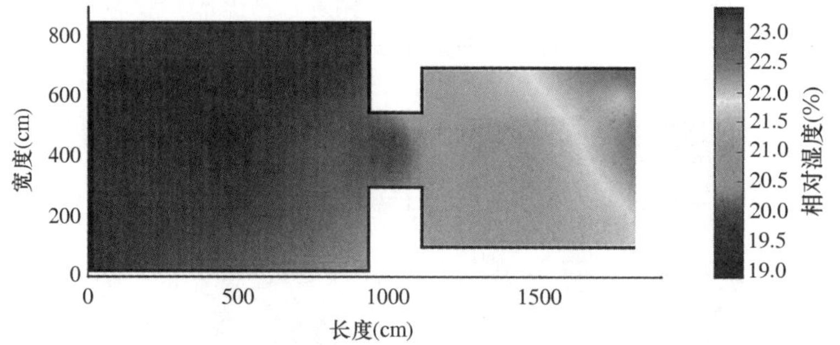

图 2-45　高度为 180cm 时洞窟湿度热力图

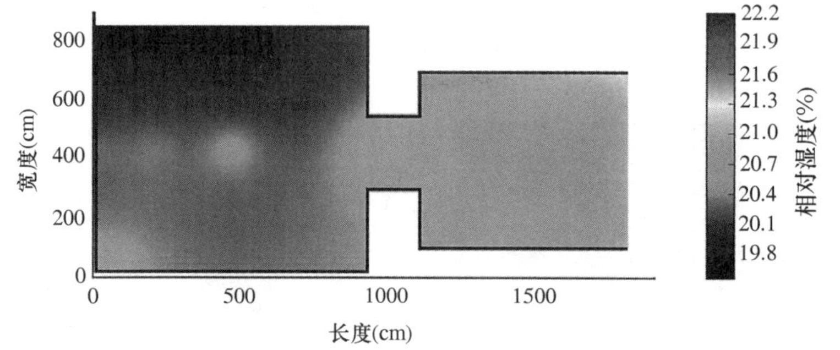

图 2-46　高度为 360cm 时洞窟湿度热力图

图 2-41～图 2-43 对应洞窟的剖面图，右侧为洞窟口，左侧为主室，中间为甬道。从图 2-41～图 2-43 中可以看到，不同高度下洞窟中的温度有着类似的布局，可以看出，由于甬道的存在，洞窟温度的变化不是完全连续的，右侧靠近洞窟口的地方温度较低，中间甬道附近较高，主室部分温度最高。此外洞窟西北角相比东北角有着更高的温度。

从图 2-44～图 2-46 可以看出，整体上湿度布设和温度布设相反，从洞窟口至主室，湿度逐渐降低。中间由于甬道的存在，湿度会存在一段不连续的情况。此外洞窟的西北角相比东北角有着更低的湿度。

从洞窟中心轴线垂直面的温湿度热力图（图 2-47、图 2-48）可以看出，温度和湿度的布设整体上相反，在洞窟口温度较低，同时有着较高的湿度，主室中的温湿度

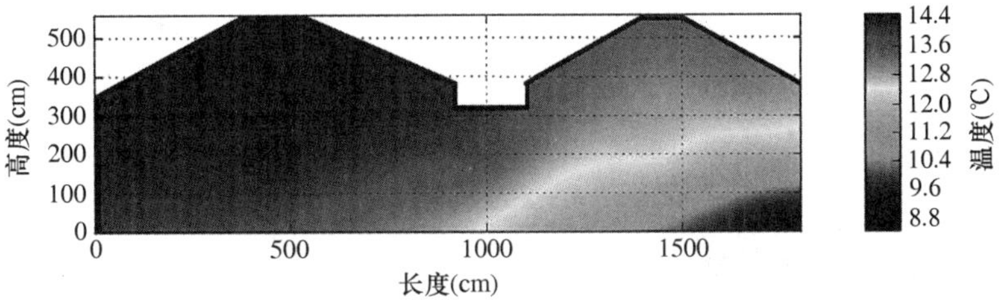

图 2-47　洞窟中心轴线垂直面温度热力图

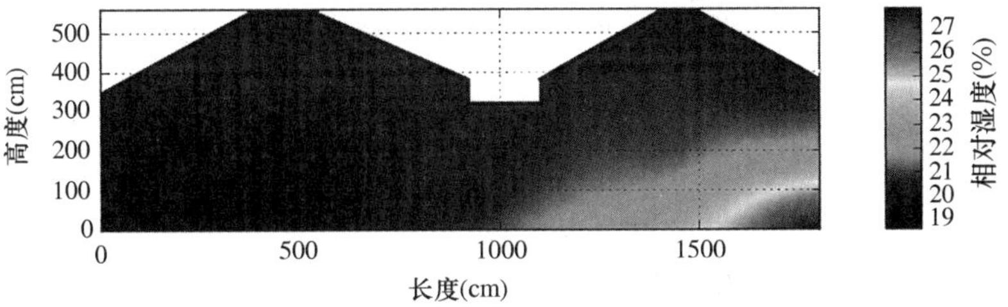

图 2-48　洞窟中心轴线垂直面湿度热力图

相比前室更为均匀，且有着较高的温度和较低的湿度。

5. 基于改进模拟退火的监测样点布局优化方法研究

1）模拟退火算法改进

如何合理地确定传感器的布置，是一种组合优化问题，它的解法至今仍是研究的热点。课题组选择了随机类算法中的模拟退火算法，该算法可以在大规模但有限的解集中找出最接近全局最优的解。

在模拟退火算法中，状态迁移的过程对最优解的发现是至关重要的。不适合的状态迁移过程会增加计算成本，并且很难获取较为理想的全局较优解。本节的创新点是通过优化状态迁移过程，提高了算法效率，减少了计算的迭代次数，加速全局较优解的获取过程。

状态迁移过程的优化因场景的不同而不同，在敦煌莫高窟中进行传感器温湿度插值布局优化时，在确定模拟退火状态迁移过程中，一般方法是通过随机将以选中的传感器点和未选中的传感器点进行互换，从而对下一状态进行探索。这里已选中的传感器点表示已选出的用于插值的传感器点，未选中的传感器点表示未被选出的待插值的传感器点。

这里对随机的状态迁移过程进行改进，从状态迁移中的待替换点和待插入点两方面进行优化。首先在选取待替换传感器点时，这里考虑替换对当前传感器布局插值精度影响最小的点。比如当前状态中的传感器的数量为 m，且它们的编号为 x_1，x_2，…，x_m。然后这里通过 m 次插值误差计算来确定当前布局中对传感器插值精度影响最小的点。计算过程如下：首先剔除传感器 x_1，然后通过剩下的编号为 x_2，…，x_m 的传感器，这里一共有 $m-1$ 个传感器，来对其余 $34-m$ 个待预测传感器进行插值，然后求出插值的均方根误差，此时均方根误差越小，表示被剔除的点的影响越小，该点会在下一次状态转移时被优先剔除。

其次在选取待插入传感器点时，会对不同位置的传感器进行权重的考虑，权重较大的传感器被选中的概率会更大。本章会结合先验知识以及插值的实验结果来对传感器的权重进行设置。

通过以上改进从而在模拟退火的状态迁移过程中，会更快速地逼近全局较优布局，减少计算的迭代次数，并加快计算速度。

2）实验目的

在敦煌 465 实验洞窟中，部署了一共 34 个温湿度传感器，过多的传感器虽然可以很好地对洞窟中的温湿度进行监测，但是对文物的展示，游客的游览造成了很大的不便，带来大量的能耗，导致很多不必要的浪费。

因此，本章的实验目的是通过适合的空间插值算法减少部署的传感器个数，同时通过改进的模拟退火算法来优化传感器布局，提高传感器的监测精度。

这里优化传感器布局需要综合温湿度监测的精确度、传感器部署成本，以及功耗等因素，这里考虑的最终布局中传感器点的数量为 3～12 个。

3）实验过程

传感器权重计算流程如图 2-49 所示。

为了优化模拟退火算法，需要先对不同位置的传感器设置权重。洞窟口、甬道中的传感器相比其他位置更为关键。这里将通过具体的插值结果对洞窟中各个传感器的权值进行计算。根据先验知识，相近的传感器会获取到相似的温湿度值，对整个传感器布局的插值精度也有着相似的影响。为了简化传感器权重的计算，将相近的传感器分为一组，然后考虑每组传感器的权重。将每一个传感器杆上的 3 个或者 4 个传感器当作一组，一共可以分为 11 组。然后对这 11 组传感器通过线性模型的 kriging 插值法进行交叉验证。一共会进行 11 次插值验证，第一次选取第一组传感器作为待测传感器点，剩余十组传感器作为已知传感器点，然后对第一组传感器进行插值，并计算其均方根误差。第二次插值验证以第二组传感器点作为待测传感器，其余作为已知传感器。剩下九次插值验证依次类推。具体分组如图 2-50 所示。

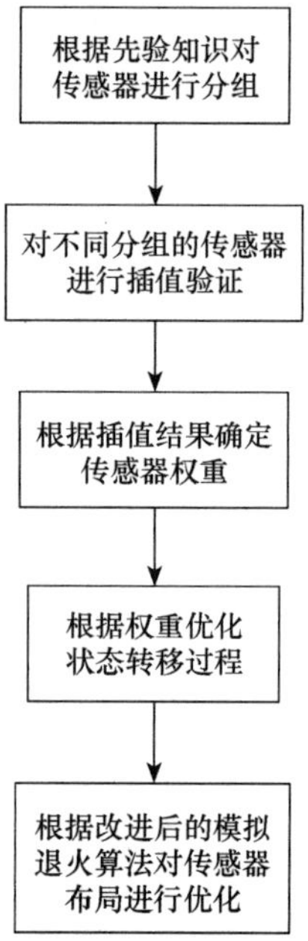

图 2-49　传感器权重计算流程

图 2-50 中的方格即为传感器竖杆的部署位置。图中传感器杆从上至下从左至右，依次编号为 1 至 11 组。第一组的传感器编号为：10728382，10728515，10728412；第二组传感器编号为：10728400，10728402，10728506；第三组传感器编号为：10728383，10728517，10728435；第四组传感器编号为：10728401，10728432，

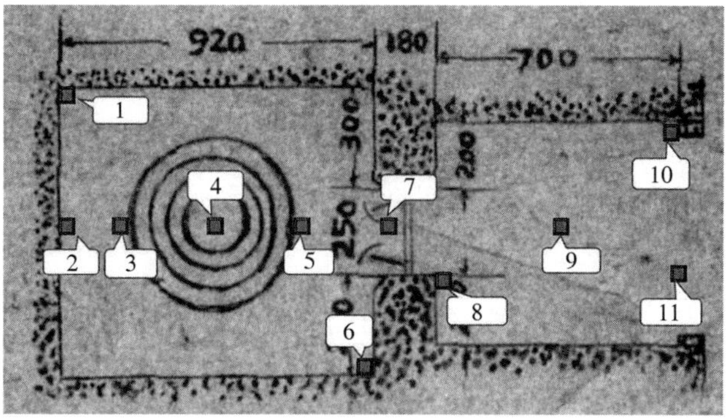

图 2-50　洞窟传感器分组图

10728534；第五组传感器编号为：10728525，10728437，10728391；第六组传感器编号为：10728442，10728518，10728399；第七组传感器编号为：10728405，10728390，10728527；第八组传感器编号为：10728439，10728425，10728419；第九组传感器编号为：10728396，10728522，10728408，10728404；第十组传感器编号为：10728513，10728507，10728422；第十一组传感器编号为：10728519，10728385，10728387。

通过上述分组并进行插值验证，然后对均方根误差进行分析，均方根误差越大，则代表该组待测传感器较难被其他传感器预测，处在关键位置，因此也有较高的权重。这些权重较高的传感器会被用来对原始的模拟退火算法进行改进，在模拟退火算法的状态转移过程中会有更大的概率被选中。

传感器布局优化的流程如图 2-51 所示。

假设目标的传感器个数是 x 个，首先要随机选出 x 个传感器作为起始状态。通过这 x 个传感器布局，以及线性 kriging 插值算法，计算出其他 $34-x$ 个传感器位置处的温湿度值，并将其和已知值进行比较，计算出均方根误差 $f(w)$。

然后通过上面的优化算法生成新的传感器布局，然后计算新布局的均方根误差 $f(w')$。如果 $f(w')$ 不小于 $f(w)$，则接受新的传感器布局，如果 $f(w')$ 大于 $f(w)$，则按照 Metropolis 准则接受新解，然后判断此时是否到达迭代次数，没有的话则继续重复上述过程。如果已经到达了相应的迭代次数，则判断是否满足终止条件，如果满足则返回最终的最优解，如果不满足，则缓慢降低退火温度，重置迭代次数，继续产生新的传感器布局，重复上述步骤。

4）实验结果

A. 传感器权重计算

本实验中由于温湿度传感器是一体化的，因此需要将温度插值误差和湿度插值误差一起考虑，这里将温湿度均方根误差之和作为评判标准。

11 次插值的均方根误差如图 2-52 所示。

图 2-52 中编号为 7 以及编号为 11 的插值实验的均方根误差高于其他组的实验，其中编号为 11 的插值误差尤为明显；第七组的传感器编号为 10728405，10728390，

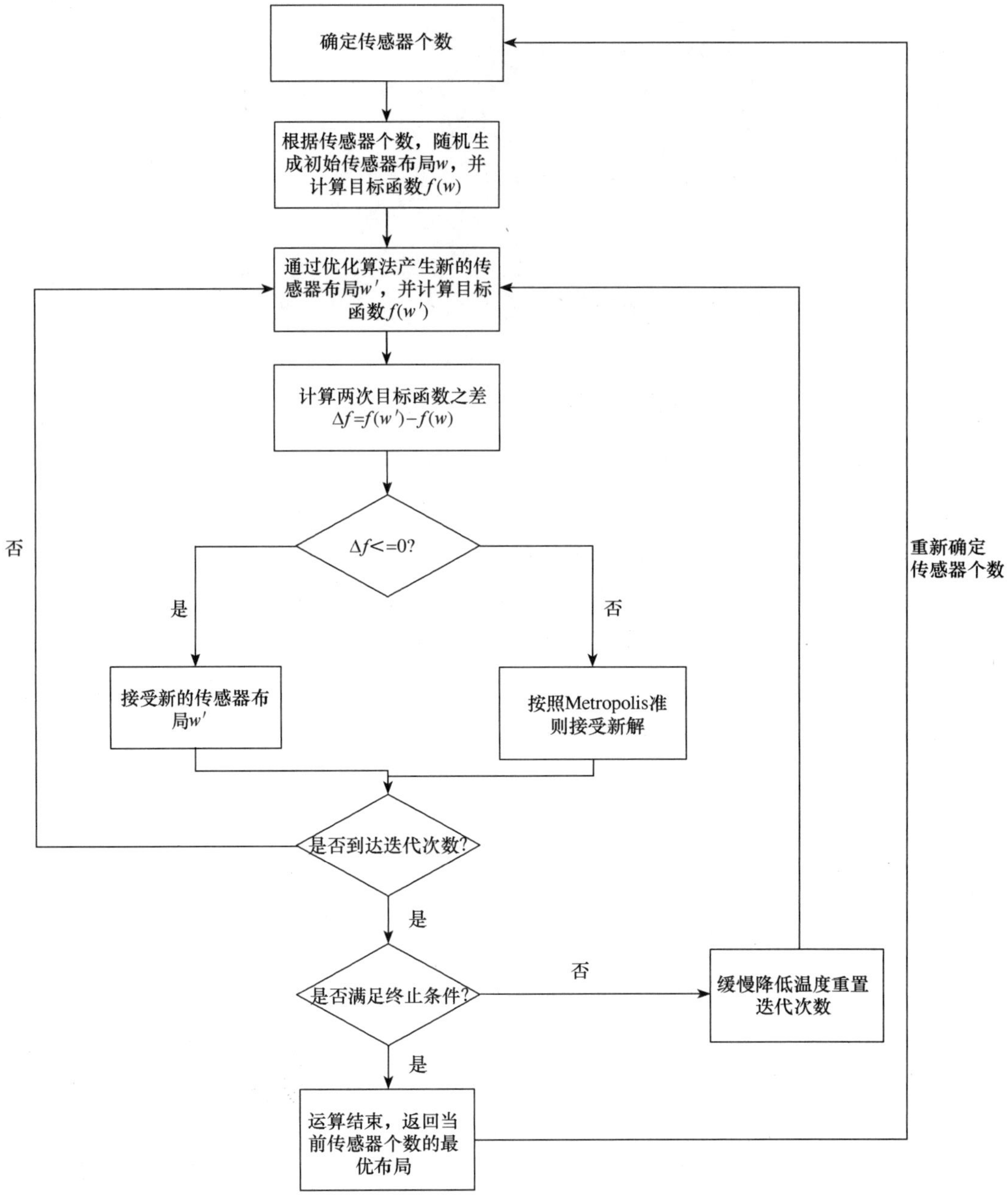

图 2-51　传感器布局优化流程图

10728527；第十一组的传感器编号为 10728519，10728385，10728387。第七组传感器位于甬道中，此时这些传感器处于前厅和主室的交界处。第十一组传感器位于窟门西侧，此时这些传感器位于洞窟和外界环境的交界处。由图 2-52 的均方根误差图可知，这两组传感器处于传感器布局的关键位置，当缺失这部分传感器时会对洞窟温湿度环境的监测精度造成很大的影响。这里将第十一组的传感器的权重设置为 3，第七

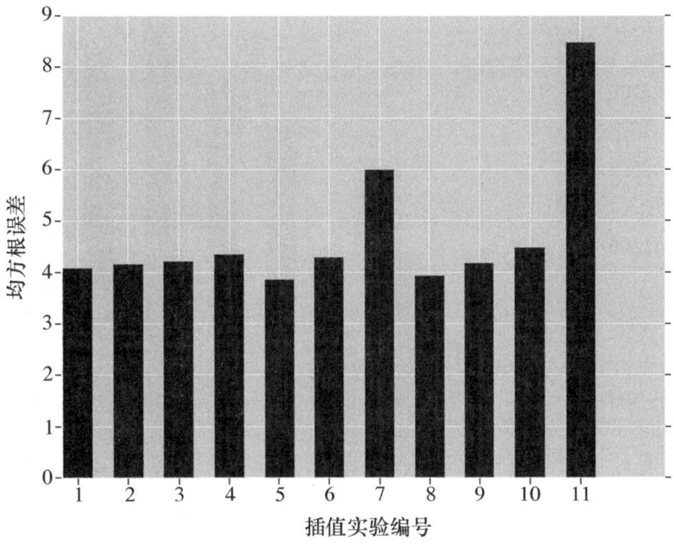

图 2-52　传感器温湿度插值均方根误差图

组的传感器权重设置为 2，其余组的传感器权重设置为 1，以此来改进模拟退火算法中的状态转移过程，从而加快传感器的布局优化。

B. 传感器布局优化研究

本实验考虑的传感器个数为 3～12 个，将温度插值和湿度插值的均方根误差之和作为目标函数，通过 kriging 线性模型和改进的模拟退火算法找出最终的最优布局。以下求得的最小均方根误差以及布局都是通过原始模拟退火算法在经过 10000 次迭代计算时所获得的。此外，这里通过比较改进后的 kriging 获取不次于当前最优布局插值精度所用的迭代次数，来评价改进后的算法在性能上的提升。

这里原始的模拟退火算法迭代次数均为 10000 次，改进后的模拟退火算法迭代次数如图 2-53 所示。其中横轴坐标为 10 次布局优化每次所采用的传感器个数。从图 2-53 中可以看出，通过优化后的模拟退火算法，可以大幅减少迭代次数，整体的迭代次数不超过 3000 次，就可以获得和原始模拟退火算法迭代 10000 次所得到的相同的插值精度。

图 2-54 对上述十二个布局中的均方根误差进行了可视化展示，结果绘制如图 2-54 所示。

从图 2-54 中可以看出，当传感器个数小于等于八个时，随着传感器个数的增加，插值精度有着显著的提升，当传感器个数大于等于八个时，传感器插值精度提升较小。因此，为了在保证精度的同时，最大地减少传感器的个数，可以将传感器的个数设计为八个。

三个传感器布局如图 2-55 所示。

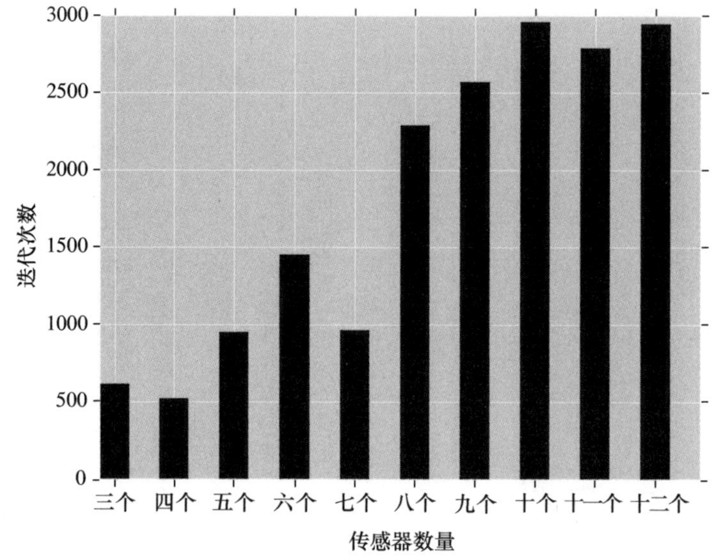

图 2-53　改进的模拟退火算法迭代次数图

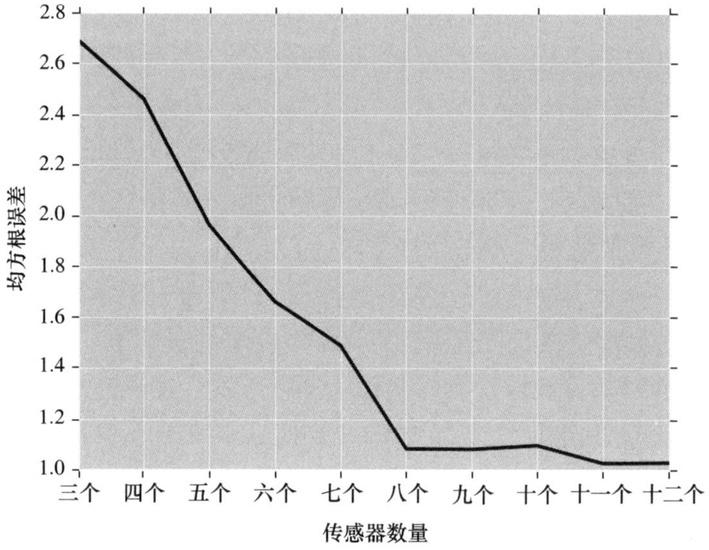

图 2-54　不同传感器个数最优布局均方根误差

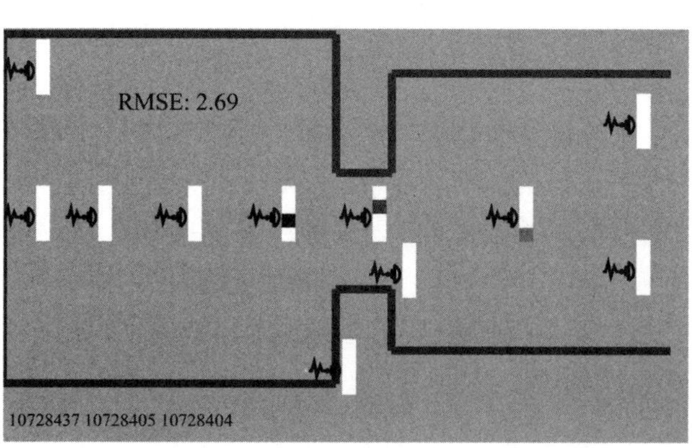

图 2-55　三个传感器最优布局图

图 2-55 中白色矩形的位置即传感器杆的位置，传感器杆上会有 3～4 个温湿度传感器。图中用色块标记的位置即传感器的位置。当传感器个数为三个时，此时获得的最优布局中均方根误差为 2.69。这三个传感器编号分别为 10728437，10728405，10728404。他们的位置分别是东披中、甬道上以及前室中央地面。此时通过改进后的模拟退火算法，获取不次于当前预测精度布局所使用的迭代次数为 621 次。

四个传感器布局如图 2-56 所示。

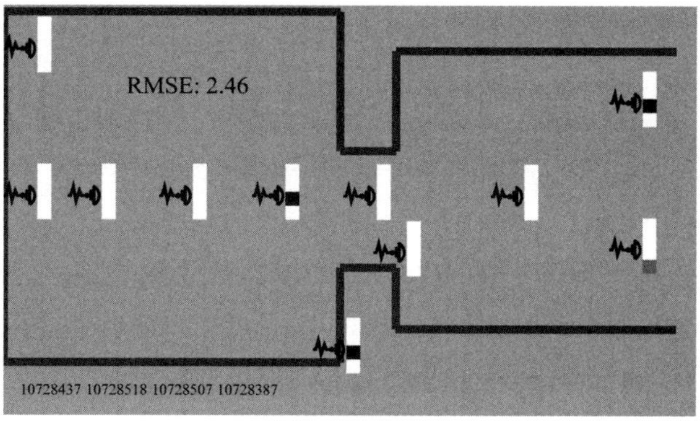

图 2-56　四个传感器最优布局图

当传感器个数为四个时，此时获得的最优布局中均方根误差为 2.46。这四个传感器编号分别为 10728437, 10728518, 10728507, 10728387。他们的位置分别是东披中、东南角中、前室东北角中以及窟门南侧地面。此时通过改进后的模拟退火算法，获取不次于当前预测精度布局所使用的迭代次数为 523 次。

五个传感器布局如图 2-57 所示。

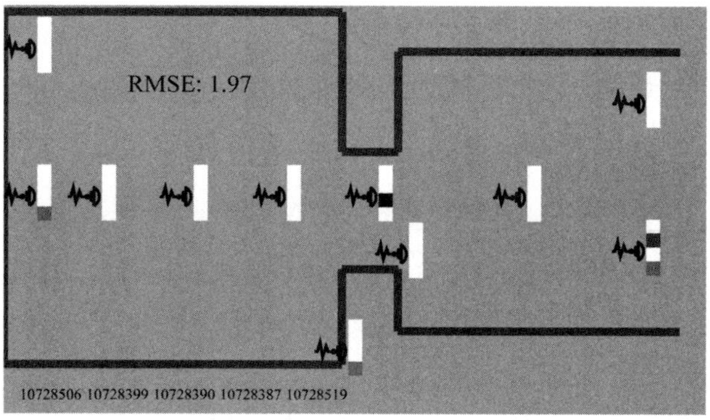

图 2-57　五个传感器最优布局图

当传感器个数为五个时，此时获得的最优布局中均方根误差为 1.97。这五个传感器编号分别为 10728506，10728399，10728390，10728387，10728519。他们的位置分别是西壁地面、东南角地面、甬道中、窟门南侧地面以及窟门南侧上。此时通过改进后的模拟退火算法，获取不次于当前预测精度布局所使用的迭代次数为 959 次。

六个传感器布局如图 2-58 所示。

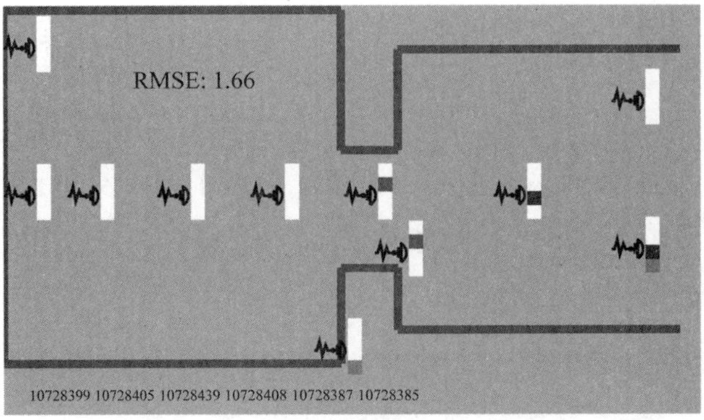

图 2-58　六个传感器最优布局图

当传感器个数为六个时，此时获得的最优布局中均方根误差为 1.66。这六个传感器编号分别为 10728399，10728405，10728439，10728408，10728387，10728385。他们的位置分别是东南角地面、甬道上、前室甬道口南侧上、前室中央中、窟门南侧地面、窟门南侧中。此时通过改进后的模拟退火算法，获取不次于当前预测精度布局所使用的迭代次数为 1457 次。

七个传感器布局如图 2-59 所示。

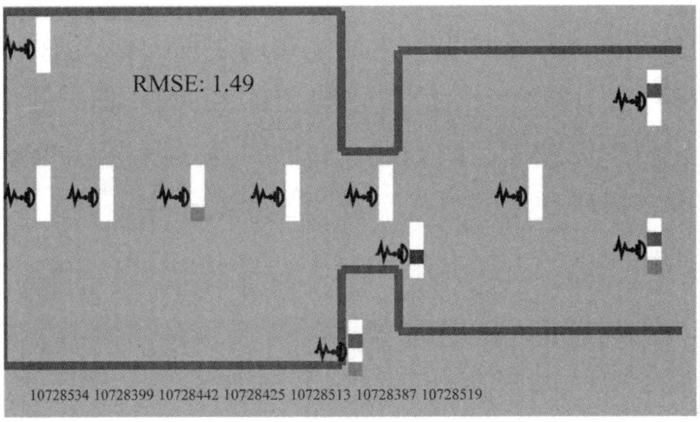

图 2-59　七个传感器最优布局图

当传感器个数为七个时，此时获得的最优布局中均方根误差为 1.49。这七个传感器编号分别为 10728534，10728399，10728442，10728425，10728513，10728387，10728519。他们的位置分别是窟中央祭坛、东南角地面、东南角上、前室甬道口南侧中、前室东北角上、窟门南侧地面以及窟门南侧上。此时通过改进后的模拟退火算法，获取不次于当前预测精度布局所使用的迭代次数为 967 次。

八个传感器布局如图 2-60 所示。

当传感器个数为八个时，此时获得的最优布局中均方根误差为 1.08。这八个传感器编号分别为 10728515，10728435，10728383，10728399，10728527，10728507，10728387，10728385。他们的位置分别是西北角中、西披地面、西披上、东南角地面、甬道地面、前室东北角中、窟门南侧地面、窟门南侧中。此时通过改进后的模拟退火算法，获取不次于当前预测精度布局所使用的迭代次数为 2294 次。

九个传感器布局如图 2-61 所示。

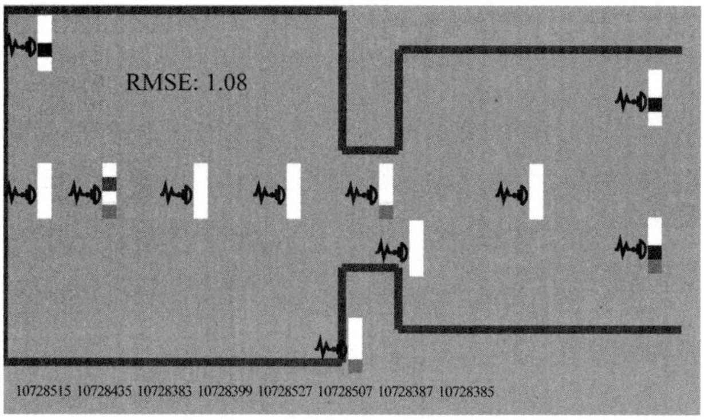

图 2-60　八个传感器最优布局图

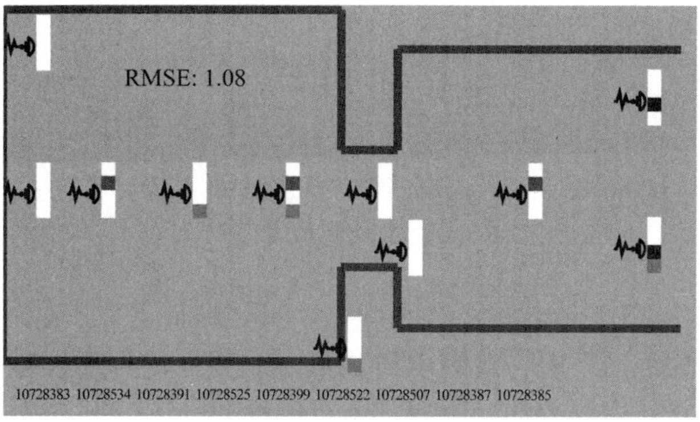

图 2-61　九个传感器最优布局图

当传感器个数为九个时，此时获得的最优布局中均方根误差为 1.08。这九个传感器编号分别为 10728383，10728534，10728391，10728525，10728399，10728522，10728507，10728387，10728385。他们的位置分别是西披上、窟中央祭坛、东披地面、东披上、东南角地面、前室中央上中、前室东北角中、窟门南侧地面、窟门南侧中。此时通过改进后的模拟退火算法，获取不次于当前预测精度布局所使用的迭代次数为 2578 次。

十个传感器布局如图 2-62 所示。

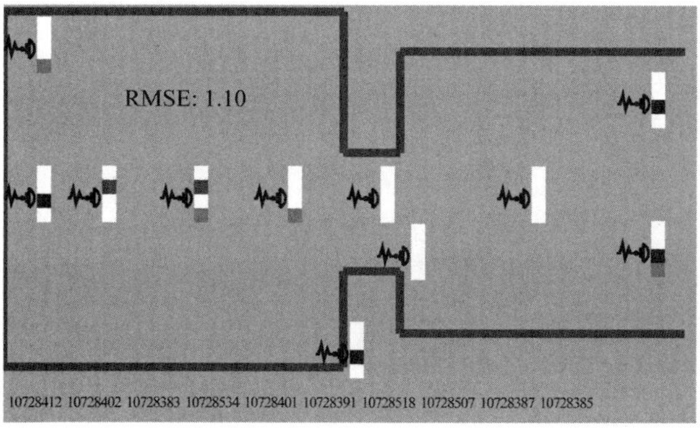

图 2-62　十个传感器最优布局图

当传感器个数为十个时，此时获得的最优布局中均方根误差为 1.10。这十个传感器编号分别为 10728412，10728402，10728383，10728534，10728401，10728391，10728518，10728507，10728387，10728385。他们的位置分别是西北角地面、西壁中、西披上、窟中央祭坛、窟中央上、东披地面、东南角中、前室东北角中、窟门南侧地面、窟门南侧中。此时通过改进后的模拟退火算法，获取不次于当前预测精度布局所使用的迭代次数为 2960 次。

十一个传感器布局如图 2-63 所示。

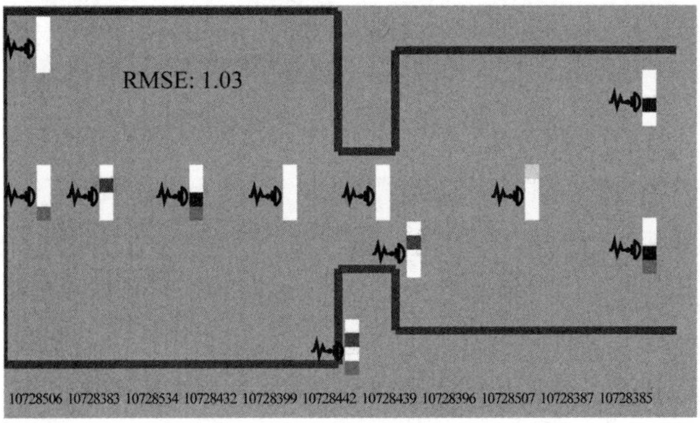

图 2-63　十一个传感器最优布局图

当传感器个数为十一个时，此时获得的最优布局中均方根误差为 1.03。这十一个传感器编号分别为 10728506，10728383，10728534，10728432，10728399，10728442，10728439，10728396，10728507，10728387，10728385。他们的位置分别是西壁地面、西披上、窟中央祭坛、窟中央中、东南角地面、东南角上、前室甬道口南侧上、前室中央上、前室东北角中、窟门南侧地面、窟门南侧中。此时通过改进后的模拟退火算法，获取不次于当前预测精度布局所使用的迭代次数为 2791 次。

十二个传感器布局如图 2-64 所示。

当传感器个数为十二个时，此时获得的最优布局中均方根误差为 1.03。这十二个

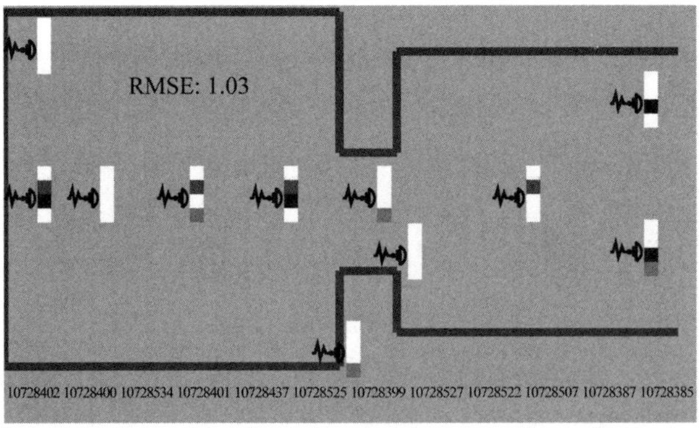

图 2-64　十二个传感器最优布局图

传感器编号分别为 10728402，10728400，10728534，10728401，10728437，10728525，10728399，10728527，10728522，10728507，10728387，10728385。他们的位置分别是西壁中、西壁上、窟中央祭坛、窟中央上、东披中、东披上、东南角地面、甬道地面、前室中央上中、前室东北角中、窟门南侧地面、窟门南侧中。此时通过改进后的模拟退火算法，获取不次于当前预测精度布局所使用的迭代次数为 2950 次。

6. 布局模型验证

1）实验过程

本实验中一共有 34 个温湿度传感器，每个传感器每隔 5 分钟采集一组数据，平均每个传感器采集 14000 组数据。先前的实验课题组通过前 7000 组数据的插值对比以及布局优化，最终确定传感器的个数和最终布局。这里通过余下的 7000 组数据，对最终的传感器布局模型进行验证。

上一节确定了最终的传感器个数为 8 个以及最终传感器的布局，若将该布局和所有可能的 8 个传感器布局进行比较，则一共会有接近 2000 万次比较，此时计算量较为庞大，不太可行。这里考虑每次将最终传感器布局中的每一个点和剩下的 26 个传感器中的一个点进行互换，然后将原始的最优布局和新产生的传感器的插值精度进行对比，这里一共会产生 208 种新的传感器布局。

2）实验结果

从上一节中求得的最优布局以及通过互换所得的 208 种 8 个传感器的新布局所对应的插值误差概率分布图如图 2-65 所示。

当选取上一节中所获得的 8 个传感器的最优布局时，对应的插值均方根误差为

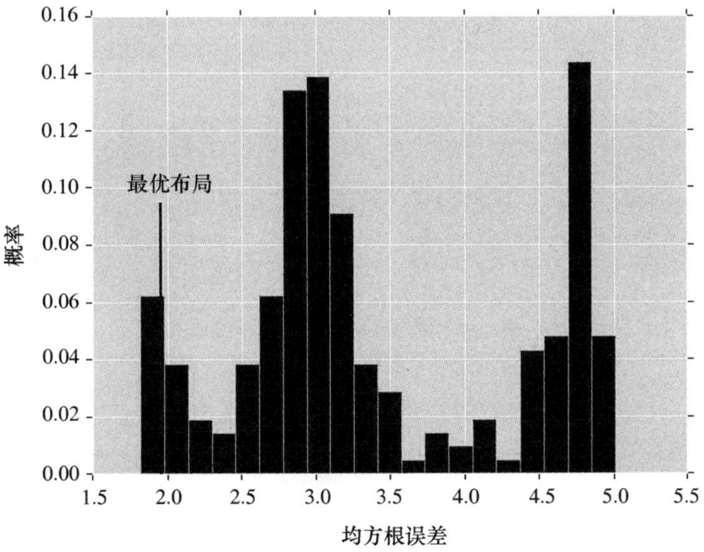

图 2-65　传感器插值误差概率分布图

1.947276，图 2-65 中左边第一个矩形的左边界对应的值为 1.81902852，右边界对应的值为 1.97859996。208 种新传感器布局所对应的插值均方根误差在这两个值之间的概率为 0.06220096。此时最优布局所对应的插值均方根误差 1.947276 也在此区间，可以看出，当将任意未被选中的传感器点与最优布局中的一个传感器点进行互换时，都很难得到比最优布局更好的插值结果，因此上一节中得到的最优布局相比其他绝大多数布局有着更高的插值精度。

7. 研究小结

为了减少莫高窟中温湿度传感器部署的个数，同时提高传感器监测精度，本研究主要从莫高窟洞窟微环境场模型和传感器布局优化算法出发，通过选择最佳的插值算法，建立洞窟内的微环境场模型，然后通过改进的模拟退火算法，得到最优的传感器布局，从而将传感器的部署规模大幅度减少。课题组将少量传感器安排在洞窟的关键位置，从而实现对整个洞窟的温湿度环境进行合理的监测。

2.2　拉 卜 楞 寺

夏河县地处甘肃省西南部、甘南藏族自治州西北部，总土地面积 6274km^2，海拔在 2200～3600m 之间。气候属寒冷湿润类型，高原大陆性气候特点比较明显。年平均气温 2.6℃，平均降水量 516mm，平均无霜期 56 天，全年日照时间为 2296 小时。夏河多深谷高山，自古为“将兵略地”，因藏传佛教文化独特，风情浓郁而有“小西藏”之称。现有人口 13 万，面积 8037.7km^2。

拉卜楞寺位于夏河县城西 0.5km 大厦河北岸，藏语称“噶丹雪珠达而杰苏旗卫林”，意为“足喜讲脩吉洲”，是甘肃规模和影响最大的寺院。

2.2.1　监测方法

仪器型号：美国 ONSET 公司产 HOBO Pro U23-1 温湿度监测仪。

布设：对弥勒佛殿内部小环境和外部大环境布设 9 个温湿度监测仪（表 2-6，图 2-66～图 2-71）。

表 2-6　监测仪编号及布设位置

编号	仪器编号	位置	高度
1	10580726	设在大殿东侧二层栈道上	大约 6 米
2	9955277	东侧佛台上	约 1.3 米
3	9883841	西侧佛台上	约 1.3 米
4	10193169	北壁西侧供桌	

续表

编号	仪器编号	位置	高度
5	10193157	北壁西侧地面上	
6	10193167	大殿东南角经柜顶部	约 2.3 米
7	10152973	大殿外南侧入口门楼内	
8	9883842	时轮学院主殿西壁北侧	
9	10193197	时轮学院前廊南壁西侧	

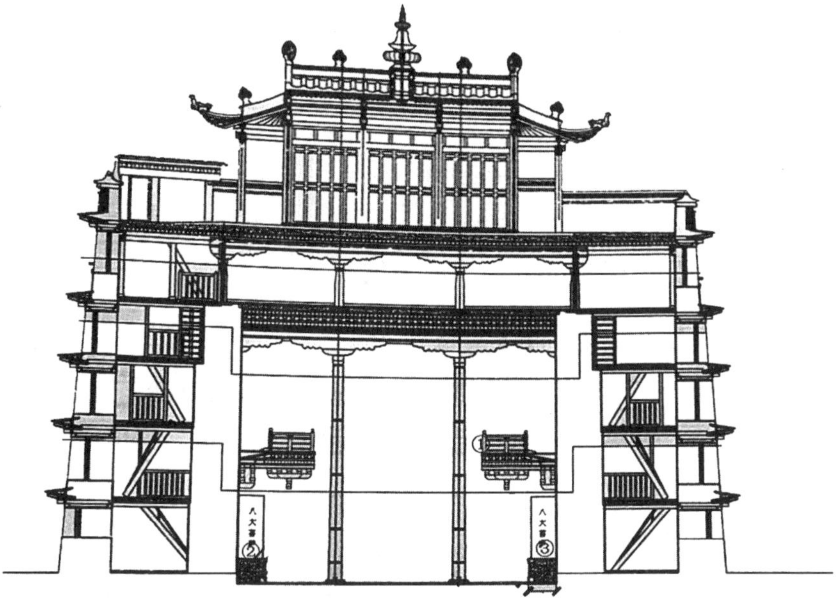

图 2-66　弥勒佛殿监测点位置立面示意图

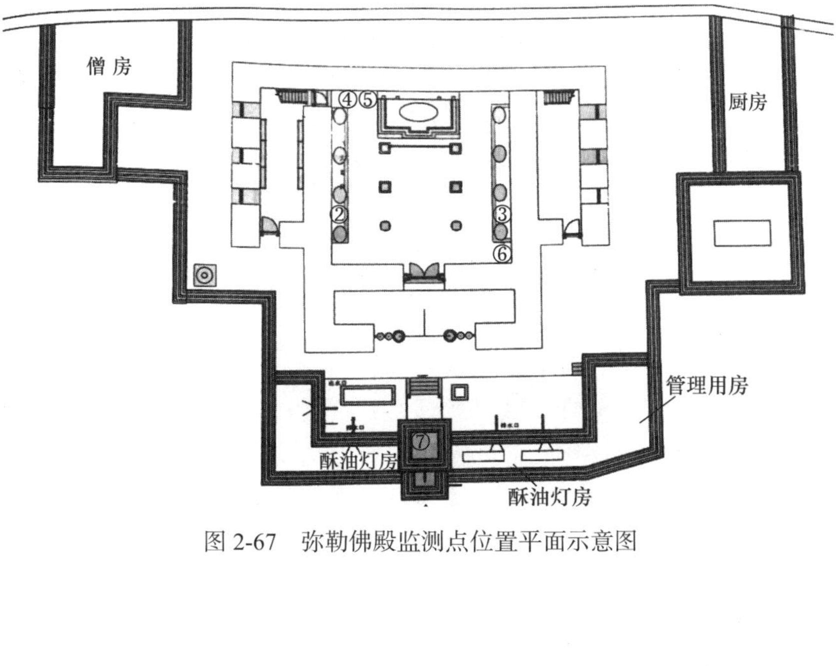

图 2-67　弥勒佛殿监测点位置平面示意图

图 2-68　弥勒佛殿北壁西侧 4、5 号监测点

图 2-69　弥勒佛殿外门廊内 7 号监测点

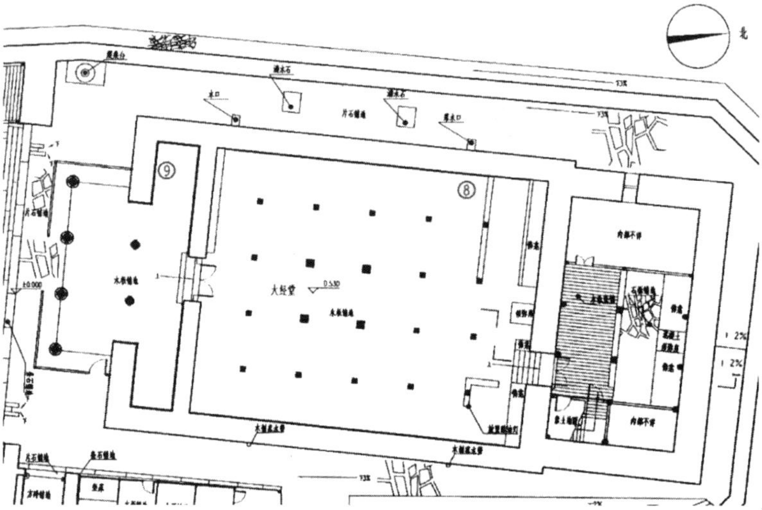

图 2-70　时轮学院监测点平面示意图

图 2-71　时轮学院主殿西壁北侧监测点

监测周期：2013 年 7 月 23 日至 7 月 25 日课题组对弥勒佛殿进行短期环境监测，短期监测工作结束并下载数据，留编号 1、2、7 三枚监测仪在原处作长期监测，其余监测仪撤回。

2014 年 3 月初课题组下载弥勒佛殿已监测 7 个多月的环境数据。

2015 年 6 月 17 日课题组在时轮学院布设两枚 HOBO 温湿度监测仪进行监测，并获取 2015 年 6 月至 2016 年 1 月监测数据。

2.2.2 结果分析

1. 弥勒佛殿各监测点气温比较

从 2013 年 7 月的监测数据统计结果来看：弥勒佛殿内微环境气温基本维持在 13～17℃，昼夜温差不超过 1℃。下层等高度 2、3、4 号监测点平均气温分别为 15.15℃、15.20℃、15.33℃，差值不大，但可看出大殿最里侧靠北壁气温略高。置于地面的 5 号、东南角柜顶 6 号及二层栈道 1 号监测点气温均值形成梯度差，分别为 13.57℃、16.23℃、16.62℃，可见，大殿内气温随高度上升而升高，近地面的气温最低且波幅很小（图 2-72）。

将大殿内 2、3 号监测点气温和殿外 7 号做对比，殿内气温明显波幅较缓，只在白天随殿外气温升高有小幅波动，这其中还包括大殿内游客参观、点燃酥油灯等人为因素影响。可见，弥勒佛殿建筑结构总体气密性较强，在殿门关闭、无人为干扰情况下，受外界气温变化影响较小（图 2-73）。

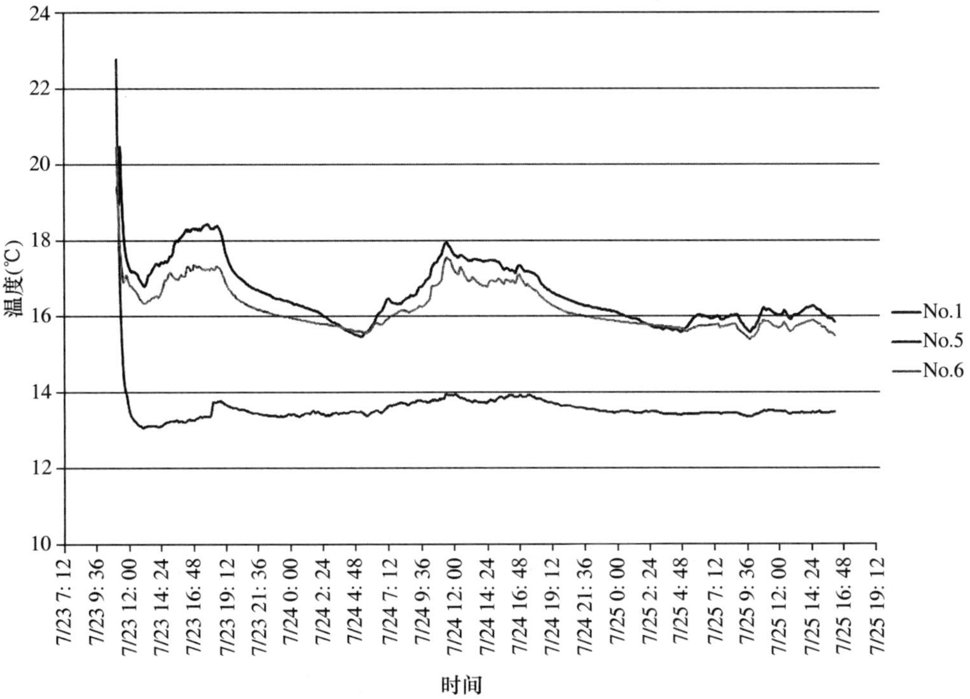

图 2-72　弥勒佛殿内纵向气温比较

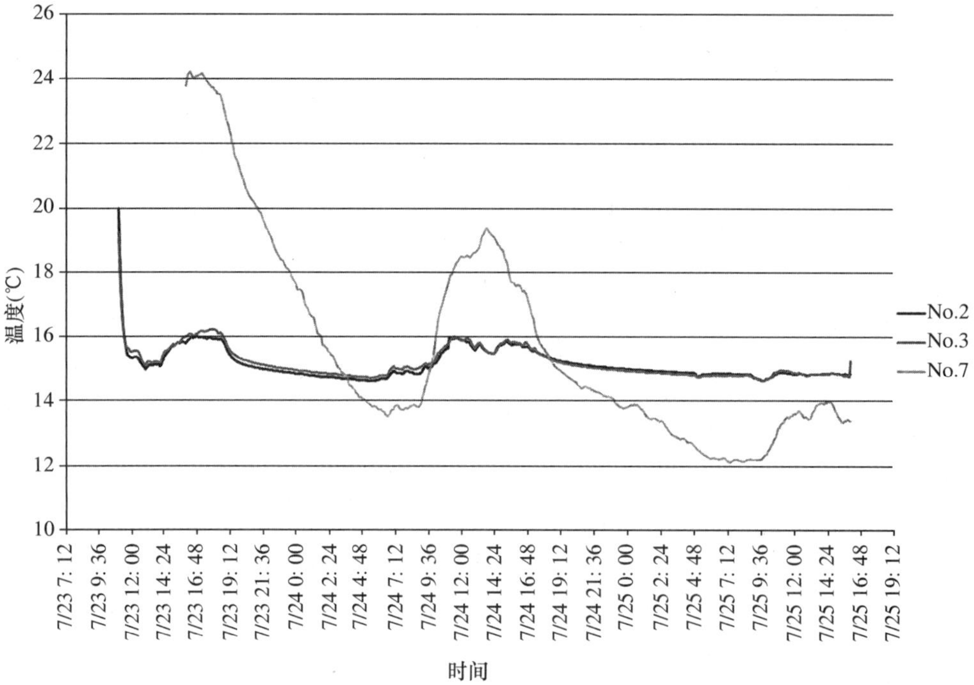

图 2-73　弥勒佛殿内外气温对比图

2. 弥勒佛殿气温季节变化

2013 年 8 月至 2014 年 2 月弥勒佛殿内两枚温湿度监测仪气温均值为 5.66℃，环境总体比较阴冷。1 号温湿度监测仪测得大殿内的最高温度出现在 2013 年 8 月，为 20.06℃，最低气温为 −6.14℃，出现在 2014 年 1 月。分析弥勒佛殿气温季节性变化，2013 年秋季（8～10 月）大殿内气温均值月降幅约 3～4℃，秋冬交界（10～11 月）均气温骤降达 6℃左右，冬季（2013 年 12 月～2014 年 2 月）气温波动总体平缓，月间温差在 2℃左右（表 2-7、图 2-74）。

表 2-7　弥勒佛殿气温统计表

年月	平均值 No.1（℃）	平均值 No.2（℃）	平均值 No.7（℃）	最大值 No.1（℃）	最大值 No.2（℃）	最大值 No.7（℃）	最小值 No.1（℃）	最小值 No.2（℃）	最小值 No.7（℃）
2013/8	17.58	15.91	16.57	20.06	17.87	27.21	15.18	14.00	6.74
2013/9	14.16	13.39	10.06	18.03	16.30	19.82	11.18	10.86	0.41
2013/10	10.53	10.13	6.13	14.34	12.85	22.44	6.05	6.56	−5.08
2013/11	4.23	4.46	−1.31	7.77	7.49	14.19	−3.07	−1.21	−13.97
2013/12	−1.20	−0.88	−6.61	2.37	1.94	8.32	−4.53	−4.56	−17.30
2014/1	−3.52	−3.29	−5.57	1.07	−1.50	11.83	−6.14	−5.33	−16.87
2014/2	−1.35	−1.91	−3.63	2.90	1.10	11.76	−3.87	−4.11	−14.67
总计	5.84	5.47	2.30	20.06	17.87	27.21	−6.14	−5.33	−17.30

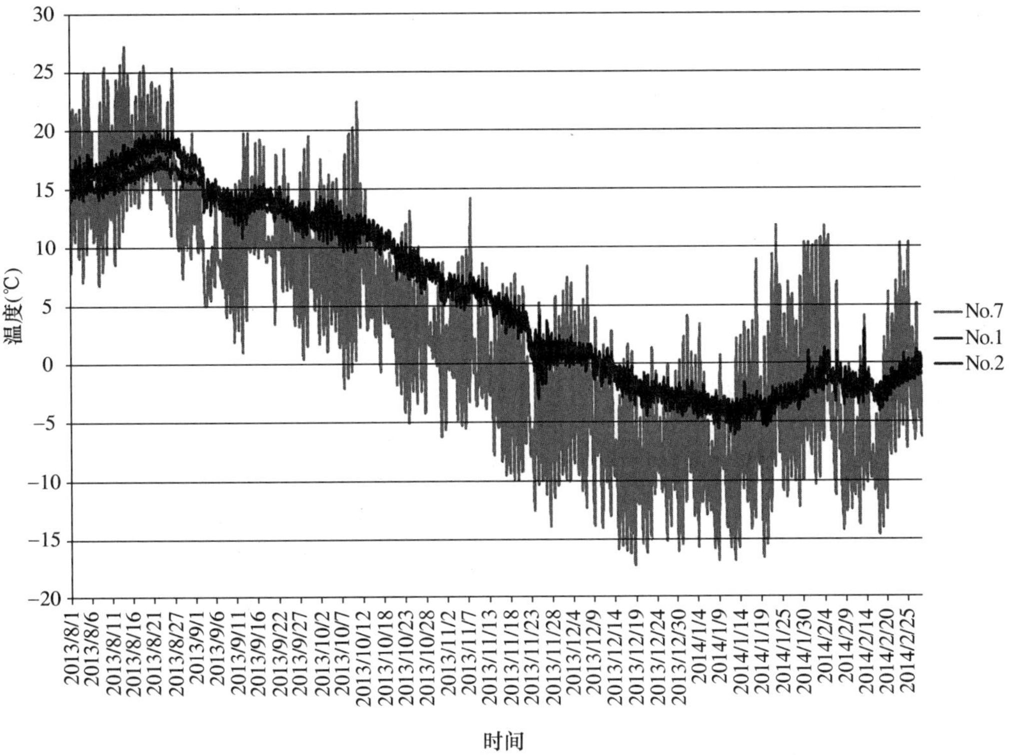

图 2-74　弥勒佛殿内外气温季节性变化图

3. 时轮学院气温季节变化

根据 2015 年下半年时轮学院监测数据（表 2-8），大殿内下半年平均气温约 8℃，总体比较阴冷，夏季（6～8 月）为年度气温较高月份，气温月均值在 12～13℃，8 月最高气温低于 16℃。秋冬季（9～12 月）殿内气温下降明显，12 月气温均值跌破冰点。2016 年 1 月的气温月均值最低，为 −2.36℃。

表 2-8　时轮学院气温统计表

年月	平均值 No.8（℃）	平均值 No.9（℃）	最大值 No.8（℃）	最大值 No.9（℃）	最小值 No.8（℃）	最小值 No.9（℃）
2015/6	13.29	14.12	14.79	19.41	11.73	9.73
2015/7	12.88	14.19	15.06	21.10	11.42	9.16
2015/8	12.97	14.39	15.65	21.10	7.92	8.92
2015/9	10.65	11.42	13.64	17.06	6.84	7.27
2015/10	8.35	6.94	11.35	12.94	4.58	−0.12
2015/11	5.89	2.99	12.90	10.74	−0.26	−4.26
2015/12	−0.18	−4.58	5.18	5.77	−4.20	−12.53
2016/1	−2.36	−5.28	−0.40	0.52	−4.35	−12.16
总计	8.19	7.33	15.65	21.10	−4.35	−12.53

9 号温湿度监测仪布设在时轮学院前廊南壁西侧，处半露天状态，可以当作外部环境的参考依据，与殿内 8 号温湿度监测仪比较可以看出，大殿内气温变化受殿外大环境气温影响而波动，大殿内外气温波动趋势基本一致，但殿内气温波幅明显较小（图 2-75）。夏季殿外最高气温可达 21℃，冬季最低气温接近 −13℃，这与较封闭的殿内微环境差别明显。

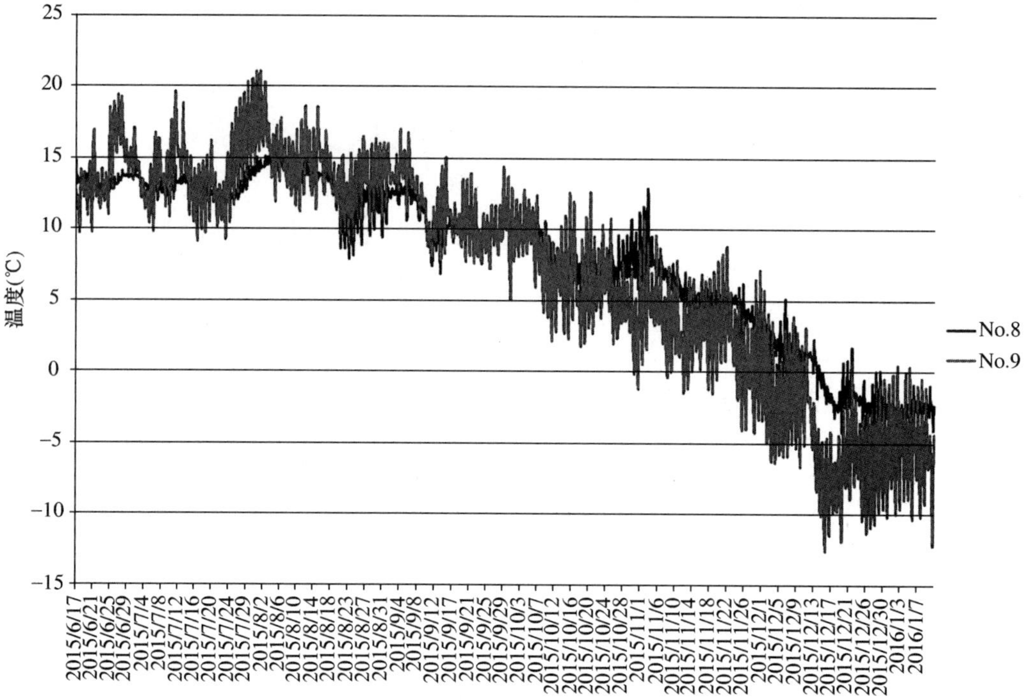

图 2-75　时轮学院大殿内外气温对比

4. 弥勒佛殿各监测点相对湿度比较

监测期间，夏河地区有小雨，因此弥勒佛殿内外相对湿度总体水平较高，所有监测点相对湿度均值在 60%～70% 之间。截取 7 月 24 日弥勒佛殿内各监测点相对湿度数据制图（图 2-76），可看出大殿内相对湿度分布的大致规律。

最里侧北壁地面 5 号监测点湿度水平明显高于其他监测点。

2 号、3 号监测点位于大殿中部，受外部环境影响度高于其他监测点，其湿度水平可排第二层次。

4 号监测点相对湿度可排第三层次，其位置虽与 5 号相邻，但位置较高，湿度明显降低。

1 号和 6 号属位置较高监测点，受气温升高影响，相对湿度水平最低。

图 2-77 所示为弥勒佛殿内外相对湿度对比散点曲线，选取 2 号和 3 号相对湿度数据做参照，与殿外 7 号监测点数据对比可看出：大殿内部相对湿度变化曲线较为平缓，受降雨影响程度较小，24 日、25 日两天的降雨只是导致殿内湿度缓慢上升，

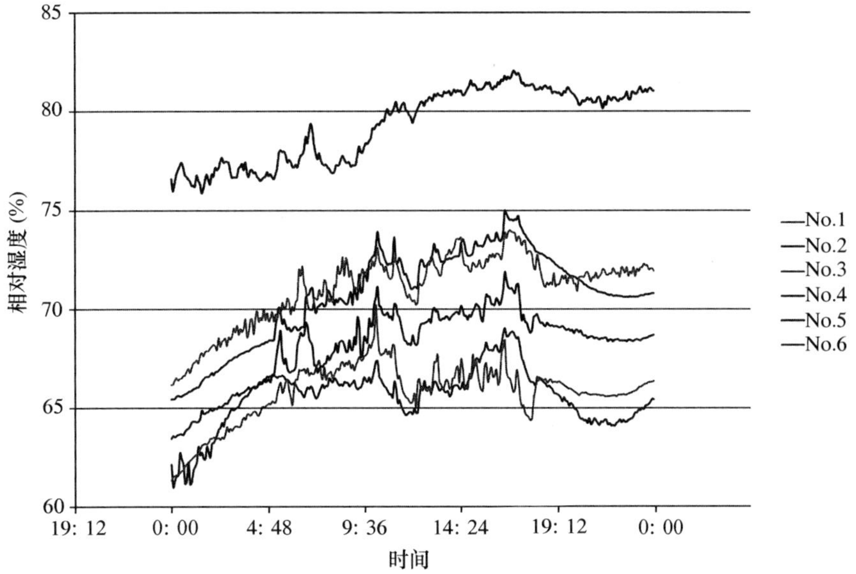

图 2-76　弥勒佛殿内部 7 月 24 日各监测点相对湿度对比

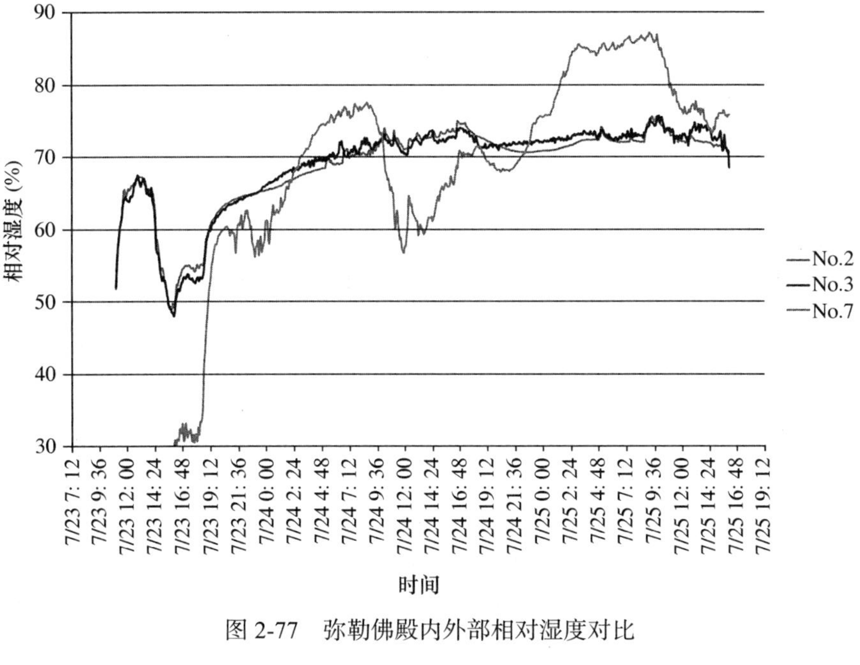

图 2-77　弥勒佛殿内外部相对湿度对比

未对外部大环境相对湿度剧烈波动做出及时响应。此外，日间殿内相对湿度有小幅波动，这主要是游客参观等人为因素造成的。

5. 弥勒佛殿相对湿度季节变化

如表 2-9、图 2-78 所示，2013 年夏季 8～9 月间大殿内相对湿度月均值较高，在 56%～68% 之间，这与季节性降雨有关。2013 年 10 月～2014 年 1 月秋冬季殿内相对湿度总体水平有下降趋势，但相对湿度月均值相差不大，1 月是相对湿度月均值最低的月份，不到 40%。2014 年 2 月起殿内相对湿度又有回升趋势。

表 2-9 弥勒佛殿相对湿度统计表

年月	平均值 No.1（%）	平均值 No.2（%）	平均值 No.7（%）	最大值 No.1（%）	最大值 No.2（%）	最大值 No.7（%）	最小值 No.2（%）	最小值 No.7（%）
2013/8	61.16	68.13	62.93	70.03	86.04	87.99	53.27	20.61
2013/9	56.40	59.13	68.45	71.64	73.83	90.85	36.38	15.79
2013/10	48.00	49.74	55.73	60.70	69.84	89.33	31.37	8.93
2013/11	43.25	42.87	47.48	55.66	67.93	86.63	26.78	10.66
2013/12	40.76	43.44	41.54	52.01	79.22	78.00	26.79	8.35
2014/1	38.79	41.24	29.73	48.91	77.51	72.77	25.23	4.98
2014/2	44.38	53.90	46.06	61.87	85.05	89.17	28.52	3.61
总计	47.56	51.17	50.26	71.64	86.04	90.85	25.23	3.61

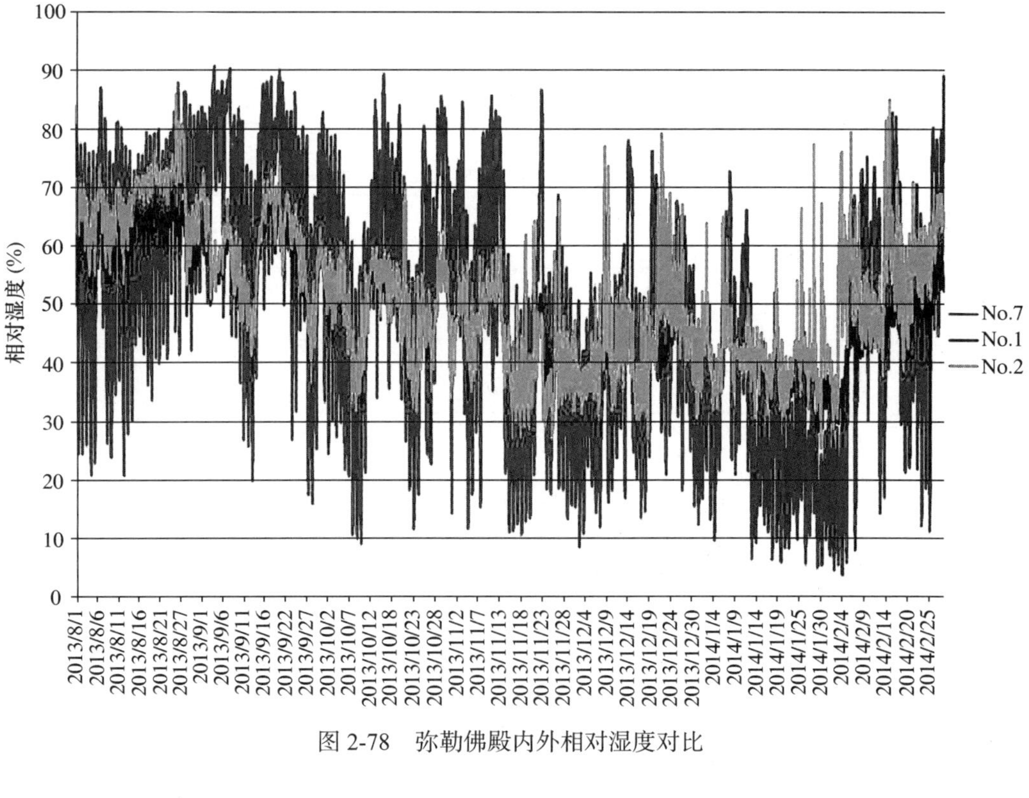

图 2-78 弥勒佛殿内外相对湿度对比

6. 时轮学院相对湿度

2015 年时轮学院大殿内相对湿度总体偏高（表 2-10），夏季（6～10 月）相对湿度月均值均在 70% 以上，9 月甚至高达 84%，较干燥的秋冬季 2015 年 11 月～2016 年 1 月相对湿度月均值也均在 60% 左右。

表 2-10　时轮学院相对湿度统计值

年月	平均值项：No.8（%）	平均值项：No.9（%）	最大值项：No.8（%）	最大值项：No.9（%）	最小值项：No.8（%）	最小值项：No.9（%）
2015/6	77.60	71.86	89.13	87.19	59.02	34.76
2015/7	79.60	63.41	94.23	83.95	64.02	32.25
2015/8	77.69	63.31	95.53	78.76	65.84	30.09
2015/9	84.65	72.16	97.61	90.65	65.70	34.47
2015/10	73.74	63.90	88.06	85.50	44.18	25.01
2015/11	65.25	51.85	74.73	80.91	44.71	20.54
2015/12	58.33	42.39	73.80	72.74	45.54	16.86
2016/1	59.78	42.32	69.44	76.79	46.25	18.27
总计	72.79	59.41	97.61	90.65	44.18	16.86

从图 2-79 可以看出，大殿外部相对湿度波动幅度明显高于殿内，但比较大殿内外相对湿度月均值，殿内略高于殿外，尤其秋冬季殿内相对湿度月均值明显高于殿外。

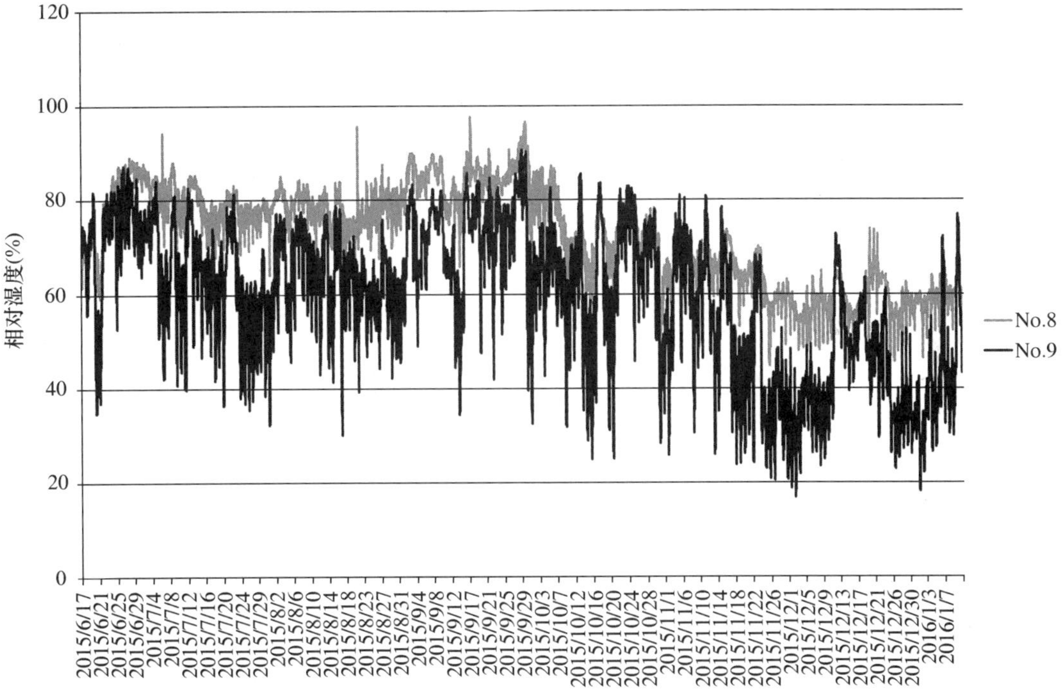

图 2-79　时轮学院大殿内外相对湿度比较

2.3　嘉峪关魏晋墓

2.3.1　地理气候概况

嘉峪关市属温带大陆性荒漠气候，年均气温在 6.7～7.7℃之间，年日照 3000 小时。自然降水量年平均 85.3mm，蒸发量 2149mm。

2012 年嘉峪关市环境空气中可吸入颗粒物年平均浓度为 0.074mg/m^3、二氧化硫年平均浓度为 0.029mg/m^3、二氧化氮年平均浓度为 0.017mg/m^3。全年空气污染指数好于二级的天数达到 343 天，占全年天数的 94%。全年共发生较强沙尘暴 16 次，主要集中在春、冬两季，最强的一次发生在 4 月，可吸入颗粒物浓度最高达到 6.10mg/m^3。

课题组通过对墓室环境进行调查监测，分析研究在墓室中工作对其环境的影响，研究工作人员在墓室中如何进行合理工作；在旅游旺季调查嘉峪关魏晋墓游客数量，监测游客对墓室环境的影响，分析旅游开放对魏晋墓壁画的影响风险，初步判定嘉峪关魏晋墓游客承载量；通过对嘉峪关魏晋墓内温湿度进行监测，分析其变化规律，以期揭示魏晋墓内壁画病害产生与环境因素之间的关系，并为保护工作的开展提供必要的科学依据。

2.3.2 监测方法

（1）2011 年 1 月 24 日课题组对墓室环境进行调查监测，监测仪器采用芬兰维萨拉（VAISALA）M70 手持表，配置 HM34 温湿度监测仪和 GMT221 二氧化碳监测仪，监测墓室内温湿度和 CO_2 含量，采样间隔为 1min。测点布设见图 2-80、图 2-81，仪器参数见表 2-11。

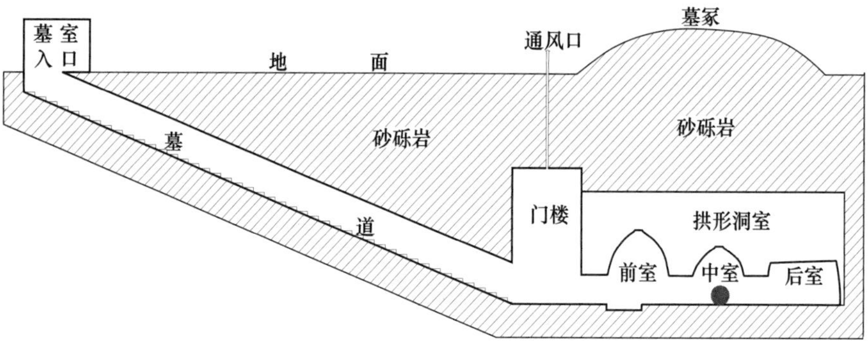

图 2-80 2011 年 1 月 24 日魏晋墓六号墓 VAISALA 监测仪布设图

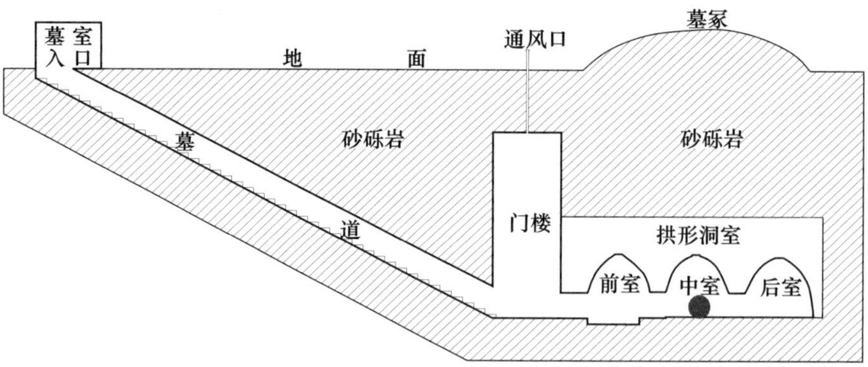

图 2-81 2011 年 1 月 24 日魏晋墓七号墓 VAISALA 监测仪布设图

表 2-11　VAISALA 设备技术参数

名称	技术参数
VAISALA 温湿度监测仪	湿度：量程 0～100%RH；精度 0～90%RH 时，±2%RH；分辨率 0.01%RH 温度：量程 −20 到 100℃；精度 0～60℃时，±0.3℃；分辨率 0.01℃
VAISALA 二氧化碳监测仪	量程 0～5000ppm；精度±（1.5% 量程+2.0% 读数）；分辨率 10ppm

（2）2011 年 7 月 16 日至 17 日课题组对嘉峪关魏晋墓六号墓、七号墓进行游客和墓室环境进行监测调查，监测仪器采用芬兰维萨拉（VAISALA）M70 手持表，配置 HM34 温湿度监测仪和 GMT221 二氧化碳监测仪，采样间隔为 1min，设备参数见表 2-11，测点布设见图 2-82～图 2-84。课题组对六号墓、七号墓进行温湿度监测，监测设备采用美国 ONSET 公司生产 HOBO-U23 温湿度监测仪，仪器布点见图 2-85、图 2-86，另外在墓室外周围空旷环境中布设一个监测点（监测仪编号为 HJ），监测墓室外环境温湿度，采样间隔为 1min。

图 2-85 中，六号墓后室监测仪编号为 WJM6-1，中室监测仪编号为 WJM6-2，前室监测仪编号为 WJM6-3，墓道监测仪编号为 WJM6-4，墓室入口监测仪编号为 WJM6-5。图 2-86 中，七号墓后室监测仪编号为 WJM7-1，中室监测仪编号为 WJM7-2，前室监测仪编号为 WJM7-3，墓道监测仪编号为 WJM7-4，墓室入口监测仪编号为 WJM7-5。

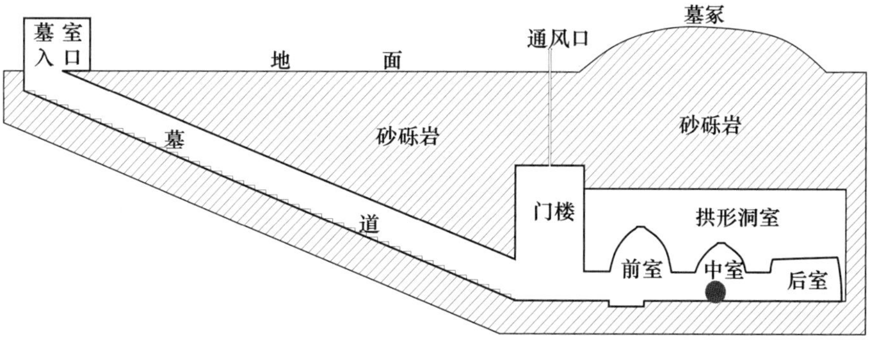

图 2-82　2011 年 7 月 16 日魏晋墓六号墓 VAISALA 监测仪布设图

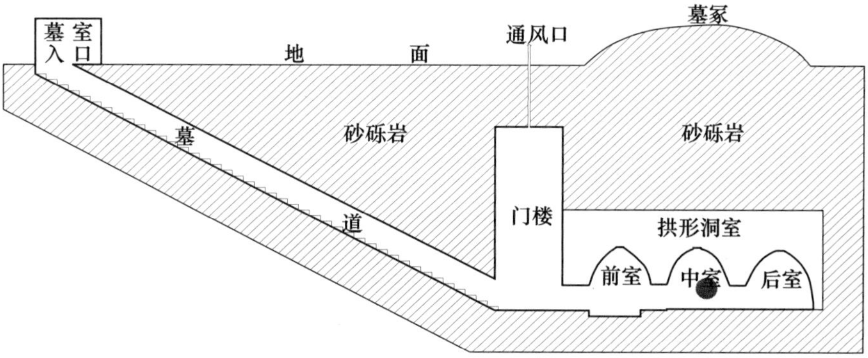

图 2-83　2011 年 7 月 16 日魏晋墓七号墓 VAISALA 监测仪布设图

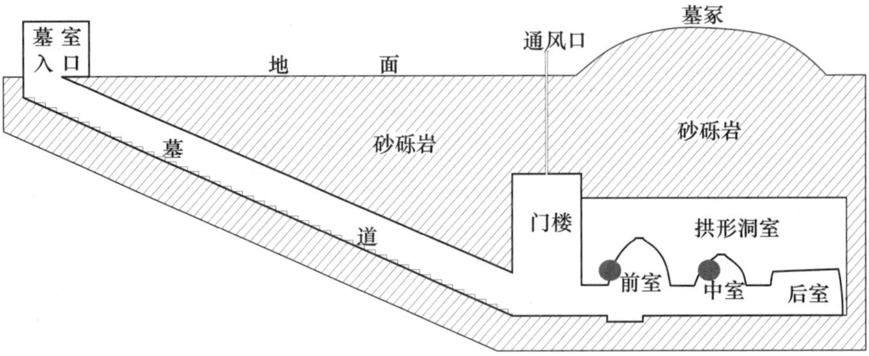

图 2-84　2011 年 7 月 17 日魏晋墓六号墓 VAISALA 监测仪布设图

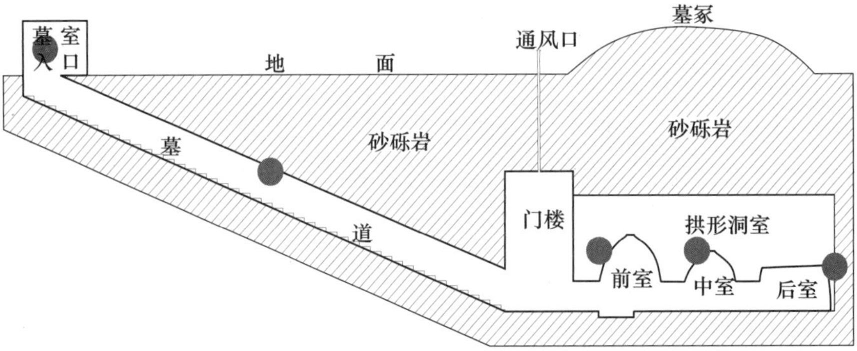

图 2-85　魏晋墓六号墓监测 ONSET 监测仪布设图

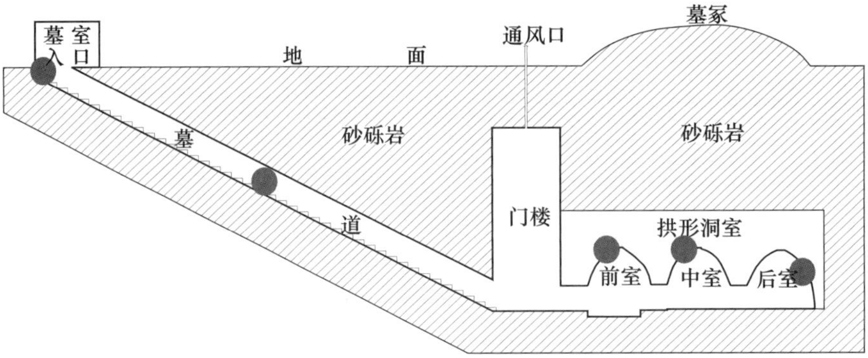

图 2-86　魏晋墓七号墓 ONSET 监测仪布设图

（3）课题组长期对嘉峪关魏晋墓墓室环境进行温湿度监测，监测仪器采用美国 ONSET 公司生产 HOBO-U23 温湿度监测仪，仪器参数见表 2-12，测点布设见图 2-85、图 2-86。监测仪编号与上同，采样间隔为 15min。

表 2-12　ONSET 设备技术参数

名称	技术参数
温湿度监测仪	湿度：量程 0～100%RH；精度 10%～90%RH 时，±2.5%RH；分辨率 0.03%RH 温度：量程 −40 到 100℃；精度 0～50℃时，±0.21℃；分辨率 25℃时，0.02℃

2.3.3　嘉峪关魏晋墓环境特征

1. 墓室冬季日环境调查

课题组选择 2011 年 1 月 24 日进行日环境调查分析，监测点布设图见图 2-80、图 2-81，从早上 9 点半开始工作至下午 3 点工作结束。其中六号墓为工作墓室，墓室内有工作人员进行工作；七号墓为不开放墓室，除了放置仪器和中间一次仪器检查，其余时间没有人员进入。

从图 2-87 可以看出，从早上九点半，工作人员进入墓室，墓室环境处于波动状态，中午 12 点至 1 点，工作人员离开墓室，墓室环境逐渐进入平稳状态，下午 1 点工作人员再次进入墓室，墓室环境又一次处于波动状态。从图 2-88 可以看出，早上工作人员进入墓室，墓室环境出现短时间波动，而后进入平稳状态，下午 2 点，工作人员进入墓室进行仪器检查，环境再次发生波动，随着工作人员离开，墓室环境趋于平稳。

对比图 2-87 与图 2-88，可以看出人类活动对墓室环境有较大影响，墓室内工作人员较少，为 2 人。图 2-87 中有 3 个较大的环境波动时段，其主要是因为有其他工作人员进出墓室。由于工作人员活动，造成墓室内温度有 1℃的波动，湿度有 10% 的波动，CO_2 波动最为明显，有 400ppm 的波动。从 CO_2 含量来看，工作环境下，墓室内的 CO_2 最好控制在 1000ppm（按国际标准，工作环境中 CO_2 含量在 1000ppm 以内）以内，因此，墓室内工作人员不宜太多，最好控制在 3 人以内。

2. 墓室夏季日环境调查

2011 年 7 月 16 日，课题组对魏晋墓六号墓、七号墓分别进行了环境影响调查，监测点布设图见图 2-82 和图 2-83，其中六号墓为旅游开放墓室，七号墓为不开放墓室，图 2-89～图 2-92 为 VAISALA M70 手持表检测结果，表 2-13 为游客统计表。

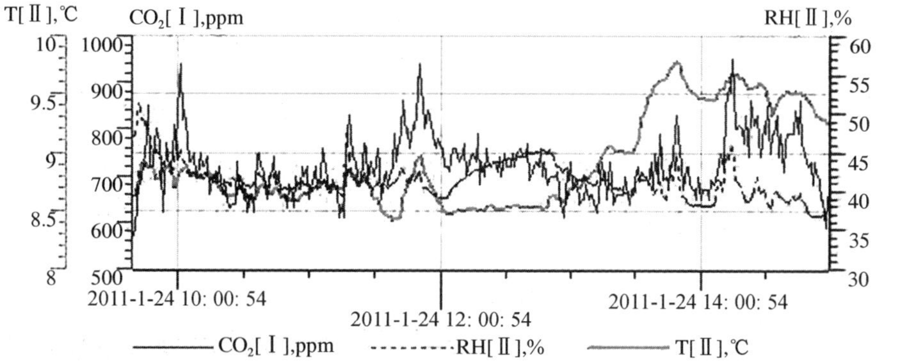

图 2-87　六号墓日环境变化趋势图

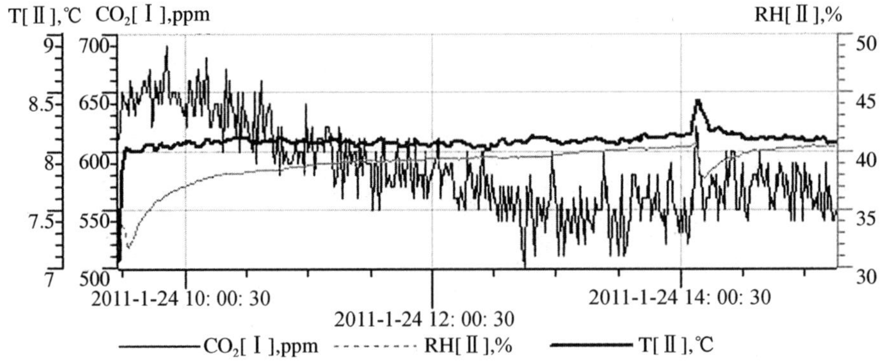

图 2-88　七号墓日环境变化趋势

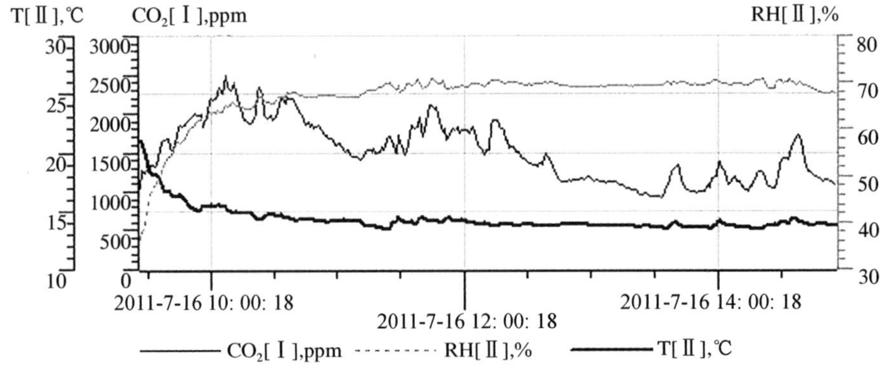

图 2-89　2011 年 7 月 16 日 9点 26 分至 14 点 56 分六号墓监测数据

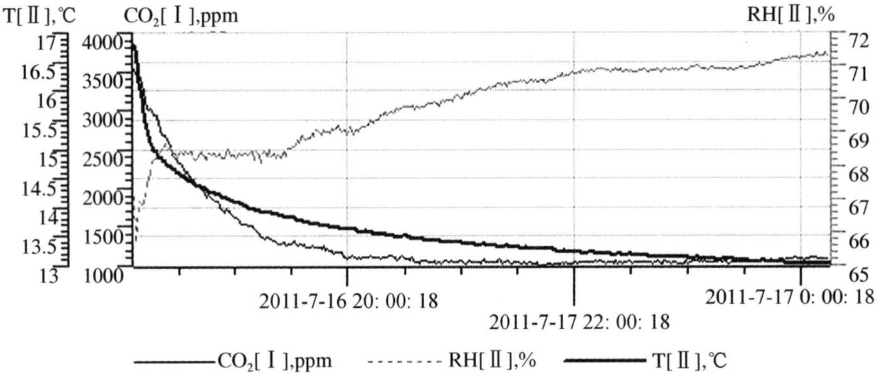

图 2-90　2011 年 7 月 16 日 14 点 59 分至 18 点 03 分六号墓监测数据

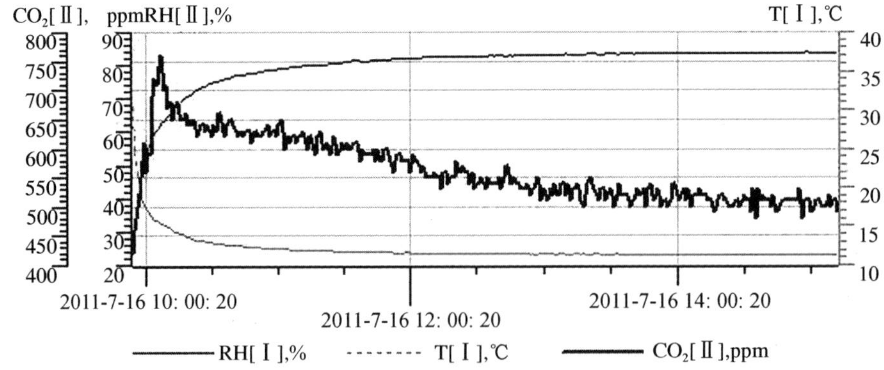

图 2-91　2011 年 7 月 16 日 9 点 54 分至 15 点 12 分七号墓监测数据

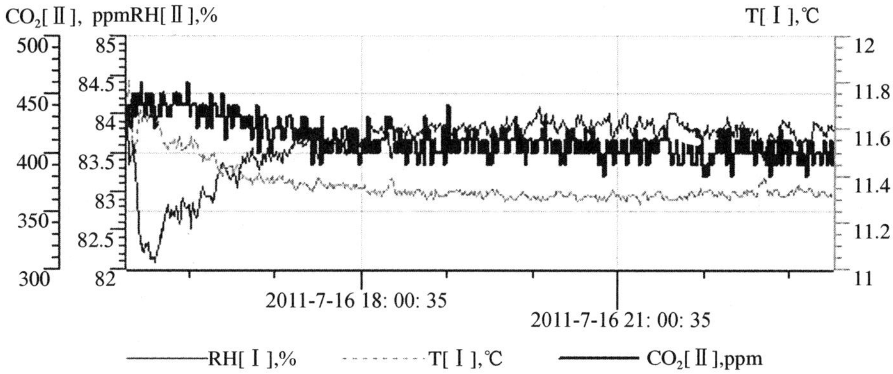

图 2-92　2011 年 7 月 16 日 15 点 16 分至 23 点 31 分七号墓监测数据

表 2-13　2011 年 7 月 16 日六号墓参观人数统计表

序号	人数	进入时间	离开时间
1	4	9: 26	9: 38
2	3	9: 30	9: 45
3	5	9: 40	9: 48
4	7	9: 46	10: 01
5	4	9: 55	10: 04
6	3	10: 01	10: 10
7	1	10: 04	10: 07
8	3	10: 17	10: 40
9	2	10: 30	10: 36
10	9	11: 20	11: 35
11	6	11: 35	11: 46
12	6	11: 48	12: 05
13	4	12: 08	12: 28
14	3	12: 35	12: 38
15	6	13: 30	13: 39
16	3	13: 51	14: 04
17	4	14: 11	14: 25
18	11	14: 25	14: 35
19	4	15: 05	15: 15
20	7	15: 40	15: 55
21	7	15: 55	16: 10
22	12	16: 15	16: 30
23	65	16: 31	18: 05

由图 2-89和图 2-90 可知，六号墓由于旅游开放，墓室环境变化波动频繁。在很长一段时间内，温度数值在逐渐下降，湿度数值在逐渐上升，这是由于温湿度探头的

稳定时间较长，约需要一个多小时，其后数值开始随环境变化，进行正常波动。由图 2-93～图 2-95 可知，随着游客进入墓室，墓室内温度、CO_2 升高，湿度降低，游客离去，温度、CO_2 降低，湿度升高。温湿度、CO_2 波动与游客数量及其参观时间有直接关系，游客数量越多，滞留时间越长，其波动越大。图 2-95 所示，18 点后，由于墓室关闭，没有了游客参观对墓室环境的影响，墓室环境开始逐渐恢复，CO_2 和温度开始逐渐降低，湿度逐渐升高。

由图 2-91 和图 2-92 所示，除工作人员进入墓室对墓室环境造成一定的波动外，七号墓基本保持稳定的环境状态。从图 2-91 和图 2-92 数据曲线变化趋势来看，墓室环境易受到人类活动的影响，其反应速度迅速，但是其恢复时间很长，从其监测数据推断，环境恢复时间在 1h 以上。

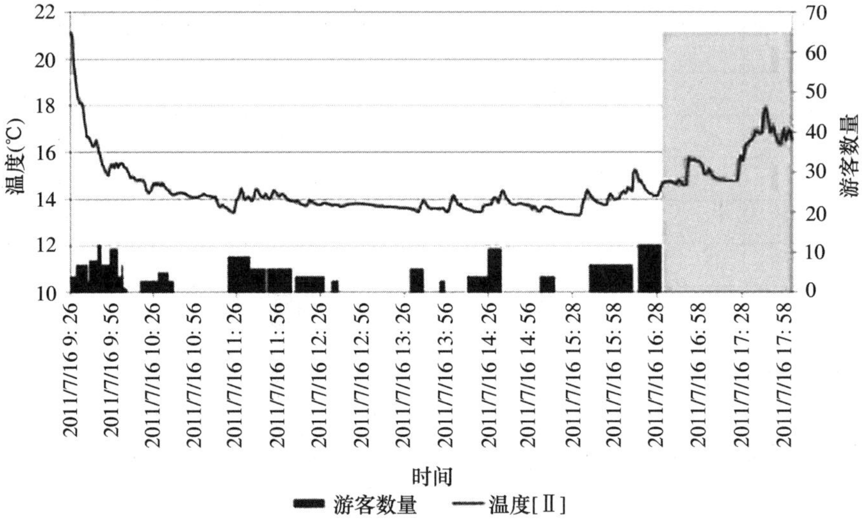

图 2-93　2011 年 7 月 16 日游客参观对墓室温度影响趋势图

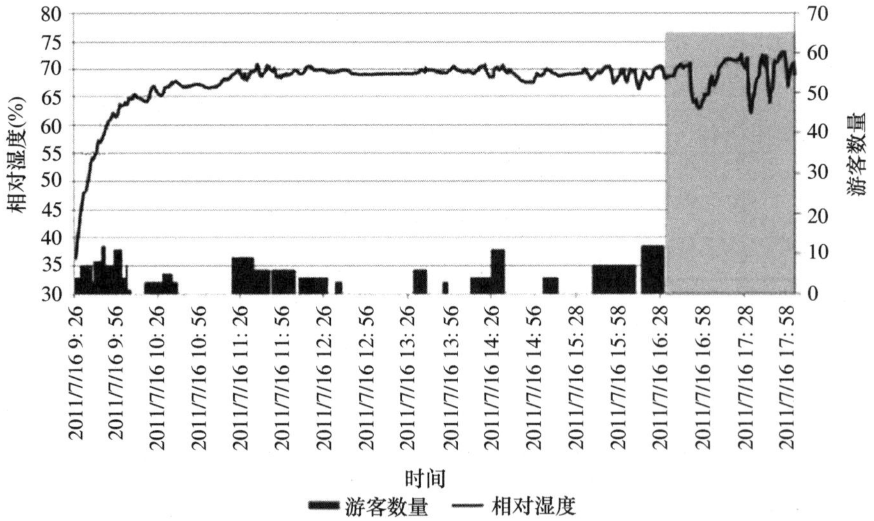

图 2-94　2011 年 7 月 16 日游客参观对墓室湿度影响趋势图

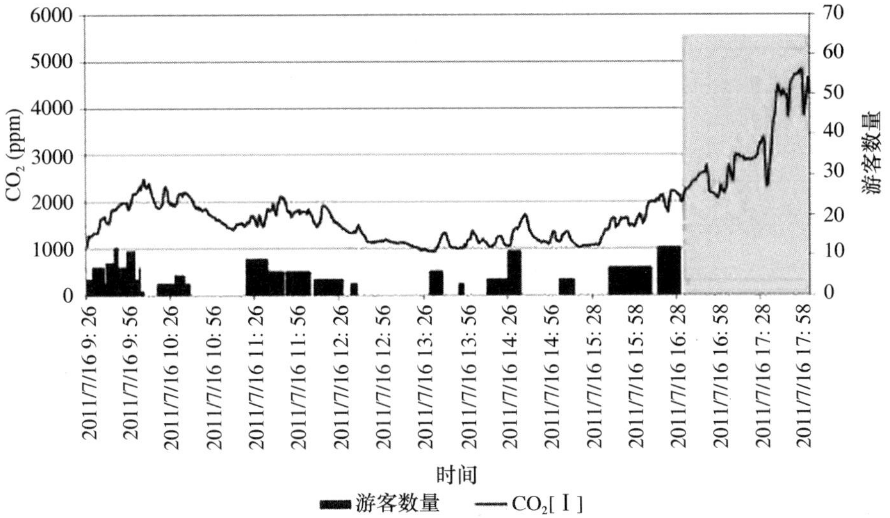

图 2-95 2011 年 7 月 16 日游客参观对墓室 CO_2 影响趋势图

鉴于 7 月 16 日的监测结果，课题组调整 7 月 17 日监测方案，CO_2 设备仅布设于六号墓室，分别放置于前室和中室，测点布置见图 2-84，调查游客参观对墓室不同区域的环境影响。其监测结果见图 2-96、图 2-97，客流量统计见表 2-14。

从图 2-98 可知，游客进入墓室，其自身散发的热量导致墓室温度上升，其波动幅度约为 1℃左右，波动与游客滞留的位置和时间相关。游客进入墓室，先经过前

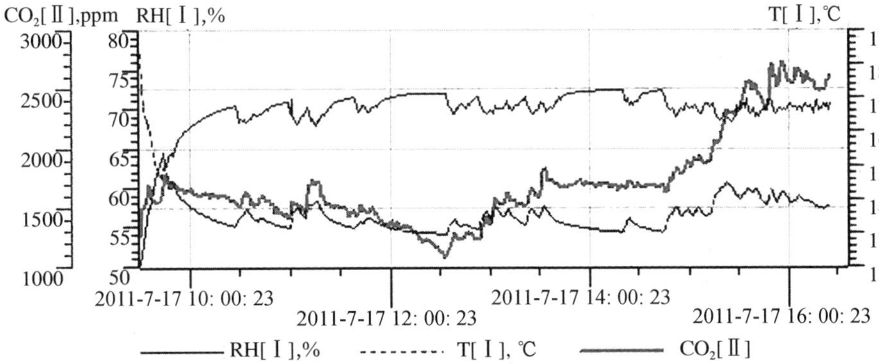

图 2-96 2011 年 7 月 17 日 9 点至 16 点 30 分六号墓前室监测数据

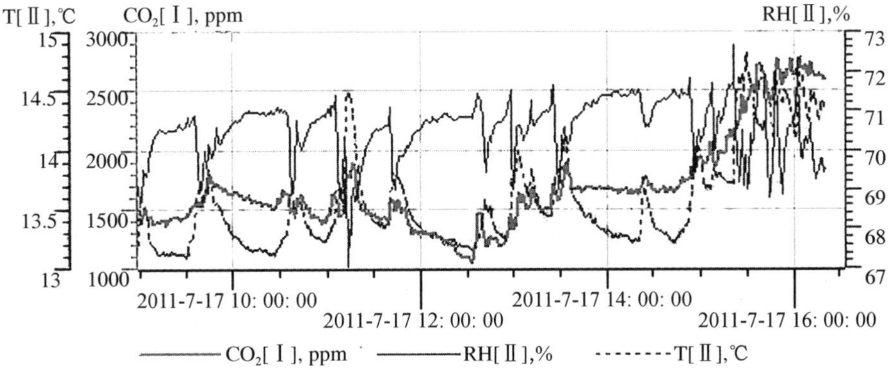

图 2-97 2011 年 7 月 17 日 9 点至 16 点 30 分六号墓中室监测数据

表 2-14　2011 年 7 月 17 日魏晋墓六号墓参观统计表

序号	人数	进入时间	离开时间
1	5	9: 26	9: 41
2	3	10: 23	10: 38
3	6	10: 58	11: 03
4	4	11: 06	11: 16
5	3	11: 37	11: 47
6	3	12: 33	12: 48
7	4	12: 52	13: 08
8	5	13: 38	13: 49
9	4	14: 17	14: 32
10	5	14: 43	14: 58
11	4+5+3+2+5+2+2	14: 59	15: 57

室，造成前室温度波动，随后进入中室，导致中室温度波动，随着游客离开墓室，温度开始迅速恢复，其上升速度大于恢复速度。

从图 2-99 可知，随着游客进入墓室，墓室内湿度明显降低。从图 2-100 可知，游客进入墓室，呼吸、流汗和皮肤水份蒸发导致绝对湿度升高。同时，墓室开放，外界的热空气进入墓室，导致墓室温度升高，游客身体热量的散失，也会导致墓室温度升高（图 2-98）。综合两个方面的因素，温度升高，相对湿度降低；绝对湿度升高，相对湿度增加。因此，温度升高对对墓室环境的影响大于游客参观导致的绝对湿度的增加（图 2-101）。

墓室内两个测点的 CO_2 波动趋于一致，波动大小与游客滞留时间、位置、人数相关。游客更多的时间滞留在中室，因此，中室的波动要略大于前室。综合来看 16、17 日游客参观对墓室内 CO_2 的影响，魏晋墓 CO_2 含量始终偏高，始终高于 1000ppm，最高可达 4900ppm，不太适合旅游开放（图 2-102）。

2011 年 7 月 16 日至 17 日，课题组对六号墓、七号墓做了详细的温湿度调查，测点布设见图 2-85、图 2-86，其结果如图 2-103～图 2-109 所示。

通过对墓室温湿度调查（图 2-103～图 2-109）可知，在调查期间，六号墓室内温湿度基本上在很小的范围内波动，主要是受到旅游开放影响，温度波动在 2℃内，湿度波动在 5% 左右，白天由于旅游参观，游客进入墓室，游客散发的热量进入墓室，造成墓室温度的波动，由于六号墓室参观主要集中于中室，因此，造成六号墓室白天部分时间中室的温度略高于前室（图 2-101、图 2-106），绝对湿度波动在 $1g/m^3$。从后室至前室存在温度梯度分布，后室温度低，中室其次，前室略高（图 2-103）。受到温度影响，六号墓绝对湿度分布情况与温度与温度场分布基本吻合，后室温度低，中室其次，前室略高（图 2-105），其主要原因是温度越高，墓室周围土体里的水分运移速度越快。相对湿度受到温度和绝对湿度的影响，白天，由于旅游开放，墓室内前室湿度略高于中室

（图 2-101），夜晚随着环境扰动的恢复，中室湿度高于前室（图 2-101、图 2-106）。

旅游开放是影响墓室环境的主要因素。白天，墓室开放参观，墓室环境波动较为明显。晚上，墓室关闭，墓室环境处于恢复期，逐渐趋于平稳（图 2-106）。

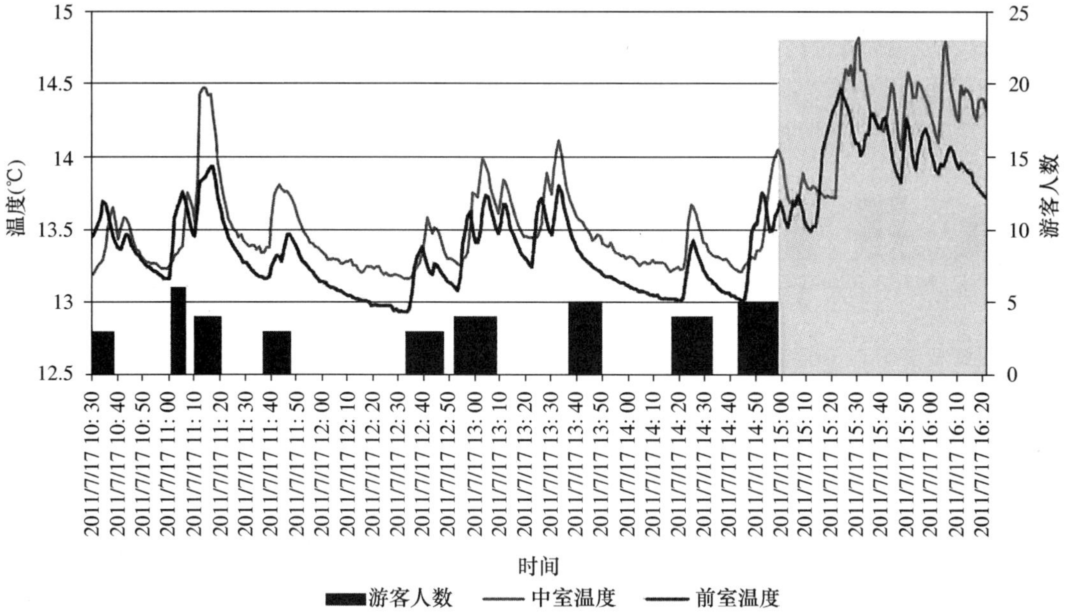

图 2-98　2011 年 7 月 17 日游客参观对温度影响趋势图①

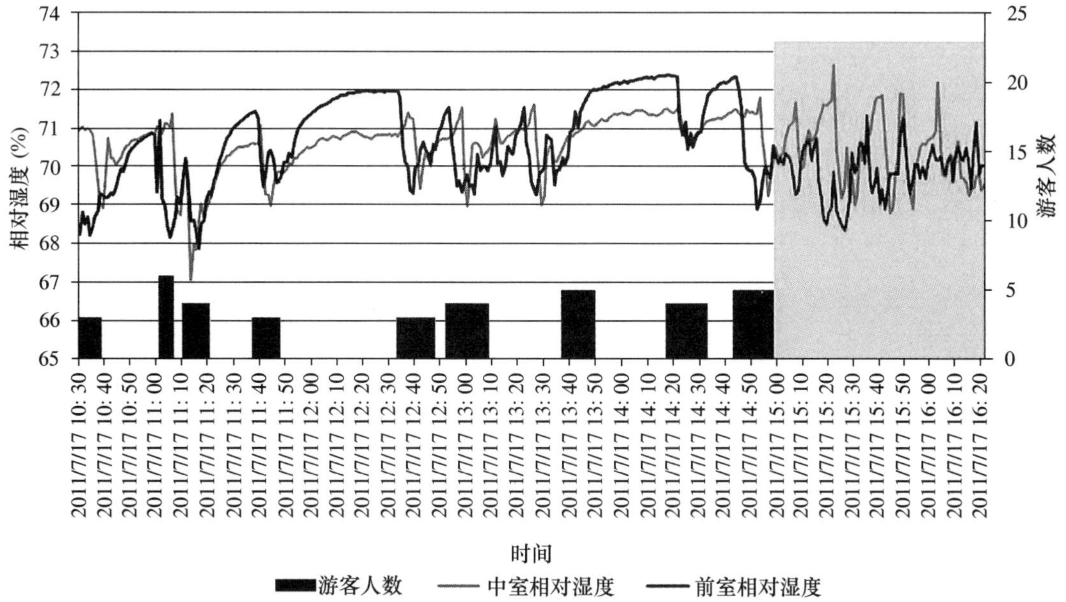

图 2-99　2011 年 7 月 17 日游客参观对湿度影响趋势图

① 图2-98、图2-99中柱状部分为旅游团队进行参观，无法统计具体人数，其统计人数值为这一时间段内进入墓室的总人数。

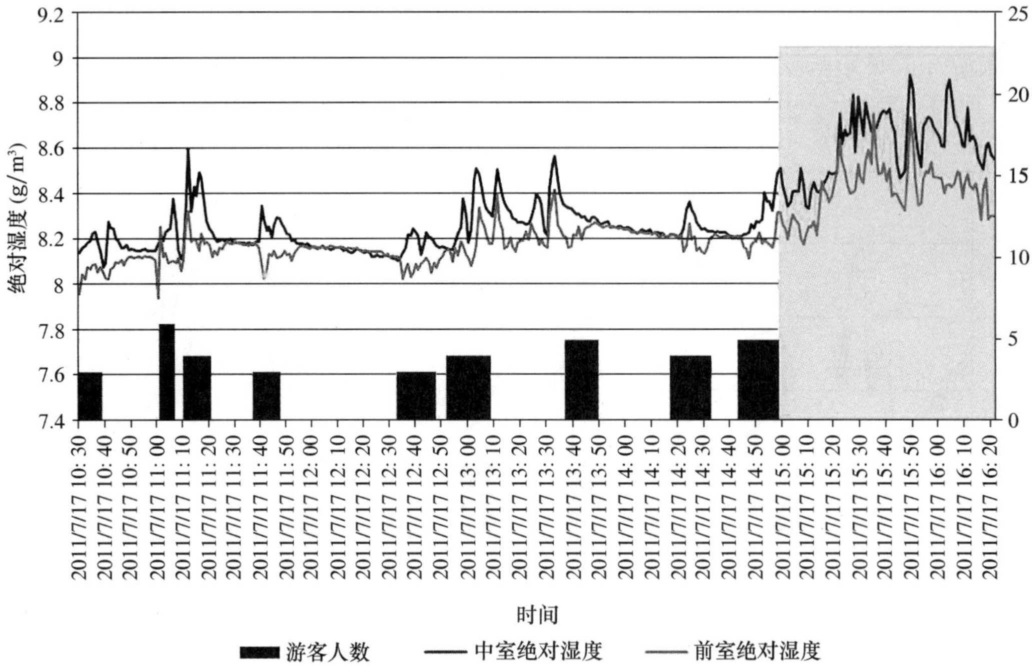

图 2-100　2011 年 7 月 17 日游客参观对六号墓绝对湿度影响趋势图

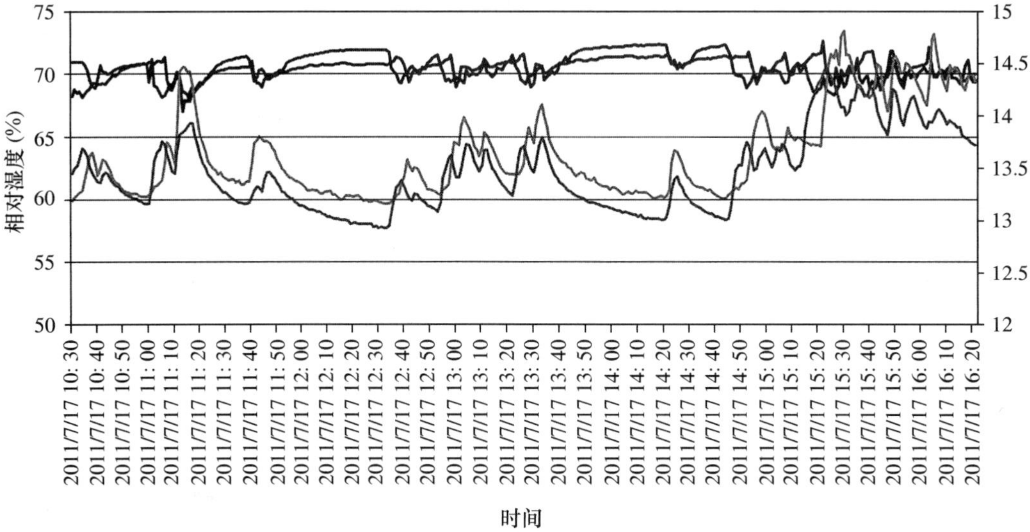

图 2-101　2011 年 7 月 17 日六号墓温湿度变化趋势图

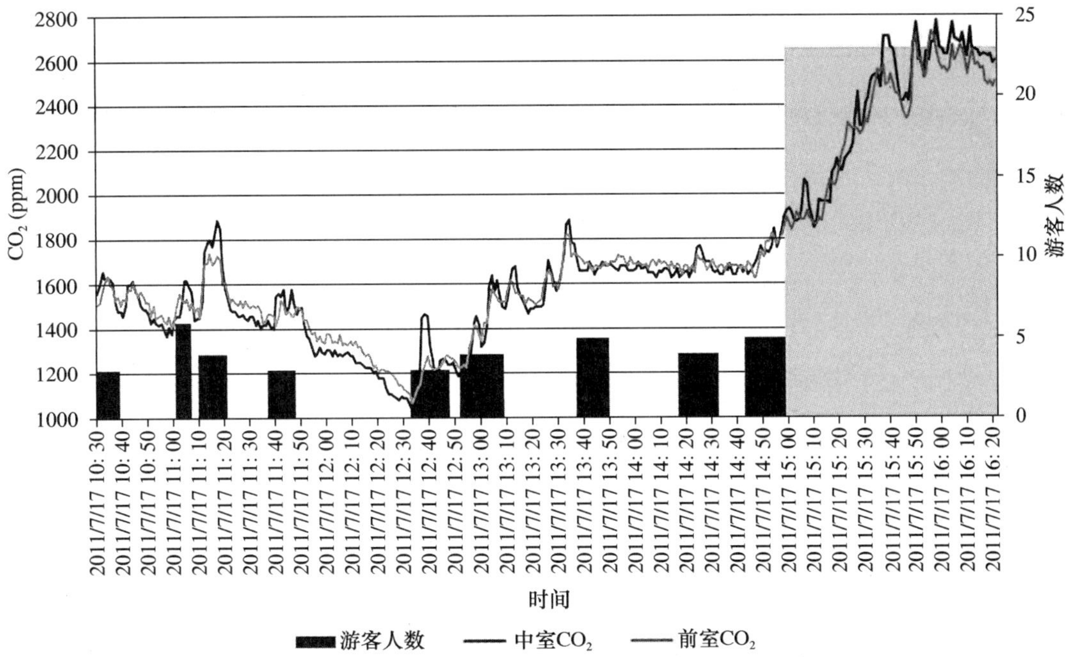

图 2-102　2011 年 7 月 17 日游客参观对六号墓 CO^2 影响趋势图①

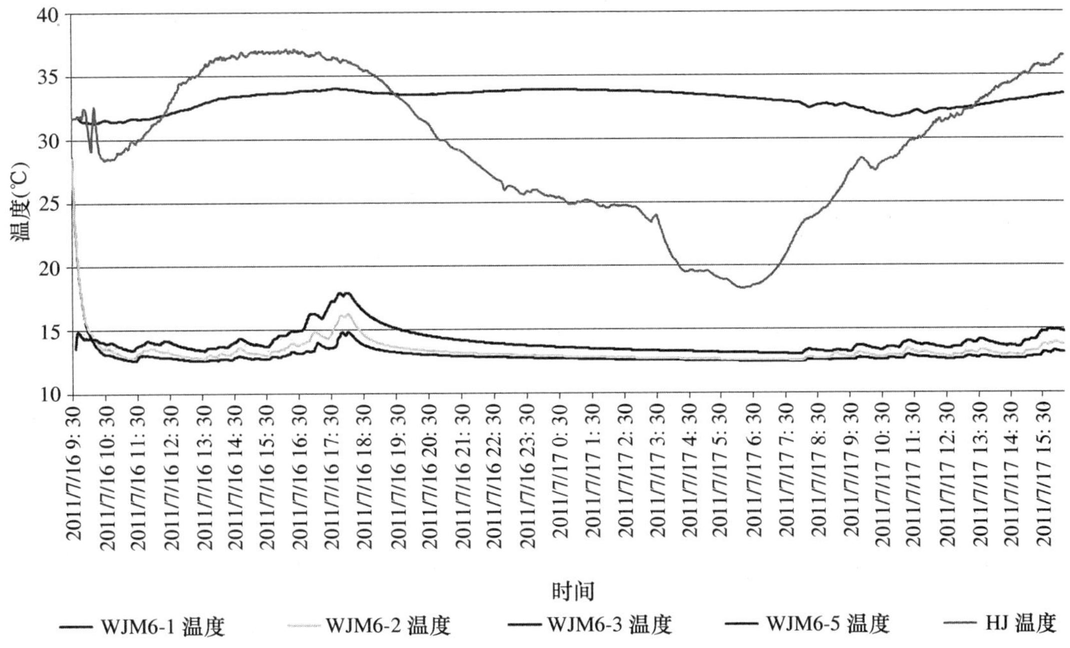

图 2-103　2011 年 7 月 16 日至 17 日六号墓甬道、墓室温度变化

① 图2-102中柱状部分为旅游团队进行参观，无法统计具体人数，其统计人数值为这一时间段内进入墓室的总人数。

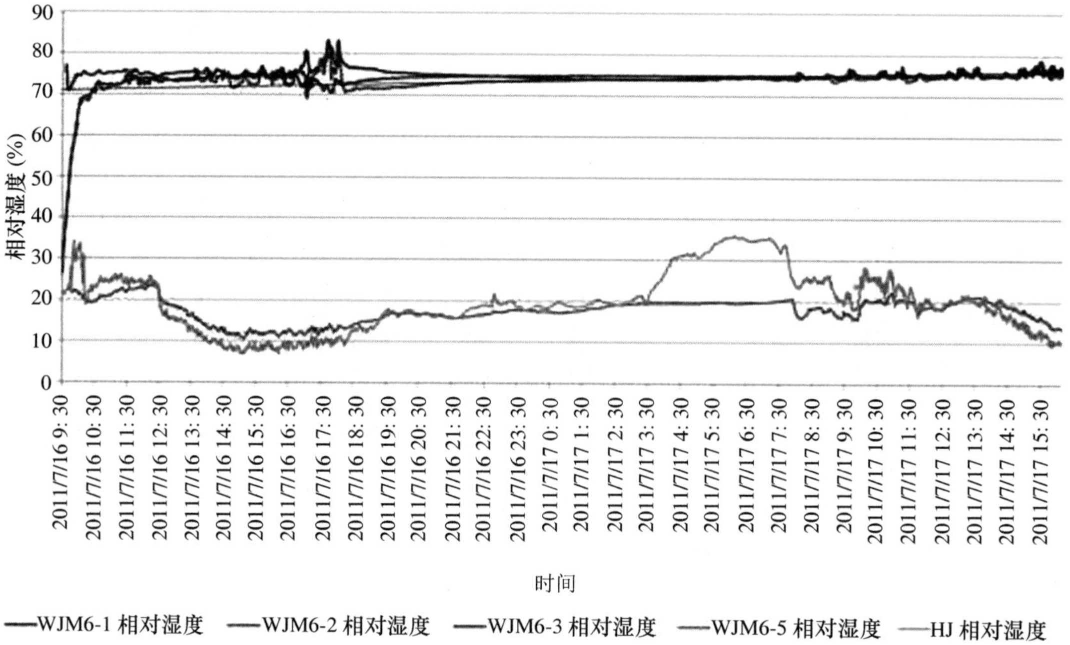

图 2-104　2011 年 7 月 16 日至 17 日六号墓甬道、墓室湿度变化

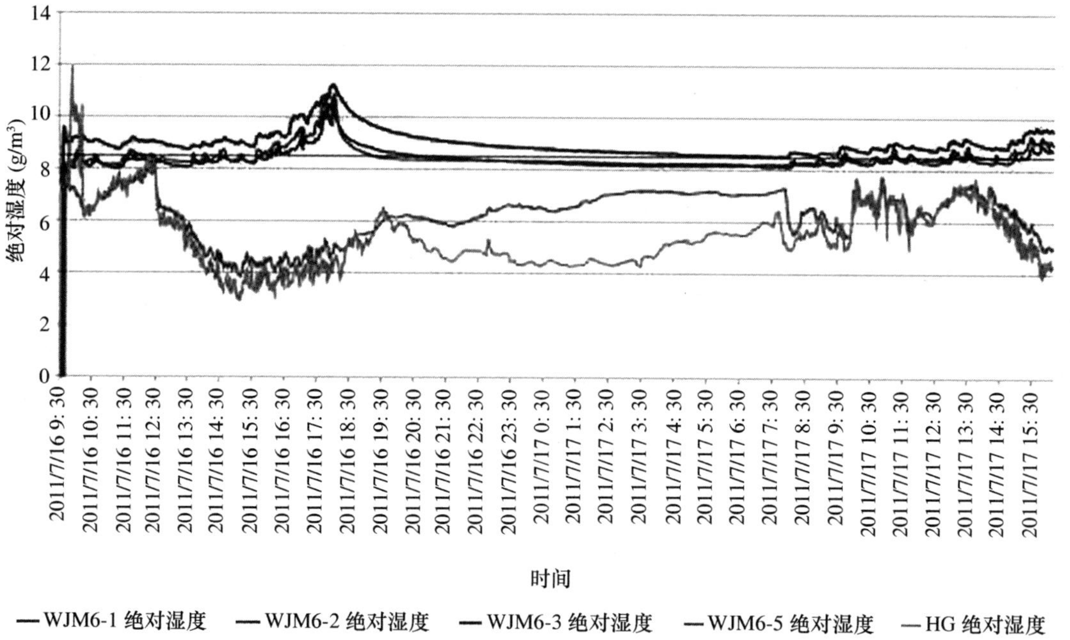

图 2-105　2011 年 7 月 16 日至 17 日六号墓甬道、墓室绝对湿度变化

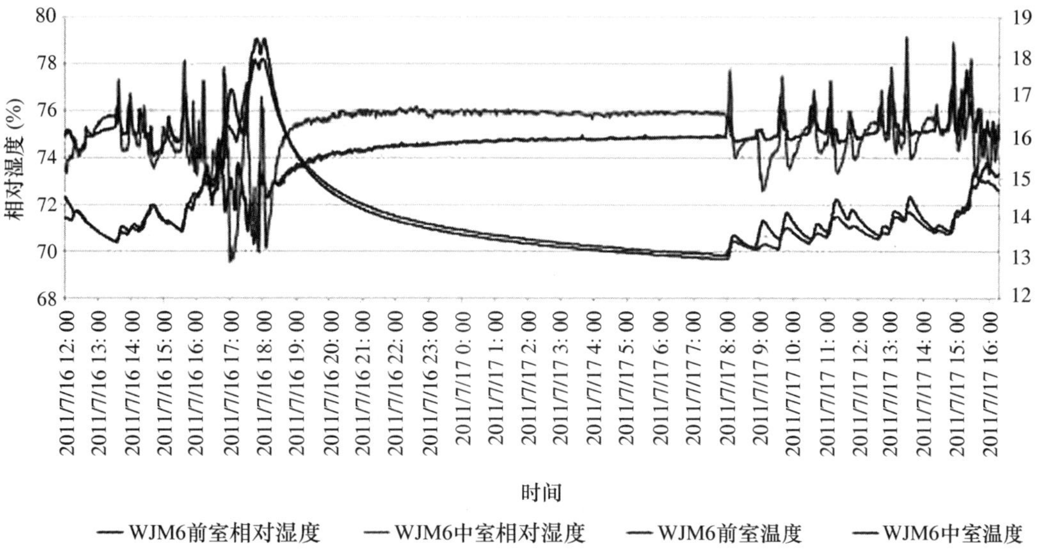

图 2-106 2011 年 7 月 16 日至 17 日六号墓前室和中室温湿度变化

墓室口明显受到外界环境变化影响，随其波动而变化，但是墓室口建有房屋，具有很好的缓冲作用，以至于墓室口的温湿度波动远小于墓室外区域环境变化波动。墓道中间受到外界环境影响很小（图 2-107～图 2-109），短时间墓室外的环境波动基本上不会影响墓室内环境变化（图 2-103～图 2-109）。

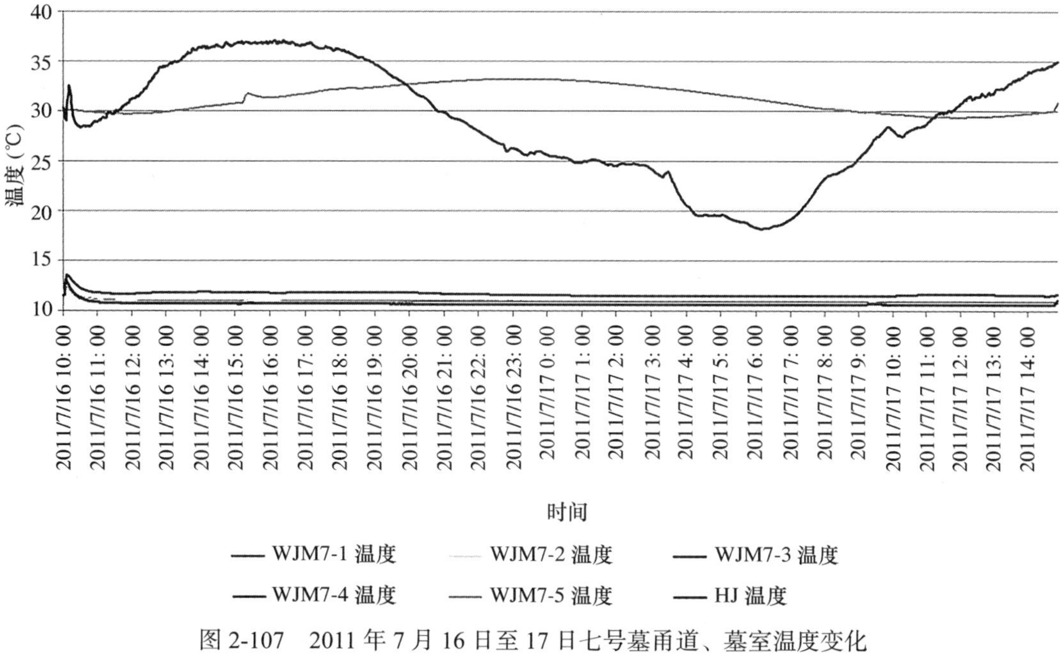

图 2-107 2011 年 7 月 16 日至 17 日七号墓甬道、墓室温度变化

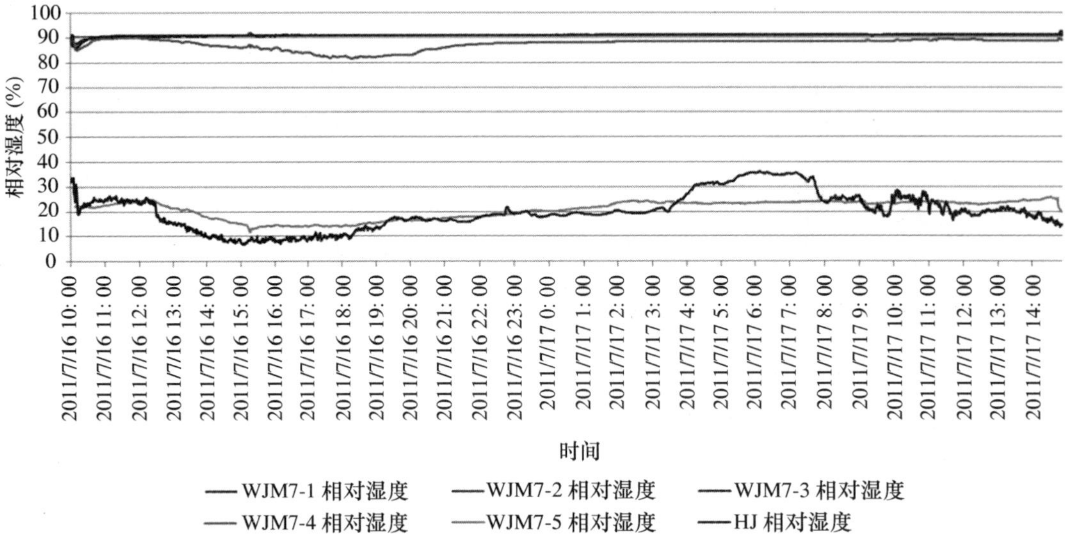

图 2-108　2011 年 7 月 16 日至 17 日七号墓甬道、墓室湿度变化

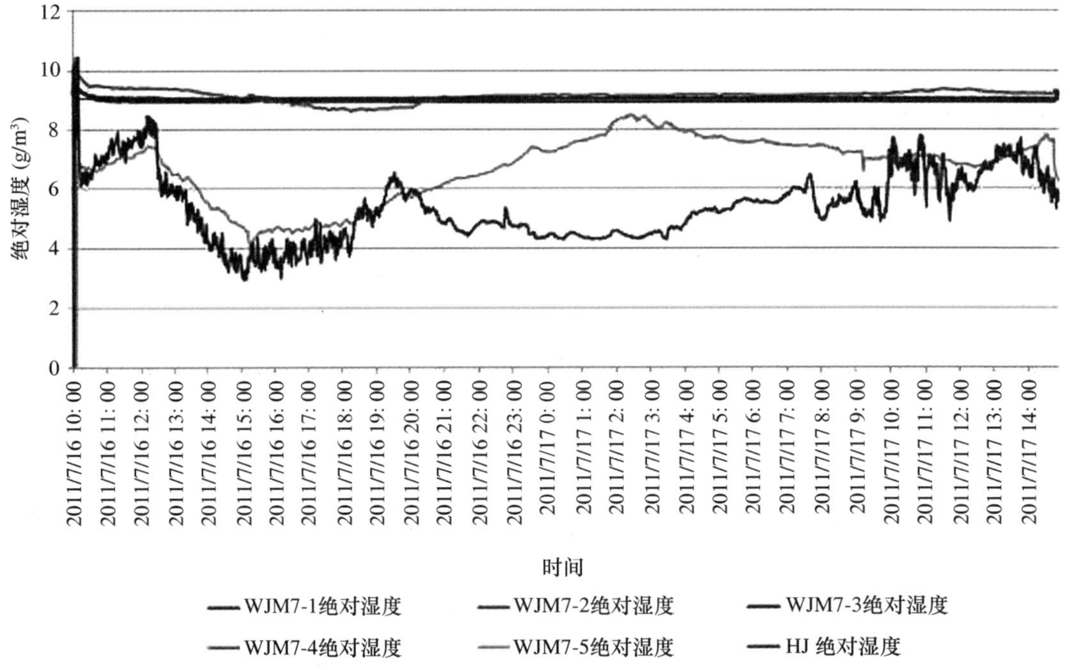

图 2-109　2011 年 7 月 16 日至 17 日七号墓甬道、墓室绝对湿度变化

3. 魏晋墓墓室内温湿度环境年度调查

魏晋墓六号墓墓室内 2012 年最高温度 19.8℃，最低温度 9.04℃，年平均温度 12.4℃，最高相对湿度可达 93%，最低相对湿度为 39%。七号墓最高温度 13.7℃，最低气温 8.9℃，年平均温度 10.8℃，最高相对湿度 95%，最低相对湿度 53%（图 2-110～图 2-115）。

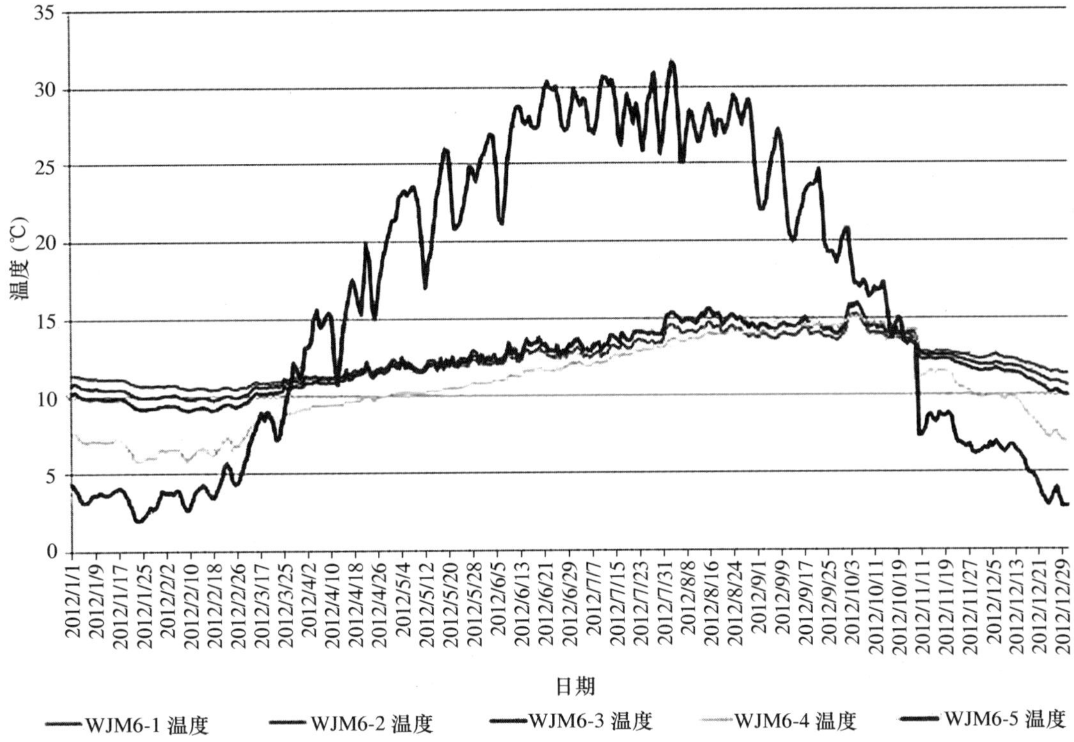

图 2-110　2012 年魏晋墓六号墓甬道、墓室温度变化趋势图

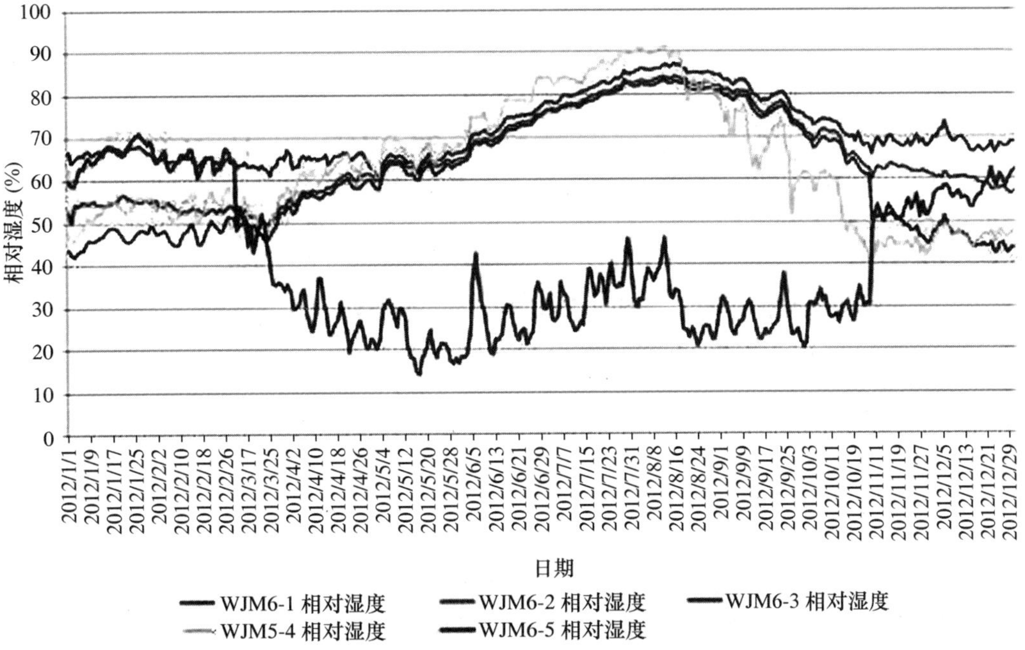

图 2-111　2012 年魏晋墓六号墓甬道、墓室湿度变化趋势图

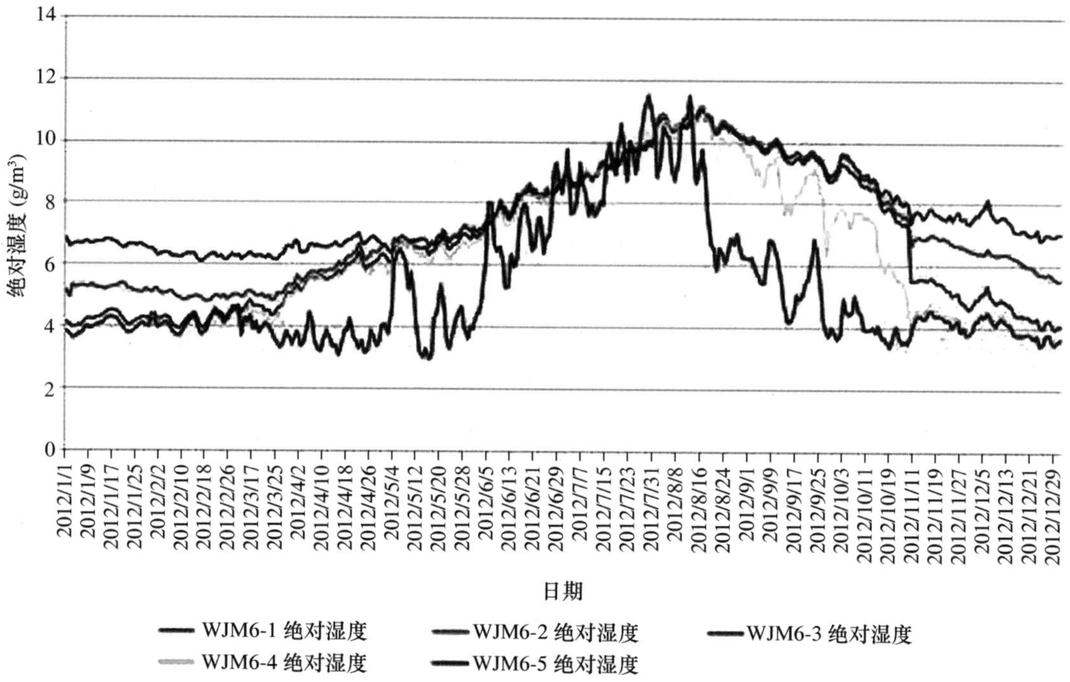

图 2-112　2012 年魏晋墓六号墓甬道、墓室绝对湿度变化趋势图

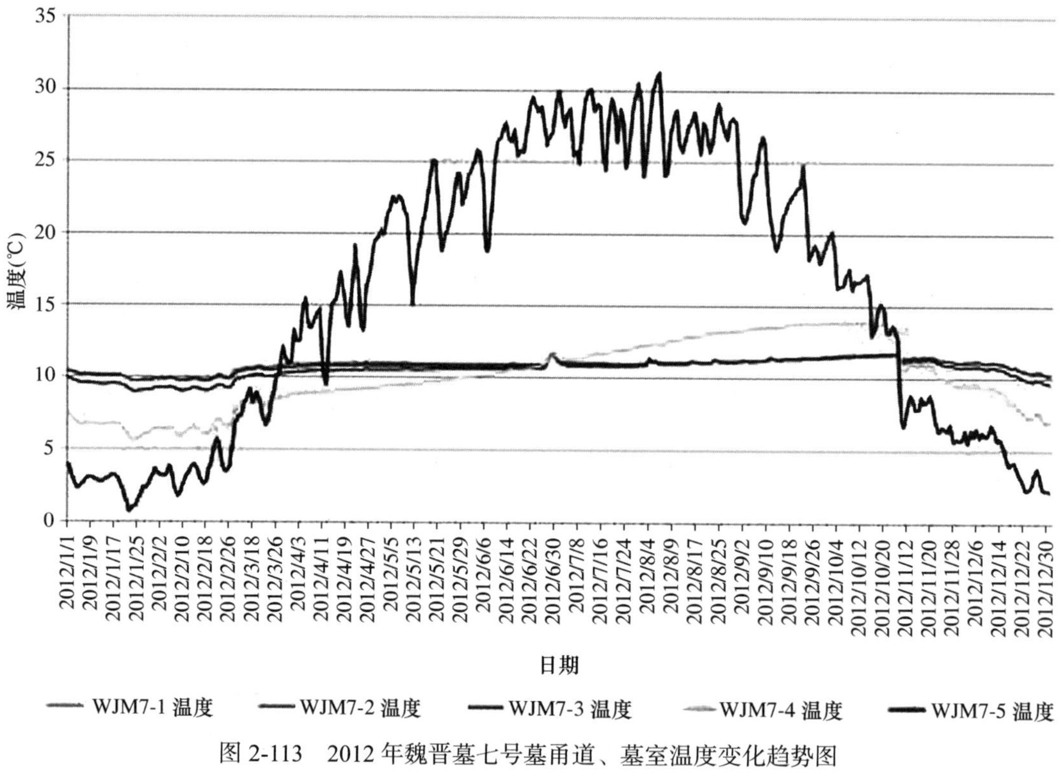

图 2-113　2012 年魏晋墓七号墓甬道、墓室温度变化趋势图

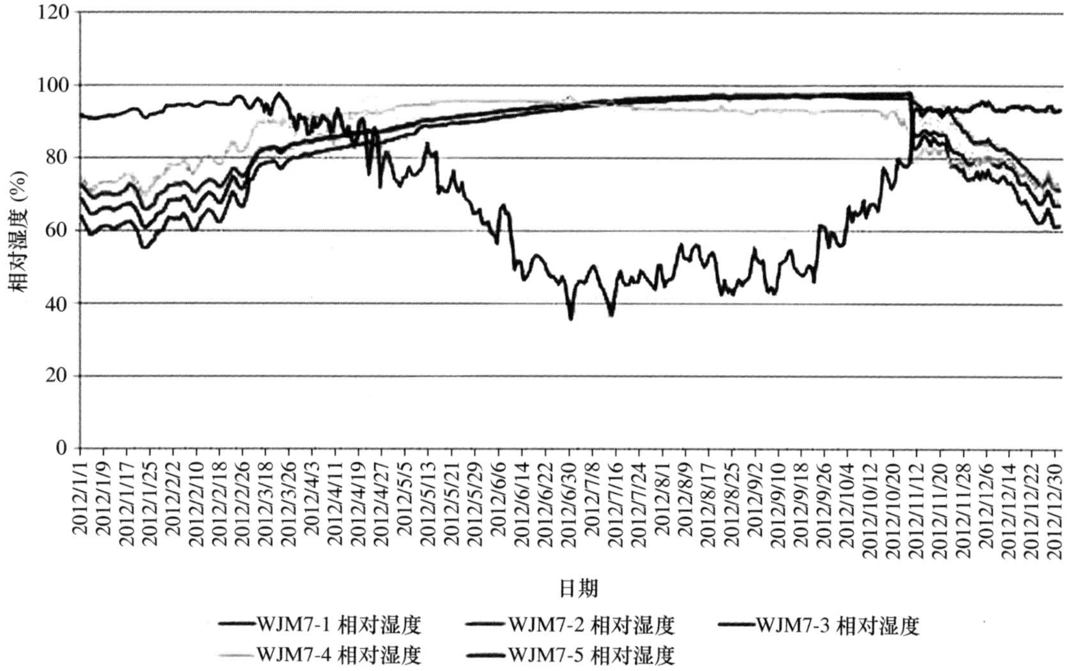

图 2-114　2012 年魏晋墓七号墓甬道、墓室湿度变化趋势图

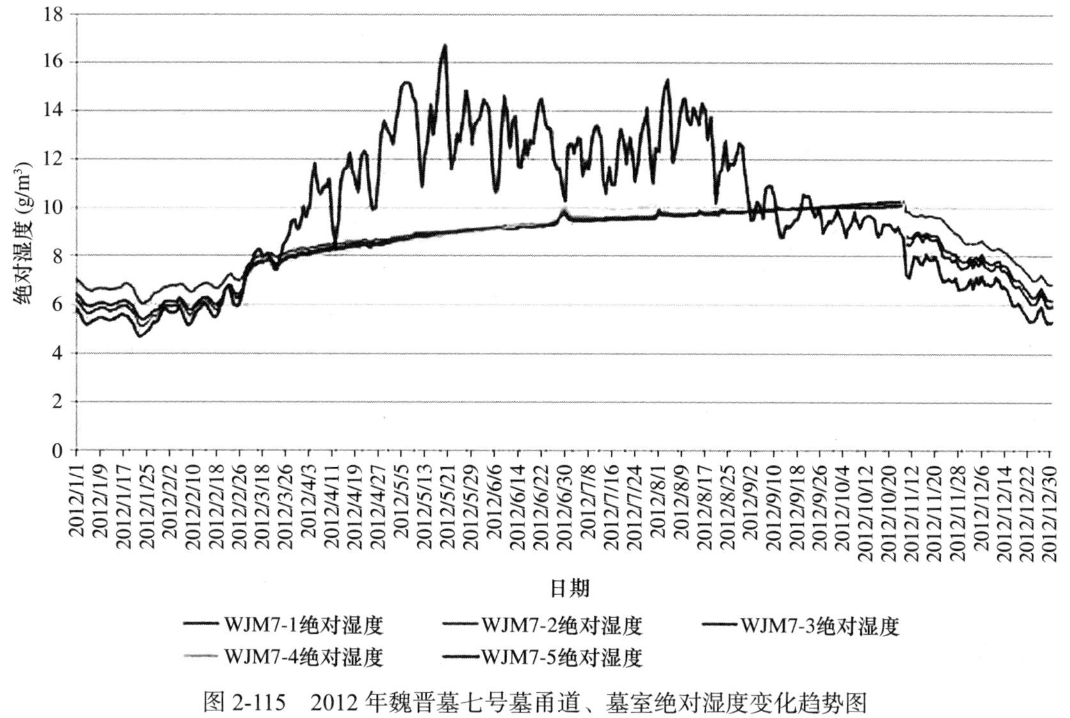

图 2-115　2012 年魏晋墓七号墓甬道、墓室绝对湿度变化趋势图

六号墓全年温度呈波浪分布，1 月至 2 月，温度逐渐降低，3 月至 9 月，温度逐渐升高，10 月至 12 月，温度逐渐下降。全年最高气温 19.8℃，最低气温 9℃，年均温度 12.5℃。从各测点来看，1 月至 5 月，魏晋墓六号墓墓室由内向外，温度逐渐递减，后室温度最高，中室其次，前室最低。6 月至 10 月，温度由内向外逐渐递增，

后室温度最高，中室其次，前室最低。11 月至 12 月温度分布与 1 月至 5 月相同。冬、春季节温度波动较小，夏秋季节波动频繁，主要是其旅游呈季节性分布明显，夏、秋季节客流量较多，导致其温度波动频繁，冬春季节基本上没有游客，所以波动较小（图 2-110）。从长期变化趋势来看，六号墓室环境受到外界环境影响，但是影响较小，墓室口最为明显，墓道其次，到了前室，受到外界环境变化的影响很小。

六号墓湿度冬春季节较低，夏秋季节较高，变化趋势和温度一样，呈波浪分布。从绝对湿度来看，受到温度的影响较大，温度越高，水分蒸发越多。因此，夏、秋季节湿度高于冬春季节。从墓室湿度场分布来看，后室湿度最高，中室其次，前室较低。冬、春季，墓室湿度分布差异较大，后室高、中室其次、前室最低；夏、秋季节呈相同的分布趋势，但是墓室内湿度差异较小。六号墓墓室内和墓道相对湿度和绝对湿度年变化趋势相同，但是墓室口呈相反趋势。

七号墓内温度全年温度基本保持稳定，冬、春季节略微有波动，基本呈直线分布。墓室口（监测点 WJM7-5）和墓道（监测点 WJM7-5）受到环境变化趋势影响明显，不过墓室口受到环境影响远大于墓道。从各监测点来看，1 月至 6 月，魏晋墓七号墓墓室内由内向外，温度逐渐递减，后室温度最高，中室其次，前室最低。7 月至 10 月，温度由内向外逐渐递增，后室温度最低，中室其次，前室最高。11 月至 12 月温度分布与 1 月至 6 月相同（图 2-113）。

七号墓湿度分布和六号墓不同，中室较高，前室其次，后室最低。这可能和墓室结构有关，六号墓前室有耳室，导致墓室前室湿度高于其余两室，七号墓前室中室都有耳室，中室耳室较大，导致中室湿度较高。

2.3.4 墓室水汽调查研究

高密度电阻率法适用于探测崖体中裂缝、洞穴、土质不均匀及同一岩体和土体中含水、含盐量等不同引起的异常，电阻率大小与地质体的差异和含水量的多少有密切的关系。由于魏晋墓处在地下约 10 米的深度，地下水汽会对墓室壁画造成一定的影响，利用高密度电阻率法可以较好地查明六、七号墓室所处的砂砾岩体中水汽的分布。

1. 检测原理

高密度电阻率法是集电剖面和电测深为一体，采用高密度布点，进行二维地电断面测量的一种电阻率法勘查技术，以研究地质体的电阻率差异为基础的物探方法。电阻率层析成像利用探测区周围各个方向观测的直流电场来研究地下介质电阻率分布。在介质中发射一次电流，介质的不均一性使得一次电流的分布发生变化，这一变化又引起电位的改变。介质中空间变化的电位，在地面可观测到，将多方位观测得到的电转换成电阻率，用以进行电阻率层析成像。理论上控制直流电场的数理方程是拉普拉斯方程，观测电位受流经所研究地下介质电流线的控制，而影响地下介质电流线的主要因素是介质的导电性。

电阻率层析成像即是把我们感兴趣的区域用电极部分或全部包围起来，利用一定的电极装置获取数据，然后用反演方法来反投探测区内某种电性参数（如电阻率）的图像分布。广义地讲，只要能获得足够数据的区域，都可以应用层析成像技术。把电极置于地表的高密度电阻率法可以看作是一种特殊的层析成像数据采集方法，高密度电阻率法的层析成像问题实质上就是直流电阻率法点源二维反演问题。高密度电阻率法仅仅利用覆盖地面的一条测线，但它通过密集的电极布置获得了地下丰富的地电信息，这就为成像提供了前提条件。在高密度电阻率法中，剖面是视电阻率断面。一般情况下一维反演的前提条件已不存在，因此必须进行二维反演，进而重建地下介质真电阻率的分布。

2. 仪器及测线布置

检测仪器选用青岛骄鹏工程技术研究所的 GeoPen E60M 型高密度电法仪，测试方法采用施伦贝格装置形式（图 2-116）。

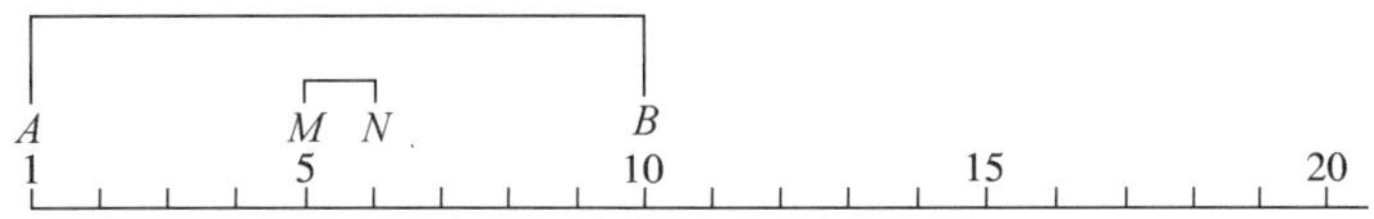

图 2-116　施伦贝格装置形式

施伦贝格装置（Schlumberger）装置系数 $K=\pi n(n+1)a$，其中 a 为电极间距，n 为隔离系数，$MN=a$，$AM=NB=na$。

3. 测试结果及分析

1）六号墓

课题组在平行于墓道方向（南北方向）布置测点进行了高密度电法测试（图 2-117）。测试方法采用施伦贝格装置形式，测试结果见图 2-118。电极采用 64 电极，电极间距为 1 米。

图 2-117　电法测试（自北向南　左：墓室北段；右：墓室南段）

从图 2-118 看出，图中央颜色最深区域为墓室及墓道区域，六号墓墓室后侧（图 2-118 右侧深色区域）为电阻率低值，说明该区域砂砾岩中含水量较高，且处于墓室正后方。从墓室现场调查情况来看，墓室后侧出现盐害，盐害的出现是由于水汽运移导致的。因此可以判断该区域中的水汽可能运移至墓室，从现场表面来看，该区域为一槽，深约 1 米。因此，降水时雨水在这里汇集然后渗入地下。

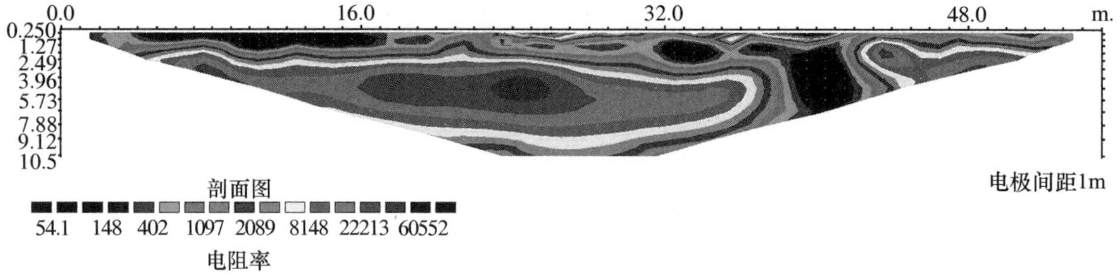

图 2-118 电法测试结果图

2）七号墓

课题组在平行于墓道方向（南北方向）布置测点进行了高密度电法测试（图 2-119）。测试方法采用施伦贝格装置形式，测试结果见图 2-120。电极采用 64 电极，电极间距为 3 米。

图 2-119 电法测试（自北向南平行墓道）

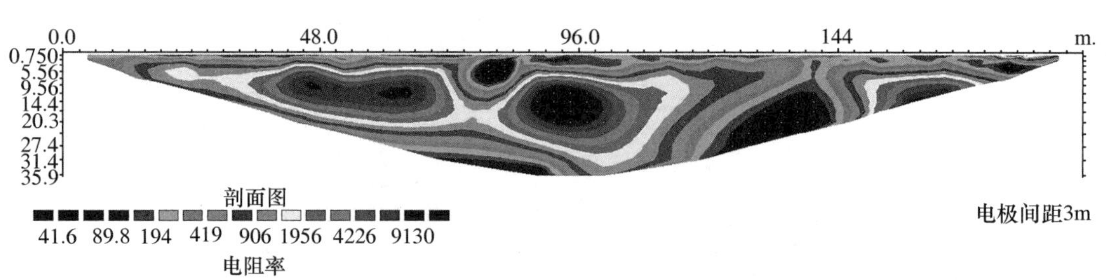

图 2-120 电法测试测试结果图

从图 2-120 看出，中央深色区域为墓室及墓道区域。墓室与墓道之间（图 2-120 右侧深色区域）为电阻率低值，可能是因盗洞回填土疏松导致含水量高的缘故。墓室正后方，从现场表面来看，为一洪水沟，深约 0.5 米。降水时雨水在这里汇集然后渗入地下，建议对该区域进行回填防水处理。

2.4 研究结论

课题组通过在莫高窟第 465 窟内布设的 34 个监测点发现，全年窟内温度呈正弦半波曲线变化，年平均温度范围为 13.5～16.4℃，年平均相对湿度范围为 24.1%～29.2%。温度和相对湿度日波动幅度与监测点距窟门距离成反比，温度日较差年平均值范围为 0.2～3.1℃，相对湿度日较差年平均值范围为 2.0%～7.3%。窟内不同高度温湿度分布呈明显的差异，采用模拟退火算法布设 8 个传感器是最优化的温湿度传感器布局。拉卜楞寺殿堂内微环境气温日较差极小，昼夜温差不超过 1℃。受降雨影响，殿内相对湿度总体水平较高，所有测点相对湿度均值在 60%～70% 之间。魏晋墓年度温湿度数值变化缓慢，温度基本维持在 10℃，相对湿度 60%～90%。魏晋墓各室温湿度分布略有差异，地表水渗水对墓室环境有一定影响。

第3章 壁画制作材质与工艺调查

壁画病害与壁画制作材料以及制作工艺密不可分，因此，研究壁画的制作材料与制作工艺是壁画保护中必不可少的一部分。课题组采用便携式X射线荧光仪、便携式显微镜及便携式近红外光谱仪等多种无损分析仪器，进行现场调查和无损分析，在现场调查分析研究的基础上少量取样在室内进一步分析研究，为壁画病害机理和下一步修复工作提供科学研究数据。

3.1 莫高窟第465窟

465窟壁画制作工艺总体来说分为三层：支撑体、地仗层、颜料层。因此，课题组对支撑体、地仗层、颜料层以及制作材料和工艺等几个方面进行了调查研究。

3.1.1 支撑体

465窟壁画支撑体为洞窟所在崖体，而关于莫高窟崖体，王旭东等人曾做过详细的研究。莫高窟洞窟分布在由酒泉砾岩组成的直立崖体上，总体来看，酒泉砾岩中大于2.0mm的砾石组分占50%～60%，2.0mm～0.1mm的砂粒组分占12%～30%，小于0.1mm的粉粒、黏粒占10%～15%。砾石的分选性较差，磨圆度次棱角状，胶结物以钙质、泥质为主，胶结类型以孔隙式为主。酒泉砾岩的砾石成分主要有花岗岩、石英岩、辉长岩、千枚岩、片麻岩、石灰岩等，主要矿物成分为石英、长石、方解石、辉石、角闪石、黑云母等。砾岩组分中筛分出小于0.1mm细粒物质及胶结物质经X射线衍射分析，其主要矿物成分为石英、长石、方解石等，主要黏土矿物有伊利石和绿泥石。莫高窟洞窟地层是气候相对干燥环境沉积形成的，因此含有较高的可溶盐，盐分主要存在小于0.1mm的细粒组分和胶结物质中。洞窟所在崖体上分布有相互交错的构造裂隙、层面裂隙、纵张裂隙和卸荷裂隙，这些裂隙的相互作用与发展，将直接影响洞窟围岩的稳定。

3.1.2 地仗层

465窟壁画地仗层大致分为两层，分别为粗泥层、细泥层。张明泉、张虎元、王旭东等人研究表明，莫高窟地仗是一种人工加筋土，土料选自于窟前河沟的洪积亚黏土和亚砂土，即所谓的“澄板土”，加筋材料为植物秸秆、麻纤维和棉纤维等。地仗土以粉粒和细砂为主。地仗层在壁画结构中具有十分重要的地位，很多病害的发生均和地仗层有关。

1. 取样信息

本次在莫高窟 465 窟共采样 14 个样本，其中地仗纤维材料 4 个，用于显微观察，以判断 465 窟壁画地仗中所用植物纤维的种类；地仗土样 10 个，用于分析 465 窟壁画地仗材料中的易溶盐含量和颗粒组成（表 3-1，图 3-1～图 3-7）。

表 3-1　莫高窟 465 窟地仗取样记录

样品编号	取样位置	样品描述
465K-XW-1	北壁西侧大面积破损处中部表层	麻纤维
465K-XW-2	中心圆坛第二层东南向表层	麻纤维
465K-XW-3	东壁门南侧底部破损处表层地仗	麻纤维
465K-XW-4	东壁门南侧底部破损处底层地仗	麦秆纤维
465K-DZ-1	北壁西侧大面积破损处顶部表层 0～2mm	地仗样品
465K-DZ-2	北壁西侧大面积破损处顶部表层 2～7mm	地仗样品
465K-DZ-3	北壁西侧大面积破损处顶部表层 7～15mm	地仗样品
465K-DZ-4	北壁西侧大面积破损处顶部表层 15～30mm	地仗样品
465K-DZ-5	北壁西侧大面积破损处顶部表层地仗	地仗样品
465K-DZ-6	北壁西侧大面积破损处自顶部向下 50cm 处	地仗样品
465K-DZ-7	北壁西侧大面积破损处自顶部向下 100cm 处	地仗样品
465K-DZ-8	北壁西侧大面积破损处自顶部向下 150cm 处	地仗样品
465K-DZ-9	北壁西侧大面积破损处底部边缘地仗	地仗样品
465K-DZ-10	东壁门南侧底部破损处底层地仗，含较多麦秆	地仗样品

图 3-1　465K-XW-1 取样位置图

图 3-2　465K-XW-2 取样位置图

图 3-3　465K-XW-3、4 取样位置图

图 3-4　465K-DZ-1、2、3、4 取样位置图

图 3-5　465K-DZ-9 取样位置图

图 3-6　465K-DZ-10 取样位置图

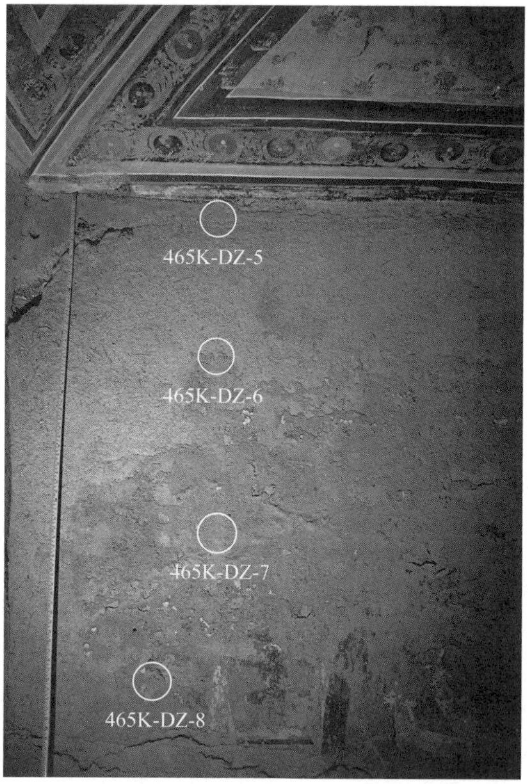

图 3-7　465K-DZ-5、6、7、8 取样位置图

2. 成分分析

为了研究壁画地仗组成成分，计算出纤维、粉土和沙所占的比例，取一定量的壁画泥地仗，将其捣碎后分离出纤维材料进行称重，得到纤维的含量，黏土材料则浸泡在适量的纯净水中并充分搅拌，沉淀片刻后将悬浮有粉土的水移出，再加适量纯净水，按上述方法操作，不断将悬浮粉土的水移出，直到水中无悬浮的粉土为止。用沉淀的方法分别除去沙和粉土中的水，待干燥后可计算出泥地仗中粉土和沙的质量百分比。表 3-2 为 465 窟地仗样品的分析结果。

表 3-2　465 窟地仗分析结果

地仗厚度（cm）		纤维主要成分		成分比例			
粗泥	细泥	粗泥	细泥	粉土（%）	沙（%）	麦草（%）	麻（%）
2～3	0.5	麦草	麻	30	61	6	3

3. 显微镜观察（地仗中纤维）

所用仪器为日本基恩士公司 VHX-600E 型数码显微镜。镜头型号：VH-Z20R（20×～200×），使用 VHX-600E 自带照明灯进行观察，分别拍摄 20 倍、50 倍、100 倍、200 倍下纤维的微观形貌，结果见图 3-8～图 3-11。

20 倍放大观察　　50 倍放大观察

100 倍放大观察　　200 倍放大观察

图 3-8　465K-XW-1 中的麻纤维

20 倍放大观察

50 倍放大观察

100 倍放大观察

200 倍放大观察

图 3-9　465K-XW-2 中的麻纤维

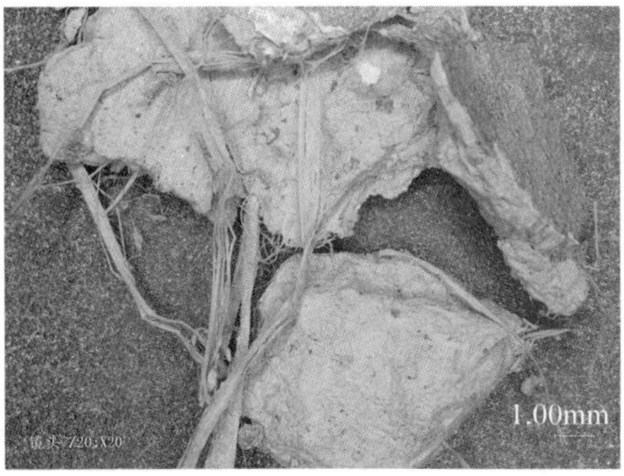

20 倍放大观察

50 倍放大观察

100 倍放大观察

100 倍放大观察

图 3-10　465K-XW-3 中的麻纤维

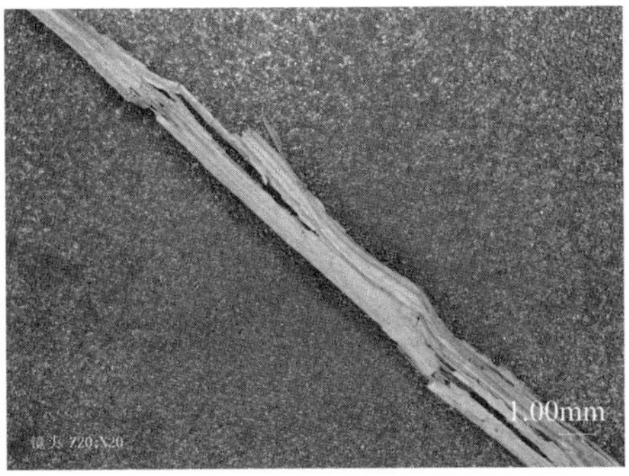

20 倍放大观察

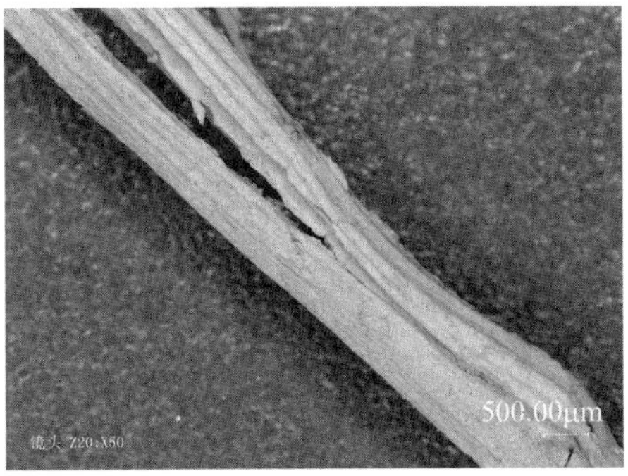

50 倍放大观察

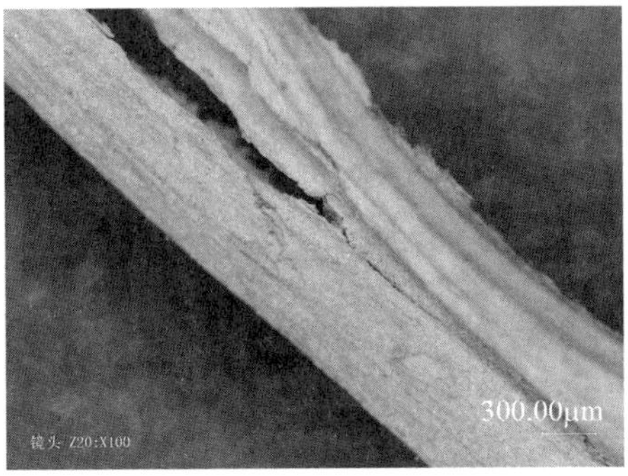

100 倍放大观察

200 倍放大观察

图 3-11　465K-XW-4 地仗中的麦秆纤维（最长麦秆纤维约为 6cm）

4. 地仗土样中的易溶盐检测

利用离子色谱仪对取自 465 窟的 10 个土样进行易溶盐含量的测定。在实验室将烘干的土样浸泡于去离子水中，严格控制水土比为 5∶1，放在超声振荡器上振荡 30min。采用注射针头过滤器（孔径 0.45μm）过滤上部清液，利用戴安 ICS-90 睿智型离子色谱仪对清液进行分析。阴阳离子的分析条件如表 3-3 所示。土样中的离子含量表示成质量百分含量。

表 3-3　阴阳离子分析条件

名称	阳离子	阴离子
分析柱	CS12A	AS14
淋洗液	20mmMSA（甲烷磺酸）	Na_2CO_3（3.5mm）/ $NaHCO_3$（1.0mm）
淋洗液速度	1.0mL/min	1.2mL/min
系统压力	1320psi	1219psi
抑制其电流	59mA	24mA

从图 3-12、图 3-13 可以看出：

① 465 窟北壁西侧大面积起甲脱落处地仗样品易溶盐含量整体偏高，顶部大裂隙

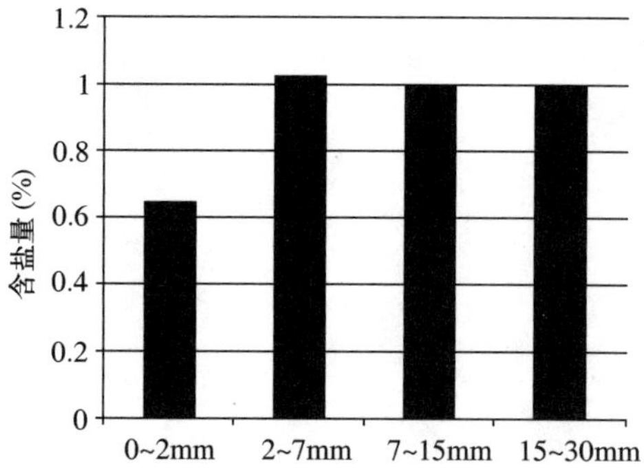

图 3-12　465 窟北壁西侧顶部含盐量变化图

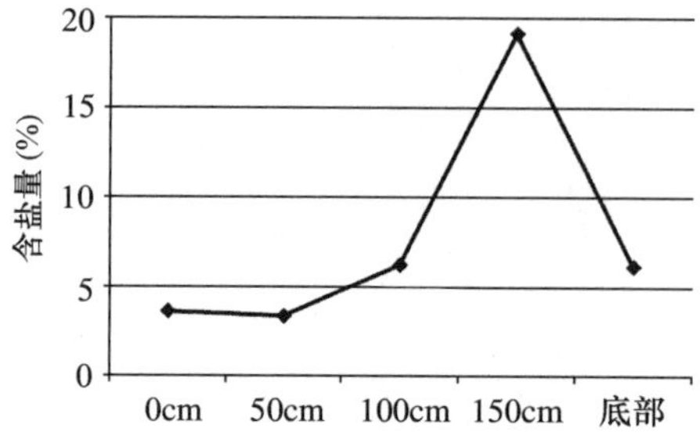

图 3-13　465 窟北壁西侧含盐量变化图

处由外而内易溶盐含量相对较低，约为 1%。②自顶部向下至中部修复处，易溶盐含量呈增加趋势，后期修复上方的土样，含量达到 19%，表明盐分自上而下运移，富集于新老地仗交会处。③北壁西侧底部原始地仗易溶盐含量亦较高，达到 6%。东壁门南侧底部地仗易溶盐含量较低，约 0.45%。④从盐分种类上来看，465 窟地仗中阴离子主要以 Cl^- 为主，阳离子主要以 Na^+ 为主。

5. 地仗土样颗粒分析

由于颗粒分析所需样品量较大，本次取样工作仅取得 1 个地仗残块样品用于 465 窟地仗颗粒分析，分析方法为：取待测样品若干，称重，用带橡胶头的研棒研磨，使样品充分分散，在水中浸泡沉淀 24 小时，使地仗中的植物纤维浮于表面，取下部土壤样品，烘干，再用带橡胶头的研棒研磨，过 2mm 的标准筛，取筛下样品进行测试。颗粒分析实验采用粒度仪进行测试，测试结果见图 3-14。

分析结果显示 465 窟地仗土样颗粒主要以小于 5μm 的细颗粒组成，小于 5μm 的颗粒约占总颗粒的 60%，平均粒径约为 5.0μm，无大于 20μm 的颗粒。

3.1.3　底色层和颜料层

底色层（俗称白粉层），是介于壁画地仗层和颜料层之间的过渡层。莫高窟壁画自西魏、北周后多数使用底色层。底色层的作用主要是统一地仗色调、便于表层颜料上色、节省表层颜料用量、易于表层颜料绘制，可使壁画绘制时运笔、染色更加自如、生动，也可使画面颜色更加绚丽。底色层通常为白色，所用材料主要有方解石、石膏、滑石、高岭土等。敦煌壁画所用颜料比较宽泛，从无机矿物颜料、有机植物颜料、人工合成颜料到当地土制颜料都有，但此窟主要使用的是敦煌一带矿物加工而成的矿物颜料。

1. 取样信息

此次共计采集 20 个块状颜料样品，大多数样品颜料层连接地仗层，便于样品的层位分析，采样基本信息见表 3-4。选择的分析方法有 X 射线衍射、微区 X 射线荧光、

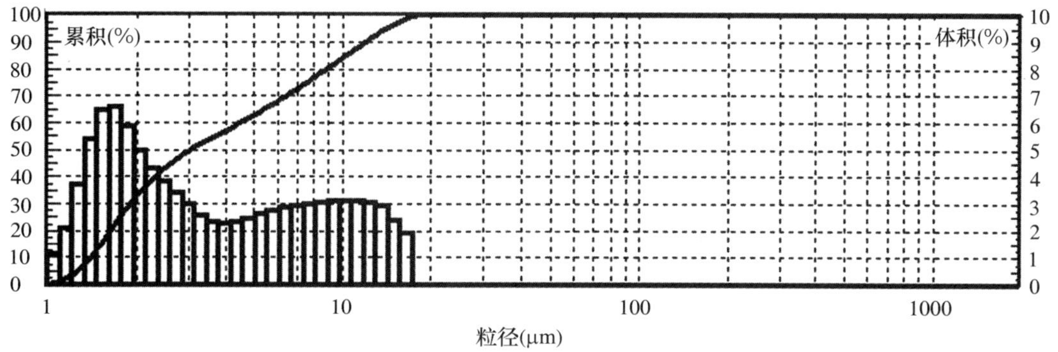

粒径(μm)	体积(%)	累积(%)	粒径(μm)	体积(%)	累积(%)	粒径(μm)	体积(%)	累积(%)
1.100	1.163	1.163	14.301	2.926	95.666	185.977	0.000	100.000
1.209	2.115	3.277	15.726	2.405	98.071	204.513	0.000	100.000
1.330	3.714	6.991	17.294	1.929	100.000	224.897	0.000	100.000
1.462	5.417	12.408	19.017	0.000	100.000	247.313	0.000	100.000
1.608	6.472	18.880	20.913	0.000	100.000	271.963	0.000	100.000
1.768	6.611	25.491	22.997	0.000	100.000	299.070	0.000	100.000
1.945	5.889	31.380	25.289	0.000	100.000	328.878	0.000	100.000
2.138	5.013	36.393	27.810	0.000	100.000	361.658	0.000	100.000
2.352	4.306	40.699	30.582	0.000	100.000	397.705	0.000	100.000
2.586	3.825	44.524	33.630	0.000	100.000	437.345	0.000	100.000
2.844	3.434	47.958	36.982	0.000	100.000	480.936	0.000	100.000
3.127	2.995	50.953	40.668	0.000	100.000	528.871	0.000	100.000
3.439	2.593	53.546	44.721	0.000	100.000	581.584	0.000	100.000
3.782	2.344	55.890	49.179	0.000	100.000	639.551	0.000	100.000
4.159	2.276	58.165	54.081	0.000	100.000	703.296	0.000	100.000
4.573	2.346	60.511	59.471	0.000	100.000	773.395	0.000	100.000
5.029	2.495	63.006	65.398	0.000	100.000	850.480	0.000	100.000
5.530	2.648	65.654	71.917	0.000	100.000	935.248	0.000	100.000
6.081	2.773	68.427	79.085	0.000	100.000	1028.466	0.000	100.000
6.687	2.867	71.293	86.967	0.000	100.000	1130.974	0.000	100.000
7.354	2.956	74.249	95.635	0.000	100.000	1243.700	0.000	100.000
8.087	3.034	77.283	105.167	0.000	100.000	1367.661	0.000	100.000
8.893	3.085	80.368	115.649	0.000	100.000	1503.978	0.000	100.000
9.779	3.106	83.474	127.176	0.000	100.000	1653.881	0.000	100.000
10.754	3.118	86.593	139.852	0.000	100.000	1818.725	0.000	100.000
11.826	3.105	89.697	153.792	0.000	100.000	2000.000	0.000	100.000
13.005	3.043	92.740	169.120	0.000	100.000			

图 3-14　465 窟地仗土样颗粒分析结果

显微镜、电镜 - 能谱以及剖面分析等方法。剖面分析是将颜料样品包埋在树脂中后，对样品剖面进行分析的方法，是壁画研究中常用的方法之一。分析的程序一般为：先利用显微镜对原始样品表面和背面进行形貌观察，然后利用 X 射线衍射和 X 射线荧光的无损分析进行物相、元素及含量分析，最后将样品制作成剖面样块，利用显微镜和电镜 - 能谱对剖面进行分层研究，根据分析结果探讨壁画制作材料和工艺方面的特点。

表 3-4　莫高窟 465 窟颜料取样记录

编号	颜色	取样位置	说明
465-1	白色	前室西壁，距前室门北侧边沿 8cm，距地 158cm	块状
465-2	白色	前室西壁，距前室门南侧边沿 13cm，距地 174cm	块状
465-6	黑色	前室东壁下部，距南壁 265cm，距地 120cm	块状
465-7	黑红色	主室南壁下部，距东壁 406cm，距地 121cm	块状

续表

编号	颜色	取样位置	说明
465-8	深蓝色	主室南壁下部，距东壁 406cm，距地 131cm	块状
465-9	绿色	主室西壁下部，距南壁 250cm，距地 98cm	块状
465-10	绿色	主室西壁下部，距南壁 250cm，距地 98cm	块状
465-11	红色	西壁下部，距南壁 333cm，距地 98cm	块状
465-12	粉层	西壁下部，距南壁 390cm，距地 63cm	块状
465-13	红色	北壁西侧，距西壁 181cm，距地 155cm	块状
465-15	绿色	主室东壁，门南侧下部破损处	块状
465-16	棕色	主室东壁，门南侧下部破损处	块状
465-17	黑色	主室北壁东侧下部起甲翘起的小块	块状
465-18	白色	主室北壁中部下侧底层露出的白色	粉末
465-19	蓝色	主室北壁西侧下部修复边缘处	块状
465-20	红色	主室北壁西侧起甲将要脱落的红色小块	块状
465-21	黑色	主室北壁西侧起甲处，肉眼观察在红色层的上边	块状
465-22	青灰色	主室西壁南侧下部划痕处	块状
465-23	绿色	主室西壁南侧下部处	块状
465-24	绿色	主室北壁东北角下部划痕处将要掉落的小块	块状

壁画样品特别是颜料样品，由于其本身的特殊性，在实际的分析中往往得不到满意的分析结果，有些样品很脆弱，无法制成适合分析的剖面，有些样品由于其本身的复杂性无法得到物相分析结果，这一点在分析结果中有所体现。课题组在实际研究过程中发现，某些分析方法对壁画样品的分析结果达不到对壁画彻底剖析的目的，因此，还需要在实践中不断探索和完善。

2. 显微镜分析

显微镜分析包括显微镜对原始样品的分析和对树脂包埋的剖面样品的分析，分析结果见表 3-5。

表 3-5 样品显微镜观察结果

样品编号	颜色	表面观察	剖面观察
465-7	黑红色	颜料层非常完整，颗粒粗大，表面平整，红色表面存在大量黄色区域，没有荧光反应	颜料层连续，颗粒细小，红色中夹杂有大量黄色粒子，厚度约 10μm；红色层下有厚度约 100μm 的白色层，有荧光反应；白色层下有厚度达 100μm 的蓝色层
465-9	绿色	颜料层非常完整，绿色颗粒粗大，表面平整，没有荧光反应	颜料层均匀连续，绿色颗粒粗大，厚度达 100μm；绿色层下有一厚度均匀的红色层，厚度约 30μm；白粉层厚度均匀，为 50～70μm，有荧光反应
465-13	红色	颜料层完整，红色颗粒细小，表面平整，没有荧光反应	颜料层连续，颗粒细小，厚度约 30μm；白粉层厚度均匀，约 120μm，有荧光反应

续表

样品编号	颜色	表面观察	剖面观察
465-17	黑色	颜料层完整，黑色颗粒细小，表面均匀、平整，边缘能观察到下层有红色，没有荧光反应	颜料层不连续，颗粒细小，黑色层不足 5μm；黑色层下有一厚度不均的白色层，厚度 10～30μm；白色层下有一厚度均匀的红色颜料层，厚度约 30μm；白粉层厚度约 100μm，有荧光反应
465-20	红色	颜料层完整，红色颗粒细小，表面平整，没有荧光反应	颜料层均匀连续，红色颗粒细小，厚度很薄，不足 5μm，白粉层厚度均匀，约 50～70μm，有荧光反应
465-21	黑色	颜料层不完整，有脱落，表面呈褐色，脱落处呈深红色，没有荧光反应	颜料层不连续，颗粒细小，厚度约 20～30μm；白粉层均匀，厚度约 50μm，有荧光反应
465-24	绿色	颜料层完整，颗粒细小，表面均匀完整，脱落处有荧光反应	颜料层均匀连续，厚度约 5～10μm；白粉层厚度均匀，约 40μm，有荧光反应

通过对壁画样品表面和剖面显微镜的分析，颜料层和白粉层在厚度上存在较大差别，颜料层最薄的不足 5μm，最厚的达到 100μm 左右。从不同颜色颜料的差别上来看，红色颜料、黑色颜料的厚度较小，绿色颜料的厚度较大。465 窟壁画的白粉层一般在 40～120μm 的范围内。

3. *颜料的物相分析*

运用 X 射线衍射、X 射线荧光结合能谱的分析方法，课题组对 465 窟壁画中的各种颜料进行了分析，分析结果见表 3-6，图 3-15 为石青颜料的 X 射线衍射谱图。

表 3-6　颜料分析结果

颜色	分析结果	颜色	分析结果
白色	石膏 + 方解石	黑色	PbO_2、C
红色	朱砂、朱砂 + 铁红	棕色	PbO_2+ 铅丹
绿色	氯铜矿	黄色	未检测出
蓝色	石青		

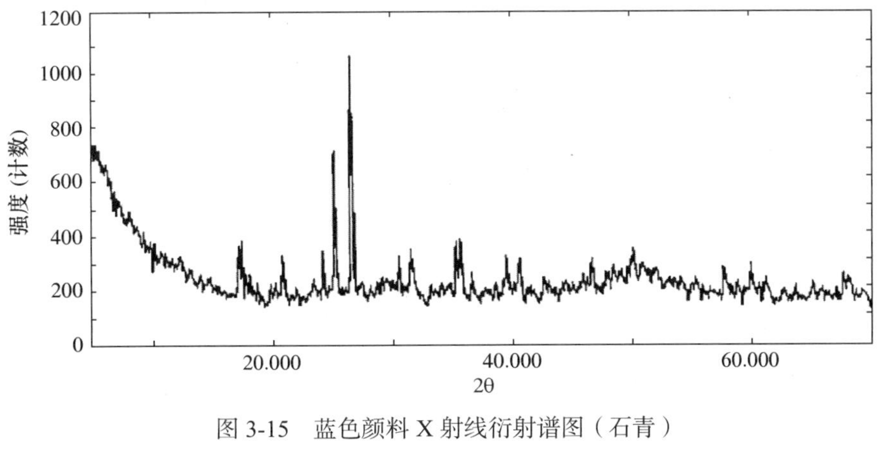

图 3-15　蓝色颜料 X 射线衍射谱图（石青）

3.1.4　制作材料和工艺特点及结论

1. 壁画地仗层的材料和工艺特点

壁画地仗位于颜料层下方，是颜料层的载体，也是壁画的重要组成部分。壁画地仗层的稳定程度直接影响壁画本身的稳定性。以前的研究结果表明，莫高窟地仗层中黏土来源于窟前的“澄板土”，以伊利石和绿泥石为主，同时含有一些不稳定矿物。黏土和矿物碎屑以及植物纤维组成了壁画的地仗层。

莫高窟元代壁画地仗层通常分为两层，下层通常被称为粗泥层，混合有较粗的植物纤维，含沙量较低，厚度 2～5cm 不等。表层通常被称为细泥层，很薄，混合有麻或羊毛等细小纤维，含沙量较大，厚度 2～5cm。

465 窟制作过程大致如下：先在崖体上开凿出洞窟；再用当地土与麦草和泥抹在开凿后凹凸不平的崖体上；然后用澄板土和麻纤维制成的细泥抹出较平整光滑的墙面；最后在细泥层上涂刷石膏、滑石或高岭土等做底色层；待其完全干燥后在上面起稿、描线、填色，完成壁画制作。

2. 壁画颜料的材料和工艺

莫高窟 465 窟壁画使用的颜料为传统的矿物颜料，从颜料的种类上看，较多地使用了蓝色、绿色、红色以及白色颜料，一般情况下，蓝色、绿色颜料层厚度较大，白粉层一般为几种矿物颜料混合使用，厚度在 40～120μm 范围内，同时发现绿色颜料和红色颜料重层使用或混合使用的情况。这种用法在莫高窟唐代壁画中也曾发现过，说明这是一种普遍的绘画技法，但有关这种技法的报道还未曾见过。图 3-16 为 465 窟绿色颜料的剖面照片，从中可见绿色和红色重层使用的方式。

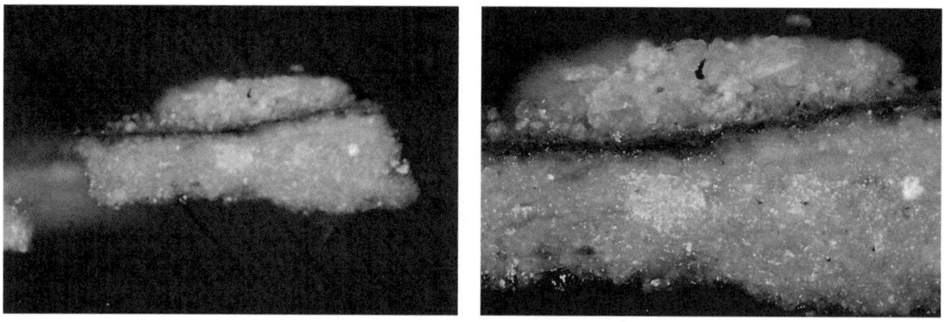

图 3-16　465-9 绿色颜料剖面图（10 倍和 20 倍）

3. 结论

通过对莫高窟 465 窟壁画制作材料和工艺的研究，结合以前莫高窟其他时代壁画材料和工艺的研究结果，得出以下结论：

（1）莫高窟465窟壁画地仗和其他时代的地仗比较，材料和工艺上存在较大差异，具有较鲜明的特征。

（2）莫高窟465窟壁画颜料多为传统矿物颜料，和其他时代使用的颜料比较接近。所用颜料主要为氯铜矿、石青、朱砂、铅丹和铁红等，方解石和滑石有少量应用。

3.1.5　病害机理的初步分析

1. 颜料层起甲、粉化、脱落病害

以往研究表明，颜料层的各种病害是由以下原因造成的，①胶结材料老化：在环境条件（如温湿度）影响下，胶结材料出现老化，造成黏结力下降，致使颜料层不稳定；②盐害：可溶盐运移至颜料层后，其结晶、溶解的重复作用，致使颜料层结构受到伤害，造成了颜料层病害的产生；③水害：崖体中的水分和潮湿的环境造成的伤害，不仅使有机物分解变质，同时也会促使许多化学反应发生；④摩擦剐蹭：在壁画漫长的保存过程中，不当的除尘行为、人为活动等，都是造成病害产生的重要原因。

在此次对465窟病害的调查中，课题组还了解到一些关于壁画绘制方法等方面的情况，这些也是诱发病害产生的原因。

（1）在画面的多个区域，都可看到一些明显且较为规律的平行笔触，这些条带是在涂刷粉层时毛刷粉刷痕迹所致。总体来说，毛刷痕迹重叠之处粉层较厚，未重叠或重叠次数少的地方则较薄。从画面的保存状况来看，颜料层较薄的区域保存良好，反之病害较为严重。

粉层较厚的区域，由于粉层本身所含胶结材料，致使该区域胶结材料富集，在环境因素影响下产生变化，最终导致颜料层发生病害。

通过对此窟藻井处壁画调查可知，在粉层较厚的区域（图上颜色较浅的条带状区域），颜料层病害更为严重（图3-17、图3-18）。

（2）在壁画多个区域出现白色云状现象（图3-19），影响画面的可读性，经过仔

图3-17　主室藻井

图3-18　主室藻井局部

细观察，我们发现这种现象是上层颜料层变化引起的。在颜料层起甲区域的中心部位，这种现象通常较为突出；而在颜料起甲翘起与粉层脱离接触的地方，这种现象则较为轻缓（图 3-20）。在细微裂纹的两侧或单侧，也可观察到这种现象（图 3-21、图 3-22）。

图 3-19　南披东侧（红色人物面部的局部）

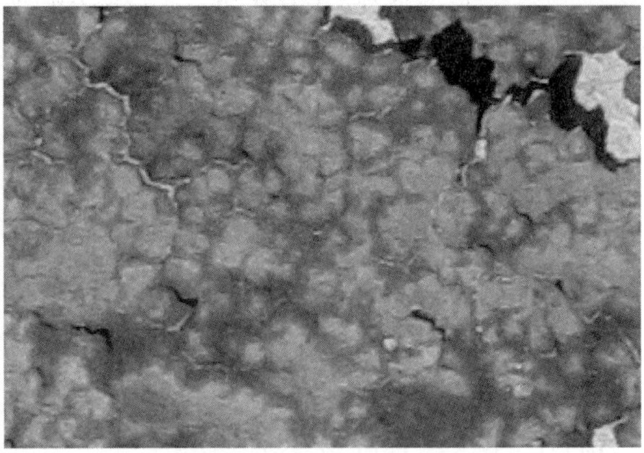

图 3-20　南披西侧（莲花的局部）

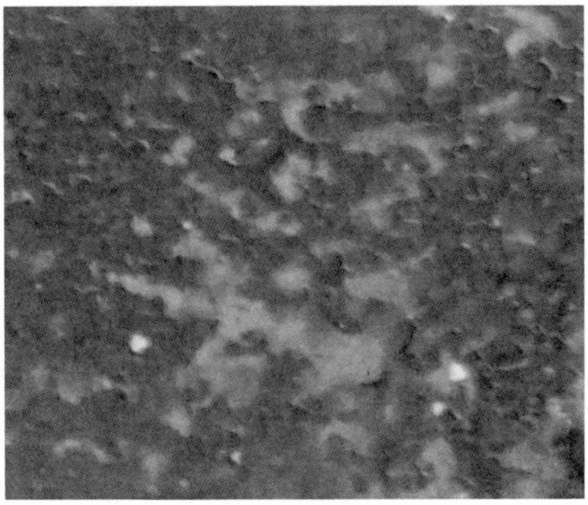

图 3-21　南披东侧

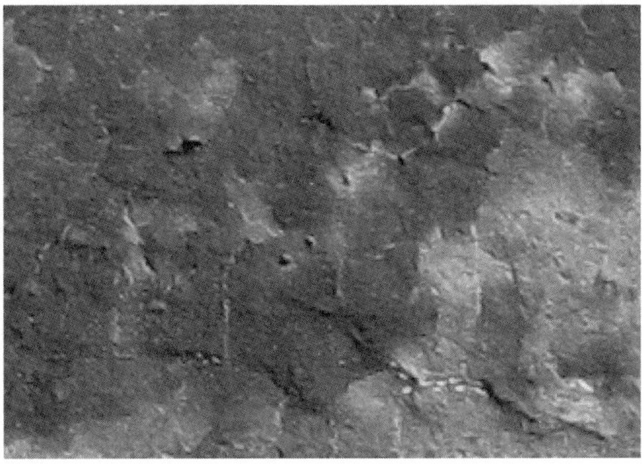

图 3-22　南披西侧（莲花的局部）

颜料层与下方粉层接触、颜料层和粉层出现裂纹，都会加剧这种白色云状现象。原因推断为：①与水汽或盐穿透地仗层的运移有关；②与水汽或盐从地仗层或粉层通过颜料层发生的蒸发过程有关。

特别是在深棕红色和紫红色区域，非常细小的起甲（0.5～1.5mm）导致颜料层脱落，白粉层暴露在外。在画面的这些部分，经常是颜料层几乎完全缺失，比如佛像和菩萨像的衣着或有装饰花纹的背光。然而，表现衣服褶皱的或者装饰性的线条，如果是用深色（黑色）画出的，在这些区域，颜料层保持较好（图 3-23、图 3-24）。

上文描述区域的颜料总体而言黏结性较差（胶结材料含量很低，或者胶结材料老化）。使用其他颜料勾画出衣服褶皱和装饰性的线条，对该区域有一定的表面封护效果。

这些区域黏结性相对较强，在壁画干燥过程中便已出现细微裂纹。这些裂纹使颜料层更易受到进一步损害（起甲）。用其他颜料勾画出的线条，其颜料或胶结材料透

图3-23　南披主佛像的局部

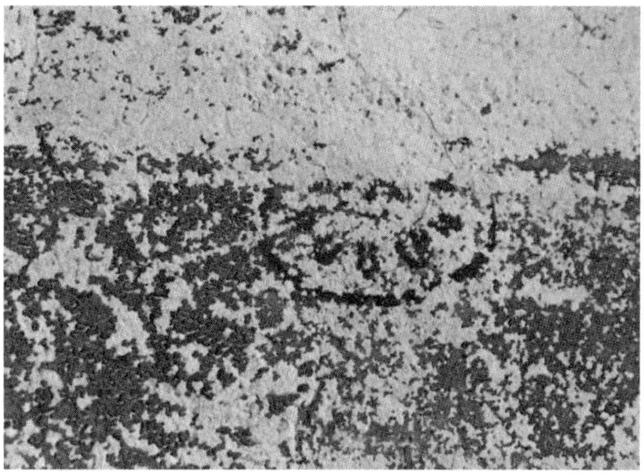

图3-24　南披主佛像的局部

过细微裂纹渗入红色颜料层，从而起到加固作用。

（3）有些小的涂色，例如南披主佛像背光中的蓝色装饰图案，是绘制在一层棕红色颜料之上的，该棕红色颜料层由于起甲（非常细小，0.5～1.5mm）而出现严重的画面缺失。蓝色装饰图案也出现了起甲，但这是一种更大的（2～5mm）坚硬起甲。如果这些起甲部分脱落，其下方的棕红色颜料层也将随之脱落。棕红色颜料层与粉层之间的黏合性，不如它与蓝色颜料层之间的黏合性强。画面上黑色的细线条处于较好的状态（图3-25、图3-26）。

图3-25　南披主佛像东部人物形象局部

图3-26　南披主佛像东部人物形象局部

正如举例所述，红色颜料层由勾勒线条时所用颜料加固封护，尽管这些线条绘制于红色颜料层之上，却使得整个颜料层的黏合性都得到加强。蓝色涂层颜料无法渗入棕红色颜料层，只是停留在棕红色颜料层的上面。较厚的装饰花纹中，含有大量的胶结材料，随着胶结材料的老化和退化，引发蓝色颜料层起甲。由于棕红色颜料层与粉层之间的黏合性很差，易受其上方蓝色颜料层应力的影响，最后导致两个颜料层一起脱落。

（4）南披主佛像背光上的装饰图案绘制技法优于西披上的类似装饰，后者肉眼观察较为粗糙，这种装饰图案原来是绘制在灰蓝色底色上的绿色螺旋状花纹。在佛像左侧，灰蓝色区域出现起甲，部分颜料层脱落；绿色区域和深色线条的状况则相对良好（图 3-27）。在右侧，灰蓝色区域和绿色装饰图案的状况良好。右侧的蓝灰色区域看似是用另一种颜料绘制（图 3-28、图 3-29）。

图 3-27　西披局部（佛像左侧的装饰图案）

图 3-28　西披局部（佛像右侧的装饰图案）

图 3-29　南披上类似装饰图案的局部

西披佛像两侧的装饰图案均曾修补过。在修补时，右侧的状态极差，而左侧的病害较少。右侧的装饰图案被全部重新绘制（线条和螺旋内部的部分使用了类似的色彩）。左侧在修补时，则继续沿用了蓝灰色区域原作上的设计图案。在这里只有绿色装饰和线条被重新绘制过，后来，原作尚存的部分继续恶化，产生起甲病害。

（5）在洞窟壁画上存在多处粘有纸片的现象。其中大部分为小而薄的四方形纸片，上有藏文（图 3-30～图 3-35）。在东披上半部分，纸上还有小佛像和人物群像。这些画像以较高的技艺绘制在纸片上，又被黏贴在壁画上。在 1908 年和 1914 年拍摄的历史照片上也可看到这些纸片。在纸片边缘与壁画脱离之处，可以看到纸片下方露出明亮的色彩。这些纸片保护了颜料层，使其免受环境影响，这些区域展示了原作所具有的华丽色彩，特别是如今已变得极其黯淡的各种红色和橙色。

图 3-30　东披贴纸局部（纸片左上角和左下角）

图 3-31　北披壁画上黏贴的纸片

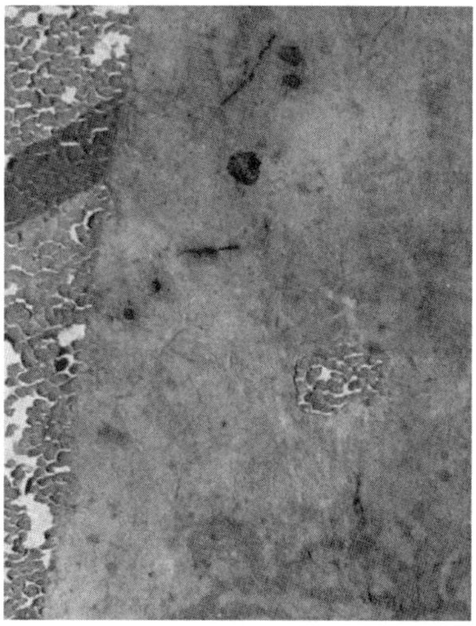

图 3-32　北披局部纸片左上角的洞

图 3-33　南壁壁画上黏贴的纸片

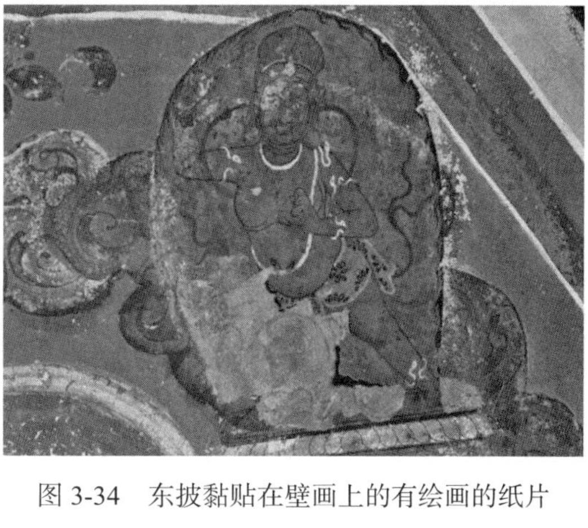

图 3-34　东披黏贴在壁画上的有绘画的纸片

图 3-35　东披黏贴在壁画上的有绘画的纸片

2. 地仗层空鼓、裂缝、脱落病害

地仗空鼓、脱落病害产生的原因有多种，其主要成因有以下几种：①震动：如地震、人为引发的微震动等；②水：如雨水、石窟内部存在的虹吸水；③壁画地仗内聚力降低：地仗材料疏松造成地仗层内聚力及附着力降低；④纤维老化：地仗层中的纤维材料老化、糟朽也影响了地仗层附着力；⑤环境：受大气温度影响，载体与地仗层因材质差异，产生不同的收缩膨胀，导致壁画出现不稳定因素；⑥沉降：由于地质、石窟结构等原因，出现不均匀沉降、变形，导致壁画发生病变；⑦重力：这也是造成地仗空鼓、脱落的主要原因。

3. 酥碱病害

导致壁画酥碱的主要因素有：①莫高窟地层是干燥气候环境下形成的，易溶盐含量较高；②地仗层土料采用的是窟前高矿化的河水沉积物——澄板土，本身含易溶盐较多；③上层洞窟的裂隙为降水下渗和盐分溶解迁移提供了通道；④载体（崖体）内不饱和水分运移，也是参与洞窟酥碱的主要水分来源；⑤当地气候温差大，较潮湿的洞窟内可产生凝结水，可使壁画地仗层中的可溶盐发生水化作用。

酥碱对壁画的破坏机理主要是洞窟围岩和地仗层中的易溶盐在水分参与下发生溶解、迁移、沉淀、阳离子交换和重结晶作用，使地仗颗粒之间黏结力减弱，导致颜料层剥落，地仗层疏松、掉块或散落（图 3-36）。总而言之，水分是壁画酥碱产生的最关键因素。

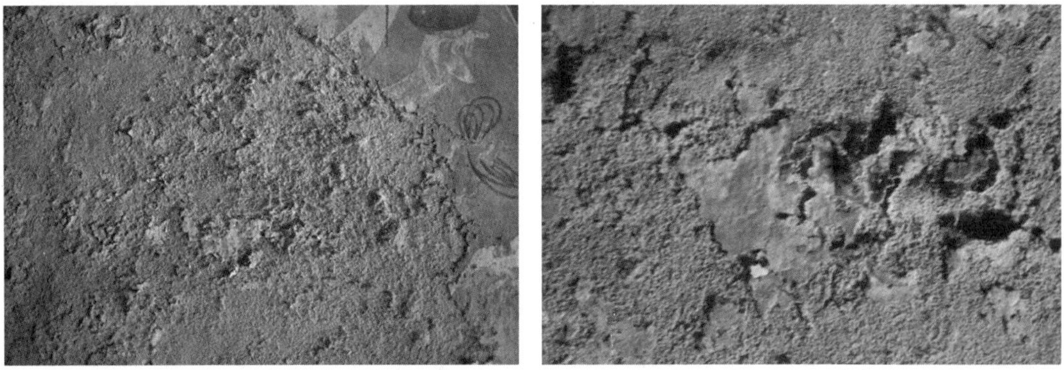

图 3-36　北壁左侧酥碱

4. 污染病害

污染是壁画保护中常见的一种病害，是指异物覆盖造成的画面损失，主要有浮尘、鸟虫粪便、泥渍等。病害产生的原因各不相同，如浮尘污染是由保存环境中的灰尘等漂浮颗粒物附着在壁画表面造成的；鸟虫粪便污染是由长期寄居生活在壁画保存空间的昆虫、飞禽等动物排泄物造成的；前室藻井的泥渍污染是人为的；其他污染大多也是由人为原因造成的，如为标识画面所用的贴纸、修缮使用的建筑材料、临摹使用的各种颜料、保护过程中的干预材料等。

3.2　拉卜楞寺

3.2.1　分析仪器

1. 便携式仪器

（1）便携式X射线荧光分析仪。美国尼通NITONXL3t-800合金分析仪，高性能微型X射线管，金靶50kV/40μA（最大值），Peltier半导体制冷，高分辨率SI-PIN X射线检测器（分辨率195KeV），高性能6滤光片系统，ASICS DSP4096像元多道分析器。

（2）便携式数码显微镜。日本基恩士公司生产的VHX-600E型数码显微镜。镜头型号：VH-Z20R（20×～200×），使用VHX-600E自带照明灯进行观察。

（3）便携式近红外光谱仪。美国ASD公司的LabSpec 5000型；控制与分析软件为Indico Pro5.6.3。

2. 实验室仪器

（1）X射线衍射仪。理学电机D/max2500衍射仪，铜靶，电压40kV，电流100mA。

（2）离子色谱仪。ICS-90睿智型离子色谱仪，戴安公司（美国）。

3.2.2　无损分析结果及结论

1. 便携式X射线荧光分析

本次调查采用便携式X射线荧光分析仪对拉卜楞寺所属的弥勒佛殿、时轮学院、下续部学院等六处佛殿的主殿、后殿和前廊等处的壁画进行了分析。对壁画中的红色、绿色、蓝色、白色、黑色、黄色等多种颜料进行了详细的元素分析。

1）弥勒佛殿

弥勒佛殿，包括二层、一层和前廊壁画，红色颜料主要含Hg元素和Pb元素，绿色主要含 Cu 元素，白色主要含 Fe 元素、Pb 元素和 Ca 元素，黄色主要含 As 元素。表 3-7～表 3-9 为弥勒佛殿壁画 X 射线荧光详细位置与检测结果记录表，图 3-37～图 3-60 为弥勒佛殿部分采样位置的照片和其 X 射线荧光谱图。

表 3-7　弥勒佛殿二层西壁南侧壁画荧光检测点

记录序号	详细位置	主要元素	检测颜色
1	莲花座下贡品光芒	Hg、Pb	红色
2	莲花座下贡品光芒	As、Hg	红色、粉色
3	莲花座下贡品光芒	Cu	墨绿色
4	莲花座下贡品光芒	Cu	草绿色
5	主尊正下方法轮	Hg、Pb	橙色
6	主尊正下方法轮	Cu	绿色
7	主尊正下方法轮	As	黄色
8	主尊正下方法轮右上方双环状沥粉堆金	As	金色
9	主尊正下方法轮左上方宝镜	As	黄色
10	莲花座左下方手捧火焰菩萨披肩	Cu	蓝色
11	主尊正下方法轮左侧手持宝镜菩萨脸	Hg、Pb	黄色
12	主尊正下方边框	Hg、Pb	深红色

图 3-37　莲花座下贡品光芒

图 3-38　主尊正下方法轮

图 3-39　主尊正下方法轮左上方宝镜

图 3-40　莲花座左下方手捧火焰菩萨披肩

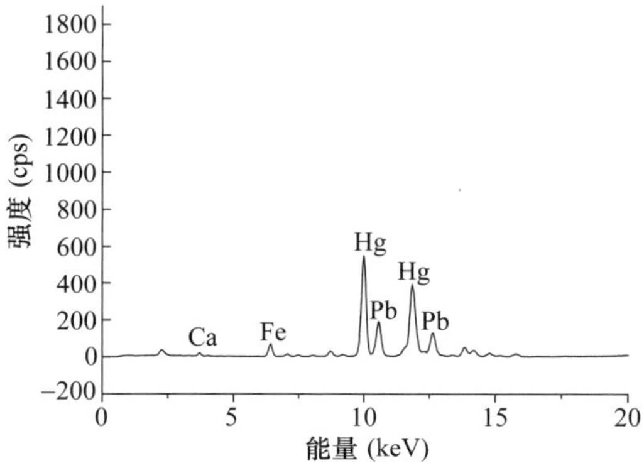

图 3-41 莲花座下贡品光芒（XRF）

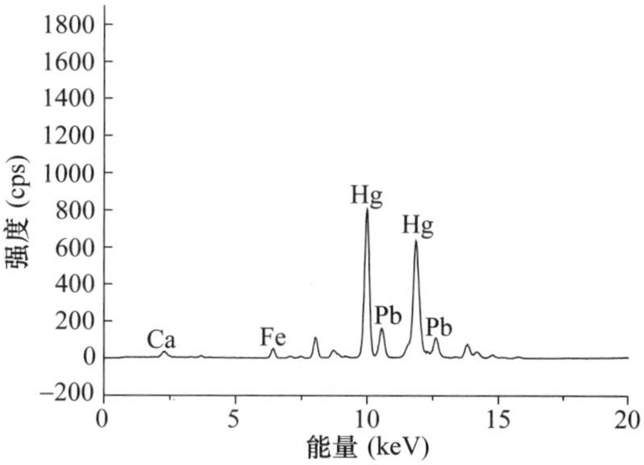

图 3-42 主尊正下方法轮（XRF）

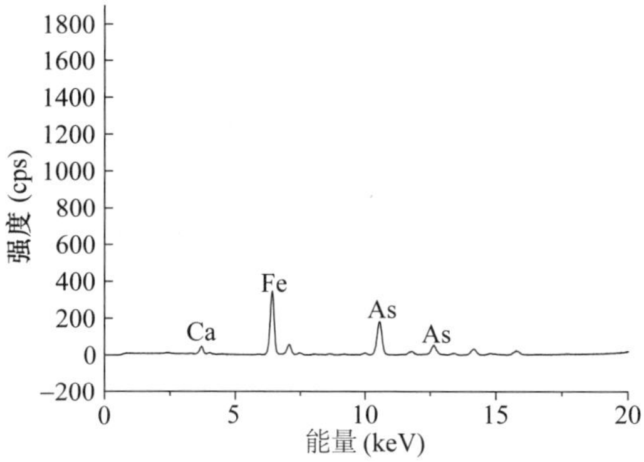

图 3-43 主尊正下方法轮左上方宝镜（XRF）

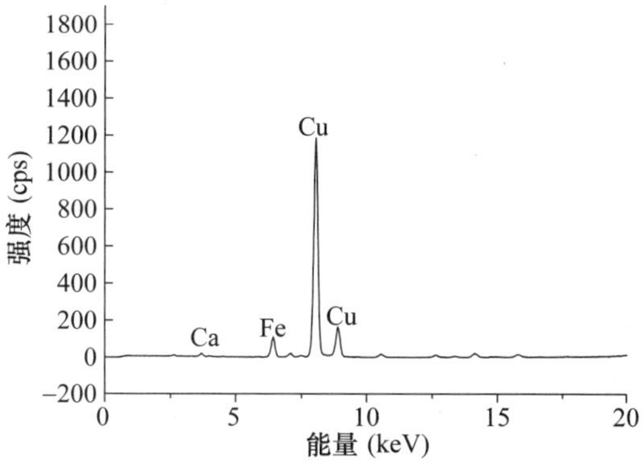

图 3-44 莲花座左下方手捧火焰菩萨披肩（XRF）

表 3-8 弥勒佛殿前廊西侧壁画荧光检测点

记录序号	详细位置	主要元素	检测颜色
1	持国天王右脚下方衣衫	Hg	红色
2	持国天王左脚尖下方衣衫	Pb、Hg	粉色
3	持国天王左脚尖上方尖部	Hg、Pb	红色
4	持国天王左脚鞋面花纹	Pb	橙色
5	持国天王左脚鞋面花纹	Fe、Ca	蓝色
6	持国天王左脚下方地色	As、Cu、Fe	浅绿色
7	持国天王左脚尖前方衣衫	Cu	绿色
8	持国天王左脚尖前方衣衫	Cu	深绿色
9	持国天王下摆边缘	Cu、Pb、Hg	蓝绿色
10	持国天王下摆下方	Pb	粉色
11	持国天王右靴面花纹	Pb	橙色
12	持国天王左靴底	Pb	白色
13	持国天王右靴底	Fe、Ca	白色
14	持国天王龙头前挡西侧鱼鳞	Pb	黑色
15	增长天王左脚下云气	Pb	黑色

图 3-45　持国天王右脚下方衣衫

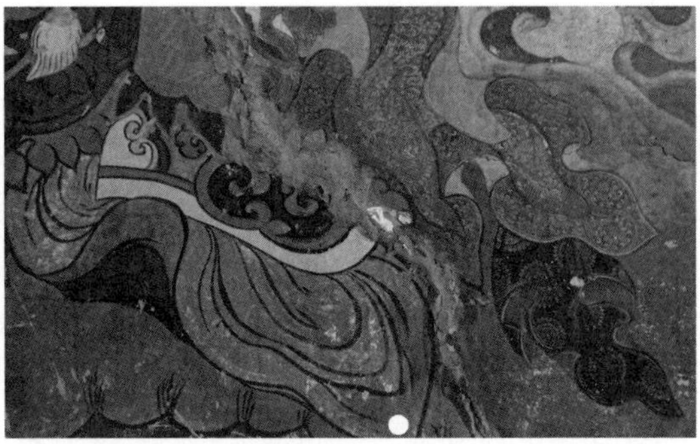

图 3-46　持国天王左脚尖下方衣衫

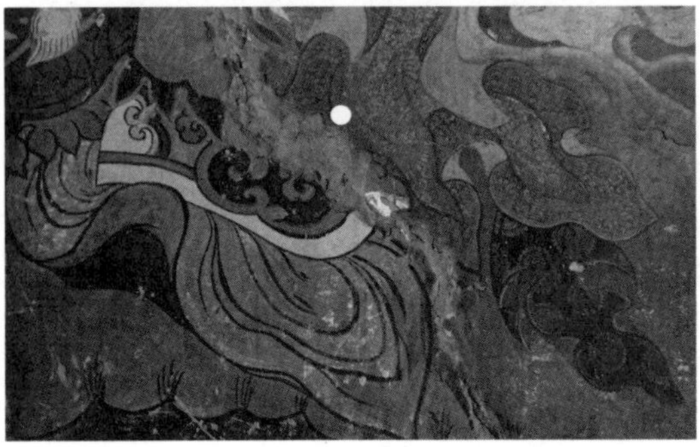

图 3-47　持国天王左脚尖上方尖部

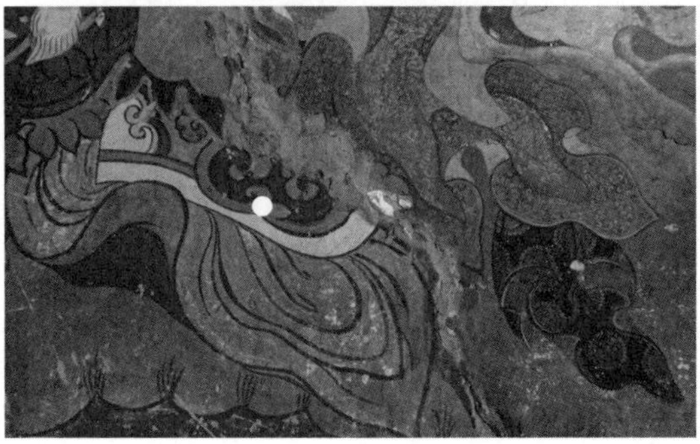

图 3-48　持国天王左脚鞋面花纹

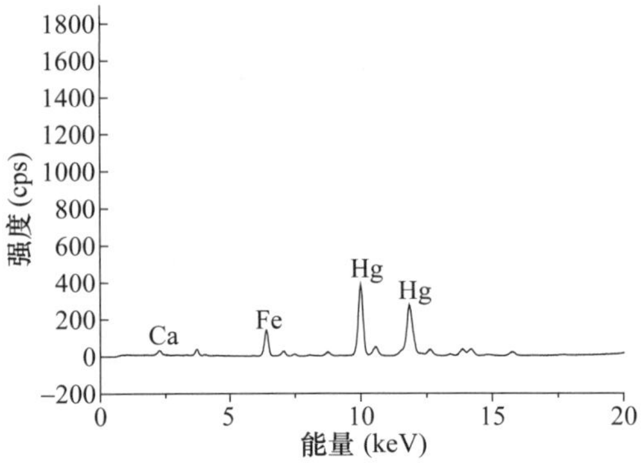

图 3-49　持国天王右脚下方衣衫（XRF）

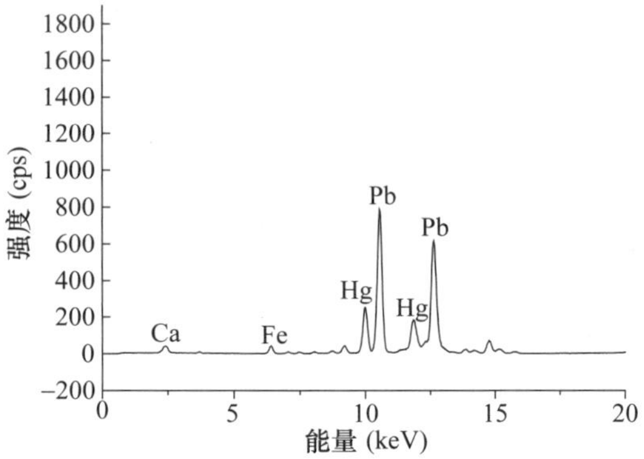

图 3-50　持国天王左脚尖下方衣衫（XRF）

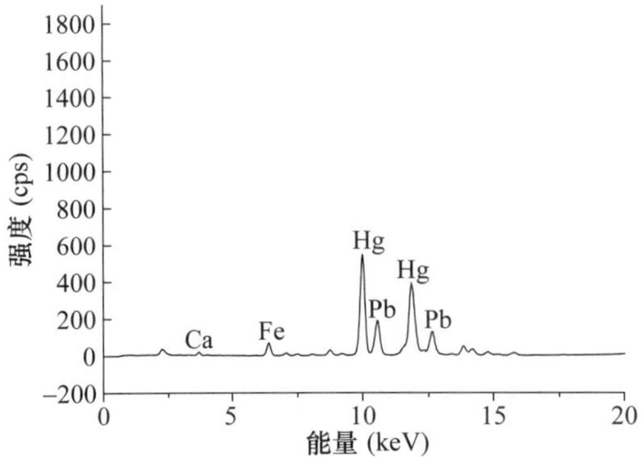

图 3-51　持国天王左脚尖上方尖部（XRF）

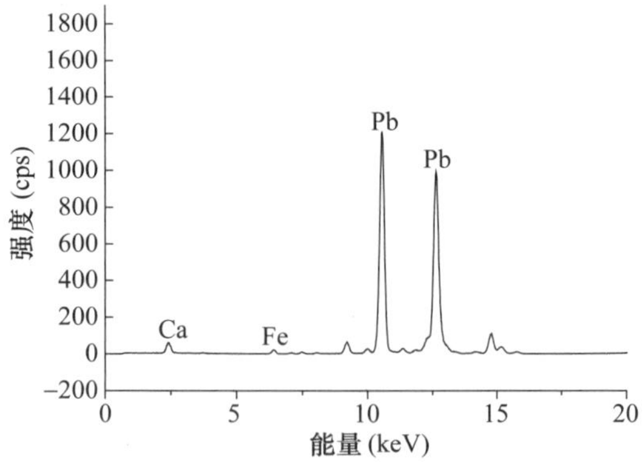

图 3-52　持国天王左脚鞋面花纹（XRF）

表 3-9　弥勒佛殿一层壁画荧光检测点

记录序号	详细位置	主要元素	检测颜色
1	头上背光	Fe、Ca、Pb	橙色
2	佛衣腹部	Hg，有少量 Pb	红色
3	身前海螺宝罐	Pb	红色
4	大修行者右小腿前衣服卷云状处	Hg，有少量 Pb	红色
5	大修行者额头	Pb，有少量 Cu	黄色
6	大修行者胸口	Pb，有少量 Cu	黄棕色
7	宝罐身	As	黄色
8	大修行者宝罐下方钵盂	As	黄色
9	大修行者头发	Pb	黑色
10	大修行者下方边框	Fe、Ca、Pb	黑色
11	大修行者右手持鼓	Cu	绿色
12	海螺宝罐	Cu，有少量 As	绿色
13	卷云状衣衫下方地色	Cu	绿色
14	大修行者右手持鼓破损处地仗	Fe、Cu，少量 Ca	土色灰白
15	大修行者背光后头发末梢	Pb	棕黑色

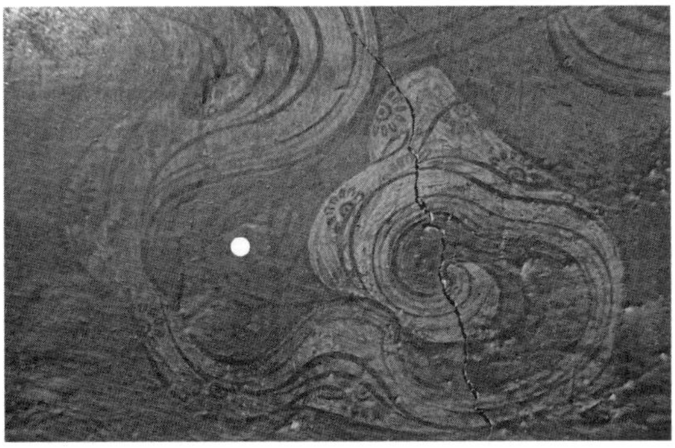

图 3-53　大修行者右小腿前衣服卷云状

图 3-54　大修行者额头

图 3-55　大修行者宝罐下方钵盂

图 3-56　海螺宝罐

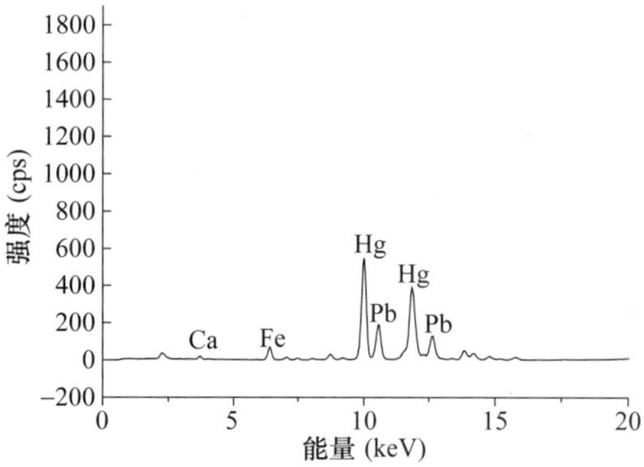

图 3-57　大修行者右小腿前衣服卷云状（XRF）

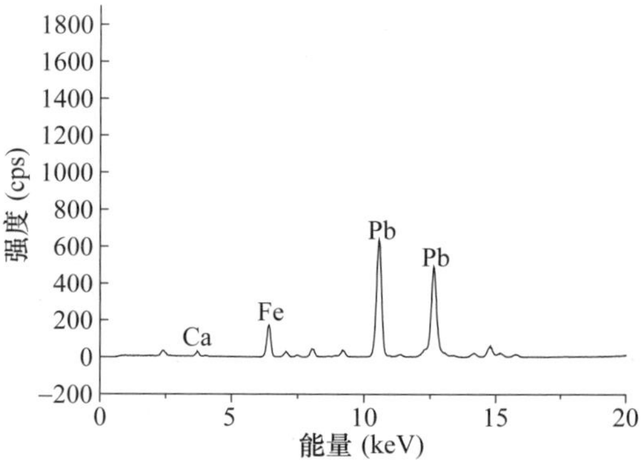

图 3-58　大修行者额头（XRF）

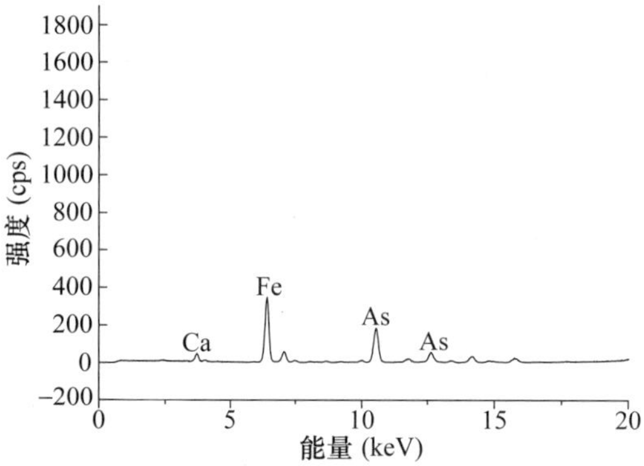

图 3-59　大修行者宝罐下方钵盂（XRF）

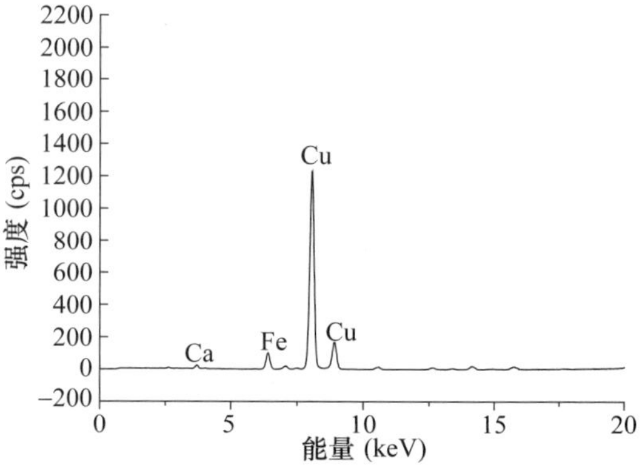

图 3-60　海螺宝罐（XRF）

2）时轮学院

时轮学院，包括一层主殿和前廊壁画，红色颜料主要含 Hg 元素和 Pb 元素，绿色主要含 Cu 元素、Pb 元素和 As 元素，白色主要含 Pb 元素，黄色主要含 As 元素，蓝色主要是含 Cu 元素。表 3-10、表 3-11 为时轮学院 X 射线荧光详细位置与检测结果记录表，图 3-61～图 3-76 为部分采样位置的照片和其 X 射线荧光谱图。

表 3-10　时轮学院殿内北壁西侧荧光检测点

记录序号	详细位置	主要元素	检测颜色
1	天母右脚跟	Pb	黄色
2	天母右脚脖处衣衫	Hg、Pb	红色
3	天母右脚脖处衣衫	Pb、Hg	橙色
4	天母右脚脖处饰品	Fe、Ca	金色
5	天母右脚尖东侧飘带	Cu、Pb	浅绿色
6	天母右脚正下方	Cu	绿色
7	天母右脚正下方	As	深绿色
8	莲花座莲花瓣	Pb、Hg	橘红色

续表

记录序号	详细位置	主要元素	检测颜色
9	莲花座莲花瓣	As	黑色
10	天母右脚面饰品	As	金色
11	天母东侧佛像下部衣裙	Cu	蓝色

图 3-61　天母右脚跟

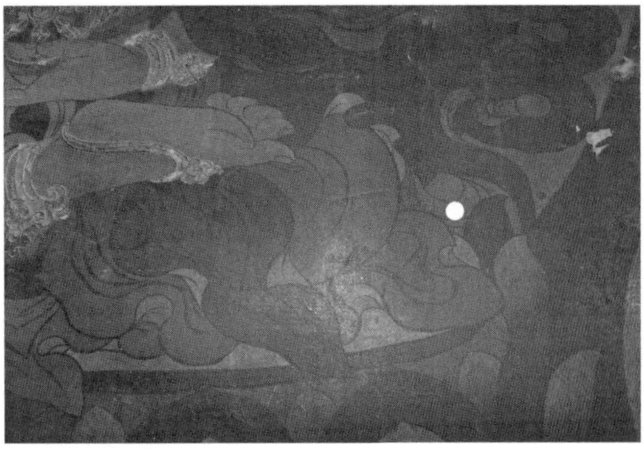

图 3-62　天母右脚尖东侧飘带

图 3-63　莲花座莲花瓣

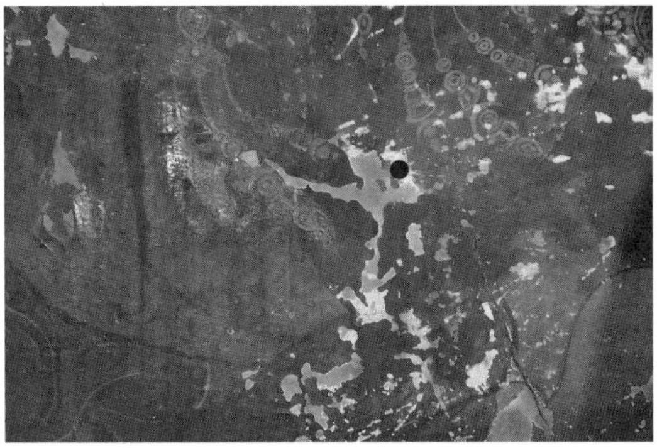

图 3-64　天母东侧佛像下部衣裙

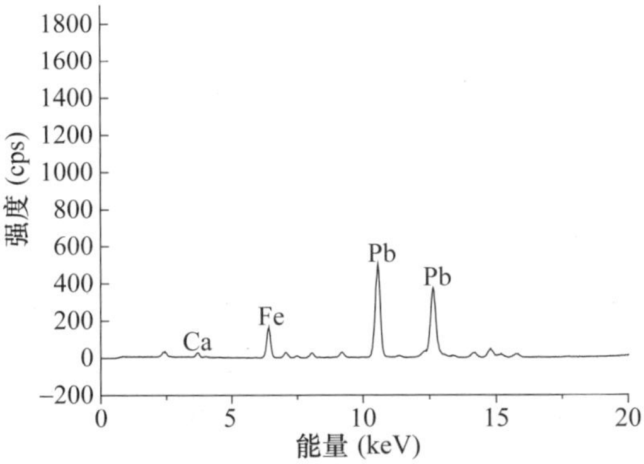

图 3-65　天母右脚跟（XRF）

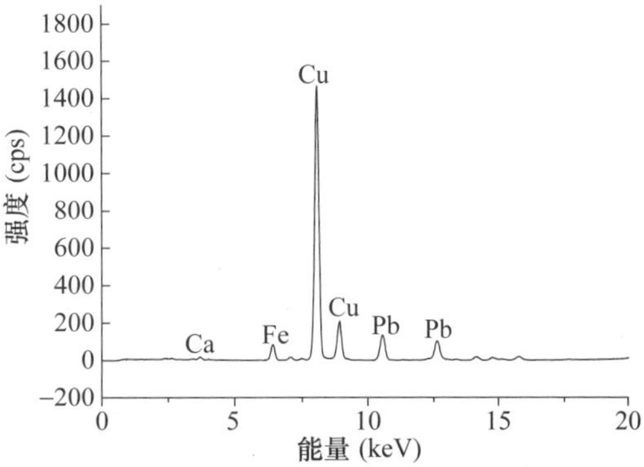

图 3-66　天母右脚尖东侧飘带（XRF）

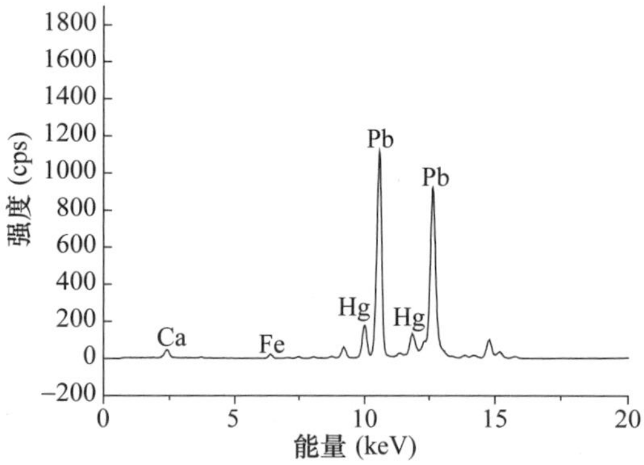

图 3-67　莲花座莲花瓣（XRF）

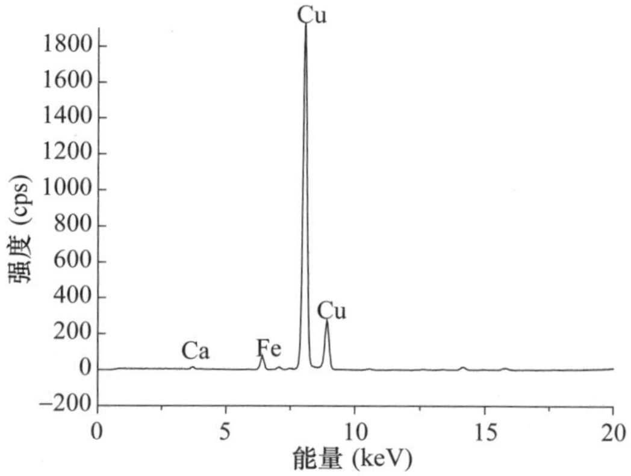

图 3-68　天母东侧佛像下部衣裙（XRF）

表 3-11　时轮学院门廊东壁北侧荧光检测点

记录序号	详细位置	主要元素	检测颜色
1	海螺北侧红色布块	Hg	红色
2	虎头怪左膝	Hg	红色
3	天王右小腿处衣带	Pb	红色
4	海螺	Pb	黄色
5	海螺下部宝珠	As	黄色
6	海螺南下方地色	Cu、Pb	绿色
7	海螺下方绿色宝珠	Cu、Pb	绿色
8	海螺下方深绿色宝珠	Cu	深绿色
9	天王左靴上部边缘	Pb、Hg	棕色
10	天王腹部饰品	As	黄色
11	天王左小腿衬裤	Pb	白色
12	天王左靴底	Pb	白色
13	海螺北下方兽皮坐垫	Pb	橙色
14	西壁门北侧中央西下部海浪	Cu	蓝色

图 3-69　海螺北侧红色布块

图 3-70　虎头怪左膝

图 3-71　海螺下部宝珠

图 3-72　天王左靴上部边缘

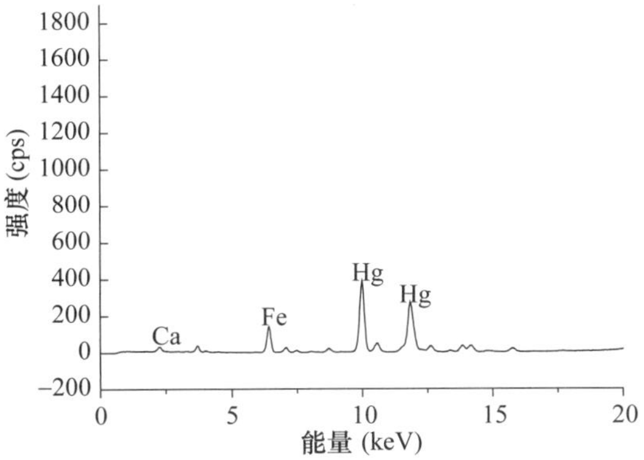

图 3-73　海螺北侧红色布块（XRF）

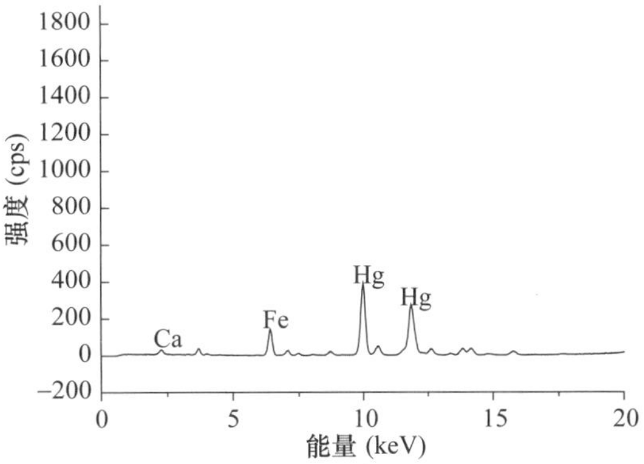

图 3-74　虎头怪左膝（XRF）

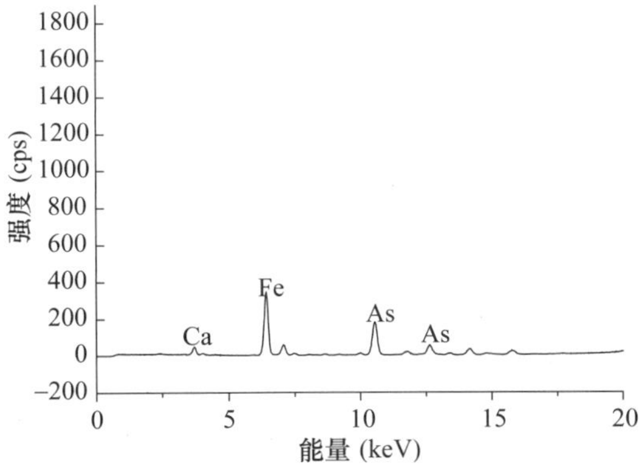

图 3-75　海螺下部宝珠（XRF）

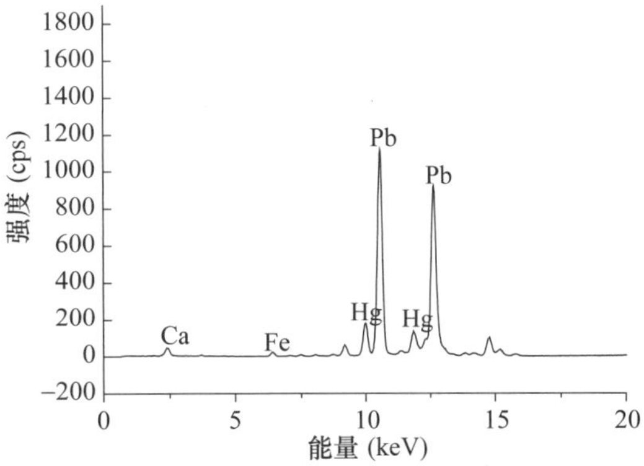

图 3-76　天王左靴上部边缘（XRF）

3）下续部学院

下续部学院，包括一层主殿和前廊壁画，红色颜料主要含 Hg 元素和 Pb 元素，绿色主要含 Cu 元素和 As 元素，白色主要含 Pb 元素，黄色主要含 As 元素、Cu 元素和 Pb 元素，蓝色主要是含 Fe 元素和 As 元素，黑色主要含 Pb 元素。表 3-12、表 3-13 为下续部学院壁画 X 射线荧光采样位置与检测结果记录表，图 3-77～图 3-92 为部分位置的采样照片和其 X 射线荧光谱图。

表 3-12　下续部学院内殿东壁北侧荧光检测点

记录序号	详细位置	主要元素	检测颜色
1	南侧力士右脚下部	Hg	红色
2	南侧力士右脚正下方莲花瓣	Hg	红色
3	南侧力士右脚正下方边框	Pb	深红色
4	南侧力士右脚后跟	Pb	黑色
5	南侧力士莲花座边缘北侧	As	绿色
6	南侧力士腹部下方兽皮尾部	Cu、Pb	黄色
7	南侧力士腹部下方沥粉堆金	Cu、Pb	金色
8	南侧力士腹部下方沥粉堆金	Cu	金色
9	南侧力士左脚下边框字符	Pb、Hg	黄色
10	南侧力士下部地色	As	棕色
11	北侧力士莲花座莲瓣	Pb	黄色

图 3-77　南侧力士右脚下部

图 3-78　南侧力士右脚正下方边框

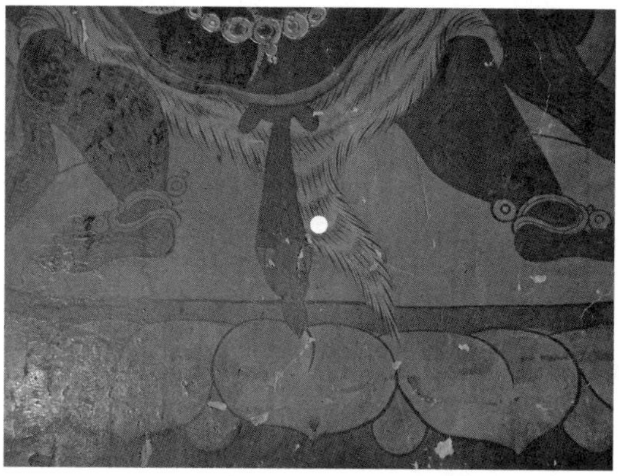

图 3-79　南侧力士腹部下方兽皮尾部

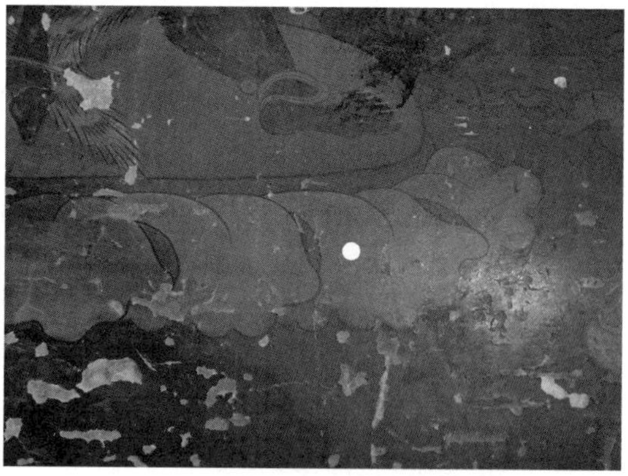

图 3-80　北侧力士莲花座莲瓣

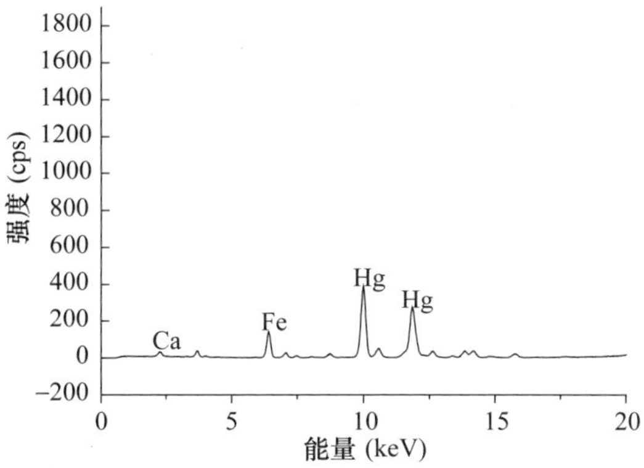

图 3-81　南侧力士右脚下部（XRF）

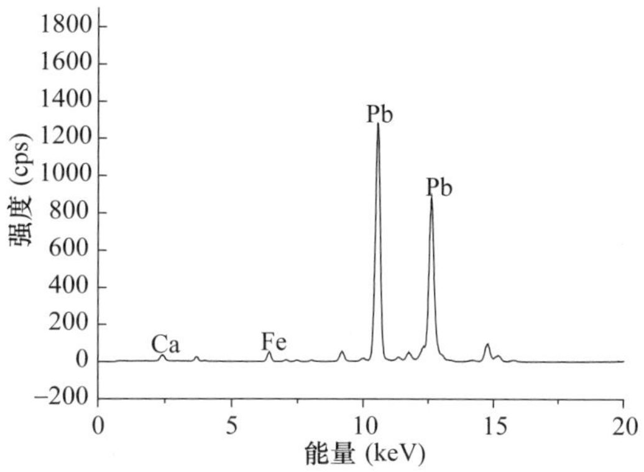

图 3-82　南侧力士右脚正下方边框（XRF）

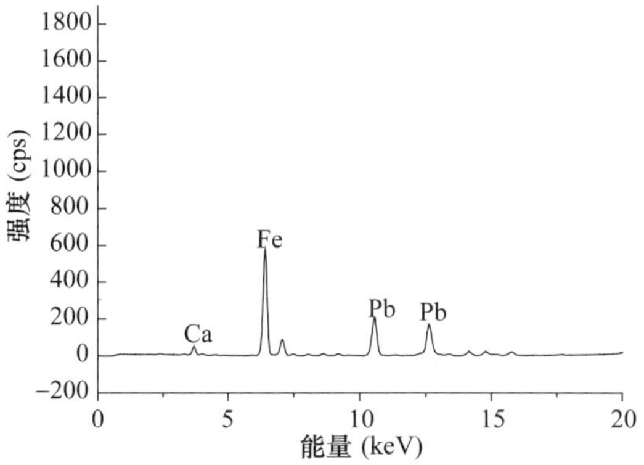

图 3-83　南侧力士腹部下方兽皮尾部（XRF）

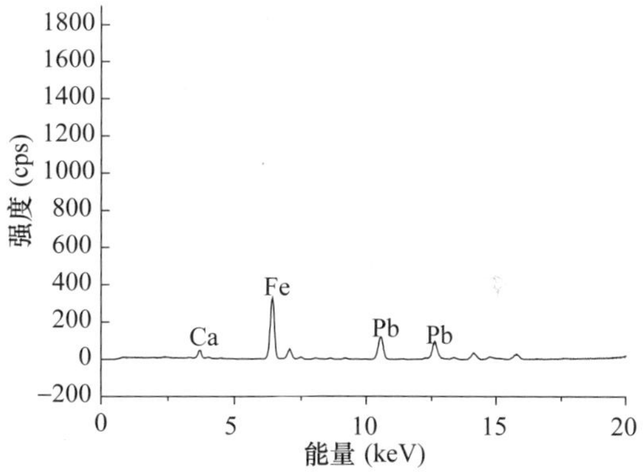

图 3-84　北侧力士莲花座莲瓣（XRF）

表 3-13　下续部学院前廊东壁门北侧荧光检测点

记录序号	详细位置	主要元素	检测颜色
1	法王左脚跟	Pb、Hg	红色
2	法王左脚跟下方莲台面	Hg、Pb	红色
3	法王腰带白色鬼头额头	Pb	白色
4	法王腰带青色鬼头面颊	Pb、Cu	青灰色
5	法王腹部沥粉堆金	Pb	金色
6	莲座台面边缘	Cu	深绿色
7	莲座侧面	Cu	绿色
8	花瓣边缘	Pb、Cu	浅绿色
9	花瓣间白色区域	Pb	白色
10	花瓣	Fe、As	蓝黑色
11	黄色边框	As	黄色

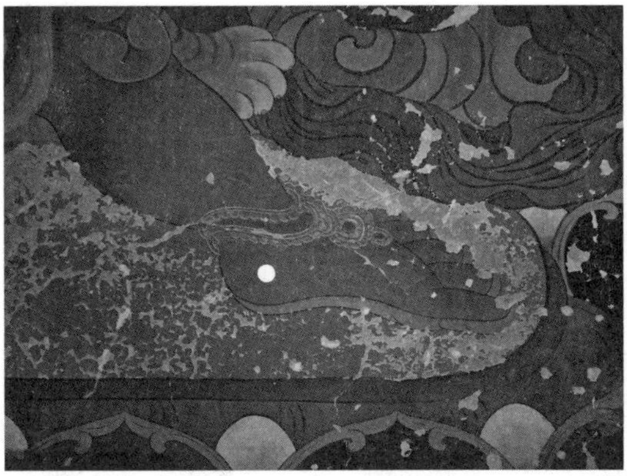

图 3-85　法王左脚跟

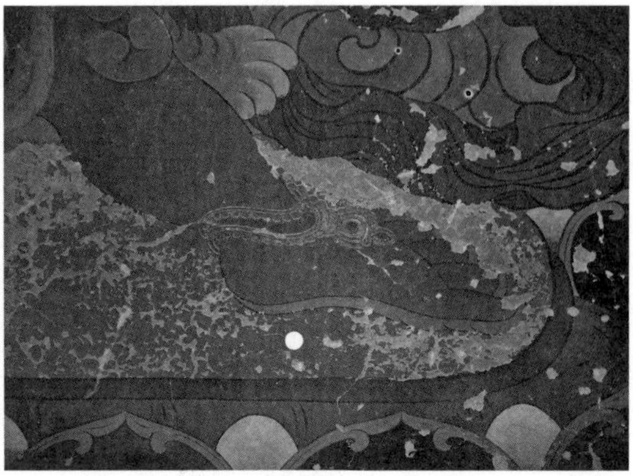

图 3-86　法王左脚跟下方莲台面

图 3-87　法王腰带青色鬼头面颊

图 3-88　法王腹部沥粉堆金

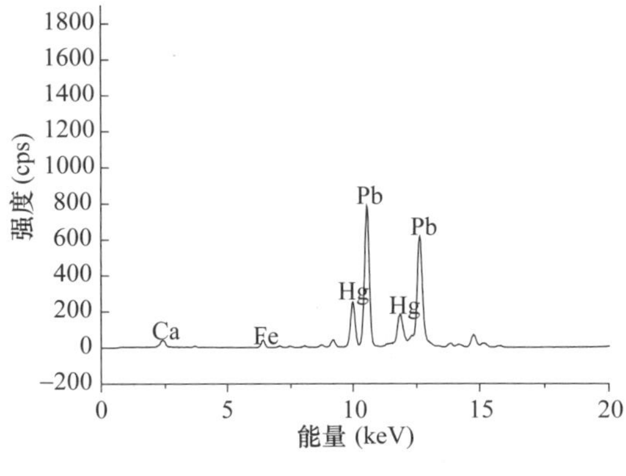

图 3-89　法王左脚跟（XRF）

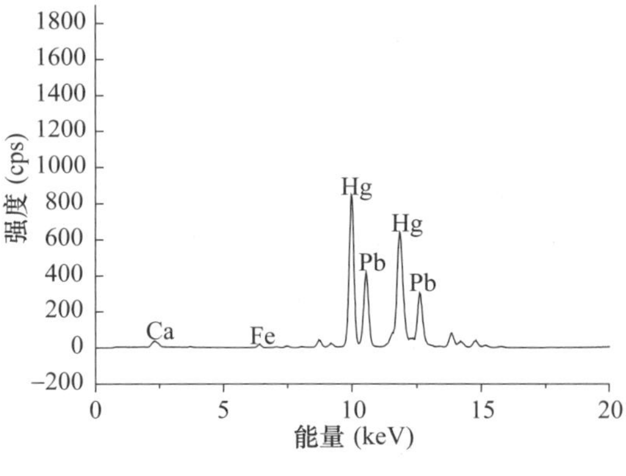

图 3-90　法王左脚跟下方莲台面（XRF）

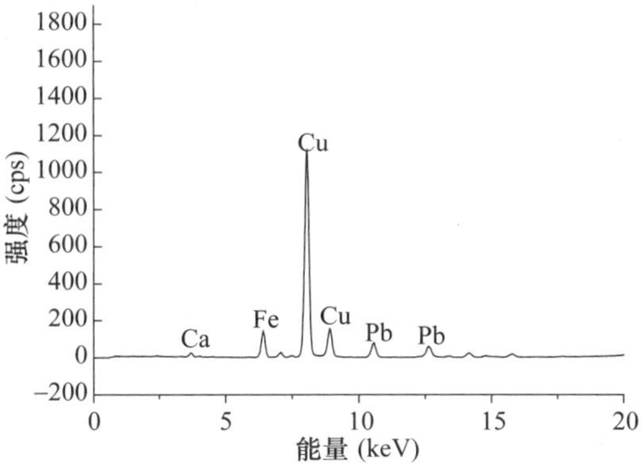

图 3-91　法王腰带青色鬼头面颊（XRF）

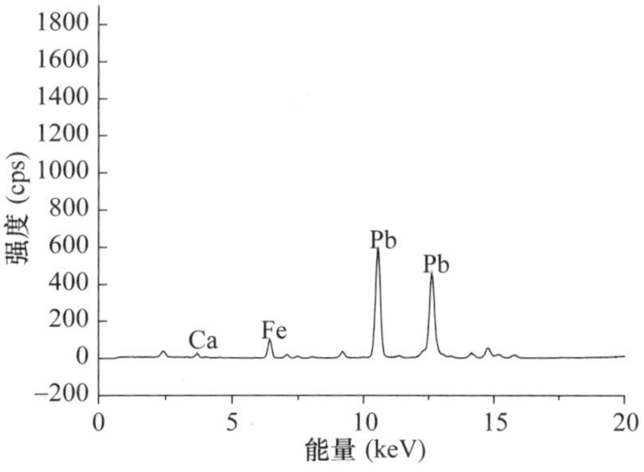

图 3-92　法王腹部沥粉堆金（XRF）

4）医学院

医学院主要检测的是前廊壁画，红色颜料主要含 Hg 元素和 Pb 元素，绿色主要含 Cu 元素和 Pb 元素，白色主要含 Pb 元素、Fe 元素、As 元素和 Ca 元素，黄色主要含 As 元素，棕色主要是含 Fe 元素和 Ca 元素。表 3-14 为医学院 X 射线荧光检测点位置及其测试结果记录表，图 3-93～图 3-100 为部分位置的采样照片和其 X 射线荧光谱图。

表 3-14　医学院前廊南壁“智慧剑”图案荧光检测点

记录序号	详细位置	主要元素	检测颜色
1	剑柄下方飘带	Hg、Pb	红色
2	莲座台面	Fe、Ca	棕色
3	莲座东侧鸟类羽毛	As	黄色
4	莲座下地色	Pb、Cu	浅绿色
5	莲座东下方莲叶	Pb、Cu	绿色
6	莲座下莲叶	Cu、Pb	深绿色
7	剑柄东下方飘带	As、Fe、Ca	白色
8	剑柄	As	黄色
9	莲座西侧彩绘层脱落处	Pb、Fe、Ca	白色

图 3-93　剑柄下方飘带

图 3-94　莲座台面

图 3-95　莲座下地色

图 3-96　莲座东下方莲叶

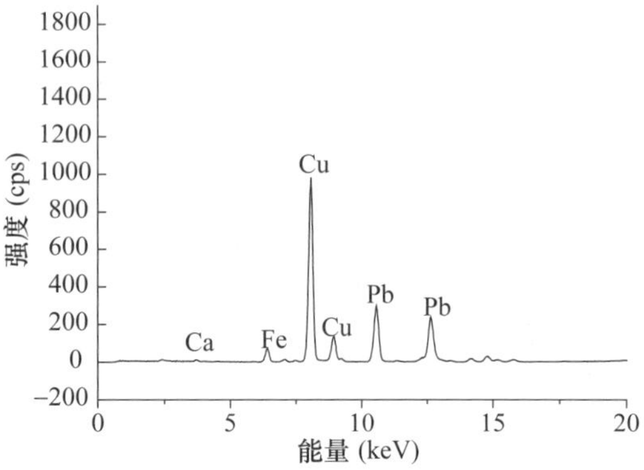

图 3-97　剑柄下方飘带（XRF）

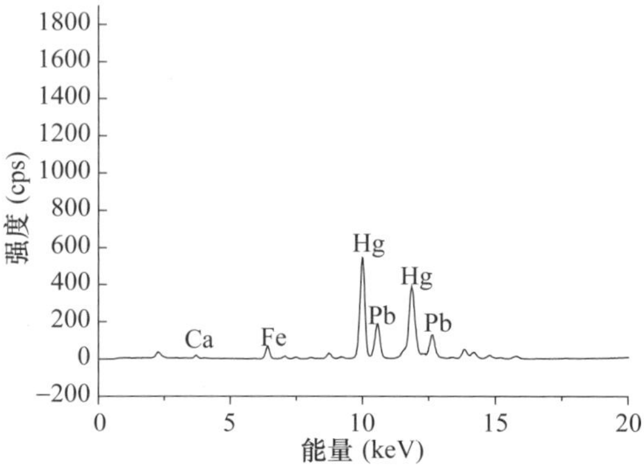

图 3-98　莲座台面（XRF）

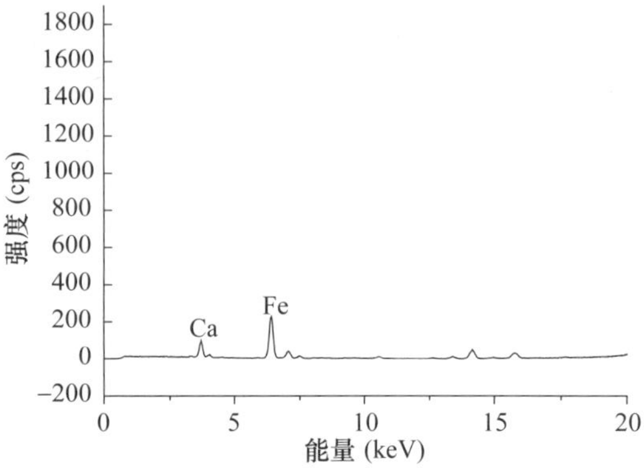

图 3-99　莲座下地色（XRF）

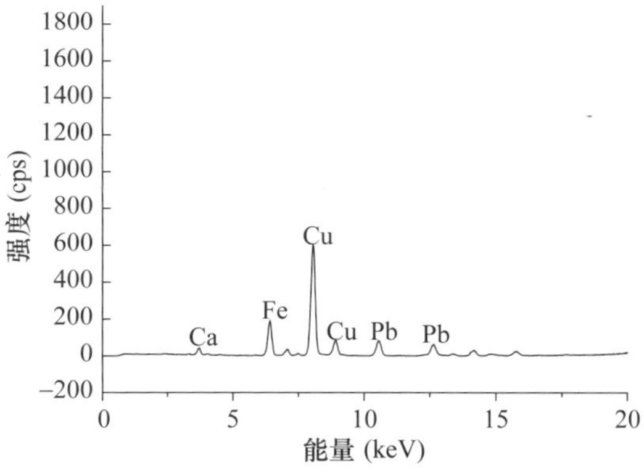

图 3-100　莲座东下方莲叶（XRF）

5）狮吼殿

狮吼殿检测的是主廊壁画，红色含 Hg、Pb 和 Fe 元素，绿色含 Cu、Pb 和 As 元素，白色含 Pb 元素，黄色含 Hg 元素，蓝黑色含 Pb 元素。表 3-15 为其 X 射线荧光检测点位置及检测结果记录表。

表 3-15　狮吼殿荧光检测点

记录序号	详细位置	主要元素	检测颜色
1	白度母右脚下方左小腿衣衫	Hg	红色
2	白度母左脚下方莲花座莲瓣上方衣带	Pb	橙色
3	下沿边框	Fe、Ca	红色
4	白度母右膝东侧飘带	Pb、Cu	浅绿色
5	白度母右膝东侧飘带	As、Cu	绿色
6	白度母右膝处衣衫	Pb	灰绿色
7	白度母右膝下方飘带	Pb	深绿色
8	白度母左掌心	Pb	白色
9	白度母右肋侍下部	Hg	金色
10	莲花座下方海浪	Pb	蓝黑色

6）嘉木样行宫

嘉木样行宫主要检测的是一楼壁画，红色颜料主要含 Hg 元素和 Pb 元素，黄色主要含 Fe 元素和 Pb 元素，蓝色主要是含 Pb 元素和 Cu 元素。表 3-16 为 X 射线荧光采样详细信息与检测结果记录表。

表 3-16　嘉木样行宫一楼壁画荧光检测点

记录序号	详细位置	主要元素	检测颜色
1	北壁第三幅壁画中鸟身	Pb	红色
2	北壁第二幅壁画下部岩石	Pb	蓝色
3	北壁第二幅中部	Pb、Fe	黄色
4	东壁中部福禄寿图寿星脑门	Pb	黄色
5	东壁中部福禄寿图福星左袖衣衫	Pb、Hg	红色
6	东壁中部福禄寿图禄星衣领	Cu、Pb	蓝色

2. 便携式显微镜

本次调查，课题组采用便携式显微镜对拉卜楞寺所属的弥勒佛殿、时轮学院、下续部学院、狮吼殿等四处佛殿的主殿、后殿和前廊等处的壁画进行了分析，观测点共八十多个，拍摄 20 倍、50 倍、100 倍、200 倍的正常光和侧光照片 640 多张，对壁画中的红色、绿色、蓝色、白色、黑色、黄色等多种颜料的显微形貌进行了详细的分析，详情见表 3-17～表 3-37。

表 3-17　弥勒佛殿二层西壁南侧显微镜分析

序号	位置	序号	位置
1	贡品光芒深红色处	6	法轮右上方双环状沥粉堆金处
2	贡品下方浅红色处	7	持镜侍女面部黄色处
3	贡品光芒浅红色晕染处	8	持镜侍女发饰绿色处
4	宝镜金色处	9	莲花座左下方手捧火焰侍女披肩蓝色处
5	法轮上方黄色宝物破损处		

表 3-18　贡品光芒深红色处显微镜分析

二层西壁南侧工作区域

检测点照片

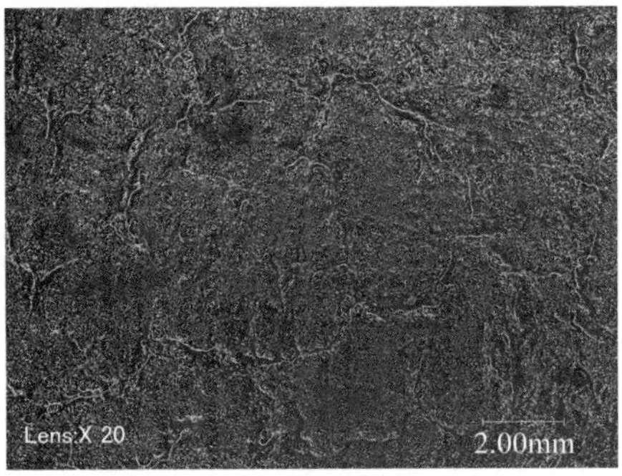

20 倍正常光观察

20 倍侧光观察

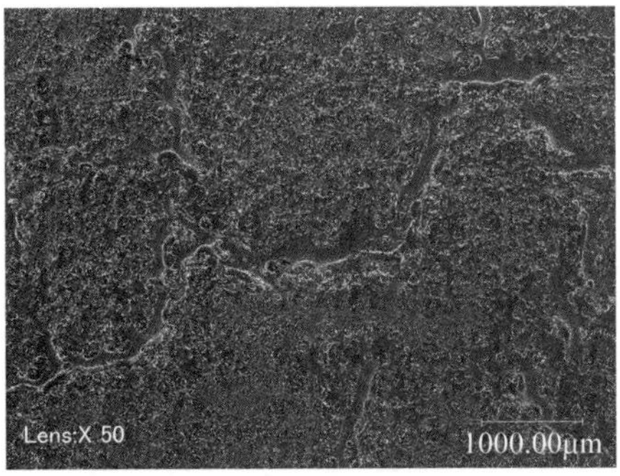

50 倍正常光观察

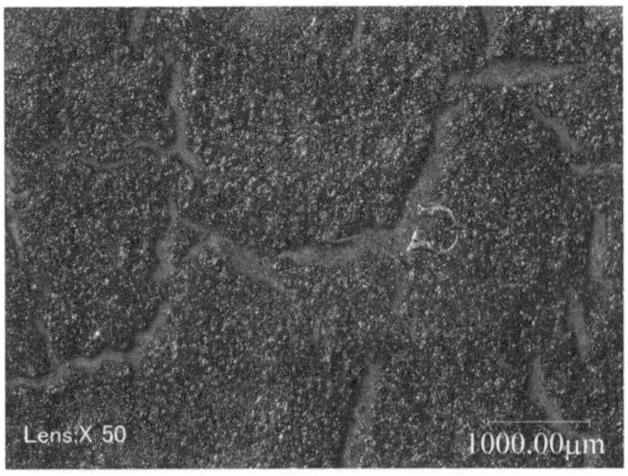

50 倍侧光观察

续表

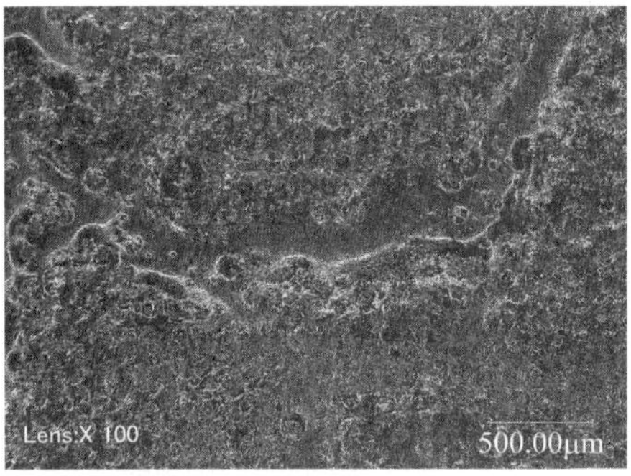	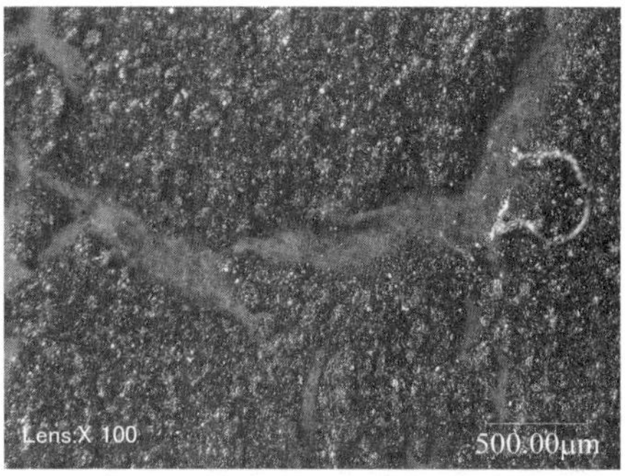
100 倍正常光观察	100 倍侧光观察
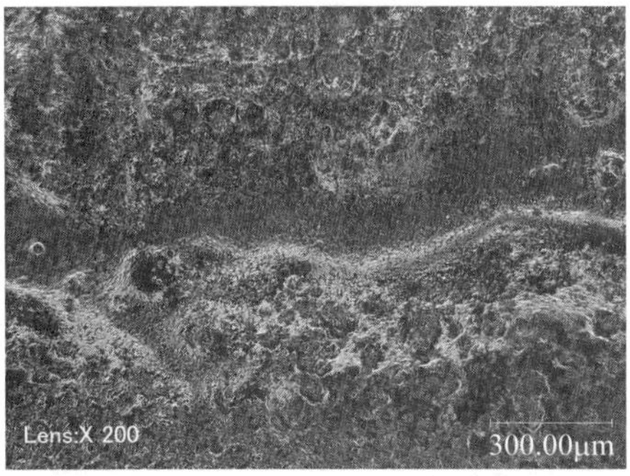	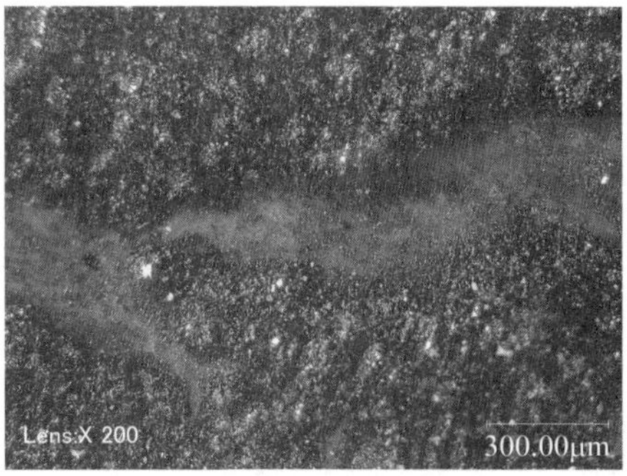
200 倍正常光观察	200 倍侧光观察

表 3-19　持镜侍女面部黄色处显微镜分析

二层西壁南侧工作区域	检测点照片
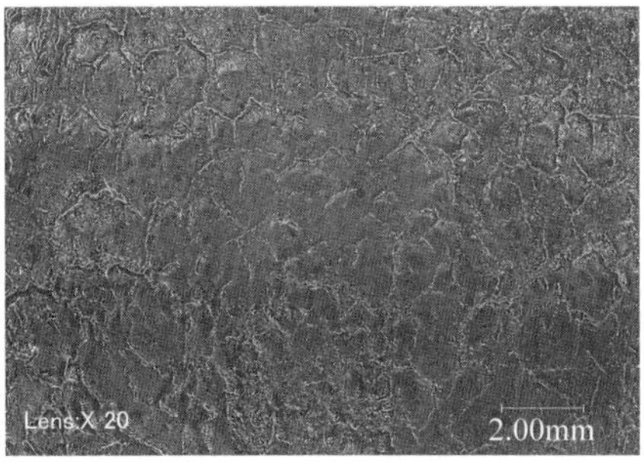	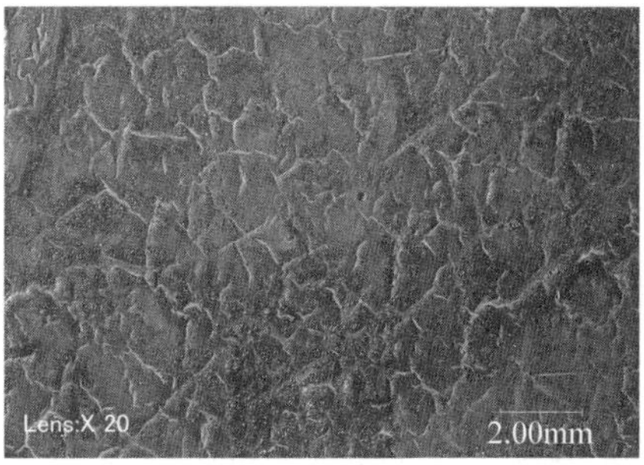
20 倍正常光观察	20 倍侧光观察

续表

	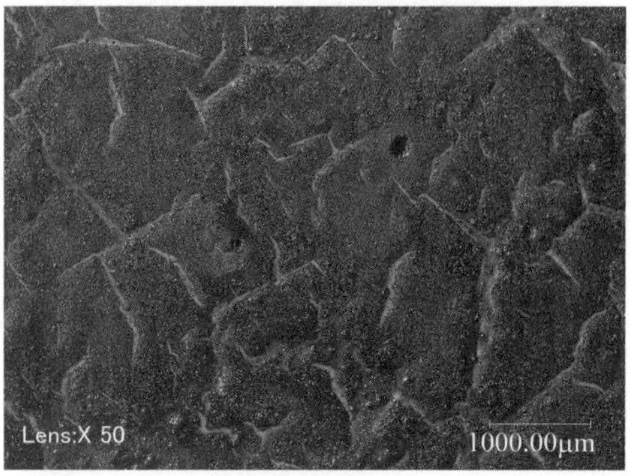
50 倍正常光观察	50 倍侧光观察
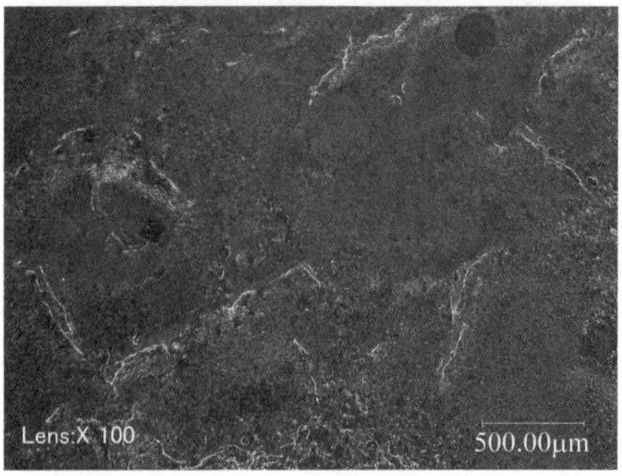	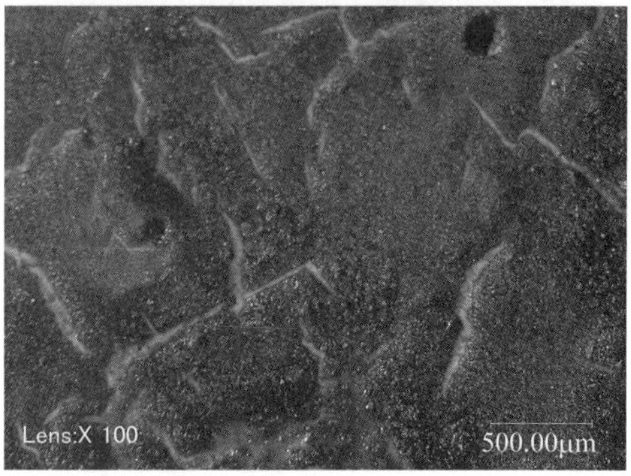
100 倍正常光观察	100 倍侧光观察
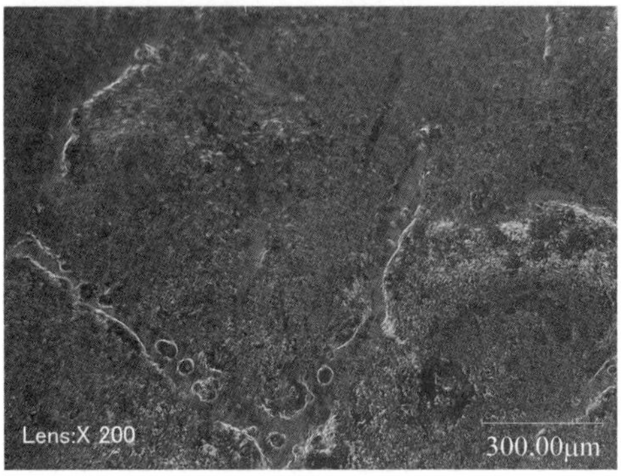	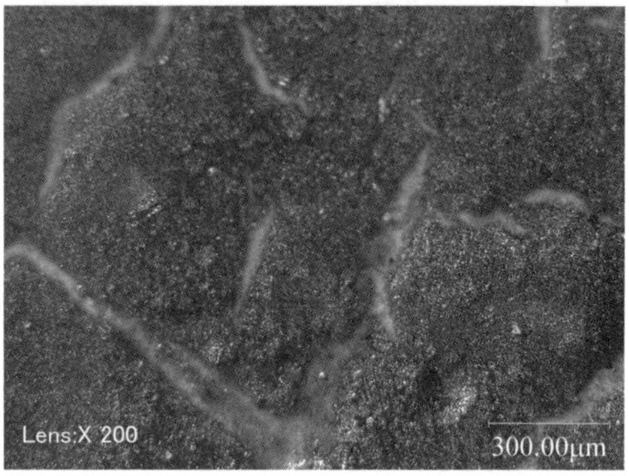
200 倍正常光观察	200 倍侧光观察

根据显微照片可知，表 3-18、表 3-19 所示壁画表面保护涂层较厚。由于涂层自身老化和污染，导致画面整体较为灰暗，画面内容观察十分困难。但涂层具有一定的保护作用，在其下方的壁画颜料保存基本完好。经显微镜观察发现，表面涂层应是在涂抹后的干燥过程中慢慢自然收缩开裂。表面涂层破损脱落后能看到涂层下蓝色颜料和绿色颜料，颗粒度十分明显。

表 3-20　弥勒佛殿一层东壁北侧第一、第二身塑像之间显微镜分析

序号	位置	序号	位置
1	大修行者右小腿前衣衫黄色地色卷云状黑色花纹	6	大修行者手持鼓绿色处
2	大修行者右小腿前衣衫黄色地色卷云状红色花纹	7	宝罐下方钵盂黄色处
3	大修行者左眉	8	大修行者右小腿前衣衫红色地色卷云状黄色圆形花纹处
4	大修行者衣衫飘带	9	胸口破损处地仗
5	大修行者额头黄色处	10	宝罐颈绿色束带

表 3-21　大修行者右小腿前衣衫黄色地色卷云状黑色花纹显微镜分析

一层殿内东壁北侧工作区

检测点照片

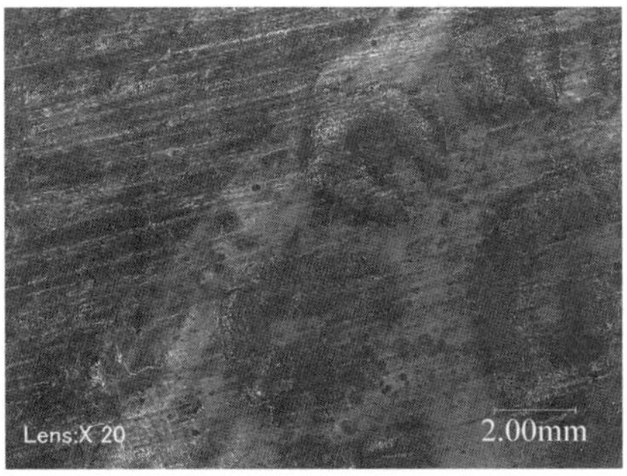

20 倍正常光观察

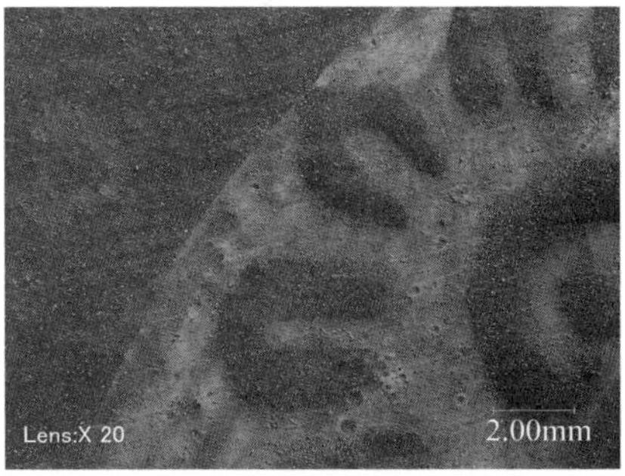

20 倍侧光观察

50 倍正常光观察

200 倍正常光观察

表 3-22　宝罐下方钵盂黄色处显微镜分析

一层殿内东壁北侧工作区	检测点照片
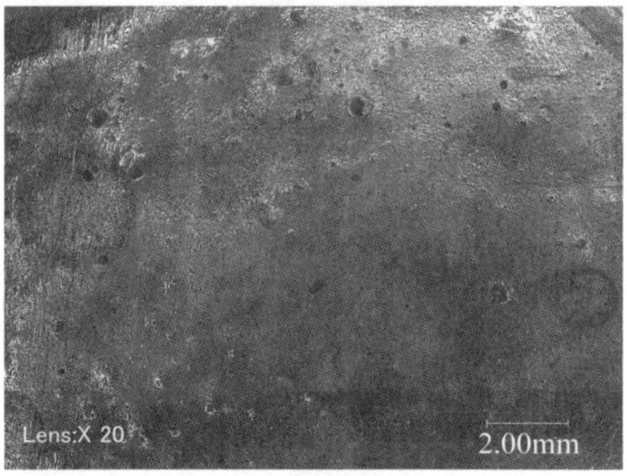	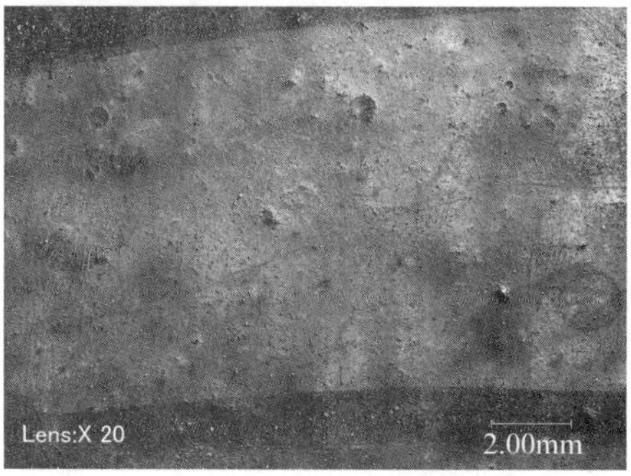
20 倍正常光观察	20 倍侧光观察
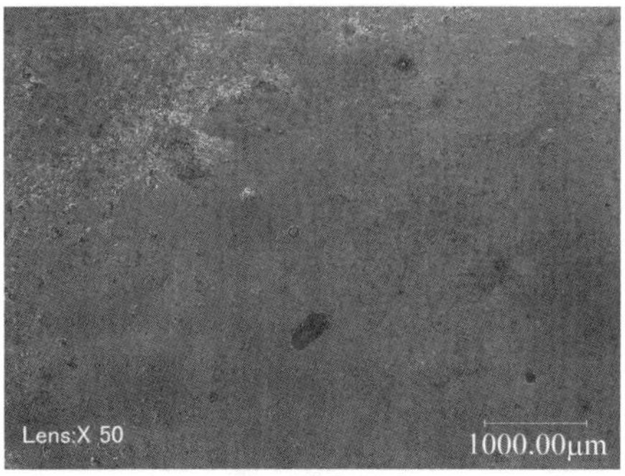	
50 倍正常光观察	50 倍侧光观察
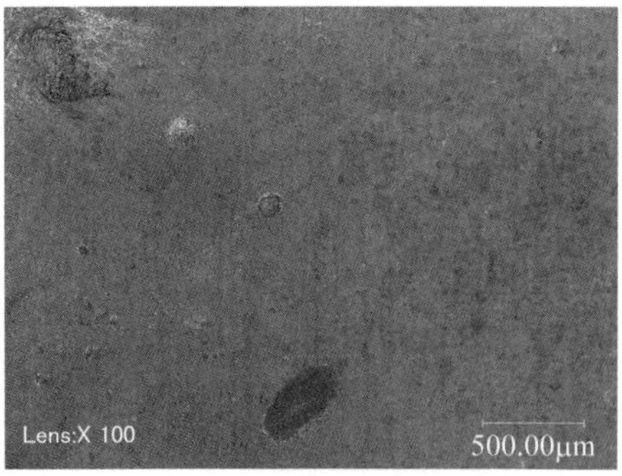	
100 倍正常光观察	100 倍侧光观察

续表

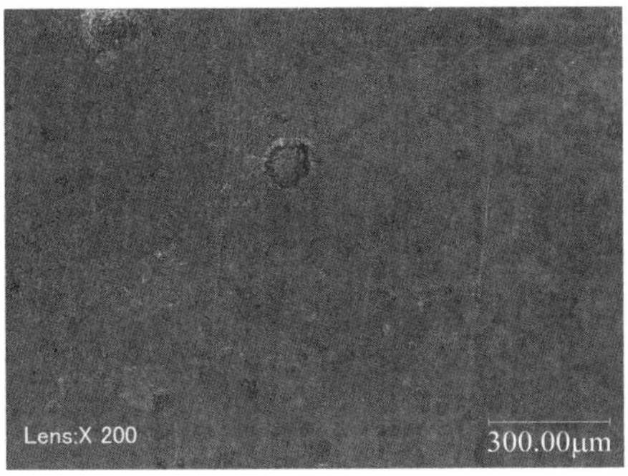	
200 倍正常光观察	200 倍侧光观察

显微镜观察可知，表 3-21、表 3-22 所示壁画表面涂层较厚。涂层自身老化和污染现象不明显，基本可以观察到壁画内容。由于涂层的保护作用，在其下方的壁画颜料保存状况基本完好。经显微镜观察发现，此处观察区域表面涂层较为均匀，没有收缩开裂现象。涂层表面划痕十分明显，可能是后期进行卫生清理时所留。从壁画破损处观察到，此处壁画明显有白粉层（或白色底层）。

表 3-23　时轮学院殿内北壁西侧显微镜检测

序号	位置	序号	位置
1	天母右脚跟	6	右脚尖东侧飘带
2	右脚面饰品	7	右脚正下方
3	右脚脖处衣衫	8	右脚正下方
4	右脚脖处衣衫	9	莲花座莲花瓣
5	右脚脖处饰品	10	莲花座莲花瓣

表 3-24　天母右脚跟显微镜分析

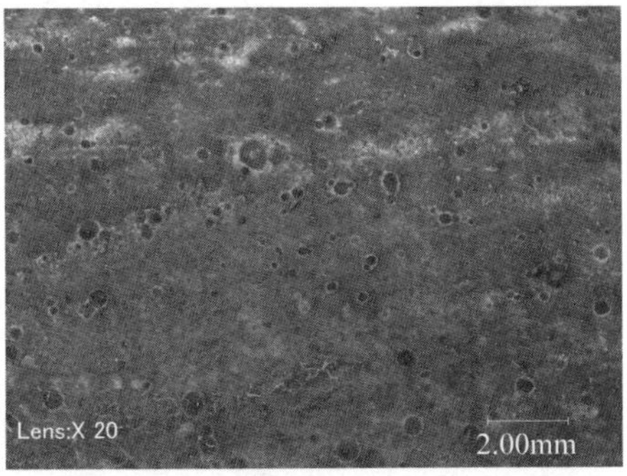	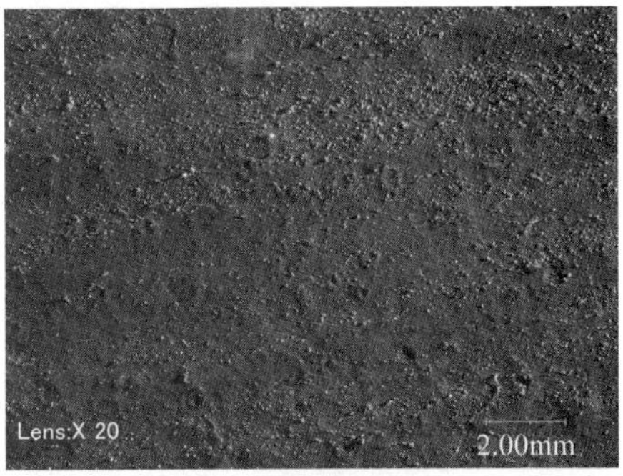
20 倍正常光观察	20 倍侧光观察

续表

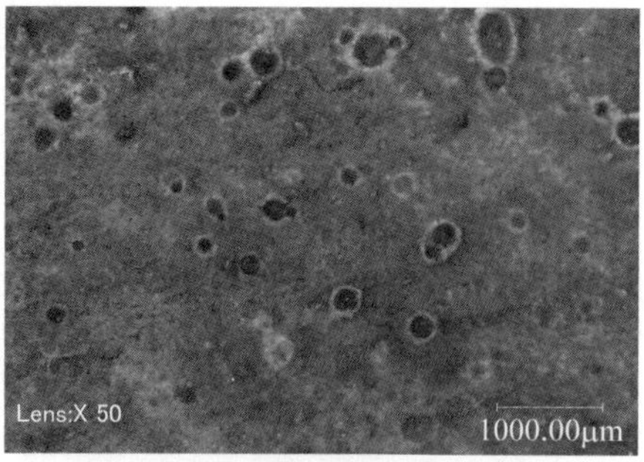	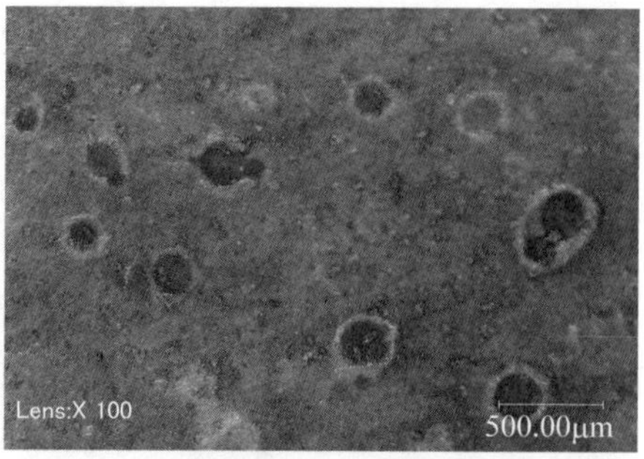
50 倍正常光观察	100 倍正常光观察
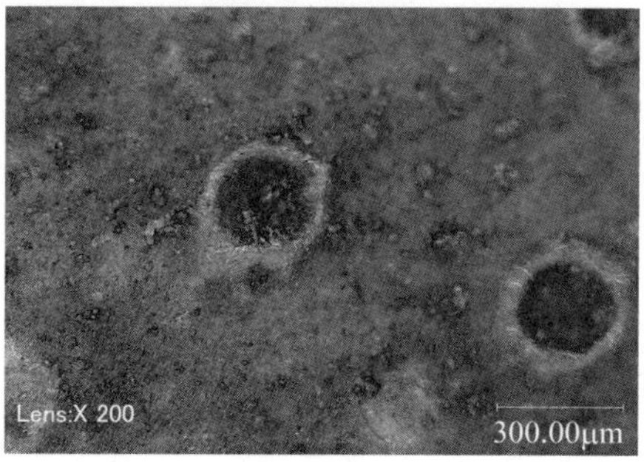	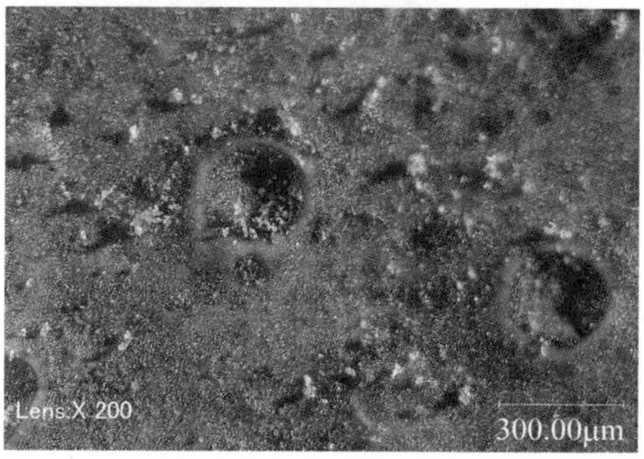
200 倍正常光观察	200 倍侧光观察

表 3-25　时轮学院显微镜分析

时轮学院殿内工作区域	检测点照片
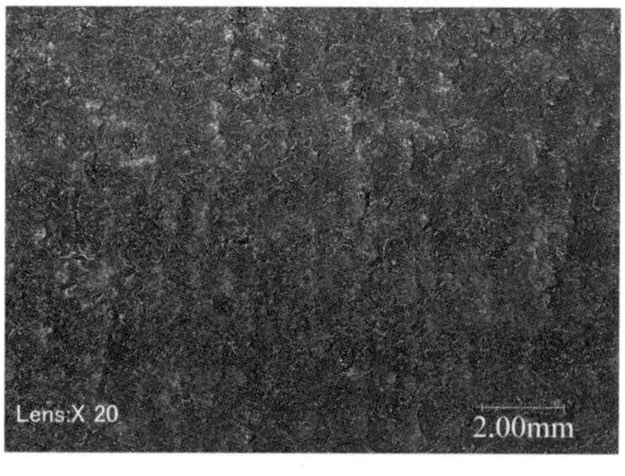	
20 倍正常光观察	20 倍侧光观察

续表

50 倍正常光观察	100 倍正常光观察
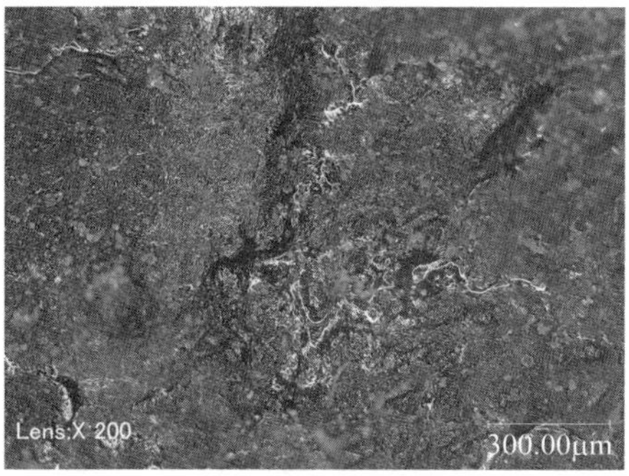	
200 倍正常光观察	200 倍侧光观察

显微镜观察到表 3-24、表 3-25 所示壁画表层有涂层，涂层较薄，老化和污染现象不明显，能清楚地观察到壁画内容，可以看到壁画多处有小坑或者突起，并发现不同部位的金色颜料光泽不一样，推断因为使用材料不同所致。

表 3-26　时轮学院门廊东壁北侧显微镜检测

序号	位置	序号	位置
1	海螺北侧红色布块	8	海螺下部绿色宝珠
2	虎头怪左膝	9	天王左靴底
3	海螺	10	天王左靴棕色上部边缘
4	海螺下部黄色宝珠	11	天王左小腿衬裤
5	海螺南下方绿色地色	12	天王腹部饰品
6	海螺下部深绿色宝珠	13	天王右小腿处衣带
7	海螺北下侧兽皮坐垫	14	西壁门北侧中央西下部海浪

表 3-27　海螺北侧红色布块显微镜检测

<table>
<tr><td></td><td></td></tr>
<tr><td>时轮学院门廊东壁北侧工作区域</td><td>检测点照片</td></tr>
<tr><td></td><td></td></tr>
<tr><td>20 倍正常光观察</td><td>20 倍侧光观察</td></tr>
<tr><td>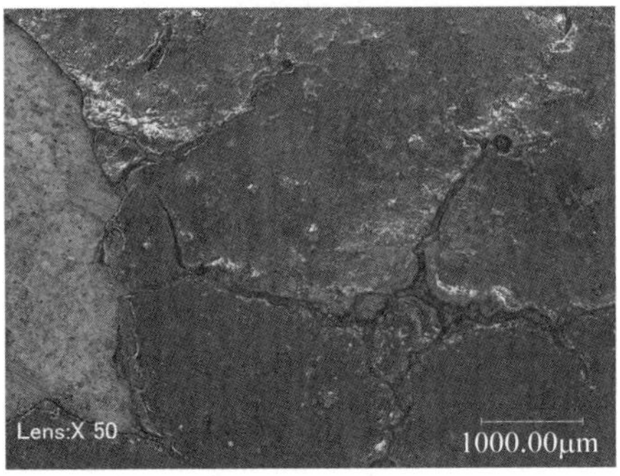</td><td>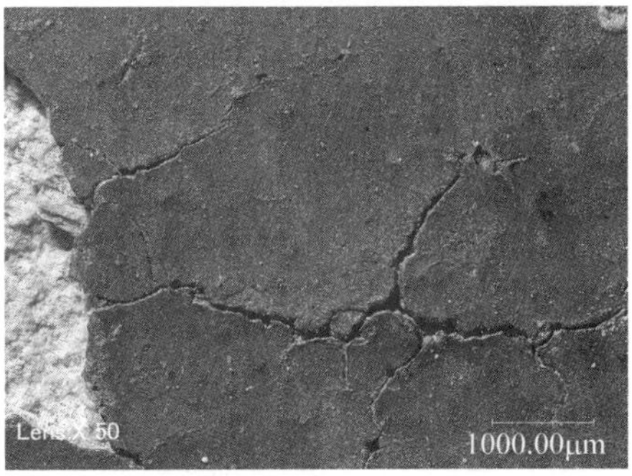</td></tr>
<tr><td>50 倍正常光观察</td><td>50 倍侧光观察</td></tr>
<tr><td>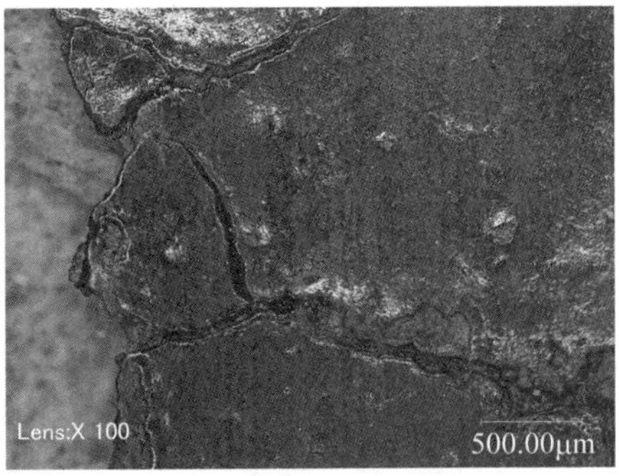</td><td></td></tr>
<tr><td>100 倍正常光观察</td><td>100 倍侧光观察</td></tr>
</table>

续表

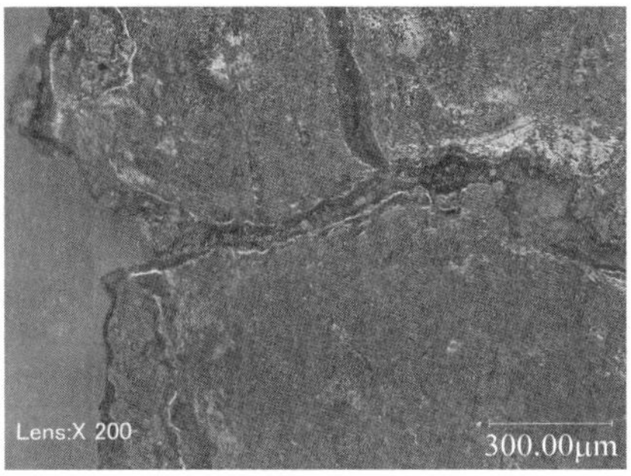	
200倍正常光观察	200倍侧光观察

表3-28　时轮学院门廊东壁北侧

时轮学院门廊东壁北侧工作区域	检测点照片
	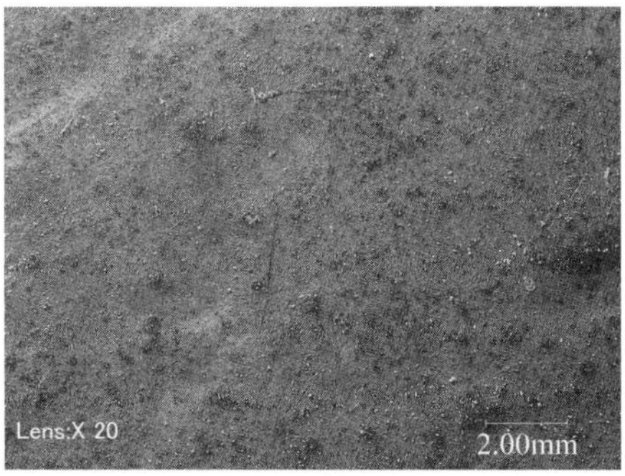
20倍正常光观察	20倍侧光观察

50倍正常光观察	50倍侧光观察

续表

100 倍正常光观察	100 倍侧光观察

200 倍正常光观察	200 倍侧光观察

显微镜观察显示表 3-27、表 3-28 所示壁画表面有涂层。涂层较薄，老化和污染现象不明显，可以清楚地观察到壁画内容。部分珠宝由于涂层原因导致肉眼观察为黑色，从破损处可以看到涂层下的蓝色颜料，且蓝色颜料的颗粒度十分明显。壁画在表面涂层的保护下保存状况基本完好。表面的涂层应该是在涂抹后干燥过程中慢慢自然收缩开裂，部分涂层出现老化脱落现象。

表 3-29　下续部后殿东壁北侧显微镜检测

序号	位置	序号	位置
1	南侧力士右脚下部	7	南侧力士腹部下方沥粉堆金
2	南侧力士右脚正下方莲花瓣	8	南侧力士腹部下方沥粉堆金
3	南侧力士右脚正下方边框	9	南侧力士左脚下边框字符
4	南侧力士右脚后跟	10	南侧力士下部地色
5	南侧力士莲花座边缘北侧	11	北侧力士莲花座莲瓣
6	南侧力士腹部下方兽皮尾部		

表 3-30　南侧力士右脚下部显微镜检测

	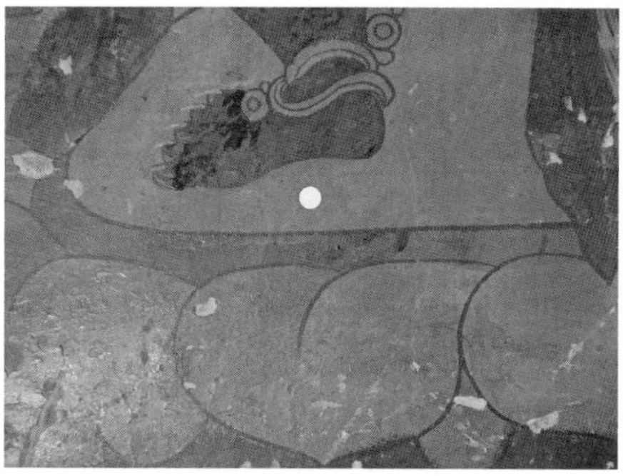
下续部后殿东壁北侧工作区域	检测点照片
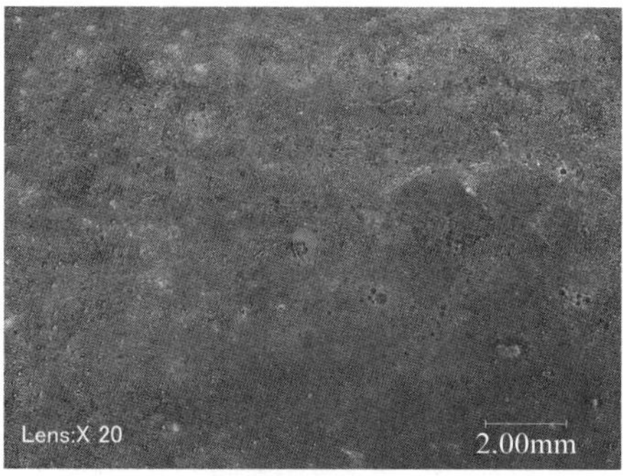	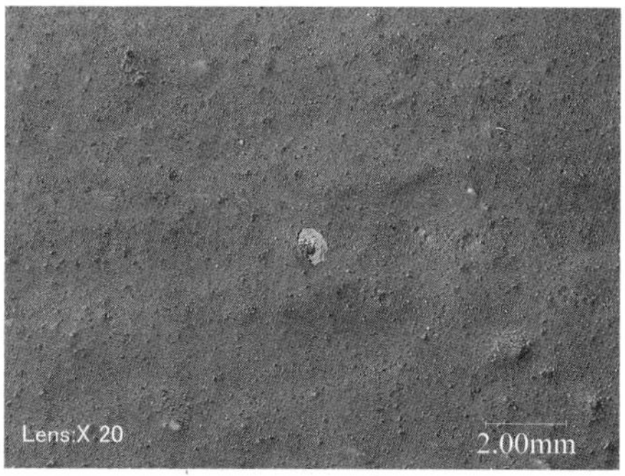
20 倍正常光观察	20 倍侧光观察
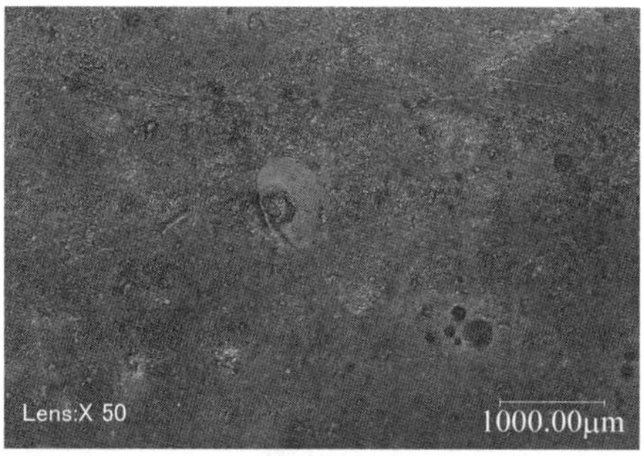	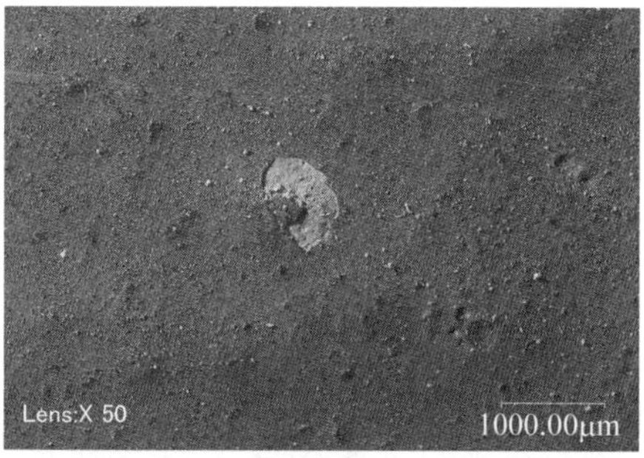
50 倍正常光观察	50 倍侧光观察
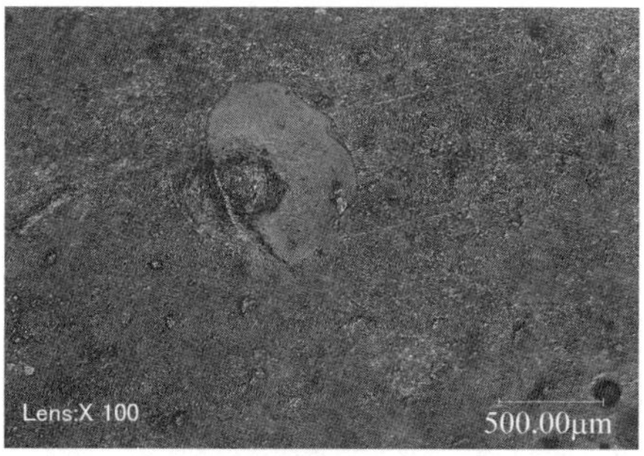	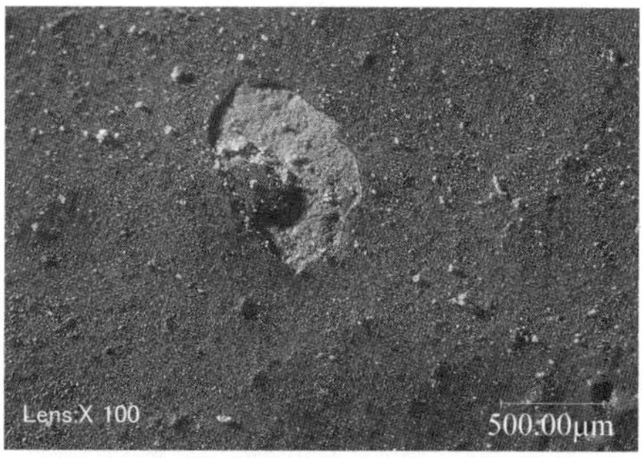
100 倍正常光观察	100 倍侧光观察

续表

<table>
<tr><td>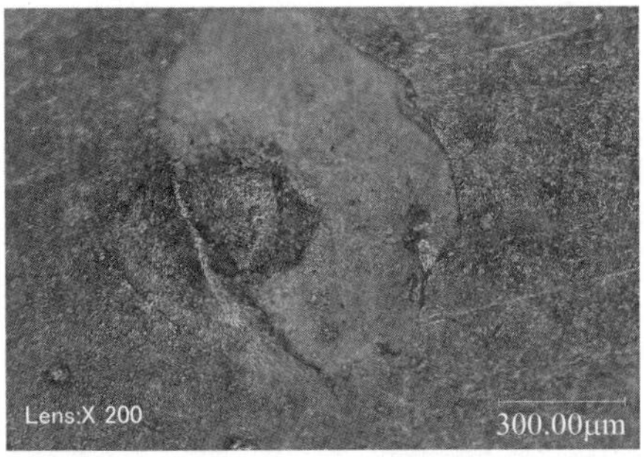
</td><td>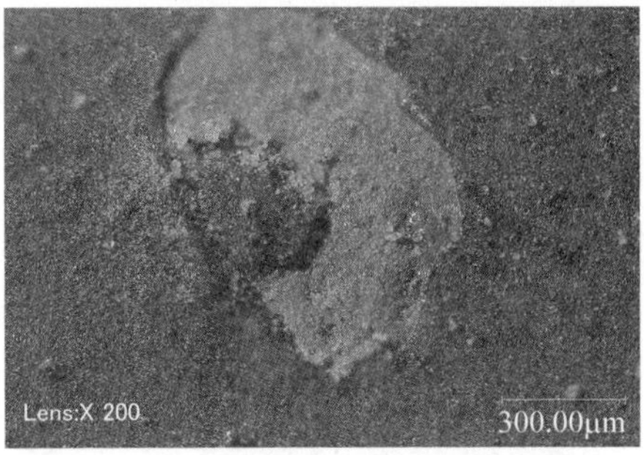
</td></tr>
<tr><td>200 倍正常光观察</td><td>200 倍侧光观察</td></tr>
</table>

表 3-31　南侧力士腹部下方沥粉堆金显微镜检测

<table>
<tr><td>
</td><td>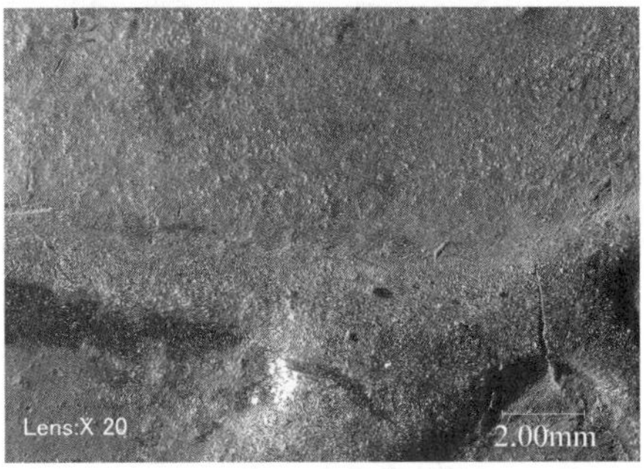
</td></tr>
<tr><td>20 倍正常光观察</td><td>20 倍侧光观察</td></tr>
<tr><td>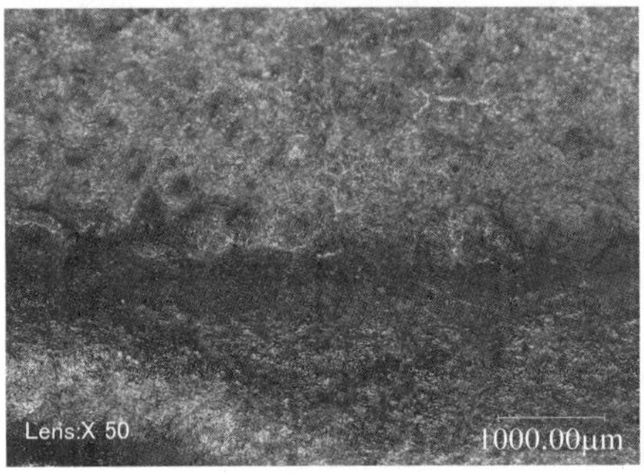
</td><td>
</td></tr>
<tr><td>50 倍正常光观察</td><td>100 倍正常光观察</td></tr>
<tr><td>
</td><td>
</td></tr>
<tr><td>200 倍正常光观察</td><td>200 倍侧光观察</td></tr>
</table>

显微镜观察到表 3-30、表 3-31 所示壁画表面有涂层加以保护。大部分涂层较薄，自身老化和污染现象不明显，可以清楚观察到壁画内容。下部画面中底色由于涂层原因导致肉眼观察为黑色，但从破损处可清楚看到涂层下的绿色颜料，且绿色颜料颗粒度较为明显。在下方壁画文字边框破损处观察到表面涂层包裹了壁画破损处边缘，推断有二次涂刷表面涂层的可能，同时观察到整壁壁画下方的涂层较厚，导致无法看清颜料本来的颜色。

表 3-32　下续部前廊东壁北侧显微镜检测

序号	位置	序号	位置
1	黄色边框黄色处	7	法王左脚跟下方莲台面红色处
2	花瓣蓝黑色处	8	法王左脚跟红色处
3	花瓣间白色区域白色处	9	法王腰带青色鬼头面颊青灰色处
4	花瓣边缘浅绿色处	10	法王腰带白色鬼头额头白色处
5	莲座侧面绿色处	11	腹部沥粉堆金金色处
6	莲座台面边缘深绿色处		

表 3-33　黄色边框黄色处显微镜检测

	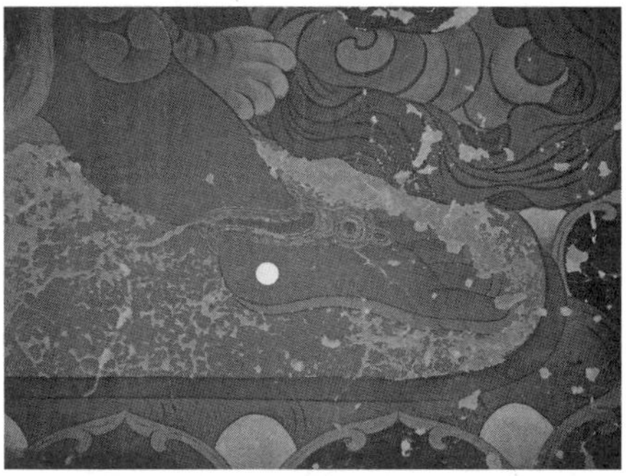
下续部前廊东壁北侧工作区域	检测点照片
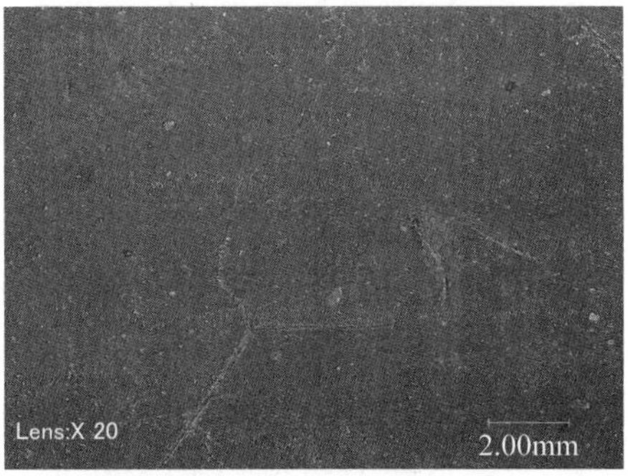	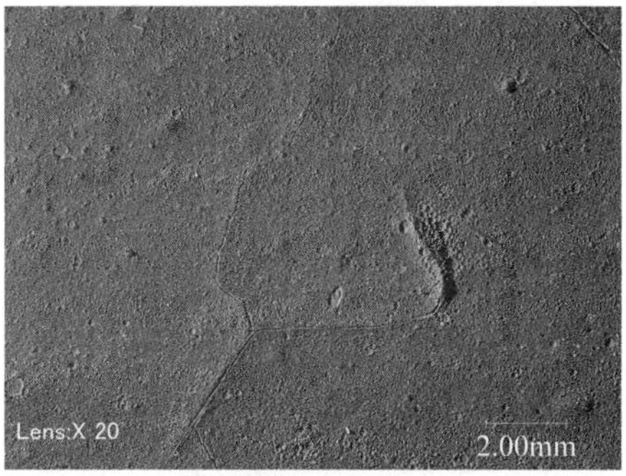
20 倍正常光观察	20 倍侧光观察

续表

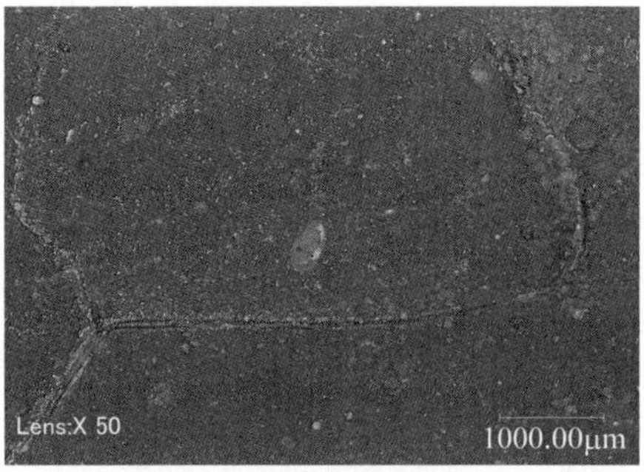	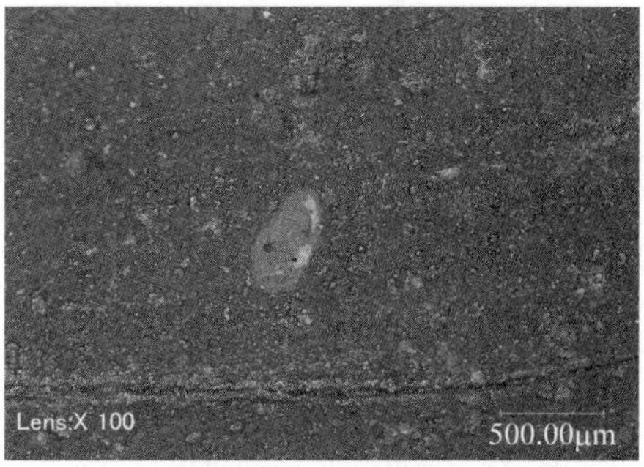
50 倍正常光观察	100 倍正常光观察
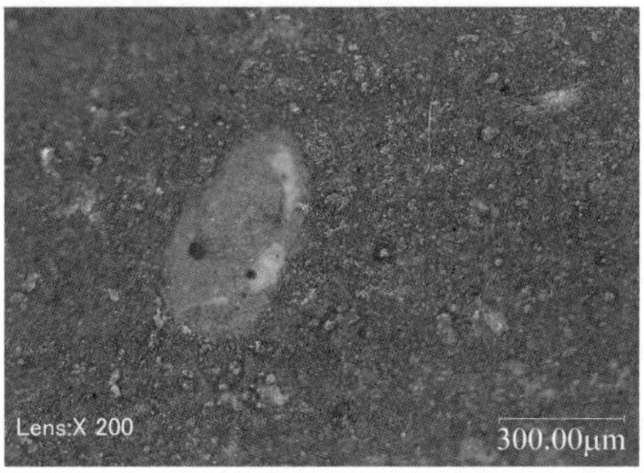	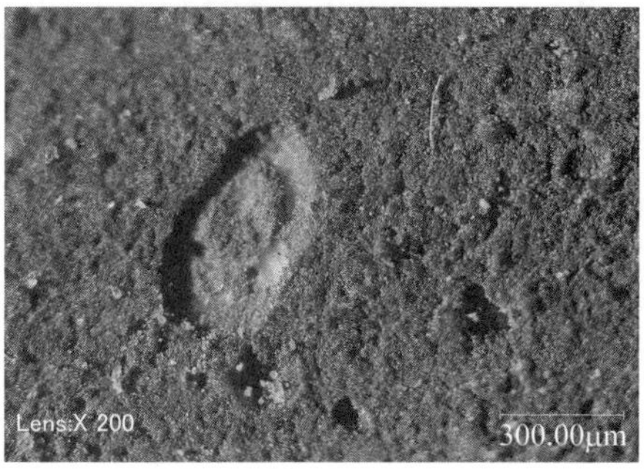
200 倍正常光观察	200 倍侧光观察

表 3-34　腹部沥粉堆金金色处显微镜检测

下续部前廊东壁北侧工作区域	检测点照片
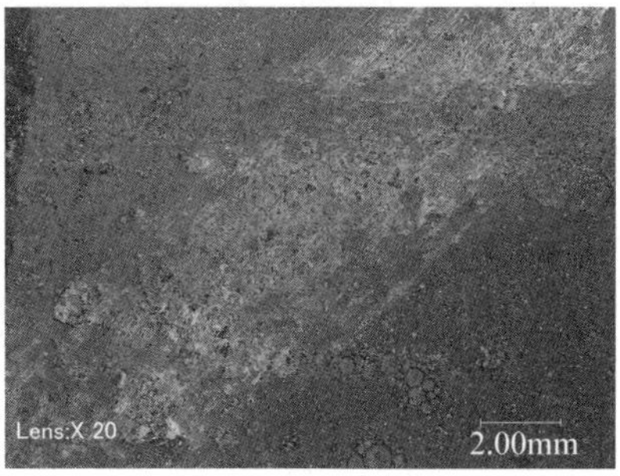	
20 倍正常光观察	20 倍侧光观察

续表

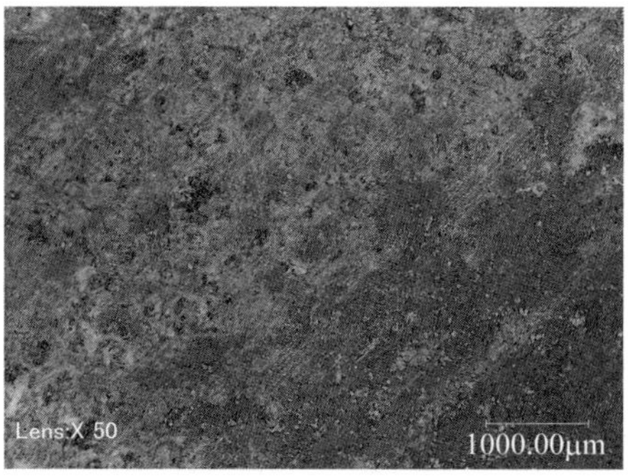

50 倍正常光观察

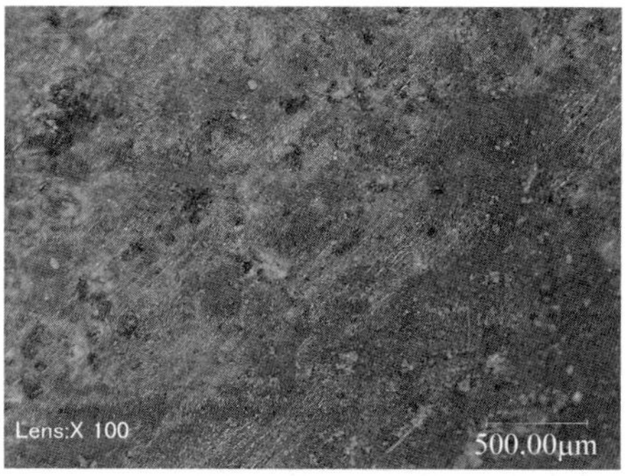

100 倍正常光观察

200 倍正常光观察

200 倍侧光观察

显微镜观察到表 3-33、表 3-34 所示壁画表面有涂层。壁画表面的涂层较薄，自身老化和污染现象不明显，可以清楚观察到壁画内容。壁画上沥粉堆金工艺处金色颜料有开裂现象，可能是随着表面的涂层涂抹后的干燥过程慢慢自然收缩开裂。表面涂层破损脱落后可以看到涂层下的蓝色颜料和绿色颜料，颗粒度十分明显。

表 3-35　狮吼殿显微镜检测

序号	位置	序号	位置
1	白度母右脚下方左小腿衣衫红色处	6	白度母右膝下方飘带深绿色处
2	白度母左脚下方莲花座莲瓣上方衣带橙色处	7	白度母左掌心白色处
3	白度母右膝东侧飘带浅绿色处	8	白度母右胁侍下部金色处
4	白度母右膝东侧飘带绿色处	9	莲花座下方海浪蓝黑色处
5	白度母右膝衣衫灰绿色处	10	下沿边框红色处

表 3-36　白度母右脚下方左小腿衣衫红色处显微镜检测

事后佛殿一层东壁南侧工作区域

检测点照片

20 倍侧光观察

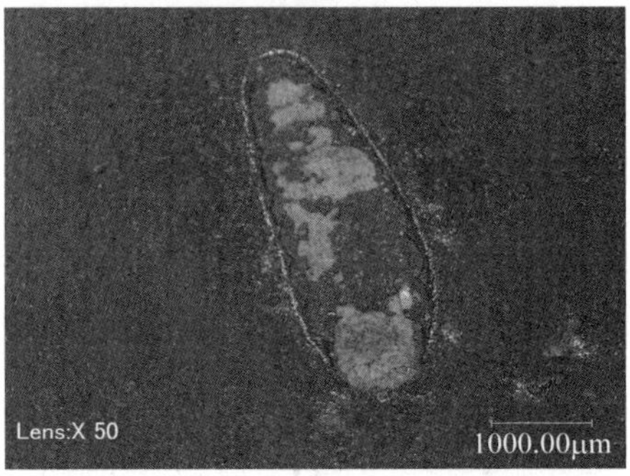

50 倍正光观察

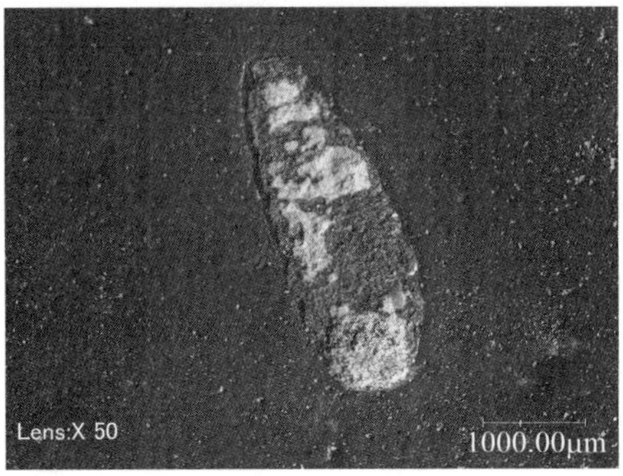

50 倍侧光观察

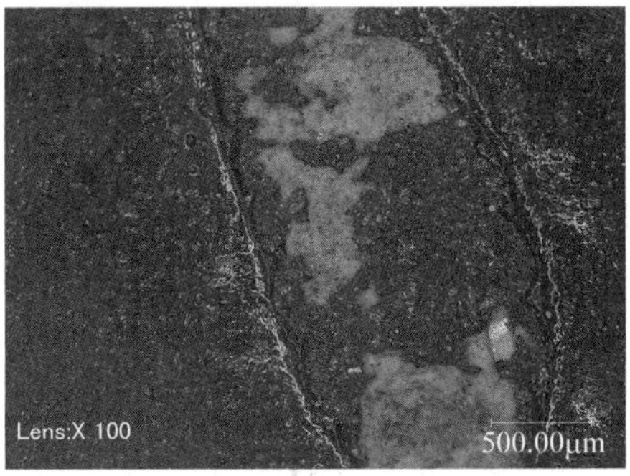

100 倍正光观察

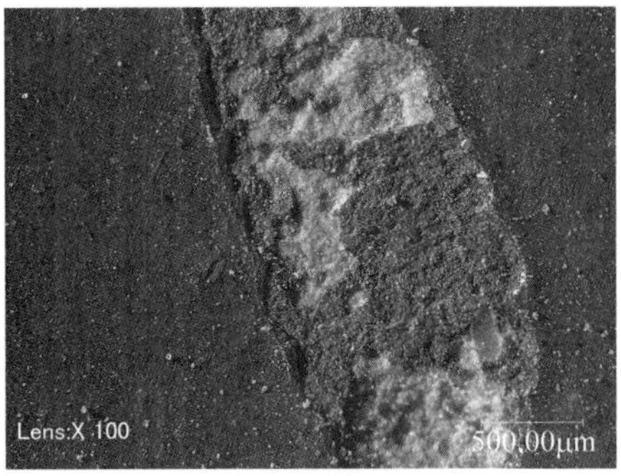

100 倍侧光观察

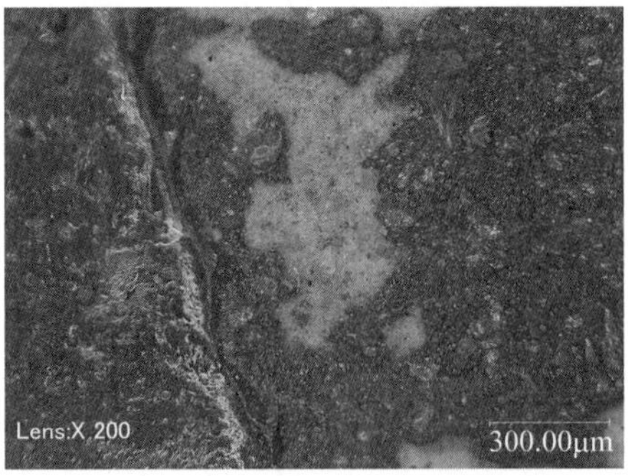

200 倍正光观察

续表

200 倍侧光观察

表 3-37　白度母右膝下方飘带深绿色处显微镜检测

事后佛殿一层东壁南侧工作区域	检测点照片
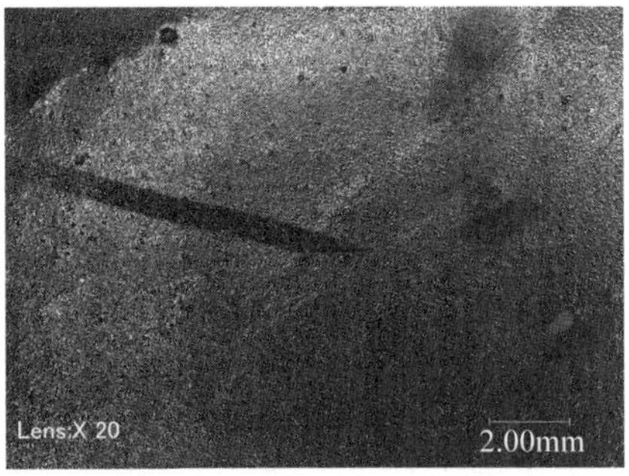	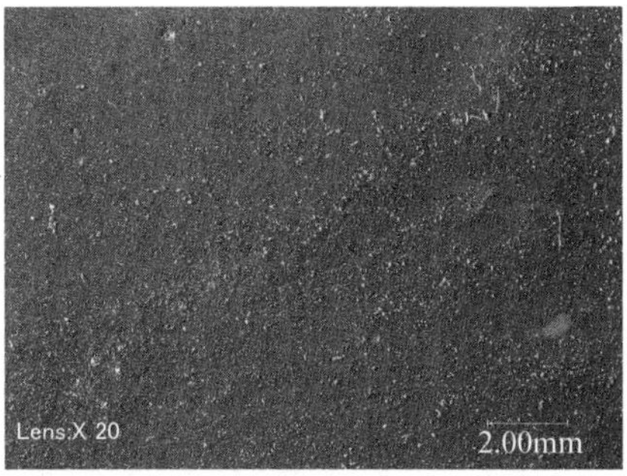
20 倍正常光观察	20 倍侧光观察
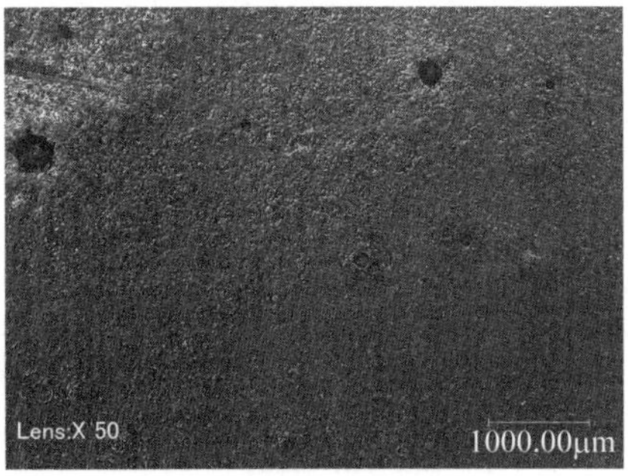	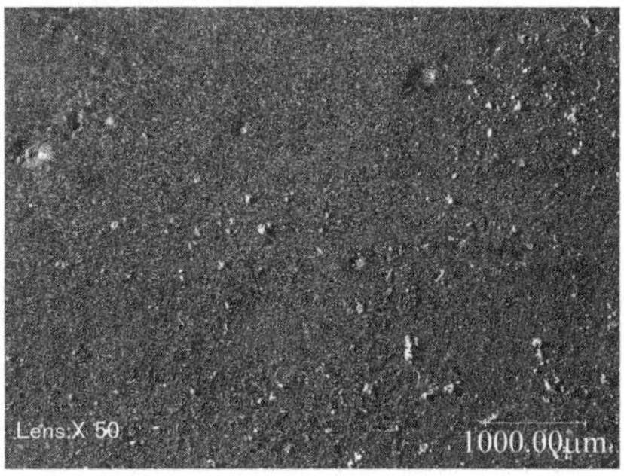
50 倍正常光观察	50 倍侧光观察

续表

100 倍正常光观察	100 倍侧光观察

200 倍正常光观察	200 倍侧光观察

根据显微镜观察结果照片可以看到，表 3-36、表 3-37 所示壁画表面有涂层加以保护。观察区域涂层较薄，自身老化和污染现象不明显，可以清楚地观察到壁画内容。只有下部海浪及珠宝的蓝色颜料区域，由于涂层原因导致肉眼观察为黑色。整个观察区域壁画在表面涂层的保护下基本完好。从破损处对涂层下方颜料进行观察，可以看到红色颜料，颗粒度较为明显。因为此观测区域涂层较薄，同样可以看到蓝色颜料的颗粒度也十分明显。

3. 便携式近红外光谱分析

本次调查，采用便携式近红外光谱仪，主要对拉卜楞寺所属的弥勒佛殿、时轮学院、下续部学院等处佛殿的主殿、后殿和前廊的壁画进行了分析，共收集分析点数据 110 多个，对壁画中的红色、绿色、蓝色、白色、黑色、黄色等多种颜料进行了详细的光谱分析，详情见表 3-38～表 3-43、图 3-101～图 3-124。

表 3-38　弥勒佛殿前廊西侧壁画近红外检测点

记录序号	详细位置	检测结果	检测颜色
1	持国天王右脚下方衣衫	朱砂	红色
2	持国天王左脚尖下方衣衫	朱砂	粉色

续表

记录序号	详细位置	检测结果	检测颜色
3	持国天王左脚尖上方尖部	朱砂	红色
4	持国天王左脚鞋面花纹	铅丹	橙色
5	持国天王左脚鞋面花纹	群青	蓝色
6	持国天王左脚下方地色	反射吸收峰不明显，未检出	浅绿色
7	持国天王左脚尖前方衣衫	反射吸收峰不明显，未检出	绿色
8	持国天王左脚尖前方衣衫	反射吸收峰不明显，未检出	深绿色
9	持国天王下摆边缘	反射吸收峰不明显，未检出	蓝绿色
10	持国天王下摆下方	铅丹	粉色
11	持国天王右靴面花纹	铅丹，峰型较弱	橙色
12	持国天王左靴底	含有铅白，峰型较弱	白色
13	持国天王右靴底	含有石膏	白色
14	持国天王龙头前挡西侧鱼鳞	没有反射吸收峰，可能为墨	黑色
15	增长天王左脚下云气	没有反射吸收峰，可能为墨	黑色

图 3-101　持国天王左脚尖下方衣衫

图 3-102　持国天王左脚尖上方尖部

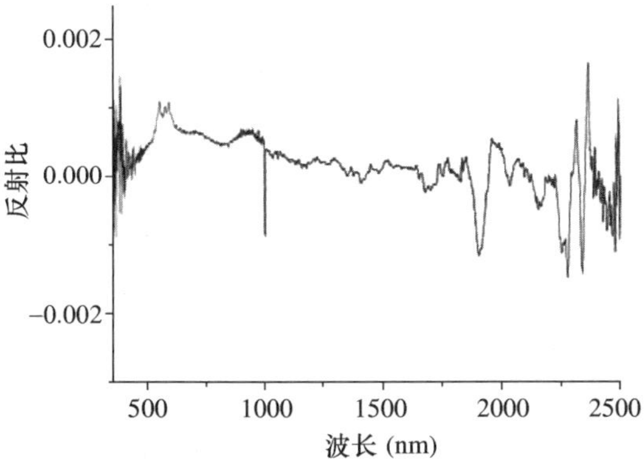

图 3-103　持国天王左脚尖下方衣衫（IR）

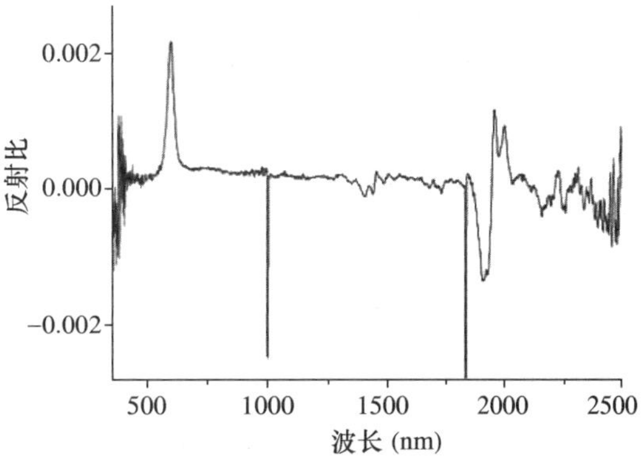

图 3-104　持国天王左脚尖上方尖部（IR）

表 3-39　弥勒佛殿一层壁画近红外检测点

记录序号	详细位置	检测结果	检测颜色
1	头上背光	未检出	橙色
2	佛衣腹部	含有朱砂，但峰型较弱	红色
3	身前海螺宝罐	可能为铅丹，但峰型较弱	红色
4	大修行者右小腿前衣服卷云状	含有朱砂，但峰型较弱	红色
5	大修行者额头	未检出	黄色
6	大修行者胸口	未检出	黄棕色
7	宝罐身	未检出	黄色
8	大修行者宝罐下方钵盂	未检出	黄色
9	大修行者头发	在 665～745nm 有反射吸收峰	黑色
10	大修行者下方边框	未检出	黑色
11	大修行者右手持鼓	吸收峰较弱，未检出	绿色
12	海螺宝罐	吸收峰较弱，未检出	绿色
13	卷云状衣衫下方地色	吸收峰较弱，未检出	绿色
14	大修行者右手持鼓破损处地仗	未检出	土色灰白
15	大修行者背光后头发末梢	可能为膜	棕黑色

图 3-105　大修行者额头

图 3-106　大修行者宝罐下方钵盂

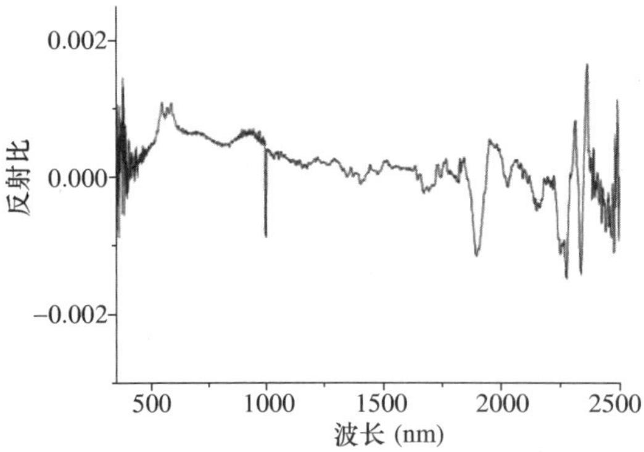

图 3-107　大修行者额头（IR）

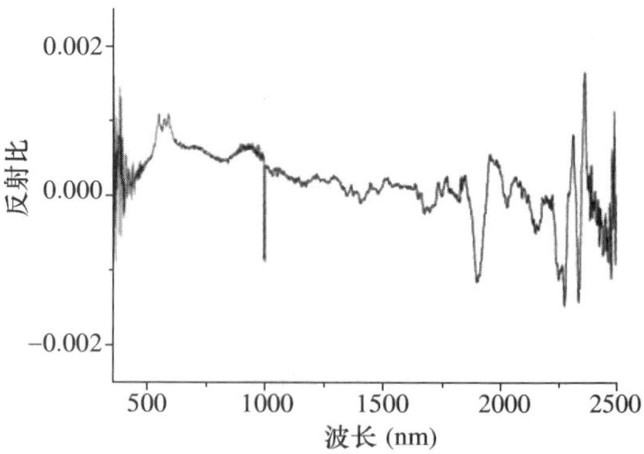

图 3-108　大修行者宝罐下方钵盂（IR）

表 3-40　时轮学院殿内北壁西侧近红外检测点

记录序号	详细位置	检测结果	检测颜色
1	天母右脚跟	未检出	黄色
2	天母右脚脖处衣衫	朱砂	红色
3	天母右脚脖处衣衫	可能为朱砂	橙色
4	天母右脚脖处饰品	未检出	金色
5	天母右脚尖东侧飘带	未检出	浅绿色
6	天母右脚正下方	未检出	绿色
7	天母右脚正下方	650～750nm 有反射吸收峰	深绿色
8	莲花座莲花瓣	650～750nm 有反射吸收峰	橘红色
9	莲花座莲花瓣	未检出	黑色
10	天母右脚面饰品	未检出	金色

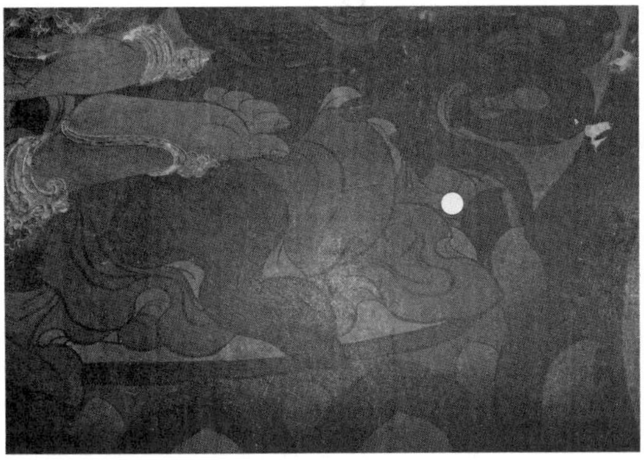

图 3-109　天母右脚尖东侧飘带

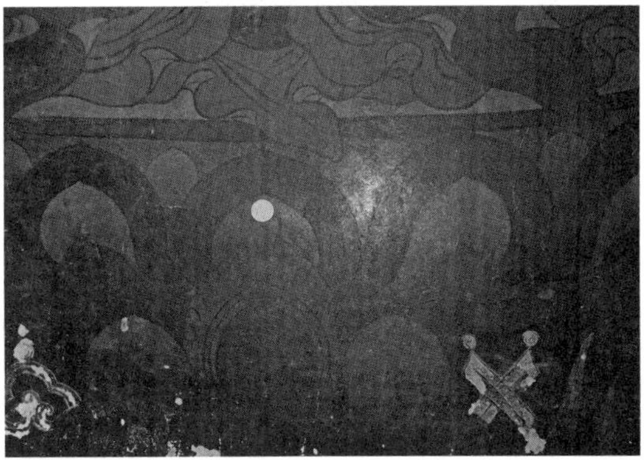

图 3-110　莲花座莲花瓣

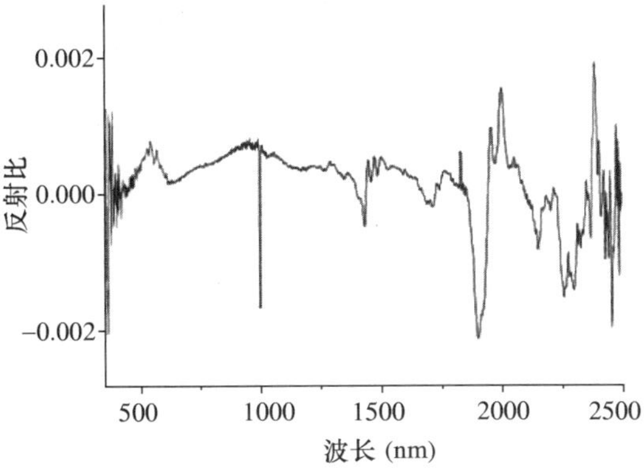

图 3-111　天母右脚尖东侧飘带（IR）

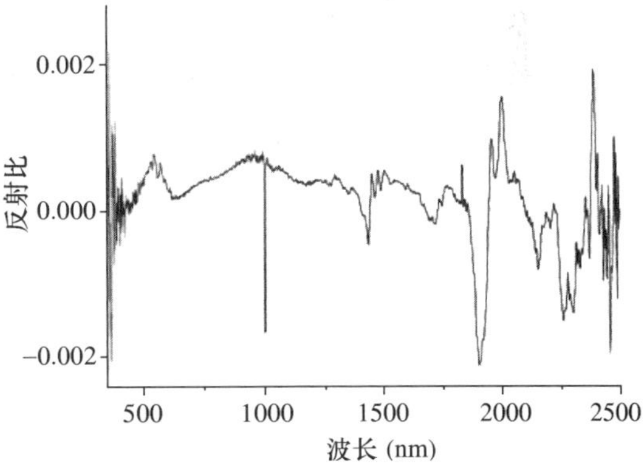

图 3-112　莲花座莲花瓣（IR）

表 3-41　时轮学院门廊东壁北侧近红外检测点

记录序号	详细位置	检测结果	检测颜色
1	海螺北侧红色布块	朱砂	红色
2	虎头怪左膝	朱砂	红色
3	天王右小腿处衣带	可能为铅丹	红色

续表

记录序号	详细位置	检测结果	检测颜色
4	海螺	未检出	黄色
5	海螺下部宝珠	未检出	黄色
6	海螺南下方地色	未检出	绿色
7	海螺下方绿色宝珠	未检出	绿色
8	海螺下方深绿色宝珠	650～760nm 有反射吸收峰	深绿色
9	天王左靴上部边缘	未检出	棕色
10	天王腹部饰品	可能为雌黄	黄色
11	天王左小腿衬裤	未检出	白色
12	天王左靴底	未检出	白色
13	海螺北下方兽皮坐垫	520～614nm 有反射吸收峰	橙色
14	西壁门北侧中央西下部海浪	未检出	蓝色

图 3-113　虎头怪左膝

图 3-114　海螺下部宝珠

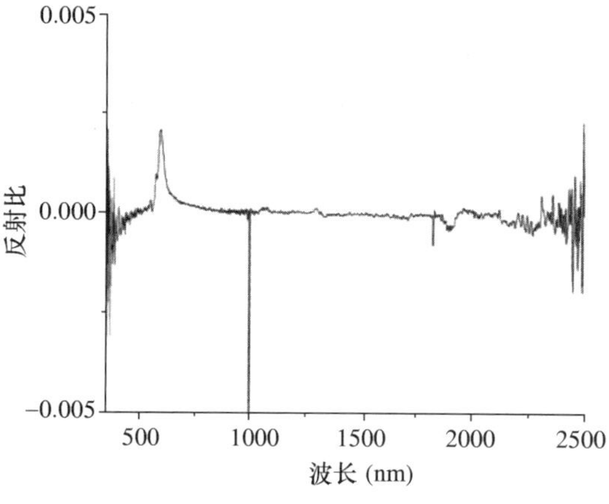

图 3-115　虎头怪左膝（IR）

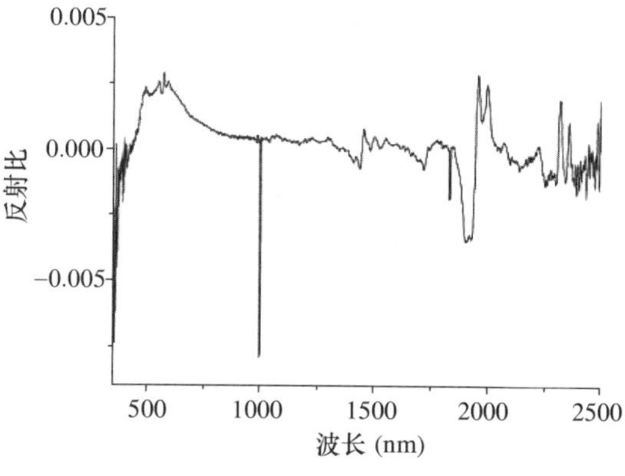

图 3-116　海螺下部宝珠（IR）

表 3-42　下续部学院内殿东壁北侧近红外检测点

记录序号	详细位置	检测结果	检测颜色
1	南侧力士右脚下部	可能为朱砂	红色
2	南侧力士右脚正下方莲花瓣	朱砂	红色
3	南侧力士右脚正下方边框	信号弱，未检出	深红色
4	南侧力士右脚后跟	660～760nm 有反射吸收峰	黑色
5	南侧力士莲花座边缘北侧	未检出	绿色
6	南侧力士腹部下方兽皮尾部	560、705nm 有两组反射吸收峰	黄色
7	南侧力士腹部下方沥粉堆金	未检出	金色
8	南侧力士腹部下方沥粉堆金	未检出	金色
9	南侧力士左脚下边框字符	未检出	黄色
10	南侧力士下部地色	未检出	棕色
11	北侧力士莲花座莲瓣	未检出	黄色

图 3-117　南侧力士右脚正下方边框

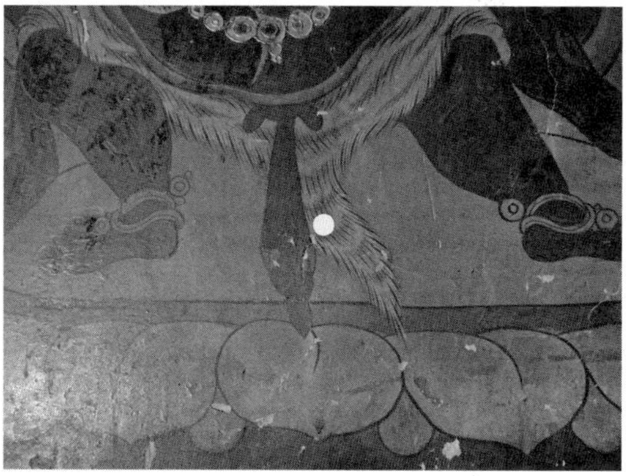

图 3-118　南侧力士腹部下方兽皮尾部

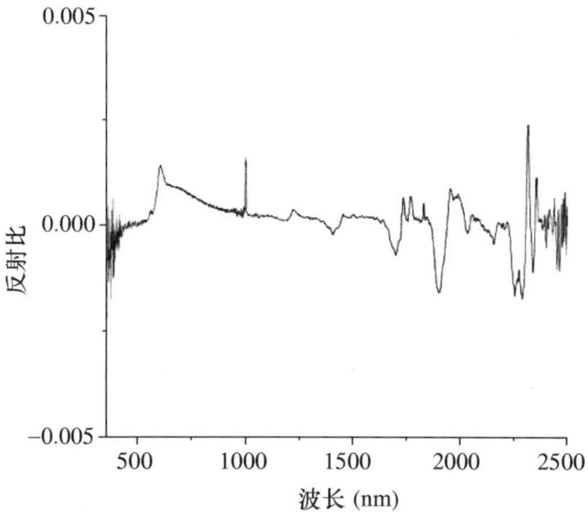

图 3-119　南侧力士右脚正下方边框（IR）

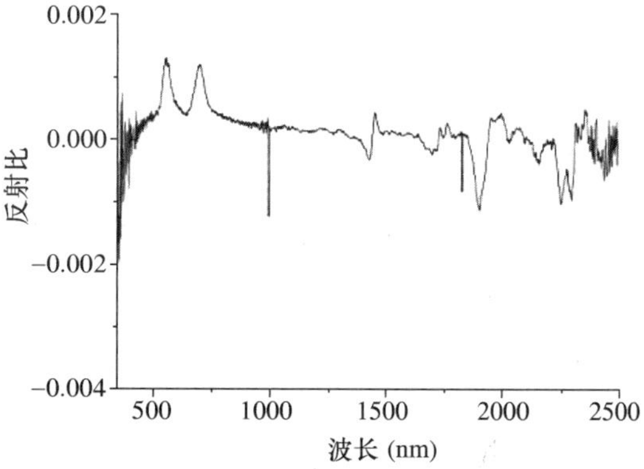

图 3-120　南侧力士腹部下方兽皮尾部（IR）

表 3-43　下续部学院前廊东壁门北侧近红外检测点

记录序号	详细位置	主要颜料	检测颜色
1	法王左脚跟	可能是朱砂	红色
2	法王左脚跟下方莲台面	朱砂	红色
3	法王腰带白色鬼头额头	未检出	白色
4	法王腰带青色鬼头面颊	未检出	青灰色
5	法王腹部沥粉堆金	未检出	金色
6	莲座台面边缘	可能为含铜的矿物质颜料	深绿色
7	莲座侧面	可能为含铜的矿物质颜料	绿色
8	花瓣边缘	可能为含铜的矿物质颜料	浅绿色
9	花瓣间白色区域	640～740nm 有反射吸收峰	白色
10	花瓣	660～760nm 有反射吸收峰	蓝黑色
11	黄色边框	未检出	黄色

图 3-121　法王左脚跟下方莲台面

图 3-122　法王腰带青色鬼头面颊

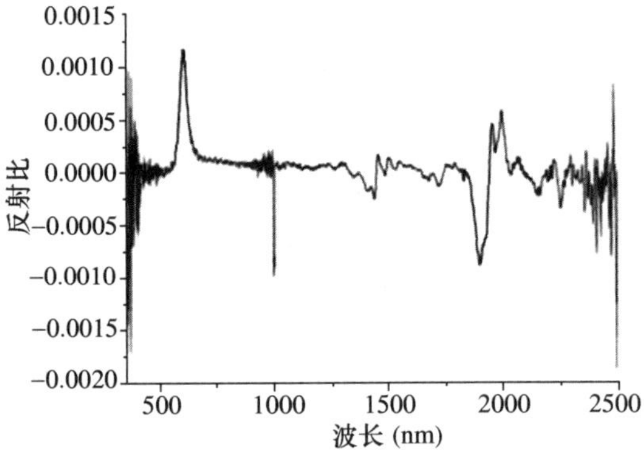

图 3-123　法王左脚跟下方莲台面（IR）

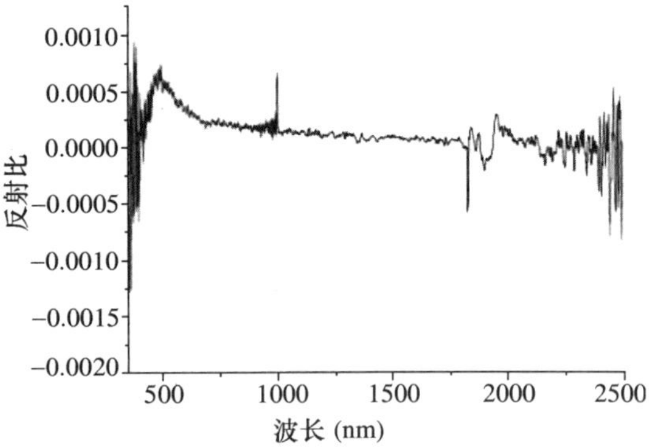

图 3-124　法王腰带青色鬼头面颊（IR）

结论：

（1）拉卜楞寺各殿壁画表面均刷有一层清漆，多处殿堂的壁画表面清漆涂层较厚，影响了近红外的分析，在 350～750nm 波段信号很弱，基本上无法据此判断检测点的颜料种类。

（2）从拉卜楞寺各殿壁画红色检测点的谱图可知，大部分是矿物质颜料朱砂。绿色颜料大多含铜元素，由于颜料层表面的清漆阻挡，尚无法确定具体为哪一种矿物颜料。白色颜料，有小部分含有铅白和石膏，大部分无法确定，另有小部分颜料谱图在 640～740nm 有单一的反射吸收峰，估计是一种白色矿物质颜料。黄色（金色）颜料基本不是矿物质颜料。蓝色颜料检测点谱图信号不清晰，无法判断颜料的种类。黑色颜料比较有特点，并非是一般的墨，而是在 660～760nm 有单一的反射吸收峰，推测应为矿物质颜料。

3.2.3　实验室分析研究

1. 地仗土样的易溶盐分析

在实验室将烘干的土样浸泡于去离子水中，严格控制水土比为 5∶1，放在超声振荡器上振荡 30min，采用注射针头过滤器（孔径 0.45μm）过滤上部清液，利用戴安 ICS-90 睿智型离子色谱仪对清液进行化学分析。阴阳离子的分析条件如表 3-3 所示。

根据土样浸泡处理时的固液比，课题组对仪器分析结果进行计算。为方便使用，土样中的离子含量表示成百分含量，分析结果如图 3-125～图 3-127 所示。

离子色谱分析结果可以看出：

（1）弥勒佛殿地仗土样中，一层距离地面较近的 LBLS-MLFD-1-15 和 LBLS-MLFD-1-16 号样品易溶盐含量较高，在 1% 以上，其他一层地仗和二层地仗易溶盐含量均较低，在 0.2% 左右。这主要是由于易溶盐随着水分的迁移在下层地仗中富集。

（2）从离子种类上来看，弥勒佛殿地仗中易溶盐阳离子主要以 Ca^{2+} 为主，其次是 Mg^{2+}，其他两种离子含量较低，阴离子以 NO_3^- 为主，其次是 SO_4^{2-}，Cl^- 含量较低，故地仗中易溶盐主要以硝酸盐的形式存在。

（3）下续部学院易溶盐分析结果与弥勒佛殿类似，易溶盐种类也以硝酸盐为主，主殿地仗中易溶盐含量较低，在 0.3% 左右，前廊易溶盐含量高，在 1.5% 左右，其

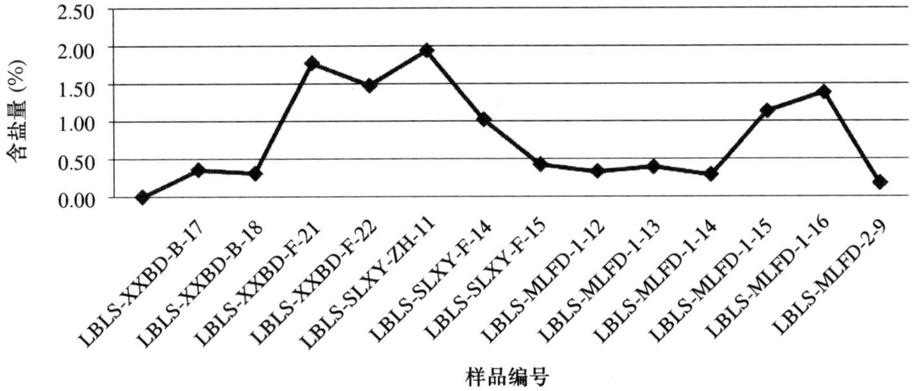

图 3-125　拉卜楞寺壁画地仗易溶盐分析结果对比图

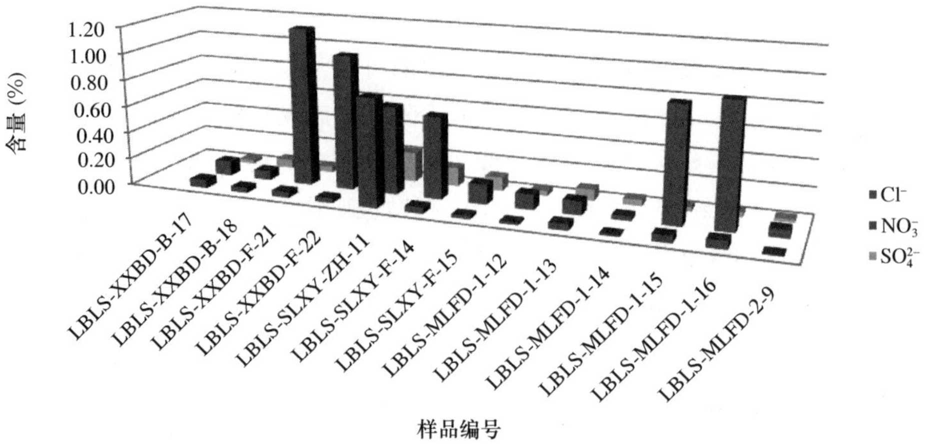

图 3-126　拉卜楞寺地仗样阴离子对比图

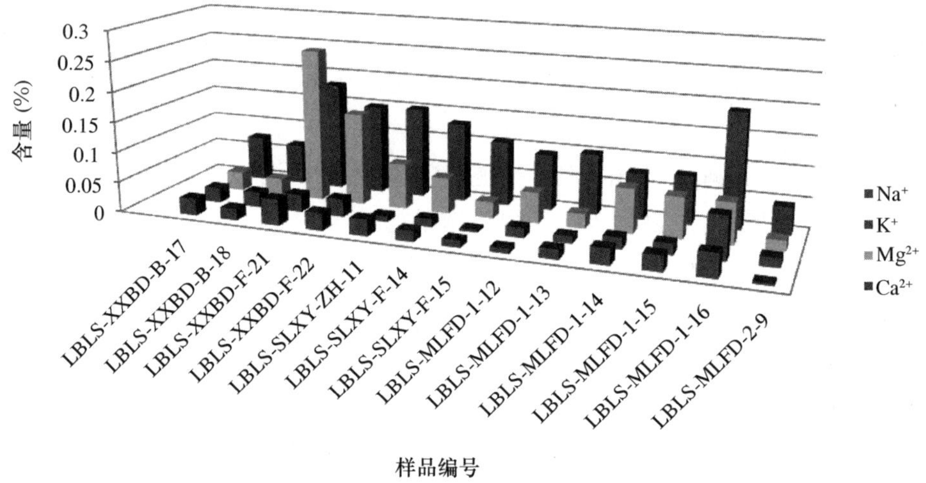

图 3-127　拉卜楞寺地仗样阳离子对比图

原因应为主殿较为封闭，与外界的湿度交换较少，而前廊与大气直接接触，夏河县四季雨水较多，盐分伴随着湿度的迁移而迁移，在壁画下方地仗中富集。

（4）时轮学院易溶盐种类也以硝酸盐为主，距离地面较近的 LBLS-SLXY-ZH-11 和 LBLS-SLXY-F-14 地仗样品易溶盐含量较高，在 1% 以上，位于壁画中部的地仗样易溶盐含量较低，约 0.4%。

（5）拉卜楞寺各殿壁画盐害较为严重，尤其是盐分在壁画底部的富集现象较为明显，为了壁画的安全和长期保存，亟须进行脱盐处理。易溶盐种类以硝酸盐为主，这应与拉卜楞寺周边存在大量的农田，随着农田的灌溉和施肥，再加上地下水的渗透作用，易溶盐迁移到壁画地仗中，并随着水分的迁移在壁画底部富集，影响壁画的保存有关。

2. 颜料的 XRD 物相分析

分析仪器为理学电机 Dmax/2500 衍射仪，测试条件为：管压 40kV，管流 100mA，采用连续扫描，扫描范围 3°～70°。

课题组对取自拉卜楞寺弥勒佛殿的 29 个样品进行 XRD 物相分析，其中颜料样品 25 个，地仗样品 4 个，分析结果如表 3-44 所示。

表 3-44　拉卜楞寺弥勒佛殿壁画制作材料 XRD 物相分析结果

样品编号	取样位置	颜色信息	主要物相	显色成分	显色成分化学式
lbls-mlfd-1-1	弥勒佛殿一层东壁北侧	橘红色	石英、钠长石、铅丹	铅丹	Pb_3O_4
lbls-mlfd-1-3	弥勒佛殿一层东壁北侧	黄色	石英、钠长石	/	/
lbls-mlfd-1-5	弥勒佛殿一层东壁北侧	橙色	石英、生石膏、白铅矿、水白铅矿	/	/
lbls-mlfd-1-7	弥勒佛殿一层东壁北侧	红色	石英、朱砂	朱砂	HgS
lbls-mlfd-1-8	弥勒佛殿一层东壁北侧	绿色	石英、钠长石、石绿	石绿	$Cu_2(CO_3)(OH)_2$
lbls-mlfd-1-10	弥勒佛殿一层东壁北侧	黑色	石英、生石膏、硬石膏、方解石	/	/
lbls-mlfd-1-13	弥勒佛殿一层东壁北侧	地仗	石英、钾长石、钠长石、方解石	/	/
lbls-mlfd-1-15	弥勒佛殿一层北壁	地仗	石英、方解石、绿泥石、绢云母、钠长石	/	/
lbls-mlfd-1-16	弥勒佛殿一层南壁东端	地仗	石英、绢云母 绿泥石、方解石、钠长石	/	/
lbls-mlfd-2-1	弥勒佛殿二层西壁南侧	红色	方解石、朱砂	朱砂	HgS
lbls-mlfd-2-3	弥勒佛殿二层西壁南侧	红色	朱砂	朱砂	HgS
lbls-mlfd-2-4	弥勒佛殿二层西壁南侧	黄色	生石膏、雌黄、硬石膏、石英	雌黄	As_2S_3
lbls-mlfd-2-5	弥勒佛殿二层西壁南侧	金色	石英、钠长石、金	金	Au
lbls-mlfd-2-6	弥勒佛殿二层西壁南侧	绿色	石绿、石英	石绿	$Cu_2(CO_3)(OH)_2$
lbls-mlfd-2-7	弥勒佛殿二层西壁南侧	蓝色	石青	石青	$Cu_3(CO_3)_2(OH)_2$
lbls-mlfd-2-9	弥勒佛殿二层西壁南侧	地仗	绢云母、闪石、方解石、石英、钠长石、绿泥石	/	/

续表

样品编号	取样位置	颜色信息	主要物相	显色成分	显色成分化学式
lbls-mlfd-f-1	弥勒佛殿前廊	红色	石英、朱砂、方解石、生石膏	朱砂	HgS
lbls-mlfd-f-2	弥勒佛殿前廊	粉色	石英、水白铅矿、钠长石、生石膏	水白铅矿	$Pb_3(CO_3)_2(OH)_2$
lbls-mlfd-f-3	弥勒佛殿前廊	深红色	朱砂、钠长石 生石膏、石英 方解石、硬石膏	朱砂	HgS
lbls-mlfd-f-4	弥勒佛殿前廊	橙色	生石膏、铅丹	铅丹	Pb_3O_4
lbls-mlfd-f-5	弥勒佛殿前廊	蓝色	生石膏、石英、群青	群青	$Na_6Al_4Si_6S_4O_2$
lbls-mlfd-f-6	弥勒佛殿前廊	浅绿色	石英、生石膏	/	/
lbls-mlfd-f-7	弥勒佛殿前廊	深绿色	钠长石、石青	石青	$Cu_3(CO_3)_2(OH)_2$
lbls-mlfd-f-8	弥勒佛殿前廊	蓝绿色	钠长石、生石膏、石青	石青	$Cu_3(CO_3)_2(OH)_2$
lbls-mlfd-f-9	弥勒佛殿前廊	白色	钠长石、水白铅矿、生石膏、硬石膏	水白铅矿、 生石膏、 硬石膏	$Pb_3(CO_3)_2(OH)_2$ $CaSO_4$、 $CaSO_4 \cdot 2H_2O$
lbls-mlfd-f-10	弥勒佛殿前廊	橙色	石英、生石膏、硬石膏、铅丹	铅丹	Pb_3O_4
lbls-mlfd-f-11	弥勒佛殿前廊	白色	水白铅矿、石英、方解石、生石膏	水白铅矿、 方解石、 生石膏	$Pb_3(CO_3)_2(OH)_2$ $CaCO_3$、 $CaSO_4 \cdot 2H_2O$
lbls-mlfd-f-12	弥勒佛殿前廊	白色	羟钙石、菱镁矿、生石膏、石英	羟钙石、 菱镁矿、 生石膏	$Ca(OH)_2$、$MgCO_3$ $CaSO_4 \cdot 2H_2O$
lbls-mlfd-f-13	弥勒佛殿前廊	黑色	钠长石、方解石、石英、石绿	/	/

注：/ 表示无显色成分或显色成分未检出。

分析结果表明，弥勒佛殿一层颜料除个别未检出显色成分外，其他均使用了矿物颜料，其中红色颜料朱砂和铅丹均有使用，绿色颜料为石绿（图 3-128）。由于取样时颜料粉末中也涵盖了下层的白粉层和地仗，故也可以判断一层壁画白粉层为石膏材料。在一处橙色颜料中未发现显色成分，但有白铅矿和水白铅矿存在。一层地仗材料的主要矿物组成为石英、方解石、绿泥石、绢云母和钠长石（图 3-129）。二层颜料均为矿物颜料，红色和浅红色均为朱砂，黄色使用了雌黄（图 3-130），蓝色和绿色分别使用了传统的矿物颜料石青和石绿，金色颜料中发现金（图 3-131），二层地仗材料与一层类似，略有不同的是发现有少量闪石类矿物。弥勒佛殿前廊壁画颜料丰富，红色颜料经分析使用了朱砂，橙色颜料显色成分为铅丹（图 3-132），蓝色颜料根据 XRD 图谱，疑为群青颜料（图 3-133），深绿色和蓝绿色两种颜色中发现了石青颜料，淡粉色颜料中使用了水白铅矿（图 3-134），值得注意的是前廊的白色颜料，显色成分较为复杂，三处白色颜料共同的特点是均发现有石膏类矿物，推测石膏类矿物来源于白粉层，不同的是两处白色颜料中含有较高的水白铅矿，一处中则存在羟钙石和菱镁矿，对于菱镁矿的来源还需进一步的研究才能确定（图 3-135～图 3-137）。

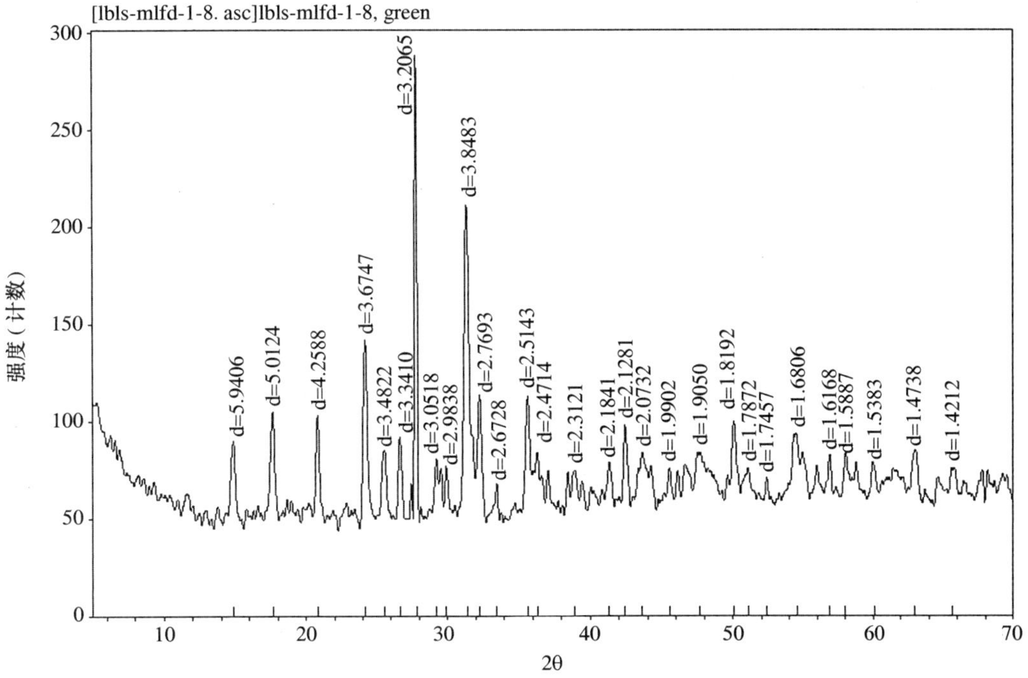

图 3-128　lbls-mlfd-1-8 绿色 XRD 图谱

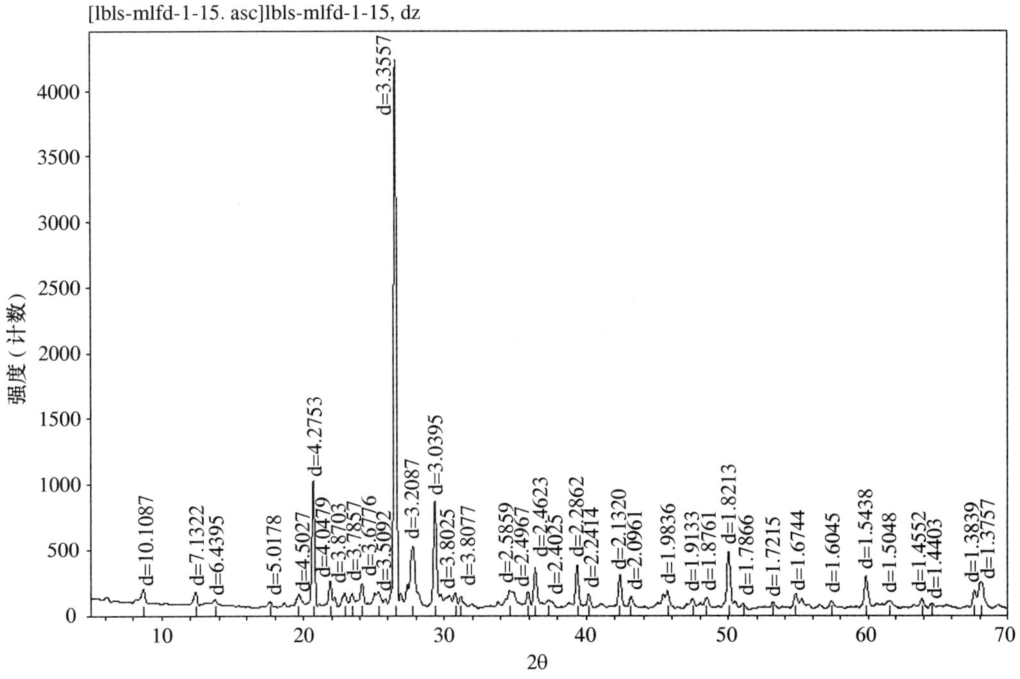

图 3-129　lbls-mlfd-1-15 地仗样 XRD 图谱

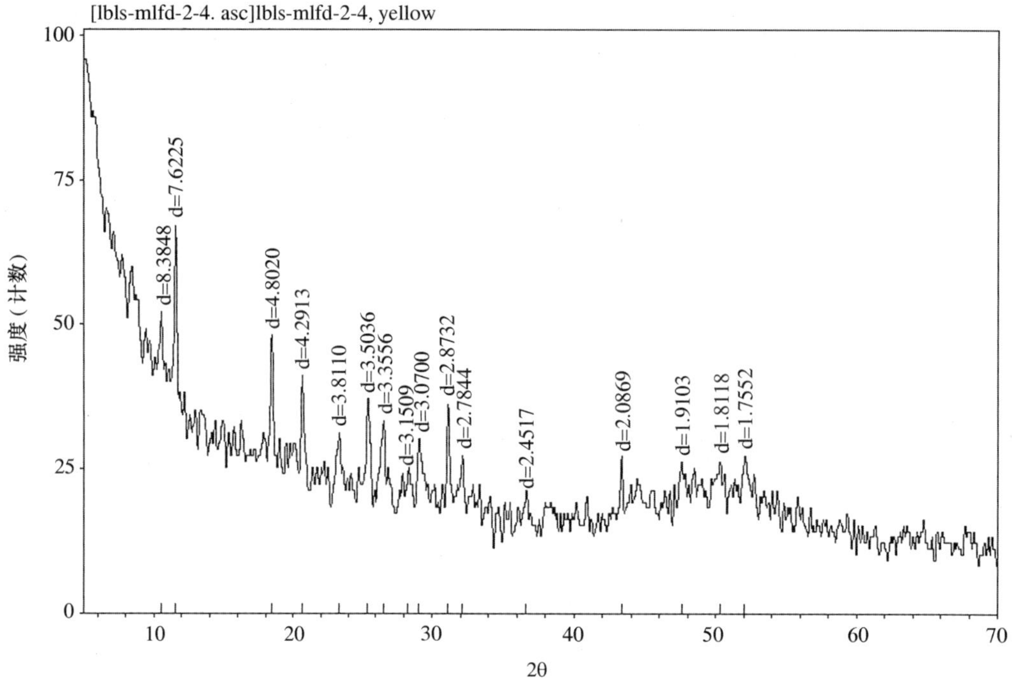

图 3-130　lbls-mlfd-2-4 黄色 XRD 图谱

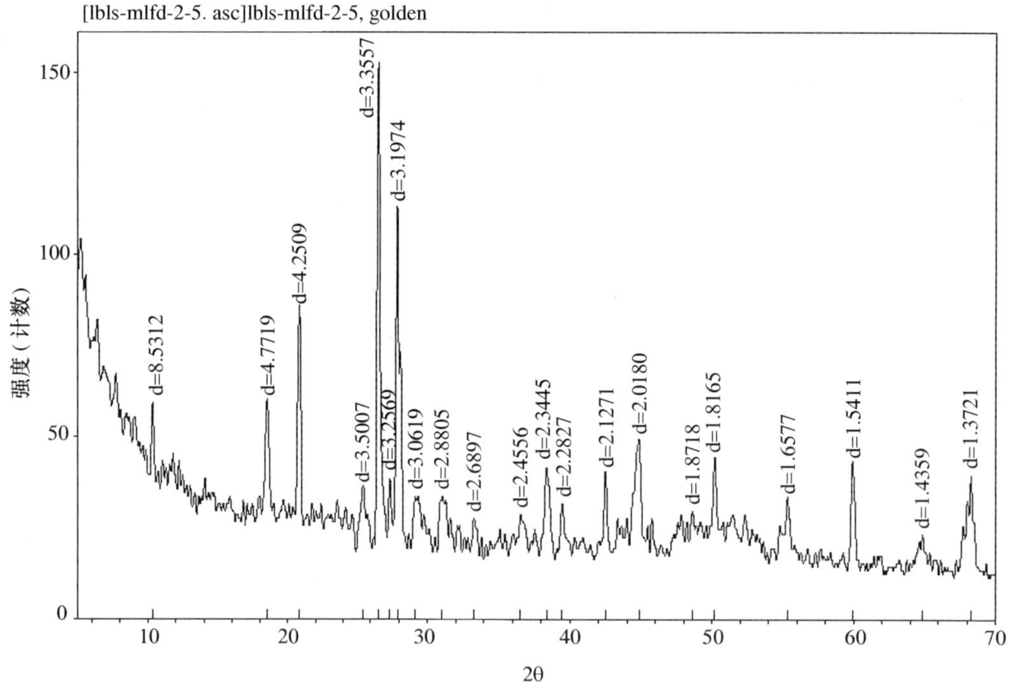

图 3-131　lbls-mlfd-2-5 金色 XRD 图谱

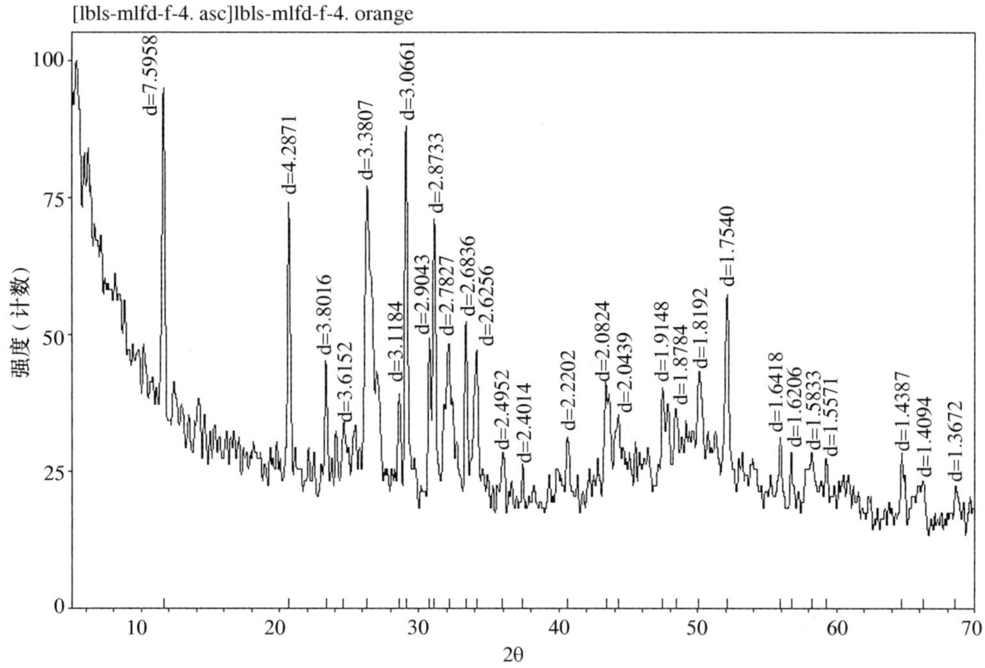

图 3-132 lbls-mlfd-f-4 橙色 XRD 图谱

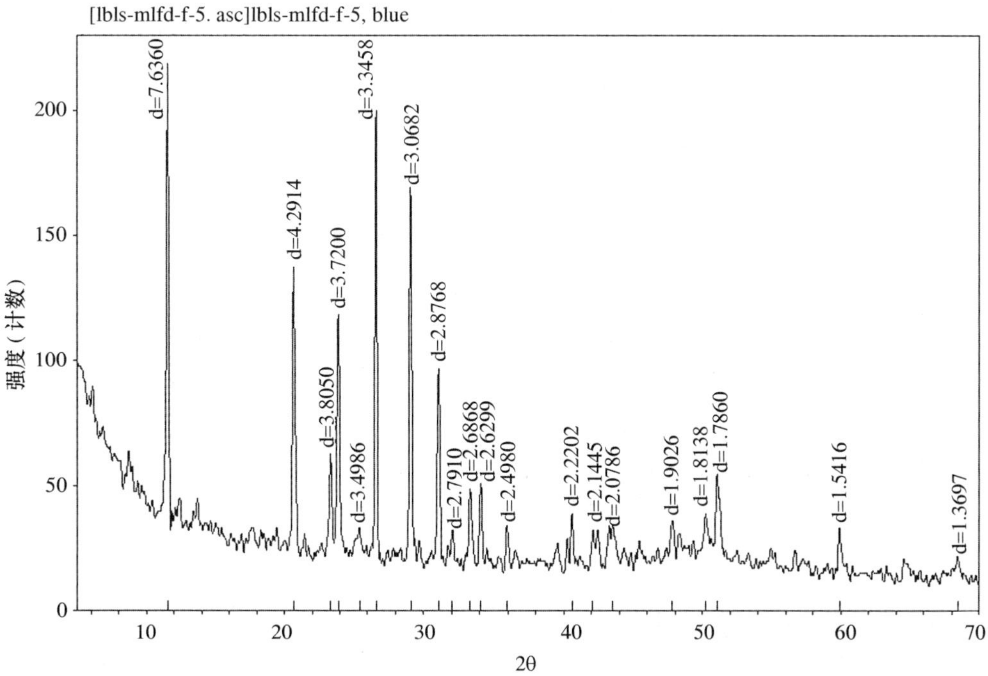

图 3-133 lbls-mlfd-f-5 蓝色 XRD 图谱

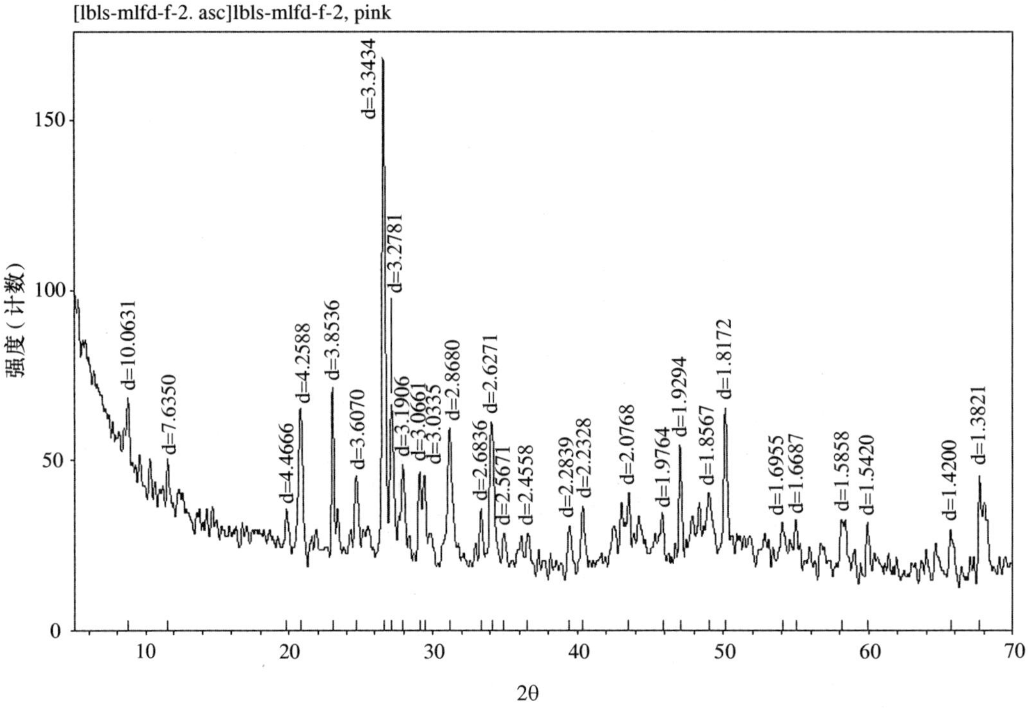

图 3-134　lbls-mlfd-f-2 粉色 XRD 图谱

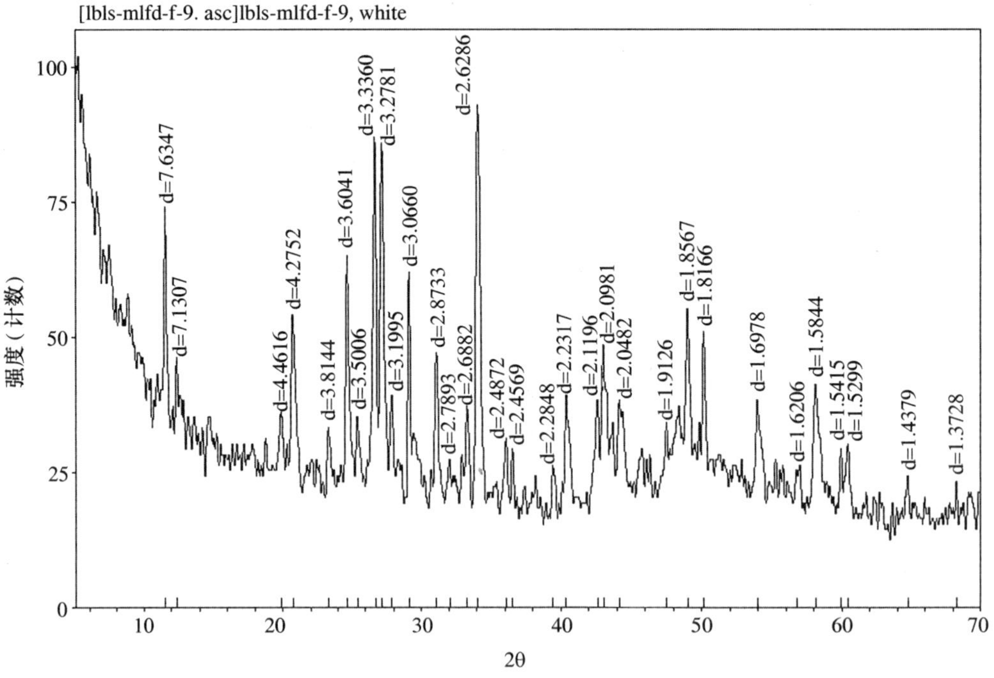

图 3-135　lbls-mlfd-f-9 白色 XRD 图谱

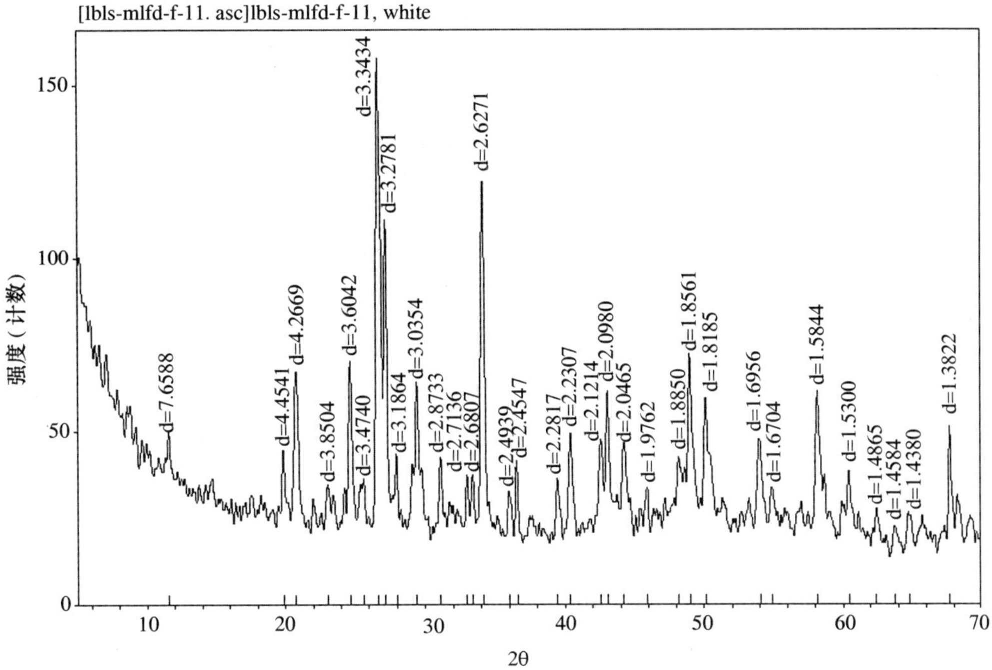

图 3-136　lbls-mlfd-f-11 白色 XRD 图谱

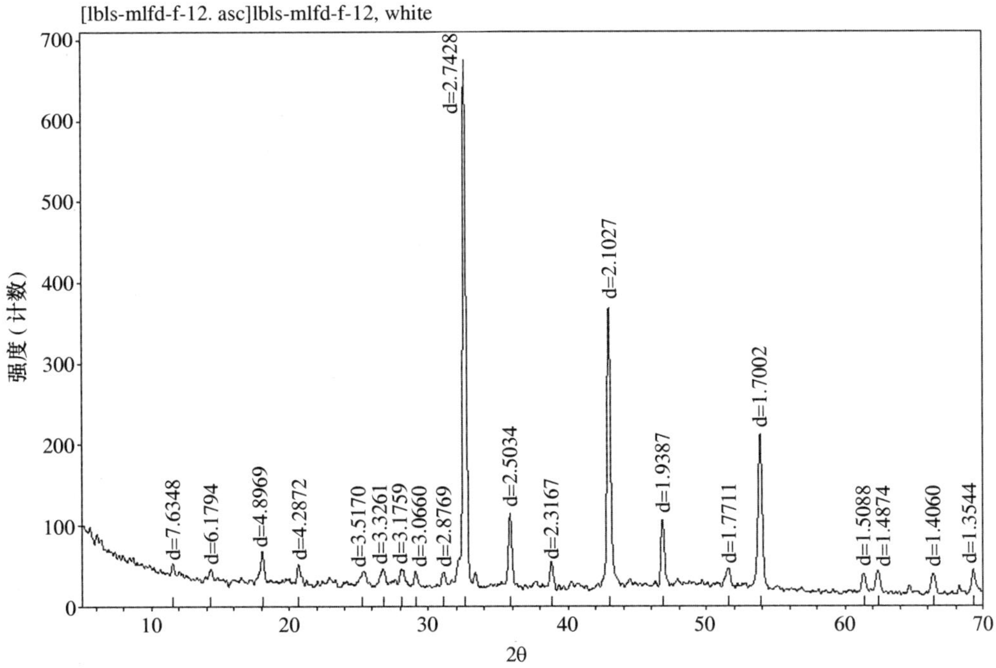

图 3-137　lbls-mlfd-f-12 白色颜料 XRD 图谱

综合以上分析结果，课题组认为弥勒佛殿殿内壁画绘制年代较早，均使用了我国传统的矿物颜料，一层与二层的壁画绘制年代为同一时代，前廊壁画颜料中发现近现代的人造颜料，推测壁画绘制年代较晚，且重绘现象普遍存在。

课题组对取自拉卜楞寺下续部学院壁画的22个样品进行XRD物相分析，其中颜料样品19个，地仗样品3个，分析结果如表3-45所示。

表3-45　拉卜楞寺下续部学院壁画XRD物相分析结果

样品编号	取样位置	颜色信息	主要物相	显色成分	显色成分化学式
lbls-xxbd-b-1	下续部学院后殿	红色	铅丹、生石膏	铅丹	Pb_3O_4
lbls-xxbd-b-3	下续部学院后殿	橙色	水白铅矿、生石膏、方解石、硬石膏	水白铅矿	$Pb_3(CO_3)_2(OH)_2$
lbls-xxbd-b-5	下续部学院后殿	深红色	朱砂、石英	朱砂	HgS
lbls-xxbd-b-7	下续部学院后殿	绿色	绢云母、钠长石、方石、石英、羟氯铜矿	羟氯铜矿	$Cu_2Cl(OH)_3$
lbls-xxbd-b-9	下续部学院后殿	绿色	钠长石、方解石、羟氯铜矿、石英	羟氯铜矿	$Cu_2Cl(OH)_3$
lbls-xxbd-b-10	下续部学院后殿	黑色	钠长石、绢云母、方解石、石英、生石膏	/	/
lbls-xxbd-b-11	下续部学院后殿	黄色	石英、钠长石、方解石、雌黄、生石膏、硬石膏	雌黄	As_2S_3
lbls-xxbd-b-13	下续部学院后殿	深红色	方解石、钠长石、石英、生石膏、朱砂、硬石膏	朱砂	HgS
lbls-xxbd-b-15	下续部学院后殿	黄色	钠长石、石英、水白铅矿	水白铅矿	$Pb_3(CO_3)_2(OH)_2$
lbls-xxbd-b-17	下续部学院后殿	地仗	绿泥石、方解石、绢云母、钠长石、石英	/	/
lbls-xxbd-b-18	下续部学院后殿	地仗	钠长石、绿泥石、方解石、闪石、绢云母、石英	/	/
lbls-xxbd-f-1	下续部学院前廊	红色	钠长石、石英、朱砂	朱砂	HgS
lbls-xxbd-f-3	下续部学院前廊	红色	朱砂、生石膏	朱砂	HgS
lbls-xxbd-f-5	下续部学院前廊	白色	水白铅矿、生石膏	水白铅矿、生石膏	$Pb_3(CO_3)_2(OH)_2$ $CaSO_4 \cdot 2H_2O$
lbls-xxbd-f-7	下续部学院前廊	青色	钠长石、石英、水白铅矿、生石膏	水白铅矿	$Pb_3(CO_3)_2(OH)_2$
lbls-xxbd-f-10	下续部学院前廊	深绿色	钠长石、羟氯铜矿、石英、硬石膏、生石膏	羟氯铜矿	$Cu_2Cl(OH)_3$
lbls-xxbd-f-12	下续部学院前廊	绿色	石英、生石膏、羟氯铜矿	羟氯铜矿	$Cu_2Cl(OH)_3$
lbls-xxbd-f-14	下续部学院前廊	浅绿色	钠长石、水白铅矿、石英、生石膏、方解石、羟氯铜矿	羟氯铜矿	$Cu_2Cl(OH)_3$
lbls-xxbd-f-16	下续部学院前廊	白色	钠长石、石英、水白铅矿、生石膏	水白铅矿	$Pb_3(CO_3)_2(OH)_2$

续表

样品编号	取样位置	颜色信息	主要物相	显色成分	显色成分化学式
lbls-xxbd-f-17	下续部学院前廊	蓝黑色	钠长石、石英、方解石、生石膏	/	/
lbls-xxbd-f-19	下续部学院前廊	黄色	生石膏、石英、雌黄	雌黄	As_2S_3
lbls-xxbd-f-21	下续部学院前廊	地仗	绿泥石、钠长石、绢云母、方解石、石英	/	/

注：/ 表示无显色成分或显色成分未检出。

分析结果表明，下续部学院后殿壁画均使用了矿物颜料，其中红色颜料铅丹和朱砂均有使用，且以朱砂为主，绿色颜料与弥勒佛殿不同，为羟氯铜矿颜料（图 3-138），黄色颜料使用了雌黄，颜色较浅的黄色中发现水白铅矿矿物，地仗土壤物相组成主要为：石英、钠长石、绿泥石、绢云母和方解石，这与弥勒佛殿的类似（图 3-139）。下续部学院前廊壁画亦使用矿物颜料，红色为朱砂，未发现铅丹的使用，绿色颜料也与后殿类似，使用了羟氯铜矿矿物颜料，黄色为雌黄，白色颜料和青色颜料的显色成分经分析均为水白铅矿（图 3-140、图 3-141），推测白色颜料最初使用了铅白，吸收了空气中的水分后变为水白铅矿。

课题组对取自拉卜楞寺时轮学院壁画的 25 个样品进行 XRD 物相分析，其中颜料样品 22 个，地仗样品 3 个，分析结果如表 3-46 所示。

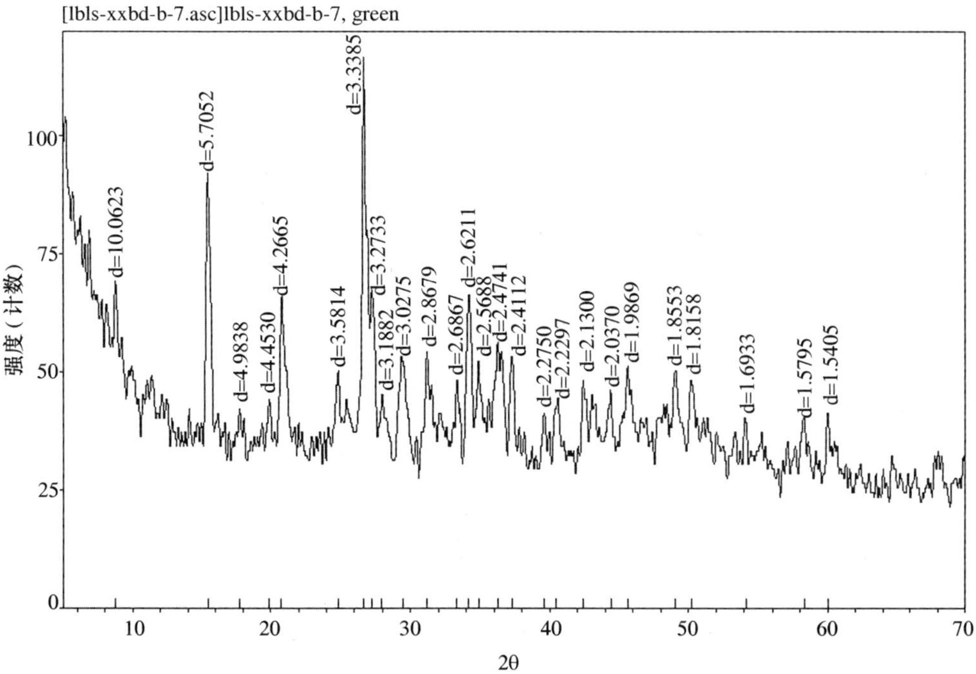

图 3-138　lbls-xxbd-b-7 绿色颜料 XRD 图谱

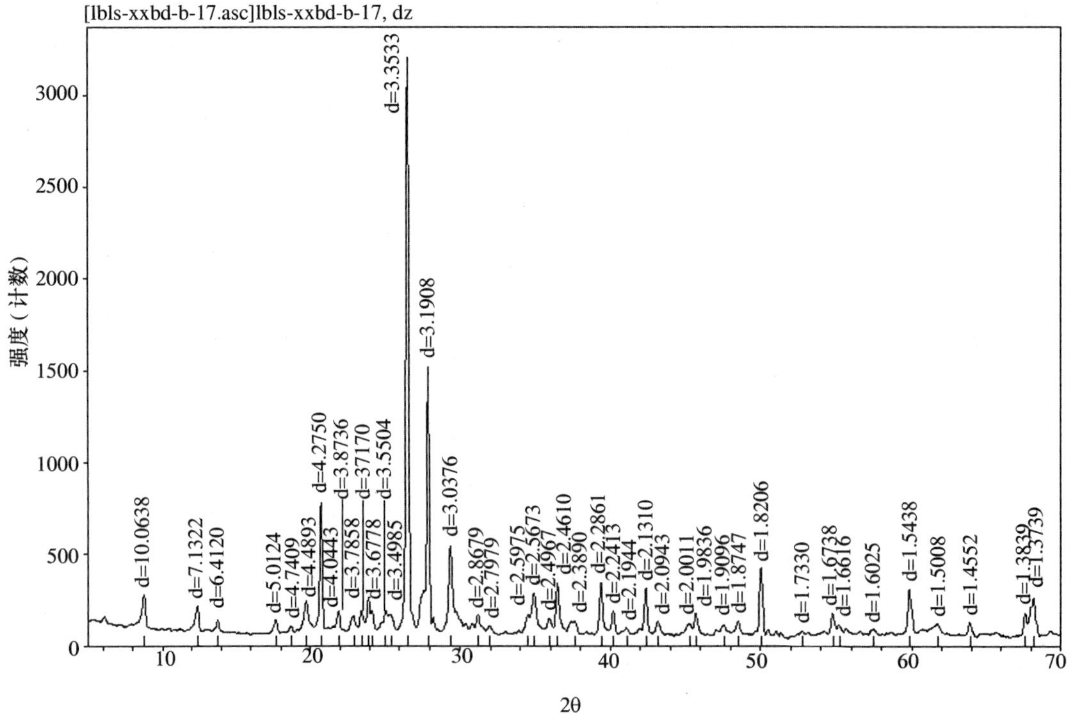

图 3-139　lbls-xxbd-b-17 地仗样 XRD 图谱

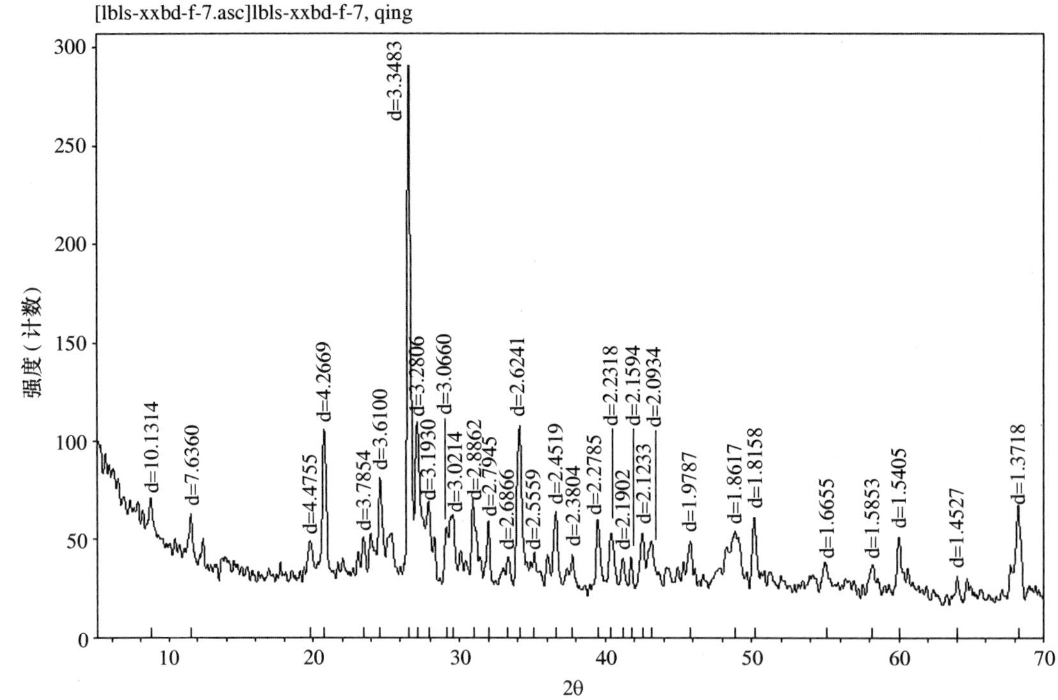

图 3-140　lbls-xxbd-f-7 青色颜料 XRD 图谱

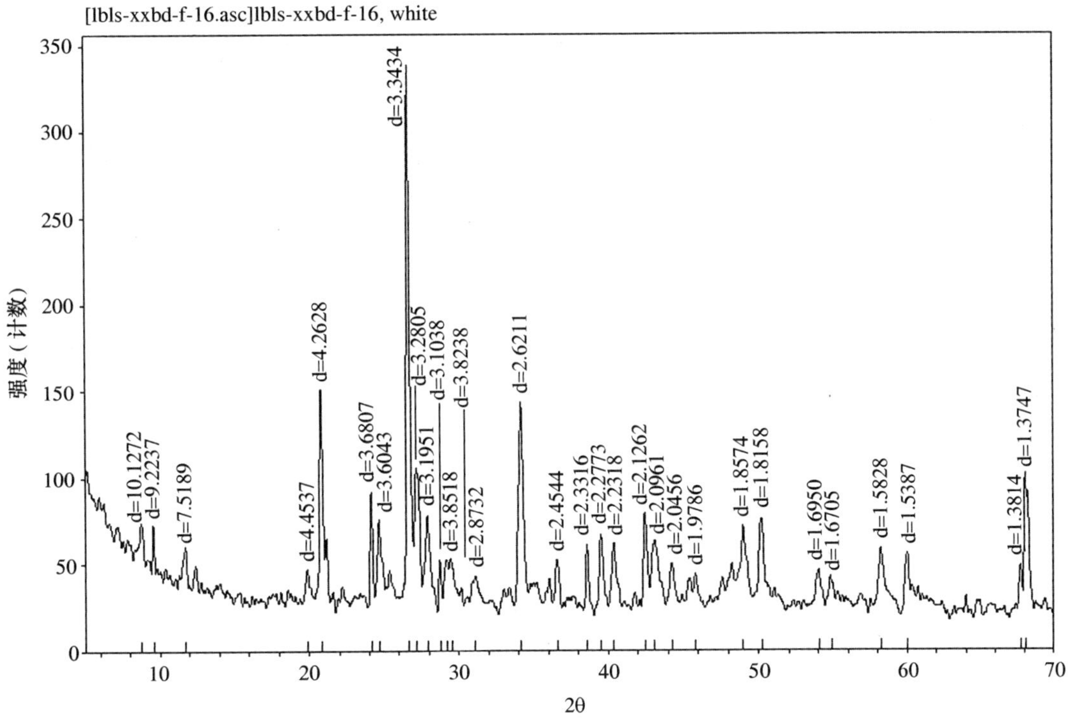

图 3-141 lbls-xxbd-f-16 白色颜料 XRD 图谱

表 3-46 拉卜楞寺时轮学院壁画制作材料 XRD 物相分析结果

样品编号	取样位置	颜色信息	主要物相	显色成分	显色成分化学式
lbls-slxy-zh-1	时轮学院主殿北壁	浅黄色	绢云母、钠长石、石英、方解石、水白铅矿	方解石、水白铅矿	$CaCO_3$ $Pb_3(CO_3)_2(OH)_2$
lbls-slxy-zh-2	时轮学院主殿北壁	红色	石英、朱砂、生石膏	朱砂	HgS
lbls-slxy-zh-3	时轮学院主殿北壁	橙色（浅）	生石膏、石英、水白铅矿、朱砂	水白铅矿、朱砂	$Pb_3(CO_3)_2(OH)_2$ HgS
lbls-slxy-zh-4	时轮学院主殿北壁	金色	水铁矿、硅铁矿、方解石	/	/
lbls-slxy-zh-5	时轮学院主殿北壁	浅绿色	羟氯铜矿、石英、水白铅矿、生石膏	羟氯铜矿	$Cu_2Cl(OH)_3$
lbls-slxy-zh-6	时轮学院主殿北壁	绿色	钠长石、石英、生石膏、氯铜矿、羟氯铜矿	氯铜矿、羟氯铜矿	$Cu_2Cl(OH)_3$ $Cu_2Cl(OH)_3$
lbls-slxy-zh-7	时轮学院主殿北壁	橘红色	生石膏、朱砂、水白铅矿、石英	朱砂	HgS
lbls-slxy-zh-8	时轮学院主殿北壁	黑绿色	石英、生石膏、羟氯铜矿、氯铜矿	氯铜矿、羟氯铜矿	$Cu_2Cl(OH)_3Cu_2Cl(OH)_3$
lbls-slxy-zh-10	时轮学院主殿北壁	沥粉堆金	硅铁矿、方解石、水铁矿	/	/

续表

样品编号	取样位置	颜色信息	主要物相	显色成分	显色成分化学式
lbls-slxy-zh-11	时轮学院主殿北壁	地仗	绿泥石、绢云母、钠长石、石英、方解石	/	/
lbls-slxy-f-1	时轮学院前廊东壁	红色	朱砂	朱砂	HgS
lbls-slxy-f-2	时轮学院前廊东壁	红棕色	石英、朱砂、生石膏	朱砂	HgS
lbls-slxy-f-3	时轮学院前廊东壁	橙色	石英、生石膏、水白铅矿	水白铅矿	$Pb_3(CO_3)_2(OH)_2$
lbls-slxy-f-4	时轮学院前廊东壁	黄色	水白铅矿、石英、方解石、生石膏	水白铅矿	$Pb_3(CO_3)_2(OH)_2$
lbls-slxy-f-5	时轮学院前廊东壁	黄色	石英、生石膏、钠长石、绢母、绿泥石、雌黄	雌黄	As_2S_3
lbls-slxy-f-6	时轮学院前廊东壁	浅绿色	石绿、生石膏、石英、钠长石	石绿	$Cu_2(CO_3)(OH)_2$
lbls-slxy-f-7	时轮学院前廊东壁	深绿色	石英、生石膏、硬石膏、石青	石青	$Cu_3(CO_3)_2(OH)_2$
lbls-slxy-f-8	时轮学院前廊东壁	蓝绿色	石英、钠长石、生石膏	/	/
lbls-slxy-f-9	时轮学院前廊东壁	黄色	生石膏、石英、雌黄	雌黄	As_2S_3
lbls-slxy-f-10	时轮学院前廊东壁	黄白色	水白铅矿、生石膏、石英	水白铅矿、生石膏	$Pb_3(CO_3)_2(OH)_2$ $CaSO_4 \cdot 2H_2O$
lbls-slxy-f-11	时轮学院前廊东壁	棕色	石英、钠长石、方解石、生石膏、朱砂	朱砂	HgS
lbls-slxy-f-12	时轮学院前廊东壁	橙色	石英、钠长石、生石膏	/	/
lbls-slxy-f-13	时轮学院前廊东壁	蓝色	石青、石英、生石膏、钠长石	石青	$Cu_3(CO_3)_2(OH)_2$
lbls-slxy-f-14	时轮学院前廊东壁	地仗	石英、钠长石、方解石、绿泥石、绢云母	/	/
lbls-slxy-f-15	时轮学院前廊东壁	地仗	石英、钠长石、方解石、绿泥石、绢云母、钾长石	/	/

分析结果表明，时轮学院主殿壁画均使用了矿物颜料，其中红色为朱砂，浅黄色、浅橙色中未发现显色成分，但均含有水白铅矿矿物，沥粉堆金未检出显色成分，绿色可以分为两种，一种是浅绿色，显色成分为羟氯铜矿，另一种为绿色和深绿色，显色成分为氯铜矿和羟氯铜矿的混合矿物（图 3-142、图 3-143）。时轮学院主殿壁画地仗材料主要物相组成为：石英、钠长石、方解石、绿泥石、绢云母，这与弥勒佛殿和下续部学院类似（图 3-144）。时轮学院前廊壁画颜料成分分析结果显示，除了一处蓝黑色和一处橙色未检出显色成分外，其他均使用了矿物颜料，其中红色为朱砂，黄色中较

浅的部分发现水白铅矿矿物（图 3-145），较深的黄色使用了雌黄（图 3-146），绿色和蓝色的使用情况与弥勒佛殿类似，与主殿不同，绿色为石绿，蓝色为石青，地仗样品物相组成与主殿类似，主要物相组成为：石英、钠长石、方解石、绿泥石、绢云母。

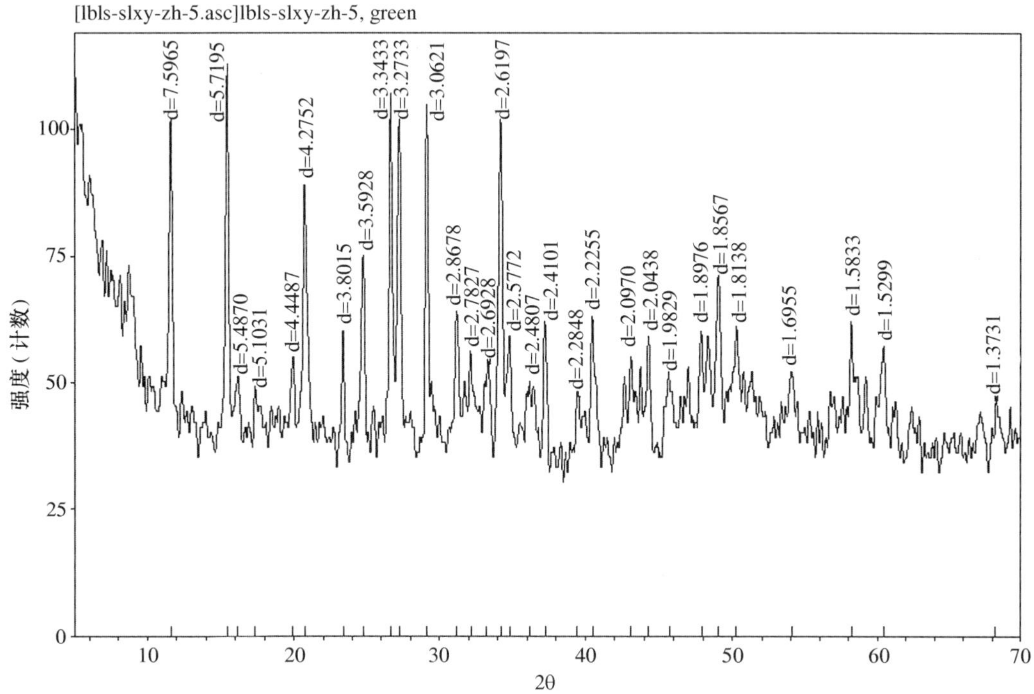

图 3-142　lbls-slxy-zh-5 浅绿色颜料 XRD 图谱

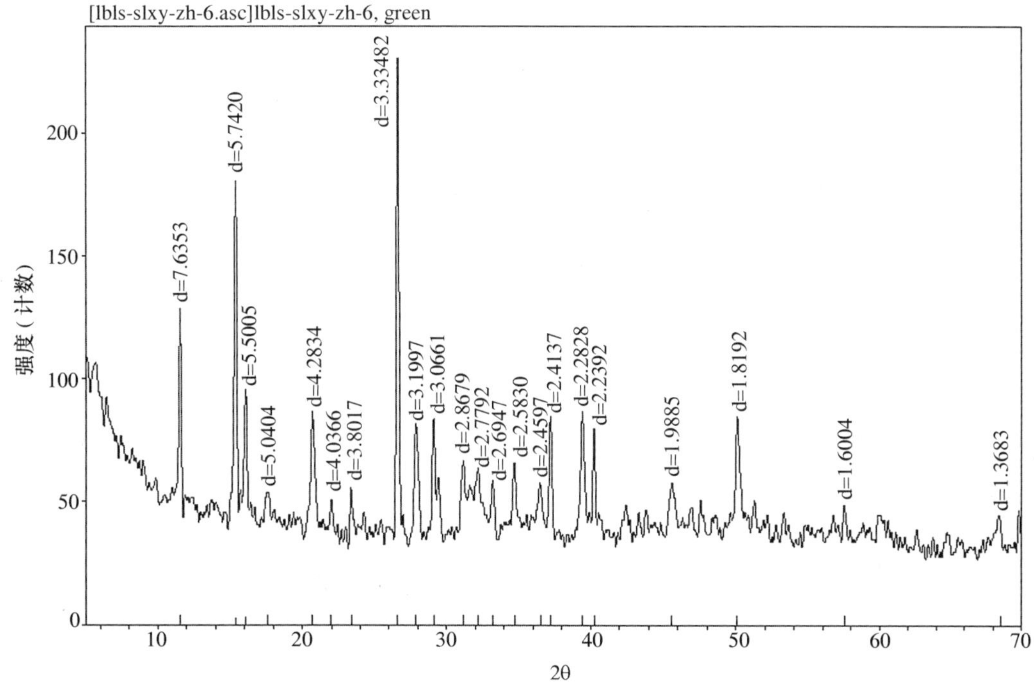

图 3-143　lbls-slxy-zh-6 绿色颜料 XRD 图谱

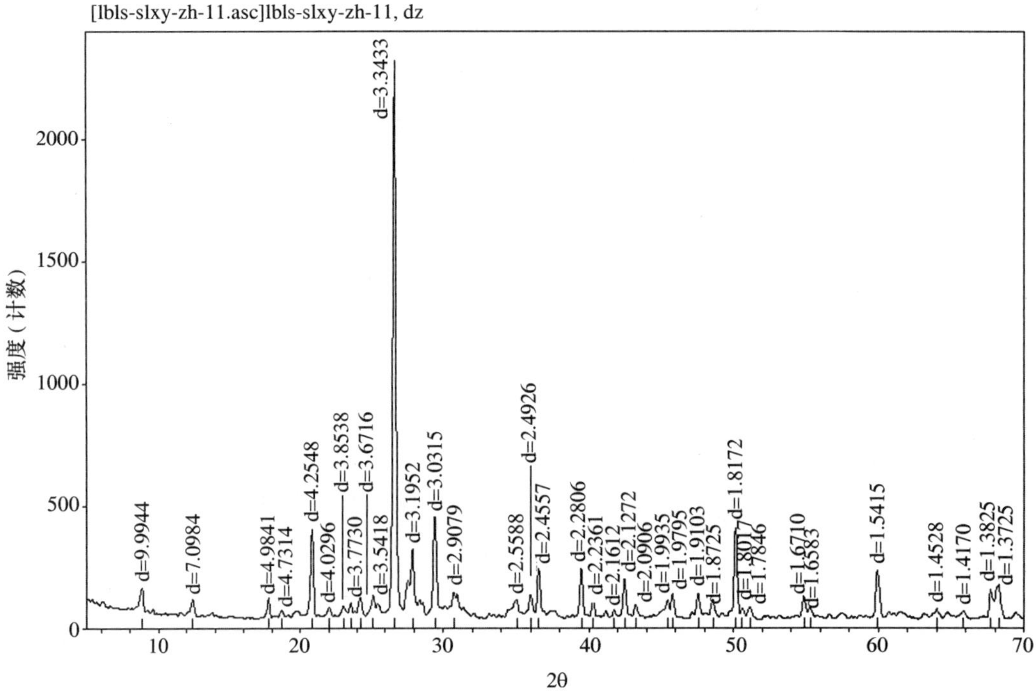

图 3-144　lbls-slxy-zh-11 地仗样 XRD 图谱

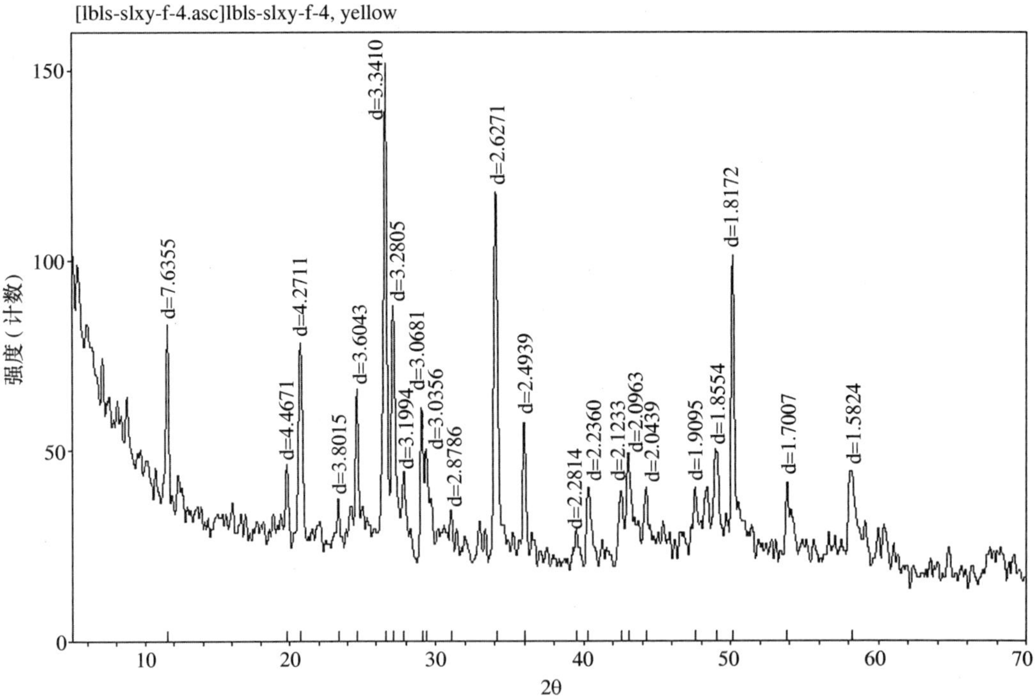

图 3-145　lbls-slxy-f-4 浅黄色 XRD 图谱

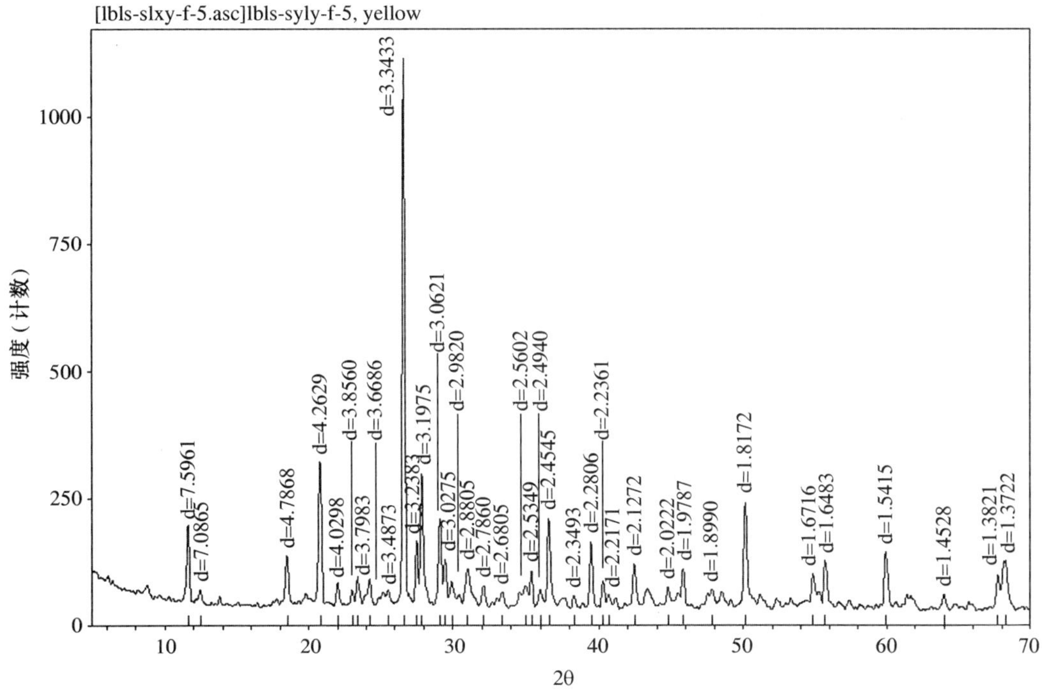

图 3-146　lbls-slxy-f-5 黄色 XRD 图谱

3.2.4　小结

课题组通过对拉卜楞寺所属各殿壁画颜料层、地仗的现场调查、便携仪器的原位无损分析和样品的实验室分析，综合分析多种调查手段所获得的数据和分析结果，可以得出如下结论：

（1）从整体上看，拉卜楞寺所属各殿壁画的颜料层所使用的材料基本上是传统的无机矿物颜料，工艺上也体现了传统的古代壁画制作工艺的特征。部分佛殿前廊发现有人工合成颜料，并有重绘现象。

（2）一般情况下，壁画表层都刷有起保护作用的清漆涂层，个别殿及其前廊的涂层还比较厚（例如弥勒佛殿一层及其前廊），这一点可从近红外光谱分析时，紫外-可见波段反射信号很弱这一现象得出。

（3）红色颜料，无论是近红外还是 XRD 分析，基本可以确定主要是矿物质的朱砂。绿色、白色颜料，XRD 分析主要是含铜元素和铅元素的矿物颜料，近红外的分析也从侧面证实了该结论。部分蓝或蓝绿色、黄或金黄色、黑色颜料，无论是 XRD 还是近红外分析，都无法确定其种类，估计也有可能是有机类的染料。

（4）从离子色谱分析的结果看，易溶盐种类以硝酸钙为主，还有少量的硝酸镁、硫酸钙和硫酸镁等。从盐的分布情况看，各殿前廊的盐分含量较主殿居多，盐分在壁画底部的富集现象较为严重。推测是因拉卜楞寺周边存在大量的农田，随着农田的灌溉和施肥，再加上地下水的渗透作用，易溶盐迁移到壁画地仗中，并随着水分的迁移在壁画底部富集，影响了壁画的保存。

3.3 魏　晋　墓

3.3.1 分析仪器及条件

1. 便携式仪器

便携式X荧光分析仪：尼通NITONXL3t-800合金分析仪，高性能微型X射线管，金靶50kV/40μA（最大值），Peltier半导体制冷，高分辨率SI-PIN X射线检测器（分辨率195keV），高性能6滤光片系统，ASICS DSP4096像元多道分析器。

便携式数码显微镜：日本基恩士公司VHX-600E型数码显微镜。镜头型号：VH-Z20R（20×～200×），使用VHX-600E自带照明灯进行观察。

2. 实验室分析仪器

X衍射仪：理学电机D/max2500衍射仪，铜靶，分析条件：电压40kV，电流100mA。

离子色谱仪：ICS-2500研究型离子色谱仪，戴安公司（美国）。

3.3.2 调查与分析结果

1. 便携式X射线荧光分析

1）调查说明及位置照片

课题组分别在果园新城魏晋墓六号墓和七号墓进行便携式X射线荧光原位无损调查，共完成48个点，其中在六号墓完成28个点，七号墓完成20个点，具体位置见图3-147。

2）便携式X射线荧光分析结果

表3-47为便携式X射线荧光分析结果。

2. 便携式显微镜分析调查

1）调查位置说明

六、七号魏晋墓壁画属于同时代同类型壁画，两个墓室壁画的绘画风格一致，现场调查的初步结果也表明，两个墓室壁画的制作材料和工艺的特征比较一致，此次显微镜调查选取六号墓壁画作为调查对象，调查位置见表3-48。

图 3-147　荧光现场调查位置图

表 3-47　嘉峪关果园新城六、七号魏晋墓壁画的 X 射线荧光调查结果

分析编号	颜色	分析位置描述	XRF 分析结果
1	黄色	六号墓后室南墙西侧四层第一块砖	Pb、Mo、Fe、Mn、V、Cu
2	红色	六号墓后室南墙西侧四层第一块砖	Pb、Mo、Fe、Ca、Cu
3	浅红色	六号墓后室南墙西侧四层第一块砖	As、Ca、Mn、Cu 、Fe
4	白色	六号墓后室南墙西侧四层第一块砖	As、Ca、Cu、Fe
5	红色	六号墓后室南墙西侧四层第一块砖	As、Ca、Cu
7	浅红色	六号墓后室南墙西侧二层第一块砖	Fe、Ca、Mn、Cu、As
8	浅红色	六号墓后室南墙西侧二层第一块砖	Fe、Ca、Mn、Cu、Hg
9	浅红色	六号墓后室南墙西侧二层第一块砖	Fe、Ca、Mn、Cu、
10	灰色	六号墓后室南墙西侧二层第一块砖	Fe、Ca、Cu、As
11	黄色	六号墓中室北壁东侧第三层砖	Pb、Mo、Ca
12	白色	六号墓中室北壁东侧第三层砖	Ca、Cu、As 、Fe
13	灰色	六号墓中室北壁东侧第三层砖	Pb、Ca、Cu 、Fe
14	红色	六号墓中室北壁东侧第三层砖	Pb、Hg、Mo、Cu
15	黄色	六号墓中室东壁第五层北起第二块砖	Pb、Hg、Mo、Ca、Cu
16	红色	六号墓中室东壁第五层北起第二块砖	Pb、Hg、Mo、Ca
17	浅红色	六号墓中室东壁第五层北起第二块砖	Pb、Fe、Ca
18	白色	六号墓中室东壁第五层北起第二块砖	Fe、Ca、Cu、As
19	红色	六号墓中室东壁第五层北起第二块砖	Hg、Pb、Fe、Ca
22	黄色	六号墓中室西壁第五层右起第二块砖	Pb、Fe、Ca、Cu
23	红色	六号墓中室西壁第五层右起第二块砖	Pb、Hg、Fe、Ca
24	灰色	六号墓中室西壁第五层右起第二块砖	Pb、Fe、Ca
25	白色	六号墓中室西壁第五层右起第二块砖	Fe、Ca
26	灰黑色	六号墓中室南壁第五层东侧	Fe、Ca、As
27	黑色	六号墓中室南壁第五层东侧	Fe、Ca、Mn、As
28	素砖	六号墓中室南壁第五层东侧	Fe、Ca、Mn
29	红色	七号墓前室西壁第四层南起第二块砖	Hg、Fe
30	黄色	七号墓前室西壁第四层南起第二块砖	Pb、Fe、Ca、Cu、Mn
31	淡红色	七号墓前室西壁第四层南起第二块砖	Fe、Ca、Pb
32	白色	七号墓前室西壁第四层南起第二块砖	Fe、Ca
33	白色	七号墓前室西壁第四层南起第二块砖	Fe、Ca
34	黄色	七号墓前室东壁第三层南起第二块砖	Pb、Fe、Ca
35	红色	七号墓前室东壁第三层南起第二块砖	Hg、Fe、Ca
36	浅红色	七号墓前室东壁第三层南起第二块砖	Fe、Ca、Pb
37	白色	七号墓前室东壁第三层南起第二块砖	Fe、Ca
38	红色	七号墓前室东壁第三层南起第二块砖	Fe、Ca
39	黄色	七号墓中室东壁第三层南起第三块砖	Pb、Mo、Fe、Mn

续表

分析编号	颜色	分析位置描述	XRF 分析结果
40	红色	七号墓中室东壁第三层南起第三块砖	Pb、Hg、Fe、Ca
41	浅红色	七号墓中室东壁第三层南起第三块砖	Fe、Ca
42	白色	七号墓中室东壁第三层南起第三块砖	Fe、Ca
43	红色	七号墓中室东壁第三层南起第三块砖	Fe、Ca、As
44	土红色	七号墓后室南壁第五层西起第一块砖	Fe、Ca、As
46	白色	七号墓后室南壁第五层西起第一块砖	Fe、Ca、Pb
47	黄色	七号墓后室南壁第五层西起第一块砖	Pb、Ca、V、Mn
48	红色	七号墓后室南壁第五层西起第一块砖	Hg、Fe、Pb、Ca

表 3-48　嘉峪关果圆新城魏晋墓六号墓显微镜调查记录

编号	位置
WJ6x-01	中室北壁东侧三层，黑色线条上部
WJ6x-02	中室南壁东侧五层黄色
WJ6x-03	中室南壁西侧五层灰色
WJ6x-04	中室西壁北侧五层第二块砖，红色、黄色
WJ6x-05	中室西壁北侧五层第二块砖，土红色、黄色
WJ6x-06	中室西壁五层北起第三块砖，红色，上有黑色斑点

2）显微镜调查结果

显微镜调查结果表明，魏晋墓壁画在材料和工艺特点上符合同一时期河西地区出土画像砖的典型特点。墓葬壁画从颜料色彩上看，主要使用白色、黄色、红色和黑色。从工艺角度考察，魏晋墓壁画是在青砖表面先涂刷白粉层，再绘制颜料制作而成，由于青砖表面比较粗糙，彩绘层和砖石支撑体结合紧密，颜料层的分布比较致密，脱落现象不明显。青砖边缘部位由于墓室结构的原因，裂缝和破碎现象比较明显，由此造成了壁画裂缝和缺失。墓室内湿度过大导致微生物生长和繁殖，继而导致了壁画表面产生大量的微生物污染，壁画表面也存在大量的疑似盐析物质。调查结果见图 3-148～图 3-159。

3）离子色谱分析

课题组分别在魏晋墓六号墓和七号墓顶上部地面采集土壤样品，六号墓顶端土样编号为 WJ6T-1，七号墓 WJ7T-1、WJ7T-2、WJ7T-3，其中 WJ7T-1 为七号墓顶地面壕沟中略带酥碱的土壤样品。

在实验室将烘干的土样浸泡于去离子水中，严格控制水土比为 5：1，放在超声振荡器上振荡 30min。采用注射针头过滤器（孔径 0.45μm）过滤上部清液，利用戴安 ICS-2500 研究型离子色谱仪对清液进行化学分析。阳离子分析条件——分析柱：CS12A，淋洗液：20mmMSA（甲烷磺酸），淋洗液流速：1.0mL/min，系统压力：1320psi，抑制器电流：65mA。阴离子分析条件——分析柱：AS14，淋洗液：Na_2CO_3

图 3-148　WJ6x-01 的显微图像（20 倍）

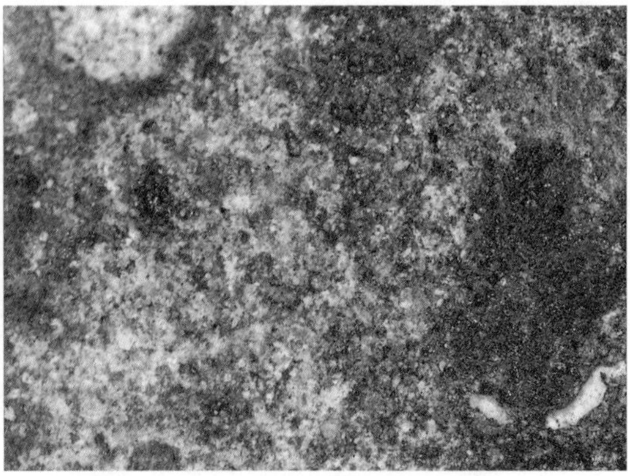

图 3-149　WJ6x-01 的显微图像（100 倍）

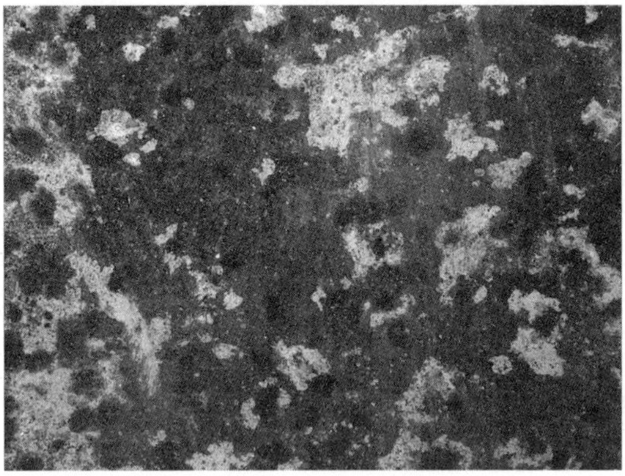

图 3-150　WJ6x-02 的显微图像（20 倍）

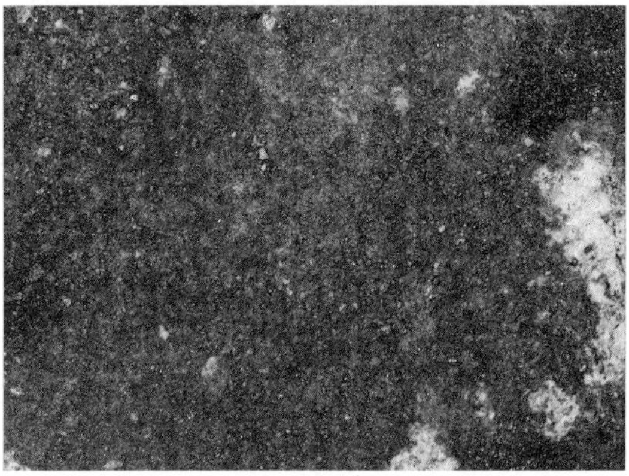

图 3-151　WJ6x-02 的显微图像（100 倍）

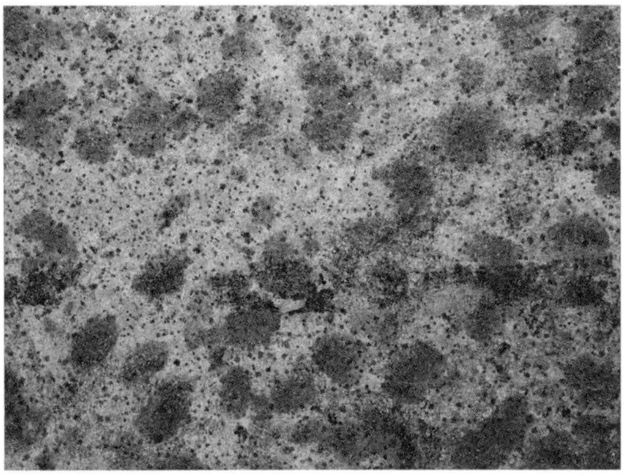

图 3-152　WJ6x-03 的显微图像（20 倍）

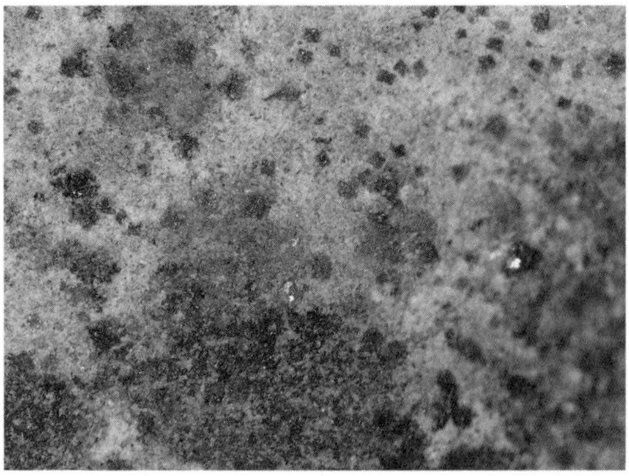

图 3-153　WJ6x-03 的显微图像（100 倍）

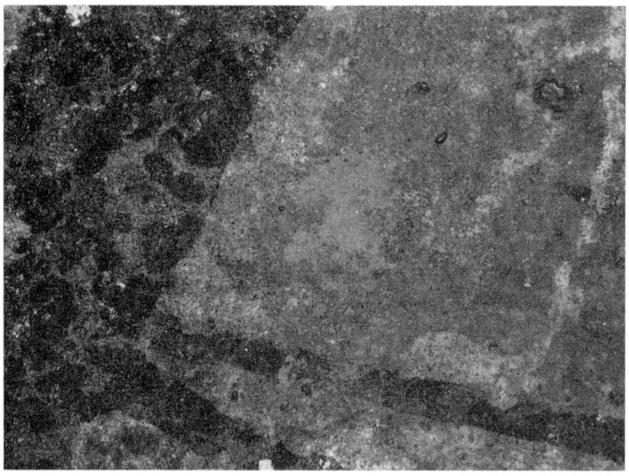

图 3-154　WJ6x-04 的显微图像（20 倍）

图 3-155　WJ6x-04 的显微图像（100 倍）

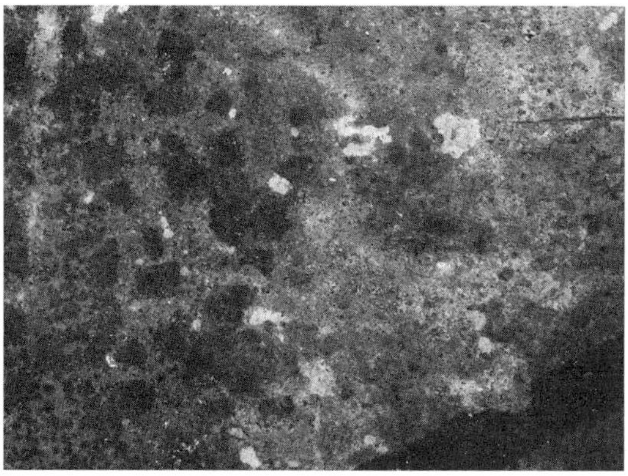

图 3-156　WJ6x-05 的显微图像（20 倍）

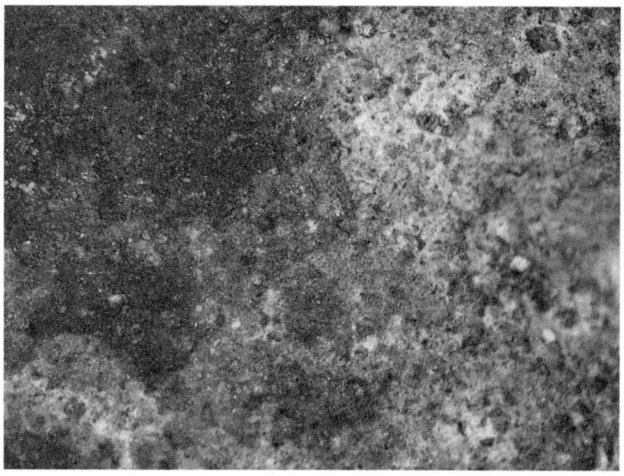

图 3-157　WJ6x-05 的显微图像（100 倍）

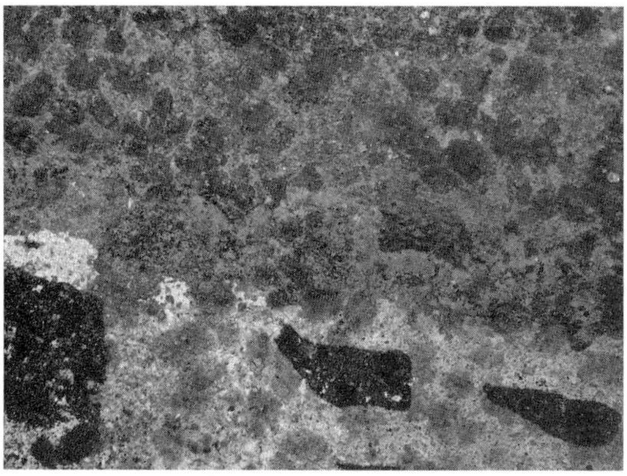

图 3-158　WJ6x-06 的显微图像（20 倍）

图 3-159　WJ6x-06 的显微图像（100 倍）

（3.5mm）/$NaHCO_3$（1.0mm），淋洗液流速：1.2mL/min，系统压力：1219psi，抑制器电流：24mA。根据土样浸泡处理时的固液比，我们对仪器分析结果进行计算。为方便计算，土样中的离子含量表示成质量百分含量，分析结果见图 3-160～图 3-162。

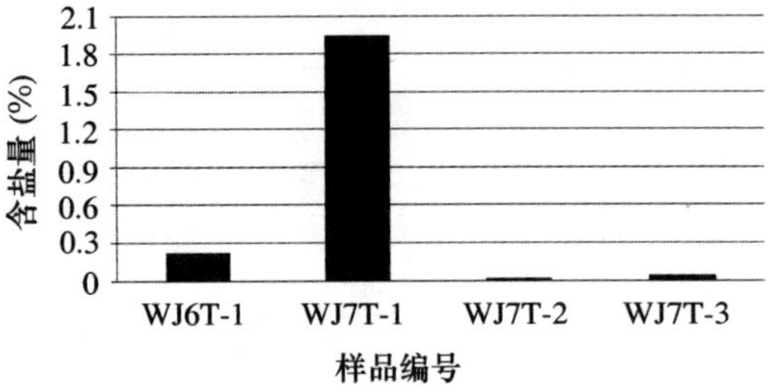

图 3-160　魏晋墓墓室顶部地表土壤的离子色谱分析结果

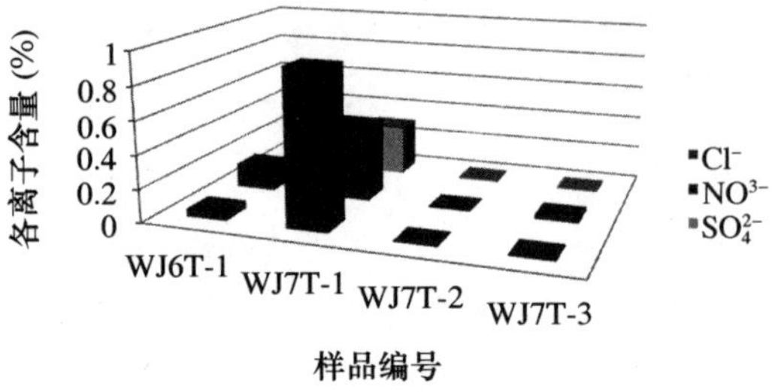

图 3-161　魏晋墓墓室顶部地表土壤的阴离子分析对比图

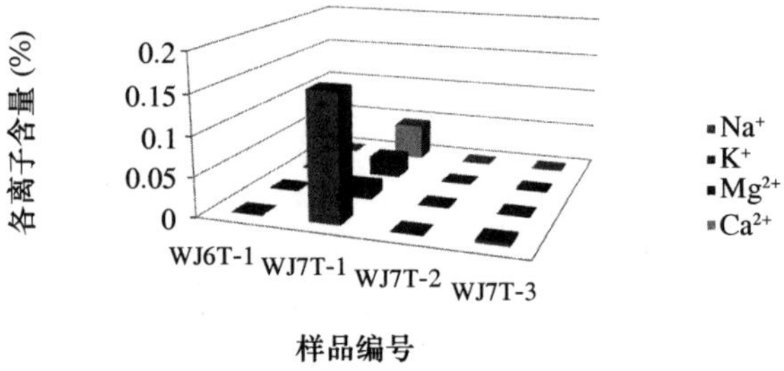

图 3-162　魏晋墓墓室顶部地表土壤的阳离子分析对比图

离子色谱分析结果表明，墓葬顶部地表土壤中的含盐量相对较低，但也存在局部盐分聚集的现象。

4）X 射线衍射分析

A. 取样记录及样品位置

课题组分别在六号墓和七号墓进行取样，样品包括颜料和壁画表面疑似盐分的析出物，其中六号墓取样 14 个，七号墓取样 7 个，共计 21 个，取样记录见表 3-49，取样位置见图 3-163。

表 3-49　嘉峪关新城魏晋墓取样记录表

编号	取样位置描述	说明
WJ6-1	六号墓中室东壁二层南起第一块	黄色粉末
WJ6-2	六号墓中室南壁五层东起第一块	黄色粉末
WJ6-3	六号墓中室北壁五层东起第一块	黄色粉末
WJ6-4	六号墓中室南壁五层东起第一块	黑色粉末
WJ6-5	六号墓中室北壁五层东起第一块	红色块状
WJ6-6	六号墓中室北壁五层东起第一块	红色粉末
WJ6-7	六号墓中室东壁二层北起第三块	红色片状

续表

编号	取样位置描述	说明
WJ6-8	六号墓中室北壁五层东起第一块	白色
WJ6-9	六号墓中室西壁三层南起第一块	砖体内白色聚集物
WJ6-10	六号墓前室西壁四层北起第一块	白色，质软
WJ6-11	六号墓前室西壁中偏北第五层	黄色粉末
WJ6-12	六号墓前室西壁中偏北第五层	红色粉末
WJ6-13	六号墓中室西壁南起五层砖下横砖	可能是盐
WJ6-14	七号墓中室北壁西起五层砖下横砖	可能是盐
WJ7-1	七号墓后室南壁第四层中间	红黄色混合粉末
WJ7-2	七号墓后室南壁第五层中间	黄色粉末
WJ7-3	七号墓后室南壁第五层中间	红色
WJ7-4	七号墓后室南壁第五层中间	土红色粉末
WJ7-5	七号墓后室南壁第五层中间	白色粉末
WJ7-6	七号墓中室西壁第五层南起第一块砖北侧	红色块状
WJ7-7	七号墓后室南壁四层西起第一块砖	黄色

WJ6-1 取样位置

WJ6-2 取样位置

WJ6-3 取样位置

WJ6-4 取样位置

图 3-163　XRD 取样位置图

WJ6-5 取样位置

WJ6-6 取样位置

WJ6-7 取样位置

WJ6-8 取样位置

WJ6-9 取样位置

WJ6-10 取样位置

WJ6-11 、WJ6-12 取样位置

WJ6-13 取样位置

图 3-163 （续）

WJ6-14 取样位置

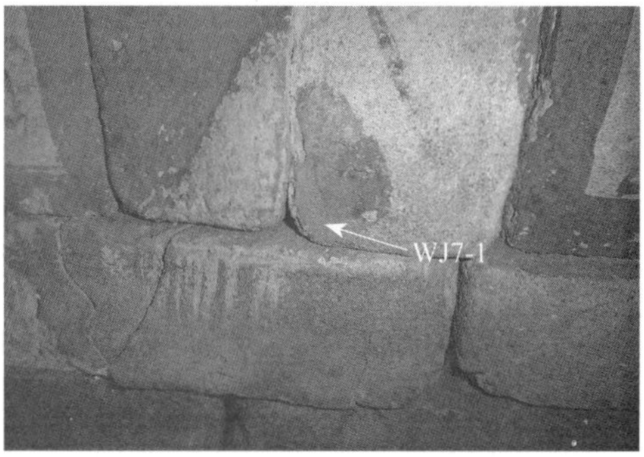

WJ7-1 取样位置

WJ7-2 取样位置

WJ7-3 取样位置

WJ7-4 取样位置

WJ7-5 取样位置

WJ7-6 取样位置

WJ7-7 取样位置

图 3-163 （续）

B. X 射线衍射分析结果

六号墓和七号墓壁画颜料和表面附着物的 X 衍射分析结果见表 3-50。

通过现场调查和 X 衍射分析可以得出如下结论（图 3-164～图 3-168）：嘉峪关六、七号魏晋墓壁画颜料中，主要使用的颜料为白色、红色、黄色和黑色颜料，其中白色颜料和黄色颜料的种类相对丰富，红色和黑色颜料比较单一。壁画中使用的白色颜料有方解石（$CaCO_3$）、生石膏（$CaSO_4 \cdot 2H_2O$）、白云石［$CaMg(CO_3)_2$］和滑石［$Mg_3Si_4O_{10}(OH)_2$］，可初步确定滑石多用于制作白粉层，方解石、石膏和白云石多作为白色颜料在表层使用，均为混合使用；黄色颜料包括钼铅矿（$PbMoO_4$）、砷铅矿族矿［$A_5(XO_4)_3ZQ$］和方铅矿，没有发现文献中报道的磷氯铅矿（$Pb_5[PO_4]_3Cl$）；红色颜料此次只发现了朱砂（HgS），没有发现文献中报道的铁红；黑色颜料推定为墨。

表 3-50　魏晋墓壁画颜料和表面附着物的 X 射线衍射分析结果

样品编号	说明	分析结果	显色物相
WJ6-1	黄色粉末	钼铅矿、砷铅矿族矿物、生石膏	钼铅矿、砷铅矿族矿物
WJ6-2	黄色粉末	钼铅矿、方铅矿、石英	钼铅矿、方铅矿
WJ6-3	黄色粉末	生石膏、砷铅矿族矿物	砷铅矿族矿物
WJ6-4	黑色粉末	石英、生石膏	可能为墨
WJ6-5	灰色粉末	普通辉石、石英、钠长石	普通辉石
WJ6-6	红色粉末	朱砂、滑石	朱砂
WJ6-7	红色片状	石英、生石膏、砷铅矿族矿物	砷铅矿族矿物
WJ6-8	白色	方解石、白云石、生石膏、钠长石、石英	方解石、白云石、生石膏
WJ6-9	砖体内白色聚集物	方解石、生石膏	方解石、生石膏
WJ6-10	白色，质软	滑石、白云石、方解石、菱镁矿、石英	滑石、白云石、方解石
WJ6-11	黄色粉末	钼铅矿、生石膏、闪石	钼铅矿
WJ6-12	红色粉末	朱砂、滑石、生石膏	朱砂
WJ6-13	可能是盐	生石膏、石英、普通辉石	生石膏
WJ6-14	可能是盐	生石膏、石英、普通辉石	生石膏
WJ7-1	红黄色混合粉末	钼铅矿、砷铅矿族矿物	钼铅矿、砷铅矿族矿物
WJ7-2	黄色粉末	砷铅矿族矿物	砷铅矿族矿物
WJ7-3	红色	朱砂、滑石、石英	朱砂
WJ7-4	土红色粉末	钠长石、石英、方解石	
WJ7-5	白色粉末	滑石、石英	滑石
WJ7-6	红色块状	朱砂、生石膏	朱砂
WJ7-7	黄色	砷铅矿族矿物	砷铅矿族矿物

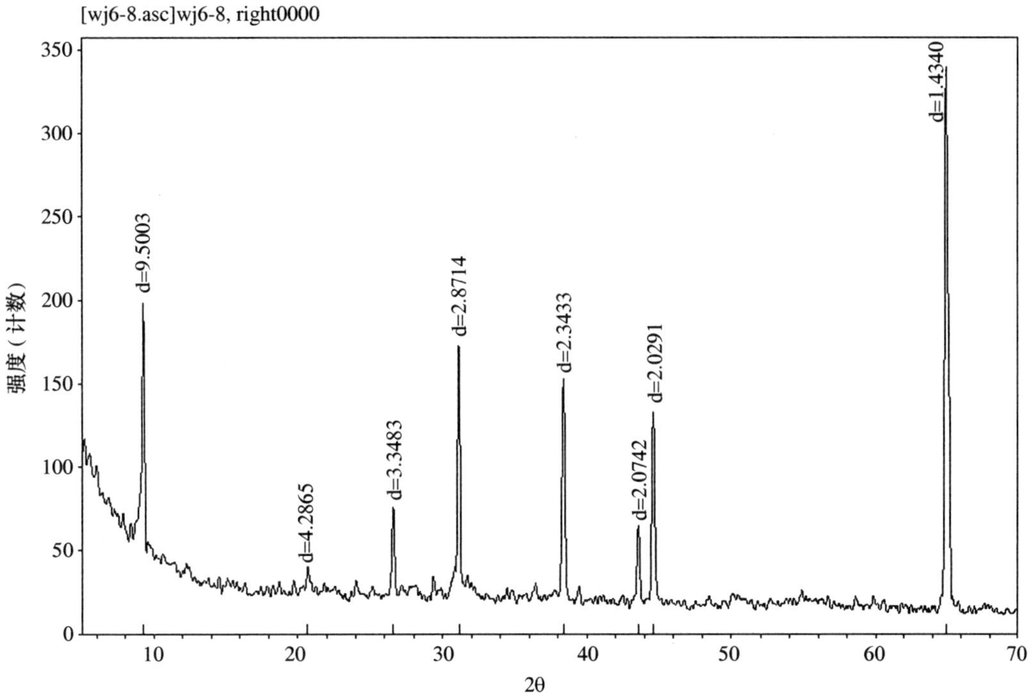

图 3-164　WJ6-8 白色（主要物相：方解石、白云石、石英、生石膏）

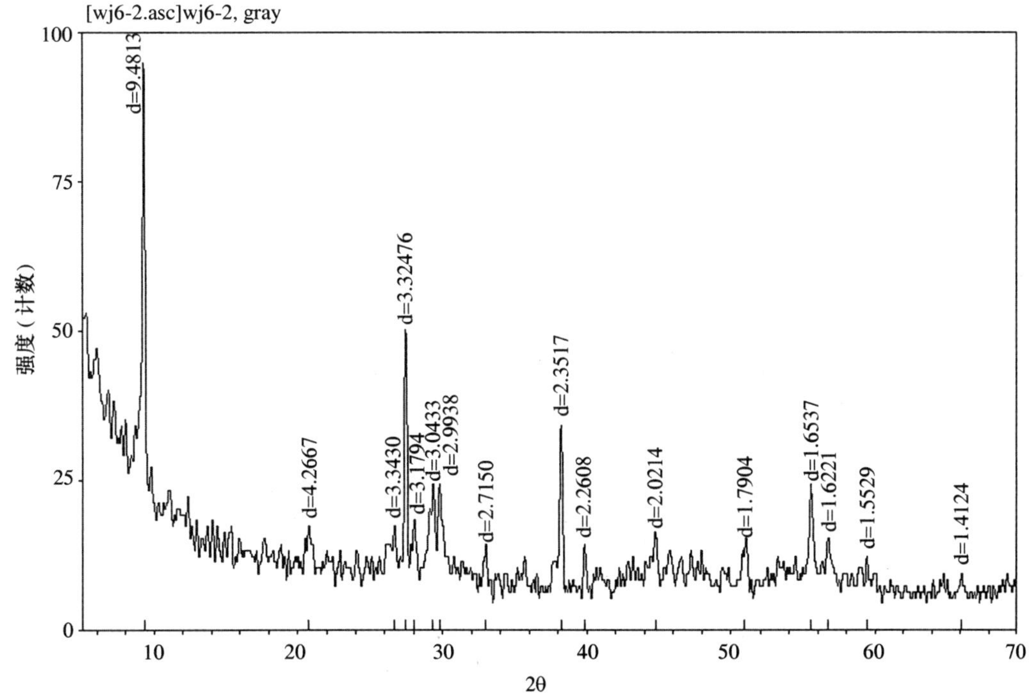

图 3-165　WJ6-2 黄色（主要物相：钼铅矿、方铅矿、石英）

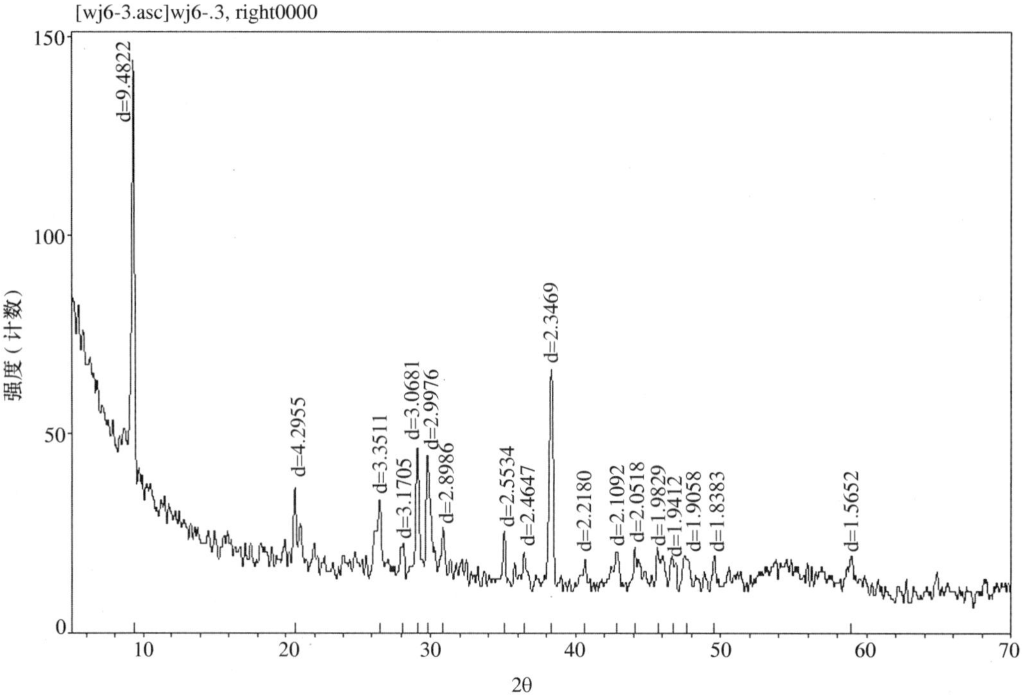

图 3-166　WJ6-3 黄色（主要物相：砷铅矿族矿物、生石膏）

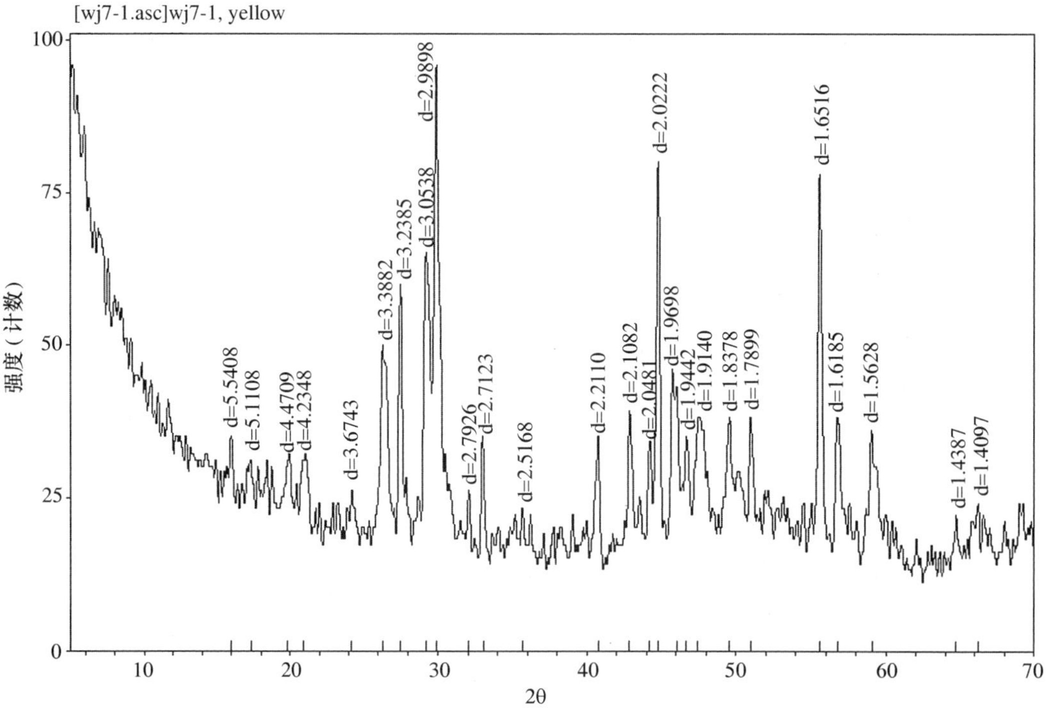

图 3-167　WJ7-1 红黄色（主要物相：钼铅矿、砷铅矿族矿物）

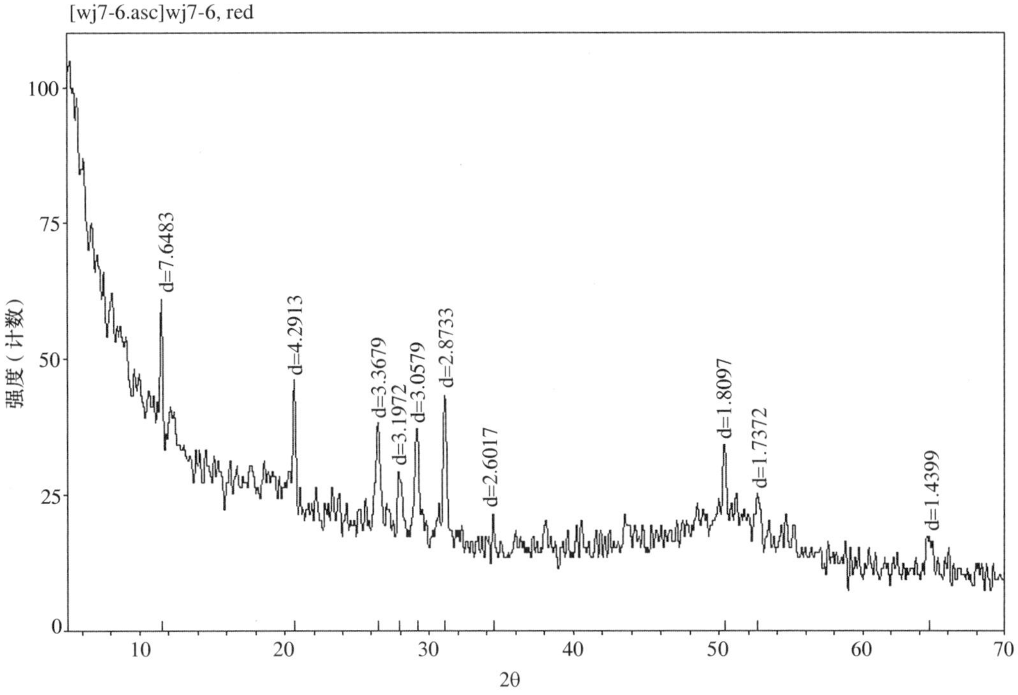

图 3-168　WJ7-6 红色（主要物相：朱砂生、石膏）

5）墓室内外空气微生物及壁画菌斑分析

A. 样品采集及实验方法

课题组分别于 2011 年 1 月 22 日（冬季）、4 月 27 日（春季）、8 月 18 日（夏季）、11 月 4 日（秋季）使用便携式 FA-I 型空气采样器对六号、七号墓室内和墓室外环境中空气微生物样品完成 4 次采集，采用 R_2A 培养基培养空气中细菌，马铃薯琼脂培养基（PDA）培养空气中的真菌（图 3-169、图 3-170）。

图 3-169　墓室内环境空气微生物样品采集

图 3-170　墓室外环境空气微生物样品采集

在壁画微生物病害区域（图 3-171、图 3-172），用无菌解剖刀刮取少量带有菌斑的砖壁画样品，装入无菌艾本德管中，用分析天平称取 0.1g，使用 PowerSoil（MOBIO Laboratories，USA）DNA 提取试剂盒，根据操作说明完成腐蚀壁画微生物总 DNA 的提取，分装后置于 −70℃保存备用。以总 DNA 为扩增模板，通过目标片段扩增、克隆文库构建、分子序列测序比对及系统发生关系分析，完成腐蚀壁画细菌、真菌类群分析。

图 3-171　六号墓中室南壁西侧上部菌斑

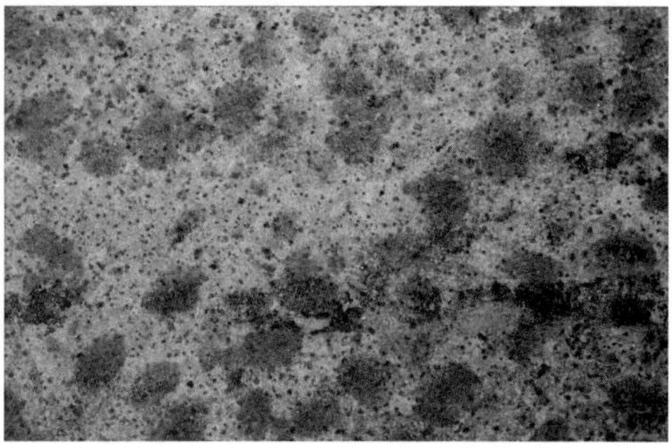

图 3-172　六号墓中室南壁西侧上部菌斑（20 倍）

B. 空气微生物季节性变化分析结果

通过对嘉峪关魏晋砖壁画墓附存环境中空气微粒浓度的监测发现，在外环境（OB）、六号墓（XB）、七号墓（VB）墓室三个不同的监测样点，春季和夏季均表现出了较高的细菌微粒浓度，冬季和秋季则较低。其中，春季的六号墓室内、夏季的外环境及六号墓室内均出现了较高的细菌微粒浓度，分别为 5321.55 ± 607.37CFU/m^3、5144.88 ± 146.56CFU/m^3、5053 ± 135.65CFU/m^3，而最低值出现在春季的外环境，为 1250.88 ± 58.84CFU/m^3（图 3-173）。

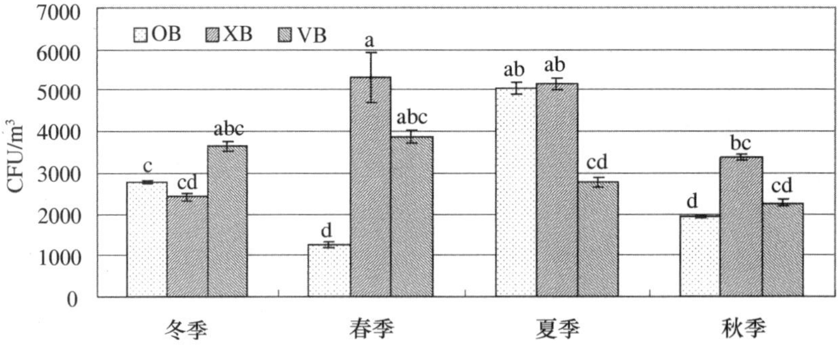

图 3-173　魏晋墓外环境（OB）、六号墓（XB）、七号墓（VB）墓室空气中细菌浓度单因素方差分析（ANOVA，$P<0.05$，出现相同字母表示差异不显著）

真菌浓度的季节性变化为，在外环境（OF）、六号墓（XF）、七号墓（VF）墓室三个不同的监测样点，冬季均表现出了较高的真菌浓度。除夏季外，七号墓室内均出现了较高的真菌浓度，最高值出现在夏季的外环境为 5010.6 ± 227.55CFU/m^3，而最低值出现在春季的六号墓室，为 494.7 ± 60.93CFU/m^3（图 3-174）。

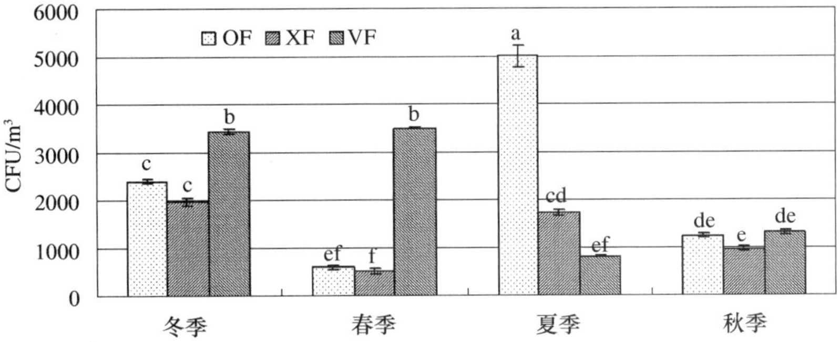

图 3-174 魏晋墓外环境（OF）、六号墓（XF）、七号墓（VF）墓室内空气中真菌浓度单因素方差分析（ANOVA，$P<0.05$，出现相同字母表示差异不显著）

课题组通过对壁画样品克隆文库中典型序列进行 NCBI 比对，发现六号墓内所获得细菌序列隶属于假诺卡氏菌、酸菌属、鞘脂杆菌属、固氮螺菌属、不动杆菌属和芽孢杆菌属。其中假诺卡氏菌属和酸菌属是优势属，克隆子数分别占总克隆数的 74% 和 10%。

七号墓内所获得细菌序列隶属于假诺卡氏菌、酸菌属、克里贝拉属、糖单孢菌属、芽孢杆菌属、游鱼孢菌属、固氮螺菌属、酸杆菌属和未鉴定不可培养细菌。其中假诺卡氏菌和酸菌属为优势属，克隆子数分别占总克隆数的 29% 和 13%（图 3-175）。

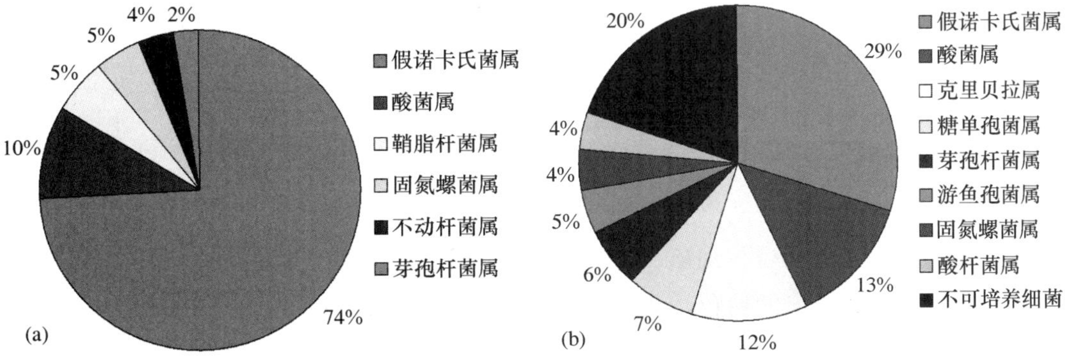

图 3-175 魏晋六号墓（a）七号墓（b）腐蚀砖细菌优势属所占百分比

C. 腐蚀壁画真菌类群分析

课题组对克隆文库中典型序列进行 NCBI 比对分析后，确定六号墓内所获得真菌序列隶属于曲霉属和 *Phialosimplex* 属，其中曲霉属占绝对优势，克隆子数占总克隆数的 75%。七号墓内所获得真菌序列隶属于曲霉属、侧齿霉属、青霉属、枝孢属、白僵菌属和未鉴定不可培养真菌种属，其中曲霉属和侧齿霉属为优势属，克隆子数占总克隆数百分比分别为 35% 和 23%（图 3-176）。

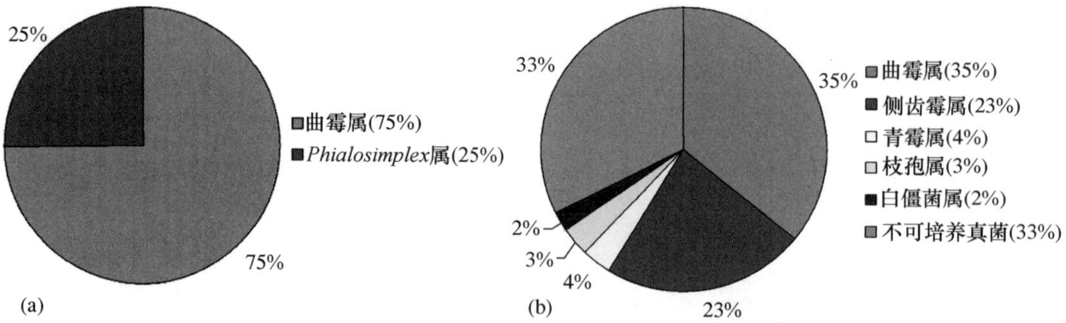

图 3-176　魏晋六号墓（a）、七号墓（b）腐蚀壁画优势真菌属所占百分比

3.3.3　壁画调查分析结论

（1）嘉峪关果圆新城魏晋墓第六、七号墓壁画的制作工艺具备河西地区出土画像砖的典型特征，墓室内壁画均为在墓室砖壁支撑体上先绘制白粉层后再绘制颜料制作而成。由于青砖支撑体表面粗糙，彩绘层在支撑体上附着力较强，表面颜料层相对完整，保存状况较好。

（2）以上两个墓室中壁画颜料较同时期其他类型的壁画颜料种类相对单一。此次分析中红色颜料仅有朱砂，没有发现文献中报道的铁红，黑色颜料推定为墨。白色颜料种类相对较多，有方解石、白云石、生石膏和滑石，滑石存在单独使用的情况，其他白色颜料均为混合使用，具体白色颜料的使用特点还需深入研究。同时，黄色颜料的种类也相对丰富，经 X 射线荧光和 X 射线衍射综合分析判定，黄色颜料包括钼铅矿、砷铅矿族矿物和方铅矿等，此次分析工作中没有发现文献中报道的单一使用磷氯铅矿［$Pb_5(PO_4)_5Cl$］的现象。砷铅矿族矿物包括砷铅矿、钒铅矿和磷氯铅矿等矿物，X 射线荧光分析结果表明，黄色颜料中存在的砷铅矿、钒铅矿特征明显，而磷氯铅矿存在的特征不明显。

（3）通过离子色谱对两个墓室顶部地表土壤盐分分析发现，地表土壤中盐分含量较低，但局部存在盐分聚集现象，可溶盐为西北干旱地区典型的硫酸盐和氯化盐。壁画表面及砖壁表面析出的白色物质为生石膏和少量的碳酸钙。综合分析来看，可溶盐通过地下水向壁画支撑体和壁画表面迁移的现象不明显，即由常见易溶盐活动造成壁画病害的风险非常低。

（4）两个墓葬壁画保存相对较好，由于壁画墓结构原因导致部分砖体开裂或破碎，从而对壁画表面造成影响是两个壁画墓的典型病害。同时，砖壁表面析出的生石膏和碳酸钙会给壁画表面造成较大影响，但是具体病害作用机制还需进一步研究。另外，生物病害造成的壁画污染也是两处墓葬壁画的典型病害。

（5）空气微生物浓度监测在墓室微生物爆发预测方面具有重要的指示作用，有必要依据天气阶段性地打开墓室门，保证墓室内外环境的空气交流。腐蚀壁画细菌主要隶属于假诺卡氏菌、酸菌属、克里贝拉属、鞘脂杆菌属、糖单孢菌属、固氮螺菌属，其中假诺卡氏菌属和酸菌属是优势类群。腐蚀真菌群落组成差异明显，曲霉属、*Phialosimplex* 属和侧齿霉属为魏晋墓腐蚀壁画上的优势属，曲霉属、侧齿霉属真菌可以作为壁画受微生物腐蚀状况的指示因子。

3.4　调 查 结 论

通过对莫高窟第 465 窟、夏河拉卜楞寺以及嘉峪关魏晋墓壁画制作材料、制作工艺以及病害成因调查，课题组得出以下结论：

（1）莫高窟 465 壁画的地仗特别是表层地仗与其他时代的比较，材料和工艺上存在较大差异，具有较鲜明的时代特征。莫高窟 465 窟壁画颜料多为传统矿物颜料，和其他时代使用的颜料比较接近，所用颜料主要为氯铜矿、石青、朱砂、铅丹和铁红等，颜料中还有少量的方解石和滑石等。壁画病害成因比较复杂，这与颜料中胶结材料的老化、盐害、水害、人为因素、环境因素、制作材料及其工艺等有关。

（2）拉卜楞寺所属各殿壁画颜料层所使用的材料基本上是传统的无机矿物颜料，工艺上也体现了传统的古代壁画制作工艺的特征。部分佛殿前廊发现有人工合成颜料，并有重绘现象。壁画表层都刷有起保护作用的清漆涂层，个别殿及其前廊的涂层还较厚（例如弥勒佛殿一层及其前廊）。病害形成的原因与外界大气环境、农田灌溉、制作材料及其工艺、建筑结构以及人类活动等因素有关，特别是人类活动和建筑结构占主导因素。

（3）魏晋墓第六、七号墓壁画的制作工艺具备河西地区出土画像砖的典型特征，壁画颜料为矿物颜料。墓室内壁画均为在墓室砖壁支撑体上涂刷白粉层后再绘制颜料制作而成。由于青砖支撑体表面粗糙，彩绘层在支撑体上附着力较强，表面颜料层相对完整，保存状况相对完好。壁画霉菌以曲霉属和侧齿霉属为优势属并可以作为壁画受微生物腐蚀状况的指示因子。

第4章　洞窟空间的水汽运移规律研究

4.1　项目实施概要

在文献查找、收集和阅读的基础上，从2014年年底开始，课题组在室内水泥墙体的壁面上实施了高密度电阻率成像法的测试工作，证实了在墙体壁面上进行高密度电阻率成像的可行性。通过测试，确认心电电极可作为高密度电阻率成像法在墙体壁面上测试时使用的电极，进行了心电电极的采购。

同时，为了实现在1m^2范围内的高密度电阻率成像测定，在原有设备ERT21的基础上，进行了相应的改造，提高了仪器测定的电压和加强了仪器测定的稳定性，为后续在洞窟内的稳定测定创造了条件。

此外，为了实现洞窟内温湿度的动态监测（后来又加上了空气压力的监测），购买了相应的温湿度和压力传感器，并在室内采用数据采集控制器实验性地实现了对温湿度和压力的动态监测。

在软件方面，编译连通了可用于非饱和带多相流模拟计算的TOUGH2系统，为实现含洞窟的莫高窟岩层中的水汽运移模拟计算创造了条件。

在上述室内工作的基础上，2015年4月30日至5月6日，课题组在108窟12个地点进行了温度和湿度传感器的布置，对洞窟内的温湿度进行了动态监测。在108窟后壁面的砂砾石层面上采用心电电极进行了电极间距为10cm、面积为1m^2的高密度电阻率成像法的多次测定。由于测定过程中出现了意外中断的问题，此次野外工作仅仅获得了两次比较全面的电阻率成像法测定资料。

为此，在对测定设备进行调试升级后，2015年7月30日至8月2日，对108窟后壁上的1m^2砂砾石层再次进行了高密度电阻率成像法测定。本次测定验证了电阻率测定仪器ERT21的稳定性，获得了多套完整的电阻值数据。同时，在本次洞窟测定中，我们还进行了空气压力传感器的布置。

在2015年工作的基础上，2016年5月对108窟后壁面进行了2m×2m的高密度电阻率成像法监测，并在8月份进行了重复测定。发现了影响测定数据质量的问题，并进行了解决，获得了质量较高的测定数据。从而，针对洞窟特殊的壁面实现了高密度的电阻率成像法的成功测定，为基于电阻率的空间分布和变化过程分析盐分的动态变化特征创造了条件，也为该方法在洞窟壁画保护研究中的推广应用提供了依据。

为了给洞窟水盐运移的模拟研究提供实际的输入参数，8 月份还在宕泉河的右岸采集了和壁画岩层基本一致的岩芯，在室内采用高密度电阻率成像方法进行了渗透率的测定，获得了有价值的参数。

洞窟内各种参数的长期监测是本研究的一项重要手段，但由于窟内没有连续电源的供给，使得所监测的数据有许多预料之外的中断，2016 年不断尝试采用新的供电方式，为参数的不间断监测创造了条件。

在前述工作的基础上，建立了相关的水汽盐运移模型，并于 2016 年底全面实施了对 108 窟降雨入渗和太阳辐射作用下墙体内水分、热量、水汽以及盐分运移过程的三维模拟研究，获得了墙体内水分、热量、水汽和盐分的流场，为揭示洞窟盐害产生的原因提供了依据。

4.2　108 窟内的温湿度和空气压力场变化规律研究

4.2.1　108 窟内温度、相对湿度和大气压力传感器的布置

2015 年 4 月 30 日至 5 月 6 日，课题组在莫高窟对适宜进行研究的洞窟进行了考察和分析，最后选定 108 窟作为研究对象。

108 窟位于莫高窟近地面一层，靠近南侧。窟内地面低于窟外地面 1m 左右，进入窟内的通道呈长方形，长方形长 5.5m、宽 2.8m、高 4.0m。窟主体下部近似为正方形、上部为覆斗形顶，长 11.3m、宽 10.40m、窟顶高 8.2m、正方形高 5.0m。中间为佛台，上有彩塑数座，佛台和洞窟壁面之间有环绕通道隔开，佛台前为一小平坦区域。

除洞窟西壁外，洞窟其他壁面上均有壁画。西壁上未有任何壁画可见，一部分是裸露的地仗层，其余则是露出的砂砾石层面。洞窟四周靠近地面约 0.6m 一带，有显著的壁画盐害迹象。

洞窟西壁砂砾石层，属于典型的第四纪冲积物，砾石粒径在 3cm 左右，磨圆度较好，有一定程度的水平层理。砂砾石之间有不同程度的钙质或泥质胶结，但还远远未达到成岩的程度，水和气可在其间缓慢运移。砂砾石层虽然总体上比较均一，但在小尺度范围上粒径、结构和胶结程度方面都有显著的不同。这种小尺度范围内的非均质性可能使得其间的水汽运移通道具有明显的选择性。

为了监测洞窟内温度场和湿度场的变化过程，自 2015 年 5 月 6 日起，在窟内 12 个地点设置了温度和湿度传感器，按半个小时间隔进行监测（图 4-1）。这 12 个地点中的 8 个分别设定在洞窟底面和顶面的四角，第 9 个和第 10 个分别设置在洞窟的入口和佛台上，以期能够获得洞窟内空气温度的空间分布及其随时间的变化过程。

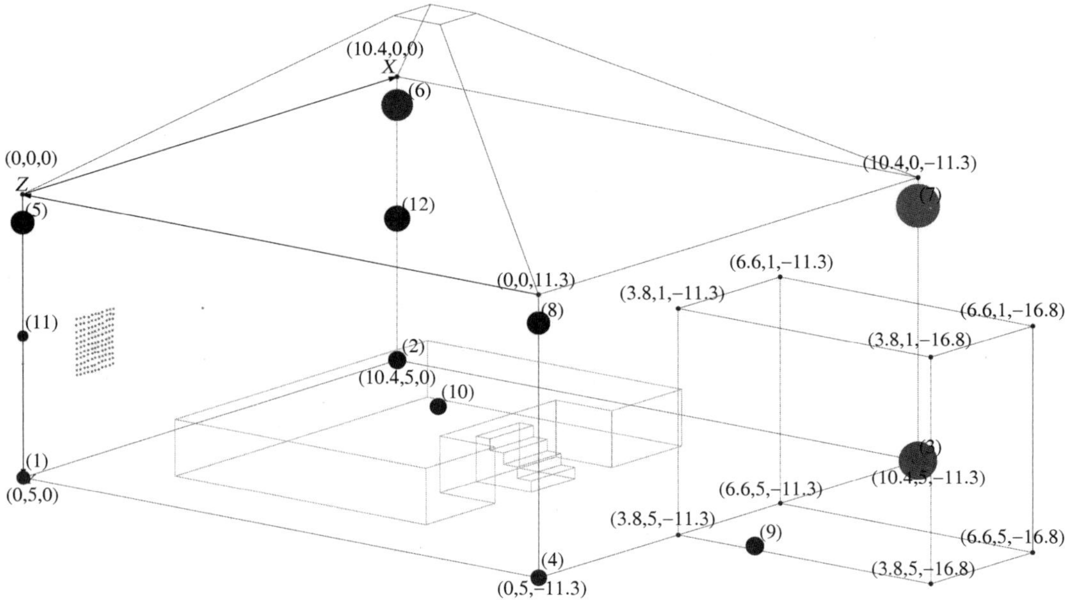

图 4-1　108 窟内温湿度传感器和电阻率成像法电极的设定位置

4.2.2　108 窟内空气温度的时间变化过程与空间分布特征

图 4-2 给出了 2015 年 5 月到 7 月近三个月间洞窟内不同位置空气温度随时间的变化过程。可以看出，洞窟内的温度在此期间是近乎线性增加的。从 5 月初的 12℃以下增加到了 7 月底的 16℃附近，温度升高了 4℃左右。尽管与窟外同期大气温度的变化相比，4℃温度的变化并不算大，但在长时间条件下，这一变化所带来的影响是不可忽视的。

在图中我们还清晰地看到，在所监测的 12 个传感器中，位于上层的 4 个监测点温度较高，而位于底层的 4 个监测点温度较低，其中 8 号和 3 号监测点分别是温度最高和最低的位置。窟内空气温度的这种上高下低的差异随着夏季的逐渐到来进一步增大，到达 7 月底时，上层和底面的温度差异竟达到了近 2℃。由于 5～8 号传感器的设置位置还不是洞窟的顶部，如果这种上高下低的温度差异按同样的趋势变化的话，那么窟顶面与地面温度的差异在 7 月底就有可能达到 3℃以上。

窟内温度的上高下低现象，与窟外地面附近温度下高上低的特征是完全相反的，即窟内的空气温度是逆向分布的。因此，单从温度分布的角度看，与窟外气流普遍的向上运动相反，窟内空气总体上比较稳定，气流甚至可能有下沉的现象。

为了说明窟内同一时间温度场的分布，用颜色的不同和圆点的大小表示 12 个监测点之间温度的相对大小，圆点大且为红色的是温度高的监测点。图 4-3、图 4-4 分别给出了 5 月 11 日零点和 7 月 21 日零点洞窟内的空气温度分布状况。可以看出，窟内位于 4 号和 8 号监测点之间的温度差异最大，同时随着时间的增加，1 号与 5 号之间、2 号与 6 号之间的温度差异也在逐渐增大。

从图 4-2 中还可以看到一个更重要的现象是窟内温度昼夜变化在上层和底层之间的显著差异。对于靠近地面的监测点 1～4 号，温度的昼夜波动较小，说明这些位置受窟外昼夜温度变化的影响很小。而对于上层的监测点 5～8 号，其温度具有显著的昼夜波动现象，说明位于这些位置的空气温度明显受到了窟外昼夜温度变化的影响。

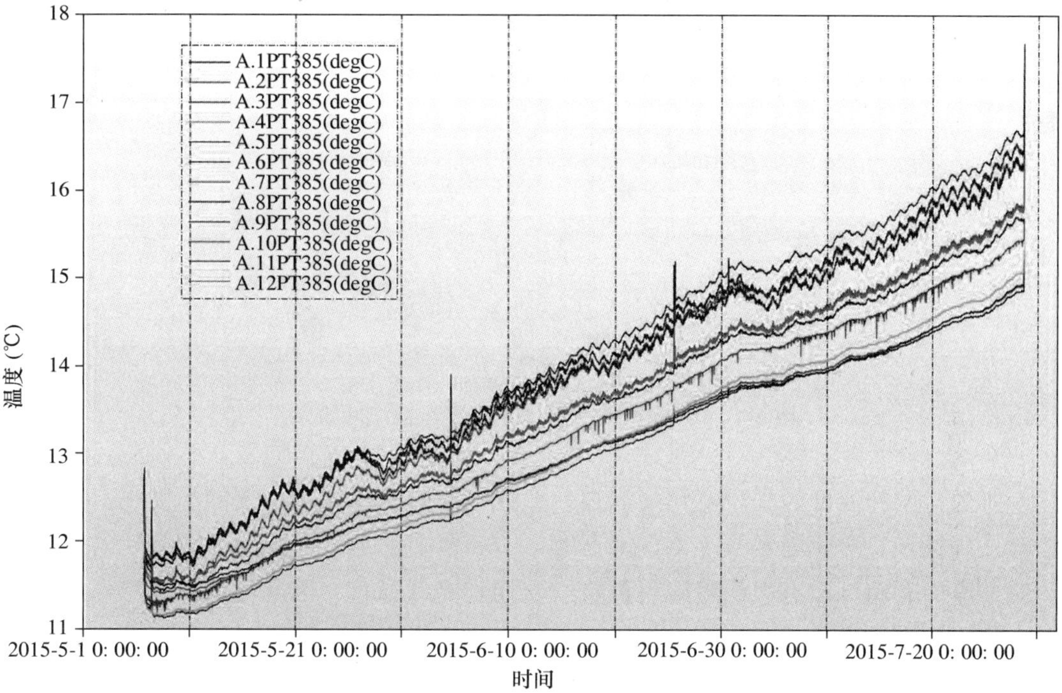

图 4-2　108 窟内不同位置空气温度随时间的变化过程

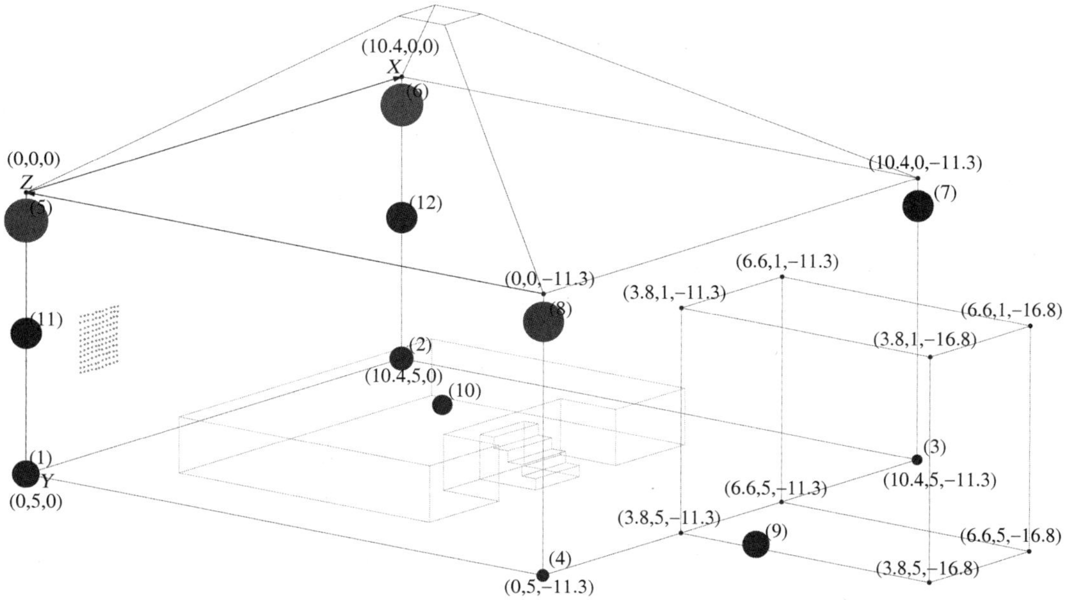

图 4-3　108 窟内 5 月 11 日零点空气的温度场分布

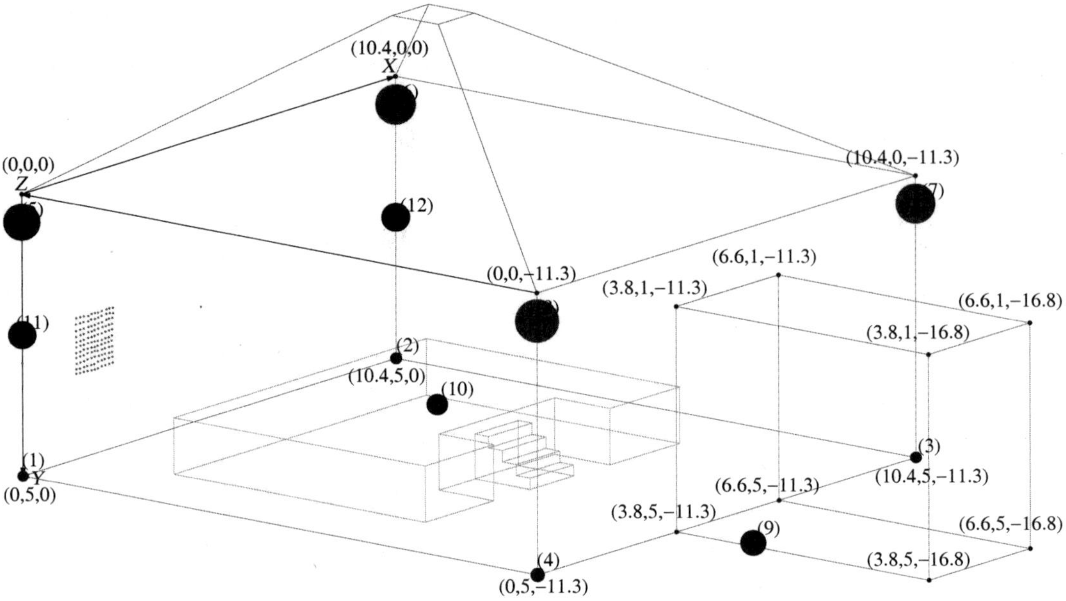

图 4-4　108 窟内 7 月 21 日零点空气的温度场分布

那么，窟外温度的昼夜变化是通过什么途径影响到了窟内空气的温度呢？热的传输有三种途径，分别是传导、对流和辐射。108 窟平常不对外开放，窟口处的门是关闭的，窟内和窟外没有大的缝隙可供空气交换和光线通过，因此可以认为窟外通过对流和热辐射对窟内空气的温度施加影响是很困难的。那么，窟外对窟内温度施加影响的唯一途径就是热传导作用。由于空气是良好的绝热材料，显然窟外通过进口处的空气以热传导的方式影响窟内的温度是不可能的。剩下的唯一可能就是洞窟周围的墙体，难道真是制作洞窟的砂砾石层通过热传导方式影响了窟内空气温度的变化吗？

为了回答这一问题，我们放大 5 月 11～12 日和 7 月 21～22 日的温度变化过程（图 4-5、图 4-6，图版四、图版五）。从图中可以清楚地看到，上层空气的温度昼夜变化规律清晰，靠近地面的则不明显，而位于中间高度的 11 号和 12 号，虽温度昼夜变化明显，但波动幅度不如上层监测点。尤其是 9 号监测点，它位于洞窟入口处的地面，反而温度昼夜波动较小，这进一步说明窟外热量通过窟口以对流或辐射的途径进入窟内，进而影响窟内空气温度变化的可能性很小。

为此，分析 5 月 11～20 日和 7 月 18～27 日间各个监测点上温度昼夜变化的幅度（即一昼夜中温度的最大值与最小值之差，图 4-7、图 4-8）。从图中可以看出，无论在 5 月份还是在 7 月份，窟内空气温度的昼夜波动幅度在空间上都有显著的分布特征。上层空气中监测点 5 号和 6 号处的昼夜波动幅度最大，而 7 号和 8 号监测点处的昼夜波动幅度最小。由于 5 号和 6 号监测点位于洞窟的后壁面上，比 7 号和 8 号监测点更加远离洞窟出口，其温度的昼夜波动幅度反而大于后者更加说明窟内的热源很可能不是来自于窟口。

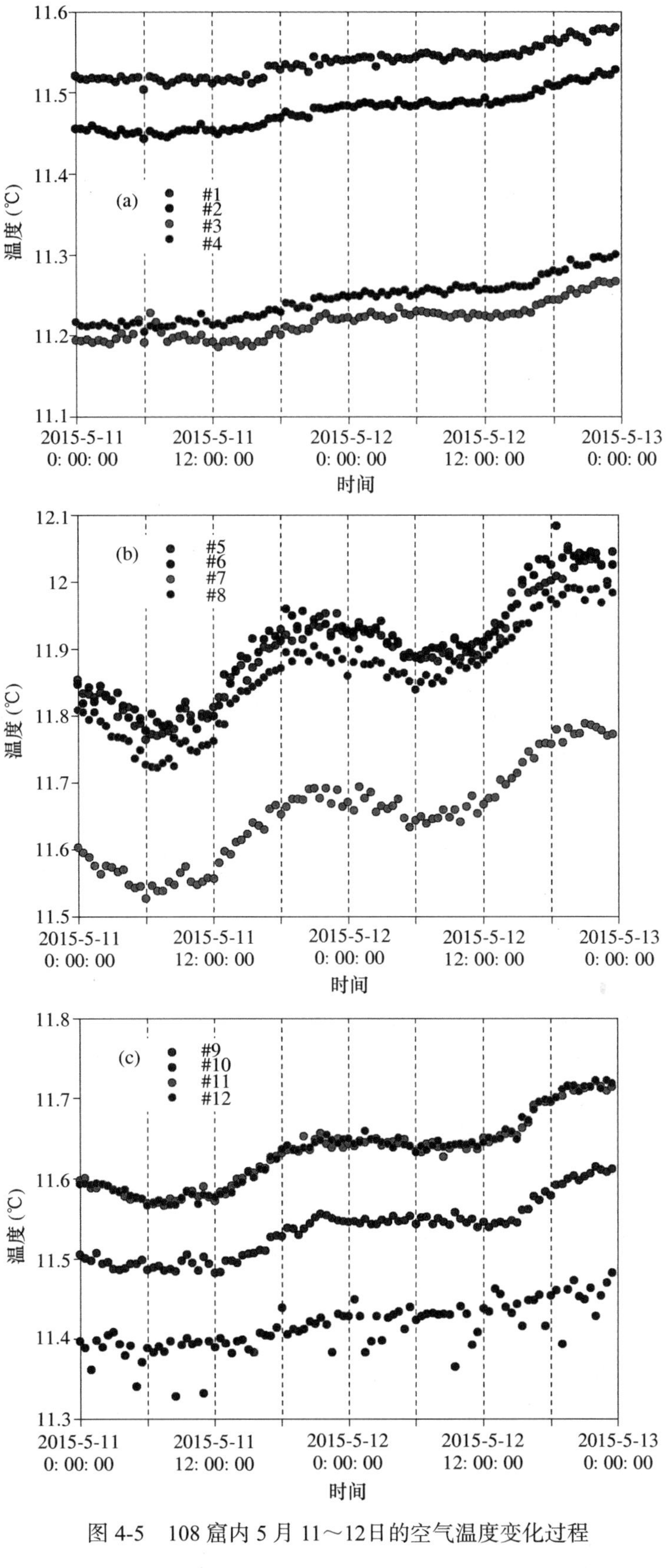

图 4-5　108 窟内 5 月 11～12日的空气温度变化过程

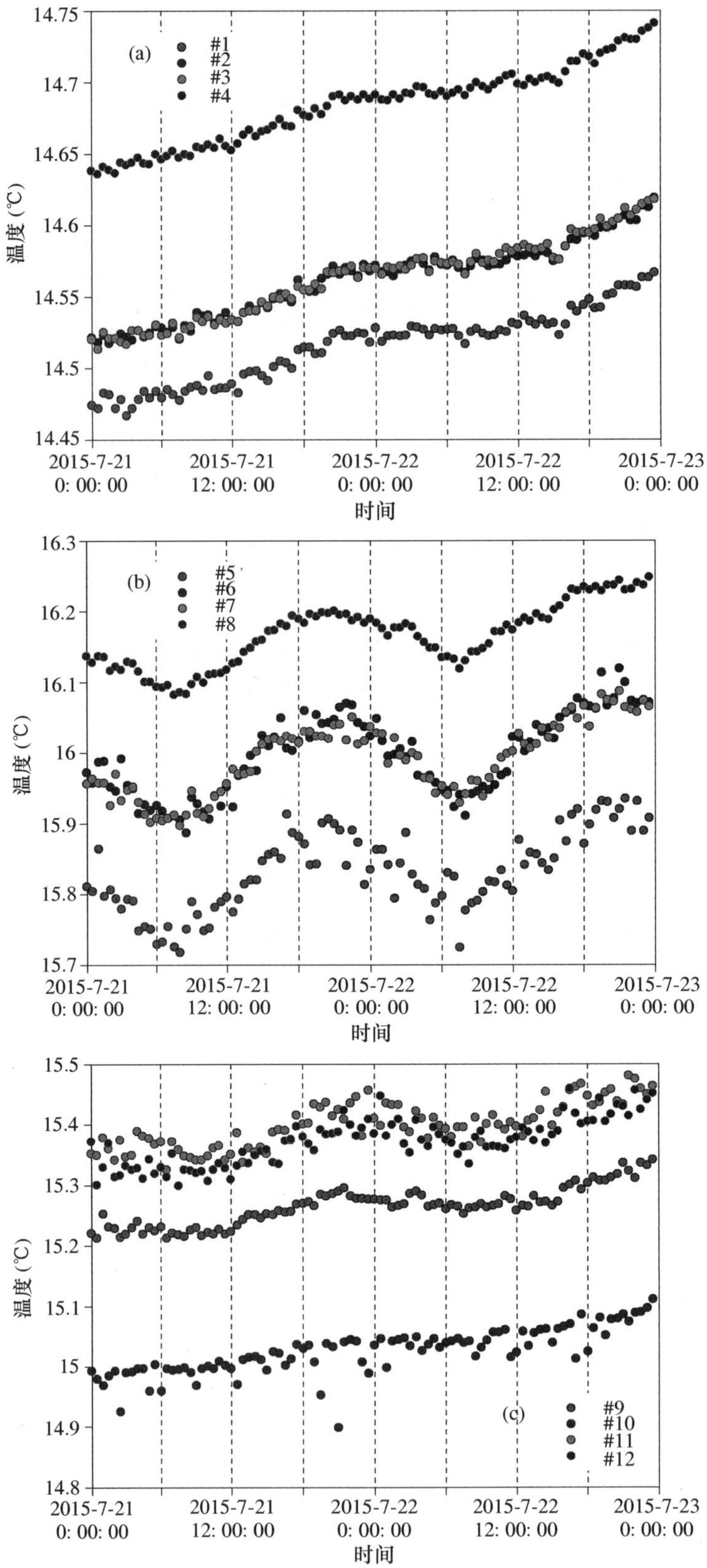

图 4-6　108 窟内 7 月 21～22 日的空气温度变化过程

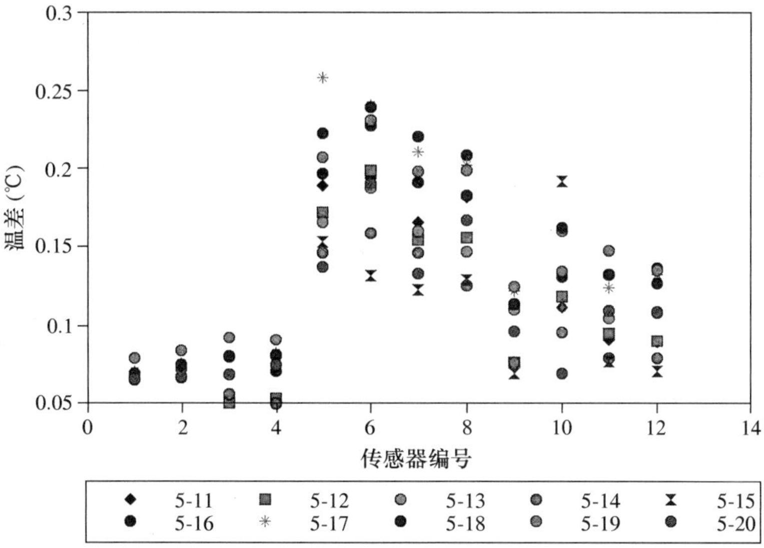

图 4-7　窟内 5 月 11～20 日间不同监测点上空气温度的昼夜波动幅度

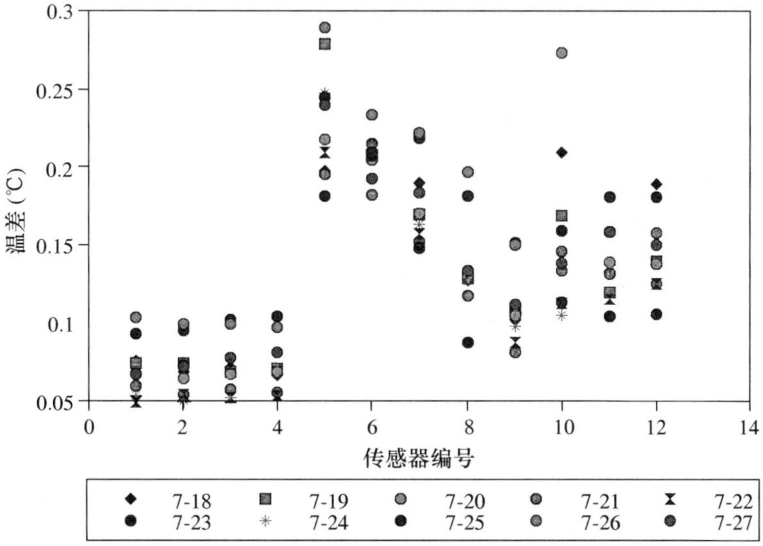

图 4-8　窟内 7 月 18～27 日间不同监测点上空气温度的昼夜波动幅度

采用与前面同样的方法，用圆点的大小和颜色的不同来表示温度昼夜波动幅度的相对大小，就可以得到 5 月 17 日和 7 月 24 日窟内昼夜温度波动幅度的空间分布（图 4-9、图 4-10）。它清晰地说明昼夜温度波动最大的位置是 5 号监测点所处的位置，同时该监测点还是窟内温度最高的位置。难道在 5 号监测点附近有热源存在吗？确实，在 5 号监测点下方，1 号监测点旁边，放置了数据采集仪器，仪器可能有微小的热量释出。要是来自于仪器的热量对空气温度有影响，它应该是一种持续稳定的影响，不应该是周期性的。况且离仪器最近的 1 号监测点，其温度也没有发现有明显的昼夜变化。因此，5 号监测点处温度的昼夜波动不应该是来自于数据采集仪器的影响。对 5 号监测点处温度波动的解释需要进一步的试验观测。

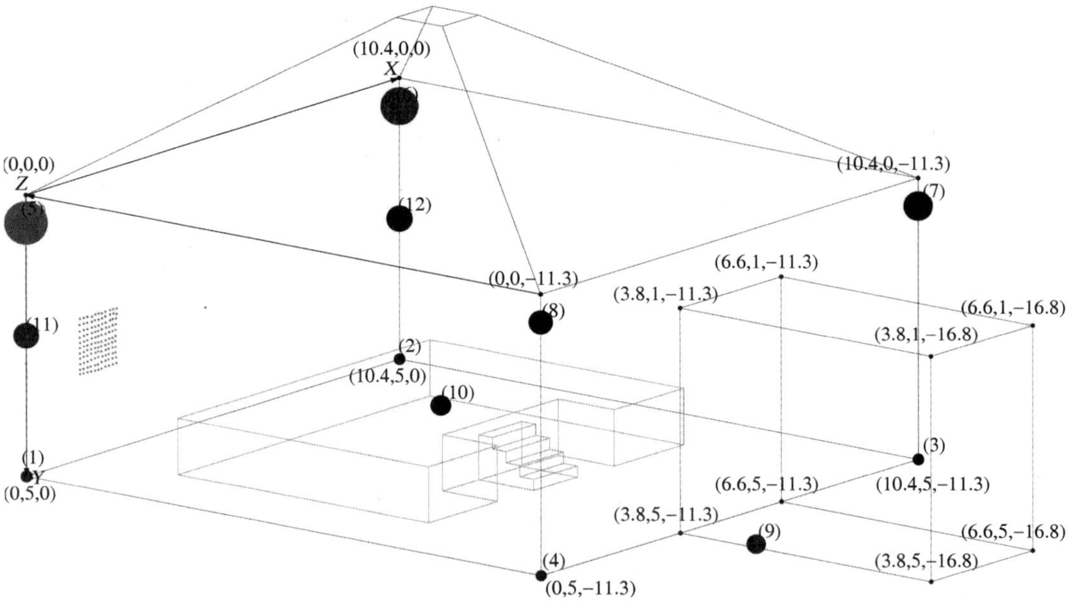

图 4-9　108 窟内 5 月 17 日空气温度昼夜波动幅度的空间分布

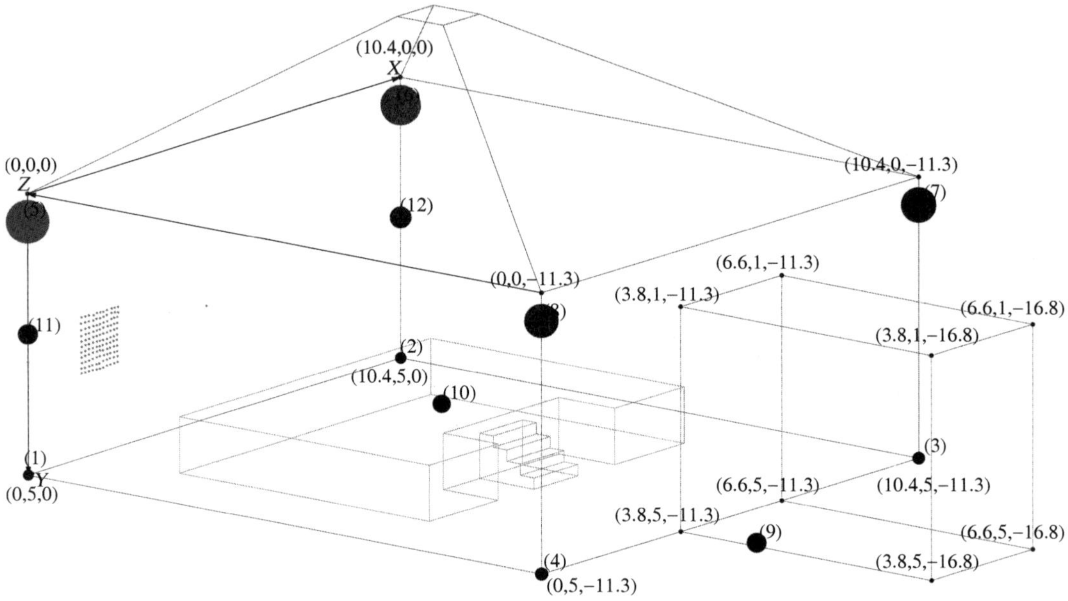

图 4-10　108 窟内 7 月 24 日空气温度昼夜波动幅度的空间分布

4.2.3　108 窟内空气湿度的时间变化过程与空间分布特征

窟内空气相对湿度传感器的设置位置和温度传感器的位置是完全一样的，监测时间间隔也是半小时。但由于相对湿度传感器外部供电中途中断，在 2015 年 5 月至 7 月份的监测中仅获得了开始一个月的有效数据。图 4-11 给出了传感器所记录的窟内空气相对湿度随时间的变化过程。

从图中首先看到，在整个观测时间范围内，窟内空气的相对湿度总体上都是增加的。

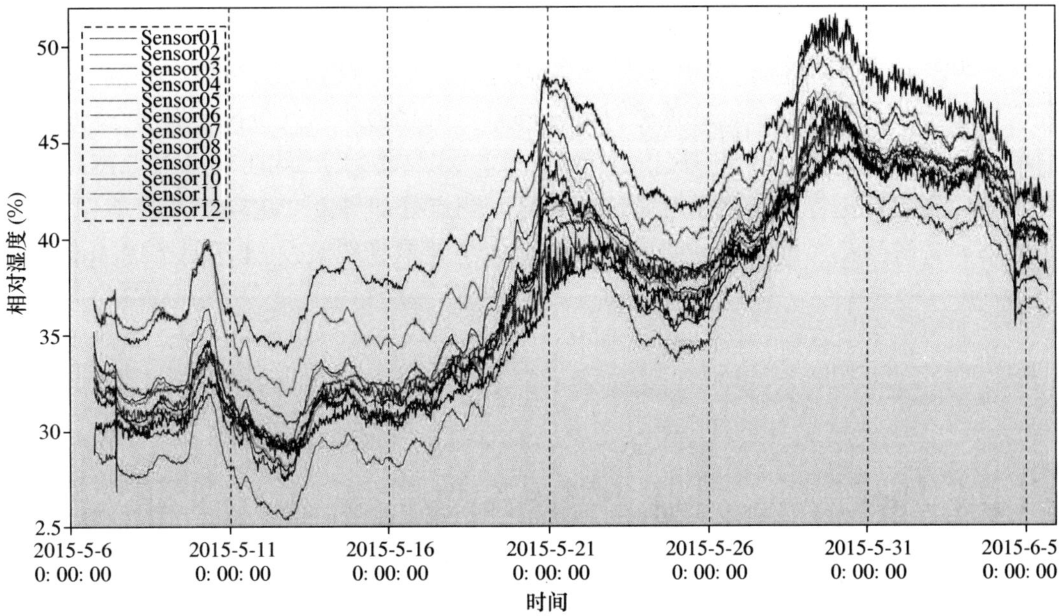

图 4-11　108 窟内不同位置空气相对湿度随时间的变化过程

在没有外部水汽供给的条件下，随着温度的增加，理论上空气的相对湿度是随着温度的增加而减小的。因此，窟内相对湿度总体上的增加与窟内同期温度的增加是不吻合的，除非水汽有一个从外部流入窟内的渠道，通过这一渠道窟内的空气获得了额外的水汽补给。

其次，从图中还清楚地看到，在整个观测期内相对湿度出现了明显的三个峰值。一个在 5 月 10 日 7: 30 附近，另一个在 5 月 20 日 22: 00 左右，最后一个在 5 月 30 日 0: 30 前后。虽然三个时间点在温度变化曲线上都有一定的温度降低，但零点几度的温度变化就导致了如此大的空气相对湿度变化，还是难以解释的，为此对窟内空气的绝对湿度进行了计算。

在已知空气温度 t（单位：℃）的条件下，可根据（公式 4-1）计算该温度下空气饱和时的绝对湿度（单位：g/m^3）：

$$\rho_{ws}(t)=\frac{100\times 6.11\times 10^{7.63t/(241.9+t)}}{461.5(t+273.15)}\times 10^3 \qquad （公式 4-1）$$

当空气的相对湿度 f（单位：%）已知时，该温度下非饱和空气的绝对湿度可由（公式 4-2）计算：

$$\rho_w(t)=\rho_{ws}(t)\times f/100 \qquad （公式 4-2）$$

为此，根据（公式 4-1）、（公式 4-2）以及所监测的温度和相对湿度，就可以计算出窟内空气的绝对湿度及其随时间的变化过程。

图 4-12 给出了窟内空气的绝对湿度随时间变化的过程。可以看出，由于观测期间窟内温度的变化并不大，窟内温度的变化并不是空气湿度变化的主要因素。窟内空气的绝对湿度仍然具有类似相对湿度的变化趋势，随着时间的增加总体上呈现出增加的趋势，并在前述三个时间点前后，存在三个明显的迅速升高的峰值。这意味着，在此观测期

间，窟内空气存在净的水汽输入。难道在窟内某个地方存在着水汽输入的通道吗？

事实上，窟内空气绝对湿度所体现出的昼夜变化就说明窟内空气的水汽是和窟外有密切联系的。有趣的是，这种绝对湿度的昼夜变化仍然以分布在上层的5～8号监测点处表现显著，位于后壁中层位置的11～12号以及位于地面的3～4号监测点处也有明显的昼夜变化特征，最靠近窟口的9号监测点处却昼夜变化较小（图4-13）。而更加令人费解的是，绝对湿度的周期性变化似乎并不是严格以24小时为周期的，这

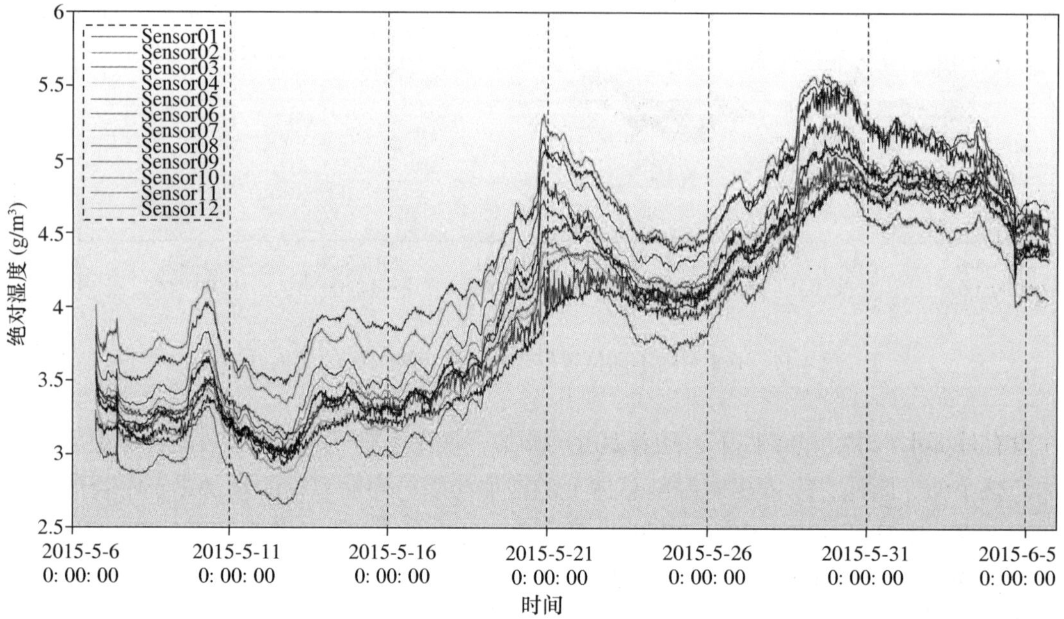

图4-12　108窟内不同位置空气绝对湿度随时间的变化过程

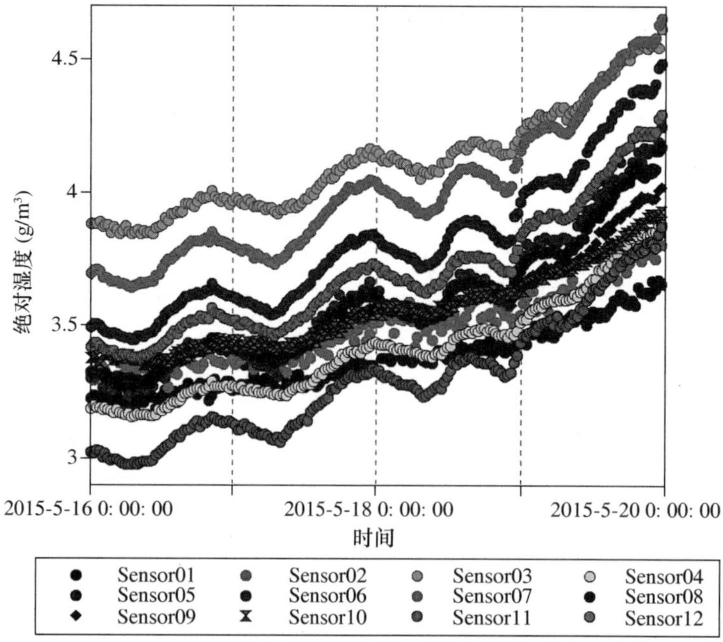

图4-13　108窟内5月16～19日间空气绝对湿度的时间变化过程

与温度严格遵守 24 小时的周期变化明显不一样。

理论上，在静止和温度均匀的空气中空气绝对湿度的分布应该是底层高，上层低，因为绝对湿度大相应的重力也应该大。为此，选取了六个时间点绘制了窟内绝对湿度的相对分布图（图 4-14），图中左侧的分布图（a—c）代表了绝对湿度处于低值时间段的三个时间点，右侧的分布图（d—f）代表了绝对湿度处于峰值时间段的三个时间点。从图中可以清晰看出，绝对湿度的高值区域总体上位于窟内的上层和前部，而低值区域则位于窟内的底部和左前方向。当绝对湿度处于低值时间段时，绝对湿

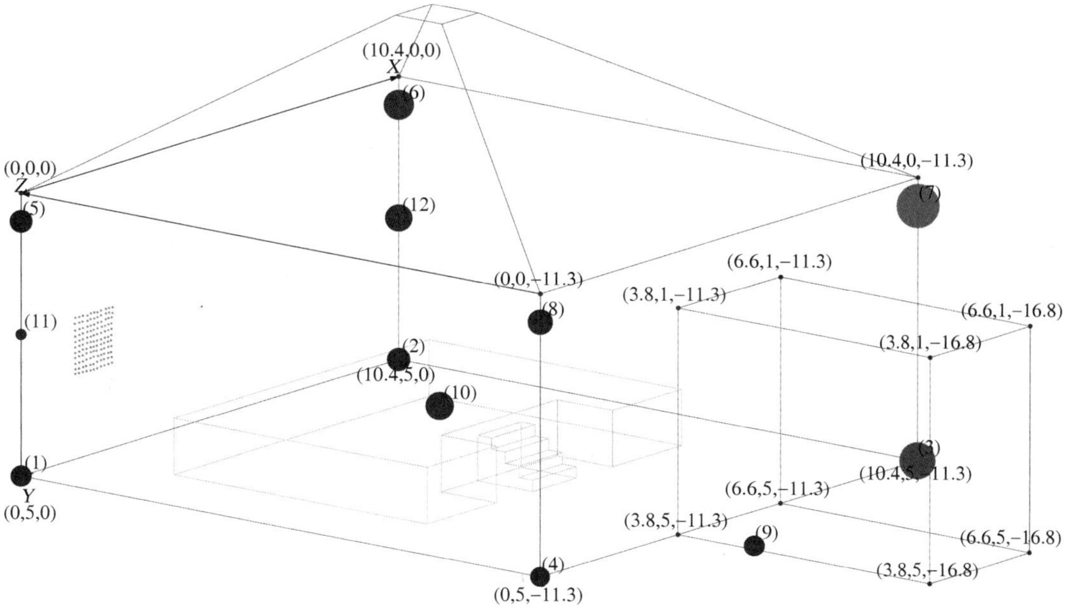

(a) 2015.5.8.0: 00

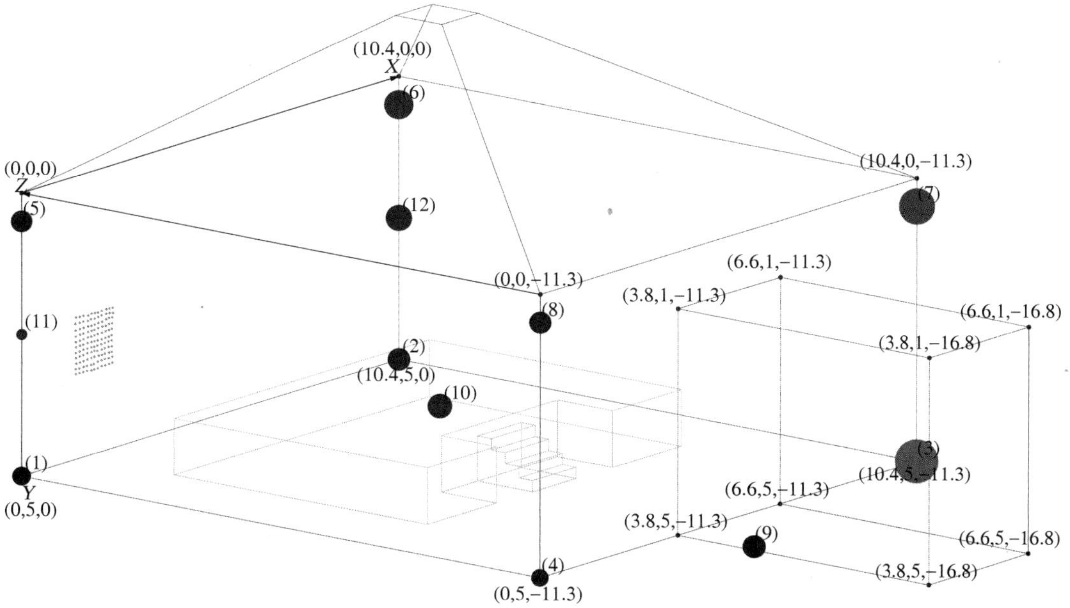

(b) 2015.5.16.0: 00

图 4-14　108 窟内不同时间空气绝对湿度的空间相对分布

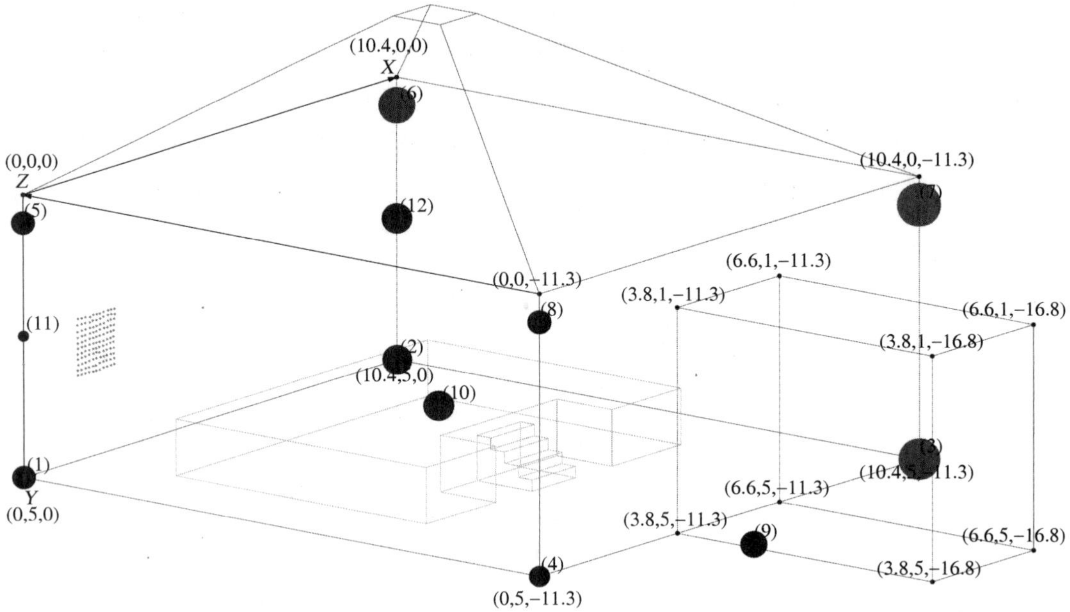

(c) 2015.5.25.0: 00

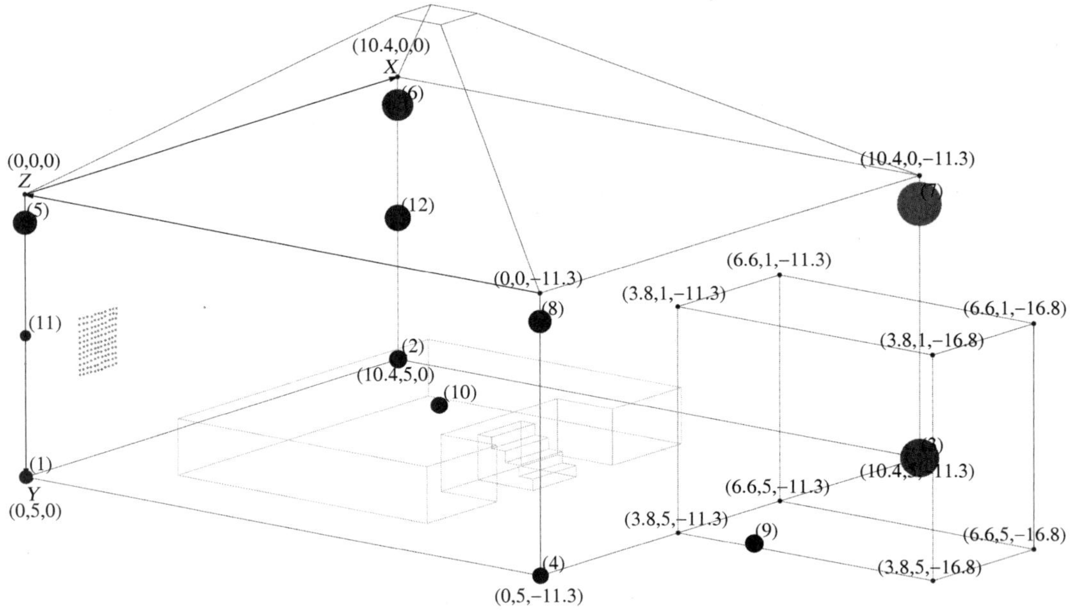

(d) 2015.5.10.8: 00

图 4-14 （续）

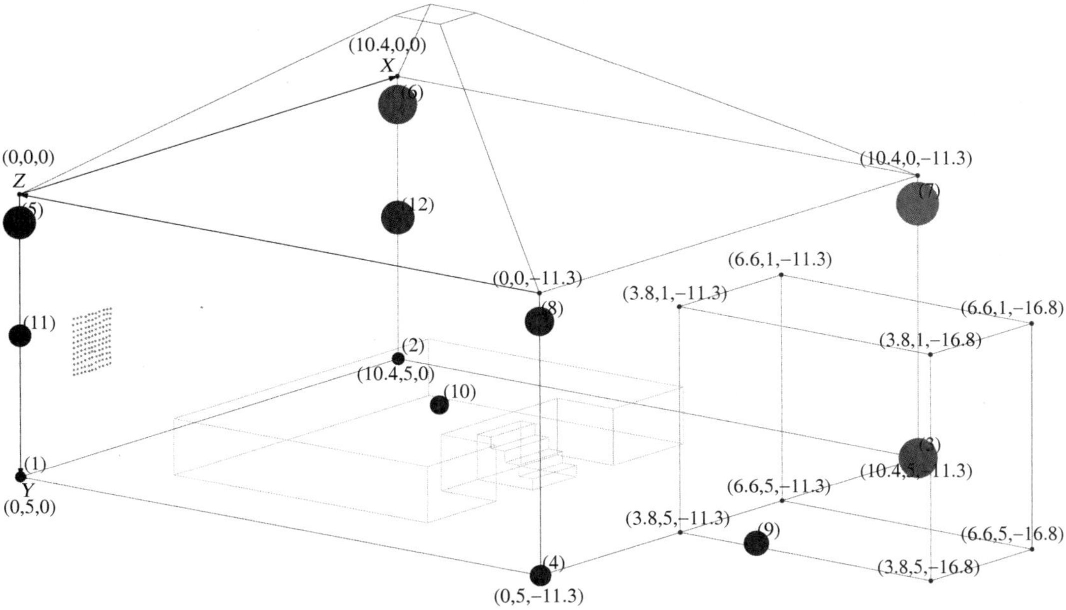

(e) 2015.5.21.0: 00

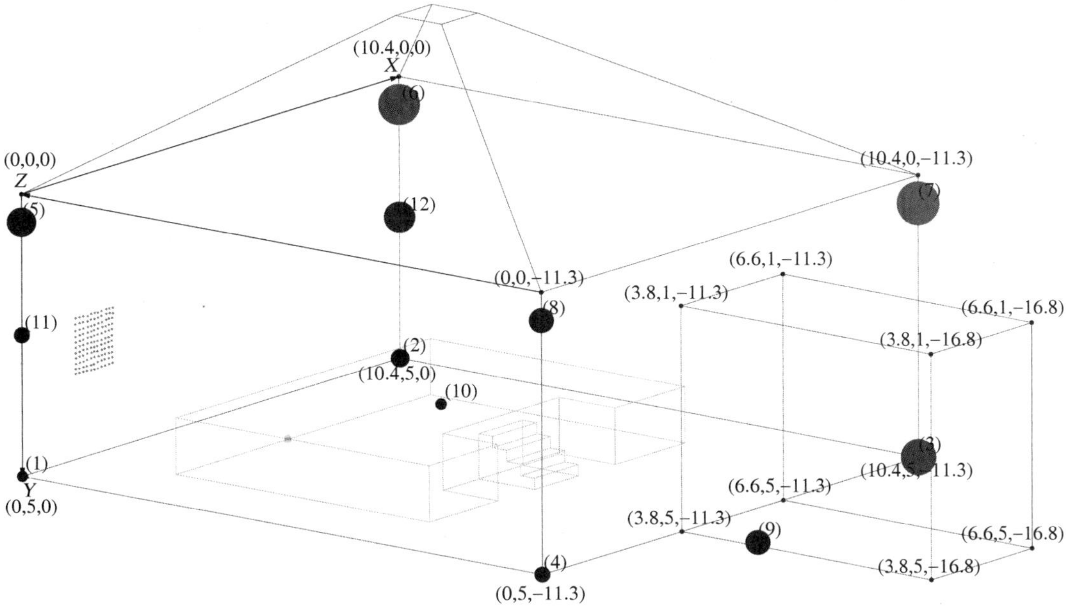

(f) 2015.5.29.7: 00

图 4-14 （续）

度的高值区域主要分布在洞窟前部的 3 号和 7 号传感器处，而当绝对湿度处于峰值时间段时，上层区域的绝对湿度总体上增大，并在 6 号传感器处增加明显。绝对湿度的分布特征完全和预测不吻合。由此，可以认为窟内的空气不是完全静止的，空气湿度场的分布也是有差异的。难道窟内气流的方向是由上层从 5 号监测点、经过 6 号监测点，向 7 号和 3 号方向运移并在洞窟的前侧聚集的吗？

4.2.4　108 窟内空气压力的时间变化过程与空间分布特征

对窟内空气压力的监测从 2015 年 7 月 30 日开始，设置了 4 个传感器，分别安装在 1（P1）、3（P2）、5（P3）和 7（P4）号位置。图 4-15（图版六）给出了窟内空气压力随着时间的变化过程。显然，窟内的空气压力也是变化的，并且存在明显的昼夜变化现象。就大小而言，在洞窟前部的 3 号（P2）位置（最上一条曲线）最大，而在

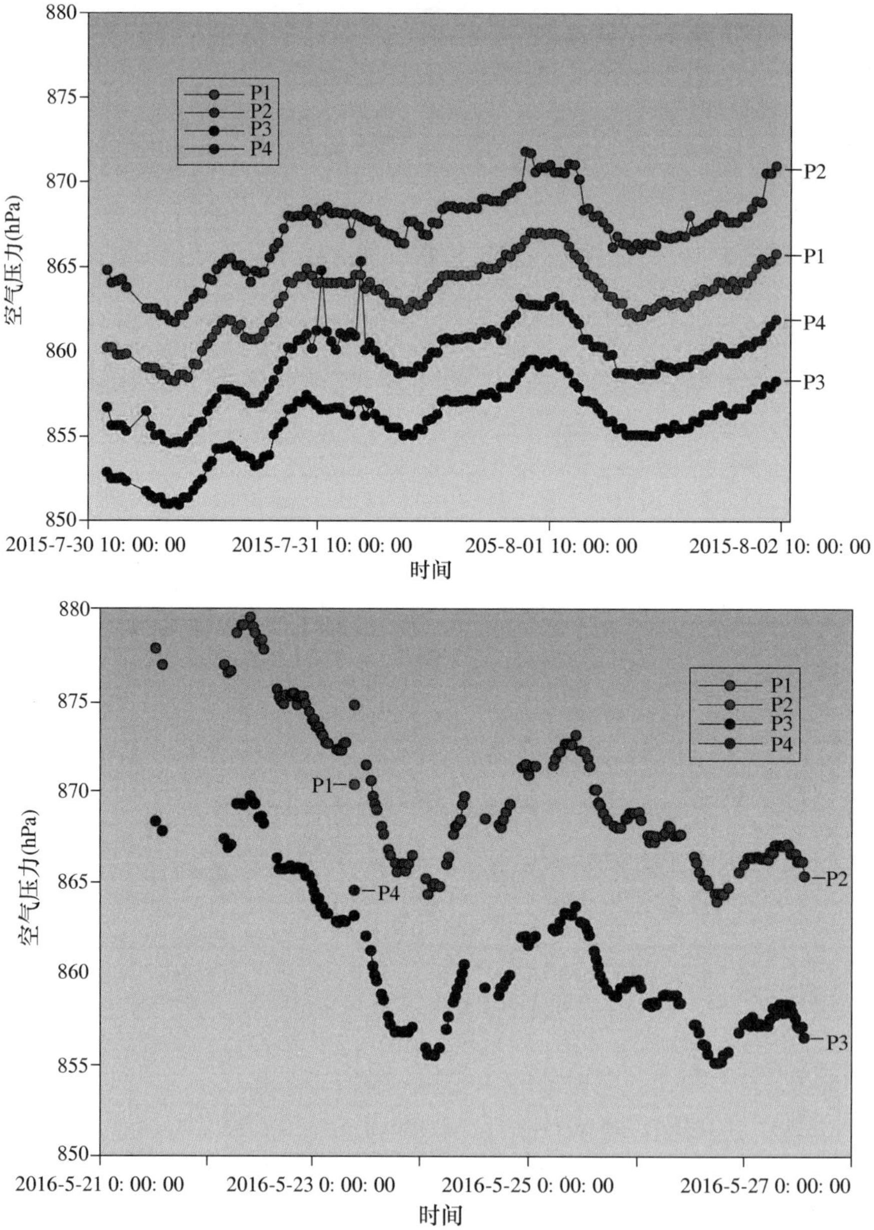

图 4-15　108 窟内 2015 年 7 月和 2016 年 5 月的空气压力变化过程

洞窟后侧上层的 5 号（P3）位置（最下一条曲线）最小。由此可见，窟内的空气至少不是静止不动的，它有一个由前部到后部的循环过程，并受到外部环境变化的影响。

综合关于窟内空气温度、湿度和压力的监测结果可知，窟内空气与外部环境变化关系密切，存在着显著的昼夜和季节的变化以及水汽和能量的输入，而且以上层空气和靠前部（东侧）的区域变化幅度大。由此判断，影响窟内空气的物质和能量的源应该在洞窟上层和靠前部的区域，它就是 108 窟东侧的崖面。

4.3　108 窟壁面上高密度电阻率成像法的实施

对 108 窟温度和湿度的监测仅仅是从窟内空气的角度进行的监测，为了能从洞窟墙体内部探讨岩层中的水盐运移过程及其与壁画盐害之间的关系，2015 年和 2016 年在后壁面（西壁）上成功实施了高密度电阻率成像法测试，为后续基于电阻率成像法对墙体内部水盐运移过程的三维监测创造了条件。

4.3.1　1m × 1m 的高密度电阻率成像

1. 测定方法

电阻率成像法的监测位置位于 108 窟西壁南侧下部，由于此处无地仗覆盖因而可实现对墙体内部的监测。电极布置范围 1m^2，最下侧距离地面 1.5m，最左侧距离西壁南边沿 1.5m。电极间距在水平方向和垂直方向均为 0.10m 左右，一共布置 121 个电极，电流和电位远电极分别布置在 1m^2 区域的左侧和右侧，距离地面 2m 处的位置。电极采用 58mm直径的 AgCl 心电电极，设置时剥去心电电极上的透明胶，在需要设置地方先涂上一小块黏土，再在黏土上设置电极。试验结果表明，这样设置的电极和黏土块之间是紧密接触的。但是，由于砂砾石层表面疏松或在砾石面上有许多浮土，致使黏土块和砂砾石层之间很难保持长时间的稳定接触，从而导致测试结果中出现了许多异常。

测试方法采用二极法进行，沿着 X、Y、XY 和 $-XY$ 四个方向分别进行扫描测定，由此实现了对 1m^2 范围的高密度电阻值测定，每次扫描测定可获得 1700 个数据。电极位置和测定模式如图 4-16 所示。测定仪器采用自主研发的 ERT21D 高密度电阻测定仪器，该仪器可以对 128 个电极实现二极法的任意组合测定，测定电压有 24V、48V 和 168V，可以实现全自动的扫描测定。监测试验在 5 月上旬试验性地进行了多次，获得了两次完整的资料。7 月 30 日到 8 月 1 日进行了再次试验测定，获得了 6 次完整的测定数据。测定结果的稳定性如图 4-17 所示。

基于所获得的高密度电阻值，在剔除异常数据之后，对各测定组合的视电阻率值按半无限空间介质的假设进行了计算。虽然，洞窟建造于地层内部，整体上难以作为半无限空间介质来考虑，但考虑到电极所设置的壁面为临空平面，电极间距远远小于

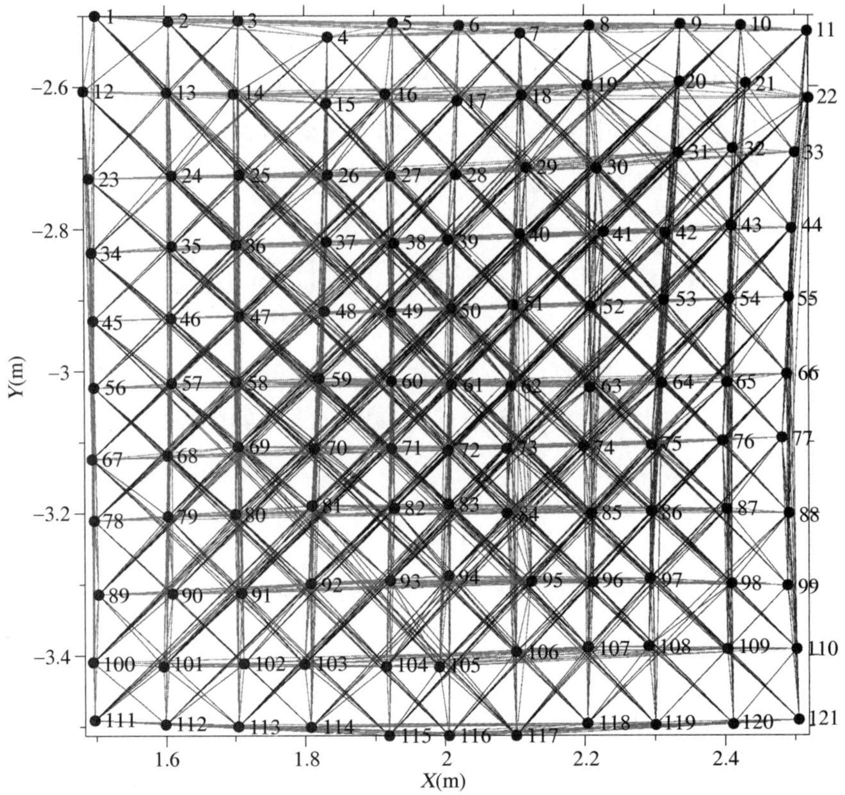

图 4-16　窟西壁面 1m^2 范围上的高密度电阻率成像法测定模式

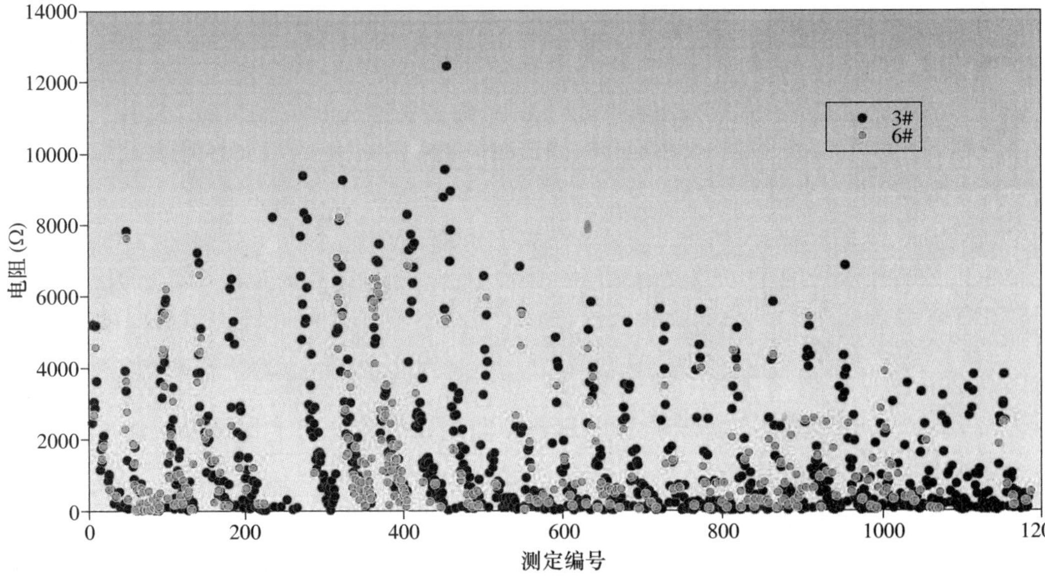

图 4-17　窟西壁面 1m^2 范围上测定结果的稳定性

壁面的尺寸，这种半无限空间的近似假设在初步分析中是可行的。

针对 108 窟，采用笛卡尔坐标系统，坐标系统的原点在洞窟西壁的左上方，即监测点 5 号所处的位置。水平向右为 X 轴方向，垂直向下为 Y 轴方向，垂直西壁向里为 Z 轴方向。

2. 视电阻率的平面分布特征

图 4-18～图 4-21 给出了在五月份和八月份获得的视电阻率空间分布图像。由于所得图像是三维的，通过垂直壁面四个深度范围上（0.05～0.20m，0.20～0.35m，0.35～0.50m，0.50～0.65m）的视电阻率平面图来表现。虽然由于电极接触的问题，在所得结果中还有某些不确定性，但从图中首先可以清晰地看出，在平行西壁的各个深度的层面上，视电阻率的分布都是非常不均匀的，甚至有一定程度的随机分布的特征。这一非均匀的随机特征是和砂砾石层在该尺度上所体现出的泥质成分、砂质成分以及砾石的非均匀分布相吻合的，说明所测定的结果是合理的。高电阻率区域对应砾石或干燥且胶结紧密的区域，而低电阻率区域则对应非砾石的胶结疏松或盐分含量高的区域，因此所得的电阻率分布图正好为研究砂砾石层内的水盐运移过程提供了重要依据，因为图中的低电阻率区域可能就是砂砾石层中水、汽和盐分运移的通道。

除了在平面上近似随机分布的特征之外，还看到除了 5 月 5 日 15: 29（图 4-18）获得的电阻率分布外，在随后的时间所获得的视电阻率值整体上都是随着深度的增加而增加的，电阻率值在靠近墙体表面处最小，这一现象和在土壤中获得的电阻率随深度的变化趋势是完全相反的。由于含水量的增加和盐分浓度的增加都会降低电阻率值，因此窟内靠近墙体表面电阻率值的减小正好说明靠近墙体表面时砂砾石层中的水分和 / 或盐分在增高。由此，壁画盐害的发生也就很自然了。

最后，从时间变化上可以看到，虽然电阻率的空间分布格局基本上是稳定的、在时间上是不变的，但在不同的测定时间所获得的分布之间仍然有着局部的变化。这种局部的变化可能是由于墙体中水、汽和盐分含量随时间的变化所引起的。事实上，与 5 月份的测定结果相比，7 月底 8 月初的测定结果在靠近墙面的深度上电阻率值显著减小。考虑到虽然从 5 月份到 7 月底，洞窟内的温度有所增加，但增加的幅度并不大，还不至于引起墙体电阻率如此大的减小，因此可以认为是墙体内水分和盐分在墙面附近的聚集导致了该区域电阻率值的降低。

3. 视电阻率的剖面分布特征

为了更好地分析电阻率在后壁面上随着深度的变化特征，图 4-22～图 4-25 给出了不同 Y 坐标位置电阻率在深度剖面上的分布图像。由图可知，电阻率值在剖面上的分布也是很不均匀的。同时，与 5 月份的测定结果相比，7 月底 8 月初的测定结果也表现出了墙体表层电阻率值降低的现象。如平面分布图上所体现的那样，这应该是墙体内水分和盐分向表面积聚的结果。

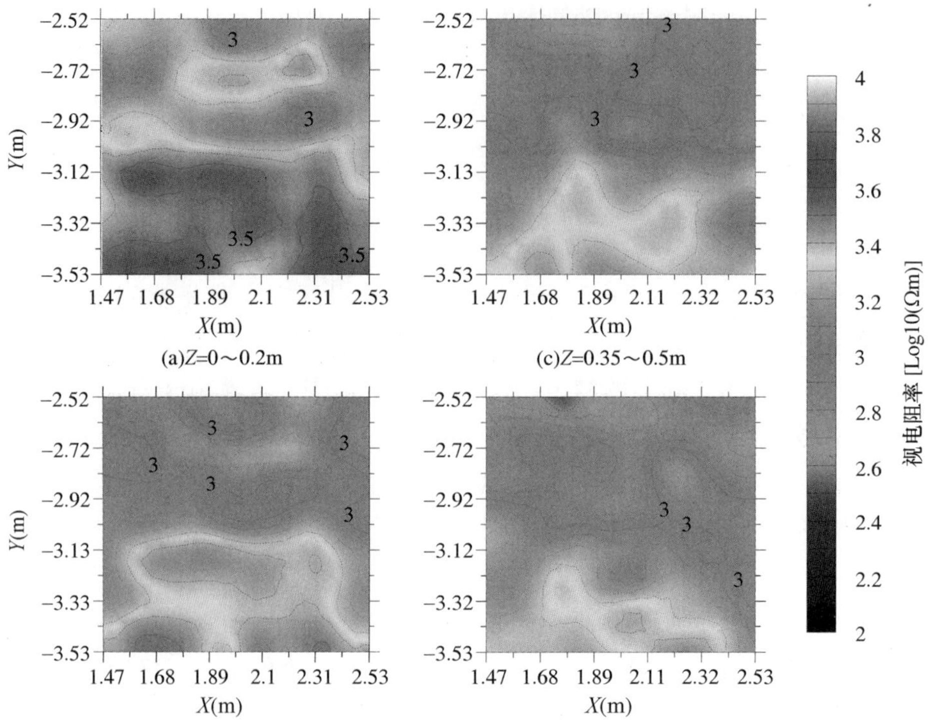

(a)Z=0～0.2m　(c)Z=0.35～0.5m

(b)Z=0.2～0.35m　(d)Z=0.5～0.65m

1. 2015.5.5.15: 29

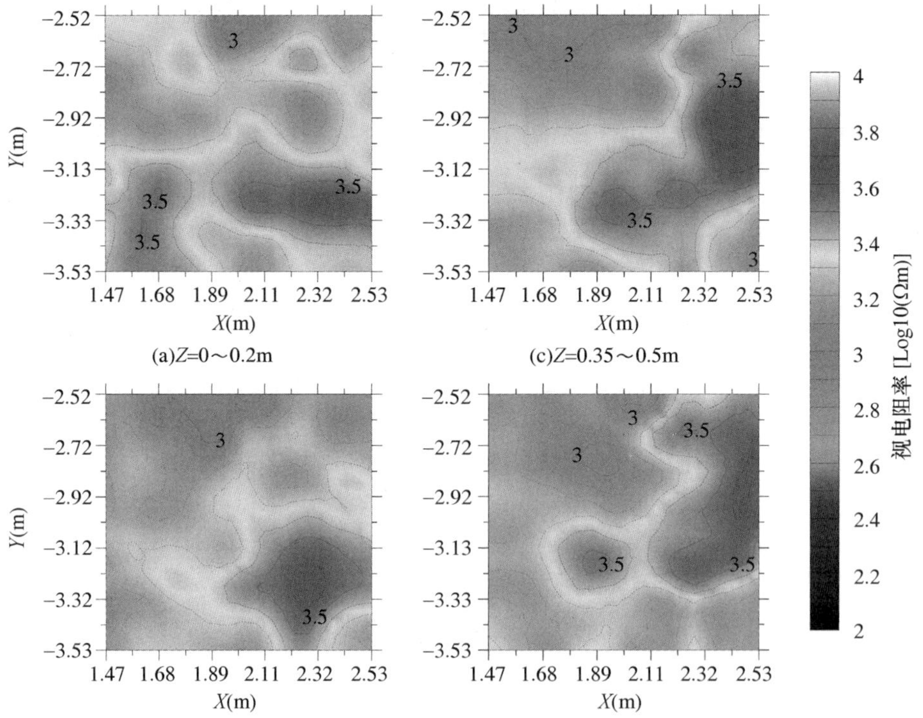

(a)Z=0～0.2m　(c)Z=0.35～0.5m

(b)Z=0.2～0.35m　(d)Z=0.5～0.65m

2. 2015.5.6.16: 26

图 4-18　2015 年 5 月所得视电阻率在不同深度上的分布

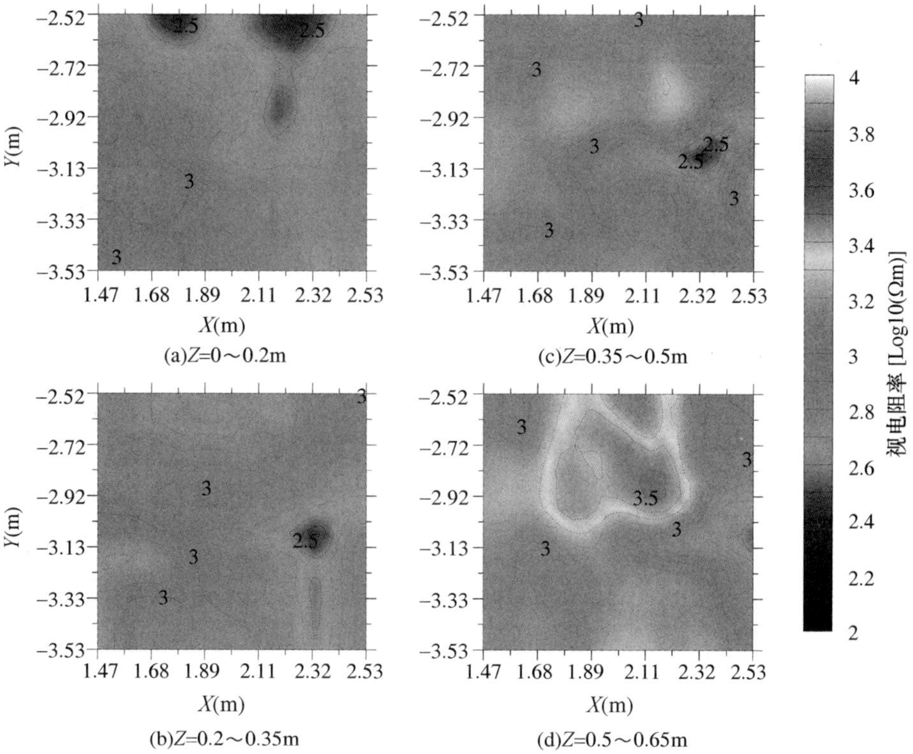

1. 2015.7.30.12: 17

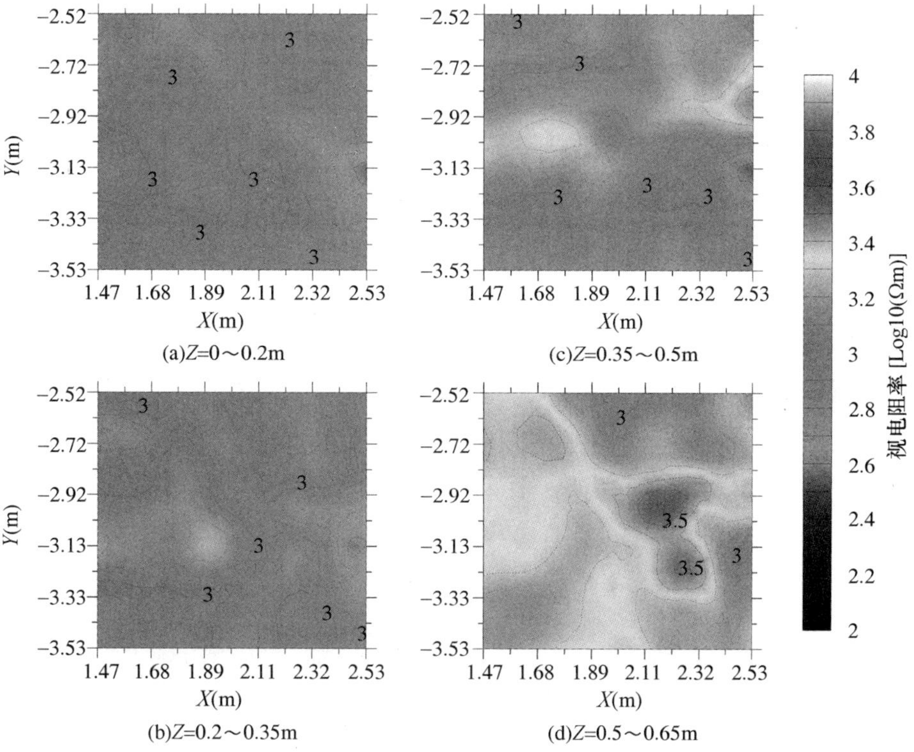

2. 2015.7.30.17: 57

图 4-19 2015 年 7 月 30 日所得视电阻率在不同深度上的分布

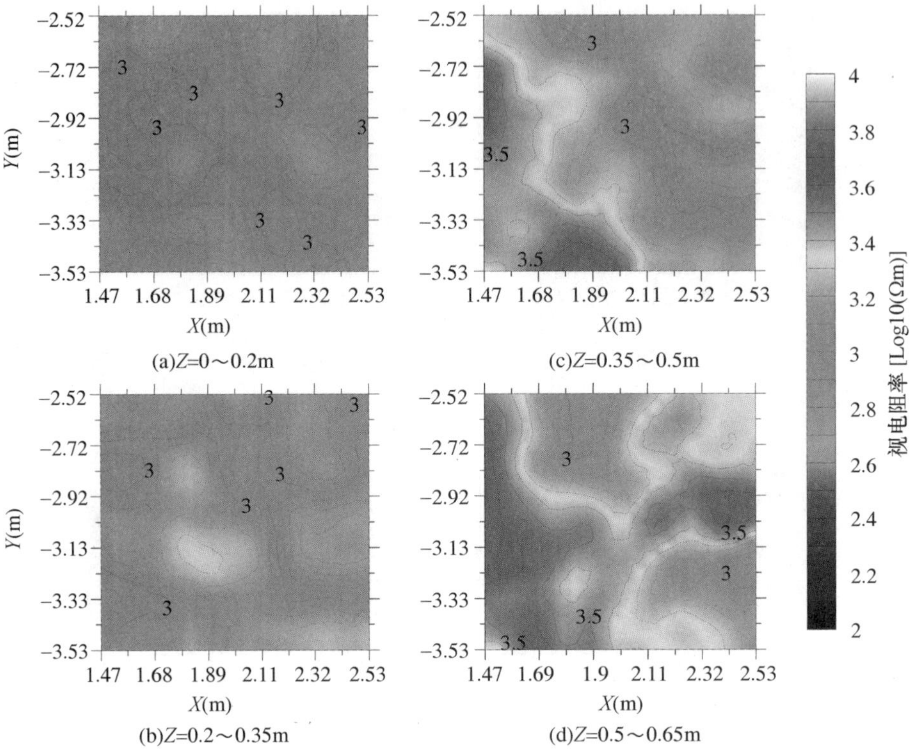

1. 2015.7.31.0: 21

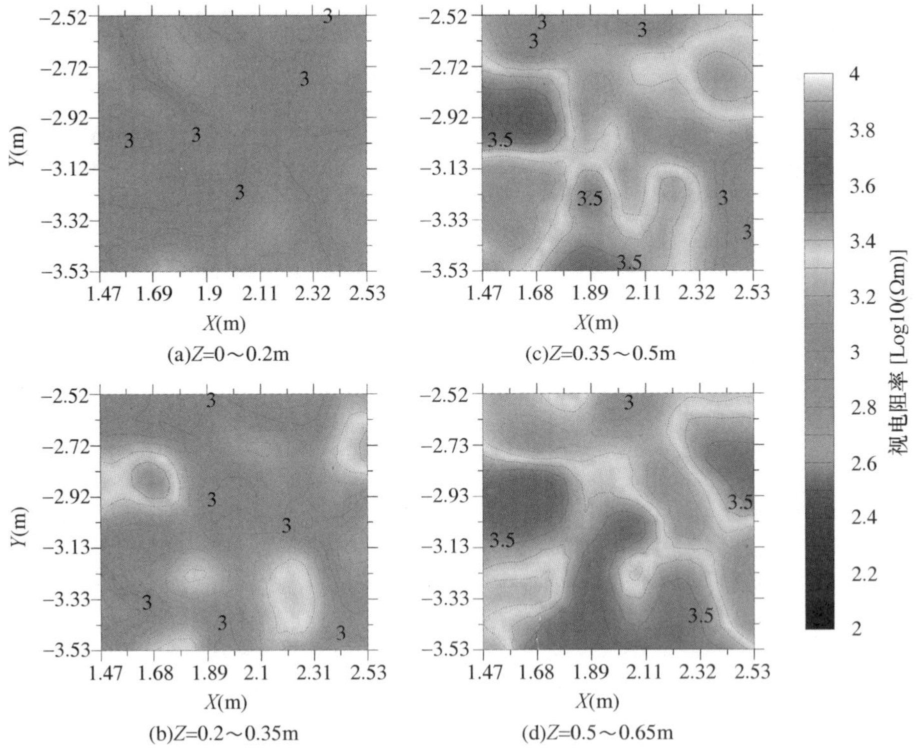

2. 2015.7.31.16: 59

图 4-20　2015 年 7 月 31 日所得视电阻率在不同深度上的分布

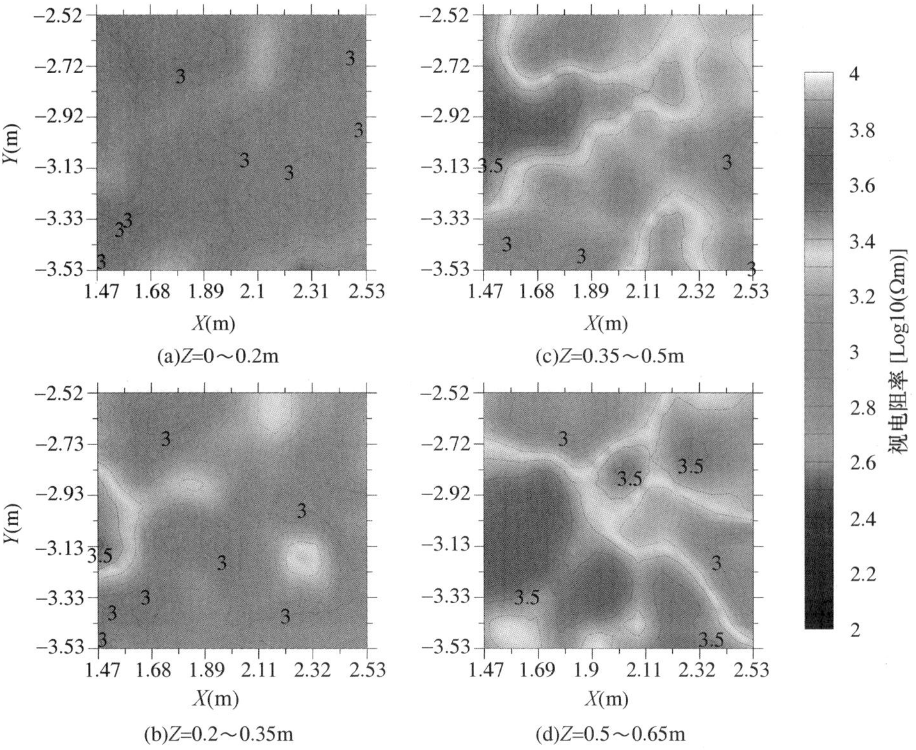

1. 2015.8.1.6: 09

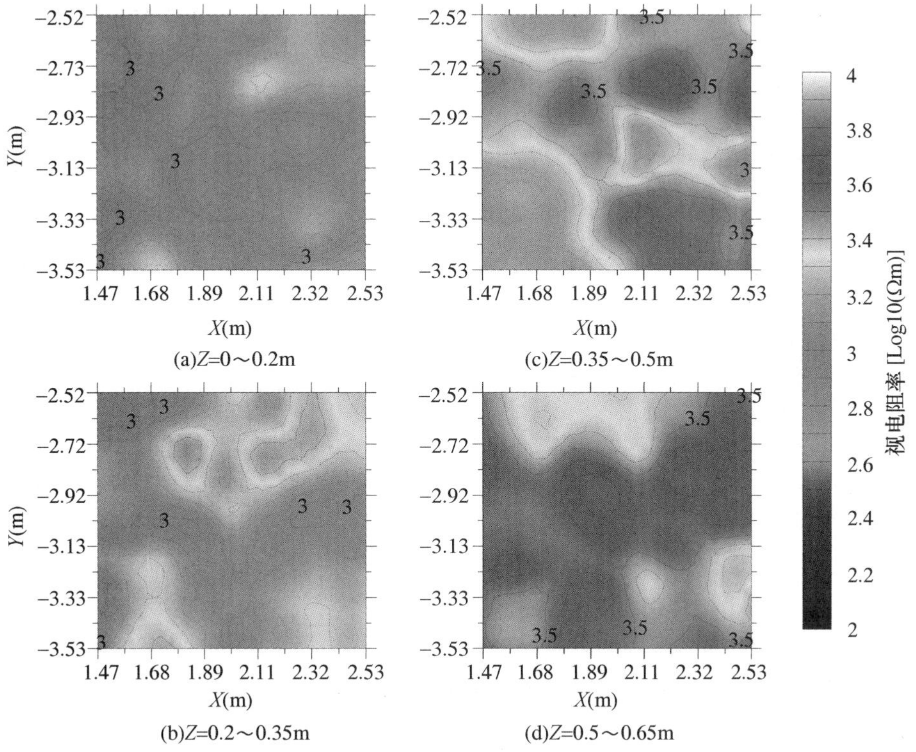

2. 2015.8.1.19: 21

图 4-21　2015 年 8 月 1 日所得视电阻率在不同深度上的分布

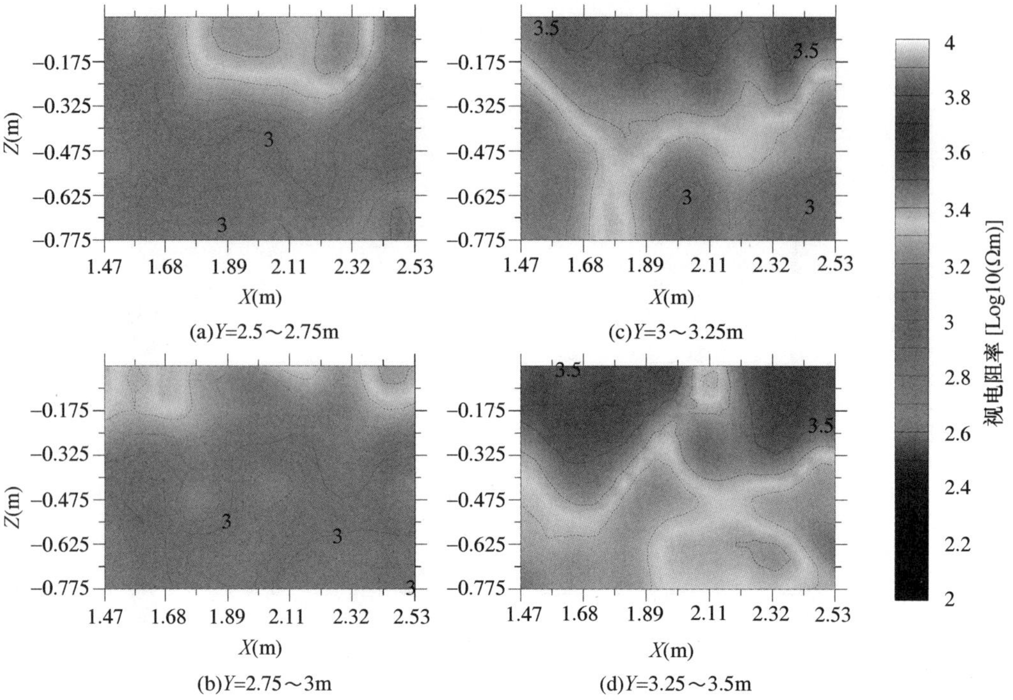

1. 2015.5.5.15: 29

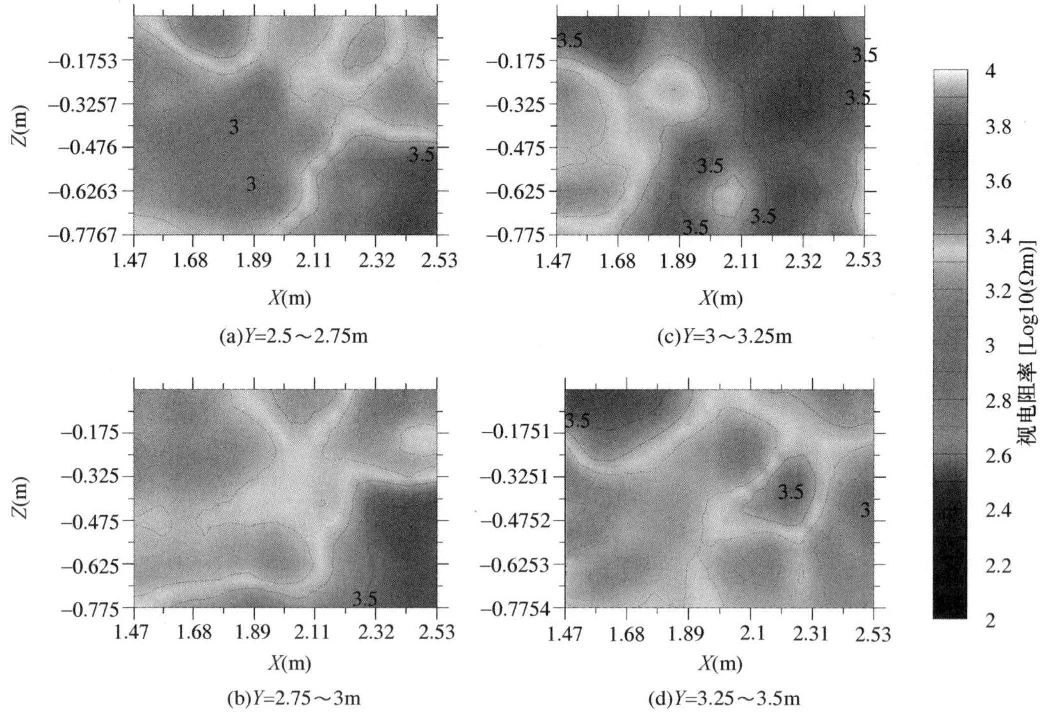

2. 2015.5.6.16: 26

图 4-22　2015 年 5 月所得视电阻率在不同剖面上的分布

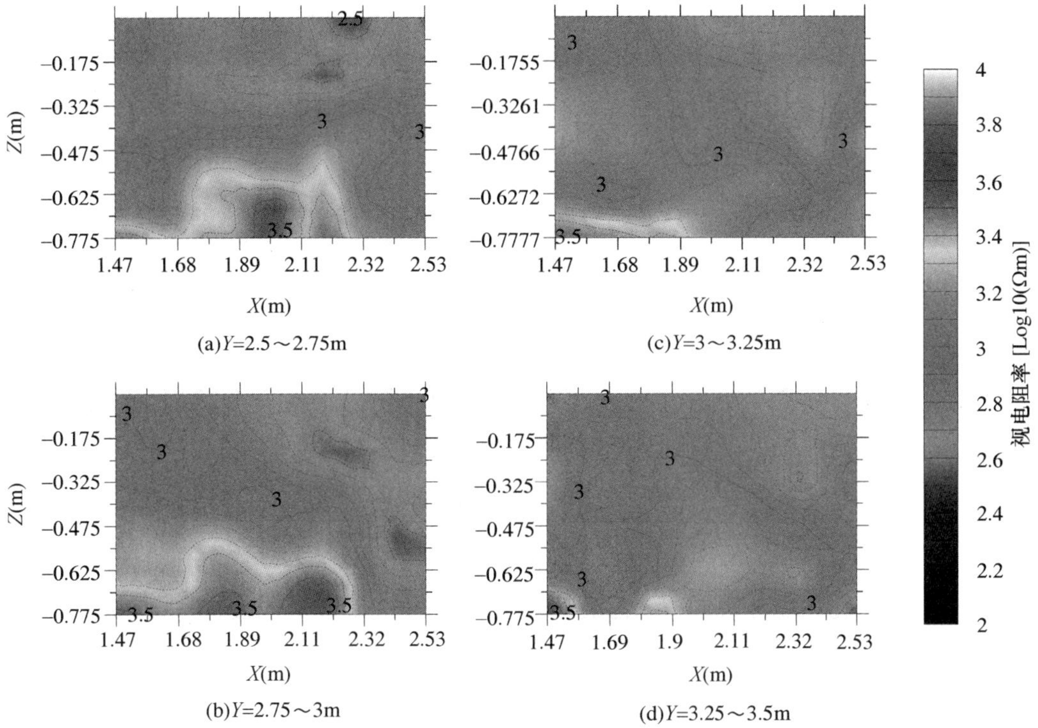

1. 2015.7.30.12: 17

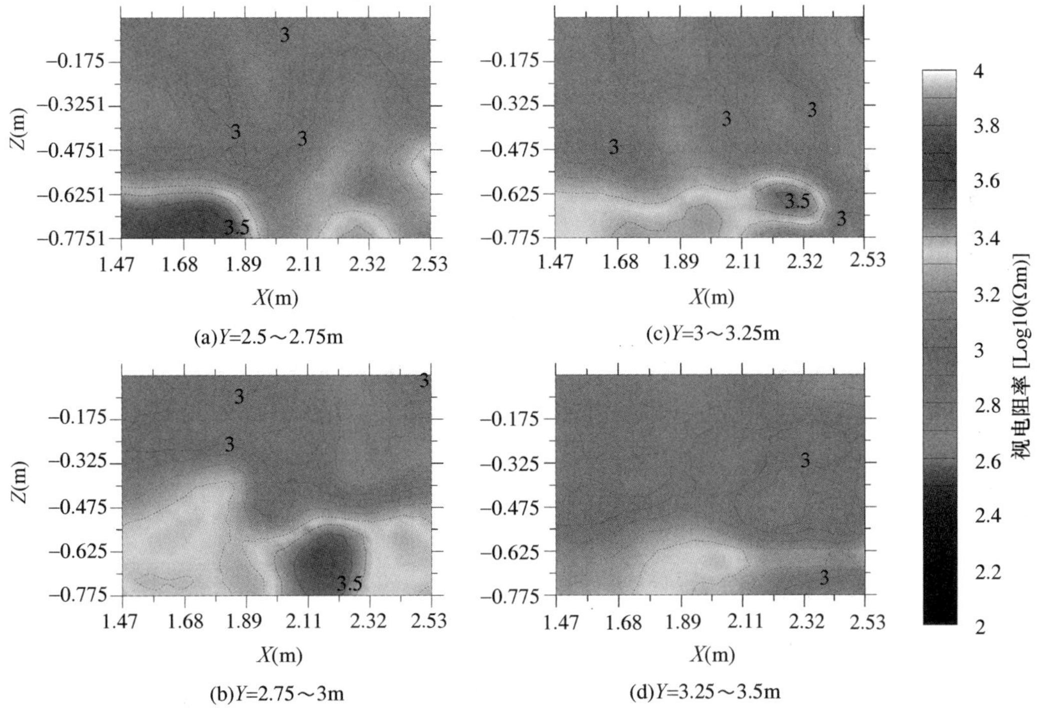

2. 2015.7.30.17: 57

图 4-23　2015 年 7 月 30 日所得视电阻率在不同剖面上的分布

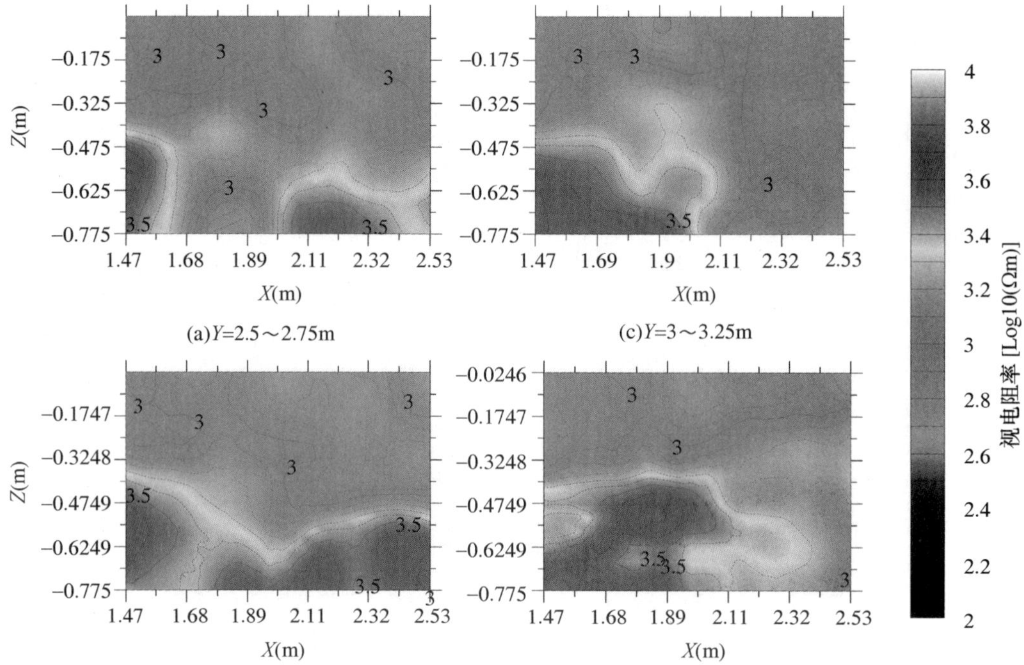

(a)Y=2.5～2.75m　(c)Y=3～3.25m

(b)Y=2.75～3m　(d)Y=3.25～3.5m

1. 2015.7.31.0: 21

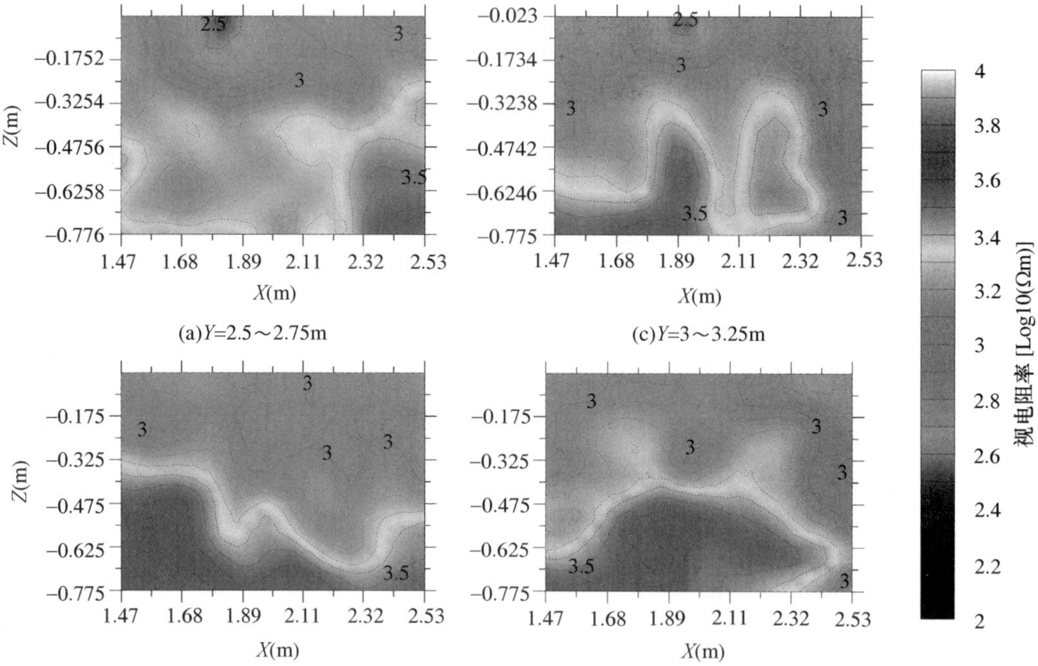

(a)Y=2.5～2.75m　(c)Y=3～3.25m

(b)Y=2.75～3m　(d)Y=3.25～3.5m

2. 2015.7.31.16: 59

图 4-24　2015 年 7 月 31 日所得视电阻率在不同剖面上的分布

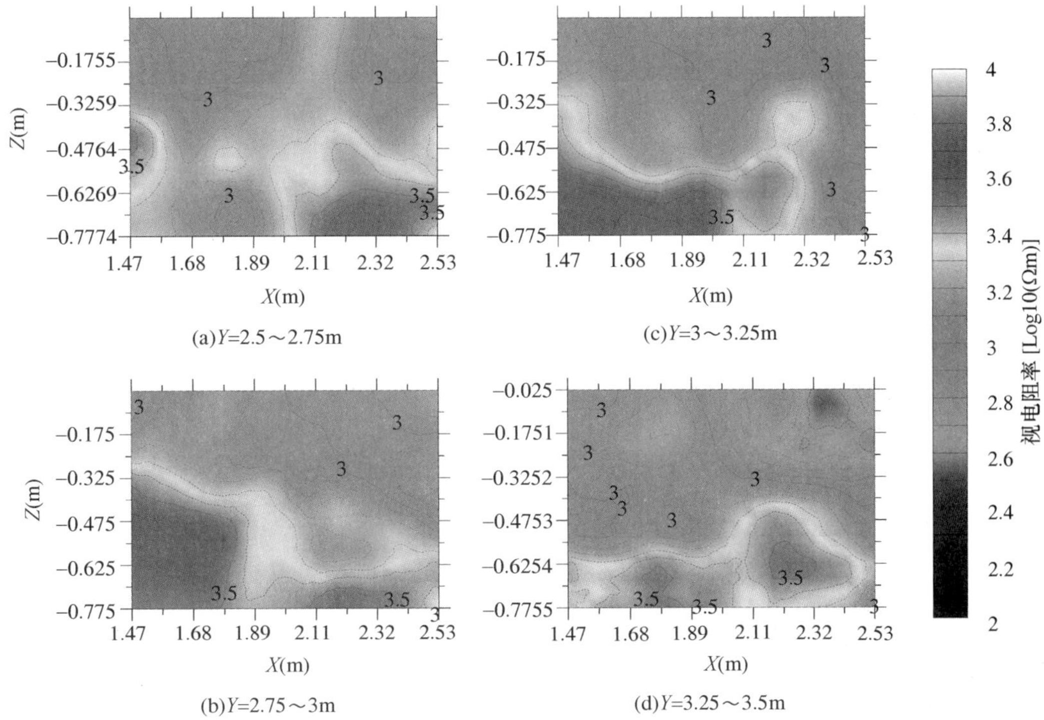

1. 2015.8.1.6: 09

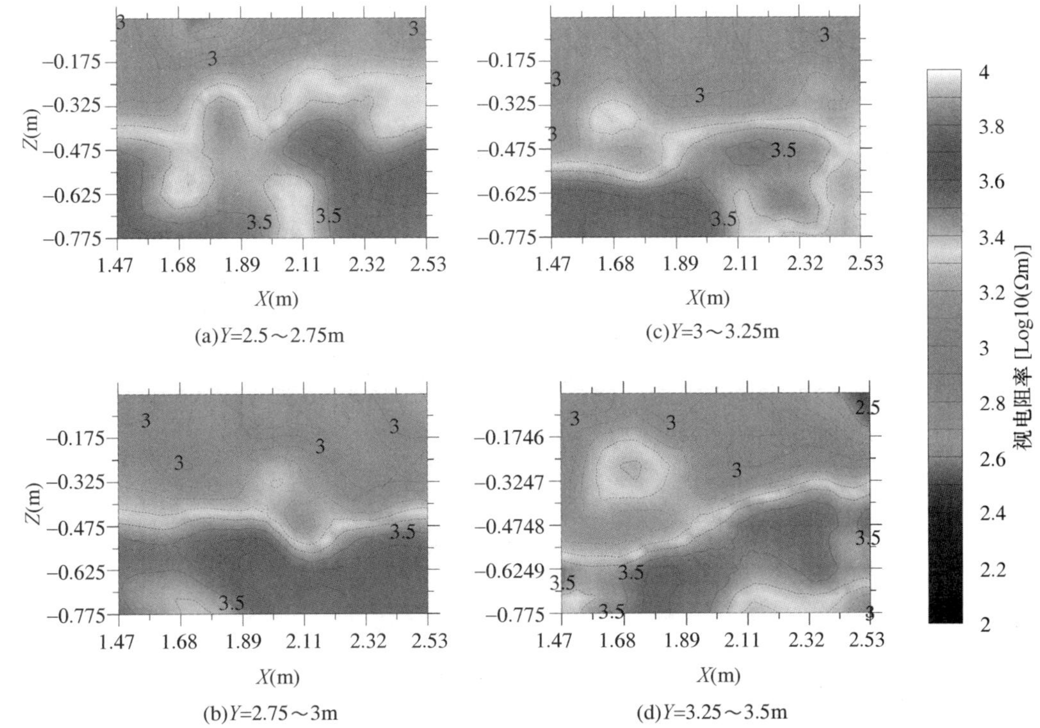

2. 2015.8.1.19: 21

图 4-25　2015 年 8 月 1 日所得视电阻率在不同剖面上的分布

由此，通过在后壁面上的高密度电阻率成像，不仅在一定程度上反映了墙体内可能存在的水、汽和盐分运移的通道，同时也说明了在所监测的区域存在着水、汽和盐分向墙面运移的现象。这一现象在后面的 2m × 2m 的电阻率成像法监测中进一步得到了证实。

4.3.2 2m × 2m 的高密度电阻率成像

在 1m × 1m 的高密度电阻率成像虽然为认识壁面内低电阻率的空间分布区域创造了条件，但由于测定面积太小，不利于认识更大尺度范围的水、汽运移过程。为此，扩大了测定范围，在 2016 年 5 月和 8 月进行 2m × 2m 的高密度电阻率成像。

1. 测定方法

测定方法与 1m × 1m 的测定相同，但电极间距扩大了一倍，即 0.2m 左右，测定范围约 4m^2。测定范围内包括了原来 1m × 1m 的测定区域，从而为在两个不同的尺度上分析西壁面内的水汽运移过程创造了条件。电极布置和测定模式如图 4-26 所示。监测试验首次在 5 月中旬进行，其后又在 8 月下旬进行了重复测定，共获得了 7 次完整的测定数据。测定结果的稳定性如图 4-27（图版七）所示。

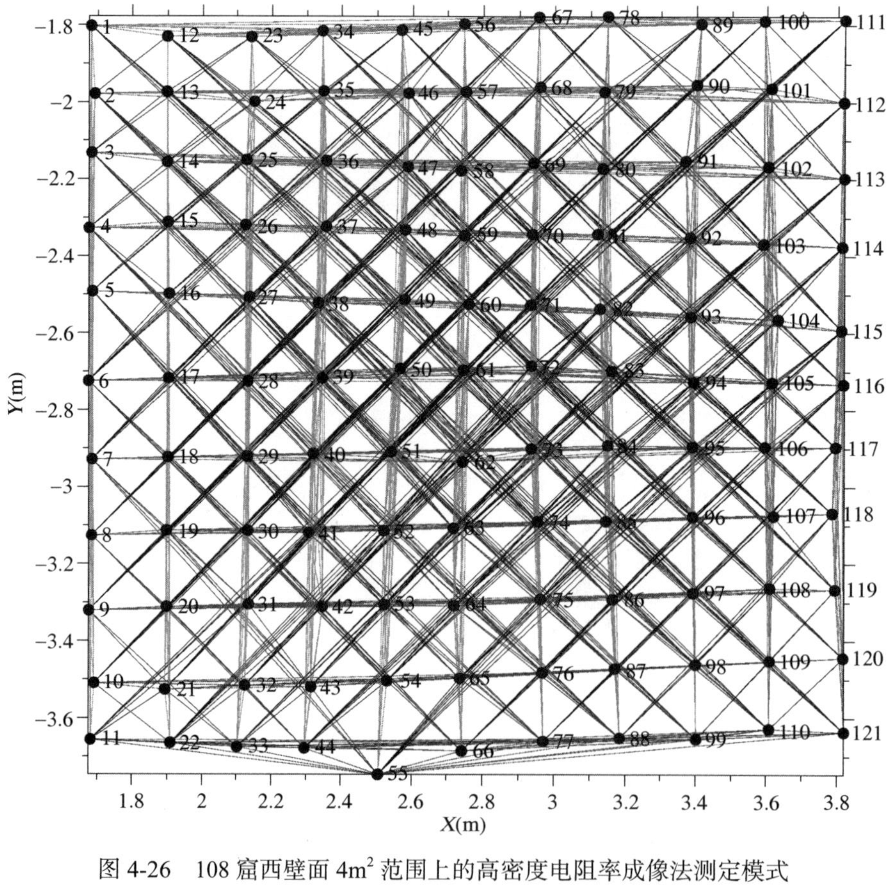

图 4-26 108 窟西壁面 4m^2 范围上的高密度电阻率成像法测定模式

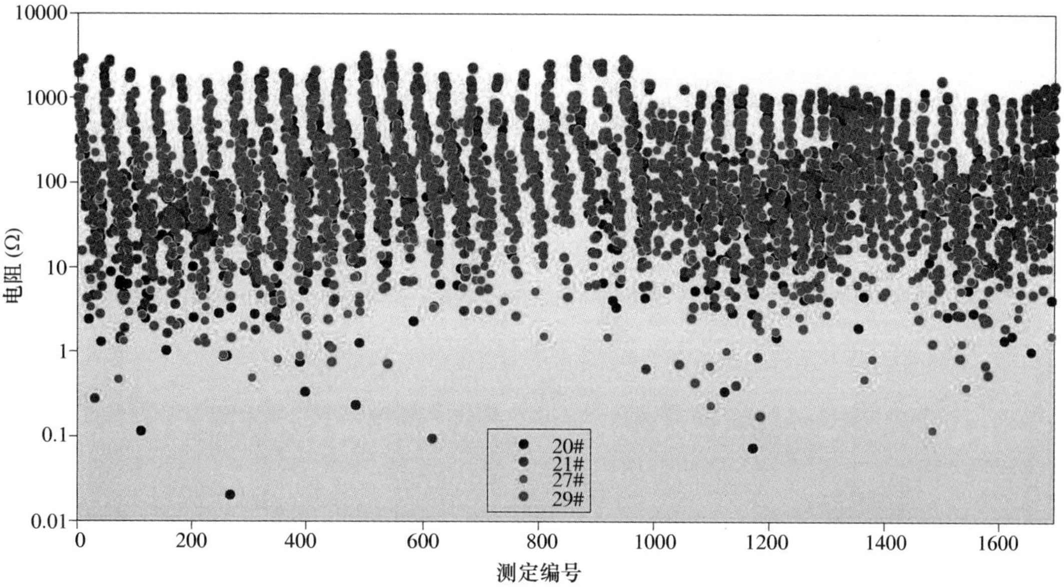

图 4-27　108 窟西壁面 $4m^2$ 范围上测定结果的稳定性

2. 视电阻率的平面分布特征

图 4-28、图 4-29 是不同深度（垂直于壁面方向）条件下视电阻率在平行西壁方向上的分布，图中虚线区域是 2015 年的 1m×1m 测定的范围。由图可以看出，墙体电阻率值的分布是极其不均匀的，并有微弱的水平带状的特征，这和墙体岩层的层状结构是吻合的。由于低阻值区域应该是水、汽和盐分含量较高的区域，墙体内水、汽和盐分的运移同样应该是高度非均匀的。其次，在 5 月份的图上看到，原来所做的 1m×1m 的区域正好是一个低阻值区域，该区域到了 8 月份阻值却又升高了。而 $1m^2$ 以外的区域则由 5 月份的相对高阻区域变成 8 月份的相对低阻区域，甚至出现了层状的条带。总体上，5 月份到 8 月份墙体的电阻率值是减小的，而这种减小的幅度大于窟内温度变化所减小的幅度。这充分说明即使是如此短的监测时间间隔，洞窟墙体内的水、汽和盐分的运移也有很大的变化，它是在非均匀砂砾石层中的一种动态的过程。

3. 视电阻率的剖面分布特征

图 4-30、图 4-31 给出了不同 *Y* 坐标处视电阻率在剖面上的分布，图中虚线区域是 2015 年的 1m×1m 测定的范围。由图可知，水、汽和盐分的运移通道在剖面上同样是非均匀分布的，并随时间而变化。特别是低阻值区域可以延伸至剖面上较深的部位，甚至超过了剖面图的深度范围，说明水、汽和盐分的运移通道可能是和墙体深部的通道相连的。与 5 月份相比，到了 8 月份这些深部的通道似乎更加活跃，而在 5 月份这些深部通道似乎受到了抑制，浅部的通道反而相对活跃。

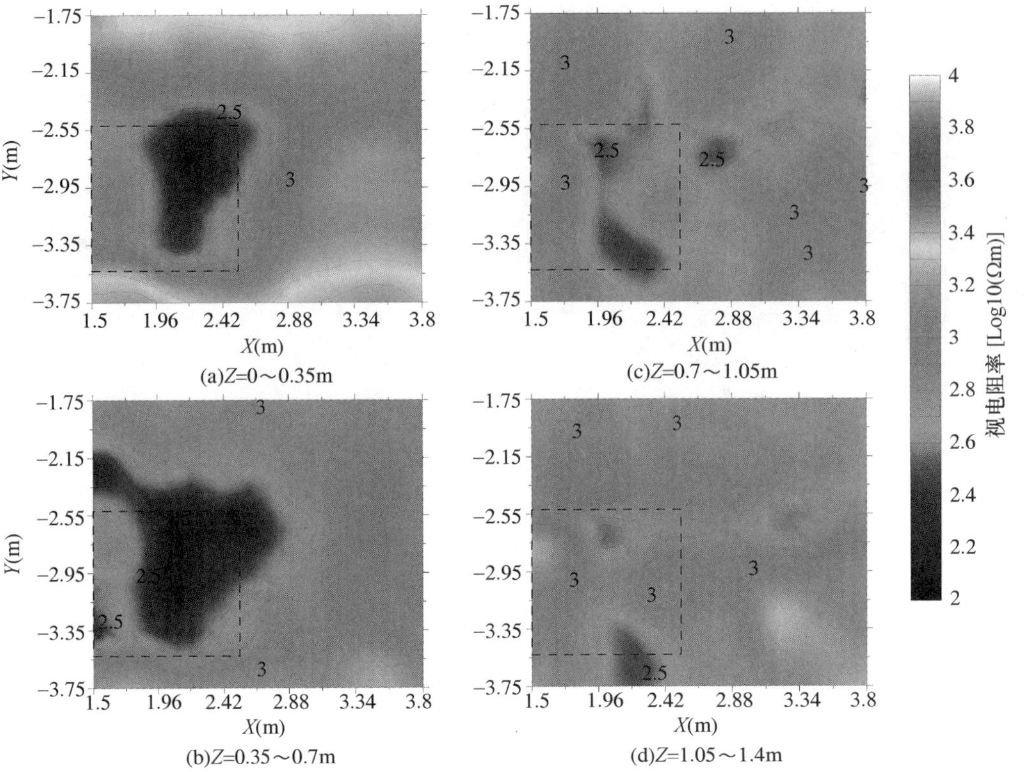

1.2016.5.21.13: 35

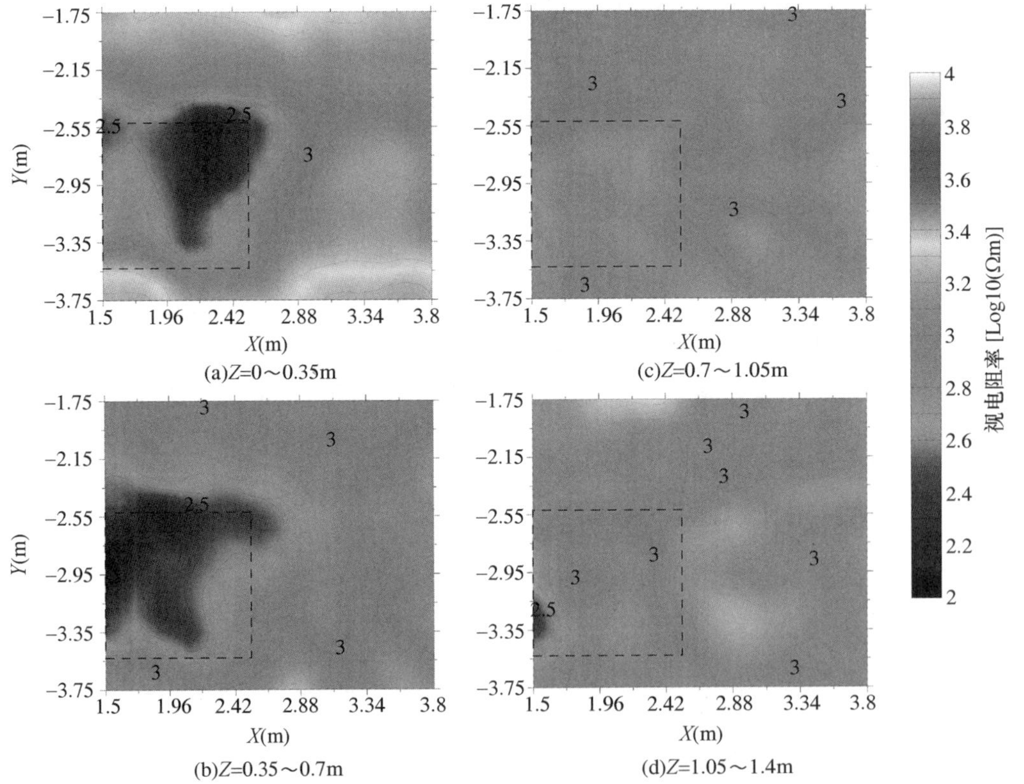

2.2016.5.21.21: 00

图 4-28　2016 年 5 月所得视电阻率在不同深度上的分布

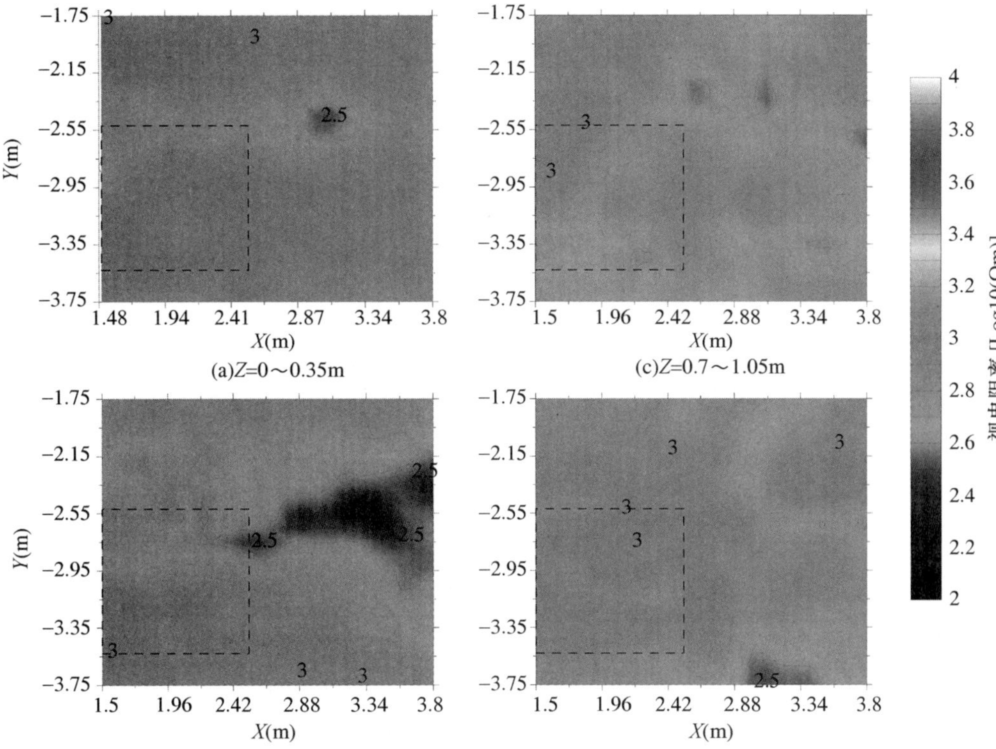

(a)Z=0～0.35m　(c)Z=0.7～1.05m

(b)Z=0.35～0.7m　(d)Z=1.05～1.4m

1.2016.8.24.10: 37

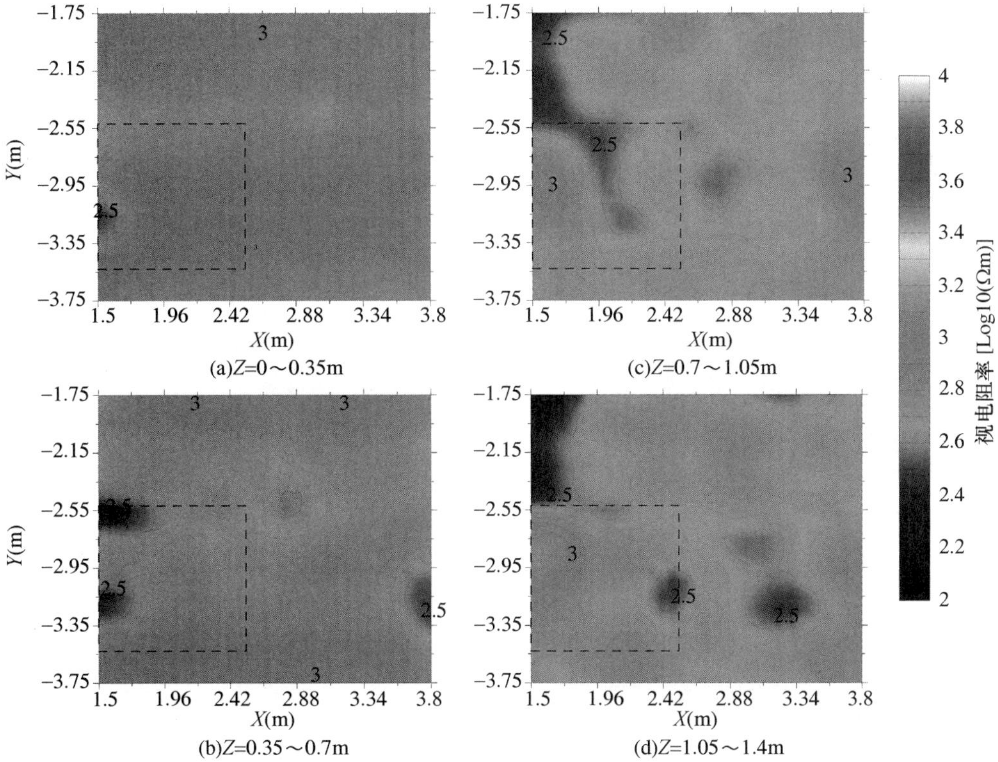

(a)Z=0～0.35m　(c)Z=0.7～1.05m

(b)Z=0.35～0.7m　(d)Z=1.05～1.4m

2.2016.8.25.10: 08

图 4-29　2016 年 8 月所得视电阻率在不同深度上的分布

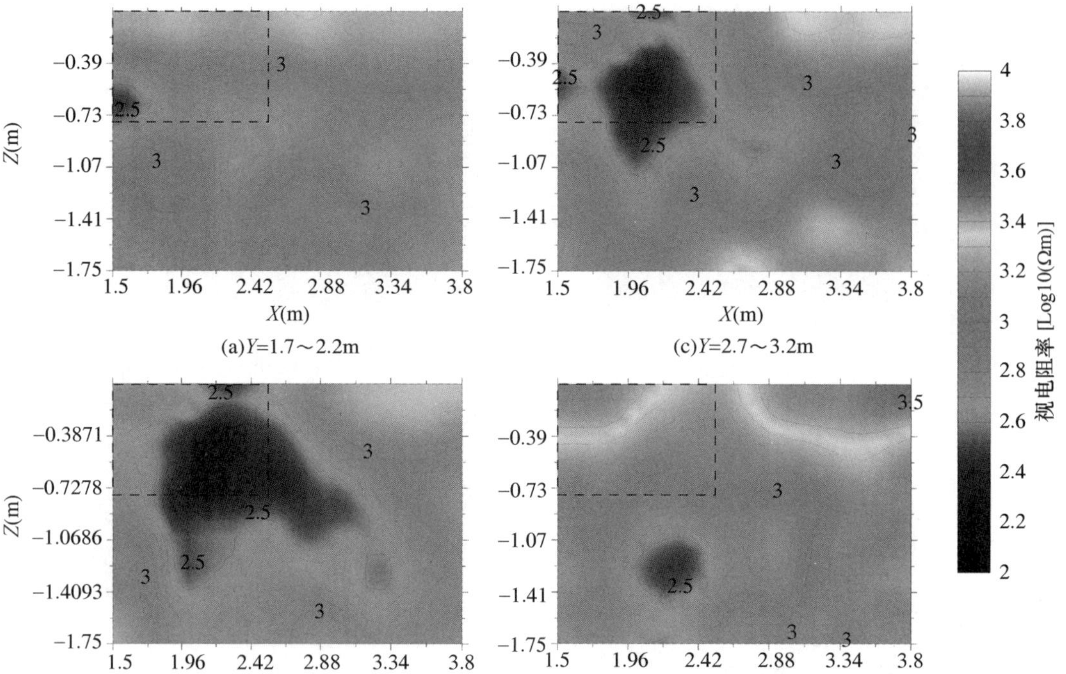

(a) Y=1.7～2.2m　(c) Y=2.7～3.2m

(b) Y=2.2～2.7m　(d) Y=3.2～3.7m

1.2016.5.21.13: 35

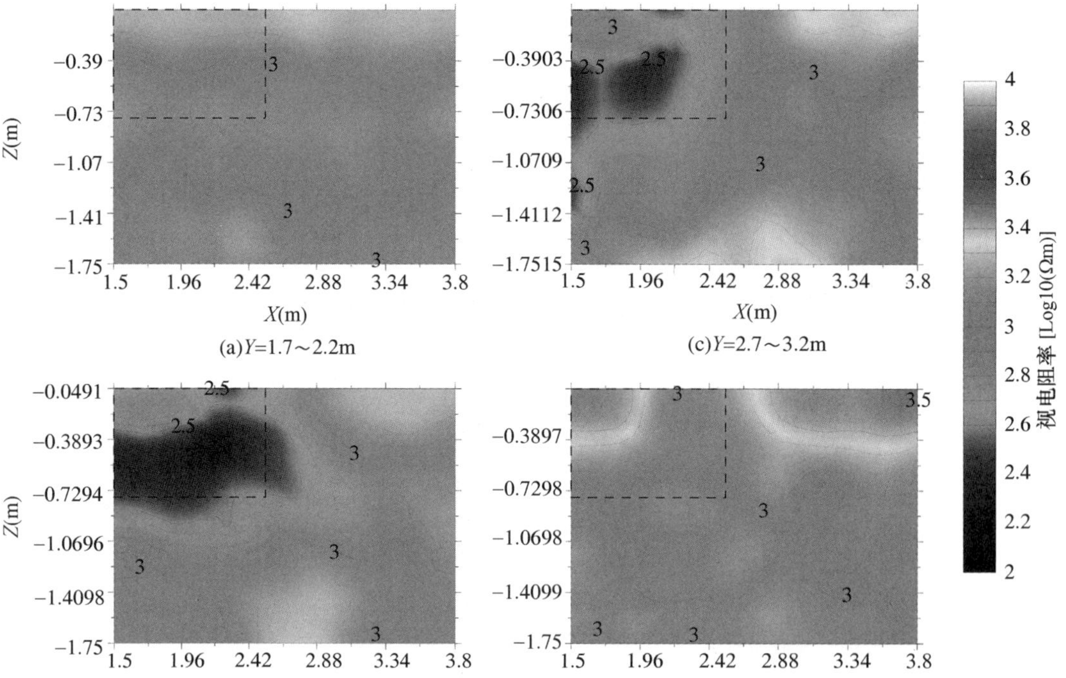

(a) Y=1.7～2.2m　(c) Y=2.7～3.2m

(b) Y=2.2～2.7m　(d) Y=3.2～3.7m

2.2016.5.21.21: 00

图 4-30　2016 年 5 月所得视电阻率在不同剖面上的分布

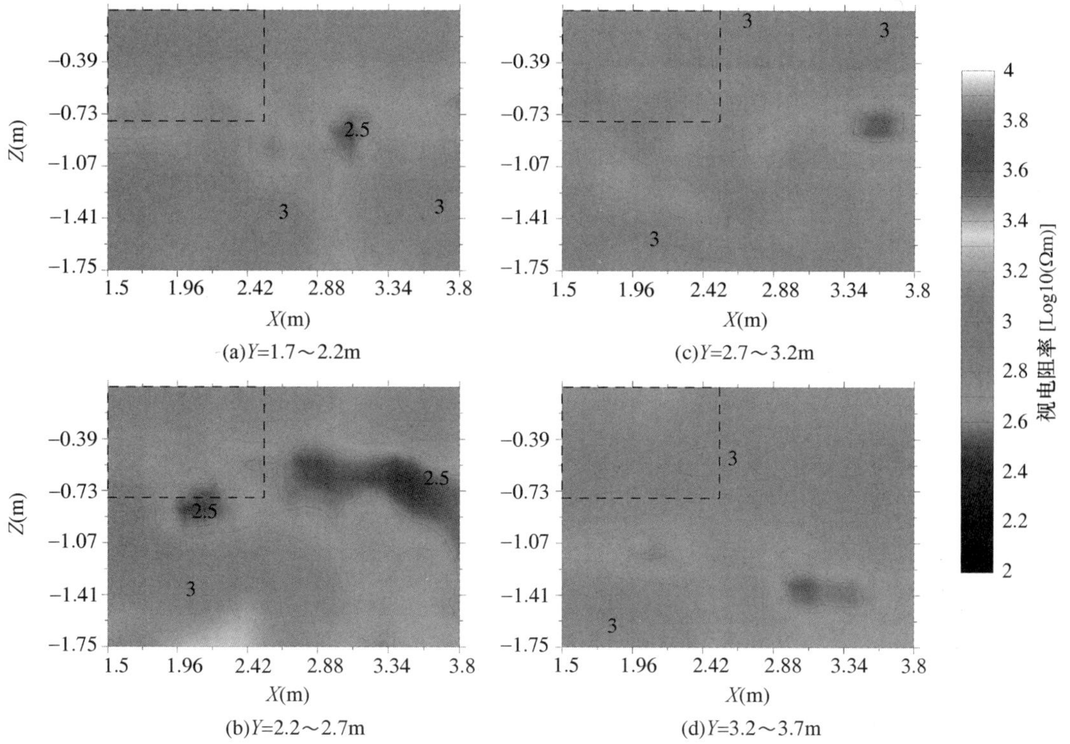

1.2016.8.24.10: 37

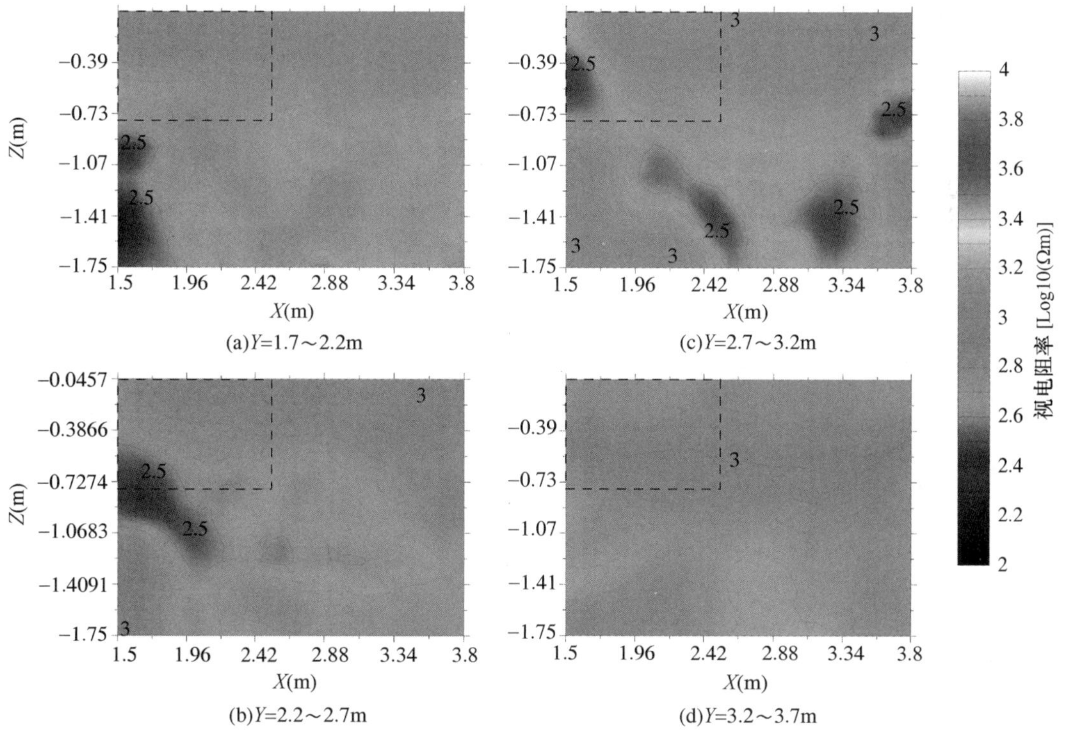

2.2016.8.25.10: 08

图 4-31　2016 年 8 月所得视电阻率在不同剖面上的分布

4. 视电阻率空间分布的时间变化过程

为了分析视电阻率空间分布特征在时间上的变化过程，课题组对比了 2016 年 5 月份和 8 月份测定的结果（图 4-32，图版八），图中圆点越大颜色越深代表视电阻率值越高。从图上可以清晰地看出，5 月份的视电阻率在近表层尚有不少高值区域，而到了 8 月份近表层则不再有这些高值区域，近表层完全为低阻值区域所占据。假如温度、电极接触效果以及其他因素对测定结果影响不大的话，这正好说明后壁中的盐分从 5 月份（甚至更早）到 8 月份有着一个由深部向浅部逐渐聚集的过程，是洞窟墙体内水、汽和盐分运移的重要证据。

无论是来自于 1m × 1m 还是 2m × 2m 的墙体高密度电阻率成像法监测资料，它们都说明在 108 窟后壁面上存在着水、汽、盐、热的运移通道，这些通道在空间分布上是非均匀的，与墙体的岩层结构有关，在时间上这些通道在输送水、汽、盐、热的

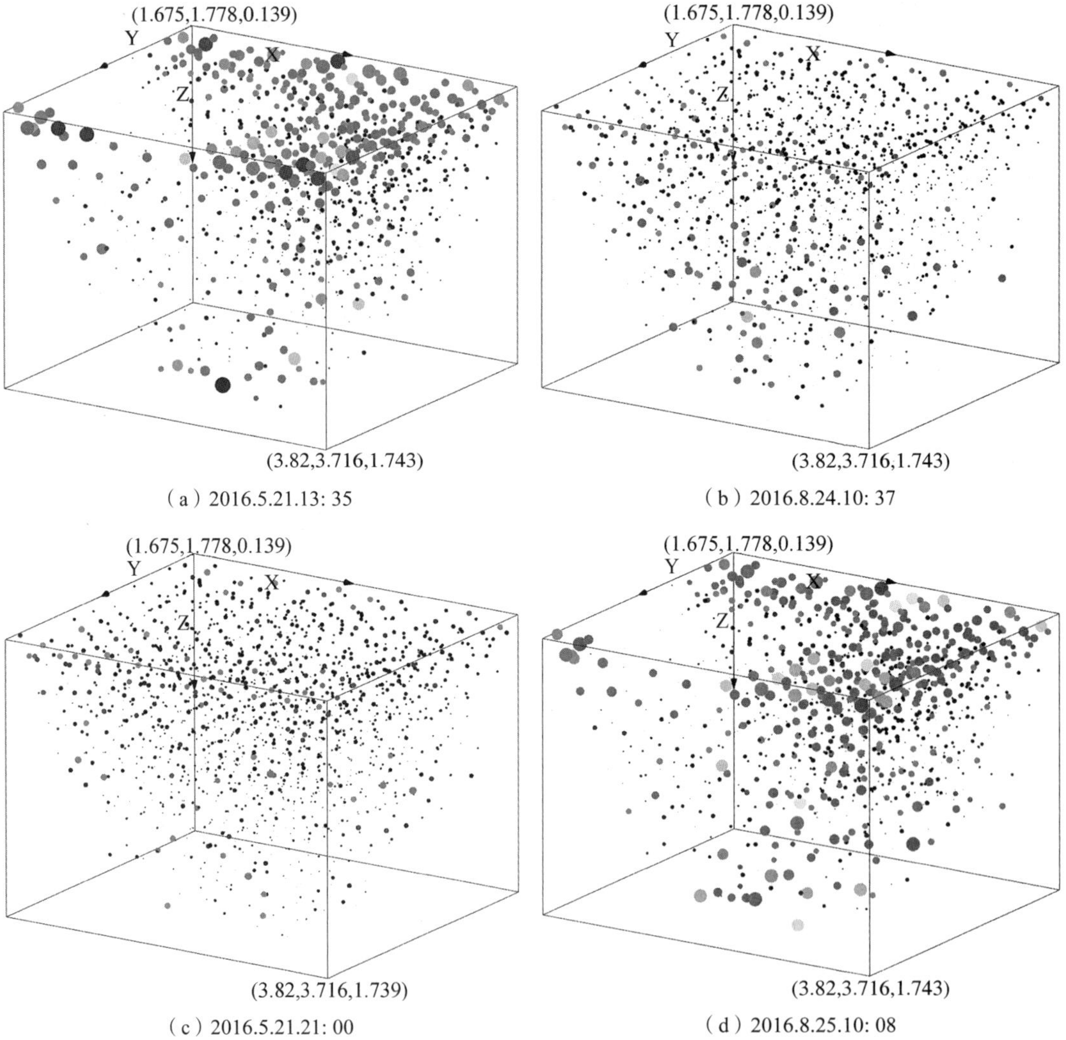

（a）2016.5.21.13: 35　（b）2016.8.24.10: 37

（c）2016.5.21.21: 00　（d）2016.8.25.10: 08

图 4-32　2016 年 5 月和 8 月所得视电阻率空间分布的对比

程度上也是变化的，就监测的时间而言，7～8 月份相对活跃。使得 7～8 月份墙体近表面区域的电阻率值普遍降低，水、汽和盐在墙面相对集中。108 窟后壁面几乎没地仗层覆盖与此处大量聚集的水汽所致有关。

4.4　基于高密度电阻率成像法的莫高窟砂砾石层岩芯渗透特性研究

为了建立洞窟墙体内水、盐运移的数学模型，实现对洞窟墙体内水、盐、热运移过程的模拟，需知道洞窟墙体岩层的渗透率和孔隙度参数。为此，课题组通过采自莫高窟的岩芯，利用已有的基于电阻率法的岩芯渗透率测定技术，对洞窟岩层的渗透率和孔隙度进行了测定，获得了用于模拟研究的参数。

4.4.1　实验材料与方法

本次实验所用岩芯来自莫高窟宕泉河停车场附近的河床，取芯采用 15cm 内径的钻头进行，岩芯垂直方向基本与沉积层面垂直。所得岩芯高约 28cm，外径 15cm，在岩芯顶面设置直径为 40～54mm 的注水环一个，注水环深度 45mm（图 4-33）。

采用尼龙绑扎带捆绑方式在岩芯表面上分上下两圈共设置心电电极 63 个，其中上圈电极 32 个，高度位于距离岩芯顶面 7cm 处，下圈电极 31 个，高度距离岩芯顶面 17cm 处。上圈电极间距约为 1.5cm，下圈电极间距仍为 1.5cm，由于岩芯外径稍有缩小，仅能设置 31 个电极，但在下圈电极的成像计算中，仍按照岩芯外径为 15cm 进行计算。

测定方法采用标准四极法进行，相邻电极间距从 1～7 倍间距变化，每次扫描共可获得 441 个数据，其中上圈电极 224 个，下圈电极 217 个。扫描测定时，先测定上圈，然后再测定下圈，在同一圈层中，先从外部测定开始，再逐渐向中心推进。设备为南京九州勘探技术有限公司的 ERT21 系统，测定电压为 DC96V。

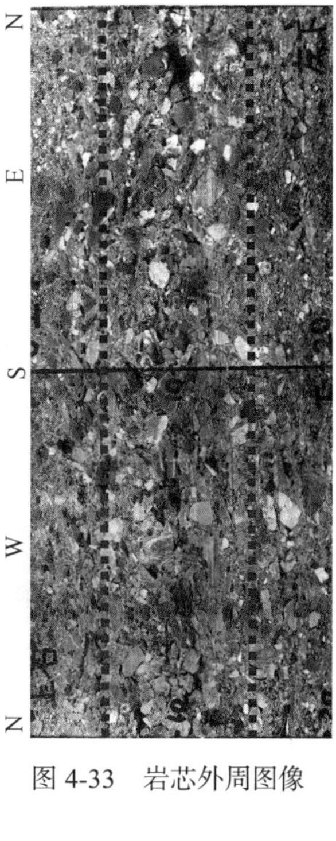

图 4-33　岩芯外周图像

实验中所用溶液由自来水溶解多量的 NaCl 制成，为高浓度的盐水。将盐水直接倒入岩芯顶面的入渗环内，直至水面和岩芯顶面一致为止。水面因入渗降低后，再次添加盐水，基本保证盐水面和岩芯顶面的一致。整个实验中共向岩芯顶部的入渗环内注入盐水 180mL，其中包含因溢出损失没有扣除的部分。

实验在两次背景测定后开始，之后加入盐水，连续测定，直至盐水入渗锋面穿过下圈电极为止，共测定 6 次，同时不定期对入渗过程进行拍照记录。

4.4.2　盐水入渗过程中岩芯截面的视电阻率分布

图 4-34 给出了盐水入渗过程中岩芯截面上视电阻率空间分布随着时间的变化过程。图中左侧是由上圈电极测定所获得的视电阻率分布，截面位置距离岩芯顶面

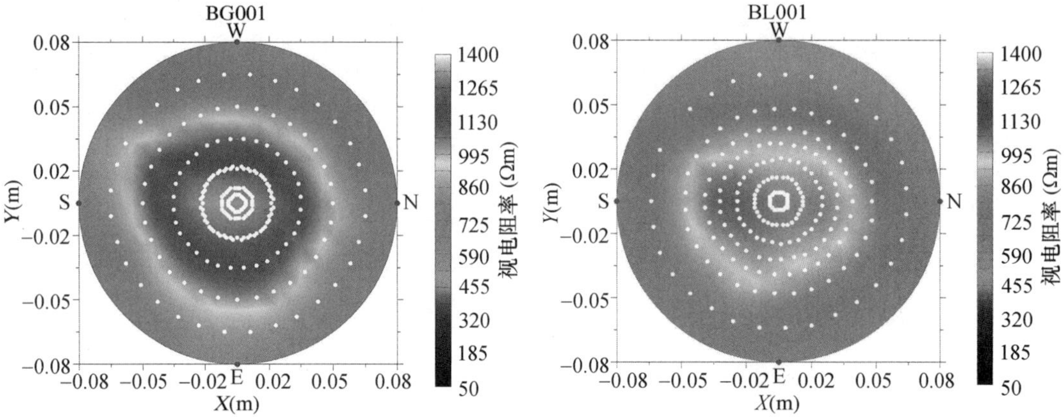

（a）测试时间（7.29 17: 02—17: 44），背景测试

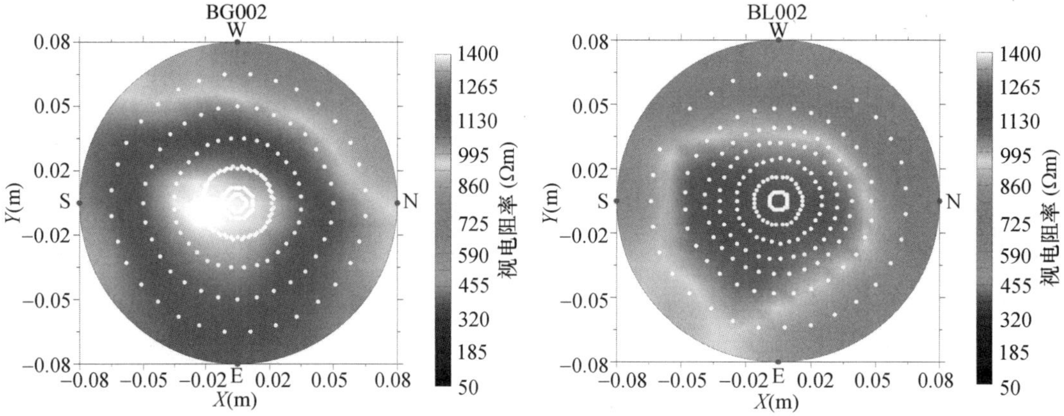

（b）测试时间（7.29 17: 44—18: 27），背景测试

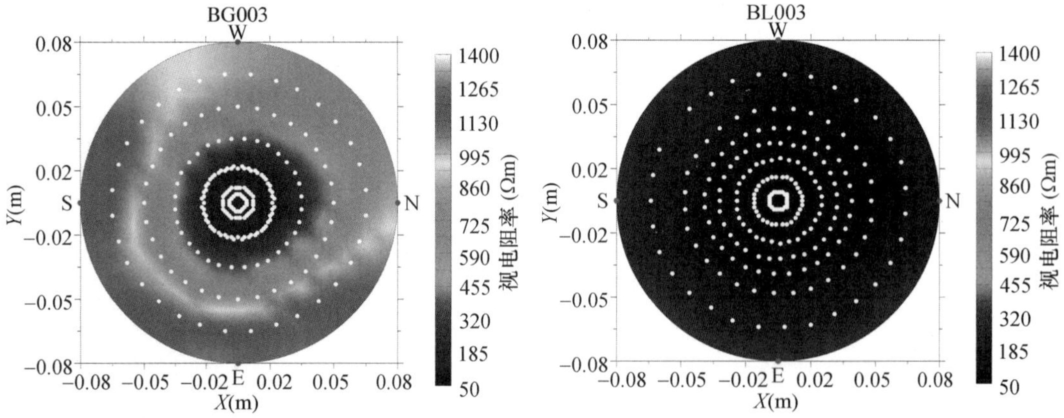

（c）测试时间（7.29 18: 27—19: 12），18: 28 开始注水，18: 47 入渗锋面穿过上圈电极

图 4-34　盐水入渗过程中岩芯截面的视电阻率空间分布

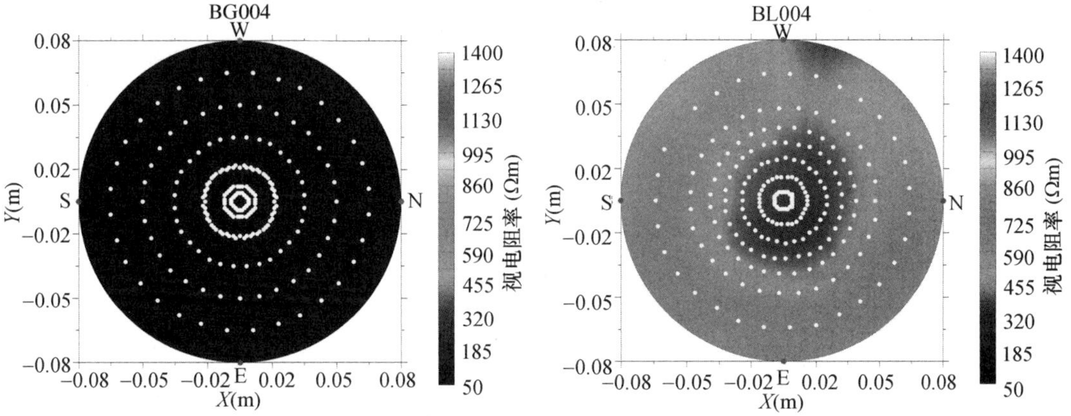

（d）测试时间（7.29 19: 12—19: 55）

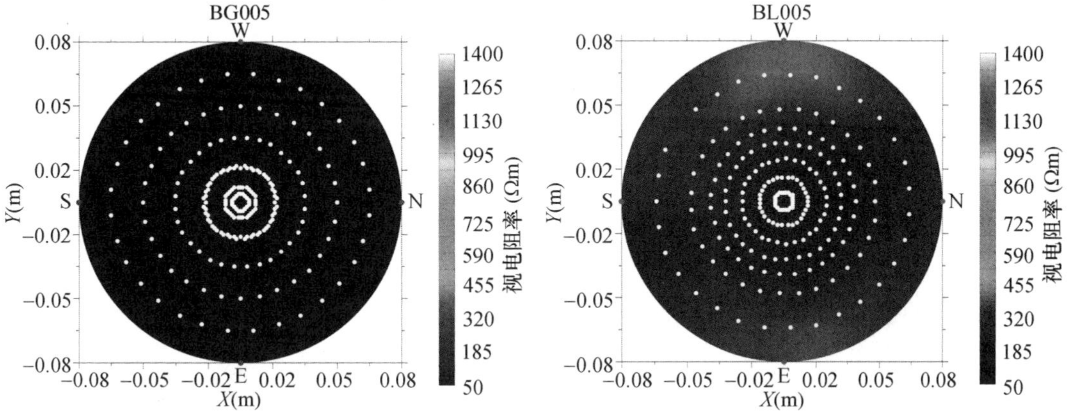

（e）测试时间（7.29 19: 55—20: 37）

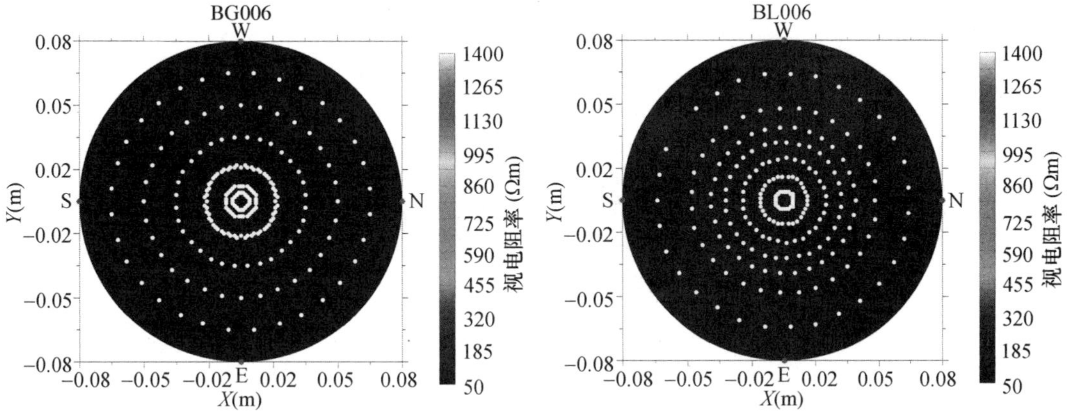

（f）测试时间（7.29 20: 37—21: 20），20: 40 入渗锋面已穿过下圈电极

图 4-34 （续）

7cm。右侧是下圈电极所获得的视电阻率分布，距离岩芯顶面 17cm。每次测定所用时间约 42 分钟，上下两圈电极测定各用 21 分钟左右。

从图中可以看出，随着盐水的入渗，截面上的电阻率由高到低逐渐降低，先是上部的截面，然后再是下部的截面。但是，在第三次测定的下部截面上，发现了提前出现的低电阻率分布异常，由于当时并未从表面上观察到入渗锋面已经穿过了下圈电极的位置，怀疑是测定异常的原因所至，例如电极连接线之间的非正常接触、电流通过下部金属托盘的非正常传导都是可能的原因。事实上，在测定到下圈电极时，仪器出现了实验过程中的唯一一次端口漂移现象，对下圈电极的测定是在端口漂移纠正之后重测的，测定电流的非正常传导问题估计并未得到改正。

4.4.3 基于图像分析的岩芯水体入渗速度计算

图 4-35 给出了用于计算入渗速度的三幅图像，分别拍照于 18: 57: 22、20: 44: 27 和 21: 29: 01 三个时刻，从图中可见入渗锋面在岩芯表面的界线位置分别为距离岩芯顶面 9.9cm、18.3cm 和 20.7cm 的位置，由此可以算得入渗锋面在表面上的推进速度为 0.00131cm/s 和 0.00119cm/s。假设入渗水体完全在重力作用下前进，介质完全饱和，则此时的水力梯度近似为 1，由此根据达西定律，该岩芯的饱和渗透系数为相应的水体入渗速度，即 0.00131cm/s 和 0.00119cm/s。参照已有文献，针对该岩芯而言，这一饱和渗透系数值是合理的。

（a）拍摄时间 18: 57: 22，锋面距顶面位置 9.9cm　（b）拍摄时间 20: 44: 27，锋面距顶面位置 18.3cm　（c）拍摄时间 21: 29: 01，锋面距顶面位置 20.7cm

图 4-35 用于计算入渗水体推进速度的三幅图像

4.4.4 基于高密度电阻值监测的岩芯水体入渗速度计算

为了验证前述所得的岩芯渗透系数，课题组在高密度电阻值的快速监测条件下对该岩芯再次进行了入渗实验。实验于 2016 年 8 月 6 日进行，从 11: 14 开始至 17: 10 结束，持续 6 小时，共向岩芯注入去离子水 170mL。入渗过程中，采用标准四极法进行高密度的电阻值监测，电极间距 1～2 倍。为了进一步加快监测速度，仅对 1～2

倍电极间距中的奇数组合编号进行测定，一次扫描测定获得 63 个数据。其中，上圈 1 倍和 2 倍电极间距均 16 个，下圈 1 倍电极间距 16 个，2 倍电极间距 15 个。由此，下圈 1 倍电极间距组合的测定位置基本上和上圈的测定位置对应，在一条垂线上。下圈 2 倍电极间距组合的后 11 个测定也与上圈相对应，但前 4 个测定错位对应上圈 5 个相应的测定。测定设备仍为南京九州勘探技术有限公司的 ERT21 系统，测定条件同前。每扫描测定一次约需 6 分钟，包括背景测定共进行了 58 次扫描测定。

随着入渗水体的到达，各个监测点上的电阻值逐渐下降，形成了多条电阻值的穿透曲线。选用电阻值为最大和最小之间的中值时所对应的时间为入渗水体到达该监测点的时间（图 4-36），根据各监测点的电阻值穿透曲线就可以获得水体到达各监测点的时间，从而计算出水体的入渗速度。

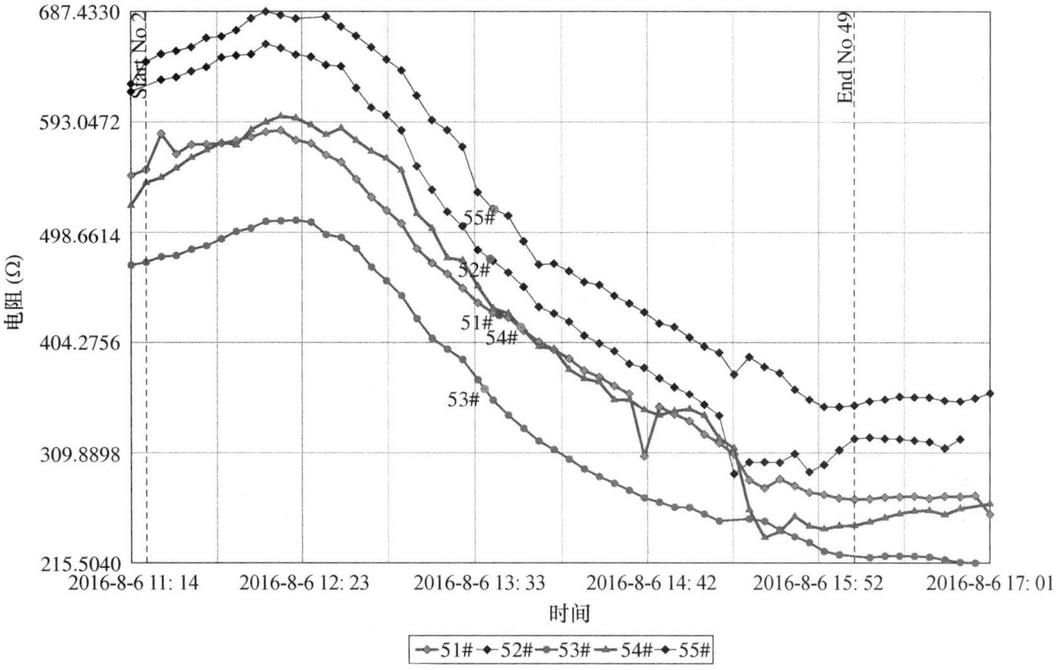

图 4-36 基于电阻值监测的水体到达时间计算

表 4-1 汇总了各监测点的到达时间以及由此而计算的水体入渗速度。其中，速度 *A* 一列是采用错位了一个位置的对应测定位置后所得的水体入渗速度。由表可见，基于 1 倍电极间距获得的平均入渗速度是 0.00121cm/s，基于 2 倍电极间距测得的平均速度是 0.001277cm/s，二者相差很小。2 倍电极间距时，采用错位了的电极对应关系获得的水体入渗速度是 0.001289cm/s，与前二者之间的差异也很小。而更令人信服的是，这一速度值刚好在前述基于图像所获得的速度值 0.00119cm/s 和 0.00131cm/s 之间，二者吻合很好。考虑到这是一次重复实验，岩芯的背景含水量以及导电性都会与第一次实验有所不同，但仍能获得如此吻合的渗透速度值，充分说明根据高密度电阻值监测获得岩芯的渗透特性参数是完全可行的，所得结果也是可靠的。

表 4-1　基于电阻值监测的水体到达时间和入渗速度表

序号	到达时间 1（s）	到达时间 2（s）	速度（cm/s）	速度 *A*（cm/s）
1	915.4	8411.7	0.001334	
2	1230.2	8877.5	0.001308	
3	1193.1	9155.0	0.001256	
4	1081.6	9835.5	0.001142	
5	1041.3	9678.0	0.001158	
6	1033.7	9822.7	0.001138	
7	1017.7	9165.4	0.001227	
8	1030.1	10045.7	0.001109	
9	1579.1	9948.1	0.001195	
10	1941.6	9453.8	0.001331	
11	2834.9	10588.3	0.001290	
12	2877.5	12803.7	0.001007	
13	2302.0	11154.4	0.001130	
14	2416.1	10636.4	0.001217	
15	1508.7	13061.8	0.000866	
16	1434.0	7456.1	0.001661	
平均值	1589.8	10005.9	0.001210	
17	1174.0			0.001427
18	890.1	8182.6	0.001371	0.001208
19	1028.7	9169.8	0.001228	0.001264
20	550.0	8941.6	0.001192	0.001223
21	1026.2	8726.3	0.001299	0.001322
22	1059.7	8588.5	0.001328	
23	1778.3	9456.1	0.001302	
24	1214.3	8827.3	0.001314	
25	2030.2	9299.4	0.001376	
26	2768.3	11133.4	0.001195	
27	2634.3	10029.3	0.001352	
28	2490.7	12230.2	0.001027	
29	1607.3	12297.2	0.000935	
30	1834.5	8525.0	0.001495	
31	1035.2	10668.2	0.001038	
32	2018.6	7881.9	0.001706	
平均值	1571.3	9597.1	0.001277	0.001289

4.4.5　基于 TOUGH2 和高密度电阻值监测的岩芯渗透率计算

为了通过模拟反演获得岩石渗透率参数，课题组对所监测的岩芯进行了四面体有限元剖分（图 4-37），采用微元总数 18432 个。所模拟的岩芯直径 15cm，高 28cm，完全和监测的岩芯一致。假设在岩芯顶面中心为原点的半径为 2.2cm 的半球面上，有水头为 0.2cm 高的稳定入渗，模拟水体在岩芯内的入渗过程，并监测电阻值监测点处饱和度随时间的变化过程，确定入渗水体到达各个监测点处的时间。模拟采用 TOUGH2 中改进了的 EOS9 模块和研发的四面体网格生成程序 TetraMESH 进行。

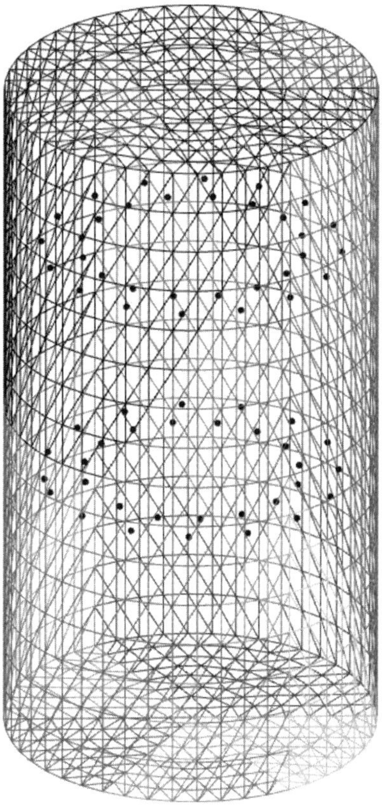

图 4-37　用于水体入渗模拟计算的四面体有限元剖分方案

通过模拟所得的水体到达各监测点的时间与实测水体到达时间的比较，重点对孔隙度、渗透率和渗透率函数与毛细压力函数中的 *m* 参数进行优化求解，获得最优模拟参数。

（1）岩块尺寸：直径 15cm、高 28cm 的圆柱

（2）四面体微元个数：18432

（3）岩石密度：ϱ=2000kg/m^3

（4）岩石孔隙度：ϕ=0.16

（5）岩石渗透率：三个方向的渗透率参数 *k* 均为 2.8×10^{-14}m^2

（6）相对渗透率函数为 van Genuchten-Mualem model：

m=0.200　S_{lr}=0.10　S_{ls}=1.0

（7）毛细压力函数为 van Genuchten function：

m=0.200　S_{lr}=0.05　P_0=1.01325×10^5Pa　P_{max}=1.0×10^7Pa　S_{ls}=1.0

（8）在中心位置半径为 0.022m 的半球体范围内，保持 0.2cm 高的稳定水头

（9）全域初始饱和度为 0.10

各监测点上模拟所得的饱和度随时间的变化曲线如图 4-38 所示，对应的水体到达时间的比较如图 4-39 所示。

由模拟反演所得的参数可知，该岩芯的渗透率为 2.8×10^{-14}m^2，等于 28mD，岩芯的孔隙度为 0.16。由于所用的基于电阻率成像法的岩芯渗透率测定方法已在多处得到应用并证实，针对所测试的岩芯而言，所得渗透率和孔隙度参数是比较合理的。但由于该岩芯并不是来自于 108 窟的墙体，二者之间在岩石层位和胶结程度方面都可能存在差异，108 窟墙体砂砾石层的渗透率和孔隙度都可能和此处所得的值有所不同。加之如高密度电阻率成像法所揭示的那样，墙体的岩层其实存在着显著的非均质性和

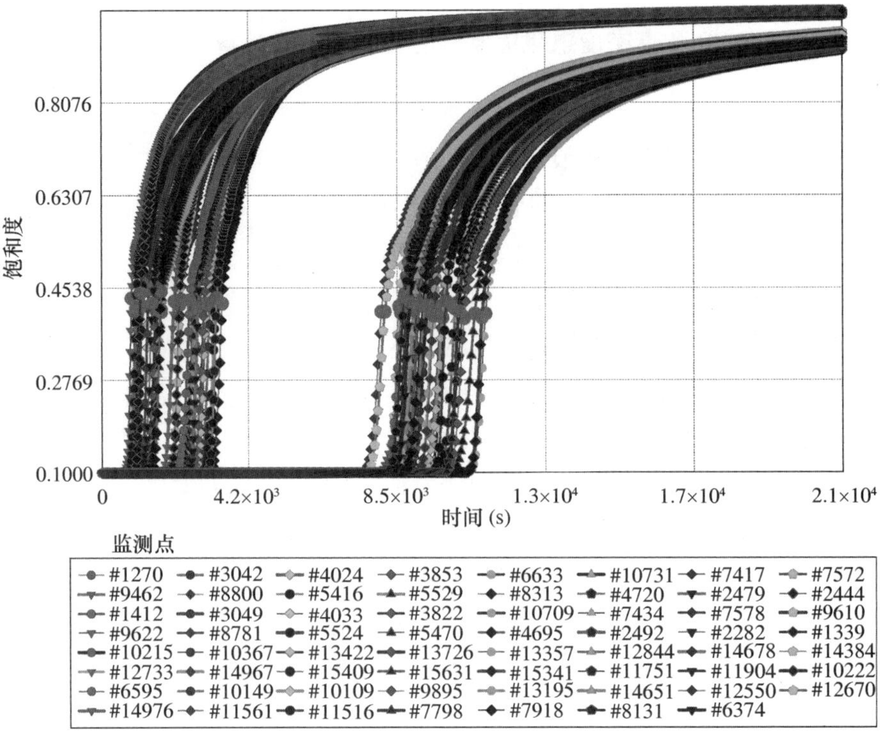

图 4-38　模拟获得的各监测点上的饱和度时间变化曲线

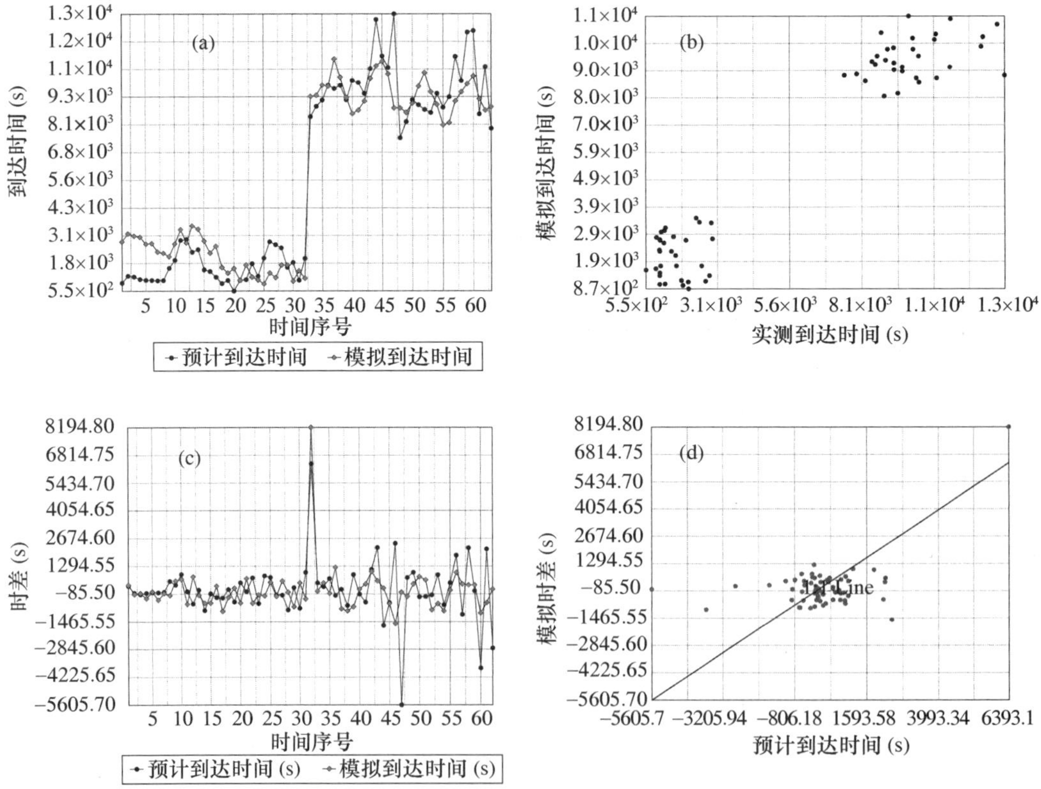

图 4-39　模拟所获得的水体到达时间与实测时间的比较

各向异性，很难用均一的渗透率和孔隙度参数来描述。尽管这样，在本次研究中仍然将此处所得的渗透率和孔隙度参数均一地作为 108 窟墙体岩层的参数，用于后面的模拟研究。关于岩层非均质性和各向异性的研究留作未来的研究课题。

4.5　基于 TOUGH2 软件的含洞窟的非饱和带水分运移模拟

在现场观测的基础上，课题组认识到墙体内的水盐运移过程实际上是一个多种因素综合作用的过程，它包括热、水汽、压力和化学成分至少四种因素的相互作用，对这一过程的模拟显然需要从饱和或非饱和条件下的这四种因素的相互作用开始。长于多相流模拟的 TOUGH2 软件正好满足了这一需要。

用于多相流模拟的 TOUGH2 软件最早主要是针对高放射性废物地质处置中处置库内废物罐和围岩之间水、热、力和化学成分的耦合作用过程模拟开发的，其所模拟的热源主要源自于废物的放射性衰变，温度可达 100℃以上。由于处置库的安全设计要求在 10 万年以上，因此该软件也可以很好地实施长时间尺度的模拟。此外，该软件不对剖分的微元作特别的限制，从而为模拟诸如洞窟之类的几何形态复杂的介质创造了条件。因此，选用该软件进行 108 窟的水汽运移模拟是比较合适的，是一项重要的创新。

基于上述设想和项目研究计划，2015 年度我们对 TOUGH2 的模拟功能进行了研究，实现了对该软件多个模块的成功改造和编译（购买了该软件的原代码）。在此基础上，针对 108 窟的水盐运移过程，2016 年度继续就模型的建立和模拟进行了研究，从而成功实现了对洞窟墙体内水、热、汽和盐的运移与传输过程的模拟研究。

4.5.1　洞窟水汽运移模型的建立

由于控制多孔介质内的水盐运移过程的质量和能量平衡方程是普适的，沿用 TOUGH2 中所用的方程来描述洞窟内水、热、汽和盐分的运移过程（Pruess et al., 1999）：

$$\frac{d}{dt}\int_{V_n} M^k dV_n = \int_{\Gamma_n} F^k \cdot n d\Gamma_n + \int_{V_n} q^k dV_n \qquad (公式 4\text{-}3)$$

其中 V_n 是被 Γ_n 所包围的研究区域的某个子区域，M^k 是针对组分 k 的单位体积中的质量或能量，当 k=1，…，NK 时代表质量，而 k=NK+1 时代表热量。F 代表质量或热量通量，q 表示源和汇，n 是指向 V_n 内部的位于面元 $d\Gamma_n$ 上的法向矢量。质量的通式可表示为：

$$M^k = \phi\sum_{\beta} S_\beta \rho_\beta X_\beta^k \qquad (公式 4\text{-}4)$$

组分 k 的总质量由其在各相 β 中的量求和取得，其中 ϕ 是孔隙度，S_β 为相 β 的饱和度，ρ_β 是相 β 的密度，$X_\beta{}^k$ 是组分 k 在相 β 中的质量分数。

对于热量而言

$$M^{NK+1} = (1-\phi)\rho_R C_R T + \phi\sum_\beta S_\beta \rho_\beta u_\beta \quad \text{（公式 4-5）}$$

其中 ρ_R 是岩石颗粒密度，C_R 是岩石的比热，T 是温度，u_β 是相 β 的单位内能。

对流质量通量也是各相之和

$$F^k|_{adv} = \sum_\beta X_\beta^k F_\beta \quad \text{（公式 4-6）}$$

其中各相的通量 F_β 由相应的达西定律给定：

$$F_\beta = \rho_\beta u_\beta = -k\frac{k_{r\beta}\rho_\beta}{\mu\beta}(\nabla P_\beta - \rho_\beta g) \quad \text{（公式 4-7）}$$

其中 u_β 是相 β 内的达西流速，k 是绝对渗透率，$k_{r\beta}$ 是相对渗透率，μ_β 是黏滞系数，相 β 中的流体压力 P_β 为

$$P_\beta = P + P_{c\beta} \quad \text{（公式 4-8）}$$

这里的 P 是参照相的压力，$P_{c\beta}$ 是相应的毛细压力，g 是重力加速度矢量。

热通量的计算由传导和对流两部分构成：

$$F^{NK+1} = -\lambda\nabla T + \sum_\beta h_\beta F_\beta \quad \text{（公式 4-9）}$$

其中 λ 是热传导率，h_β 是相 β 的比热焓。

对（公式 4-3）　$$\frac{d}{dt}\int_{V_n} M^k dV_n = \int_{\Gamma_n} F^k \cdot n d\Gamma_n + \int_{V_n} q^k dV_n \quad \text{（公式 4-3）}$$

应用高斯离散定理，即可得下述偏微分方程

$$\frac{\partial M^k}{\partial t} = -divF^k + q^k \quad \text{（公式 4-10）}$$

针对非饱和带中的水分运移，如果忽略相变效应，并假设无气体压力梯度，且仅有液相流动，则有

$$\frac{\partial}{\partial t}\phi S_l \rho_l = div\left[k\frac{k_{rl}}{\mu_l}\rho_l \nabla(P_l + \rho_l gz)\right] \quad \text{（公式 4-11）}$$

当忽略液相的密度和黏滞度的变化时，

$$\frac{\partial}{\partial t}\phi S_l \rho_l = div\left[k\frac{k_{rl}}{\mu_l}\rho_l \nabla(P_l + \rho_l gz)\right]$$

即简化为理查德方程

$$\frac{\partial}{\partial t}\theta = div[K\nabla h] \quad \text{（公式 4-12）}$$

其中 $\theta=\phi S_l$ 为体积含水量，$K=kkrl\rho\ lg/\mu l$ 为水力传导率或渗透系数，$h=z+P_l/\rho_l$ 是总的水力水头。

对于洞窟内的水汽运移过程，根据前面所监测的资料可知，显然不仅其水分在流动，其中的气体实际上也在迁移，并随着季节的变换发生着相态的转换。因此，要使模拟的结果接近实际，就应该在模拟中考虑这些因素的影响，尤其是要将边界条件作为一种动态的过程来嵌入到模拟过程中。通过努力，课题组实现了动态边界条件下的

模拟，并将水、热、汽甚至盐分的运移耦合了起来，从而实现了对 108 窟内水汽和盐分运移过程比较贴近实际的模拟，为壁画盐害现象的解释提供了重要依据。

4.5.2 模拟区域的有限元剖分

图 4-40 给出了 108 窟墙体进行三维水汽场模拟的微元剖分方案，其中（a）是不考虑崖面的凸凹形态，将整个区域作为规则的六面体来模拟时的剖分方案，（b）是考

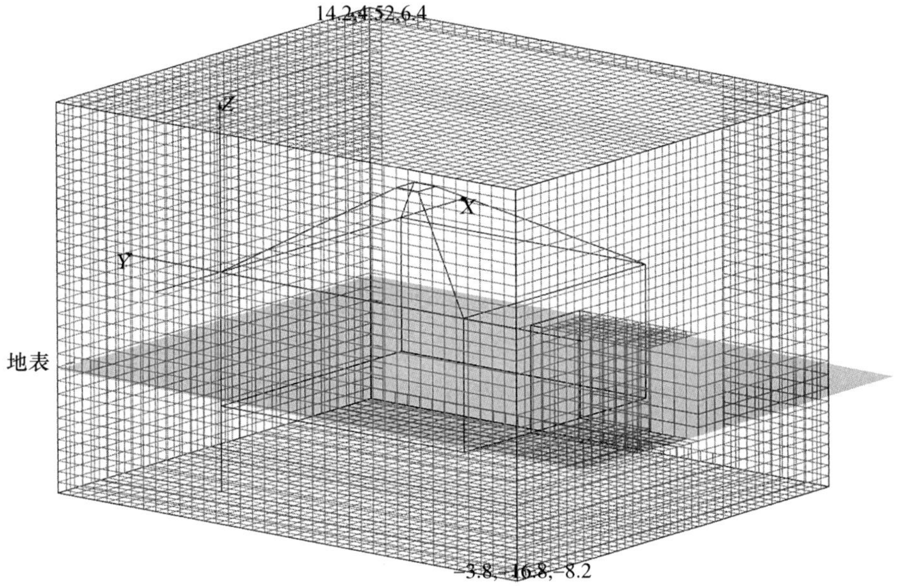

（a）不考虑崖面的规则墙体

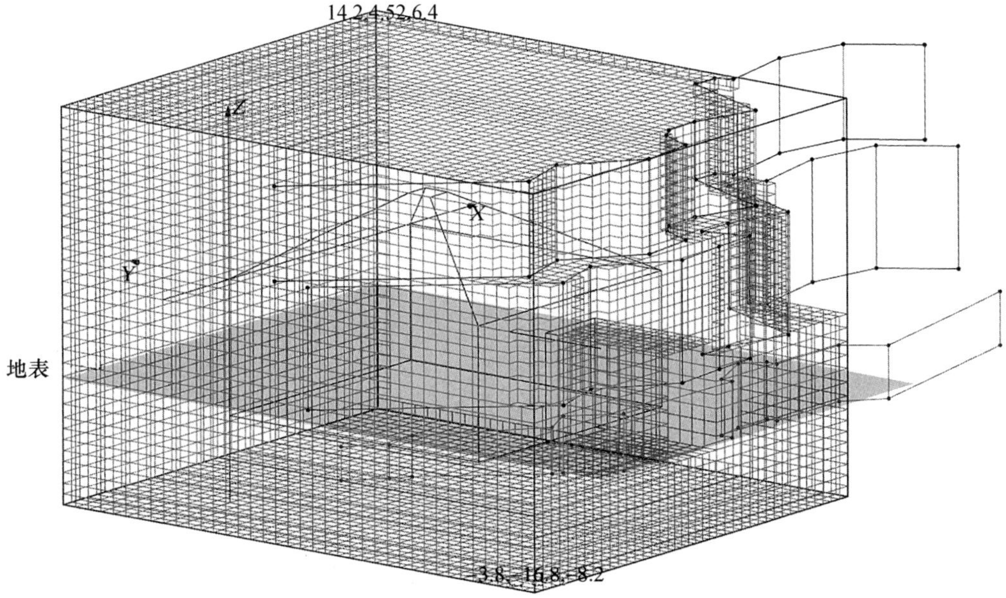

（b）考虑了东侧崖面边界的不规则墙体

图 4-40　108 窟三维水汽场模拟微元剖分（仅显示剖分区域的表面）

虑了东侧崖面的凸凹形态，剔除了不是墙体部分的不规则区域剖分方案。模拟中的坐标原点位置为窟内左上角，X 轴水平指向北侧，Z 轴垂直向上，Y 轴水平指向西壁墙体内，窟内的地面位于 Z=−5m 处，窟外的地面位于 Z=−3.59m 处。模拟为（−3.8m，−16.8m，−8.2m）～（14.2m，4.52m，6.4m）所构成的区域，完全将洞窟空间包括在内。洞窟东侧为入口，Y=−16.8m 处是洞窟早期壁面的位置。除洞窟内部空间外，课题组对模拟区域进行六面体微元剖分，微元大小 0.5m × 0.5m × 0.5m 左右。对于规则模拟区域，节点共 49250 个，微元总数 43924 个；对于不规则区域，节点总数 47622 个，微元总数 42230 个。

4.5.3 模拟参数设置

图 4-41 给出了将整个区域（−3.8m，−16.8m，−8.2m）～（14.2m，4.52m，6.4m）作为一个完整的六面体进行模拟时，模拟监测点的分布。此时，不考虑东侧崖面的凸凹形态。入渗模拟时，假设降雨入渗是从区域的整个顶面进行的，其他侧面和底面没有任何入渗。热辐射作用模拟时，假设在模拟区域的整个左侧面有辐射通量，其他侧面以及顶面和底面没有热通量。显然，这些模拟设置和 108 窟的实际状态是不一样的，但它为理解降雨入渗和墙面所受到的热辐射作用提供了重要的参考，为后面更贴近实际状态的模拟创造了条件，各模拟设置见表 4-2。

为了能够更加贴近 108 窟的实际形态模拟降雨入渗和热辐射作用对洞窟墙体水盐运移的影响，2016 年课题组对 108 窟东侧崖面的形态进行了测量，并将崖面作为

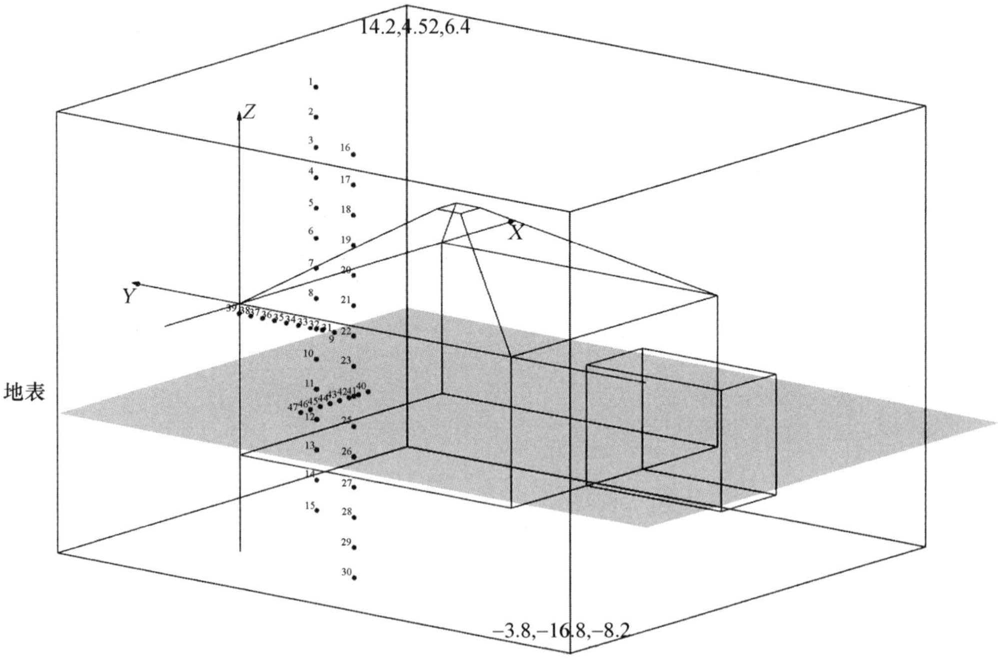

图 4-41　将 108 窟作为规则墙体模拟时热力学参数的监测点分布

表 4-2 108 窟水盐模拟设置汇总表

模拟区域	使用 EOS 模块	模拟编号	初始条件	边界条件	文件夹
不规则墙体	EOS9	A0	均一（Sl=0.1）	−50m 埋深，毛细力作用	2-IdealWall
		A1	非均一（重力）	顶部稳定入渗 0.02 kg/s	3-IdealWall
		A2	非均一（重力）	顶部非稳定入渗 312.5kg/8.33h	4-HighQ
		A3	非均一（重力）	顶部非稳定入渗 100mm/ 年	4-Ideal10Years
	EOS7	A4	均一（1.013 0.15 10.5 15）	通量密度恒定 100J/s	5-F500/F500+
		A5	均一（1.013 0.15 10.5 15）	通量密度恒定 50J/s	5-G500/G500+
		A6	均一（1.013 0.15 10.5 15）	通量密度按天平均正变化	6-V1810
		A7	均一（1.013 0.15 10.8 15）	通量密度按天平均正变化	6-W885
		A8	非均一（BL9K2500.DAT，0.05 15），Sl=1 时单相	通量密度按天平均正变化	6-P1030
		A9	非均（BL9K0326.DAT，0.05 15），Sl=1 时二相	通量密度按天平均正变化	6-G2000
	EOS9	B0	均一（Sl=0.1）	−50m 埋深，毛细力作用	2-RealWall
		B1	非均一（重力）	顶部稳定入渗 3.5E-5 kg/s	3-RealWall
		B2	非均一（重力）	顶部非稳定入渗 50mm/ 年	4-Real10Years
	EOS7	B3	均一（1.013 0.15 10.5 15）	通量密度恒定 50J/s	5-RealWall
		B4	均一（1.013 0.15 10.5 15）	通量密度按天平均正变化	6-Real01
		B5	均一（1.013 0.05 10.8 15）	通量密度按天平均正变化	6-Real02
		B6	非均一（BL9K0312.DAT，0.05 15）	通量密度按天平均正变化	6-Real03
		B7	非均（BL9K0312.DAT，0.05 15）	通量密度 24 小时正负变化	6-Real04
	EWASG	B8	均一（1.013 0.05 10.5 15）	通量密度 24 小时正负变化	9-UniformEWASG
		B9	非均一（BL9K0312.DAT，0.05 15）58	通量密度 24 小时正负变化	8-RealEWASG

含地面的三个台阶来近似处理，把凸凹不平的崖面嵌入到模拟区域（−3.8m，−16.8m，−8.2m）～（14.2m，4.52m，6.4m）中，剔除崖面以东的部分，从而构建了比较贴近108 窟实际形态的模拟区域（图 4-42）。对于该不规则的模拟区域，假设降雨是从东面不规则的崖面上进行的，任何其他侧面和顶底面都没有入渗。热辐射作用模拟时，同样假设辐射作用仅仅出现在东侧的崖面上，在任何其他侧面和顶底面上都没有垂直于界面的热通量，进而比较贴近实际地模拟了 108 窟墙体内的水盐运动过程，不规则区域模拟时的相关设置如表 4-2 所示。

无论是规则区域还是不规则区域，根据前述测定结果，假设墙体的孔隙度均一分布且为 0.16，渗透率无各向异性且均匀分布为 $2.8 \times 10^{-14}\text{m}^2$。

对于初始条件，课题组考虑了两种情形，一种是均一的初始条件，墙体水分饱和

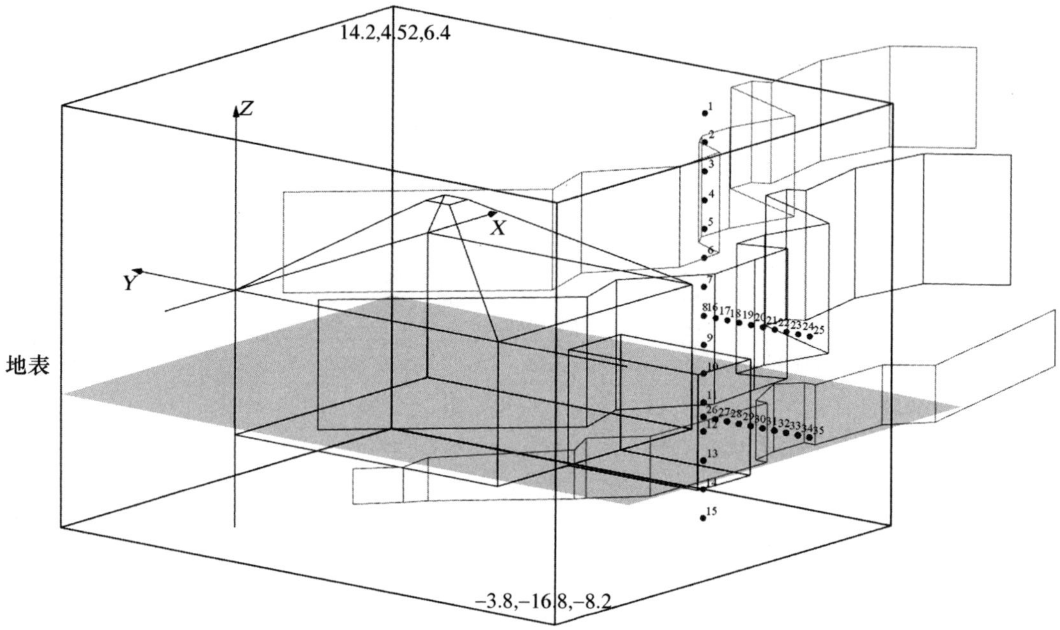

图 4-42　将 108 窟作为不规则墙体模拟时热力学参数的监测点分布

度全部为 0.1，大气压力为一个标准大气压，温度为 15℃，孔隙水中盐分质量分数为 15% 或 5%。另一种是非均一的初始条件，对于降雨入渗而言，假设地下水位埋深在 −50m 处，墙体的初始含水量是在重力和毛细力的作用下达到了平衡时的含水量，因此墙体内初始含水量的分布与水分特征曲线相同。对于热辐射模拟，其初始条件采用降雨入渗 10 年后的含水量分布和压力分布，但孔隙水中的盐分质量分数和温度假设是均一的，分别是 5% 和 15℃。

关于降雨入渗通量，假设莫高窟的年降雨量在 50mm/y 以上，除去蒸发等因素实际入渗墙体的量为 50mm/y（后续工作会根据实际观测值对该数据进行调整，但该数据的小幅变化不会对模拟结果产生大的影响）。由于模拟所用的六面体微元一个侧面的面积约为 0.25m^2，每年 50mm 的入渗量相当于每个微元每年接收 12.5kg 左右的水分。假设降雨集中在 6～7 月份，在总量控制为 12.5kg 的条件下，采用年分布如图 4-43 所示的入渗通量变化边界进行模拟。

对于崖面上所受到的热辐射的影响，假设太阳常数为 1367W/m^2，根据莫高窟的纬度、太阳高度角和时角的变化，在大气层没有云层和年间日地距离没有变化的假设条件下（实际影响很小），计算所得莫高窟地面热辐射通量密度的日变化过程如图 4-44 所示。在崖面上采用这一变化的热通量边界进行模拟。

在模拟过程中，首先设地下水或上层滞水的水位在 Z=−50m 的位置，在重力和毛细力的所用下达到平衡，通过水分重新分布，获得墙体内的含水量和压力分布。将这一分布作为初始值，在崖面上按图 4-43 入渗的条件下，模拟 10 年间墙体内的入渗

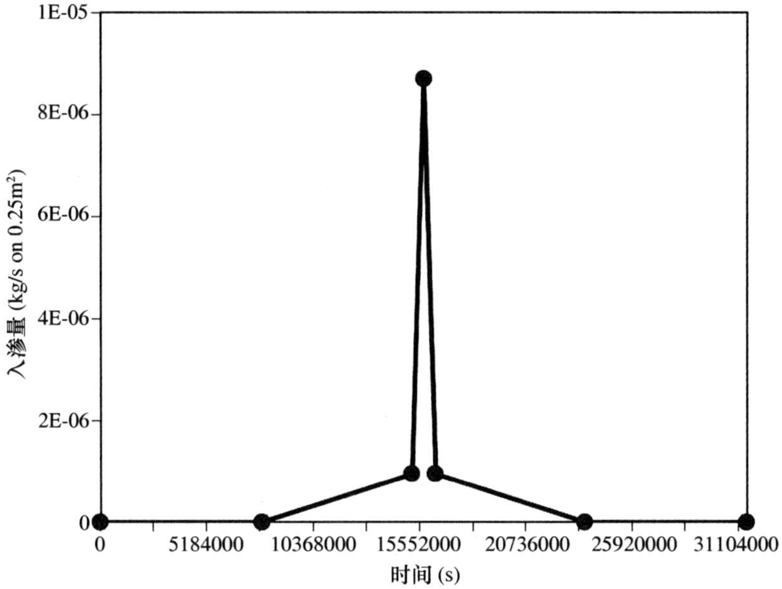

图 4-43 模拟所设定的外墙面每 0.25m^2 面积上入渗量的年际变化

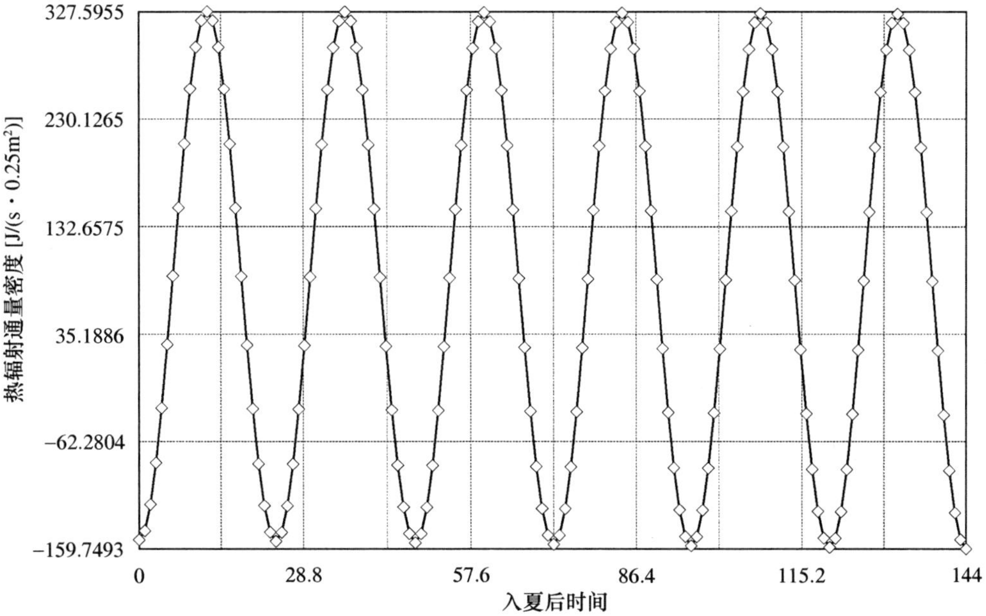

图 4-44 模拟所设定的外墙面每 0.25m^2 面积上辐射通量密度的日变化

过程，观测监测点上的含水量变化及其在空间上的分布和流场。在此基础上，将入渗 10 年后的墙体含水量和压力分布作为初始值，按图 4-44 模拟在崖面上有辐射影响下时，墙体内水分、盐分、气体和温度的分布与变化过程，将模拟达到稳定后的结果作为依据成图分析，有关模拟设置和图像编号如表 4-2、表 4-3 所示。

表 4-3　108 窟水盐模拟结果汇总表

模拟编号	结束时间	时间变化图	平面分布图	剖面分布图	平面流场图	剖面流场图
A0		A0TimeHT2-4，LT2-4，VT2-4	A0BulbZ1-6	A0BulbX/Y1-6	A0FlowZ1-9	A0FlowX/Y1-9
A1		A1TimeHT2-4，LT2-4，VT2-4	A1BulbZ1-6	A1BulbX/Y1-6	A1FlowZ1-9	A1FlowX/Y1-9
A2	0.215 天	A2TimeHT2-4，LT2-4，VT2-4	A2BulbZ1-6	A2BulbX/Y1-6	A2FlowZ1-9	A2FlowX/Y1-9
A3	10 年	A3TimeHT2-4，LT2-4，VT2-4	A3BulbZ1-6	A3BulbX/Y1-6	A3FlowZ1-9	A3FlowX/Y1-9
A4	14.03 天	A4TimeHT2-4，LT2-4，VT2-4	A4BulbZ1-6	A4BulbX/Y1-6	A4FlowZ1-9	A4FlowX/Y1-9
A5	35.72 天	A5TimeHT2-4，LT2-4，VT2-4	A5BulbZ1-6	A5BulbX/Y1-6	A5FlowZ1-9	A5FlowX/Y1-9
A6	27.64 天	A6TimeHT2-4，LT2-4，VT2-4	A6BulbZ1-6	A6BulbX/Y1-6	A6FlowZ1-9	A6FlowX/Y1-9
A7	13.195 天	A7TimeHT2-4，LT2-4，VT2-4	A7BulbZ1-6	A7BulbX/Y1-6	A7FlowZ1-9	A7FlowX/Y1-9
A8	0.2759 天	A8TimeHT2-4，LT2-4，VT2-4	A8BulbZ1-6	A8BulbX/Y1-6	A8FlowZ1-9	A8FlowX/Y1-9
A9	26.43 天	A9TimeHT2-4，LT2-4，VT2-4	A9BulbZ1-6	A9BulbX/Y1-6	A9FlowZ1-9	A9FlowX/Y1-9
B0		B0TimeHT2-4，LT2-4，VT2-4	B0BulbZ1-6	B0BulbX/Y1-6	B0FlowZ1-9	B0FlowX/Y1-9
B1		B1TimeHT2-4，LT2-4，VT2-4	B1BulbZ1-6	B1BulbX/Y1-6	B1FlowZ1-9	B1FlowX/Y1-9
B2	10 年	B2TimeHT2-4，LT2-4，VT2-4	B2BulbZ1-6	B2BulbX/Y1-6	B2FlowZ1-9	B2FlowX/Y1-9
B3	6.31 天	B3TimeHT2-4，LT2-4，VT2-4	B3BulbZ1-6	B3BulbX/Y1-6	B3FlowZ1-9	B3FlowX/Y1-9
B4	5.54 天	B4TimeHT2-4，LT2-4，VT2-4	B4BulbZ1-6	B4BulbX/Y1-6	B4FlowZ1-9	B4FlowX/Y1-9
B5	2.37 天	B5TimeHT2-4，LT2-4，VT2-4	B5BulbZ1-6	B5BulbX/Y1-6	B5FlowZ1-9	B5FlowX/Y1-9
B6	7.36 天	B6TimeHT2-4，LT2-4，VT2-4	B6BulbZ1-6	B6BulbX/Y1-6	B6FlowZ1-9	B6FlowX/Y1-9
B7	2.66 天	B7TimeHT2-4，LT2-4，VT2-4	B7BulbZ1-6	B7BulbX/Y1-6	B7FlowZ1-9	B7FlowX/Y1-9
B8	4.67 天	B8TimeHT2-4，LT2-4，VT2-4	B8BulbZ1-6	B8BulbX/Y1-6	B8FlowZ1-9	B8FlowX/Y1-9
B9	5.6 天	B9TimeHT2-4，LT2-4，VT2-4	B9BulbZ1-6	B9BulbX/Y1-6	B9FlowZ1-9	B9FlowX/Y1-9

4.5.4　年周期性降雨入渗作用下墙体内的水汽运移过程

1. 洞窟不同高度上水分饱和度随时间的变化过程

图 4-45（图版九）给出了东侧壁面内不同高度上 10 年间水分饱和度随时间的变化过程（表 4-2 中的 B2 试验）。可以看出，尽管年降雨量很小，但多年的降雨入渗总体上仍能够促使水分向下迁移，使墙体内的水分饱和度逐渐增高。由此可以推断，即使实际的年入渗量可能还会小于 50mm，但长达千年的入渗作用导致墙体内水分含量的增高是完全可能的。降雨入渗作用是洞窟墙体内水分的一个重要来源。

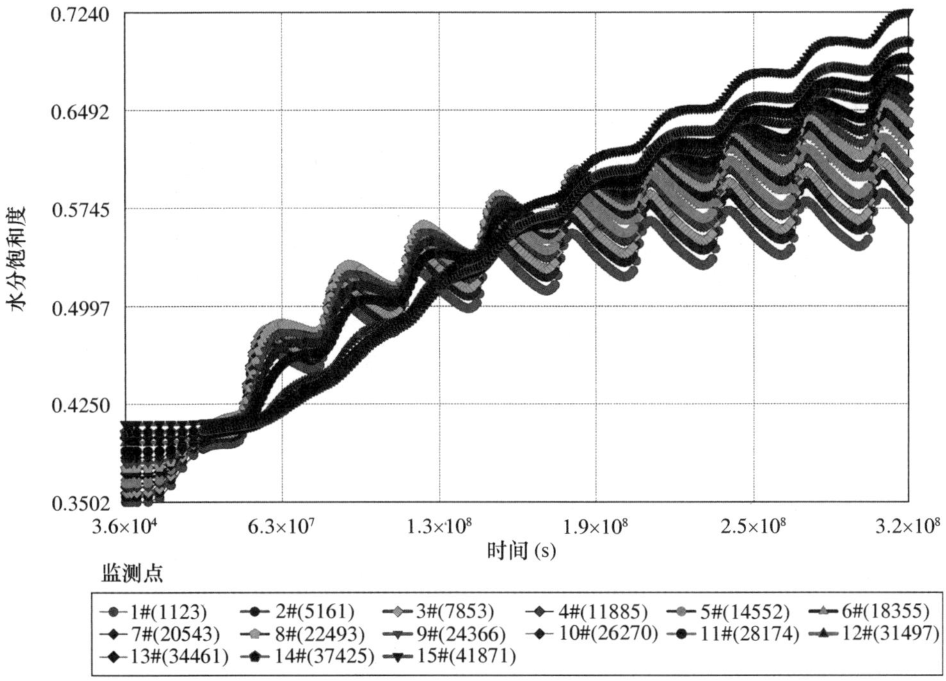

图 4-45　降雨入渗 10 年间 1～15 号监测点处墙体水分饱和度的变化过程

2. 入渗 10 年后洞窟墙体内水分饱和度的空间分布

图 4-46～图 4-51 是入渗 10 年后水分饱和度在平面、南北剖面和东西剖面上的分布。在平面上，无论是在洞室顶部还是在洞室地面附近，饱和度高的区域都集中在了洞窟靠近入口一侧，说明来自于东侧崖面的入渗确实引起了东侧墙体内水分的增加。而在剖面上，水分主要集中在底层和洞窟的东侧，洞窟的顶部和西侧饱和度则相对较低，说明水分是从墙体东面向西面传输的。底层饱和度大的原因可能是重力作用下水分下行累积的结果。

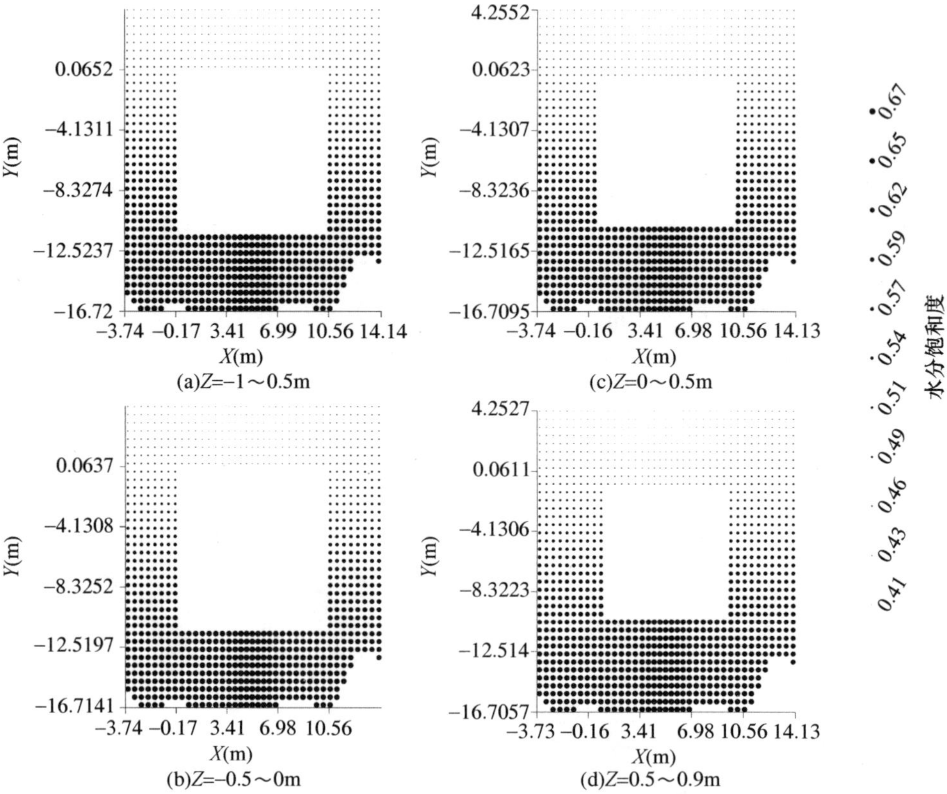

图 4-46　入渗 10 年后水分饱和度在靠近洞室顶部水平方向上的分布

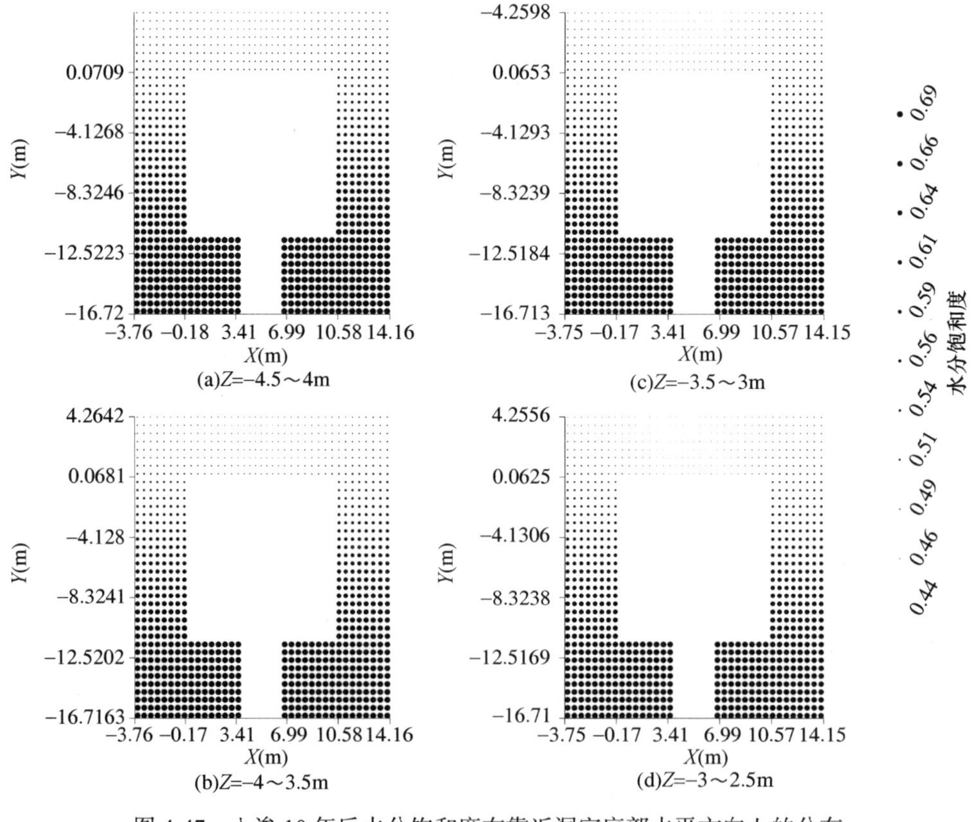

图 4-47　入渗 10 年后水分饱和度在靠近洞室底部水平方向上的分布

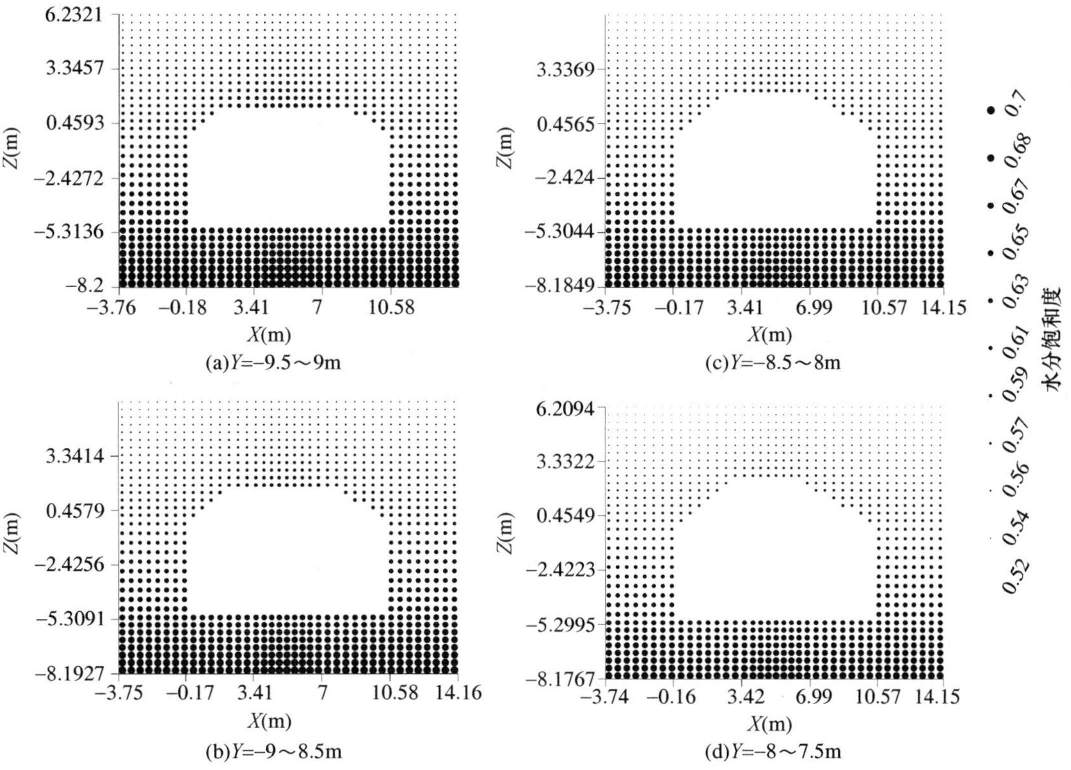

图 4-48　入渗 10 年后水分饱和度在靠近洞室东侧南北剖面上的分布

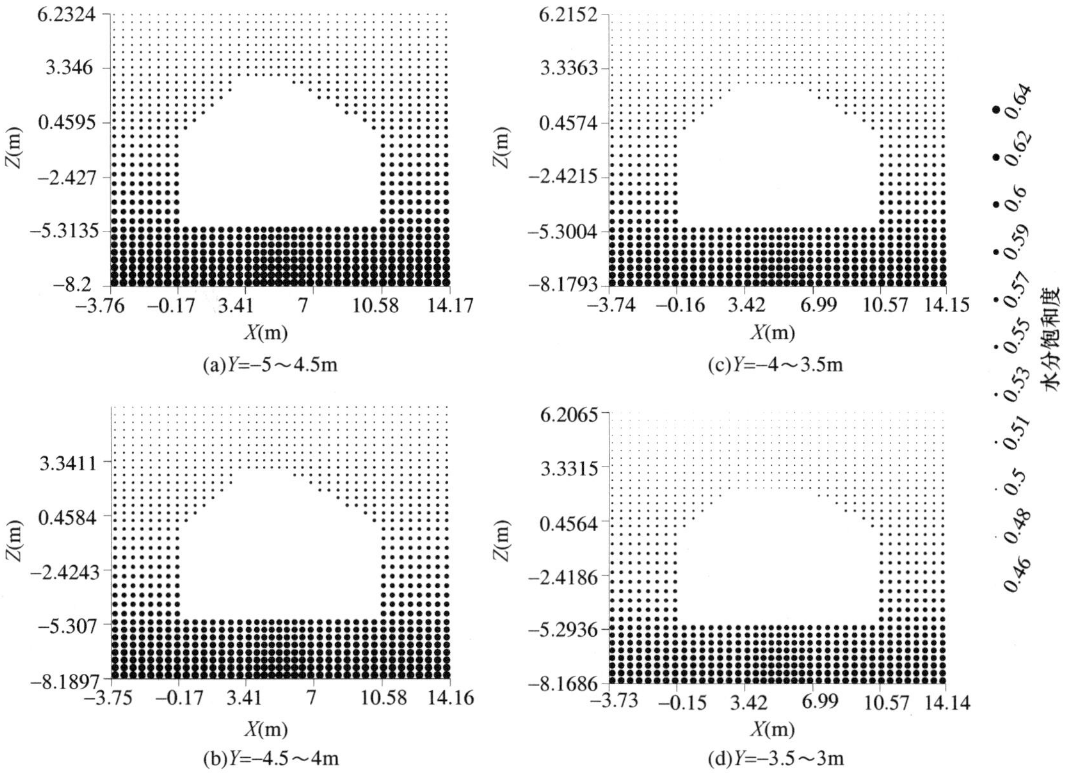

图 4-49　入渗 10 年后水分饱和度在靠近洞室西侧南北剖面上的分布

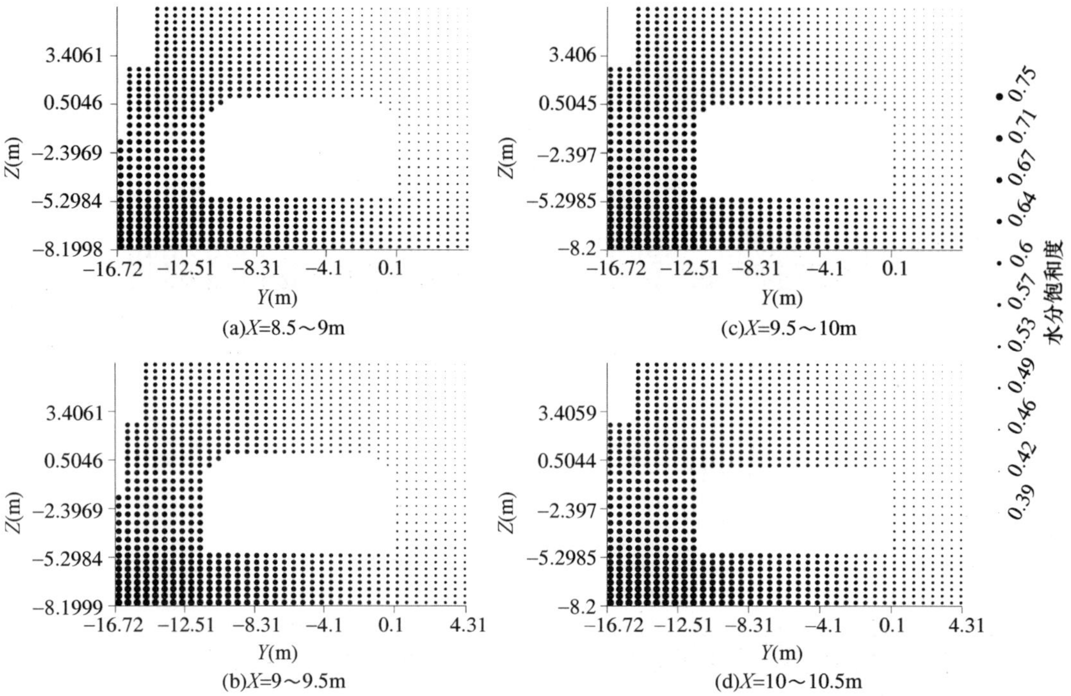

图 4-50　入渗 10 年后水分饱和度在靠近洞室北侧东西剖面上的分布

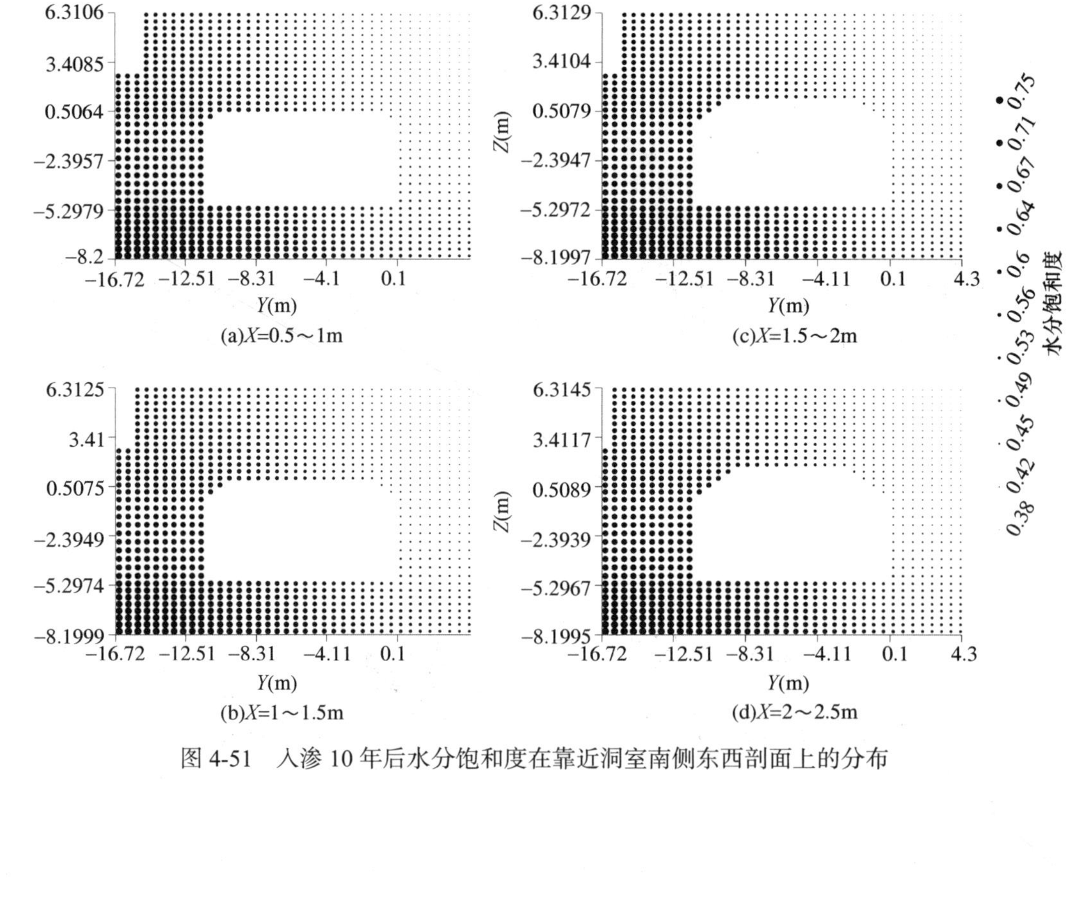

图 4-51　入渗 10 年后水分饱和度在靠近洞室南侧东西剖面上的分布

3. 入渗 10 年后洞窟墙体内的水分流场

虽然图 4-46～图 4-51 给出了墙体内水分饱和度的空间分布，但未能说明水分的流动方向，是一种静态的结果。为此，课题组根据模拟结果绘制了墙体内的水分流场（图 4-52～图 4-57），它以矢量的方式给出了不同面上水分移动的方向和大小，颜色越深、矢量线越长表示水分流动的速率越大。

由图可见，在水平面上（图 4-52、图 4-53），水分整体上确实是从洞窟入口一侧向西侧运移的，来自于崖面上的入渗作用是洞窟内水分产生和运移的重要原因。尤其值得注意的是位于洞窟南北两侧的墙体，其水分移动的方向在东侧是指向墙体内部的，但当向西超过某个临界位置之后，水分却转而由墙体内向墙体表面移动，水分的移动方向发生了根本性的改变。这个临界位置与高度有关，在窟内地面附近，这一临界位置在靠近东侧的墙面处。随着高度的增加，这一临界位置逐渐向西侧移动，水分由墙体内向墙面移动的区域逐渐减少。

这种水分移动方向的变化在 X 方向（南北方向）的剖面上（图 4-54、图 4-55）得到了更清晰的表现，在较高区域，水分都是向墙体内部运移的，但当高度降低到某一个位置后，水分移动的方向改为从墙体内部向表面移动。这一发生方向改变的高度

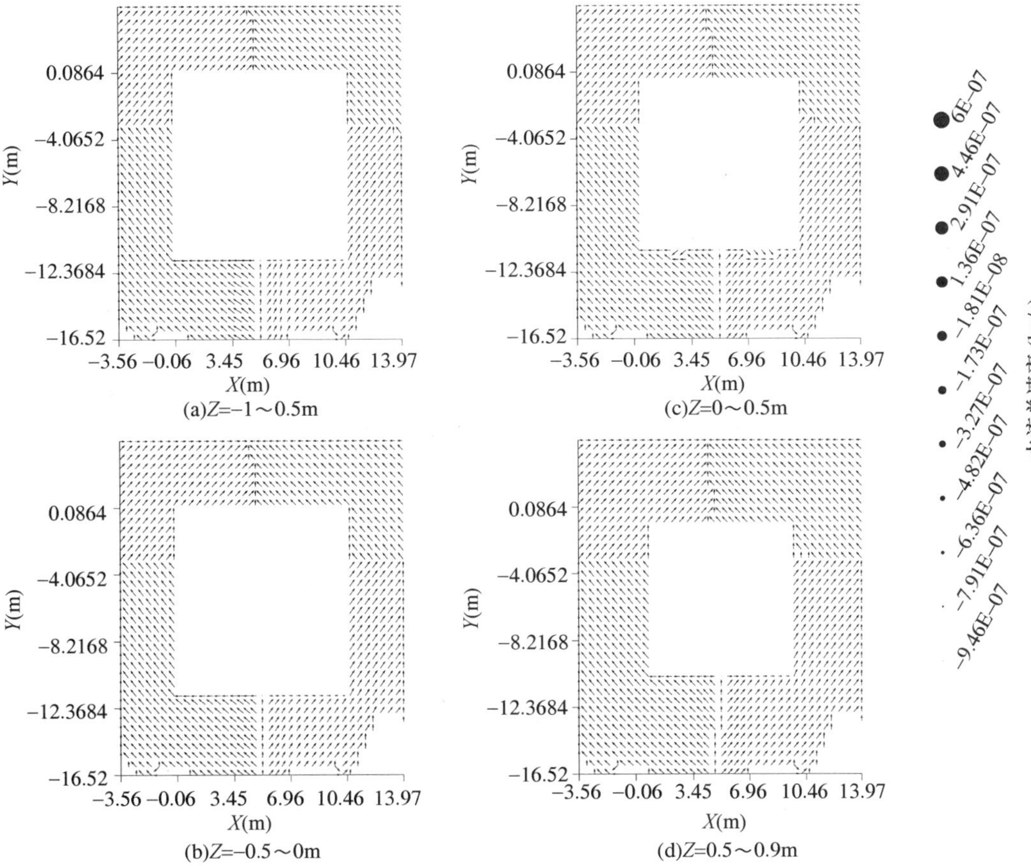

图 4-52　入渗 10 年后在靠近洞室顶部水平方向上的流场分布

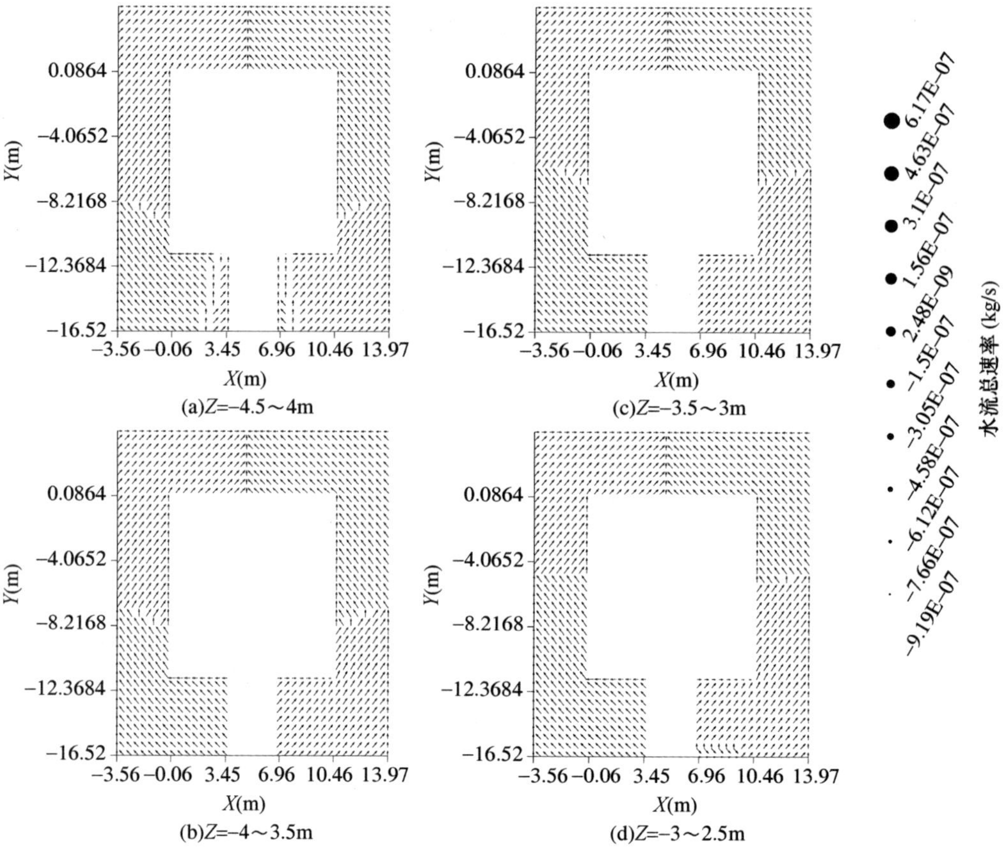

图 4-53　入渗 10 年后在靠近洞室底部水平方向上的流场分布

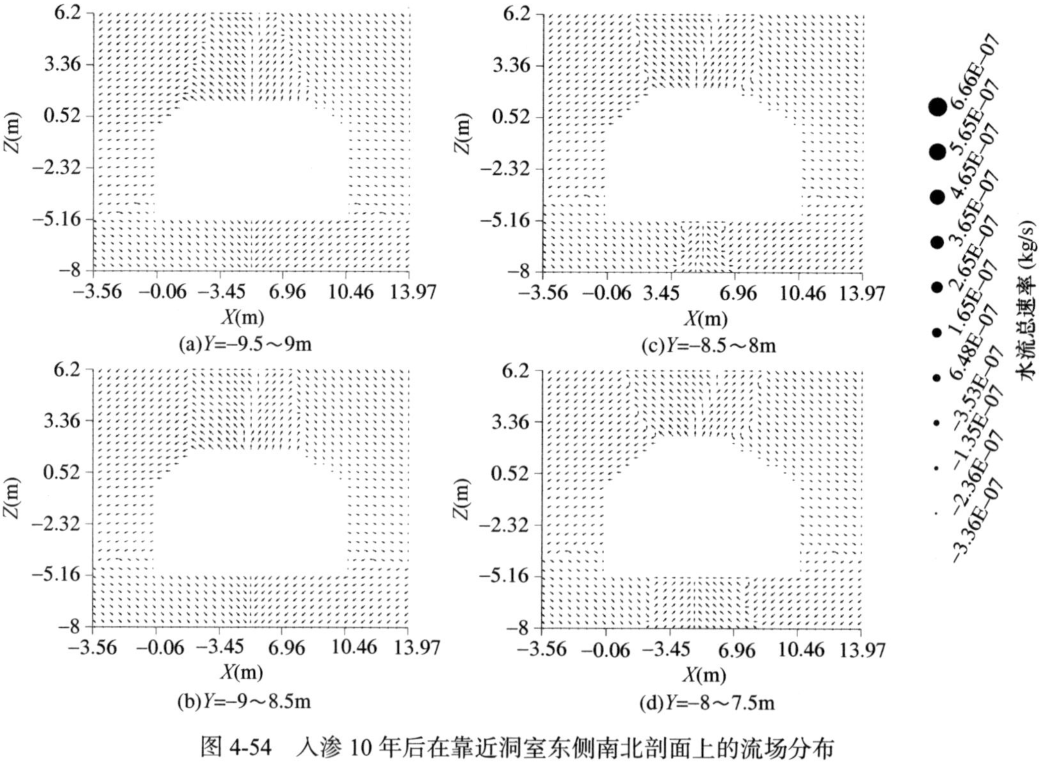

图 4-54　入渗 10 年后在靠近洞室东侧南北剖面上的流场分布

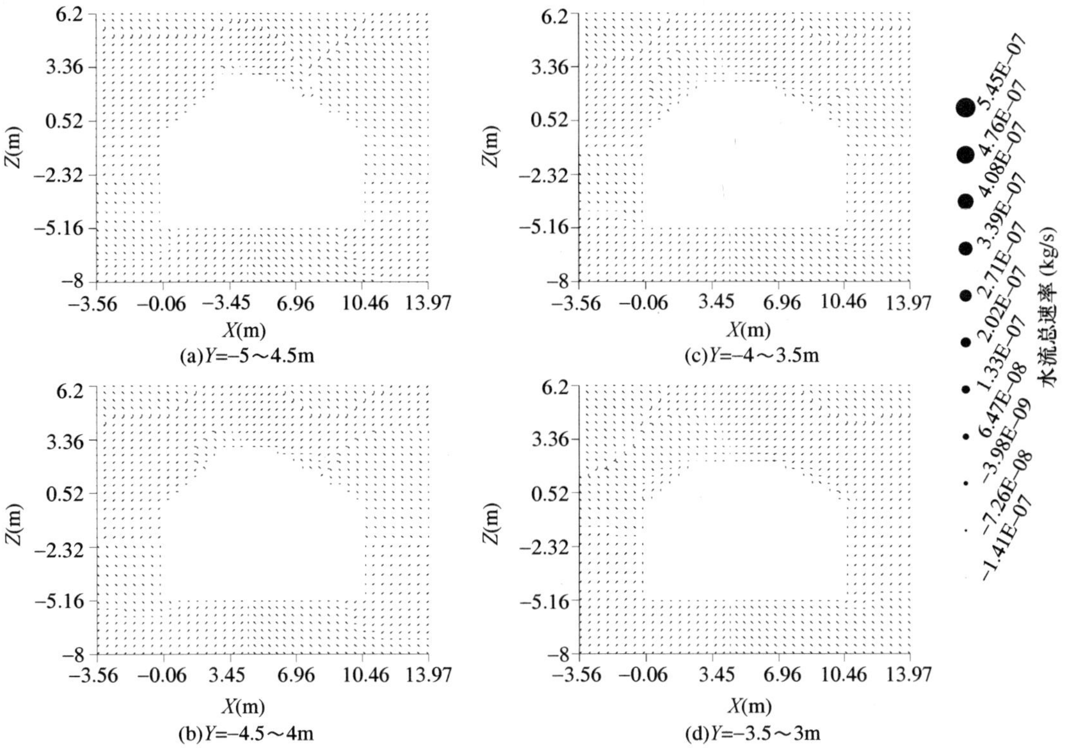

图 4-55 入渗 10 年后在靠近洞室西侧南北剖面上的流场分布

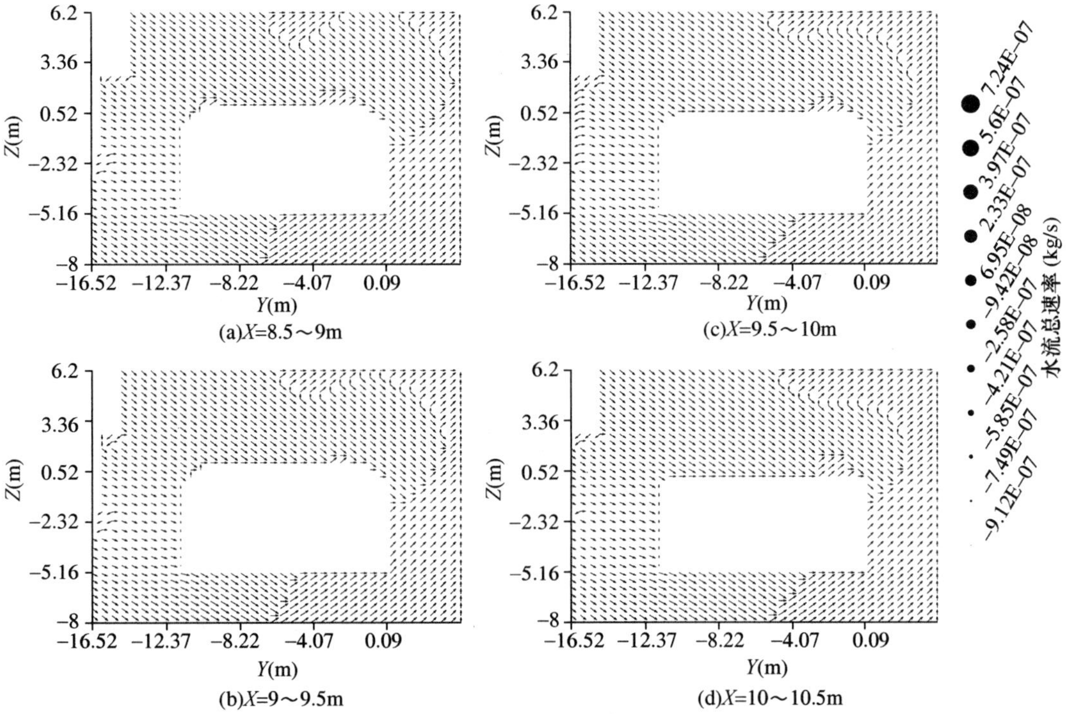

图 4-56 入渗 10 年后在靠近洞室北侧东西剖面上的流场分布

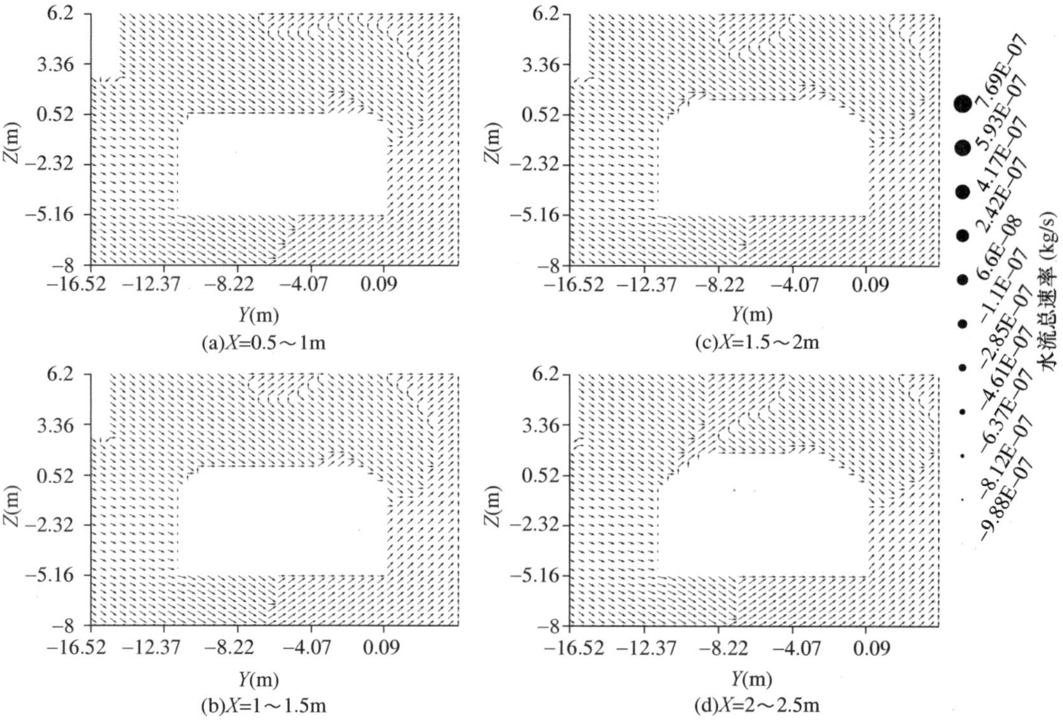

图 4-57　入渗 10 年后在靠近洞室南侧东西剖面上的流场分布

与所处的东西位置有关，越是靠近东侧，高度越低，靠近西侧，高度越高。假设水分溶解和携带盐分，那么在南北两侧的墙体上，就会在低层出现盐分聚集，这在很大程度上解释了 108 窟的盐害主要分布于底部的原因。

4.5.5　均一初始条件下辐射作用对墙体内水、热、汽和盐分运移的影响

前述降雨入渗过程的模拟是在等温条件下进行的，其间没有能量的传递。洞窟崖面一直暴露在太阳辐射的影响之下，这一影响究竟有多大，它能够对洞窟墙体内的水盐运移产生影响吗，甚至是壁画盐害的驱动力吗？为此，课题组进行了水、热、汽和盐分运移的耦合模拟研究。

首先要回答的问题便是初始条件的均一与否是否将影响模拟结果的问题。为此，假设墙体孔隙气体的压力为均一的一个大气压，水分饱和度也为均一的 0.5，在此情况下进行了模拟试验（表 4-2 中的 B8 试验）。

1. 各个模拟监测点上热力学参数的时间变化过程（均一初始条件）

图 4-58～图 4-60（图版一〇～图版一二）给出了模拟期间各监测点上气体压力、温度以及水分饱和度随时间的变化过程，它清晰地说明墙面辐射对墙体内部的温度、水分饱和度以及气体压力都会产生不同程度的影响，显然越是靠近崖面，受到的影响越大，反之则影响越小。尤其是由于 108 窟和崖面间在部分区域距离很小，墙体和窟内受到崖面上辐射的影响是完全可能的。当最薄的墙体中存在介质非均质所引起的优

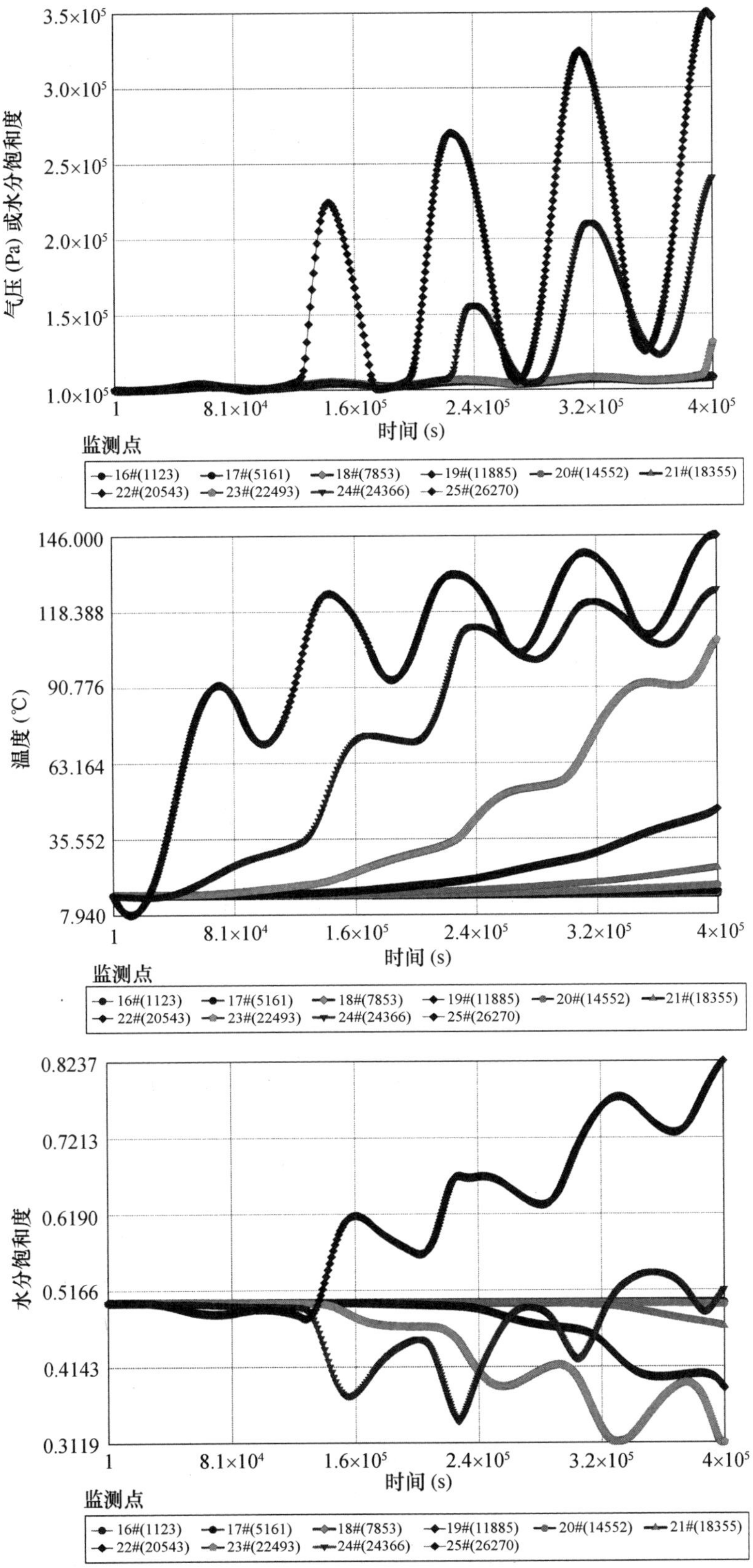

图 4-58　辐射作用下监测点 16～25 上各参数随时间的变化过程

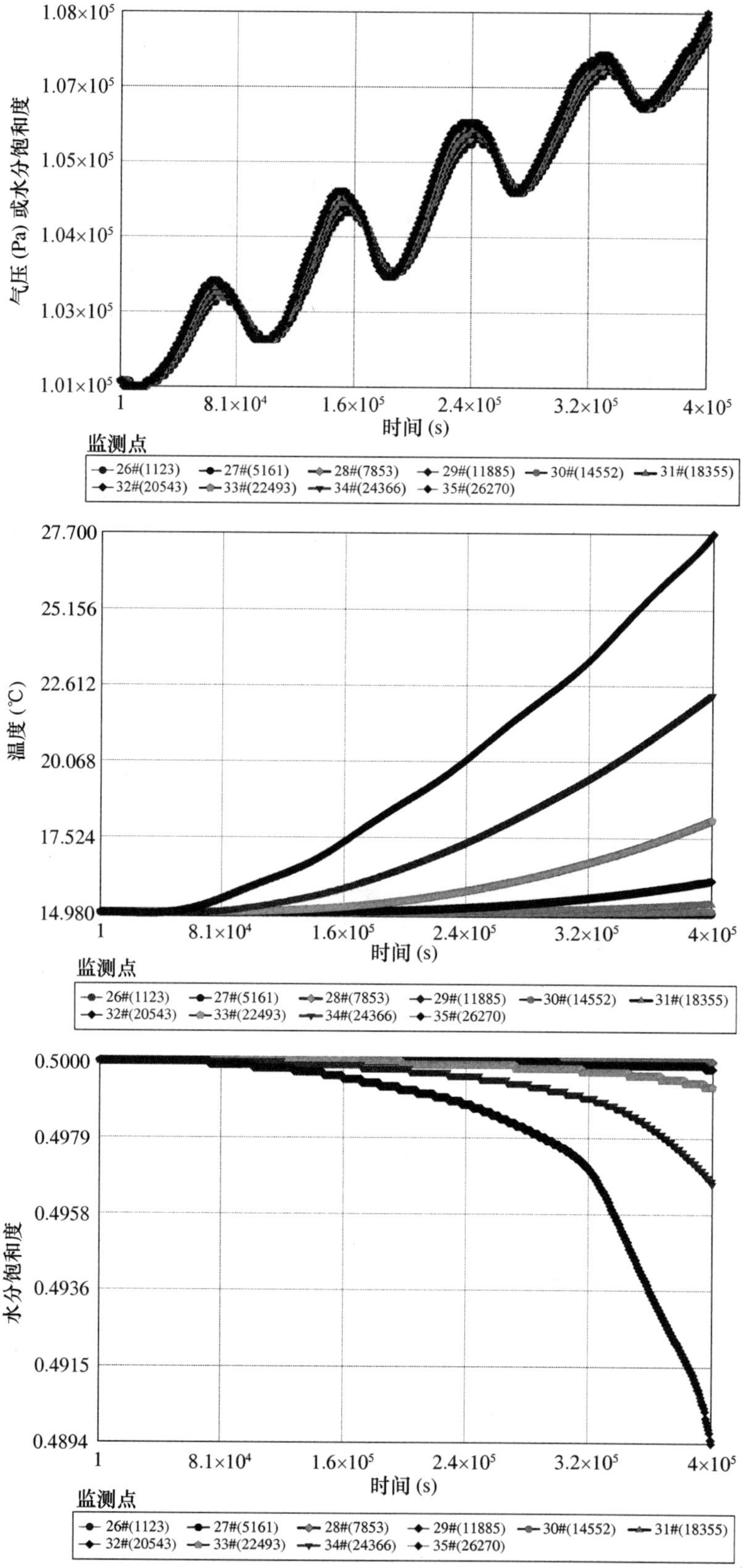

图 4-59　辐射作用下监测点 26～35 上各参数随时间的变化过程

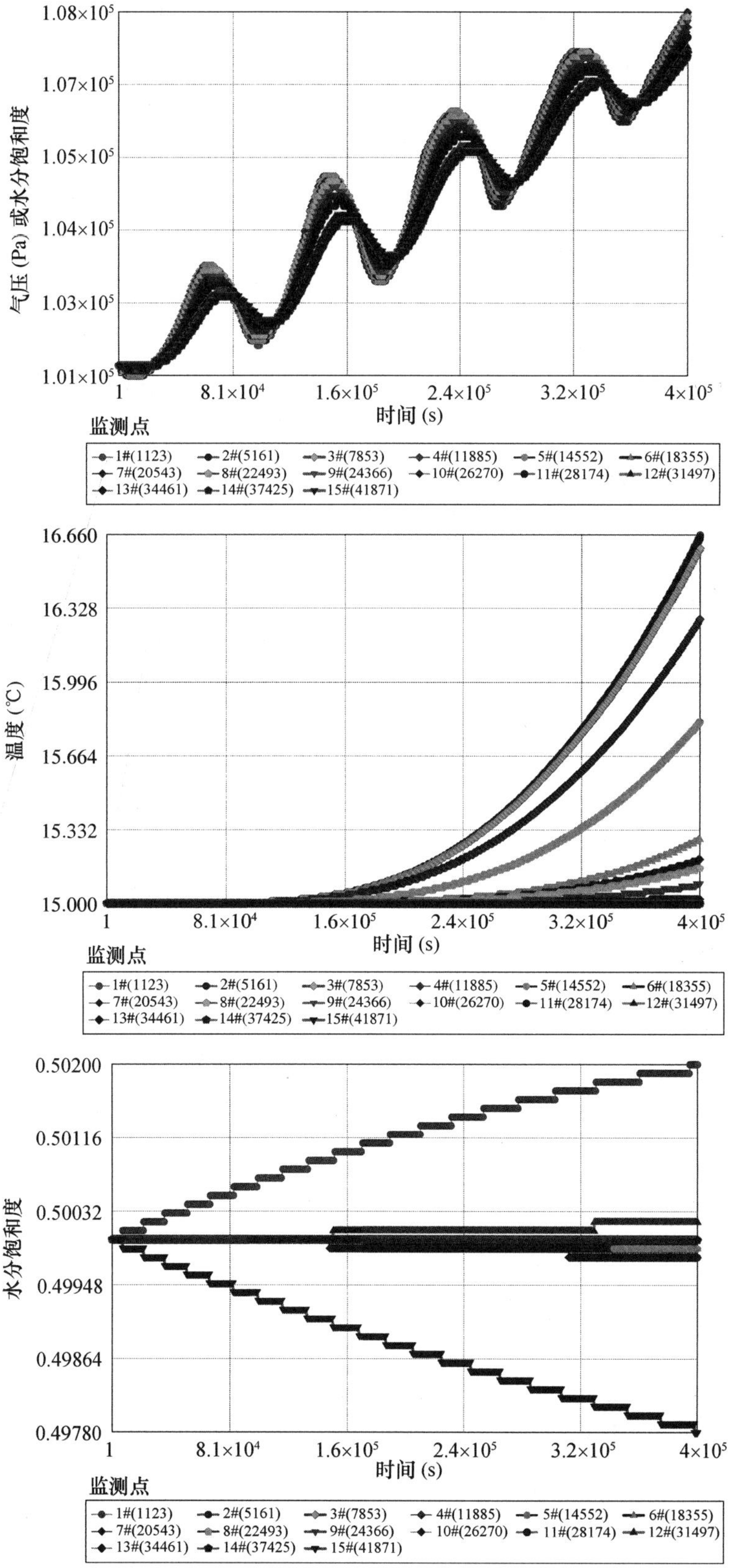

图 4-60　辐射作用下监测点 1～15 上各参数随时间的变化过程

势通道时，崖面上所受到的辐射作用就可能对洞窟内的水、汽和盐运移产生重要影响，是盐害防治中不能忽略的因素。

2. 墙体内水、热、汽和盐的空间分布（均一初始条件）

图 4-61～图 4-64 给出了温度、水分饱和度、水汽饱和度以及盐分质量分数在平面和剖面上的分布。可以看出，在水平面上，均一条件下，辐射作用使得崖面上出现了很高的温度，并随着向墙体内部的深入，而迅速降低。在洞窟东侧墙体上出现的这一温度梯度促进了墙体水盐向洞窟西侧的运移。对于水分饱和度，同样在东侧墙体内临近崖面处出现了高值区域，说明辐射的升温作用促进了水分的向西流动。与此对应，相应区域的水汽饱和度与盐分质量分数也都为低值区域。在接近洞窟地面的平面上，这种水分饱和度增加、水汽饱和度与盐分质量分数降低的区域则主要分布在东侧的模拟边界上，说明虽然崖面上的辐射对墙体内的温度、水分、气体和盐分分布有影响，但影响的程度是随着高度的降低而减小并集中在东侧的模拟边界上。

在靠近东侧的 X 方向（南北方向）剖面上，虽然温度仅仅在右上角升高，但我们看到水分却在右上角、底层和洞窟天顶面三个区域的集中，而水汽饱和度则在模拟区域的顶部边界和洞窟地面上集中。虽然在模拟达到稳定时，盐分质量分数在该剖面上

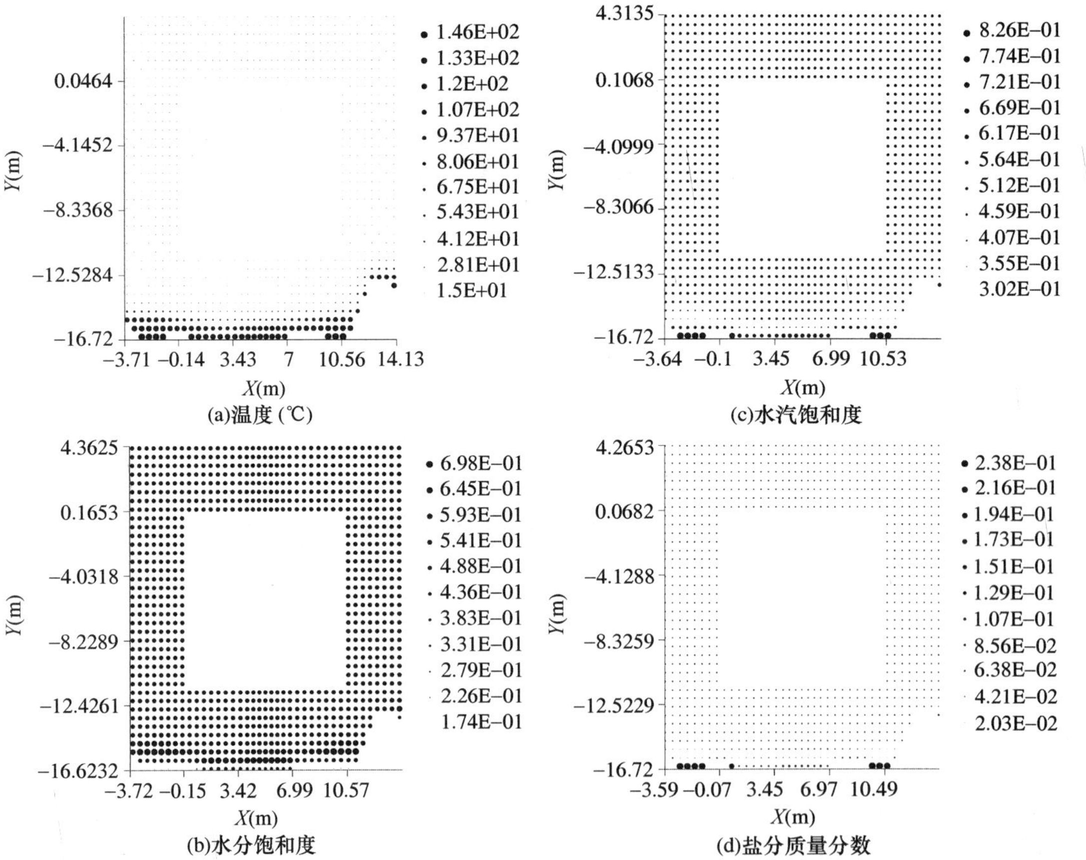

图 4-61　辐射作用下在 Z=−1.0～−0.5m 高度上各参数的平面分布

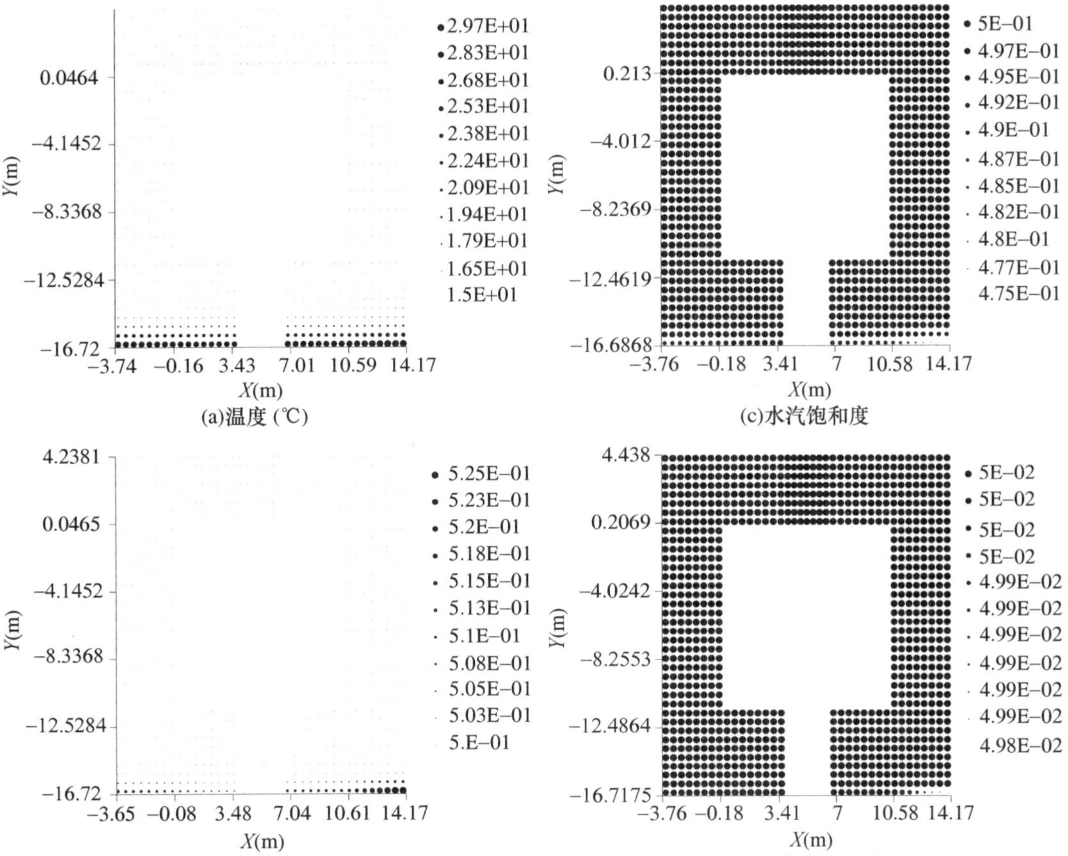

(a)温度 (℃)　(c)水汽饱和度

(b)水分饱和度　(d)盐分质量分数

图 4-62　辐射作用下在 $Z=-4.5\sim-4.0$m 高度上各参数的平面分布

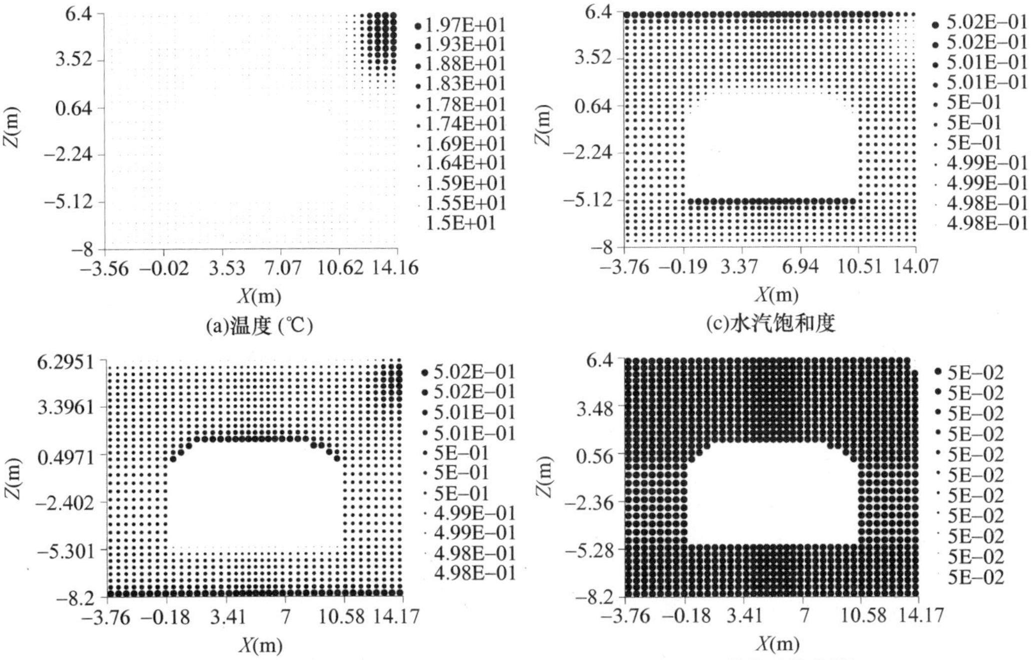

(a)温度 (℃)　(c)水汽饱和度

(b)水分饱和度　(d)盐分质量分数

图 4-63　辐射作用下在 $Y=-9.5\sim-9.0$m 处各参数的剖面分布

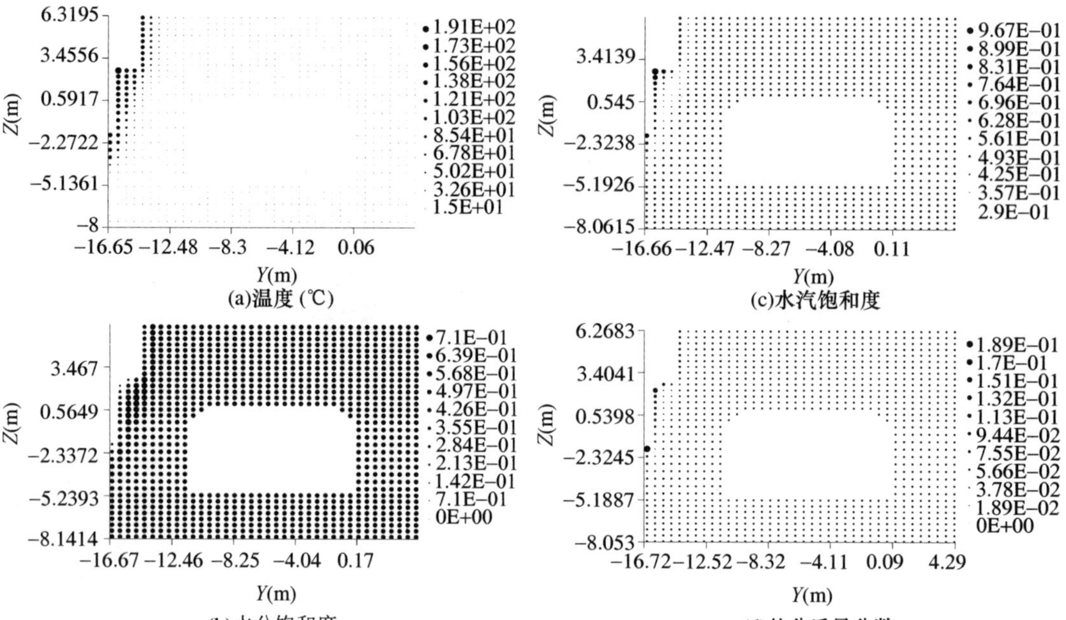

(a)温度(℃)　(c)水汽饱和度

(b)水分饱和度　(d)盐分质量分数

图 4-64　辐射作用下在 X=8.5～9.0m 处各参数的剖面分布

的分布还没有显著的变化，但从东西方向的剖面上可以看出，盐分质量分数仍然在崖面附近发生了显著的减小和增加过程。

3. 墙体内水、热、汽和盐的流场（均一初始条件）

图 4-65～图 4-68 给出了均一初始条件下获得的各参数的流场。可以看出，墙体内热量、水分、气体以及盐分的空间分布和流动方向都具有和前述降雨入渗所引起的洞窟墙体内的运移规律相同或相似的特点。说明墙体内的水盐运移过程，除了入渗作用是驱动力外，墙面上的辐射作用也是一个重要的驱动力，而且两个驱动力是相互叠加的。正是通过崖面上的降雨入渗与辐射，洞窟墙体内的水盐既获得了物质的补给又获得了能量的提供，从而驱动着水盐热在墙体内的持续运移。

值得注意的是前述在南北墙体上入渗水分运移方向的变化现象，在辐射作用下水分、水汽以及盐分的运移方向上都得到了验证。但北侧墙体在靠近东侧剖面上的热流方向似乎和水分的运移方向不一致，它从上而下自墙体内向墙面流动，与水分的运移方向不相同。

4.5.6　非均一初始条件下辐射作用对墙体内水、热、汽和盐分运移的影响

1. 各个模拟监测点上热力学参数的时间变化过程（非均一初始条件）

当墙体内的孔隙气体压力和水分饱和度采用入渗 10 年后的值作为初始条件时（表 4-2 中的 B9 试验），各参数随时间的变化过程总体上和均一条件下的过程是相似的，说明初始条件的变化并没有根本改变监测点上气体压力、温度和水分饱和度的变化规律（图 4-69～图 4-71，图版一三～图版一五）。

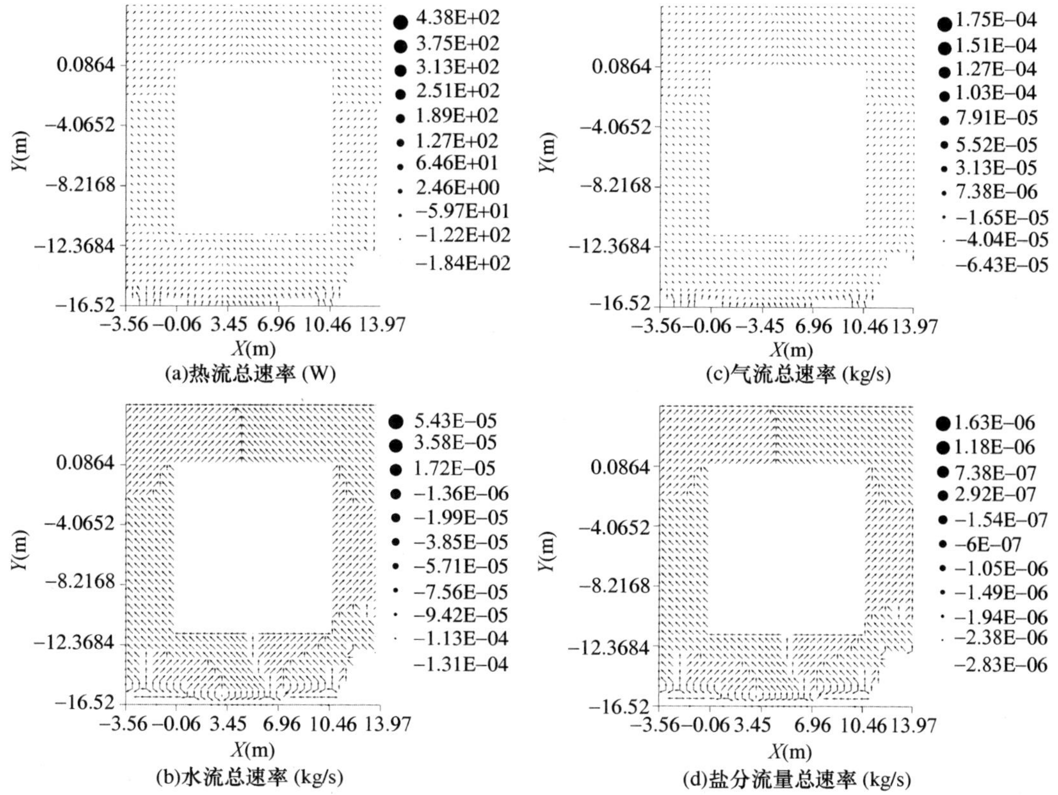

图 4-65　辐射作用下在 $Z=-1.0\sim-0.5$m 高度上各参数的流场分布

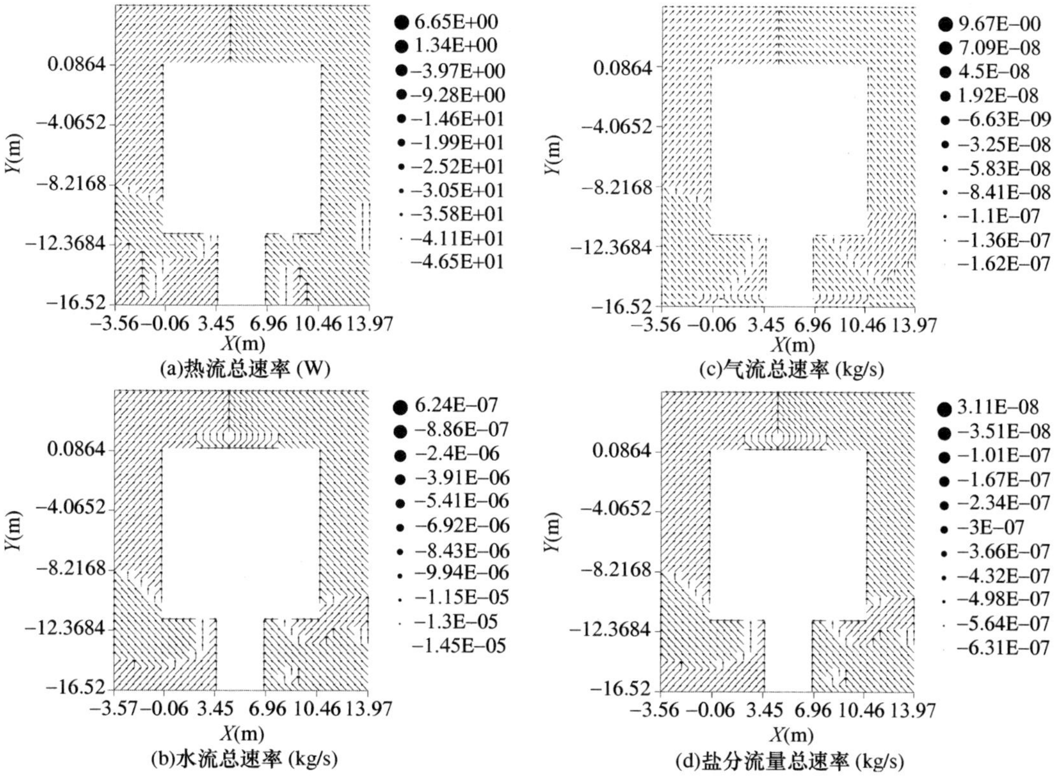

图 4-66　辐射作用下在 $Z=-4.5\sim-4.0$m 高度上各参数的流场分布

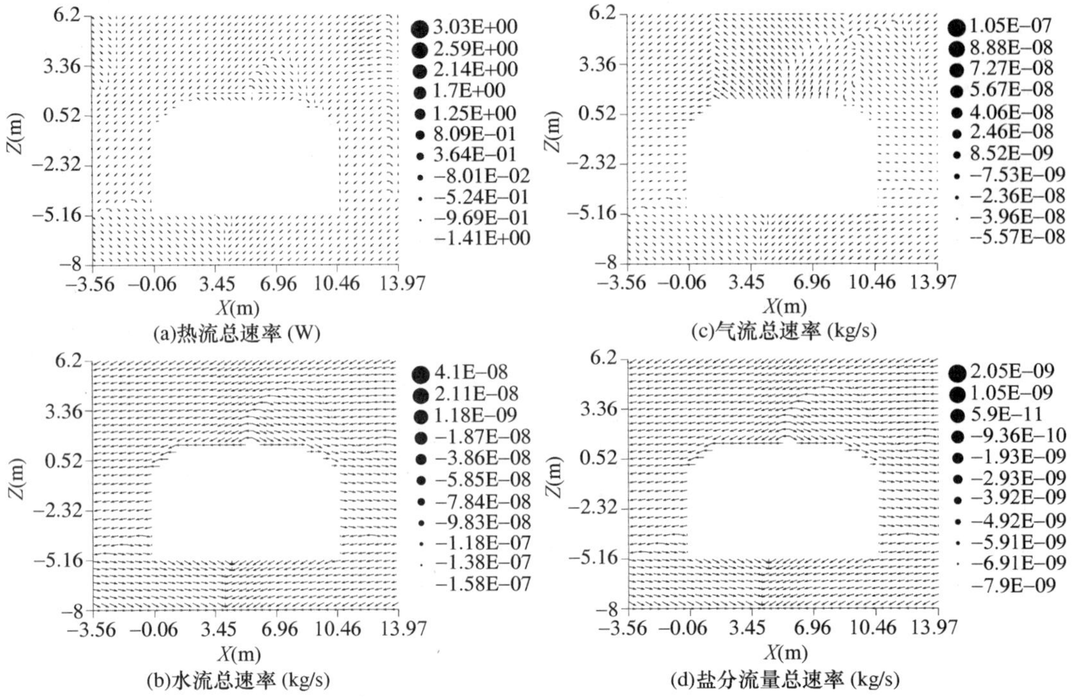

图 4-67　辐射作用下在 Y=−9.5～−9.0m 处各参数的流场分布

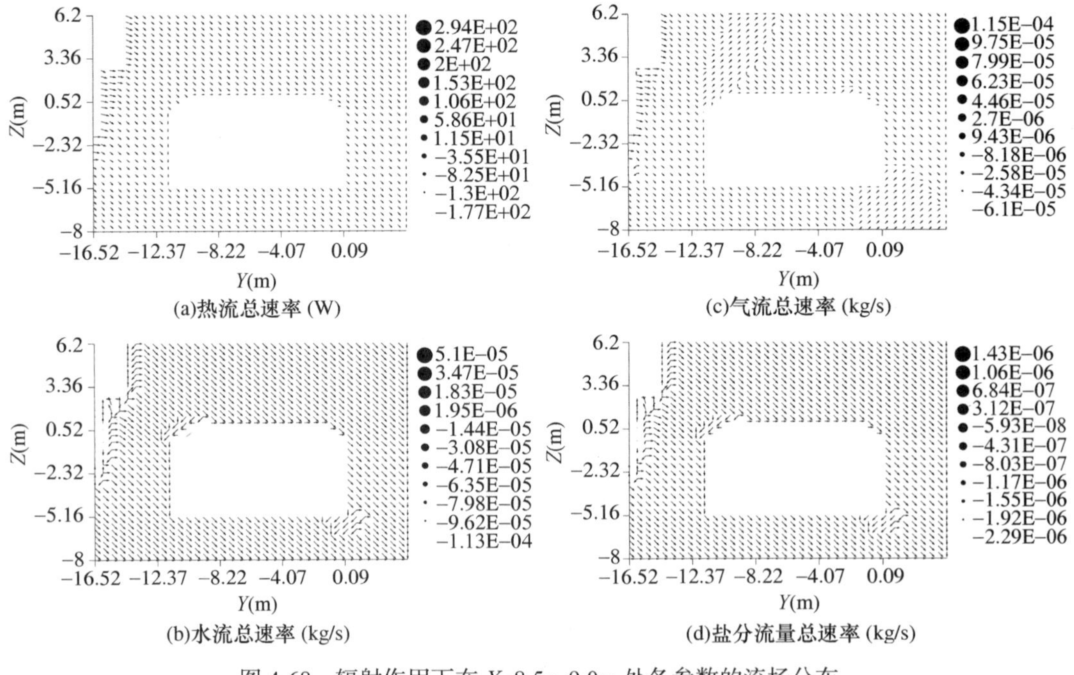

图 4-68　辐射作用下在 X=8.5～9.0m 处各参数的流场分布

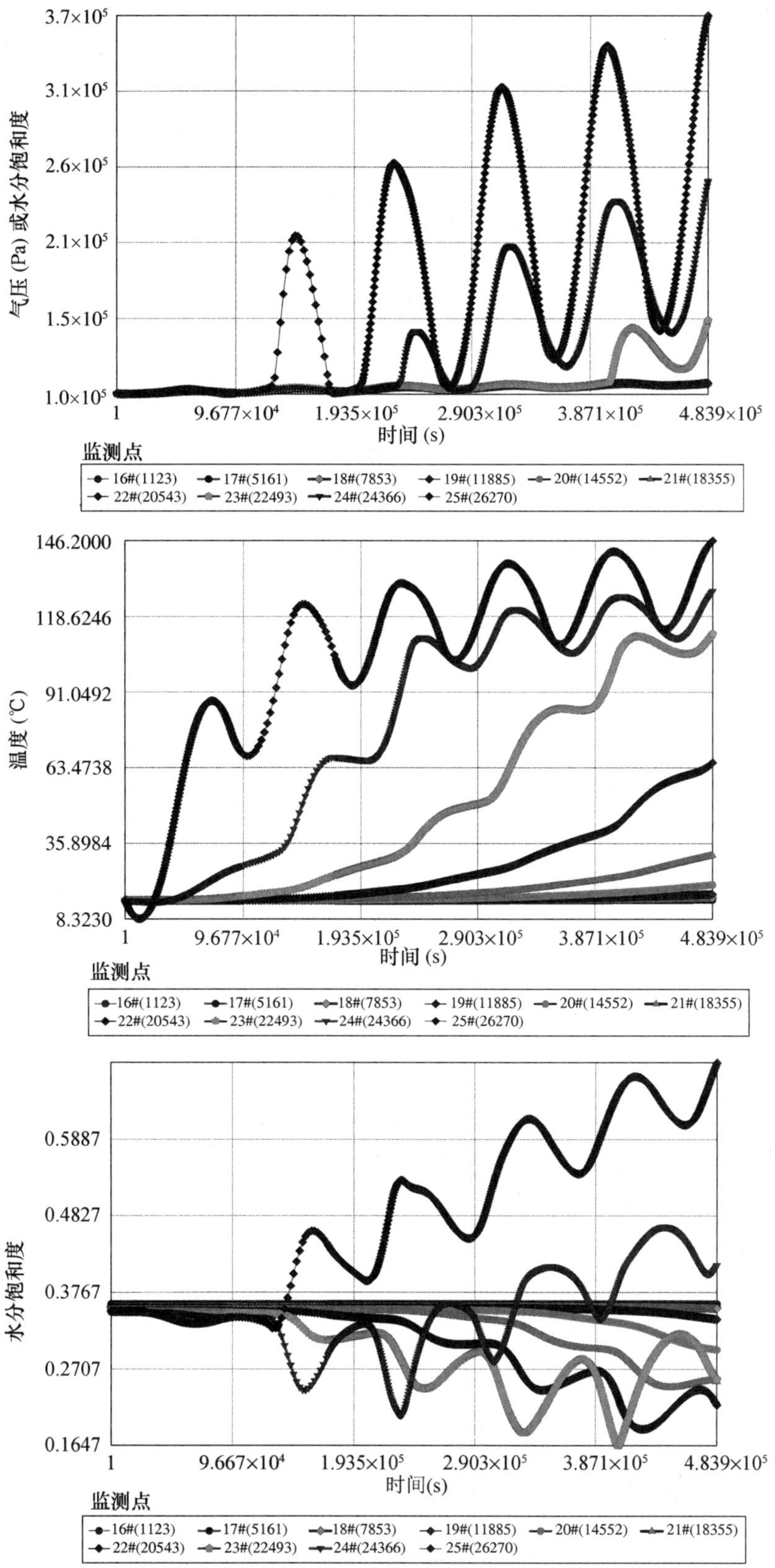

图 4-69　辐射作用下监测点 16～25 上各参数随时间的变化过程

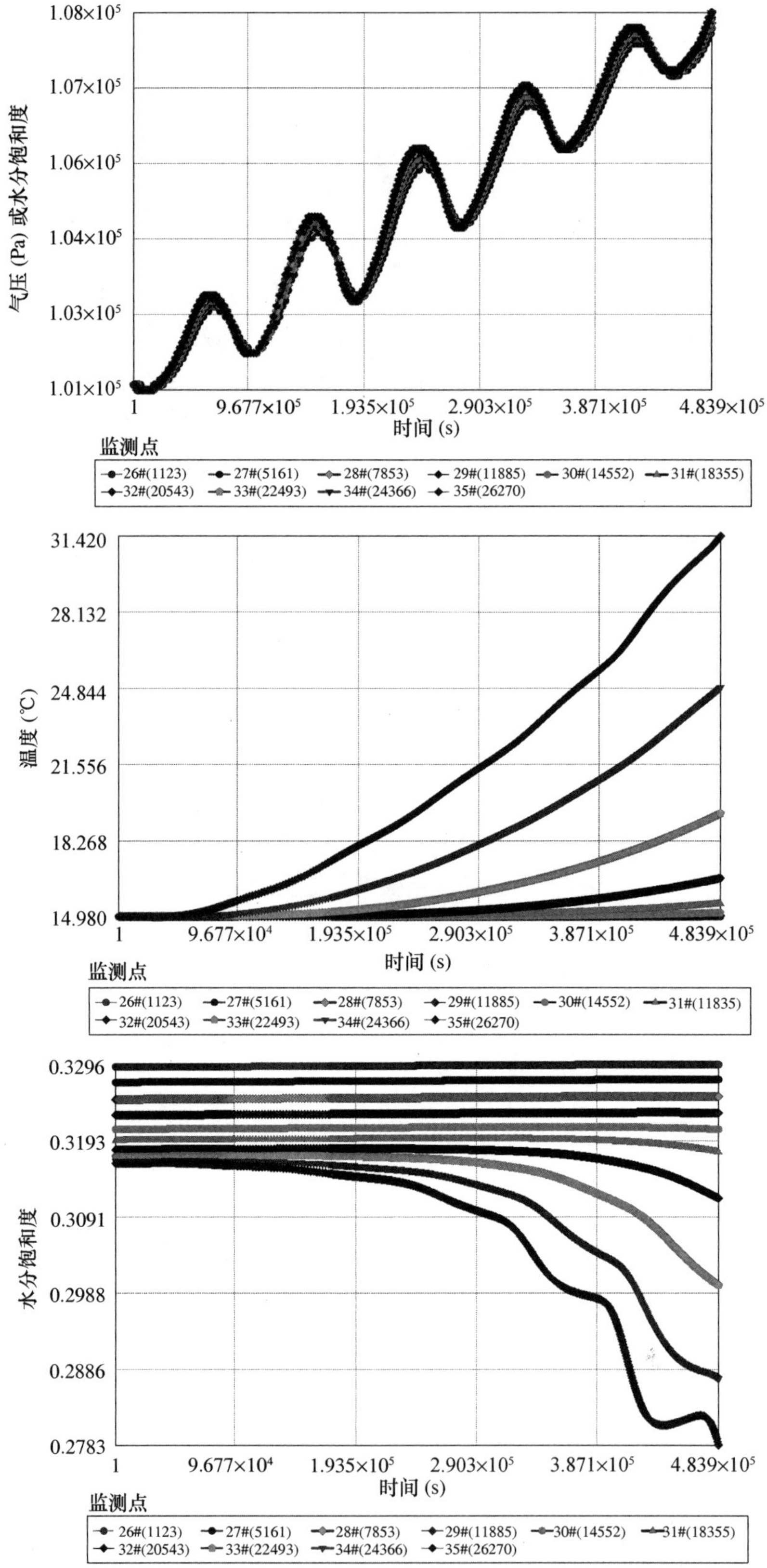

图 4-70　辐射作用下监测点 26～35 上各参数随时间的变化过程

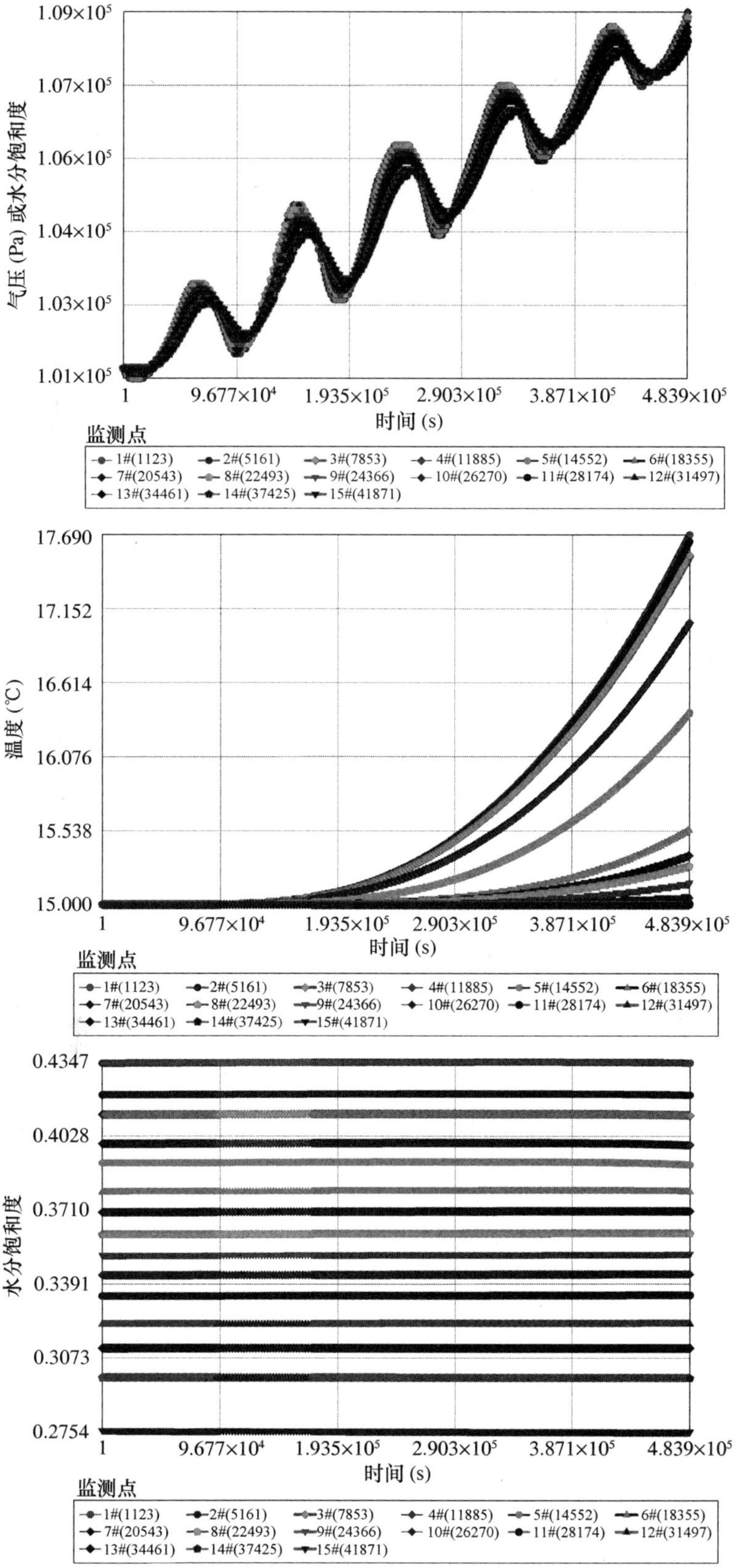

图 4-71　辐射作用下监测点 1～15 上各参数随时间的变化过程

2. 墙体内水、热、汽和盐的空间分布（非均一初始条件）

图 4-72～图 4-75 是非均一初始条件下所得温度、水分饱和度、水汽饱和度以及盐分的空间分布。由于非均一条件仅仅假设了墙体的初始水分和孔隙气体压力是降雨入渗 10 年后的结果，而对温度和盐分质量分数仍按均一条件假设，因此，无论在水平面上还是在剖面上，仅有水分和水汽饱和度的分布与均一条件下的分布有较大的区别，盐分质量分数的区别次之，温度分布的差别最小。

总体来讲，非均一的孔隙气体压力和水分饱和度初始条件使得水汽的变化涉及洞窟墙体内更多的区域，而不像均一初始条件那样主要集中在区域的边界上，因此，可以认为非均一的初始条件使得水汽在墙体内更容易传输，水汽运移所能够到达的范围更广。

3. 墙体内水、热、汽和盐的流场（非均一初始条件）

图 4-76～图 4-79 给出了非均一初始条件下所得的热流、水分、水汽和盐分的流场，它和均一初始条件下所得的流场是基本相同的，说明初始条件的变化并没有从根本上改变墙体内流场的结构。事实上，由于水分入渗源和热源固定于东侧的崖面上，

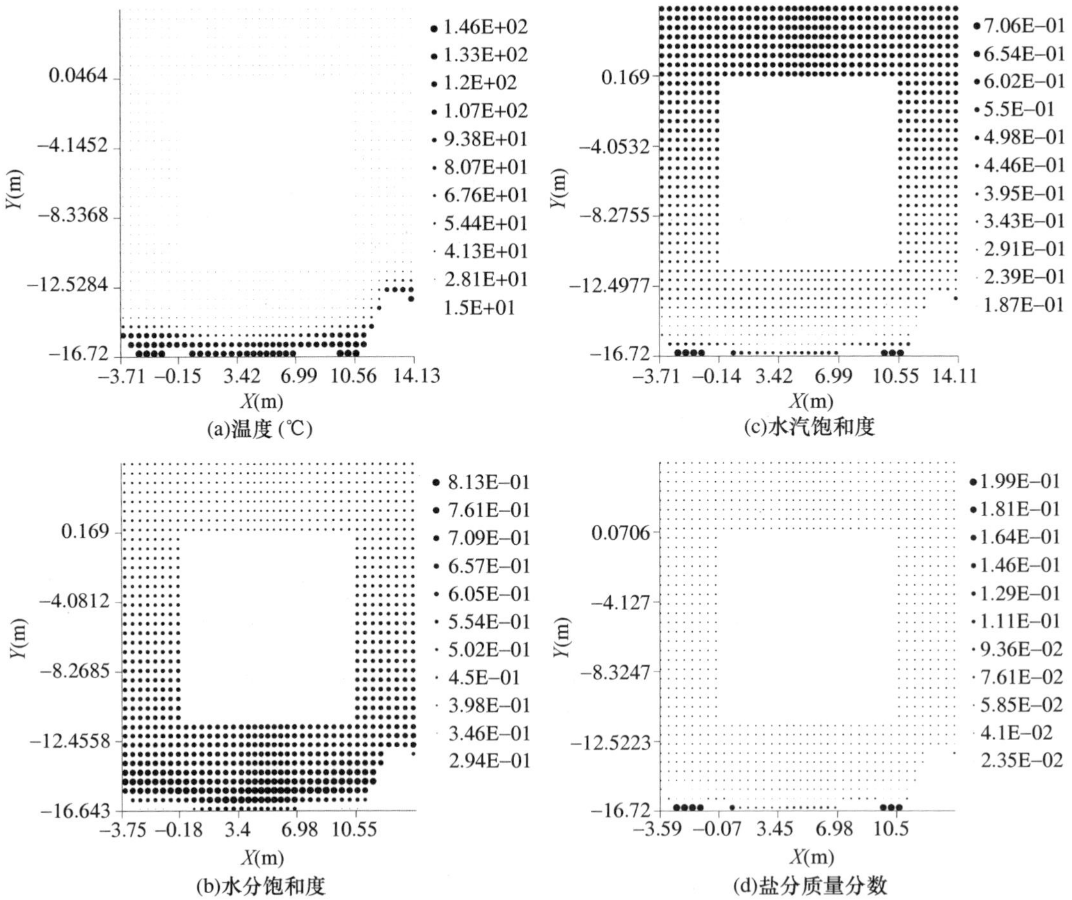

图 4-72　辐射作用下在 $Z=-1.0\sim-0.5$m 高度上各参数的平面分布

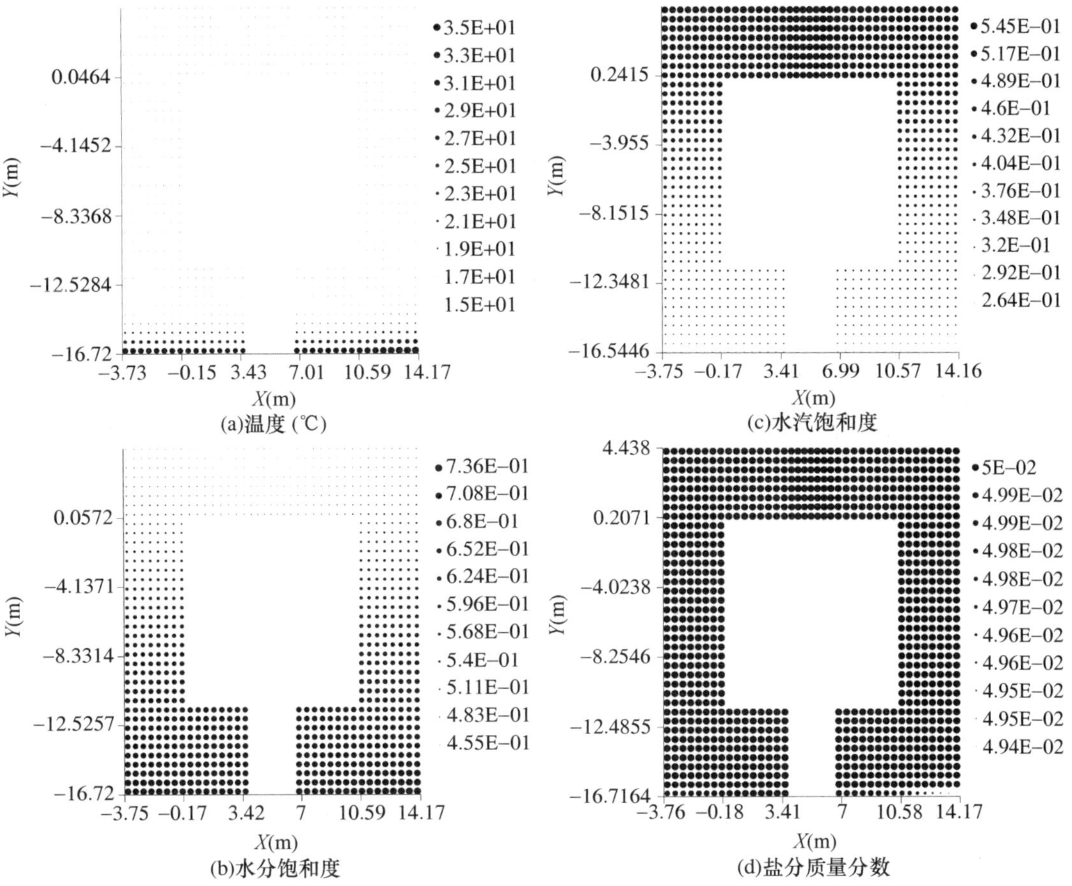

图 4-73　辐射作用下在 Z=−4.5～−4.0m 高度上各参数的平面分布

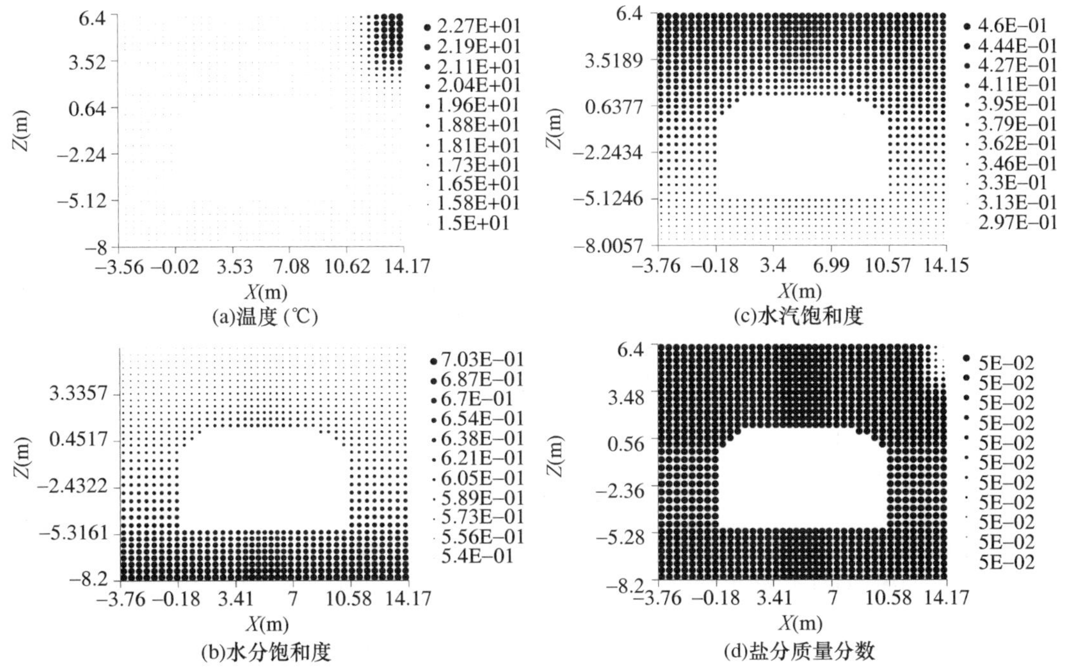

图 4-74　辐射作用下在 Y=−9.5～−9.0m 处各参数的剖面分布

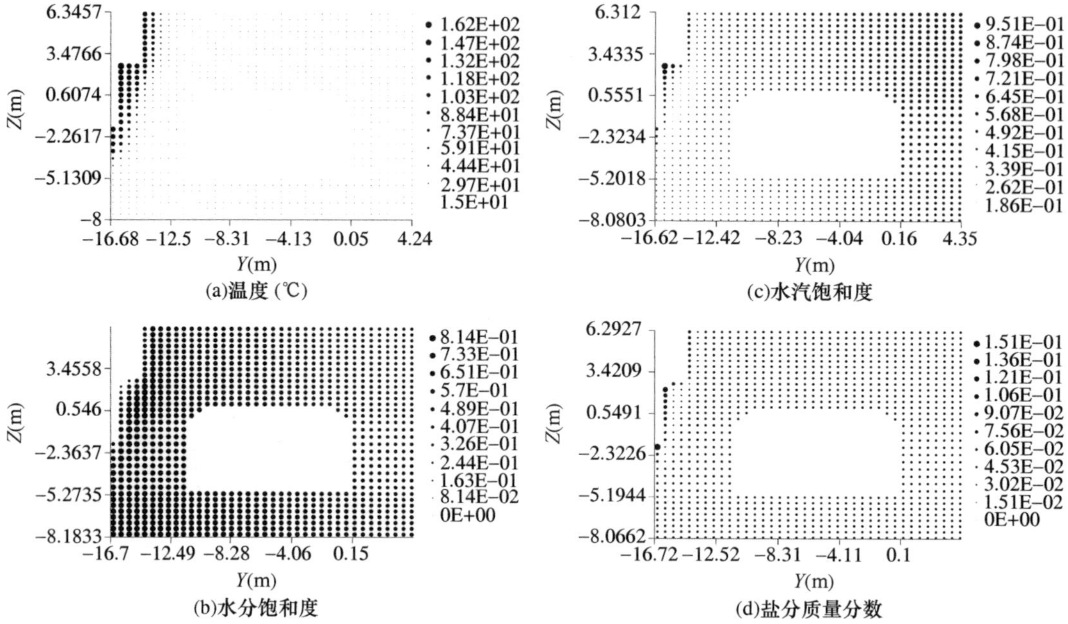

(a)温度(℃)　(c)水汽饱和度　(b)水分饱和度　(d)盐分质量分数

图 4-75　辐射作用下在 X=8.5～9.0m 处各参数的剖面分布

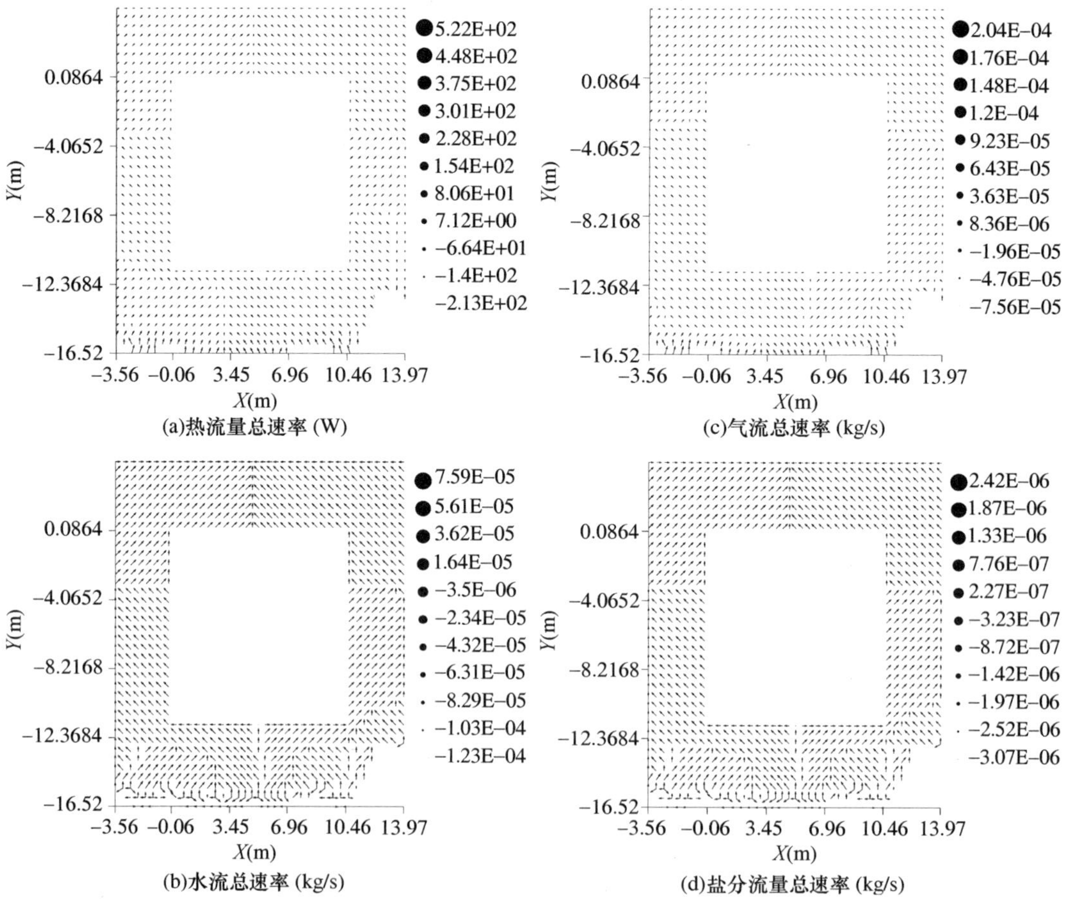

(a)热流量总速率 (W)　(c)气流总速率 (kg/s)　(b)水流总速率 (kg/s)　(d)盐分流量总速率 (kg/s)

图 4-76　辐射作用下在 Z=−1.0～−0.5m 高度上各参数的流场分布

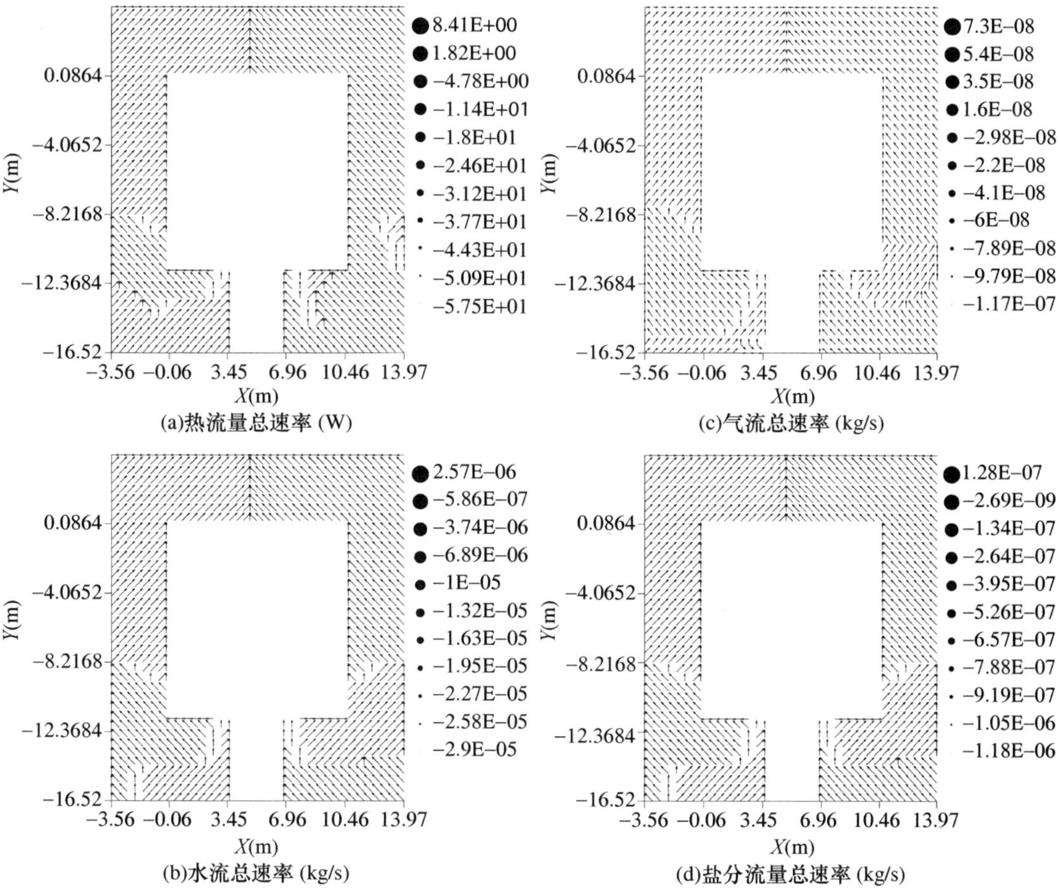

图 4-77　辐射作用下在 $Z=-4.5\sim-4.0$m 高度上各参数的流场分布

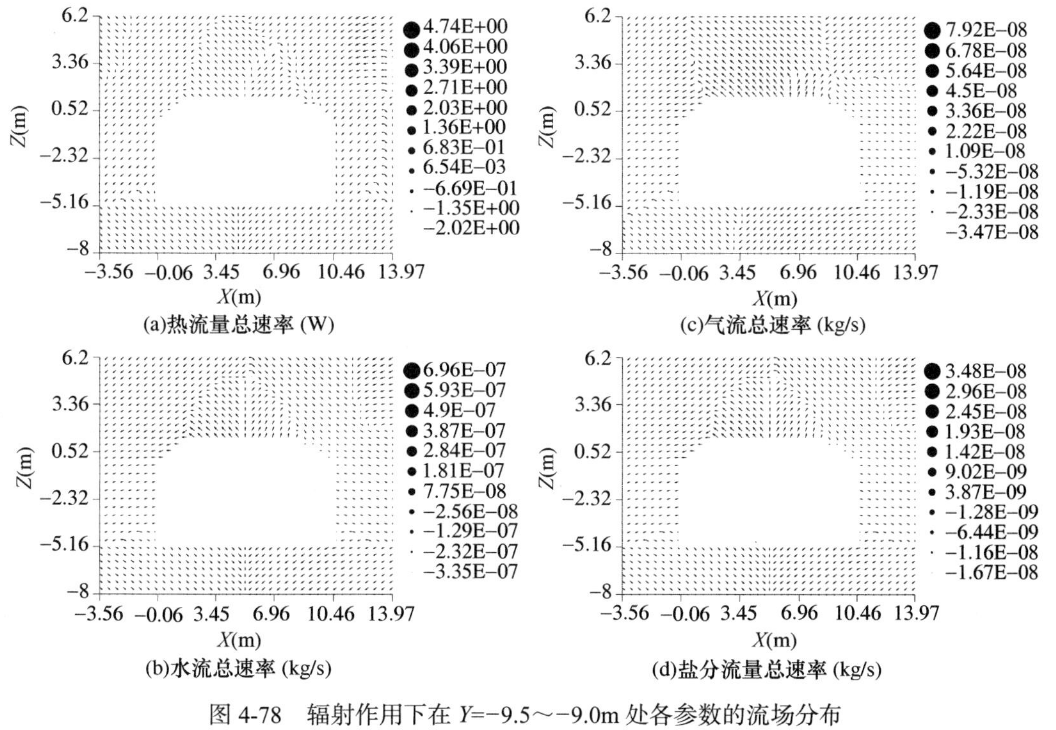

图 4-78　辐射作用下在 $Y=-9.5\sim-9.0$m 处各参数的流场分布

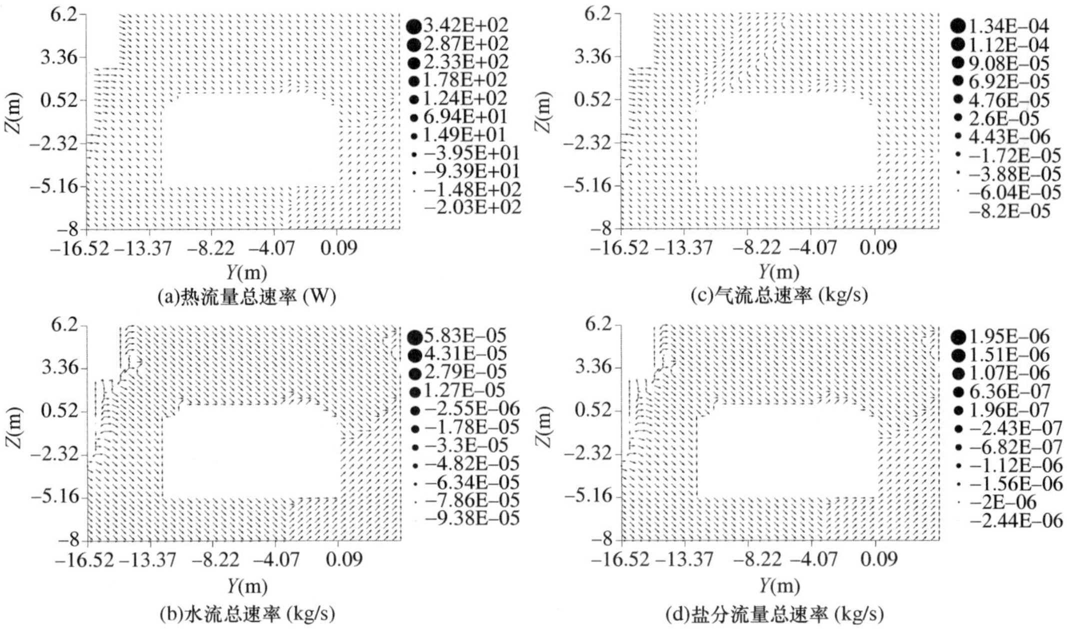

图 4-79　辐射作用下在 X=8.5～9.0m 处各参数的流场分布

没有位置的变化，墙体内水、热、汽和盐的流场就不可能有结构性的变化。

由模拟所得的流场可知，各参数的数值是很小的，短期内墙体内的水盐分布不会有大的改变。但莫高窟已经历经千年，缓慢但长时间的持续运移，必将使得墙体在某些区域出现盐分集中甚至结晶现象，从而出现洞窟盐害。因此，本项目的模拟结果不仅为解释目前洞窟盐害产生的机理提供了依据，同时也为洞窟盐害的防治提供了新的思路。

上述模拟结果不仅揭示了 108 窟南北墙体底部出现盐害的机理，同时它还基本上解释了洞窟内监测到的温度、湿度以及空气压力在上层和前部变化幅度大，底层和后部变化幅度小的原因。但是，根据该模拟结果不能够解释在洞窟西壁上所作的高密度电阻率成像法的监测结果，因为电阻率成像法的监测结果说明水、汽和盐分在从墙体内部向墙体表面运移，而模拟的流场在此处则是由墙体表面指向墙体内部的，二者方向相反。为此，我们认为可能还有来自于西侧地层深部的水汽，它们和来自于东侧崖面上的降雨入渗具有完全不同的流场。此外，在本次模拟中，也完全没有考虑可能来自于模拟区域顶面的入渗作用和辐射作用，同时洞窟南侧崖面上的降雨入渗和辐射作用也未考虑，尽管这两个区域都距离 108 窟较远，但在长时间的作用下其影响是否可以忽略仍是需要探讨的课题。最后，尤其重要的是，在本次模拟研究中都假设介质是均质的，具有均一的孔隙度和渗透率参数，这显然和墙体的砂砾石层状结构以及随深度增加岩层的胶结与岩化程度增加是不一致的。介质的这种非均质性和各向异性可能会在局部区域改变墙体内水分、热量、水汽以及盐分的流场，使墙体内的水盐运移过程变得更加复杂，是未来需要研究的课题。

4.6 研究结论

通过本项目研究，获得了如下结论：

（1）对 108 窟内不同位置的温度、湿度和空气压力进行了动态监测。结果表明，窟内温度存在着显著的昼夜和四季变化，其中上层空气的温度变化尤其明显，而下层空气的温度变化则相对较小。在夏天，窟内上层空气温度高于下层空气温度。窟内空气绝对湿度也存在昼夜和季节的变化，并受外部环境变化的影响。总体上，窟内空气湿度在上层和前部高，变化幅度大，而下层和后部的空气湿度则相对较小，变化幅度也小。窟内存在净的水汽输入过程，但水汽不是从洞窟的入口进入的。窟内的空气压力也存在明显的昼夜变化过程。

（2）在 108 窟西壁面上成功实施了 $1m \times 1m$ 和 $2m \times 2m$ 范围的三维高密度电阻率成像，获得了 5 月份和 8 月份两个时间点上的视电阻率三维分布图像。所得结果表明，在 $1m \times 1m$ 和 $2m \times 2m$ 的尺度上，墙体视电阻率的空间分布都是非均匀的，低阻值分布区域是墙体内水、汽、盐甚至热的运移通道。这些通道在空间分布上与墙体的岩层结构有关，而在时间上则随着其输送水、汽、盐、热程度的差异而表现出不同的活跃程度，就本项目监测的时间而言，7～8 月份相对活跃。其结果是使得 7～8 月份墙体近表面区域的电阻率值普遍降低，水、汽和盐分在墙面相对集中。

（3）根据电阻率成像法动态监测，成功实现了对来自洞窟相同层位岩芯的渗透率和孔隙度测定。所得岩芯的渗透率（垂直方向）为 $2.8 \times 10^{-14} m^2$，孔隙度为 0.16，通过和敦煌研究院采用其他方法获得的结果比较可知，所得的渗透率参数值是比较合理的。尽管洞窟墙体岩层的非均质性和各向异性也都可能使得其渗透率偏离这一数值，但我们认为该参数基本上反映了洞窟墙体在垂直方向上的渗透率的大小。

（4）建立了描述洞窟墙体内水盐热运移的模型，实现了对洞窟和非规则墙面边界的三维剖分以及降雨入渗和辐射通量密度变化条件下的水、热、汽和盐的耦合模拟。所得结果表明来自深部地下水的毛细上升作用以及从洞窟东侧崖面上的降雨入渗作用是洞窟墙体内水分的主要来源，而洞窟东侧崖面上长期的太阳辐射作用则是洞窟墙体内重要的能量来源。由于源自于同一区域，降雨入渗作用和太阳辐射作用的方向是一致的，它们共同叠加，促使着水分、热量、盐分以及水汽总体上由东向西运移，并在洞窟南北墙体的底层由墙体内部向墙体的表面运移，长期作用的结果造成盐分由此积累，形成盐害。这一模拟结果与 108 窟盐害主要出现在底层并和窟内温度、湿度和压力的观测结果相吻合。

上述研究结果揭示了 108 窟盐害产生的原因，为下一步 108 窟的盐害防治工作提供了思路。同时它还为揭示其他洞窟的盐害形成原因提供了参考，具有重要的科学意义和应用价值。

第5章　硫酸盐与氯化物对遗址破坏研究

5.1 研 究 目 标

课题组以模拟试块为主要研究对象，研究相关易溶盐在固相环境中随着温湿度变化运移、结晶的规律，结合相关仪器表征分析及理论计算，验证引起壁画盐害的两大类易溶盐，即氯化钠、硫酸钠在壁画盐害中的不同作用机理和引起壁画盐害的表现形式，通过观察及微观分析手段，进一步揭示不同种类的易溶盐其穿透性、迁移能力以及结晶破坏能力的表观现象，以期对盐害壁画发展规律进行较系统、明确的阐述。

5.2 研 究 内 容

通过现场调查取样与研究，课题组发现可溶盐是影响壁画存在状态劣化的重要因素，盐存在于壁画的支撑体、地仗层和表面，引起壁画各种病害。同时，环境温湿度变化加剧可溶盐对壁画损坏的速度。国内外对可溶盐害形成的机理已有一定的研究，并且认识到水分运移是导致遗址盐害诱发的主要因素，但对盐害形成的机理和边界条件了解得还不够透彻。

5.2.1　遗址博物馆遗址本体盐害调查及可溶盐类型分析研究

了解遗址盐害的表现形式，并在盐害部位取样。所取得的样品利用离子色谱、X射线衍射、X射线光电子能谱、X射线荧光光谱、显微镜等分析方法进行了分析，课题组获得了盐害区域的无机离子分布状况以及盐分的类型和组成成分。

1. 敦煌莫高窟取样及分析

敦煌莫高窟现有洞窟492个，除4个洞窟外，其他洞窟均分布在南北延伸约900米，相对高度10～45米的崖壁上。其中上层洞窟131个，壁画酥碱较为严重的洞窟有6个，占上层洞窟数的4.6%；中层洞窟193个，严重酥碱洞窟5个，占2.6%；下层洞窟135个，严重酥碱洞窟45个，占33.4%（表5-1、表5-2）。

表 5-1　敦煌莫高窟盐害调查取样（一）

洞窟编号	样品编号	取样位置	样品形状	可溶盐含量 %
115	1	甬道北壁（距东边缘 180mm，距地面 1550mm）	结晶出的盐	NaCl：46.01% Na_2SO_4：1.52%
	2	甬道北壁（距东边缘 100mm，距地面 1820mm）	完整疱疹	NaCl：61.23% Na_2SO_4：0.62%
25	1	东壁门南侧（距南壁 580mm，距地面 1600mm）	酥碱	NaCl：6.45% Na_2SO_4：0.71%
	2	南壁西侧（距西壁 1620mm，距地面 1310mm）	酥碱	NaCl：5.72% Na_2SO_4：0.58%
	3	南壁西侧（距西壁 1620mm，距地面 1250mm）	砂砾岩上刮下结晶物	NaCl：37.12% Na_2SO_4：2.81%
30	1	前室西壁门南侧（距南壁 900mm，距地面花砖面 1200mm）		NaCl：5.14% Na_2SO_4：0.76%
	2	前室南壁匝道尽头（距西壁 220mm，距地面台阶面 1330mm）		NaCl：6.24% Na_2SO_4：0.63%
356	1	南壁（距西壁 1850mm，距地面 910mm）	酥碱、盐硬壳	NaCl：35.22% Na_2SO_4：3.52%
	2	南壁（距西壁 1170mm，距地面 690mm）	疱疹突起颗粒	NaCl：60.43% Na_2SO_4：0.51%

表 5-2　敦煌莫高窟盐害调查取样（二）

洞窟编号	样品编号	取样位置	样品形状	可溶盐含量 %
86	1	主室龛内北披（距北壁顶 130mm，距西边缘 450mm）	疱疹	NaCl：54.35% Na_2SO_4：0.72%
89	1	主室北壁（距地面 860mm，距西壁 400mm）	大疱疹	NaCl：60.21% Na_2SO_4：0.58%
92	1	主室东壁门北侧（距地面 860mm，距北壁 660mm）	疱疹	NaCl：59.41% Na_2SO_4：0.66%
194	1	主室南壁（距地面 1505mm，距东壁 890mm）	疱疹	NaCl：58.77% Na_2SO_4：1.02%
132	1	主室南壁（距地面 470mm，距东壁 730cm）	雪花状疱疹	NaCl：61.24% Na_2SO_4：0.98%

莫高窟地层是气候相对干燥环境条件下形成的沉积物，以含有较高的可溶盐为其特征，盐分主要存在于细粒物质（小于 0.1mm）或泥钙质胶结物中。地层中易溶盐平均含量为 NaCl 0.185%、Na_2SO_4 0.148%。主要易溶盐 NaCl、Na_2SO_4 在地层剖面上的变化特征与总盐量一致。地仗中易溶盐含量高于围岩中，相比之下，可溶盐在地仗中较为集中，而在围岩中变化较大。未发生酥碱的地仗中易溶盐含量略低于酥碱地仗，但可溶盐无处不在。

酥碱、疱疹、地仗及围岩在盐分组成上比较相似，易溶盐主要是 Na_2SO_4 和 NaCl，此外还有少量其他易溶盐，如 $MgSO_4$、KCl、$NaHCO_3$ 等。酥碱壁画中的

Na_2SO_4 和 NaCl 含量一般分别在 0.7%～6% 左右，疱疹壁画中可溶盐主要为 NaCl，酥碱中可溶盐主要为 Na_2SO_4。在疱疹围岩中 NaCl 大致在 0.34%～0.76%，Na_2SO_4 为 0.42%～0.47%，$MgSO_4$ 0.11%～0.19%；在酥碱围岩中 NaCl 大致在 0.07%～0.57%，Na_2SO_4 0.058%～2.33%，$MgSO_4$ 0.01%～0.11%，KCl 0.01%～0.10%。

Na_2SO_4 是标志大陆干旱环境最典型的盐分，它的出现往往与盐霜、盐斑、盐渍土联系在一起。酥碱严重的 48 窟围岩中 Na_2SO_4 含量达 2.33%，占易溶盐总量的 94.8%。相反，在未发生酥碱的试样中，尽管易溶盐总量高达 1.463%，但几乎不含 Na_2SO_4，主要盐类是 NaCl，这从一个侧面说明，Na_2SO_4 是导致土遗址盐害破坏最严重的盐类，应该作为重点研究的对象。

2. 三门峡虢季墓遗址取样及分析

三门峡虢国墓群位于河南省三门峡市区北部的上村岭，是我国迄今已发掘的一处规模宏大、等级齐全、排列有序、保存完好的西周晚期至春秋早期虢国国君及贵族墓地。三门峡虢季墓遗址作为历史悠久的西周墓地遗址，在对其进行实地考察过程中发现遗址局部有起甲、片状剥落等由可溶盐引起的病害（表 5-3）。这些盐害的存在破坏了土遗址外观形貌和土质文物的稳定性。

表 5-3 河南三门峡虢季墓系列遗址取样地点和样品性状

取样地点样品编号	样品性状	pH 值
虢季墓 GJM1	块状与粉末掺杂	6.30
虢季墓 GJM2	粉末状	6.63
虢季墓东壁 - 北壁 4 米 GJM3	块状与粉末掺杂	6.28
虢季墓遗址表面附土 GJM4	粉末状	7.67
梁姬墓西侧壁 LJM1	粉末状	6.30
梁姬墓东侧壁土壤块 LJM2	块状	6.28
梁姬墓西北角地面 LJM3	粉末状	7.98
近代墓南 2 米东壁地面 JDM1	块状与粉末掺杂	8.02
近代墓南 2 米东壁 JDM2	粉末状	6.55

三门峡虢季墓等遗址所取样品的 XRF 分析结果如表 5-4 所列。从表中可以看出，各样品中含有的可溶盐成盐元素主要有 K、Na、Mg、Ca 和 S、Cl 等。其中氯化物可溶盐一般为 NaCl、$CaCl_2$、KCl 等。Na 元素含量在各取样点的质量分数均在 2%～3%；而 K 元素含量在不同取样区域质量分数有所差异，在 4.81%～6.58% 范围内；Ca 元素含量则在各取样点质量分数均比较高，且差异较大，在 13.94%～17.93% 之间。Cl 元素分布不均匀，在虢季墓取样点的质量分数较少，在 0.01%～0.10% 的范围内，梁姬墓取样点 Cl 元素含量明显高于虢季墓，其质量分数最高达到 5% 左右，而近代墓 Cl 元素含量则低于检测限。S 元素则在虢季墓含量明显高于其他取样位置。各成盐元

素在不同的取样墓址含量差异较大。

表 5-4　样品 X 射线荧光光谱分析结果（盐百分含量）

分析元素	GJM1	GJM2	GJM3	GJM4	LJM1	LJM2	LJM3	JDM1	JDM2
Si	50.23	49.16	49.67	52.0	52.47	54.75	49.92	50.57	50.56
Na	2.49	2.37	2.34	3.14	2.65	3.22	2.39	2.54	2.70
S	0.15	1.19	0.71	0.74	0.72	0.23	0.41	0.20	0.18
Cl	0.03	—	0.10	0.01	0.09	0.57	0.13	—	—
K	6.43	4.81	4.91	6.28	5.71	5.69	5.03	6.58	6.20
Ca	16.17	16.93	16.57	14.42	14.32	13.94	16.24	16.14	15.60
Mg	3.60	3.86	4.12	3.38	3.58	3.37	4.15	3.77	3.91
Al	10.94	11.25	11.23	10.49	10.75	10.32	11.25	10.62	10.89
Fe	8.17	8.56	8.61	7.72	7.76	6.34	8.72	7.89	8.30

基于上述元素含量分析结果，结合不同取样点样品的离子色谱（IC）、X 射线衍射（XRD）及 X 射线光电子能谱等分析结果，可得出虢季墓系列遗址盐分含量情况，如表 5-5 所列。

表 5-5　盐分含量排序

取样点	所含盐类（按含量由高到低排列）	取样点	所含盐类（按含量由高到低排列）
GJM1	$CaSO_4$、Na_2SO_4、KNO_3、NaCl	LJM2	KNO_3、$CaCl_2$、NaCl
GJM2	$CaSO_4$、$CaCl_2$、NaCl	LJM3	$CaSO_4$、KNO_3、$MgSO_4$、NaCl
GJM3	$CaSO_4$、KNO_3、Na_2SO_4、NaCl	JDM1	$CaSO_4$、Na_2SO_4、KNO_3、NaCl
GJM4	$CaSO_4$、Na_2SO_4、KNO_3、NaCl	JDM2	$CaSO_4$、Na_2SO_4、KNO_3、NaCl
LJM1	$CaSO_4$、NaCl		

虢季墓系列遗址含盐量取样调查分析结果表明，$CaSO_4$、KNO_3 和 NaCl 是虢季墓、梁姬墓及近代墓普遍含有的盐分，在不同的土遗址取样区，其含量有所差异，但在同一取样区域，其盐分含量接近。除普遍含有的钠盐外，土体中还含有微溶盐 $CaCO_3$，部分遗址含有少量 $CaCl_2$ 和 $MgSO_4$。大多数钠盐遇水分易溶并在土体中发生随水迁移，对土体微结构造成破坏，是土遗址盐害的主要形成原因。

3. 北京老山汉墓遗址取样及分析

老山汉墓位于北京石景山区老山东南山坡，地处北纬 39°54′，东经 116°23′，临永定河，背依老山。墓坑外形呈“凸”字形，墓口南北长 24.5～26m，东西宽 22～23.5m，墓道长约 24m。墓室南北长约 35m，东西宽约 30m，墓坑深约 8m。该墓发掘于 2000 年，是西汉中期燕国某一代王后墓。老山汉墓的发掘，是新中国成立以来北京地区第三次较大规模的考古发掘，同时也是迄今北京发现的第二座大型汉王墓。

课题组对老山汉墓墓室的多个地点进行了采样及可溶盐成分、赋存量和赋存状态的分析研究，获得了其盐类组成和化学形态的相关数据。

为了定量分析土样中可溶及微溶盐离子的含量，课题组采用离子色谱对老山汉墓遗址所取土样进行离子浓度分析测试，结果如表 5-6 所列，所取土样中易溶盐 SO_4^{2-} 在不同位置含量相差较大，从 2.69mg/L 到 39.14mg/L，而 Cl^- 含量较小，最高为 5.40mg/L，Ca^{2+} 离子含量分布也不均匀，从 2.77mg/L 到 19.69mg/L，Na^+ 含量为 3.90mg/L 到 9.27mg/L；其中成盐阴离子主要为 SO_4^{2-}、Cl^-、NO_3^-，阳离子主要为 Ca^{2+}、Na^+、Mg^{2+}、K^+。阴离子以 SO_4^{2-} 含量最高，Cl^- 次之，NO_3^- 最低；阳离子以 Ca^{2+} 含量最高，Na^+ 次之，Mg^{2+} 和 K^+ 最低；根据阴阳离子之间的成盐原则以及上述 XRF 的结果，推测该遗址土样中的盐分主要为 $CaSO_4$、Na_2SO_4 和 NaCl，其中硫酸盐的含量较高，可能还有少量的钾盐和镁盐。

表 5-6　老山汉墓土遗址易溶盐测试结果（mg/L）

	Cl^-	NO_3^-	SO_4^{2-}	Na^+	Mg^{2+}	K^+	Ca^{2+}
墓门口左侧台面（2.5cm 处）	2.42	1.21	3.11	4.02	1.50	0.51	3.11
墓门口左侧台面（3cm 处）	2.21	1.13	3.58	3.90	1.27	0.54	2.77
墓门口左侧台面表层（1）	3.21	3.39	33.04	4.53	2.49	0.94	17.94
墓门口左侧台面表层（2）	2.32	1.32	6.40	4.24	1.71	0.53	3.11
墓门口左侧（2.5cm 处）	2.42	1.12	3.98	4.26	1.41	0.64	3.21
墓门口左侧表层	3.12	2.47	15.40	5.24	1.92	0.68	11.44
墓室西南二层台表层	3.14	3.68	39.14	4.33	2.79	1.12	19.69
墓室西南二层台（2.5cm 处）	2.39	1.24	3.23	4.01	1.53	0.39	2.93
墓室北二层台（2cm 处）	2.91	1.25	5.70	6.68	1.54	0.72	7.37
墓室北二层台表层	5.40	4.09	20.60	5.84	2.43	1.41	13.47
墓室西侧二层台（3cm 处）	2.16	1.15	2.69	3.97	1.36	0.47	2.93
墓室西侧二层台表层	2.92	3.36	27.25	4.38	2.53	0.76	13.38
墓室东二层台（2cm 处）	4.13	1.50	5.58	9.27	2.34	0.61	5.10
墓室东二层台（2.5cm 处）	4.46	1.25	4.71	4.56	1.86	0.48	6.08
墓室东二层台表层（1）	4.65	3.48	20.28	8.21	2.59	0.63	12.64
墓室东二层台表层（2）	4.59	4.36	29.11	4.95	2.22	0.94	18.96

样品的 XRD 分析结果如图 5-1 所示。土样中除 SiO_2 外还检测出 Na、Ca、K、Mg 四种元素的硫酸盐和氯盐的特征峰，所含的可溶盐主要有 $Na_{12}Mg_7(SO_4)_{13}\cdot 15H_2O$、$Na_2SO_4$、$Na_2SO_4\cdot 10H_2O$、NaCl，微溶盐主要有 $CaSO_4$、$CaSO_4\cdot 2H_2O$，此外还含有少量的 $CaCl_2$、KNO_3、KCl、$MgCl_2$、K_2SO_4、$MgSO_4$ 等。复盐钠镁矾 $Na_{12}Mg_7(SO_4)_{13}\cdot 15H_2O$ 分布比较广泛，在所取土样中均有发现，而其他盐分的分布因取样位置不同有所不同。所取土样中盐

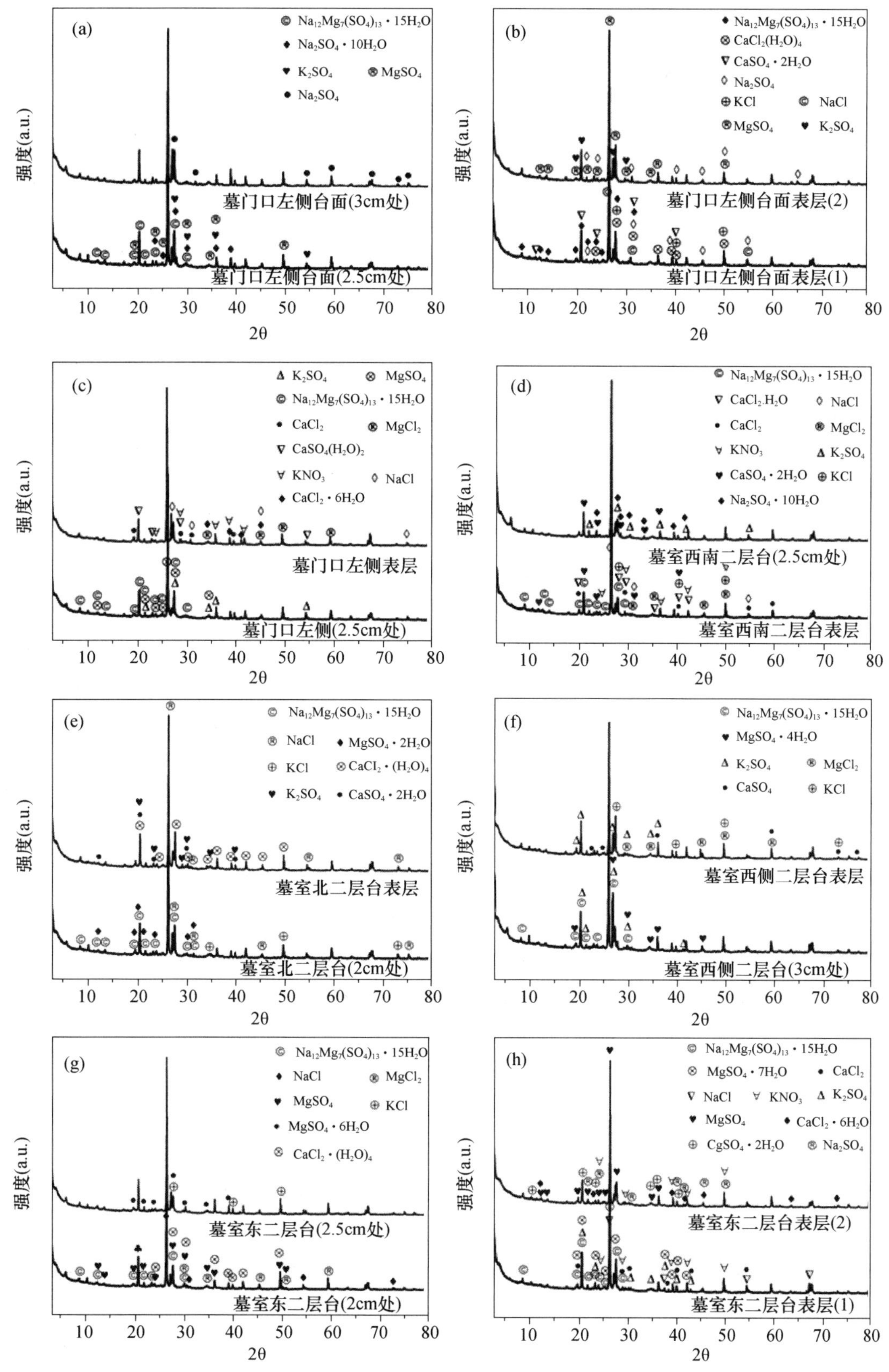

图 5-1　遗址土样的 XRD 图谱

分除 $Na_{12}Mg_7(SO_4)_{13}\cdot 15H_2O$ 之外，主要以 NaCl 和 Na_2SO_4 为主，个别位置未发现氯盐的存在。其中，墓室东二层台 2.5cm 处土样所含盐分相对于 2cm 处及其两种表层土样而言，其盐分种类最少，主要以 $Na_{12}Mg_7(SO_4)_{13}\cdot 15H_2O$ 为主，而且对土体的破坏程度最弱；而表层（2）中所含盐分种类最多，破坏程度最为严重，其中以 $Na_{12}Mg_7(SO_4)_{13}\cdot 15H_2O$、$CaSO_4\cdot 2H_2O$ 和 Na_2SO_4 最为显著。

由 XRD 分析结果进一步得知，老山汉墓遗址表层土样中盐分种类较多，含量较高，而随着采样深度的增加，盐分种类和含量呈现减少的趋势。另外，根据盐分在该遗址的分布情况来看，硫酸盐主要集中在土遗址表层，而氯盐分布较为广泛，但绝大部分集中在墓室东二层台和墓室北二层台。以上结果与 XRF、IC 所得结论相吻合，随着环境温湿度交替作用，地表水分不断蒸发，地下水带着盐分向上运移，使得盐分在遗址表面富集而析出，填充在土壤颗粒间的可溶与微溶盐一方面通过物理作用发生溶解—结晶—再溶解—再结晶过程，使得土壤颗粒结构遭到破坏，降低了土壤的团聚性，进而导致遗址基体土层酥粉现象的发生。另一方面，盐分在湿度较大的情况下与水结合形成结晶水合物，而在干旱的条件下失去结晶水等发生一系列化学变化，导致土壤酥粉、块状脱落等病害发生。如：Na_2SO_4 潮湿时易水化为 $Na_2SO_4\cdot 10H_2O$，而在失水时又转换成无水芒硝，这两个过程伴随着盐晶体体积的增大和缩小，进而影响土体的性质，多表现为酥碱、起甲和块状剥落等病害形式。NaCl 主要是通过在土壤孔隙中溶解和结晶富集影响土体的性质。

老山汉墓土遗址所含可溶盐主要以 $Na_{12}Mg_7(SO_4)_{13}\cdot 15H_2O$、$Na_2SO_4$、$Na_2SO_4\cdot 10H_2O$、NaCl 为主，微溶盐以 $CaSO_4$、$CaSO_4\cdot 2H_2O$ 为主，另外还有少量的 $CaCl_2$、KNO_3、KCl、$MgCl_2$、K_2SO_4、$MgSO_4$ 等。盐分在该遗址中的分布具有一定的规律性，复盐钠镁矾 $Na_{12}Mg_7(SO_4)_{13}\cdot 15H_2O$ 分布较为广泛，墓门口及墓室内部均有发现。

4. 北京玉皇庙山戎墓遗址取样及分析

玉皇庙山戎墓遗址位于北京延庆县城西北约 13km、靳家堡乡玉皇庙村村东军都山南麓的一片向阳山坡上。墓地依山势走向，北高南低，海拔在 531.3～550m 之间。墓地范围东西长近 200m，南北宽近 100m，占地面积总计近 20000m^2，共发掘春秋时期古墓葬 400 座。

对取自北京玉皇庙山戎墓东、西两区不同位置的多个遗址样品进行了 XRF 测试分析，结果如表 5-7 所示。各采样点土壤主要构成元素为 Si 和 Al，其含量范围为 54.5%～57.3% 和 13.9%～15.1% 之间。另外还含有 Na、Ca、S、Cl、Mg、K、Fe 等元素，其中 Na 元素含量在 2.04%～2.24%，Ca 元素含量在 2.34%～6.55%，S 元素含量在 0.05%～0.34%，Cl 元素含量最高为 0.08%，一些样品中未检测到 Cl 元素。而 Mg、K、Fe 三种元素在各采样点土壤中的含量整体变化不大，其含量范围分别为 3.99%～4.47%、5.33%～5.75%、7.50%～11.20%。由表中数据还可以得知，Na、Ca、S、Cl、Mg 在表层土样中的含量均高于土体深处，其中 Ca、S、Cl 最为显著。这一现象不仅说明了盐分主要集中在遗址表层，同时也表明盐分分布规律与遗址的赋存环境及外界自然条件有关。另外，所有样品中的 SiO_2 的含量在 62.6%～65.8% 之间，Al_2O_3 的含量在 16.4%～17.8% 之间。

表 5-7　土遗址样品元素 XRF 分析结果（百分含量）

取样位置 \ 元素种类	Si	Al	Fe	Na	Mg	K	Ca	S	Cl
西二墓西平台（3cm 处）	57.3	14.5	10.2	2.04	3.99	5.65	2.34	0.07	0.07
西二墓西平台表层	54.5	14.2	10.9	2.15	4.47	5.33	6.55	0.34	0.08
西二墓南平台（5cm 处）	56.7	14.9	10.6	2.13	3.93	5.66	2.50	0.05	—
西二墓南平台表层	54.7	13.9	11.2	2.24	4.43	5.45	6.38	0.28	0.05
东二墓南平台（3cm 处）	57.1	15.1	7.5	2.18	4.13	5.75	3.57	0.08	—
东二墓南平台表层	55.4	13.9	9.0	2.19	4.34	5.36	6.07	0.33	0.05

为了进一步确定土体样品中可溶盐成分及其含量，对其样品进行了易溶盐测定，结果如表 5-8 所示，主要的阴离子为 SO_4^{2-}、Cl^-、NO_3^-，主要的阳离子为 Ca^{2+}、Na^+、Mg^{2+} 和 K^+。其中阴离子中以 SO_4^{2-} 含量最多，Cl^- 次之，NO_3^- 最少；阳离子以 Ca^{2+} 含量最多，Na^+ 次之，Mg^{2+} 和 K^+ 最少。所以该土遗址中盐分主要有 $CaSO_4$、Na_2SO_4、$NaCl$、K_2SO_4、$MgSO_4$、$CaCl_2$、$MgCl_2$、KCl、KNO_3，其中以 $CaSO_4$、Na_2SO_4、$NaCl$ 为主。除此之外，从数据中还可以得知遗址中盐分的分布具有一定的规律，即易溶盐总量从表面向土体深处含量逐渐减少，这与上述 XRF 数据所得出的规律相一致。

表 5-8　玉皇庙山戎墓土遗址微溶—可溶盐测试结果

分析结果（mg/L）	Cl^-	NO_3^-	SO_4^{2-}	NH_4^+	Na^+	Mg^{2+}	Ca^{2+}	K^+
西二墓西平台（3cm 处）	2.49	2.14	3.40	0.13	3.68	1.94	7.64	0.72
西二墓西平台表层	2.59	2.65	9.22	0.17	3.49	2.12	13.15	0.61
西二墓南平台（5cm 处）	2.09	1.15	2.40	0.34	3.34	1.59	8.34	0.58
西二墓南平台表层	2.32	1.38	7.40	0.29	3.46	1.80	12.92	0.82
东二墓南平台（3cm 处）	2.24	1.66	3.27	0.34	3.49	1.82	10.04	0.44
东二墓南平台表层	2.30	1.79	8.13	0.15	3.43	2.03	12.22	0.58

根据土壤溶液中离子的组成和含量，可以了解盐分在土壤中的分布、迁移和积累规律，但用化学分析结果来推断盐分组成，并不能完全反映它们在土壤中的实际情况。为了进一步观测遗址中盐分的存在状态、微观形貌及结晶形态，课题组对所有样品进行了透射电子显微镜（TEM）及高分辨透射电子显微镜（HRTEM）测试，图 5-2、图 5-3 分别为西二墓西平台 3cm 处及表层土样的 TEM 照片及高分辨透射电子显微镜（HRTEM）照片。从图可知土样中确实存在一定量的盐分，并形成具有规则几何外形的晶体。另外，图中清晰的晶格条纹反映出样品中盐分具有较高的结晶度，

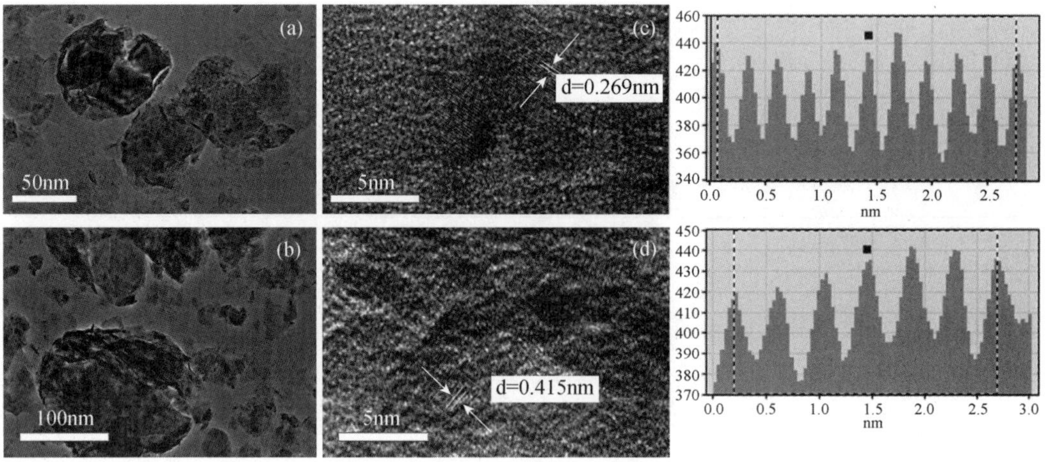

图 5-2　西二墓西平台 3cm 处遗址土样的透射电子显微镜图谱

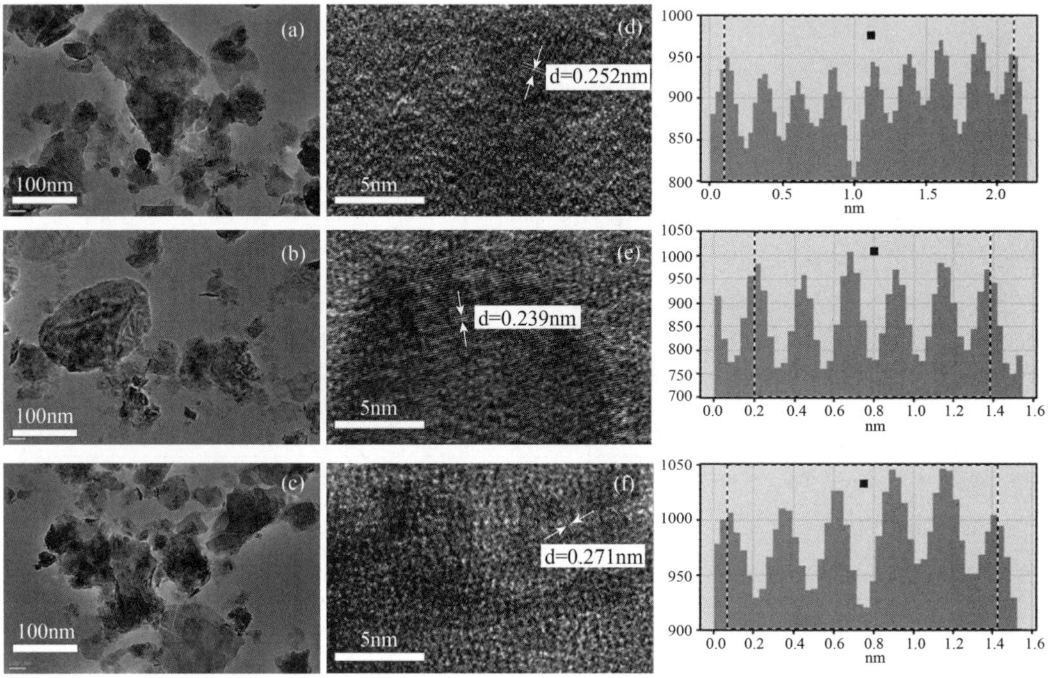

图 5-3　西二墓西平台表层遗址土样的透射电子显微镜图谱

其间距为 0.265nm、0.415nm、0.252nm、0.239nm 和 0.271nm 的晶格条纹分别对应于 $CaSO_4 \cdot 2H_2O$（220）、$Na_2Ca(SO_4)_2$（020）、K_2SO_4（040）、NaCl（110）和 Na_2SO_4（022）晶面，表明上述盐分共存于该遗址土样中。图 5-4、图 5-5 分别为西二墓南平台 5cm 处及表层土样的 TEM 照片及高分辨透射电子显微镜（HRTEM）照片，同样具有比较明显的晶格条纹，其间距为 0.444nm 和 0.226nm 的晶格条纹依次对应于 $Na_2Ca(SO_4)_2$（111）、$CaSO_4$（212）晶面。图 5-6、图 5-7 分别为东二墓南平台 3cm 处及表层土样的 TEM 照片及高分辨透射电子显微镜（HRTEM）照片，其间距为 0.451nm、0.248nm 和 0.415nm 的

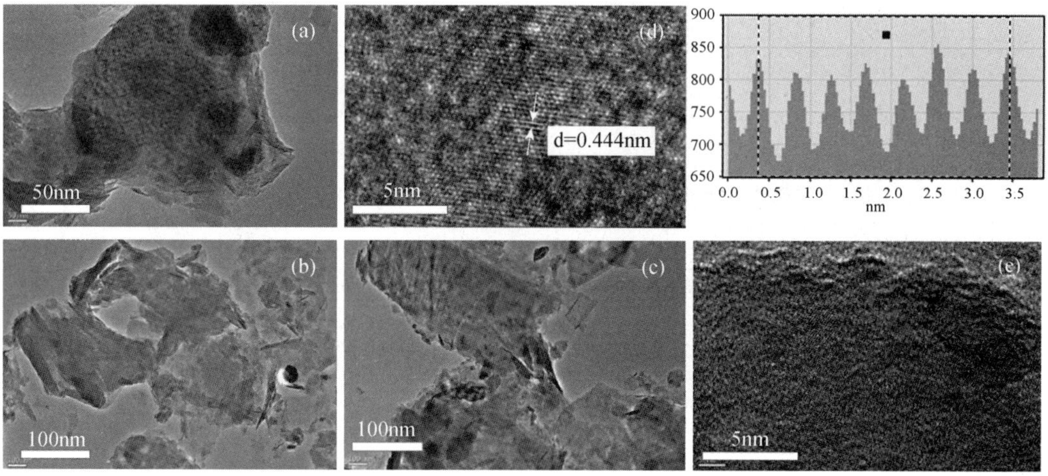

图 5-4　西二墓南平台 5cm 处遗址土样的透射电子显微镜图谱

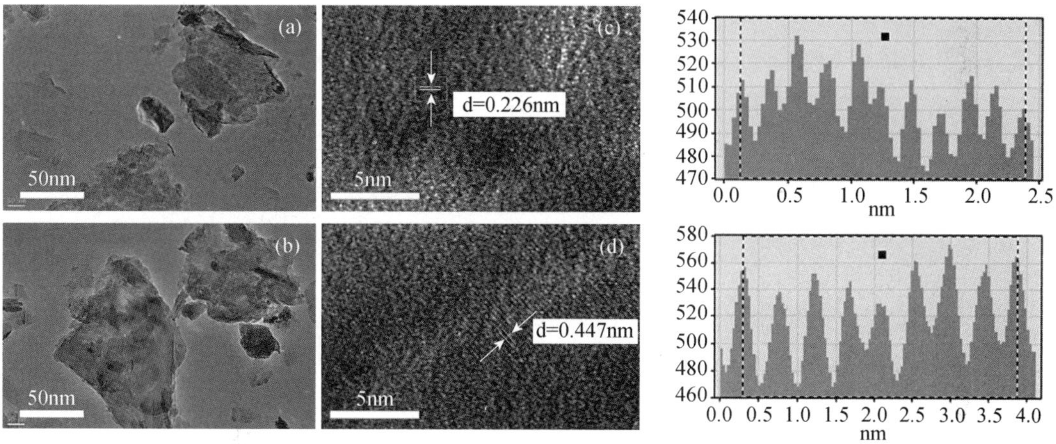

图 5-5　西二墓南平台表层遗址土样的透射电子显微镜图谱

图 5-6　东二墓南平台 3cm 处遗址土样的透射电子显微镜图谱

晶格条纹分别对应于 Na_2SO_4(020)、$CaSO_4·2H_2O$(202)和 $Na_2Ca(SO_4)_2$(020)晶面。上述结果与 XRD 数据相符，遗憾的是没有发现其他盐分的晶格条纹，可能与盐类分布比较分散有关。

由 XRF、IC、XPS、XRD 以及 TEM 数据综合分析得知，北京玉皇庙山戎墓土遗址

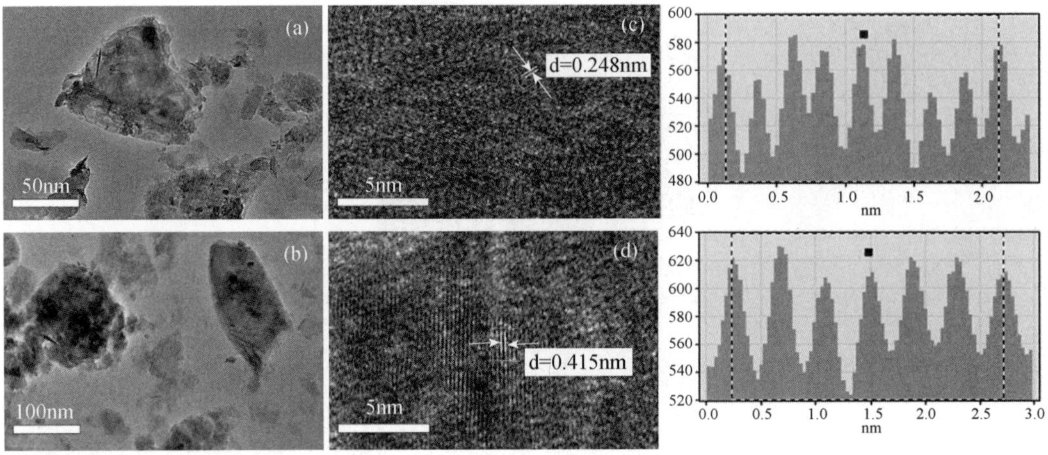

图 5-7　东二墓南平台表层遗址土样的透射电子显微镜图谱

所含可溶盐主要以 $Na_2Ca(SO_4)_2$、Na_2SO_4、NaCl 为主，微溶盐以 $CaSO_4$、$CaSO_4 \cdot 2H_2O$ 为主，另外还有少量的 $CaCl_2 \cdot 6H_2O$、KNO_3、KCl、$MgCl_2$、K_2SO_4、$MgSO_4$ 等盐分。同时盐分在该遗址中的分布具有一定的规律性，$Na_2Ca(SO_4)_2$（钙芒硝）在所取土样中均有发现，足以说明该盐分在该遗址分布较为广泛。

5.2.2　盐害形成机理分析与研究

1. 硫酸钠结晶—溶解过程中的温度效应

结晶过程是一个复杂的传质、传热过程，其推动力主要来自于结晶体系在热力学上的非平衡特性。$Na_2SO_4 \cdot 10H_2O$（芒硝）溶解时吸收热量，而无水硫酸钠溶解时则放出热量。$Na_2SO_4 \cdot 10H_2O$ 具有较高的熔化热（～60Cal/g）和适宜的熔点（32.4℃），是较好的潜热蓄热材料。用 $Na_2SO_4 \cdot 10H_2O$ 作为相变储热材料的主体成分，加入一定数量 NaCl，可形成相变温度较低的二元共熔混合物。Na_2SO_4 的溶解度与温度有着特殊的变化关系，其溶解度先随温度的升高而增加，经过最高位置后，反而随着温度的升高而降低，这是由它的吸热性质所决定的。当然蒸发水量直接影响 Na_2SO_4 结晶量及分离后的固液相成分。蒸发水量越多，硫酸钠结晶量越大，结晶物中夹带的杂质的量也越大。

Na_2SO_4 拐点温度为 32.4℃。当温度小于 32.4℃时，Na_2SO_4 在水溶液中的溶解度随着温度的升高而迅速增大，对应的结晶过程是从过饱和硫酸钠溶液中析出单斜晶系 $Na_2SO_4 \cdot 10H_2O$，$Na_2SO_4 \cdot 10H_2O$ 溶解时吸收热量，根据热平衡移动原理，当温度升高时，平衡有利于向吸热的方向移动，所以在这段区间内随温度升高溶液中 Na_2SO_4 的浓度增大；温度超过 32.4℃以后，Na_2SO_4 在水溶液中的溶解度随温度的变化很小，与饱和溶液平衡的固体是斜方型无水晶体硫酸钠，而无水硫酸钠溶解时放热，所以溶液中 Na_2SO_4 的浓度随温度的升高而降低。因此，当温度大于 32.4℃，硫酸钠溶液达到饱和时，就会有无水硫酸钠开始析出，这就意味着可以采用升温的办法使溶液达到过饱和而结晶。

$Na_2SO_4 \cdot 10H_2O$ 结晶中含水量高达 56%，能自然风化而失去结晶水转变为无水硫酸钠，即为风化硝。在温度高于 32.4℃时，含结晶水的芒硝便又会出现自溶现象。$Na_2SO_4 \cdot 10H_2O$ 溶解时吸收热量，而无水硫酸钠溶解时放热。上述一系列的过程，深刻影响着 Na_2SO_4 的相变复杂性和对依存遗址环境的破坏性。

硫酸钠盐溶解度随环境温度变化，当环境温度大于 32.4℃时分解，小于 32.4℃时结晶析出，可简略地表述为：

（1）温度降低，硫酸钠吸收水分变成芒硝，产生体积膨胀

$$Na_2SO_4 + 10H_2O = Na_2SO_4 \cdot 10H_2O \text{（芒硝）}$$

（2）温度升高，芒硝脱水分解，使其产生明显的体积收缩

$$Na_2SO_4 \cdot 10H_2O \text{（芒硝）} = Na_2SO_4 + 10H_2O$$

1mol Na_2SO_4 盐重 142g，其比重为 2.7g/cm^3，体积为 52.6cm^3；而 1mol $Na_2SO_4 \cdot 10H_2O$ 盐重 322g，其比重为 1.464g/cm^3，体积为 220cm^3。因此，结晶硫酸钠的体积是无水硫酸钠体积的 4.18 倍，即比原体积增大了 3.18 倍（表 5-9）。

表 5-9　无水硫酸钠和十水硫酸钠的晶胞参数及体积

晶胞单元（Z=4）	晶胞参数						
	a/Å	b/Å	c/Å	α/°	β/°	γ/°	V/Å^3
$Na_2SO_4 \cdot 10H_2O$	11.512(3)	10.370(3)	12.847(2)	90	107.789（10）	90	1460.34
Na_2SO_4	5.60（2）	8.95（2）	6.99（2）	90	90	90	350.34

2. 硫酸钠水合压强度及侵蚀性确定

无水硫酸钠起始强度非常低，为 30N，当它与一定量的水结合之后，其强度迅速增大，当加入水为 3 摩尔比时其抗压强度增大到 280N，继续加入水分，其强度虽有所下降，但也保持了约 170N 的较高值（图 5-8）。相比无水硫酸钠，水合后强度最高增加超过 9 倍，最低也达到原来强度 5.6 倍。这表明，如果文物基体中含有盐分，伴随着水分的吸入，盐的水化会产生一定的压力，从而导致文物因内部压力而损毁。XRD 分析确认随着水合的进行，部分无水硫酸钠逐步转变为十水硫酸钠（图 5-9）。

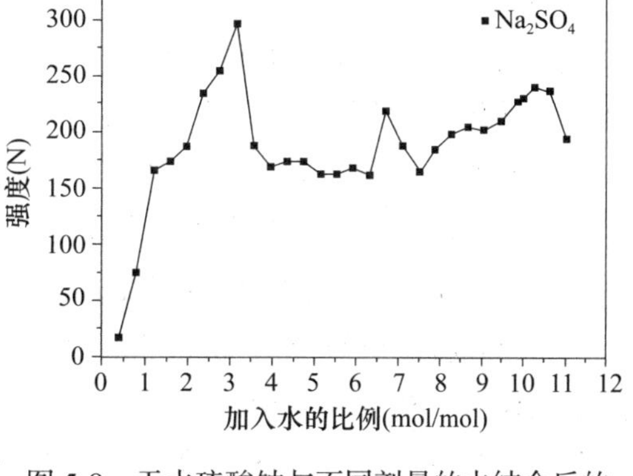

图 5-8　无水硫酸钠与不同剂量的水结合后的抗压强度

同时测量了经若干循环的硫酸钠水溶液侵蚀之后的 Al_2O_3 抗压强度，得到结果显示 Na_2SO_4 侵蚀导致 Al_2O_3 的强度大幅度降低，并造成硫酸钠内部孔体结构的塌

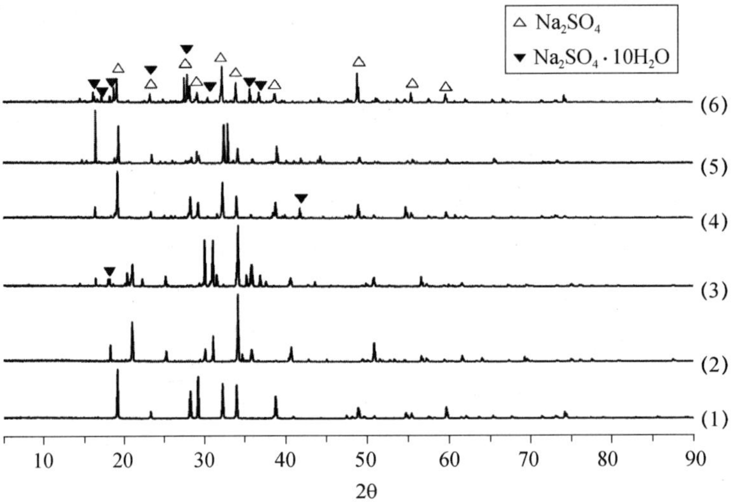

图 5-9　硫酸钠添加不同比例水分后的晶相结构（1 至 6 为不同水比例下的样品）

陷（表 5-10）。

表 5-10　硫酸钠水溶液侵蚀后 Al_2O_3 小球比表面、孔容及孔径变化

样品	表面（m^2/g）	孔容（cm^3/g）	孔径（Å）
纯水浸泡（3 个循环）	160.87	0.43	107.74
硫酸钠水溶液侵蚀（3 个循环）	119.43	0.33	109.74

3. 不同盐分及其含量对基体的侵蚀研究

为了系统地研究盐溶液对基体性质的影响，以氧化铝小球作为基体探针，课题组研究了浸渍于不同含盐溶液中氧化铝小球压碎强度的变化情况。

1）Na_2SO_4 溶液对氧化铝小球强度的影响

将氧化铝小球浸泡于 28.4g 无水硫酸钠溶于 200mL 去离子水的溶液中 4～5h 取出烘干后测压碎强度 50 粒为循环 1，记为样品 1-1，剩余继续放入原溶液浸泡 4～5h，烘干后测压碎强度 50 粒为循环 2，记为样品 1-2，继续浸泡为循环 3 等，每个样品共 10 个循环。

氧化铝小球经过 10 个循环的强度变化如图 5-10 所示，由图中可以看出氧化铝小球在盐溶液中在开始的循环中，在 80～100N 附近的压碎强度时部分发生了碎裂，但未发生碎裂的小球压碎强度有所上升。

2）Na_2SO_4+NaCl 二元含盐溶液对氧化铝小球强度的影响

将氧化铝小球浸泡于溶有 28.4g 无水硫酸钠＋11.7g 氯化钠的 200mL 去离子水中，4～5h 后取出烘干后测压碎强度 50 粒为循环 1，记为样品 2-1，剩余继续放入原溶液浸泡 4～5h，烘干后测压碎强度 50 粒为循环 2，记为样品 2-2，继续浸泡为循环 3 等。图系列 1～8 分别对应循环 1～8。

图 5-11 给出了氧化铝小球在 20% Na_2SO_4+10% NaCl 二元含盐溶液中的经过 10

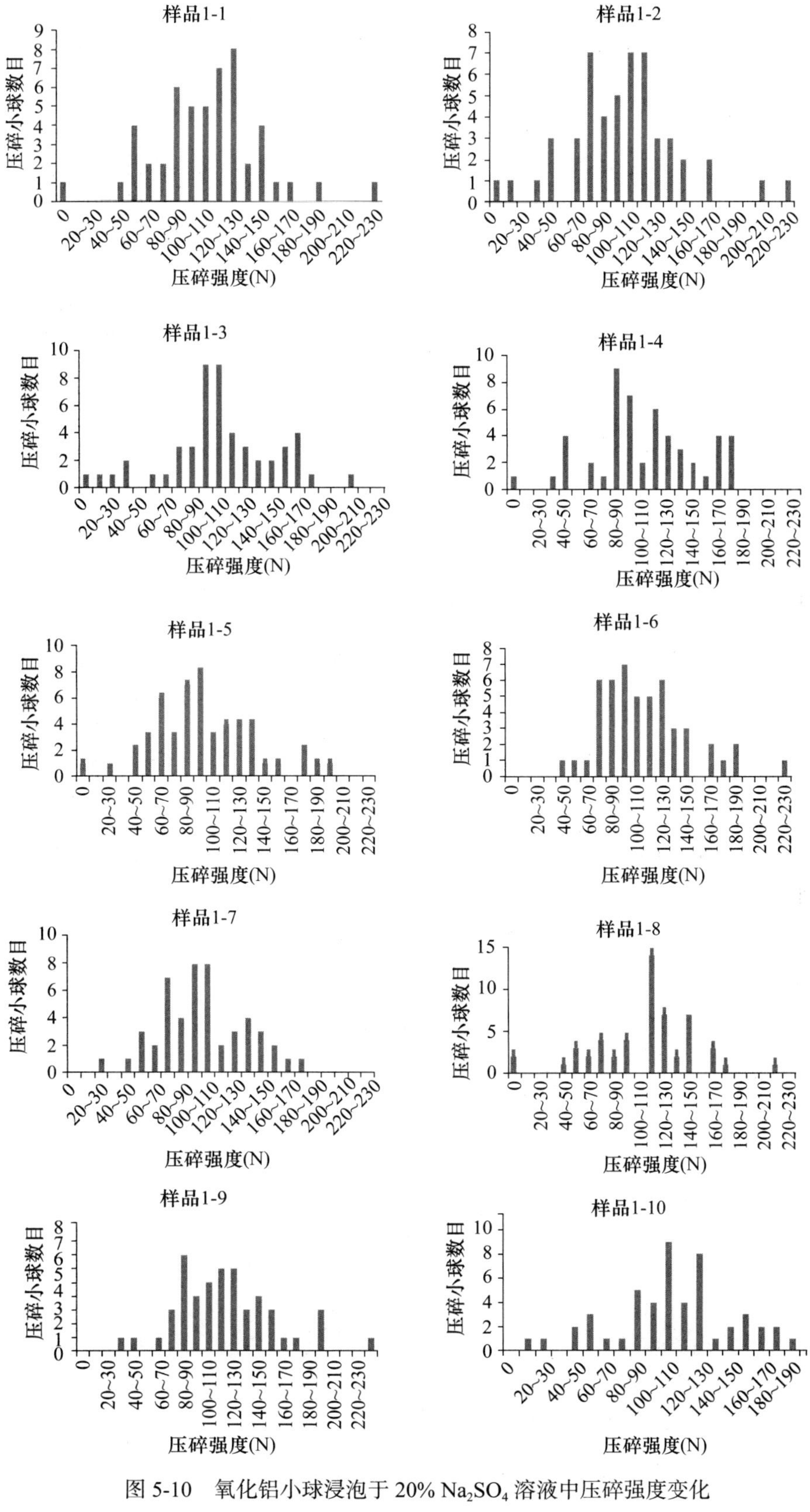

图 5-10　氧化铝小球浸泡于 20% Na_2SO_4 溶液中压碎强度变化

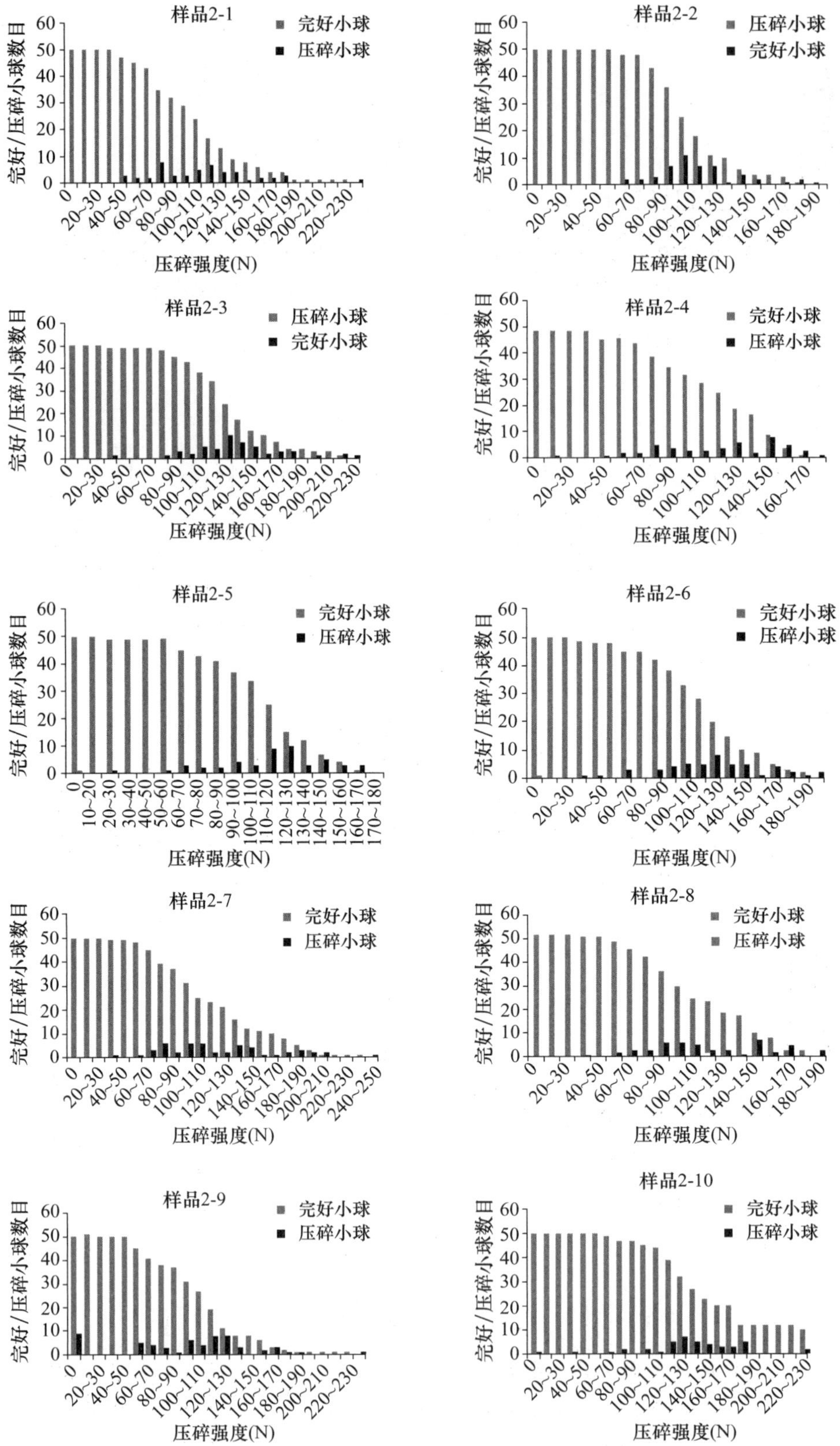

图 5-11　氧化铝小球浸泡于 20% Na_2SO_4+10% NaCl 溶液中压碎强度变化

个浸渍—烘干循环后小球的压碎强度的变化情况；在循环开始时，有部分氧化铝小球发生了破碎，但未发生破碎的小球从循环 2 到循环 6 强度有所提高，从初始的抗压碎强度的值 80N～90N 提高到了 110N～120N，但从循环 7 开始，氧化铝小球的抗压碎强度有所降低。

3）Na_2SO_4+Ca $(NO_3)_2$·$4H_2O$ 二元含盐溶液对氧化铝小球强度的影响

将氧化铝小球浸泡于 28.4g 无水硫酸钠溶于 200mL 去离子水的溶液中 4～5h 后取出烘干后，继续浸泡于 47.2g 四水合硝酸钙的 200mL 溶液中 4～5h 后，烘干测压碎强度 50 粒为循环 1，剩余继续放入原溶液浸泡 4～5h，记为样品 3-1，烘干后测压碎强度 50 粒为循环 2，记为样品 3-2，继续浸泡为循环 3 等。

图 5-12 给出了氧化铝小球在 20% Na_2SO_4+10% Ca $(NO_3)_2$·$4H_2O$ 二元含盐溶液中的经过 10 个浸渍—烘干循环后小球的压碎强度的变化情况，可以看出，相对于 Na_2SO_4 单独浸渍及 Na_2SO_4 和 NaCl 的二元含盐浸渍，加入 $Ca(NO_3)_2$ 后，在浸渍—烘

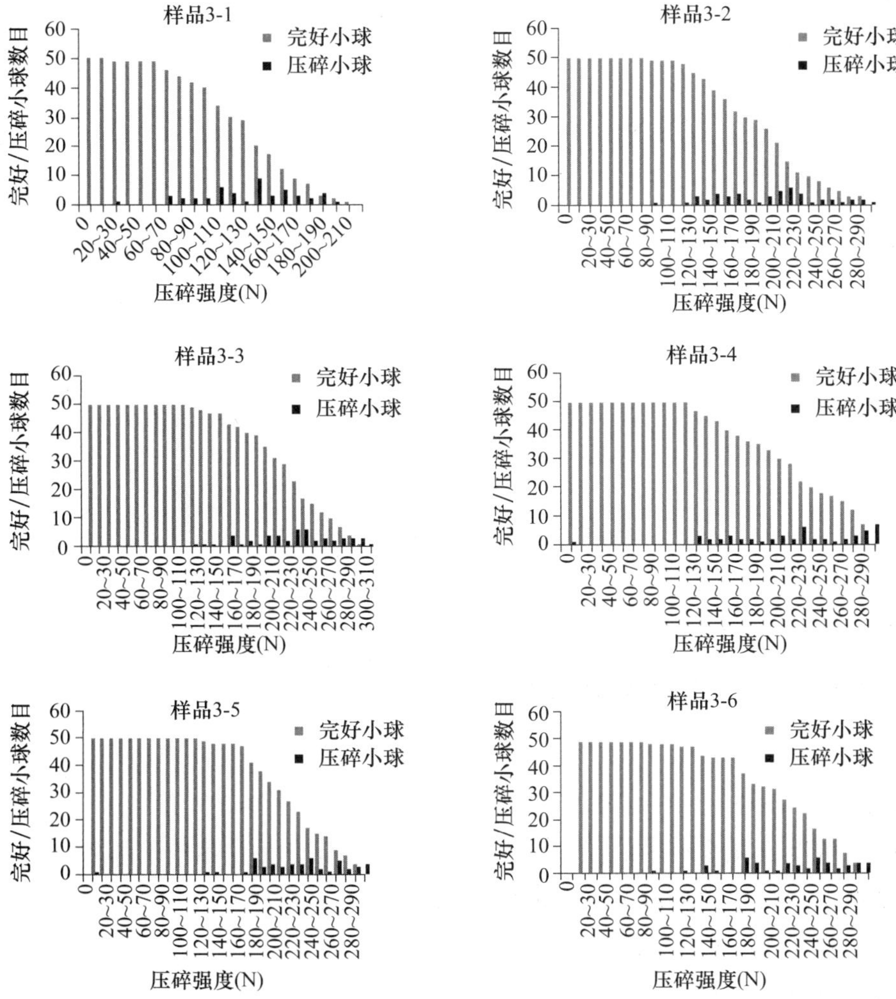

图 5-12　氧化铝小球浸泡于 20% Na_2SO_4+10% $Ca(NO_3)_2$·$4H_2O$ 中压碎强度变化

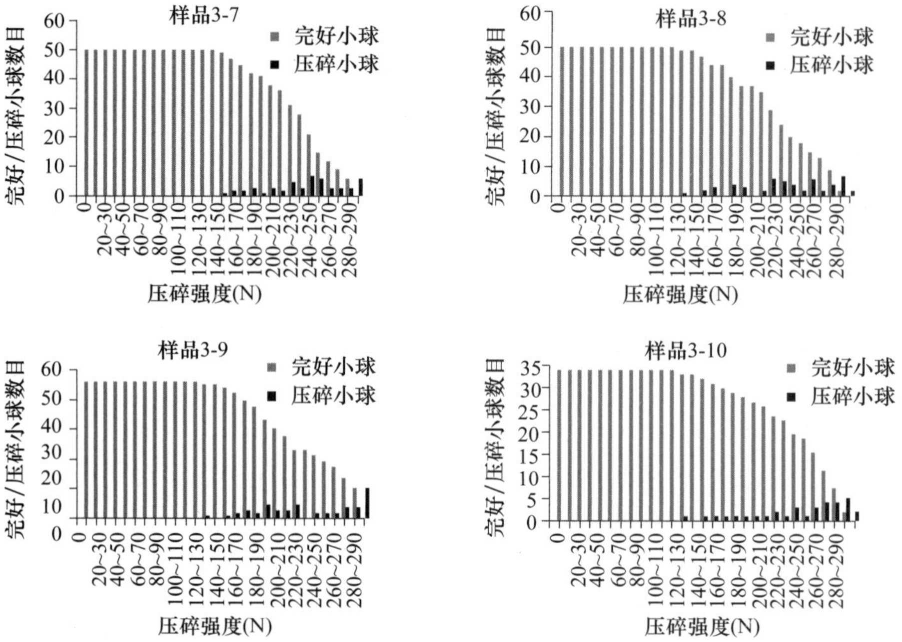

图 5-12 （续）

干循环中，除循环 1，其他过程中，氧化铝小球的压碎强度值有所提高，说明钙盐的加入，反而增加了基体的强度。

4）Na_2SO_4+$CaCl_2$ 二元含盐溶液对氧化铝小球强度的影响

将氧化铝小球浸泡于 28.4g 无水硫酸钠溶于 200mL 去离子水的溶液中 4～5h 后取出烘干后，继续浸泡于 22.2g 无水合氯化钙的 200mL 溶液中 4～5h 后，烘干测压碎强度 50 粒为循环 1，记为样品 4-1，剩余继续放入原溶液浸泡 4～5h，烘干后测压碎强度 50 粒为循环 2，记为样品 4-2，继续浸泡为循环 3 等。

图 5-13 给出了氧化铝小球在 20% Na_2SO_4+10% CaCl 二元含盐溶液中的经过 10 个浸渍—烘干循环后小球的压碎强度的变化情况，可以看出与图 5-12 相似的变化趋势，氧化铝小球的压碎强度值有所提高，钙盐的加入，增加了基体的强度。

5.2.3　模拟壁画试块盐害形成与影响因素研究

1. 不同盐分毁损效果对比试验结果

1）硫酸钠

根据前述 Na_2SO_4 在水中的溶解度相平衡关系，因为当温度大于 32.4℃时，Na_2SO_4 在水中的溶解度变化很小。而当温度低于 32.4℃，Na_2SO_4 在水中的溶解度随温度升高而急剧增大，与饱和溶液呈平衡的固相是 $Na_2SO_4\cdot 10H_2O$（芒硝）。考虑到绝大多数遗址所处的大气环境温度都在拐点 32.4℃之内，而这一区间，对应的平衡固相又是富含结晶水的芒硝。所以在仿真研究中，重点围绕 32℃以下温度区间来开展。

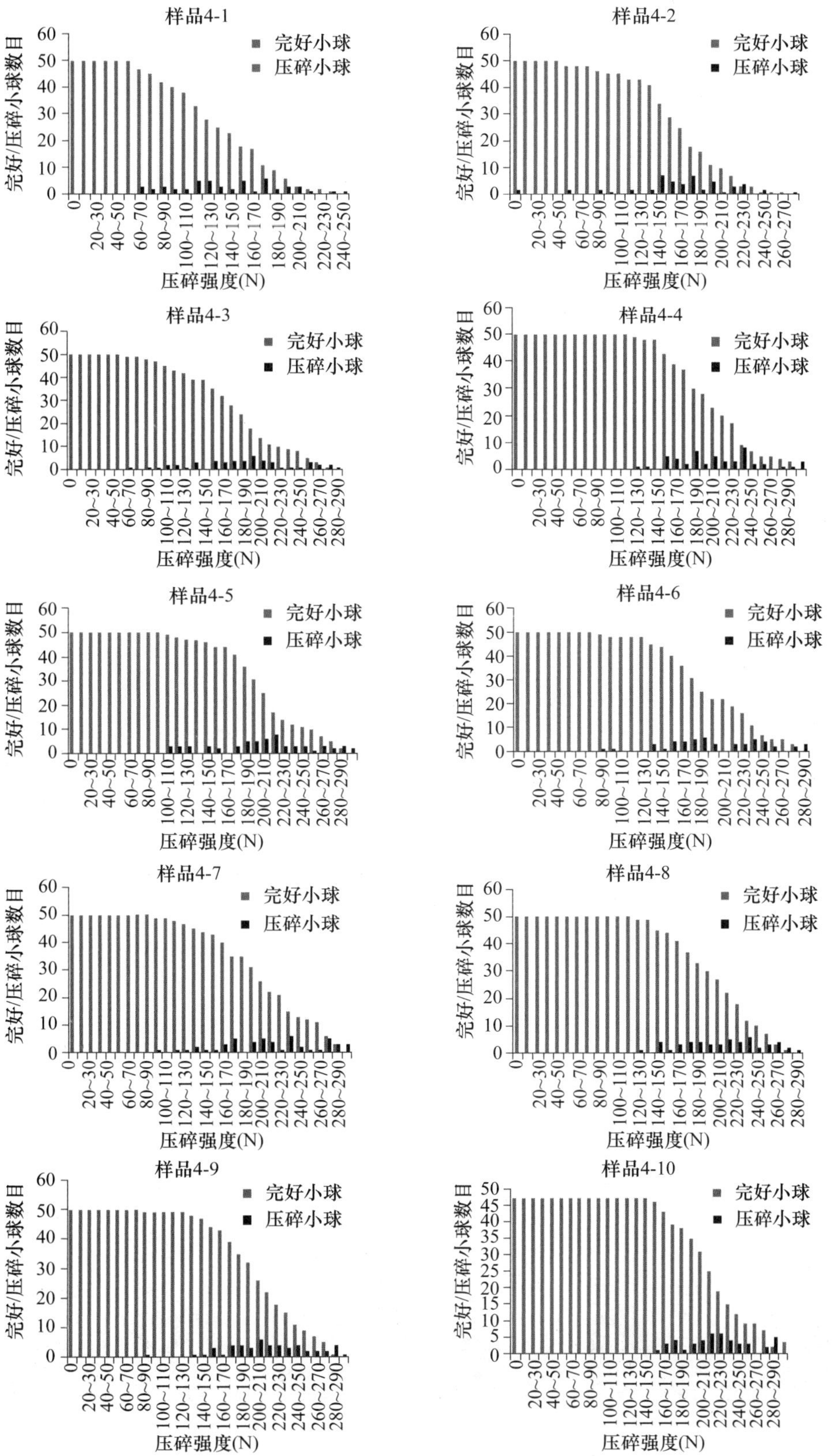

图 5-13　氧化铝小球浸泡于 20% Na_2SO_4+10% CaCl 溶液中压碎强度变化

Na_2SO_4 过饱和溶解度大，易富集，易浓缩，质地疏松，易风化，易返潮，结晶区域较大，相应破坏面也较大，容易导致粉状酥碱及较大面积的空鼓且其引起的壁画酥碱病变有一定的反复性。研究表明，Na_2SO_4 会导致壁画大面积破坏，且损害程度大，而氯化钠则影响相对较小。

2）氯化钠

NaCl 在除 15～20℃的大多温度区间内，其溶解度对温度不是十分敏感，随温度降低结晶析出量不多。如果温度变化不是十分剧烈的话，其过饱和度相应较低，此时 NaCl 结晶物质地坚硬，成晶颗粒大，粒度均匀，在壁画盐害表现形式上应以点状疱疹为主。

2. 多组分盐害模拟研究

1）硫酸钠—氯化钠双组分

图 5-14 为硫酸钠—氯化钠双组分盐侵蚀破坏的仿真试块盐害发展过程。

（a）　　（b）　　（c）

图 5-14　硫酸钠—氯化钠双组分侵蚀破坏的仿真试块盐害演变进程
（a. 新制备的试块；b. 20 天；c. 40 天）

硫酸钠—氯化钠双组分破坏更为严重，硫酸钠可以夹带氯化钠向表面迁移，二者有一定的协同作用。

2）硝酸钠—氯化钠双组分

硝酸钠—氯化钠双组分的破坏较硫酸钠—氯化钠双组分弱一些，但较氯化钠单组分严重（图 5-15）。

（a）　　（b）　　（c）

图 5-15　硝酸钠—氯化钠双组分侵蚀破坏的仿真试块盐害演变进程
（a. 新制备的试块；b. 10 天；c. 40 天）

3）Na_2SO_4+$CaCl_2$ 双组分及 Na_2SO_4+$Ca(NO_3)_2$ 双组分

Na_2SO_4 与 $CaCl_2$、$Ca(NO_3)_2$ 二元盐分同时在试块中存在时，其他钙盐的存在未加剧硫酸钠造成的酥碱病害，且对其病害程度有所抑制。如图 5-16a 所示，试块中硫酸钠与钙盐复合含量均为 1% 时，试块表面盐害不明显。试块中单组分硫酸钠含量高于 2%，试块酥粉严重，复合二元盐分含量均高于 2% 时，试块表面主要为微小疱疹状病害，试块的盐害情况较单独含有 2% 硫酸钠时明显有所减轻。试块中硫酸钠含量 2%，钙盐复合含量为 1% 时，试块表面盐害明显，但当钙盐含量提高到 2% 时，盐害较前者反而减轻。

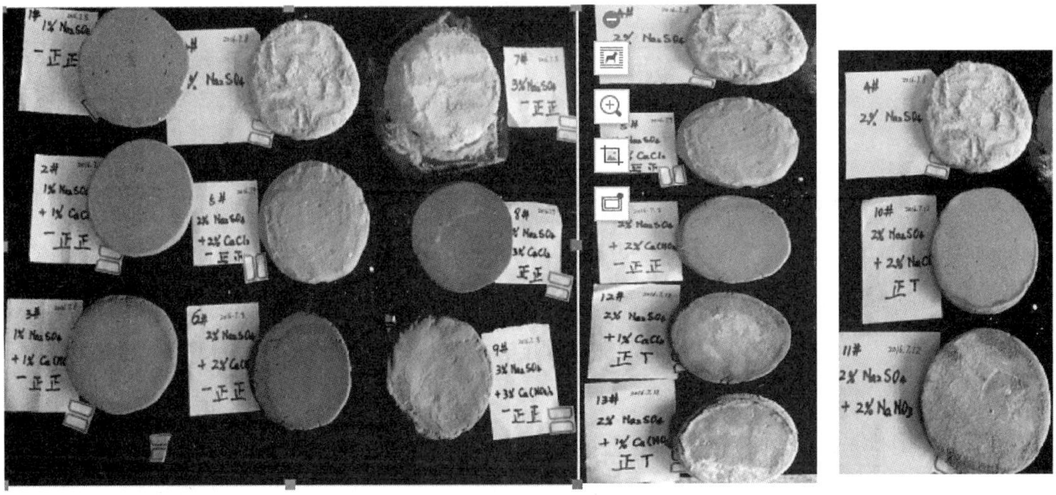

(a) Na_2SO_4+$CaCl_2$；Na_2SO_4+$Ca(NO_3)_2$　　(b) Na_2SO_4+ NaCl

图 5-16　硫酸钠—氯化钙及硫酸钠—硝酸钙双组分侵蚀破坏试块盐害表现（9 个月）

当环境温湿度变化不明显，在一个较为稳定的范围内时（实验环境温度 20～30℃，相对湿度 40%～60%），在较长时间周期内（观察时间约 9 个月），盐害情况为明显加剧。

4）Na_2SO_4+NaCl 双组分

试块中单组分硫酸钠含量高于 2%，试块酥粉严重，复合其他钠盐，如 NaCl 盐害反而表现不明显，如图 5-16b 所示。复合 $NaNO_3$，盐害程度较单独硫酸钠轻，但较复合 NaCl 时有所加重。盐害主要表现为酥碱粉化。

3. 环境条件对盐害产生的影响研究

1）温度

Na_2SO_4 的溶解度受温度的影响很大。当温度降低时，形成 $Na_2SO_4 \cdot 10H_2O$，这将产生较大的体积膨胀和盐结晶压。图 5-17 为一组不同质量分数 Na_2SO_4 溶液结晶体积膨胀率随温度变化的实验测试结果（未扣除结晶后剩余液体的体积及剩余液体中 Na_2SO_4 残量）。可以看出，随着溶液温度的降低，溶液体积总体上呈膨胀趋势，且随着 Na_2SO_4 质

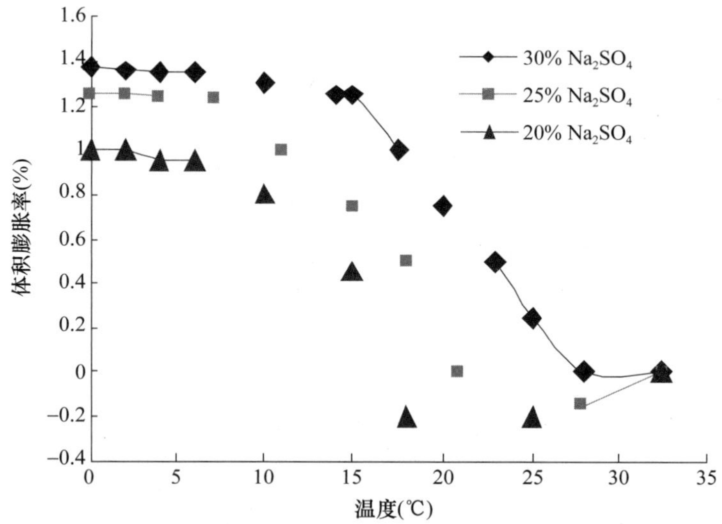

图 5-17 不同浓度硫酸钠溶液结晶体积膨胀率

量分数的增加，使得 Na_2SO_4 溶液开始产生体积膨胀的温度也提高，即更容易达到过饱和而结晶。同时还可以看出，随着 Na_2SO_4 质量分数的增加，其盐结晶膨胀率也显著提高。

降温作用下，硫酸钠溶液盐结晶体积膨胀率和结晶压随着盐浓度增加显著增大，且开始出现膨胀和结晶压的温度也提高，降温时硫酸钠吸水结晶，体积增大，促使依存基体膨胀。温度升高时，硫酸钠又脱水，体积变小，导致依存基体疏松。这种随温度变化而发生体积变化的现象，就会引起依存基体包括地仗、壁画表面的破坏变形。氯化钠的结晶析出更多的是伴随着水分的蒸发而发生，而硫酸钠的结晶析出，除了因溶剂水分的蒸发而发生、发展之外，还将因温度的降低而产生，它们各自在壁画盐害的发生、发展过程中有一定的行为差异。

2）相对湿度

对 NaCl、Na_2SO_4 在干湿循环作用下对试块剥蚀破坏、膨胀率和强度的影响研究表明：Na_2SO_4 结晶产生的试块膨胀和剥蚀破坏随着 Na_2SO_4 浓度和干湿循环次数的增加明显增大，且超过一定循环次数后，经干燥后的试块非但不收缩，反而继续膨胀。低相对湿度和迅速蒸发造成的盐结晶破坏要比高相对湿度缓慢蒸发严重，硫酸钠盐结晶产生的试样膨胀和剥蚀破坏随着盐浓度和干湿循环次数的增加明显增大。超过一定循环次数后，盐结晶破坏的增长速度尤其迅速。

试块盐胀强度损失：历经 120 天 15 次干湿循环后，砂砾岩试块的强度有了很大损失。经过相同的干湿循环盐胀试验后，测得图 5-18 所示的试块抗压强度损失和抗折强度损失，由此可以推测盐的结晶对壁画基体材质砂砾岩的强度的损害，至于对泥层的强度损害更是致命的，常见不可逆的粉末状酥碱飞灰损伤。

3）硫酸钠结晶过程的 TEM 研究

在透射电子显微镜和超高分辨透射电子显微镜研究中，可以直观捕捉观察到含结晶水硫酸钠的结构变化过程。高分辨透射电镜结果表明，硫酸钠先形成各种微晶和非晶的聚合物、包覆物。有晶格像的位置是微晶，而没有晶格像的区域是非晶，并且测量晶格条纹的晶格间距可以发现，位置相近的晶格条纹的晶格间距不一定相同或者相近，有时相差较大，此观测结果进一步说明位置相近的微晶不是同一种物质或者不是同一种物质的同一种晶型。这说明在自然环境条件下含各种结晶水的硫酸钠不能以某单一晶型而独立存在，其相变过程非常复杂且时时刻刻变化中。

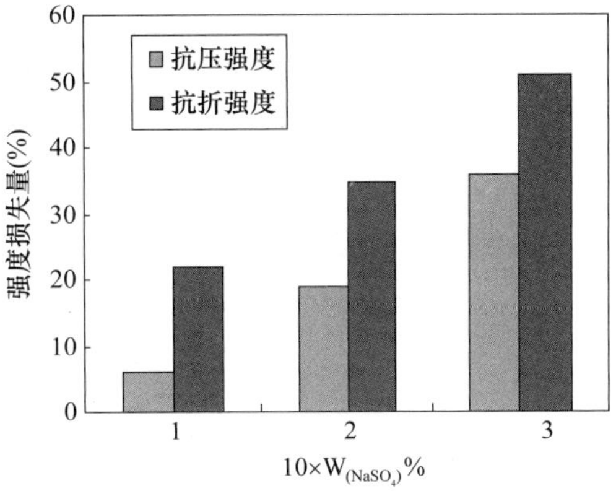

图 5-18　试块在不同浓度硫酸钠溶液干湿循环结晶破坏后的强度损失

同时硫酸钠的晶型、形貌及体积在剧烈变化过程中，伴随着晶体的形貌及体积不停变化，据此推断，土遗址中的硫酸钠是非常不稳定的，其形貌及体积也在不停地变化，这种作用在宏观上就造成其依存环境土遗址本体结构因硫酸钠晶型变化，特别是体积膨胀变化，导致遗址各种形变和破坏（图 5-19）。

5.2.4　盐分迁移动态研究

1. 土柱试验研究

以土质文物本体为模拟对象，采用土柱实验的方法，课题组对比研究了 NaCl 和 Na_2SO_4 在土柱中的迁移速率，计算得到了 NaCl 和 Na_2SO_4 在土柱中的渗透系数。在各种运移方式中，氯化钠的渗透系数均较硫酸钠大。NaCl 和 Na_2SO_4 在重力作用下的自上而下运移时的渗透系数较自下而上饱和自然吸附运移时大，SO_4^{2-} 受土质胶体的吸附作用大，加之硫酸钠晶型结构多变，其溶解度随温度升高变化剧烈，上述多重因素在温度交变、干湿循环等环境因素作用下，既导致了硫酸钠在土柱中的运移速率的下降，又同时对土柱造成严重粉化和结构破坏，进而深刻影响到土质文物本体的生存。

入水迁移方式采取三种方式，即从上往下渗水、从下往上饱水、水平横置扩散三种。地表盐分往遗址本体中的下渗，采用从上往下渗水可以比较正确地反映该条件下盐分在遗址本体中的迁移情况，但是无法用于研究遗址本体对盐分的吸附作用。遗址依存环境盐分往遗址本体迁移，采用从下往上饱水，可以让黏土与盐分充分接触，是研究黏土对盐分吸附机理的较好方式。水平横置扩散更为接近洞窟崖壁盐害的模拟，可以比较正确地反映该条件下盐分由遗址依存环境向遗址本体中的迁移情况，是研究遗址本体中盐分吸附、迁移机理和模型的最佳方式。

2. 模拟样中硫酸钠与氯化钠迁移速率的研究

课题组对比研究了 NaCl 和 Na_2SO_4 在土柱中的迁移速率，计算得到了 NaCl 和 Na_2SO_4 在土柱中的盐分迁移速率。在单组分可溶盐溶液运移方式中，NaCl 的盐分迁

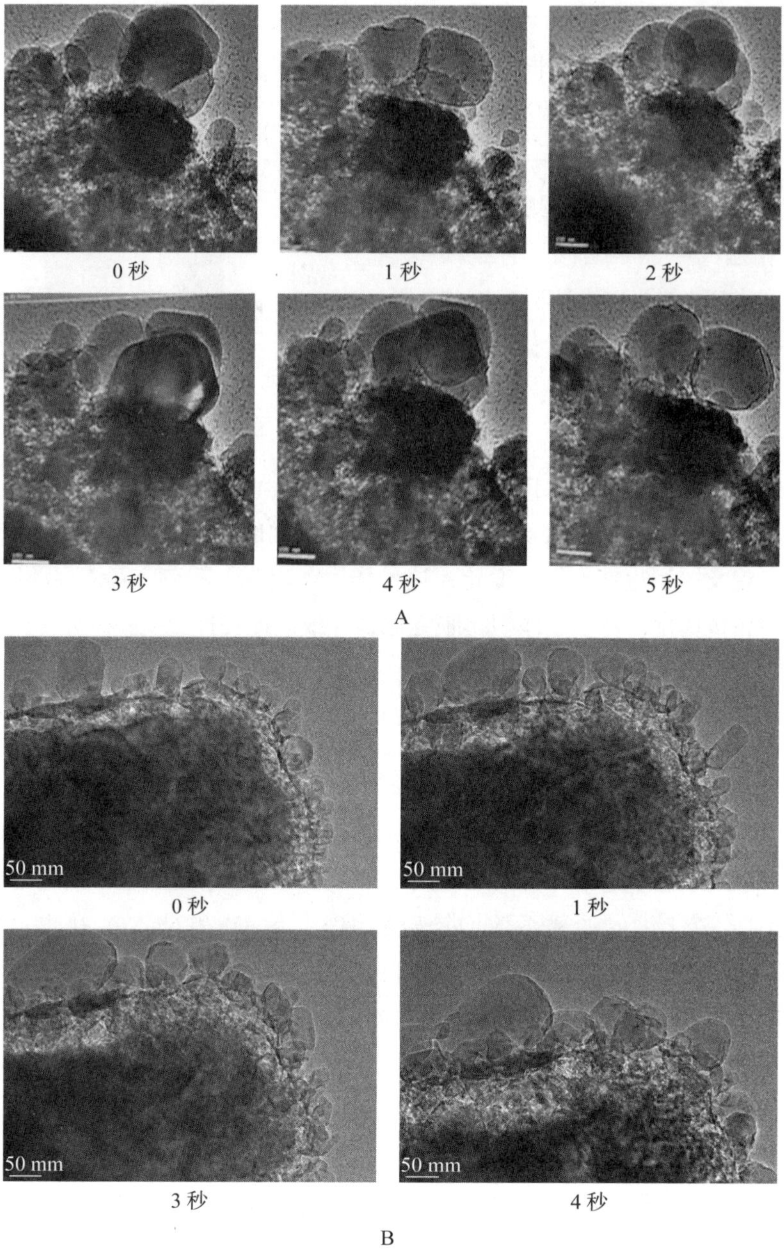

图 5-19 硫酸钠在超高分辨透射电镜上形貌变化截图

移速率均较 Na_2SO_4 大。NaCl 和 Na_2SO_4 在重力作用下自上而下运移时的盐分迁移速率较自下而上饱和自然吸附运移时大。SO_4^{2-} 受土质胶体的吸附作用大，加之硫酸钠晶型结构多变，其溶解度随温度升高变化剧烈，上述多重因素在温度交变、干湿循环等环境因素作用下，既导致了 Na_2SO_4 在土柱中的运移速率的下降，又同时对土柱造成严重粉化和结构破坏，进而明显影响到土质文物本体的存在形态。

研究发现：无论自上而下，抑或自下而上，NaCl 在土柱中运移的盐分迁移速率大致都在一个数量级，自上而下时入口段 NaCl 的净含量稍高，是因为垂直方向注入盐液量较大，加之重力作用所致。两组自下而上的土柱试样，NaCl 的渗入量和盐分迁移速率更为接近（表 5-11～表 5-13）。

表 5-11　氯化钠自上而下土柱实验结果

实验名称	样品编号	氯离子含量 C（%）	时间 t（h）	土柱渗透长度 L（mm）	盐分迁移速率（C_0−C）/（$L\times t$）
氯化钠自上而下	1-1	4.88	400	40	
	1-2	4.40	400	80	3.00×10^{-5}
	1-3	3.90	400	120	3.13×10^{-5}

表 5-12　氯化钠自下而上土柱实验结果

实验名称	样品编号	氯离子含量 C（%）	时间 t（小时）	土柱渗透长度 L（mm）	盐分迁移速率（C_0−C）/（$L\times t$）
氯化钠自下而上	2-1	3.17	400	40	
	2-2	2.85	400	80	2.00×10^{-5}
	2-3	2.50	400	120	2.19×10^{-5}

表 5-13　氯化钠自下而上土柱实验结果

实验名称	样品编号	氯离子含量 C（%）	时间 t（小时）	土柱渗透长度 L（mm）	盐分迁移速率（C_0−C）/（$L\times t$）
氯化钠自下而上	3-1	3.42	400	50	
	3-2	3.02	400	100	2.00×10^{-5}
	3-3	2.60	400	150	2.10×10^{-5}

研究发现：无论自上而下，抑或自下而上，Na_2SO_4 在土柱中运移的盐分迁移速率要比 NaCl 小。这是由于 SO_4^{2-} 受土壤胶体的吸附作用大，受水的淋溶作用较弱，迁移量较小（表 5-14、表 5-15）。Cl^- 离子在土壤中的运移规律虽然基本一致，但 Cl^- 离子受土壤吸附作用小，很容易随水分迁移，迁移量大，在土壤中易随水移动。但是 Na_2SO_4 在土柱中运移的盐分迁移速率虽然较 NaCl 小，但 Na_2SO_4 对土柱的破坏明显更为严重，实验后的 Na_2SO_4 土柱，变得非常疏松，从柱内取出时已粉化严重，基本不能成型，相反，NaCl 土柱在实验后，可以完整从柱壁脱离并规整取出，无粉化现象，这从另外一个侧面印证了之前的研究结果。

表 5-14　硫酸钠自上而下土柱实验结果

实验名称	样品编号	硫酸根离子含量 C（%）	时间 t（小时）	土柱渗透长度 L（mm）	盐分迁移速率（C_0−C）/（$L\times t$）
硫酸钠自上而下	4-1	3.615	400	40	
	4-2	3.257	400	80	2.23×10^{-5}
	4-3	2.894	400	120	2.27×10^{-5}

表 5-15　硫酸钠自下而上土柱实验结果

实验名称	样品编号	硫酸根离子含量 C（%）	时间 t（小时）	土柱渗透长度 L（mm）	盐分迁移速率 $(C_0-C)/(L\times t)$
硫酸钠自下而上	5-1	1.199	400	50	
	5-2	1.091	400	100	5.4×10^{-6}
	5-3	1.001	400	150	4.5×10^{-6}

敦煌土样制作土柱，盐分的迁移除造成一定的酥碱病害外，还有明显的疱疹与空鼓病害，盐分在土柱表面结晶颗粒较大。

表面析出盐分主要为硫酸钠晶体，且其结晶为正方体块状与长条状，氯化钠含量较少，且氯化钠与硫酸钠晶体之间有混合结晶发生。氯化钠的结晶析出更多的是伴随着水分的蒸发而发生，而硫酸钠的结晶析出，除了因溶剂水分的蒸发而发生发展之外，还将因温度的降低而产生。当硫酸钠—氯化钠—硝酸钠三组分作用于试块时，发现溶液中的硫酸钠可以夹带氯化钠向表面迁移，其破坏程度较单组分的硫酸钠和氯化钠更要严重，二者有一定的协同作用。但硝酸钠迁移不明显（图 5-20）。

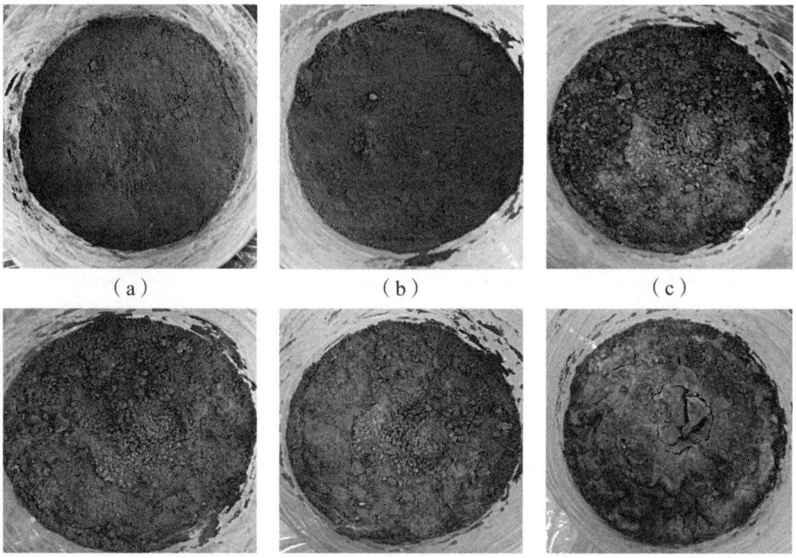

（a）　（b）　（c）　（d）　（e）　（f）

图 5-20　三组分盐类在敦煌土样土柱迁移造成土柱表面破坏照片
（a. 新制作土柱；b. 10 天；c. 20 天；d. 30 天；e. 40 天；f. 50 天）

3. 敦煌土样制作土柱的氯化钠 + 硫酸钠 + 硝酸钠三元盐分体系中盐的运移

研究结果表明：在各种运移方式中，即无论是自上而下，抑或自下而上，氯化钠的渗透系数较硫酸钠大，这说明氯化钠的运移速率要比硫酸钠大。另外，两种盐分在重力作用下的自上而下运移时的渗透系数均较自下而上饱和自然吸附运移时大。SO_4^{2-}受土质胶体的吸附作用大，硫酸钠晶型结构多变，其溶解度随温度升高变化剧烈，上述多重因素在温度交变、干湿循环等环境因素作用下，既导致了硫酸钠在土柱中的运移速率的下降，又同时对土柱造成严重粉化和结构破坏。盐分在自上而下重力作用参与下的渗透速率要比其他运移方式高一些，水分的重力强制运移强化了盐分的迁移（表 5-16～表 5-18）。

表 5-16　氯化钠自下而上土柱实验结果

实验名称	样品编号	氯离子含量 C（%）	时间 t（小时）	土柱渗透长度 L（mm）	盐分迁移速率 $(C_0-C)/(L\times t)$
氯化钠自下而上	6-1	0.161	400	40	
	6-2	0.150	400	80	0.69×10^{-6}
	6-3	0.138	400	120	0.72×10^{-6}

表 5-17　硫酸钠自下而上土柱实验结果

实验名称	样品编号	硫酸根离子含量 C（%）	时间 t（小时）	土柱渗透长度 L（mm）	盐分迁移速率 $(C_0-C)/(L\times t)$
硫酸钠自下而上	6-1	0.706	400	40	
	6-2	0.650	400	80	3.5×10^{-6}
	6-3	0.604	400	120	3.19×10^{-6}

表 5-18　硝酸钠自下而上土柱实验结果

实验名称	样品编号	硝酸根离子含量 C（%）	时间 t（小时）	土柱渗透长度 L（mm）	盐分迁移速率 $(C_0-C)/(L\times t)$
硝酸钠自下而上	6-1	0.078	400	40	
	6-2	0.073	400	80	0.31×10^{-6}
	6-3	0.072	400	120	0.19×10^{-6}

5.3　研究结论

5.3.1　遗址博物馆遗址本体盐害调查及可溶盐类型分析研究

课题组在敦煌莫高窟、河南三门峡、北京老山汉墓等各典型性病害洞窟进行了盐害调查，了解遗址盐害的表现形式，并在盐害部位取样。所取得的样品利用离子色谱、X 射线衍射、X 射线光电子能谱、X 射线荧光光谱、显微镜等分析方法进行了分析，获得了盐害区域的无机离子分布状况以及盐分的类型和组成成分。结果表明：

（1）遗址盐害部位主要存在的可溶盐是 Na_2SO_4 和 NaCl。除此之外，样品中还含有少量钾盐及微量硝酸盐，微溶盐主要为 $CaSO_4$ 及少量镁盐。相对于其他可溶盐类，NaCl 及 Na_2SO_4 的赋存较为典型并且含量较高。

（2）莫高窟地层是气候相对干燥环境条件下形成的沉积物，含有较高的可溶盐，盐分主要存在于细粒物质（小于 0.1mm）或泥钙质胶结物中。疱疹中主要可溶盐为 NaCl，其含量占到样品总量的 55%，Na_2SO_4 含量仅在 1% 左右。

（3）Na_2SO_4 是标志大陆干旱环境最典型的盐分，它的出现往往与盐霜、盐斑、盐渍土联系在一起。酥碱严重的 48 窟围岩中 Na_2SO_4 含量达 2.33%，占易溶盐总量的 94.8%。

（4）河南三门峡、北京老山汉墓等遗址盐分分布较为不均匀，除形成盐害的主要盐 Na_2SO_4 及 NaCl 外，还有伴生的其他盐类如 $NaNO_3$、$CaSO_4$、$CaCl_2$、$Ca(NO_3)_2$ 等，此外，还有少量的镁盐及复合盐类。

5.3.2 多元盐分模拟试块盐害情况分析

（1）多元盐分的存在不一定会加剧盐害的发生，如钙盐与 Na_2SO_4 同时存在且含量相当时，盐害的表现较单组分 Na_2SO_4 反而有所减轻，氧化铝小球的模型试验也有相同的表现，钙盐含量远低于钠盐时，盐害抑制表现不明显。

（2）硫酸钠与其他钠盐共存，NaCl 对酥碱盐害的发生有所抑制，但 $NaNO_3$ 未表现出此种作用。

（3）硫酸钠与其他盐分的氧化铝小球浸泡试验进一步验证了盐害的发生、发展、加剧过程机制，并验证了上述多元盐分共存时的协同作用。

5.3.3 单组分及多元盐分水盐运移穿透性及迁移能力研究

（1）硫酸钠在土柱中盐分的运移速率要比氯化钠小。这是由于 SO_4^{2-} 受土壤胶体的吸附作用大，受水的淋溶作用较弱，迁移量较小。Cl^- 受土壤吸附作用小，很容易随水分迁移，迁移量大，在土壤中易随水移动。

（2）三元盐分 Na_2SO_4、NaCl、$NaNO_3$ 土柱中，推动盐分迁移的主导作用不同，Cl^-、NO_3^- 迁移受毛细管输盐作用较为明显，而 SO_4^{2-} 迁移更多受水分渗透润湿作用影响。

（3）盐分在土柱中的迁移，在土柱底部主要是水分渗透的润湿作用起主要因素，到一定高度处形成润湿分界线，分界线以上的部位，主要是毛细管输盐作用影响盐分的分布，且对于不同种类盐分，其起迁移主导作用的因素并不相同。

5.3.4 盐分运移规律讨论

（1）可溶盐在土柱中主要随水分迁移，在有蒸发条件下，由于土壤的毛细管作用，溶液中的盐分随水分上升，水分自土柱表面蒸发后，盐分留在土柱表层。

（2）孔隙介质的毛细输盐过程与水分的蒸发密切相关：当蒸发较快时，盐分在土柱某部位发生结晶；当蒸发较慢时，随着蒸发的进行，盐分结晶在土柱表层。

（3）毛细管是由天然孔隙和孔隙之间的连通管道所构成，水分在蒸发作用下向上渗透，带动盐分在土柱中向上迁移。

（4）水分到达一定渗透高度，对土柱底部润湿到一定程度后形成一个润湿分界线，分界线上层的土柱水分渗透主要靠毛细作用，盐分的迁移也主要是毛细输盐的过程。

在遗址盐分调研的基础上，课题组进行了盐害模拟实验及盐分迁移规律研究。通过对单组分及多元组分的盐害表现及破坏过程模型研究，得到了单组分及多元盐分对基体破坏相互作用规律。通过对盐分迁移建立模型进行表观现象观察、微观分析及水盐迁移过程分析等，进一步揭示不同盐分的穿透性、迁移能力及结晶破坏能力和盐害的表观现象，并对盐分运移规律进行了总结。

第6章　基于电极芯片的盐分无损检测设备研发

6.1　研究背景

针对壁画盐害，通常的修复思路就是脱盐，而评价修复前后脱盐效果则需要一个可量化的含盐量指标来衡量，即盐分含量的检测。无机盐检测方法主要分三大类：X射线、光学方法、电学方法。能量源为X射线的方法有：X射线衍射（XRD）、X射线荧光（XRF）、能量色散X射线荧光（ED-XRF），以及光电子能谱（XPS），可以测量样品的结构、元素，甚至是元素构成、化学式。光学方法则可以获得样品的分子结构、官能团信息，方法包括红外吸收光谱和拉曼散射光谱。电学分析方法中的高效毛细管电泳和离子色谱，则是将样品中的各种离子分离出来，并检测其含量。以上所有的方法都需要取样，虽然有些方法对壁画本体微损或无损，但是由于壁画本身是不可移动且不可再生资源，最理想的检测手段为现场无损快速测量。受到纸条吸附盐分方法的启发，本研究提出基于盐分吸附平衡的芯片电极检测系统，预期能够实现无损便携的现场检测方法。

6.2　技术路线

6.2.1　预期目标

预期目标为研发基于盐分吸附平衡的电极芯片，配合电导率测试系统，实现便携、无损、高灵敏的壁画盐分检测，为壁画表面含盐量分析和脱盐效果评估提供参考。

6.2.2　技术方案

技术方案为采用集成吸水膜的电极芯片，优化电极材料和表面属性，通过与壁画的贴附过程，实现水盐运移的平衡，检测和读取芯片电导率参数，测得壁画表面的含盐量。电极芯片与检测仪器照片见图6-1。

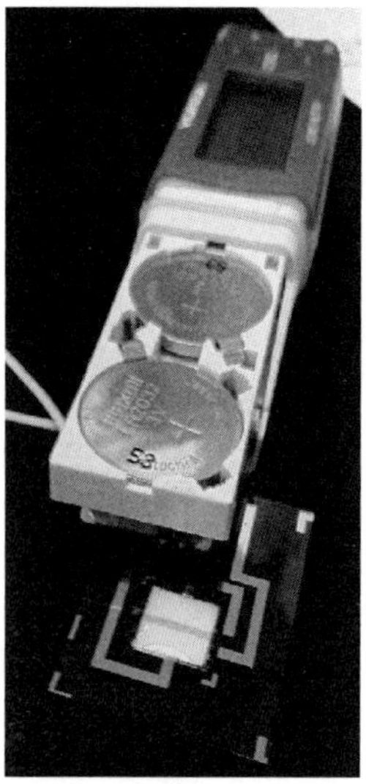

图6-1　电极芯片与检测仪器照片

6.2.3　预期结果

预期结果为实现便携快速的壁画表面盐分检测，壁画表面含盐量的检测范围在 0～3%（质量百分比），分辨率为 0.3%。通过传统检测方法测得含盐量为 1% 时，即可认定盐害较为严重，因此本检测系统基本上可以满足壁画盐分检测的要求。

6.3　研究步骤

由于电导率测量的后端检测电路技术相对成熟，因此课题组将研究重点放在前端检测芯片的研发上。从成本和材料两方面来考虑，电极芯片设计采用两种方案，一种是玻璃基底镀金电极，一种是 PCB（印刷电路板）电极。前者更为轻便、精度更高，后者更坚实，利于测试，且成本较低。电极芯片性能通过标准溶液并借助盐分分析仪 Elcometer 138 Bresle Salt Kit 进行标定和优化。

6.3.1　电极设计及制作

考虑到电极芯片对灵敏度以及相关材料特性要求，电极设计及制作选择微加工的方式进行。具体的加工流程（图 6-2）：首先通过自动计算机辅助设计软件（Auto CAD），按照实际尺寸设计硬掩膜图纸（图 6-2-A）并通过机械加工获得不锈钢硬掩膜（图 6-2-B）。

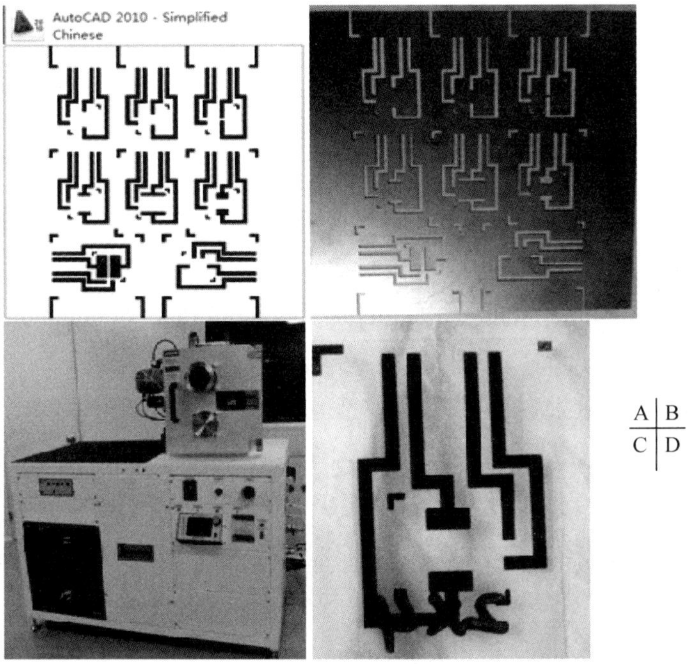

图 6-2　加工流程

电极玻璃基底的大小为 24mm × 32mm，厚度为 0.13mm～0.16mm。然后利用电子束物理气相沉积工艺（图 6-2-C），在玻璃表面镀上 5nm 厚的金属铬，最后通过金属热蒸发工艺获得厚度为 60nm 金电极（图 6-2-D）。根据电极芯片灵敏度的影响因素，课题组设计并制作了 8 个不同参数的电极进行对照和优化选择。

PCB 电极的设计加工流程为原理图设计、PCB 图设计和加工制板。PCB 厚度是 0.6mm。10 个电极芯片如图 6-3 所示，从左到右，从上到下，编号为 1 至 10 号。电极设计尺寸和玻璃基底镀金电极一致（表 6-1）。

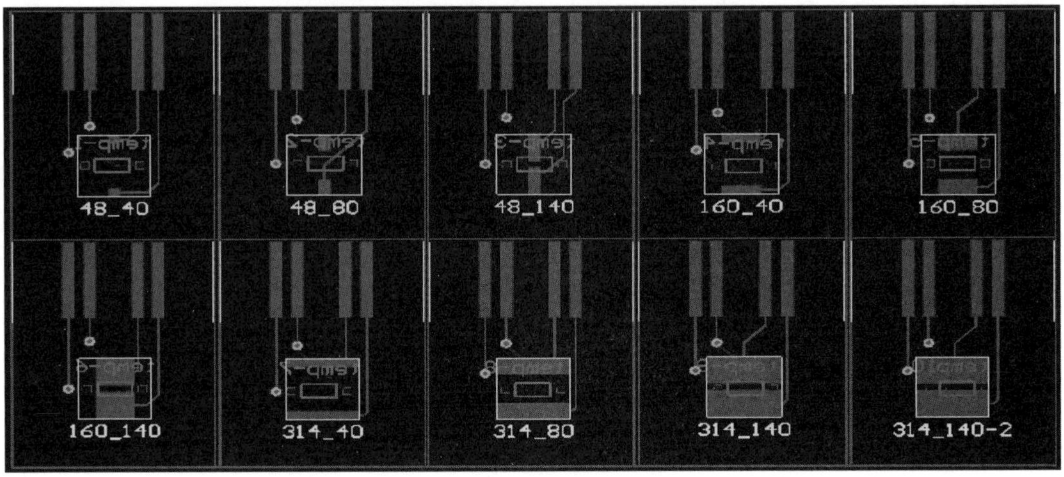

图 6-3　PCB 电极设计图纸

表 6-1　对照实验设计

Y 方向 /X 方向长度（mm）	1.2	4	8	备注
1	①	②	③	金电极限于掩膜尺寸，没有设计⑥和⑧
2	④	⑤	⑥	
3.5	⑦	⑧	⑨	

FPC（柔性基底印刷电路板）电极的制作流程与 PCB 电极相同。两者不同之处在于 PCB 电极使用基材的是环氧树脂类材料，相对坚硬，电极材料为锡；而 FPC 电极使用的基材是聚酰亚胺（PI）材料，形变能力较大，厚度为 0.15mm，部分区域用其他材料加厚补强（补强层厚度 0.15mm～0.2mm），电极表面沉金。

玻璃基底镀金电极与 PCB 锡电极的芯片样片如图 6-4、图 6-5 所示。

FPC 电极的设计与玻璃基底电极、PCB 电极有所不同，考虑到加工工艺，以及实际使用时试纸内部空隙中盐分分布不均和试纸表面的少量污染物等问题，我们将电极形状设计成圆环形（图 6-6）。环形电极的外环电极外径固定为 8mm，设计时改变外环电极内径及内环电极的内外径，测试使用的试纸大小为 2cm × 2cm。

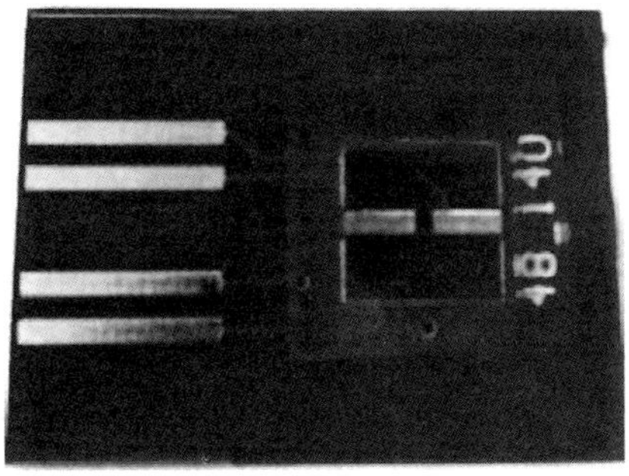

图 6-4　PCB 电极芯片

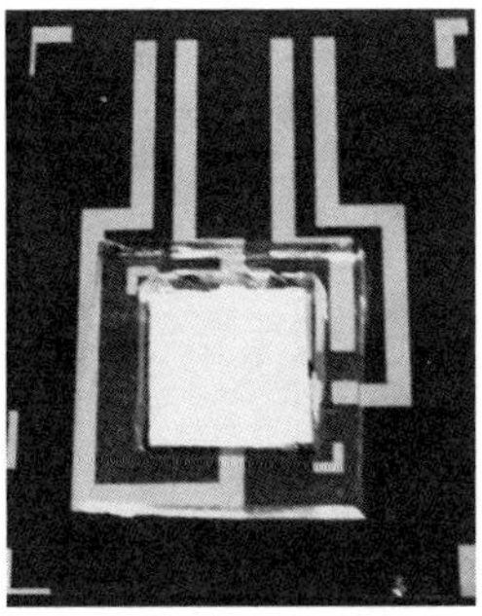

图 6-5　玻璃镀金电极芯片

6.3.2　电极测试和结果

1. PCB 电极的溶液测试

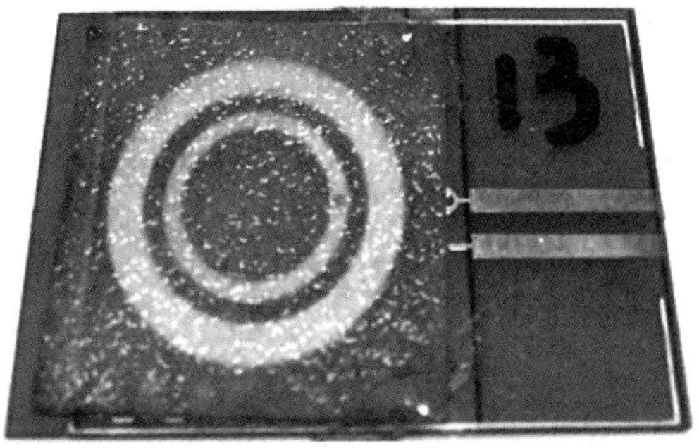

图 6-6　FPC 电极 + 润湿的试纸

实验：记录仪器对一系列不同浓度梯度的 NaCl 溶液的响应值。首先进行测试的是 PCB 电极（图 6-4）对溶液的响应。每次加样的体积是 200μL。图 6-7 横坐标为 NaCl 溶液的质量分数，纵轴为电导率读数，不同的曲线代表不同电极的测量数值。最上面一条曲线是由原装电极得到的数据，可以看到，随着 NaCl 浓度的增大，电导率值逐渐增大的趋势比较明显。由于 PCB 焊盘表面镀上的金属为锡，对于同一浓度的溶液，PCB 电极的响应基本上是原装电极的十分之一，如图 6-7、图 6-8 所示。

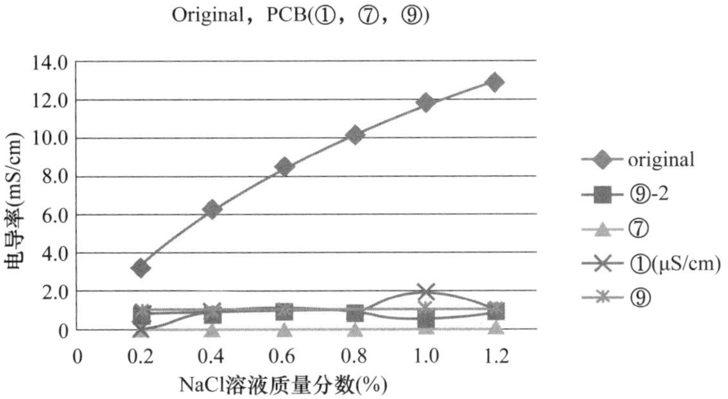

图 6-7　原装电极、PCB 电极测试溶液电导率结果对比图

图 6-8 中的四条曲线对应的是三种电极设计。⑨ -2 和⑨曲线是相同尺寸（面积最大的电极：8mm × 3.5mm）的不同 PCB 电极的响应，在浓度较高的时候，读数的变化出现了不同于预期的“异常值”。最下方⑦的曲线对应的电极大小是 1.2mm × 4mm，变化趋势比较接近原装电极。跳跃度比较大的①折线来自面积最小的

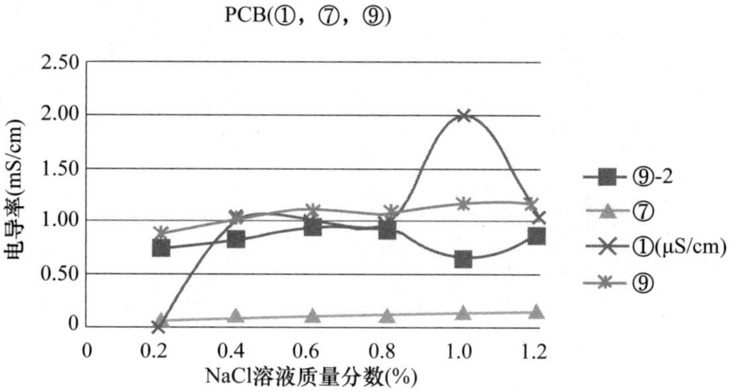

图 6-8 PCB 电极测试溶液电导率结果图

电极（1.2mm × 1mm），读数单位是（μS/cm，微西门子每厘米）因为读数已经非常接近检测下限，所以即使读数有 1 和 2 的区别，无法根据测量值区分溶液浓度。

2. 玻璃基底镀金电极的溶液及试纸测试

该部分实验进行玻璃基底镀金电极对盐溶液的响应，以及滤纸试条的测试。首先选择的是 3.5mm × 8mm 设计。实验测试结果显示金电极灵敏度极高——浓度较大的溶液电导率值远远超出量程，所以降低标准溶液浓度。图 6-9 的横轴的浓度较图 6-7 低，但测量结果几乎覆盖仪器的测量范围。图中三条曲线代表着三次重复测量，一致性和重复性较好，电导率值随着溶液浓度的变化趋势较为明显。

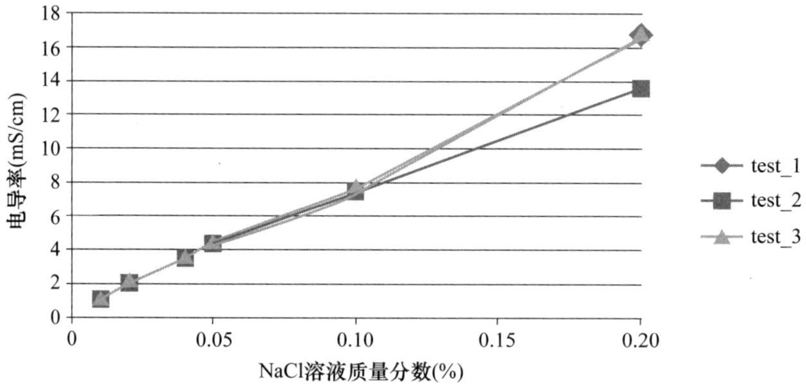

图 6-9 金电导率测试结果

图 6-10 显示结果为不同金电极对用不同浓度的 NaCl 溶液润湿的试纸的响应。由于水盐平衡在试纸不同位置不一定均匀，因而实验通过多次旋转或者翻转试纸使其充分平衡后进行测定。对于同一种浓度的溶液，测量和记录 9 次结果。电极芯片设计时考虑电极大小（间距）、材料，测定时还要考虑仪器对盐的种类、盐浓度的响应。电极面积大且电极间距离近的设计响应灵敏度高。由于 9 号电极（单个电极面积：

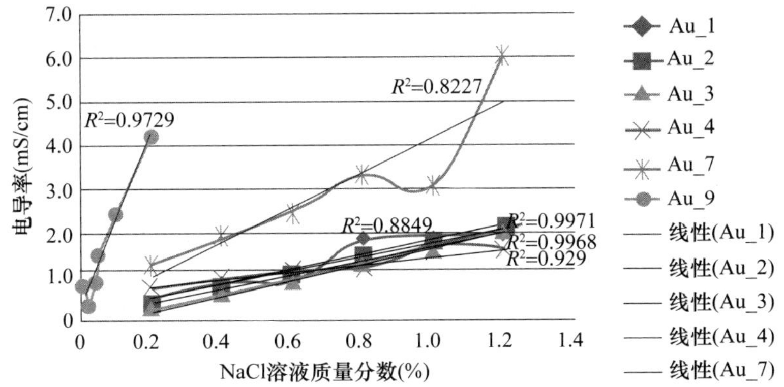

图 6-10　不同金电极 + 滤纸的溶液测试

8mm × 3.5mm）的电极面积最大且电极间距离最近，为了使电导率响应值在量程范围内，使用的 NaCl 溶液浓度低于其他电极测试时使用的溶液浓度。

3. FPC 电极的测试：从溶液到模拟试块

FPC 电极测试主要包括：电极浸泡于不同浓度溶液中的测试；试纸吸水能力的测试；定量溶液润湿试纸的测试；定量溶液润湿带背衬试纸（一张纸有两面，一面有胶带封住，从另一面滴加液体进行实验，背衬的作用是，当湿润的试纸贴到待测表面时，另一面可以防止液体蒸发）的测试；模拟试块测试；洞窟现场测试；试纸用 DI（去离子水）清洗前后的对比测试；不同含盐量（包括混合盐）的模拟试块测试。为了验证模拟试块的含盐量，课题组对模拟地仗的浸出液进行电导率测试，使用试纸对模拟试块进行测试。

图 6-11 为 6 个 FPC 电极和原装电极对浓度范围在 0.001%～0.03% 的 NaCl 溶液的响应，灵敏度（曲线斜率）从大到小排列分别为：10、5、4、21、20、14。电极间距离接近且电极面积较大的电极响应值较高。

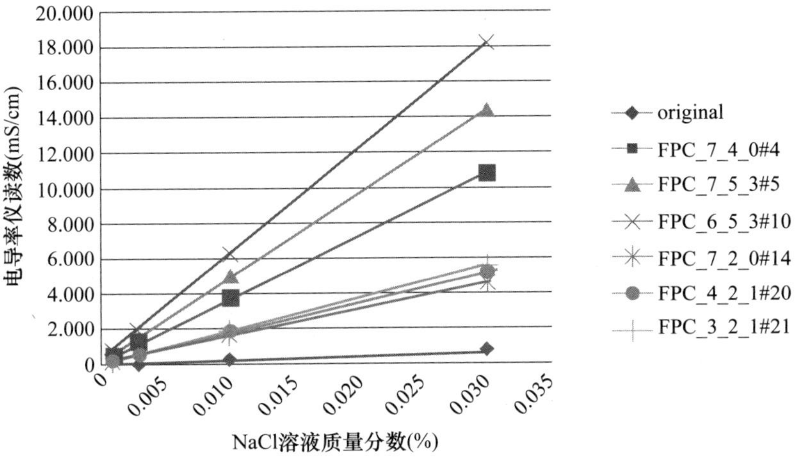

图 6-11　FPC 电极的溶液浸泡测试

在进行试纸测试之前，先对获取的试纸样品进行试纸吸水能力测试。裁成同样大小的纸条（1cm × 2cm）在去离子水中浸泡一定时间前后进行称量，试纸编号见表 6-2，从图 6-12 的数据可见，4 号试纸（厚度 0.8mm）的吸水量最大，因此较厚的试纸吸水能力较强。

表 6-2　试纸编号

编号	1	2	3	4	5	6	7
试纸	双圈定性滤纸	0.2mm 医用测试基纸	0.4mm 医用测试基纸	0.8mm 医用测试基纸	色谱试纸 261	色谱试纸 218	吸墨纸 218B

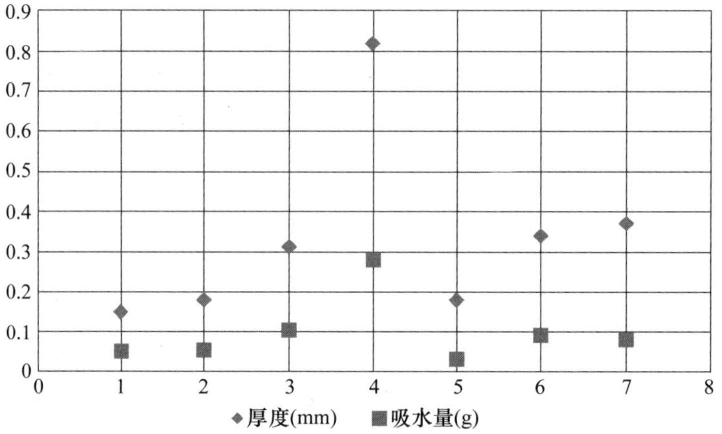

图 6-12　纸样吸水能力测试

综合考虑试纸的厚度、吸水能力、硬度和成本，后续测试选择滤纸 0.2mm、0.4mm 基纸。

实验首先采用试纸浸泡在溶液中或者滴加适量溶液到试纸上的方法，试纸在溶液中浸泡 10s 后测量（图 6-13）。

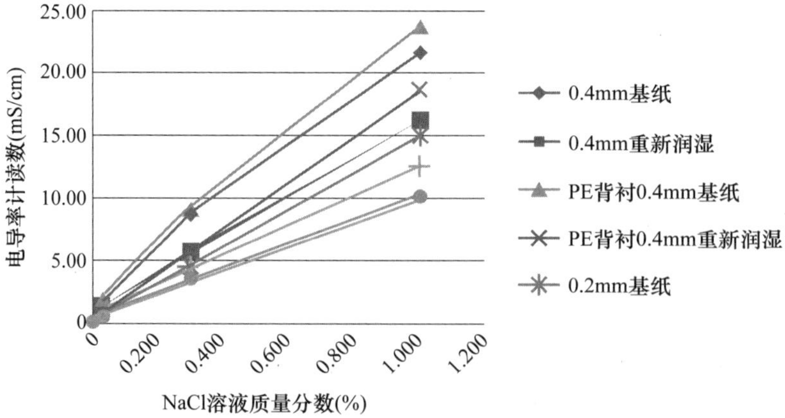

图 6-13 （FPC 电极 + 试纸）测试 NaCl 溶液

模拟试块测试的步骤如下：用透明胶带将试纸与电极局部固定；用一定量的 DI 润湿试纸（0.2mm 医用基纸用 120μL 的 DI 润湿），并记录读数 1；将电极基底上到试纸贴附于模拟试块表面并保持一定时间（40s）；分离试纸与试块，并用 DI 润湿试纸，测量得读数 2；将试纸晾干后，用 DI 重新润湿试纸，测量得到读数 3（图 6-14）。

在试块实验和洞窟现场试验（图 6-15）中均发现，读数 2 小于读数 1 的现象（图 6-14、图 6-16）。

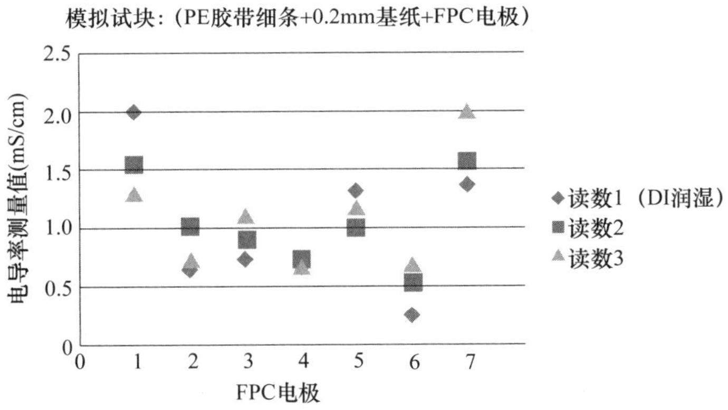

图 6-14　不同 FPC 电极测试相同盐含量试块

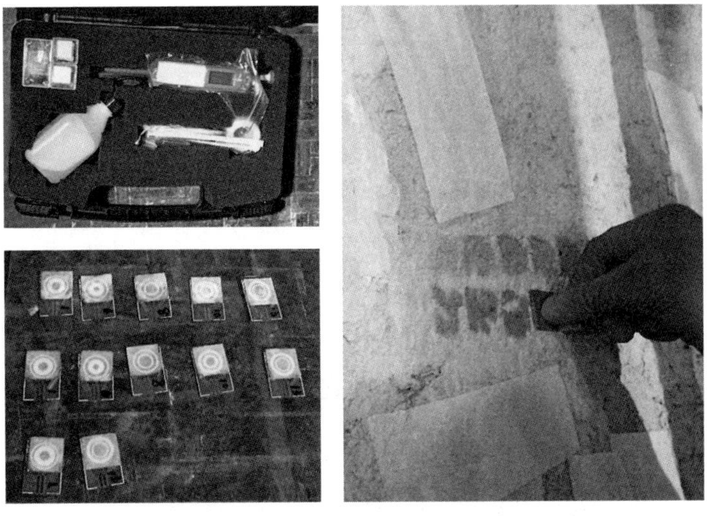

图 6-15　莫高窟现场测试操作

试纸经过 DI 润湿后的读数 1 与在壁画表面贴附 40s 后再润湿的读数 2 接近，因此，我们怀疑试纸本身含有的盐分对试纸吸收壁画表面盐分后的测量值造成影响，考虑用 DI 浸泡清洗试纸，晾干后使用。具体操作为：将裁减好的试纸（2cm × 2cm）用 DI 清洗后室温晾干。清洗前后用等量 DI 润湿试纸的读数对比。通过对比不同试纸清洗前后的测量值（图 6-17），选择 DI 润湿直接测量值与经 DI 清洗晾干后测量值均较小的定量滤纸。

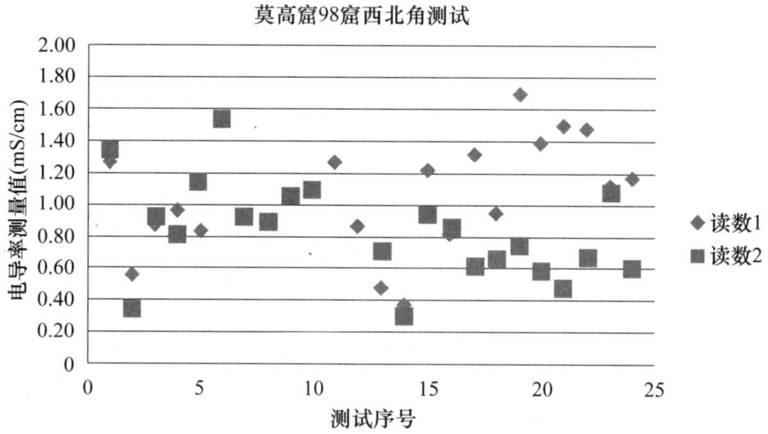

图 6-16　莫高窟现场测试数据

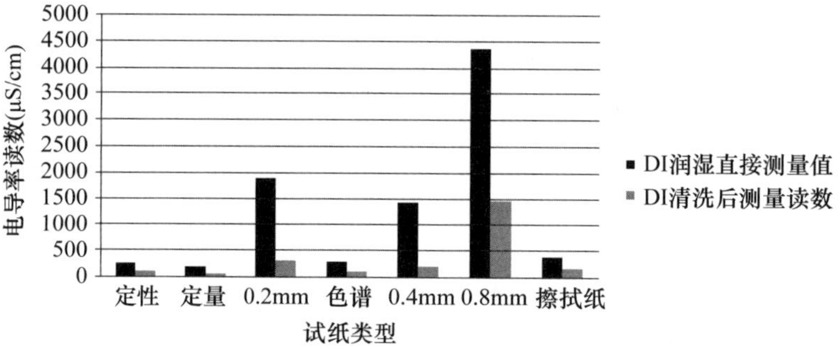

图 6-17　试纸用 DI 清洗前后对比

模拟试块试验。制作含 1% NaCl 的模拟试块：99g 澄板土，33g 沙，1.32g 剪成 1cm 长的麻，39.6mL 去离子水和 1.32g NaCl 混合。混匀后室温下放置 48h 以充分混合。烘箱 60℃下烘 2～3h。所制作的模拟试块如图 6-18 所示。

图 6-18　不同含盐量的模拟试块

对试块进行试纸测试。用 PE 胶带细条将清洗过的定量滤纸局部固定于电极表面，用 120μL DI 润湿，得到一个空白测量值，判定试纸本身的含盐量不会干扰盐分测量。将试纸贴于模拟试块表面 40s，直接加 100μL DI 润湿，得到“直接读数”。室温下将试纸在电极上晾干，加 120μL DI 润湿，得到“重润湿读数”。

试块含盐（NaCl）量：0.1%，0.3%，1%，2%，3%。试块含盐量与电导率测量值数量关系线性拟合分 2 个区间（图 6-19），以 1% 为界。

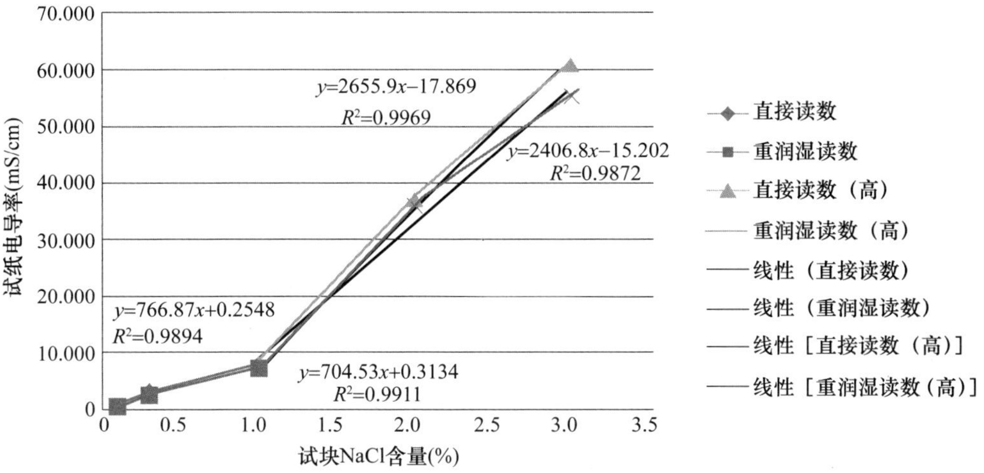

图 6-19　不同含盐量模拟试块的试纸测试

为验证模拟试块中盐含量，取定量模拟试块，按比例用定量 DI 浸泡（1g 土样：5g 去离子水），取上层清液用 0.45μm 滤膜过滤后用原装电极测试浸出液电导率，由图 6-20 数据可知，试块制作中标定的盐含量与浸出液电导率呈线性关系。

经贴附试验后的滤纸室温晾干，在 2mL 的 DI 中浸泡 10h 以上，取上层清液测量电导率。试纸浸出液的电导率值随试块盐浓度呈指数上升关系（图 6-21）。可能的原

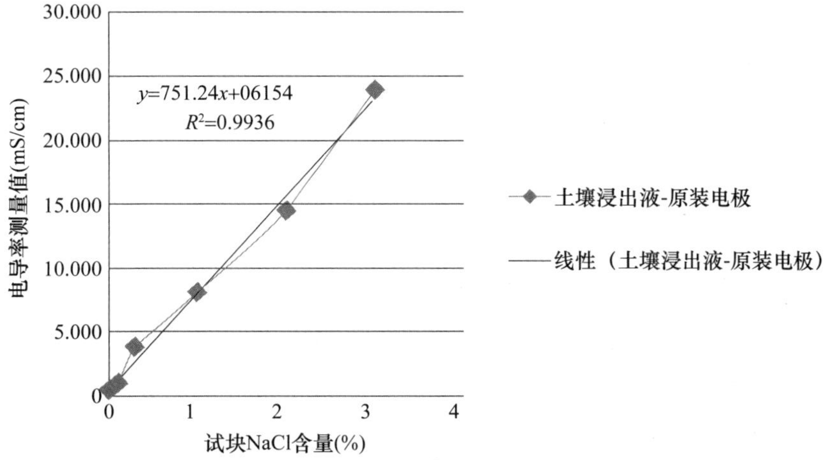

图 6-20　模拟试块浸出液测量值

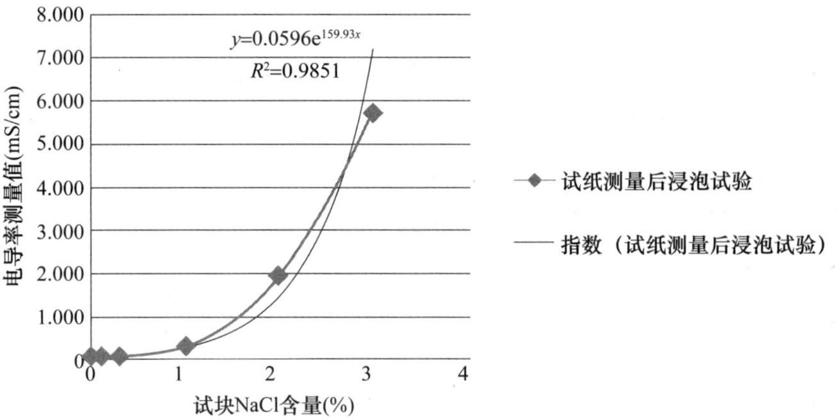

图 6-21　测量后干燥的试纸浸出液测量值

因是表面盐含量越高，试纸吸盐的能力越强。

用同样的方法制作混合盐试块，如含 1% NaCl+2% Na_2SO_4 的试块：99g 澄板土，33g 沙，1.32g 剪成 1cm 长的麻，39.6mL 去离子水，1.32g NaCl，2.64g Na_2SO_4 混合。若为 2% NaCl+1% Na_2SO_4 的试块，则加入的 NaCl 和 Na_2SO_4 质量分别为 2.64g 和 1.32g。混匀后室温下放置 48h 以充分混合。烘箱 60℃下烘 2～3h。所制作的模拟试块如图 6-18 所示。

用试纸（定量滤纸）贴附于试块表面进行测量。用 120μL 去离子水润湿固定于电极的试纸，测定基础读数，润湿后的试纸与模拟地仗表面接触 40s，取下试纸用 100μL 去离子水润湿试纸得到“直接读数”，待试纸在室温下晾干后得到“重润湿读数”。根据测量数据，课题组发现总含盐量相同（均为 3% 质量比）的试块，NaCl 所占质量比越高，试纸的电导率测量值越高（图 6-22）。这是因为相同质量的盐，NaCl 所含的物质的量更多，导电能力就越强。

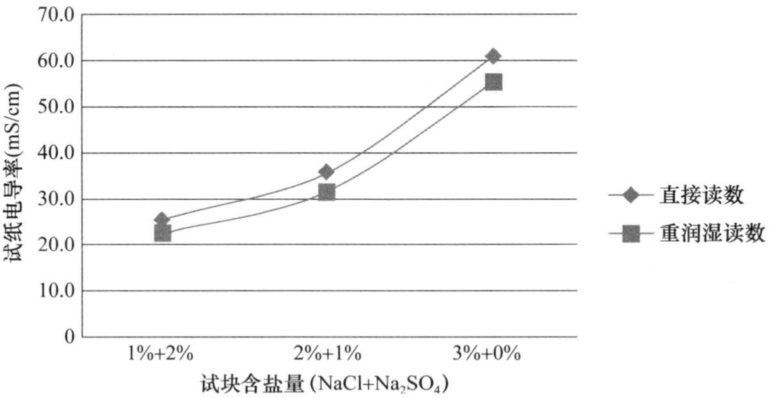

图 6-22　混合盐试块测量

将混合盐的质量百分比换算成电荷浓度，得到的曲线如图 6-23 所示。和 NaCl 相比，Na_2SO_4 的结晶迁移能力更强，所以壁画表面的 Na_2SO_4 更多，导致 1% NaCl+2% Na_2SO_4 与 2% NaCl+1% Na_2SO_4 两种试块表面测量值均小于 2% NaCl。

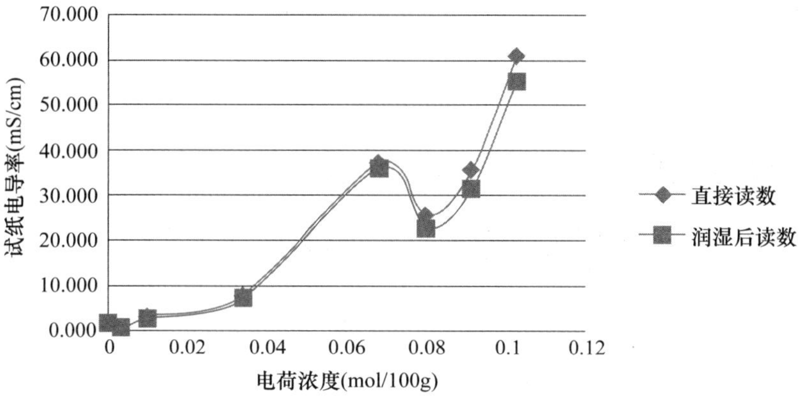

图 6-23　测量值与试块电荷浓度的关系

6.4　研 究 结 论

通过比较制作的 3 个版本电极的测试结果和实际应用效果，课题组研究发现 FPC 电极与定量滤纸的组合使用效果最好。对于不同待测物质，线性度、灵敏度较好的两种设计电极分别为 FPC 的 #1(7_6_3) 和 #13(6_5_4) (表 6-3)，可以检测 0～3%(质量百分比) 含盐量，分辨率达 0.1%，达到了预期要求。

表 6-3　FPC 电极较好两组合参数表

待测物质	质量分数的线性拟合范围	FPC 电极 #1：7_6_3	FPC 电极 #13：6_5_4
NaCl 溶液	NaCl 溶液的质量分数：0.1%～3%	C=3488.8 × m+5.6136 R^2=0.9825	C=3669.9 × m+1.2813 R^2=0.9992
地仗模拟试块	模拟试块的质量分数：0.1%～1%	C=766.87 × m+0.2548 R^2=0.9894	C=797.01 × m+0.3897 R^2=0.9925
	模拟试块的质量分数：1%～3%	C=2655.9 × m−17.869 R^2=0.9969	C=1748.5 × m−6.76 R^2=0.9446

公式中的 C 表示使用定量试纸测量得到的电导率值，单位 mS/cm；m 表示待测物质的质量分数。

例如，使用 FPC#13 电极，定量滤纸用 120μL 的去离子水润湿，将试纸贴附于待测模拟试块比表面 40s 后，读取电导率测量值为 2.78mS/cm，将 C=2.78 带入上面表格中的线性拟合公式 C=797.01 × m+0.3897，预测得到的待测模拟块的盐分质量分数 m=0.002999≈0.3%。

对于 NaCl 溶液来说，使用 #13 电极测量的线性度、灵敏度皆优于 #1 电极；两种电极对于溶液的线性检测范围为质量分数 0.1%～3%。然而当待测物为地仗模拟试块的时候，在含盐量较低的情况下，#13 电极的线性度和灵敏度优于 #1 电极；当模拟试块的含盐量较高时，#1 电极的线性度和灵敏度则高于 #13 电极。因此，在实际应用过程中，可以根据需要选择合适的电极进行分析测试。

第7章　淀粉/AA/AM/AMPS/合成高吸水吸盐树脂研究

7.1　引　　言

高吸水树脂是近几十年来快速发展起来的一种新型高分子材料，它具有良好的吸水性和保水性，因此在农业、林业、环保、食品等方面应用极为广泛，在国民经济及人们生活中起到很重要的作用。

淀粉是一种来源丰富的生物质原料，由于淀粉分子中羟基的可反应性，可以通过接枝共聚改性的方法赋予其新的性能，其还具有价格低廉、来源丰富、可以生物降解的特性。目前以淀粉为单体合成的二元、三元高吸水树脂的报道较多，而以单体淀粉合成的四元高吸水树脂鲜有报道，将其应用在吸水树脂中，有希望能够成为一种新型的功能性材料。

目前，高吸水树脂的制备方法主要有水溶液聚合法和反相悬浮聚合法等。由于水溶液聚合法操作简便且对环境比较友好，所以工业上一般使用此方法来合成高吸水树脂。

丙烯酸（AA）单体是离子型单体，由于具有亲水基团—COO^-，其单体经部分中和后合成的高吸水树脂的吸水率很高，但是抗盐性很差；加入非离子型单体丙烯酰胺（AM）与AA共聚，能够有效地解决耐盐性问题，但使吸水率大大地降低，为此，选用同时含有离子型基团（—COOH）和非离子型基团（—$NHCOCH{=}CH_2$）的2-丙烯酰胺基-2-甲基丙磺酸（AMPS）作为第三单体，并与AA和AM共聚，再提高耐盐性的基础上保证吸水率，并且提高吸水速率，课题组制备的吸水树脂具有很高的吸水率，且树脂在5min内达到吸液平衡。

7.2　高吸水吸盐树脂制备

7.2.1　实验部分

1. 主要试剂

主要原料及规格如表7-1所示。

表 7-1　主要原料及规格

名称	简称	规格
丙烯酸	AA	分析纯
丙烯酰胺	AM	分析纯
2- 丙烯酰胺基 -2- 甲基丙磺酸	AMPS	分析纯
氢氧化钾	KOH	分析纯
过硫酸钾	KPS	分析纯
N, N′- 亚甲基双丙烯酰胺	NMBA	分析纯
玉米淀粉		食用品

2. 工艺流程及实验过程

1）合成四元高吸水树脂的工艺流程

四元高吸水树脂的合成工艺流程见图 7-1。

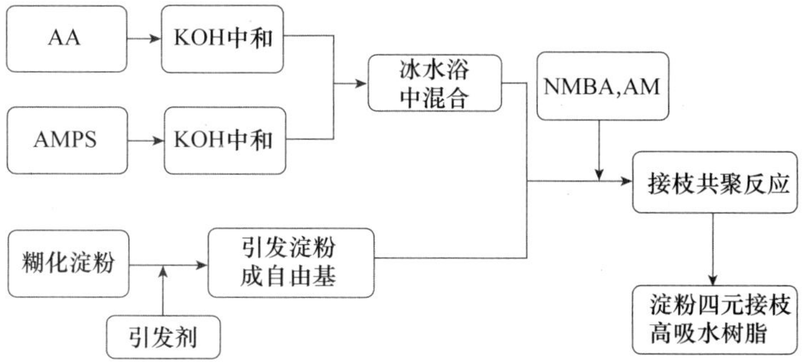

图 7-1　四元高吸水树脂的合成工艺流程

2）实验步骤

（1）四口瓶中加入单体 3% 的玉米淀粉，加 20mL 的高纯水，浸泡 0.5h。

（2）在 80℃油浴中糊化 30min。

（3）通入氮气将体系中空气排干净，当温度降到 50℃加入引发剂 1mL KPS（0.0225g/mL）引发 15min。

（4）在冰水浴中，将一定浓度的 AA 和 AMPS 溶液分别用 7.5mol/L 的 KOH 中和，然后按一定的单体配比和单体总浓度加入 AM，称取定量交联剂 NMBA，搅拌至完全溶解，将其溶液倒入四口瓶中。

（5）在 50℃下反应聚合 2h。

（6）反应结束后，放入 80℃干燥箱中干燥至恒重。

（7）干燥至恒重后用试样粉碎机粉碎成粉末。

3）测试方法

目前测高吸水树脂吸液率的方法主要包括筛网法、流动法、离心分离法、纸袋法、薄片法等。由于筛网法实际操作简便，结果也比较可靠，被广泛使用。筛网法吸水率计算公式如（公式 7-1）所示。

$$\text{吸水倍率} = \frac{\text{凝胶重（g）} - \text{树脂重（g）}}{\text{树脂重（g）}} \qquad \text{（公式 7-1）}$$

课题组将干燥后的树脂粉碎成粉末状，准确称量 0.2g 放入烧杯中，加入蒸馏水或 ω（NaCl）=3% 溶液，3min 后，用 100 目的筛子过滤直到没有水滴落下为止，按（公式 7-1）计算出树脂的吸液倍率。

7.2.2 结果与讨论

1. 单体配比对树脂吸液率的影响

固定 ω（NMBA）=0.022%（以单体总质量为基准），ω（KPS）=0.15%（以单体总质量为基准），AA 和 AMPS 的中和度为 75%，不同单体摩尔配比对树脂吸水倍率的影响见表 7-2。由表 7-3 可得出，最优摩尔组合是：$A_2B_2C_1D_1$，即单体配比：n（AMPS）∶n（AA）∶n（AM）=1∶2∶0.5，ω（淀粉）=3% 时，吸水树脂的吸液倍率达到最大值。主要原因是溶液当中随着 AA 与 AM 比值的增大，亲水基团—$COOH^-$ 增多，吸液率升高，当其比值过高时，共聚时发生自交联，吸液时聚合物网络扩张受限，使其吸液倍率下降；当 AMPS 用量增大时，溶液中的 SO_3^{2-} 的数目增多，电荷密度较大，使得聚合物较为伸展，吸水倍率增大，当 AMPS 用量过大时，树脂中的可溶部分增多，吸水倍率下降。由于淀粉自身的吸水性能较差，当体系中淀粉含量过高，吸液倍率下降。

表 7-2 因素水平

水平	A（AMPS）	B（AA）	C（AM）	D（淀粉）
1	0.5	1.5	0.5	3%
2	1	2	1	4%
3	1.5	2.5	1.5	5%

表 7-3 正交实验结果

序号	A	B	C	D	摩尔比	吸水倍率
1	1	1	1	1	0.5∶1.5∶0.5	458
2	1	2	2	2	0.5∶2∶1	375
3	1	3	3	3	0.5∶2.5∶1.5	177
4	2	1	2	3	1∶1.5∶1	216
5	2	2	3	1	1∶2∶1.5	424
6	2	3	1	2	1∶2.5∶0.5	455
7	3	1	3	2	1.5∶1.5∶1.5	145
8	3	2	1	3	1.5∶2∶0.5	180
9	3	3	2	1	1.5∶2.5∶1	321

续表

序号	A	B	C	D	摩尔比	吸水倍率
K1	1010	819	1093	1203		
K2	1095	979	912	975		
K3	646	953	746	573		
极差	449	160	347	630		
因素	D＞A＞C＞B					
最优组合	A2B2C1D1					

2. 交联剂用量对高吸水树脂吸液倍率的影响

固定 ω（KPS）=0.15%（以单体总质量为基准），AA 和 AMPS 的中和度为 75%，*n*（AMPS）：*n*（AA）：*n*（AM）=1：2：0.5，ω（淀粉）=3%。交联剂的用量对高吸水树脂吸液倍率的影响见表 7-4。从中可以看出随着交联剂用量的增加，树脂吸液倍率先升高后下降，当交联剂用量为单体总质量的 0.023% 时树脂的吸液倍率最高。主要原因是交联剂用量较低时，交联反应不完全，交联程度较弱，形成的空间网络结构不明显，从而使得树脂的吸水倍率减少；当交联剂用量过大时，交联度较高，形成的三维空间网络中交联点多，交联密度较大，对水分子的进入造成一定的困难，导致树脂的吸液倍率下降。

表 7-4　交联剂用量对树脂吸液倍率的影响

序号	1	2	3	4	5	6
ω（NMBA）（%）	0.012	0.02	0.0233	0.035	0.06	0.1
吸水率（g/g）	49	205	440	368	296	218
3% NaCl（g/g）	11.3	29.1	40.9	35.2	26	20

3. 引发剂用量对树脂吸液倍率的影响

固定 ω（NMBA）=0.023%（以单体总质量为基准），AA 和 AMPS 的中和度为 75%，*n*（AMPS）：*n*（AA）：*n*（AM）=1：2：0.5，ω（淀粉）=3%。引发剂的用量对高吸水树脂吸液倍率的影响见表 7-5，从中可以看出引发剂用量太少时，反应速度慢，反应体系中反应活性点较少，树脂不能有效地形成三维空间网络结构，从而吸液倍率较低；引发剂用量较高时，聚合速率太快，树脂形成有较多支链的三维网络空间，故吸液率降低。所以引发剂用量为 0.15% 时树脂的吸液倍率最高。

表 7-5　引发剂用量对树脂吸水倍率的影响

序号	1	2	3	4	5	6
ω（KPS）（%）	0.05	0.10	0.15	0.20	0.30	0.5
吸水（g/g）	154	205	440	253	226	154
3% NaCl（g/g）	21.3	29.1	40.9	25.9	20.3	17.8

4. 单体浓度对树脂吸液倍率的影响

固定 ω（NMBA）=0.023%（以单体总质量为基准），ω（KPS）= 0.15%（以单体总质量为基准），AA 和 AMPS 的中和度为 75%，n（AMPS）：n（AA）：n（AM）=1：2：0.5，ω（淀粉）=3%。从表 7-6 可知，随着单体浓度的降低，树脂的吸液倍率先增加后降低，当单体浓度为 41% 时，树脂的吸液倍率最高。这是因为单体浓度过高时，单位体积内的活化单体数量较多，反应剧烈，反应热难以移除，容易发生自交联，故吸液率下降；当单体浓度太低时，单位体积内反应活性点少，树脂不能形成有效的三维网络空间结构，从而树脂的吸液能力下降。

表 7-6 单体浓度对树脂吸液倍率的影响

序号	1	2	3	4	5
浓度 %（g/mL）	47	41	36	29	24
吸水（g/g）	572	676	542	440	299
3% NaCl（g/g）	41.5	47	34.5	30	19.6

5. 温度对树脂吸液倍率的影响

固定 ω（NMBA）=0.023%（以单体总质量为基准），ω（KPS）=0.15%（以单体总质量为基准），n（AMPS）：n（AA）：n（AM）=1：2：0.5，ω（淀粉）=3%，单体浓度为 41%。从表 7-7 可知，本实验的最佳温度是 50℃，因为温度太低不利于引发剂的分解，产生的活性自由基较少，不利于接枝，单位时间内接枝的单体数量较少，使树脂的吸液率下降；当温度过高时，活化单体数量多，聚合速率加快，热量难以排除，导致反应过于剧烈，容易造成单体爆聚，同时高温加剧链终止，使其吸液能力降低。

表 7-7 温度对树脂吸液倍率的影响

序号	1	2	3	4
温度（℃）	30	40	50	60
吸水（g/g）	424	579	676	412
3% NaCl（g/g）	31	36.3	47	27

6. 中和度对树脂吸液倍率的影响

固定 ω（NMBA）=0.023%（以单体总质量为基准），ω（KPS）=0.15%（以单体总质量为基准），n（AMPS）：n（AA）：n（AM）=1：2：0.5，ω（淀粉）=3%，单体浓度为 41%，温度为 50℃。中和度的用量对高吸水树脂吸液倍率的影响见表 7-8。由表 7-8 可知，中和度为 75% 是最佳。这是因为中和度较低时，溶液中酸性较高，聚合速度较快，反应难以控制，容易形成高交联的聚合物，同时使吸液率下降；当中和度增加时，单体反应活性低。反应速度下降，同时强吸水性的羧酸钾基团增加，使交联网络内侧渗透压增高，吸液率提高；但中和度过高，也导致所得树脂水溶性增大，吸液率下降。

表 7-8　中和度对树脂吸水倍率的影响

序号	1	2	3	4	5	6
中和度（mol%）	45	55	65	75	85	95
吸水（g/g）	420	464	476	676	524	41
3% NaCl（g/g）	30.8	31.6	49.6	47	42.8	19.2

7. 反应时间对树脂吸液倍率的影响

固定 ω（NMBA）=0.023%（以单体总质量为基准），ω（KPS）=0.15%（以单体总质量为基准），AA 和 AMPS 的中和度为 75%，*n*（AMPS）：*n*（AA）：*n*（AM）=1：2：0.5，ω（淀粉）=3%，温度为 50℃，单体浓度为 41%。由图 7-2 可知，反应温度为 2h 最佳。原因在于淀粉接枝聚合反应是自由基反应，随着反应时间的增长，自由基增多，提高淀粉的接枝率，形成的三维网络空间中的亲水基团增多，从而吸液倍率增加；但是反应时间过长，并且接枝反应在酸性条件下进行时，树脂随着反应时间的增长会水解，水溶性增加，树脂的吸液倍率下降。

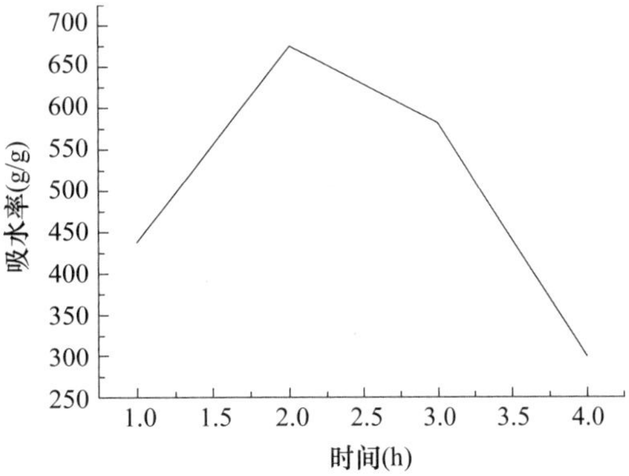

图 7-2　树脂随时间吸水率变化曲线图

8. 高吸水树脂吸水前后的形貌

如图 7-3 所示，四元共聚高吸水树脂粉碎后为白色或淡黄色的粉末，吸水后的树脂形成白色透明的凝胶，具有很好的凝胶性，受热不熔化。

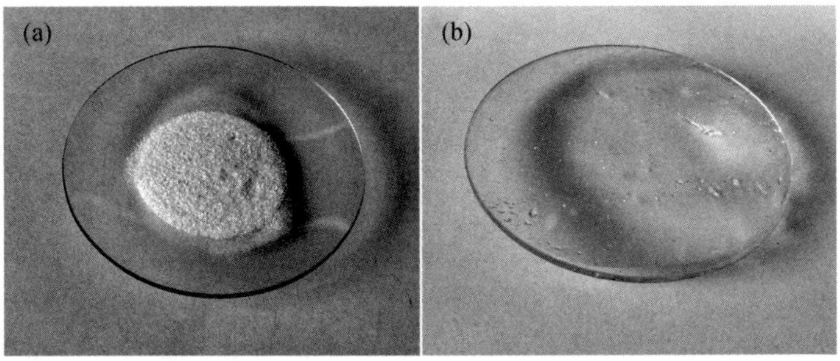

图 7-3　高吸水树脂吸水前后的形貌

9. 红外光谱分析

由图 7-4 结果显示：淀粉和高吸水树脂均在 3441cm^{-1} 和 2939cm^{-1} 处出现了 O—H

和 C—H 键伸缩振动引起的吸收峰；合成的高吸水树脂的谱图保留了淀粉的特征峰，并且在 1568cm^{-1}、1667cm^{-1} 处出现了羧酸和酰胺基的 C═O 伸缩振动谱图，分别证明了丙烯酸、丙烯酰胺接枝成功。在 1405cm^{-1} 附近出现伯酰胺的 C—N 伸缩振动谱图，这是接枝丙烯酰胺的特征吸收峰；在 1216cm^{-1}、1041cm^{-1} 附近出现磺酸基的不对称伸缩振动和对称伸缩振动峰，证明 2- 丙烯酰胺基 -2- 甲基丙磺酸接枝成功。由此证明了淀粉接枝丙烯酸、丙烯酰胺和 2- 丙烯酰胺基 -2- 甲基丙磺酸接枝成功。

10. 热重分析

从图 7-5 中看出，高吸水树脂在 321.2℃前有失重现象且失重率为 14.5%，并在此范围内，随着温度的升高，TG 曲线趋于水平，分析其可能原因是高吸水树脂内部含有部分的结合水和自由水，在 322.1～369.2℃之间曲线明显下降，树脂失重了 29.5%，说明了树脂的主链发生断裂和分解。树脂的初始分解温度为 321.1℃，有很好的耐热性。当温度进一步升高时，失重曲线继续下降，其可能原因是树脂中磺酸钠盐进一步分解。

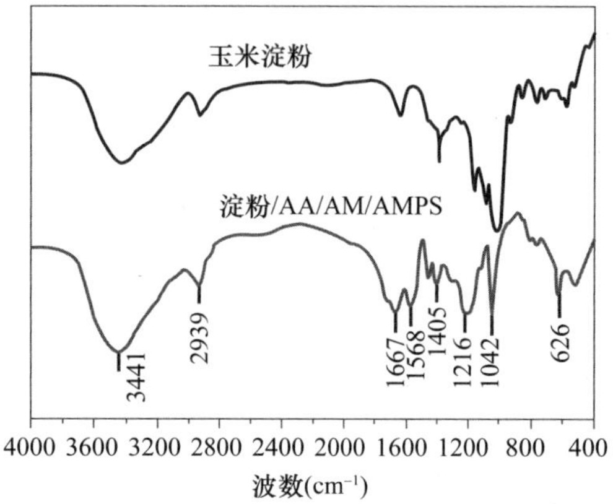

图 7-4　四元共聚高吸水树脂的红外谱图

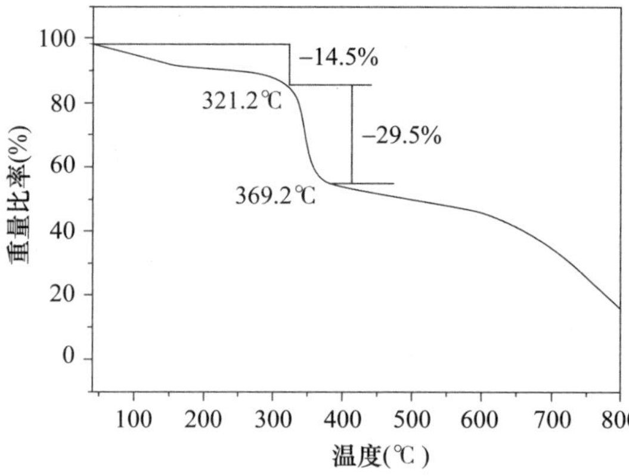

图 7-5　四元共聚高吸水树脂吸水前的 TG 曲线

图 7-6 表示的是吸水后的树脂的热重曲线，可以看出吸水树脂的初始分解温度与吸水前的一样，但是 25～321.1℃的失重率为 10.3%，说明了其树脂有一定的交联度，因为吸水后树脂的孔道变得更加整齐和蓬松，其中含有的部分自由水在干燥的时候将其蒸发掉，其失重率略有下降。树脂的初始分解温度是一样的，证明了树脂具有一定的稳定性。

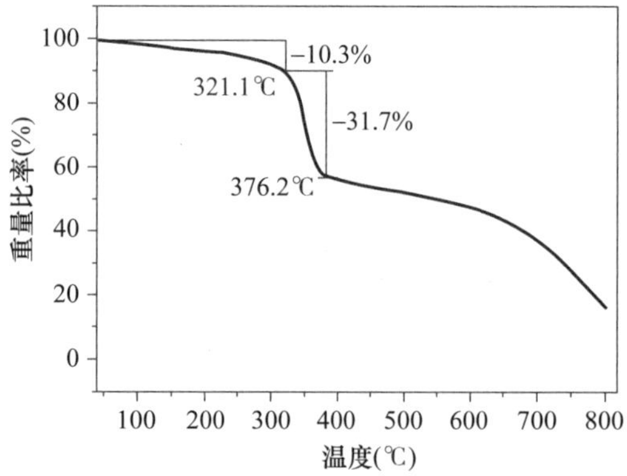

图 7-6　四元共聚高吸水树脂吸水后的 TG 曲线

11. 扫描电镜表征

图 7-7 是玉米淀粉在不同倍数下的电

子扫描电镜图，从图中发现玉米淀粉的表面光滑，无褶皱，呈颗粒结构。图 7-8 是吸水前的高吸水树脂的扫描电镜图，从图可以看出合成的树脂表面凹凸不平，明显的褶

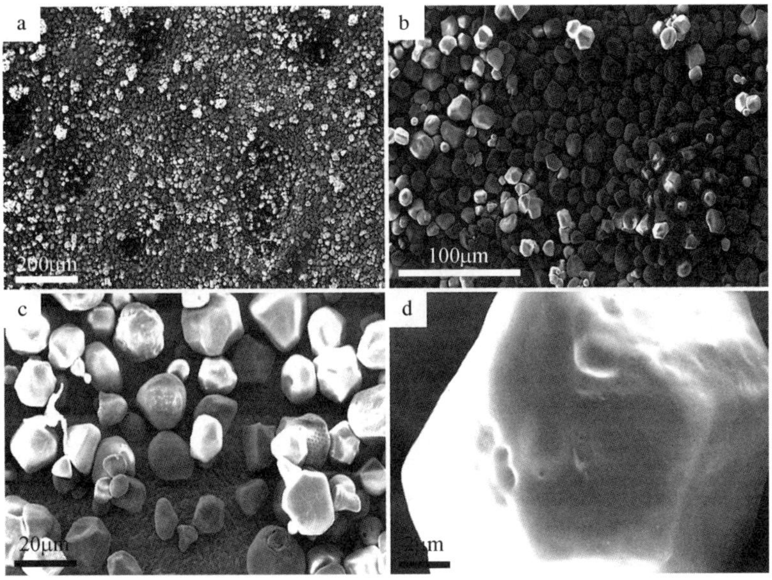

图 7-7　玉米淀粉的扫描电镜图

图 7-8　高吸水树脂吸水前的扫描电镜图

皱，为不规整的块状结构，是因为树脂接枝后干燥粉碎后变成了不规整的颗粒，由于淀粉的量很少，所以淀粉表面接枝单体后，被紧紧地包裹在里面，所以淀粉颗粒无法观察到，也证明了淀粉接枝成功。淀粉接枝后形成的网状区域增加了树脂的表面积，从而提高了吸液能力。图 7-9 是吸水后的高吸水树脂的 SEM 图，从图中可以看出树脂的结构发生膨胀，吸水后的高吸水树脂的表面褶皱变得更加均一和蓬松，使得高吸水树脂的比表面积增大。

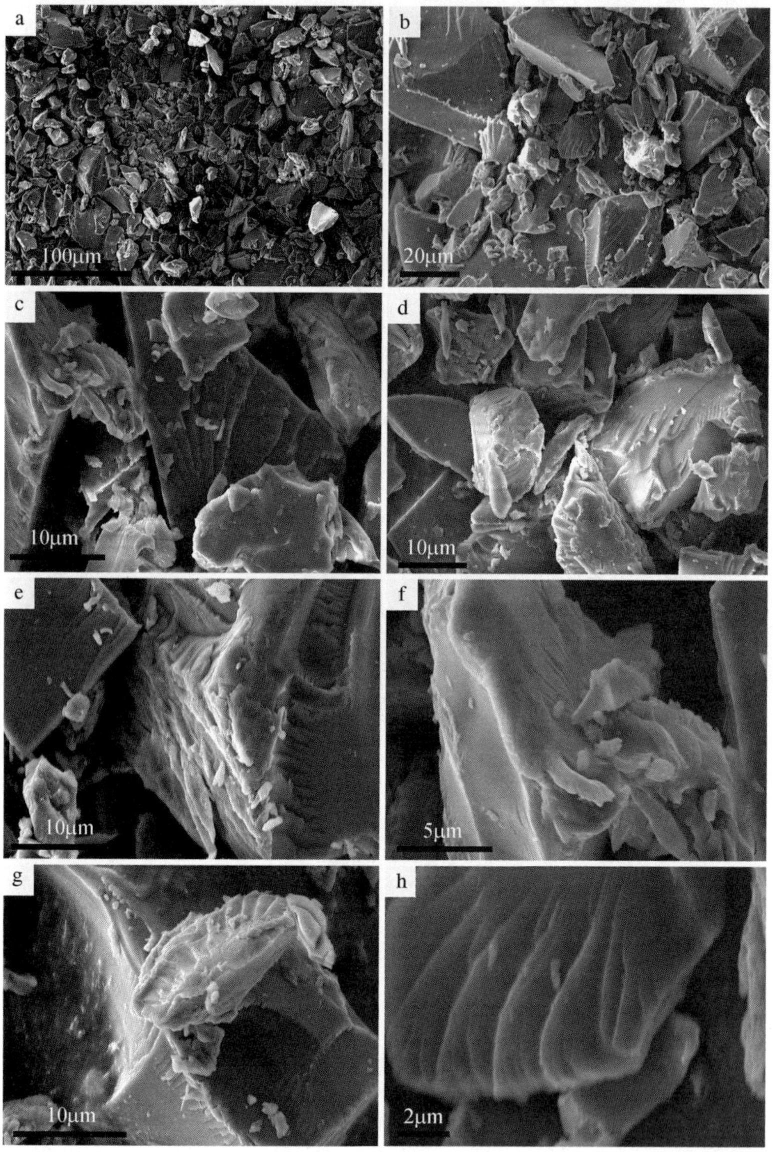

图 7-9　高吸水树脂吸水后的扫描电镜图

7.2.3　四元高吸水树脂合成结论

本书采用水溶液聚合法制备淀粉接枝 AA/AM/AMPS 高吸水树脂，并且考察了单体配比、单体浓度、交联剂用量、引发剂用量、AA 和 AMPS 单体的中和度以及温度和反应时间对树脂在蒸馏水、3% NaCl、3% Na_2SO_4 溶液吸液倍率的影响，得到合成四元吸水树脂的较佳工艺条件，即：ω（NMBA）=0.023%（以单体总质量为基准），ω（KPS）=0.15%（以单体总质量为基准），n（AMPS）: n（AA）: n（AM）=1 : 2 : 0.5，单体浓度为 41%，ω（淀粉）=3%，温度为 50℃，反应时间 2h。在此条件下，所得高吸水树脂在 3min 内吸蒸馏水、3% NaCl 和 3% Na_2SO_4 溶液吸液倍率分别为 676g/g、47g/g 和 53g/g。

7.3　高吸水脱盐复合材料负载制备试验及评估

莫高窟壁画可溶性盐的分析显示，洞窟地仗中可溶盐主要以 Na^+、Cl^-、SO_4^{2-} 的形式存在。查阅相关文献可知，文物保护者已探索出比较有效的脱盐技术，即吸附脱盐法，是指用性能较好的吸附材料，如吸水纸、脱脂棉、纱布、无纺布等，将其脱水材料敷在要脱盐处理的壁画表面，通过其吸收作用除去壁画中的水分从而带出水分中的少量盐分。敦煌研究院前期主要的脱盐方法就是使用该方法，但是这种脱盐过程需要重复多次，并且由于其材料的吸水倍率较低，需要过几个小时就要更换一次，使其脱盐工作量大大增加，而且脱盐操作掌握不好，吸水材料吸水后会对壁画表面产生浸泡，使壁画表面受到破坏。因此，寻找脱盐效果良好的高吸水材料是目前文物保护者最主要的任务之一。所以，我们的研究目的就是如何将前期合成的四元共聚高吸水树脂制备成高吸水脱盐复合材料，并且合理有效地使用在壁画保护中。为此，课题组首次发明了一种将合成的四元共聚高吸水树脂负载到无纺布（KC-X80）上，通过制备、涂刷、烘烤等步骤制备成最终的产品，成为一种高效合理的脱盐复合材料。

7.3.1　高吸水脱盐复合材料的制备

通过具体考察文物保护工作现场，根据所需材料的实用性要求，确保材料负载后的结实性、平整性、柔韧性、吸液倍率等特点，确定了一种四元高吸水树脂的负载方案。

通过前期的研究最后确定最佳的反应条件，即：ω（NMBA）=0.023%（以单体总质量为基准，ω（KPS）=0.15%（以单体总质量为基准），ω（淀粉）=3%，n（AMPS）: n（AA）: n（AM）=1 : 2 : 0.5。由于后期工作是在加大比例的条件下制备，而且最后需要负载到 KC-X80 上，需要聚合反应不能完全，因此反应的时间和温度稍微有所不同，接下来的工作中会详细讨论。

7.3.2　实验仪器

所用实验仪器见表 7-9。

表 7-9　实验仪器信息表

名称	型号	生产厂家
电热鼓风干燥箱	DHG-9140A	上海一恒科学仪器有限公司
JJ-1 精密增力电动搅拌器	JJ-1	常州国华电器有限公司
电子智能控温仪	ZNHW- Ⅱ	常州国华电器有限公司
KQ-400KDE 型高功率数控超声波清洗器	KQ-400KDE	昆山市超声仪器有限公司

7.3.3　高吸水脱盐复合材料的生产步骤

高吸水脱盐复合材料的生产步骤见图 7-10。

（1）在 500mL 的四口瓶中加入单体 3% 的玉米淀粉，加 100mL 的高纯水，浸泡 0.5h。

（2）在 80℃油浴中糊化 30min，开始降温并通入氮气。

（3）通入氮气是为了将体系中空气排干净，当温度降到反应温度时加入引发剂 4mL KPS（0.0225g/mL）引发 15min。

（4）在冰水浴中，将一定浓度的 AA 和 AMPS 溶液分别用 7.5mol/L 的 KOH 中和，并在冰水浴中混合均匀。然后按一定的单体配比和单体总浓度加入 AM，称取定量交联剂 4mL NMBA（0.0035g/mL）注入上述混合液中，搅拌至完全溶解，将其溶液注入到上述四口瓶中。

（5）在反应温度下反应聚合到体系刚开始爬杆时为止，立刻加入 160mL 水打散，开始降温到室温为止。

（6）将打散的树脂分为三份，分别用刷子涂刷到三张 KC-X80（220mm × 300mm）正反两面上，并放在 ASONE 塑料托盘（PP 材质）中，然后放入 50℃鼓风干燥箱中干燥至恒重。

图 7-10　生产步骤装置图

（7）复合吸水材料干燥至恒重后有明显的酸味，将其转移到瓷盘子中且在 130℃下烘烤 90min 除去没有反应掉的丙烯酸和一些结合水。最后得到的淡黄色的复合吸水材料。

（8）将最终产品装到自封袋中保存。

7.3.4　四元高吸水树脂聚合终点

由于完全聚合的树脂粘连性非常强，不能用水打散，根据复合材料的最终使用目的，在合成高吸水树脂时不能使其完全聚合。因此本实验的聚合终点是体系刚开始爬杆为结束点，图 7-11-A 是实验装置图，B 和 C 是局部放大图，可以明显地看出体系爬杆程度。

图 7-11　四元高吸水树脂的聚合终点图（A）和局部放大图（B、C）

7.3.5　四元高吸水树脂负载到无纺布（KC-X80）的流程

将合成的树脂加水打散后，如图 7-12-A 涂刷到无纺布的一面，B、C 表示另一面同样涂刷上树脂，烘干，焙烤，保存在自封袋中，以防树脂吸收空气中的水分。

图 7-13-A 是 KC-X80，显示出无纺布结构紧密厚实，经纬比较规整。图 7-13-B 是复合材料，可以看出表面有一层均匀的树脂负载到无纺布的表面，表明成功制备了高吸水脱盐复合材料。图 7-13-C 是将其保存到 10# 的自封袋中，以便于长期保存，使用的时候开袋即可，不会降低产品的性能。

7.3.6　聚合温度的筛选

固定 ω（NMBA）=0.023%（以单体总质量为基准），ω（KPS）=0.15%（以单体总质量为基准），n（AMPS）：n（AA）：n（AM）=1：2：0.5，ω（淀粉）=3%，

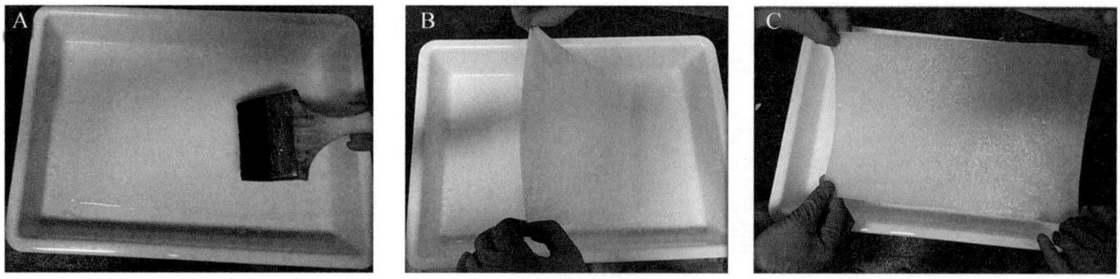

图 7-12　四元高吸水树脂负载的流程图

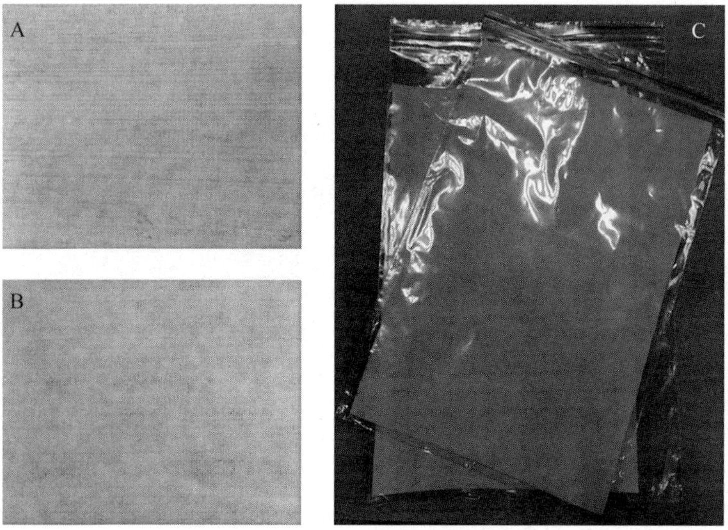

图 7-13　制作完成的高吸水脱盐复合材料
（A）KC-X80 （B）产品 （C）保存图

由于后期实验是在理论研究的基础上加大比例反应，所以最佳温度和理论最佳温度稍有不同，通过多次的实验得出最佳反应温度为 60℃。因为温度太低不利于引发剂的分解，产生的活性自由基较少，不利于接枝，单位时间内接枝的单体数量较少，使树脂长时间内无法聚合变黏稠，聚合程度不够；当温度过高时，活化单体数量多，聚合速率加快，热量难以排除，导致反应过于剧烈，容易造成单体爆聚，聚合终点难以掌握，聚合过度很难用水打散，同时高温加剧链终止，使其吸液能力降低。

7.3.7　反应时间的筛选

固定 ω（NMBA）=0.023%（以单体总质量为基准），ω（KPS）=0.15%（以单体总质量为基准），AA 和 AMPS 的中和度为 75%，n（AMPS）：n（AA）：n（AM）= 1：2：0.5，ω（淀粉）=3%，温度为 60℃。由于其他反应条件已经固定，反应的终点视为体系开始爬杆，即可加水打散，通过多次实验总结出反应时间为 90min。其依据为淀粉接枝聚合反应是自由基反应，随着反应时间的增长，自由基增多，提高淀粉的接枝率，形成的三维网络空间中的亲水基团增多，从而吸液倍率增加；但是反应时间过长，并且接枝反应在酸性条件下进行，树脂随着反应时间的增长会水解，水溶性增加，树脂的吸液倍率下降。

7.3.8　高吸水脱盐复合材料的烘干温度

将合成的高吸水树脂负载到 KC-X80 上，然后放到 ASONE 塑料托盘（PP 材质）中（复合材料不会沾到 PP 材质的托盘中，容易取下来），在 50℃温度下烘干至恒重。在此温度下，合成的复合材料慢慢烘干，烘干后不易翘起来，产品的平整度比较高。30℃烘干尽管产品规整度很高，但是烘的时间比较长，经济性较低。80℃烘干尽管时间短，但是产品变黄，且容易卷起来。因此烘干温度为 50℃最佳。

7.3.9　高吸水脱盐复合材料的烘烤温度筛选

50℃烘干的产品有很明显的酸味，在洞窟壁画修复过程中会产生很刺鼻的味道，同时没有聚合掉的丙烯酸会腐蚀壁画，因此需要将其放到瓷盘中烘烤除去没有反应掉的丙烯酸和少许结合水。由表 7-10 可知随着焙烤温度的增加，其复合材料的颜色逐渐从无色变到黄色，味道由很酸慢慢变到无味。吸水率在 140℃时降低比较明显，其他温度下的吸水率降低在误差范围内。结合高吸水脱盐复合材料的具体应用可得焙烤温度 130℃最佳。

表 7-10　高吸水脱盐复合材料的烘烤温度筛选

焙烤温度（℃）	产品颜色	焙烤时间（min）	产品味道	吸水率（%）
80	白色	60	酸味明显	620
100	淡黄色	60	酸味明显	850
120	黄色	60	略有酸味	664
130	黄色	60	很弱的酸味	428
140	黄色	60	无酸味有煳味	340

7.3.10　高吸水脱盐复合材料的焙烤时间的筛选

通过 130℃下烘烤 60min 后，产品稍微一回潮还是有点酸味，说明烘烤时间有点短，因此我们探究了不同的烘烤时间对产品的影响。表 7-11 显示最优的条件为 130℃、90min。

表 7-11　高吸水脱盐复合材料的烘烤温度筛选

焙烤温度（℃）	产品颜色	焙烤时间（min）	产品味道	吸水率（%）
130	黄色	60	弱酸味	620
130	黄色	90	无酸味	511
130	黄色	120	无酸味有煳味	440

7.3.11 高吸水树脂在不同载体上的负载

（1）在镜头纸上负载

将打散的树脂涂刷到镜头纸上，烘干制备成复合吸水材料，制备成的产品非常脆，并且易碎，不易使用在文物保护的具体操作当中。

（2）在棉布上负载

将打散的树脂分别涂刷到棉布的两面，烘干，烘烤成产品。由于棉布比较薄，树脂负载的时候不易控制，使用效果不是很理想。

（3）在无纺布 KC-X60 上负载

将打散的树脂均匀地涂刷到其两面，烘干，焙烤成最终产品。由于 KC-X60 比较薄，树脂负载的时候不易控制，容易产生气泡，致使高吸水脱盐复合材料有很多明显的小坑，这些坑的边缘容易在文物保护过程中，在壁画上留下印痕，破坏壁画的纹路。

（4）在无纺布 KC-X80 上负载

将相同量的树脂均匀地负载到无纺布的两面，烘干，焙烤成最终的高吸水脱盐复合材料。由于 KC-X80 比 KC-X60 厚，并且纹路明显，结构紧密厚实，容易将树脂挂在空隙和正反两表面上，不仅负载的树脂量大，而且成品的平整度高、柔韧度好、实用性很强。

7.3.12 树脂在 KC-X80 单位面积上的负载量的计算

树脂在 KC-X80 单位面积上的负载量的计算结果见表 7-12。

表 7-12 树脂在 KC-X80 单位面积上的负载量的计算

序号	1	2	3	4	5	6
负载前重量（g）	8.37	8.26	8.17	8.14	8.40	8.36
负载后重量（g）	21.39	25.38	27.66	28.81	27.83	35.81
面积（cm^2）	663.4	657.2	654.1	510.0	661.9	657.2
负载量（g/cm^2）	0.02	0.03	0.03	0.03	0.03	0.04
平均负载量 0.03g/ cm^2						

7.3.13 树脂负载在 KC-X80 上的吸水能力测试

利用饱和盐溶液的平衡相对湿度（表 7-13、图 7-14），将负载树脂的脱盐材料放置在不同的湿度环境中（环境温度 22～24℃），定时称重，考察脱盐材料的吸水状况和能力。

表 7-13 饱和盐溶液的平衡相对湿度表

碳酸钾	硝酸镁	溴化钠	碘化钾	氯化钠	氯化钾	硫酸钾
RH，43%	RH，55%	RH，59%	RH，65%	RH，75%	RH，85%	RH，98%

经过十余天的观察，不同的环境湿度下脱盐材料达到平衡时的单位面积吸水量也有不同，环境湿度越大，单位面积吸水能力越高（图 7-15）。在相对湿度 98% 的环境下吸水能力与其他环境湿度的吸水能力有很大的差异，吸水能力持续上升，这反映了脱盐材料的性能：只要环境有足够量的水汽，树脂就可以不断地从环境中吸取水分，直至液化丧失吸水能力。

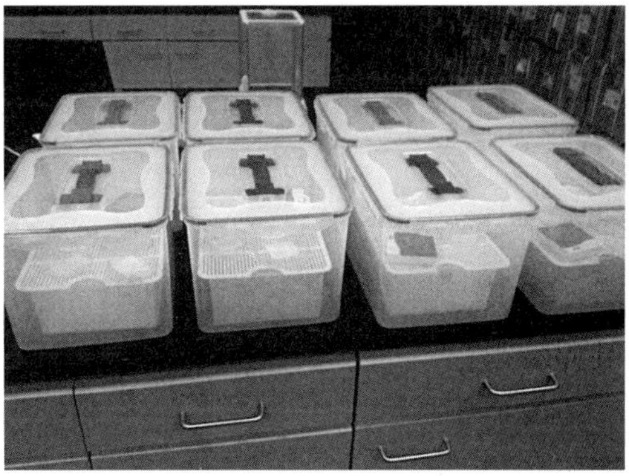

图 7-14　负载树脂的脱盐材料放置在不同相对湿度的环境中

脱盐材料在不同湿度环境下吸水量在实验开始 6h 基本趋于稳定（图 7-16）。而在相对湿度 70% 以上环境时，吸水率可达 20% 以上（图 7-17），体现了脱盐材料快速的吸水能力和良好的吸水量。

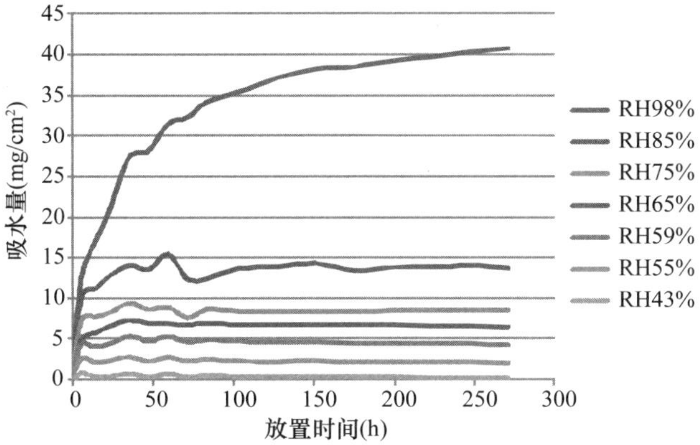

图 7-15　脱盐材料在不同环境湿度下的吸水能力

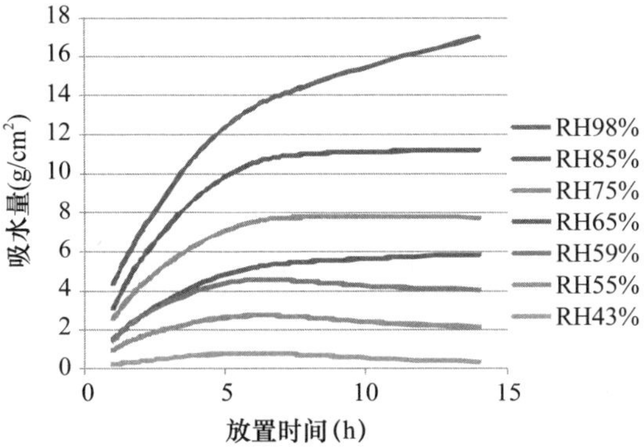

图 7-16　实验开始阶段脱盐材料吸水量

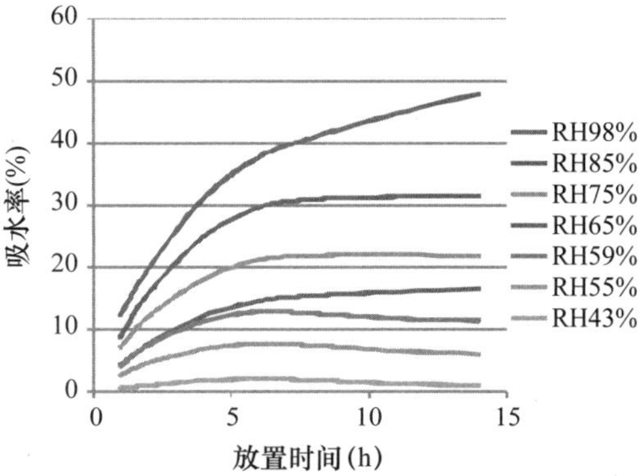

图 7-17　实验开始阶段脱盐材料吸水率

在实验开始阶段，脱盐材料吸水能力与环境湿度大致呈线性分布（图 7-18）。吸水量达到平衡时，其关系呈良好的幂函数分布（图 7-19），关系式 y=1E−09$x^{5.258}$，相

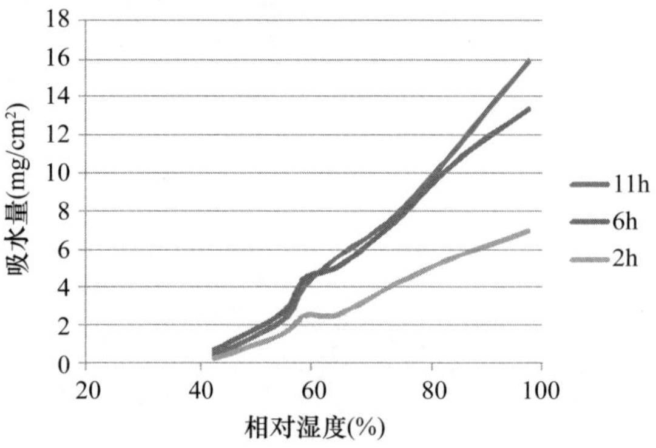

图 7-18 实验开始阶段不同环境湿度与脱盐材料吸水能力关系曲线图

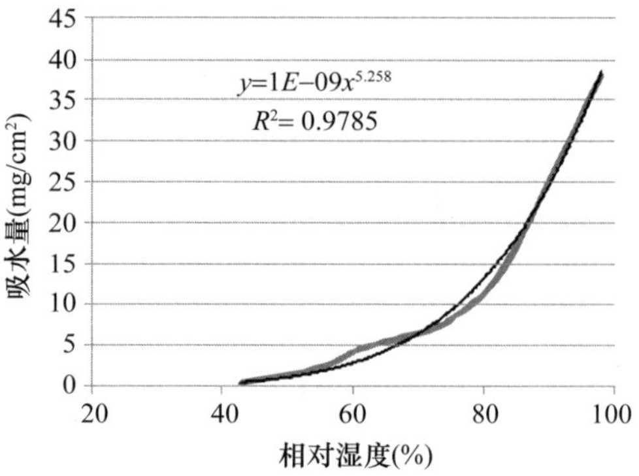

图 7-19 不同环境湿度与脱盐材料吸水能力关系曲线图

关系数 R^2=0.9785。

7.4 研究结论

以玉米淀粉（cornstarch）、丙烯酸（AA）、丙烯酰胺（AM）和 2-丙烯酰胺基-2-甲基丙磺酸（AMPS）为原料，在氮气保护下，利用溶液聚合法制备出了 Cornstarch /AA/AM/AMPS 四元共聚高吸水树脂。研究了单体配比、反应时间、反应温度、引发剂（KPS）用量、交联剂（NMBA）用量以及 pH 值对树脂吸液率的影响。研究结果表明：ω（NMBA）=0.023%（以单体总质量为基准）、ω（KPS）= 0.15%（以单体总质量为基准）、*n*（AMPS）：*n*（AA）：*n*（AM）=1：2：0.5、单体浓度为 41%、ω（淀粉）=3%、温度为 50℃、反应时间 2h、pH=6.4 条件下所制备的树脂在 3min 内吸蒸馏水，3% NaCl 和 3% Na_2SO_4 溶液吸液倍率分别为 676g/g、47g/g 和 53g/g，并可在 5min 内达到吸液平衡。证明树脂具有很好的抗盐性及很高的吸水率。

以傅里叶变换红外光谱仪（FT-IR）、扫描电子显微镜（SEM）、热重分析仪（TG）等对树脂进行了表征。红外谱图得到明显的特征峰，证明了接枝成功；从 TG 曲线可知，树脂的初始分解温度为 321℃，表明树脂具有很好的耐热性和一定的稳定性；从高吸水树脂吸水前后的 SEM 图可知，树脂表面有明显的褶皱，为网状结构，具有一定比表面积，提高了树脂的吸液能力。

本项目发明了一种将水溶液聚合法制备的四元共聚高吸水树脂负载到无纺布（KC-X80）上的方法，平均负载量为 0.03g/cm²。在 50℃下烘干至恒重，并在 130℃下焙烤 90min 除去没有聚合的丙烯酸和少量的结合水，最终成功制备一种平整度高、柔韧性好、耐用性良好的高吸水脱盐复合材料，并且在文物保护中大量使用，效果良好。

第8章　壁画修复材料性能和筛选研究

8.1　起甲、酥碱壁画修复材料性能试验研究

20 世纪 60 年代末，敦煌研究院选用聚醋酸乙烯乳液作为壁画保护修复加固材料。该材料在抢修大量起甲、酥碱壁画的工作中发挥了重要作用，对病害壁画的修复取得了良好效果。文物保护研究者为了进一步验证该材料的保护加固效果，在随后的研究工作中专门针对该材料展开了诸多相关检测试验，并根据多年来莫高窟壁画修复加固实际效果证明，聚醋酸乙烯乳液是一种较为理想的修复起甲、酥碱壁画的保护材料。甲基丙烯酸和乙基丙烯酸共聚物在当前壁画保护领域应用较广，该材料在湿度较大的条件下，其耐久性能明显优于聚醋酸乙烯乳液，并且其渗透性良好。不过研究人员在该材料的加固效果试验过程中发现了一些问题，诸如经过热氧化和紫外线老化试验后，该加固材料老化明显，强度降低，因此该材料对莫高窟壁画的保护加固效果仍需做进一步的试验论证和分析。近年来，敦煌研究院文物保护研究人员采用耐久性、渗透性、透气性及黏附性较好的丙烯酸乳液和有机硅丙烯酸乳液来修复壁画。目前的研究情况表明，这两种材料表现出较好的渗透性，加固后仍能保持较好的透气性，相关系统的试验研究仍在进行之中。

研究人员曾经对壁画修复常用的修复材料如聚醋酸乙烯、聚乙烯醇、明胶、甲基纤维素、有机硅丙烯酸进行原液和修复浓度的物性试验，得出了不同浓度溶液的物理性质。但是针对常见起甲类型和酥碱病害采用的修复材料，其共同的性能特点还需要做更深入、更广泛的试验和筛选研究，特别是具有针对性地模拟壁画试块上的材料试验研究。

8.1.1　模拟试块的制作

（1）起甲模拟试块的制作。按照一定的沙土比，粗泥层加入的纤维为麦秆，细泥层加入的纤维为麻，配以一定比例的蒸馏水，制作成直径为 9cm 的圆形模拟试块，严格称重，使得任意两块模拟试块干燥后的质量差不超过 1g，这样可以保证试块的密度基本相同，为后面修复材料的渗透性、透气性以及耐老化性等提供一个基本相同的条件；然后在细泥层上绘制白粉层、颜料层，在绘制颜料层和白粉层时，在研钵中使得颜料和胶结材料充分研磨、混合。各种材料的比例如表 8-1 所示，图 8-1～图 8-8 为模拟试块的制作过程。

表 8-1　起甲模拟试块制作材料比例表

试块名称	澄板土（g）	沙（g）	粗泥层麦秆（g）	细泥层麻（g）	蒸馏水（g）	颜料（g）	明胶（g）	用途
5% 明胶	64	36	3	3	25	95	5	光泽度、色度、渗透性试验
6% 明胶	64	36	3	3	25	94	6	透气性试验
7% 明胶	64	36	3	3	25	93	7	渗透深度实验
8% 明胶	64	36	3	3	25	92	8	起甲病害相关实验

图 8-1　筛沙

图 8-2　剪纤维

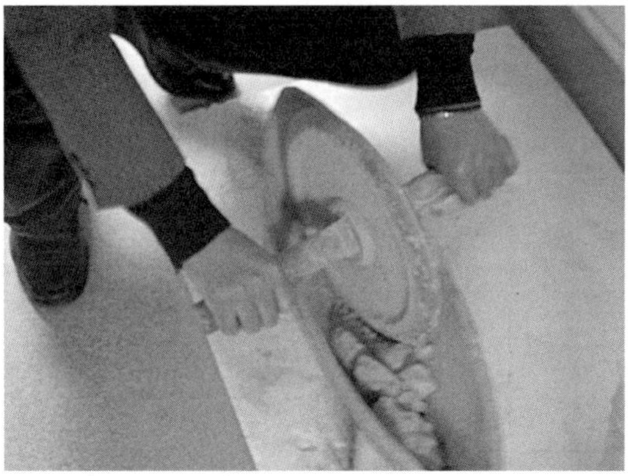

图 8-3　碾碎澄板土

图 8-4　和泥

图 8-5　称重

图 8-6　制作

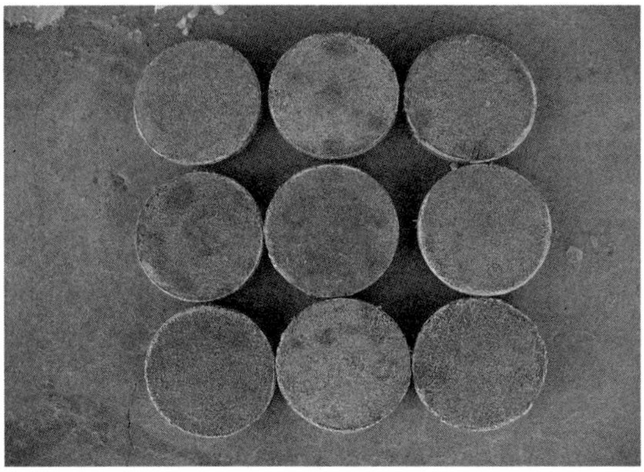

图 8-7　成型试块

图 8-8　试块制作完成

（2）疱疹、酥碱模拟试块的制作。按照一定的沙、土、盐的比例，加入的纤维为麦秆，配以一定比例的蒸馏水，制作成直径为 9cm 的圆形模拟试块，严格称重，使得任意两块模拟试块干燥后的质量差不超过 1g。各种材料的配比如表 8-2 所示。制作过程和起甲模拟试块制作相差不大，只是少了细泥层及颜料层的制作工艺。

表 8-2　疱疹、酥碱模拟试块制作材料配比表

模拟试块种类	澄板土（g）	沙（g）	粗泥层麦秆（g）	NaCl	蒸馏水（g）	用途
1% NaCl	64	36	3	1	25	渗透性试验 疱疹、酥碱病害相关实验
2% NaCl	64	36	3	2	25	
4% NaCl	64	36	3	4	25	

8.1.2　材料性能测试

1. 光泽度

为了更好地了解不同浓度的不同修复材料在加固前后对不同颜料的影响程度，课题组对不同浓度、不同修复材料加固前后各种颜料的光泽度进行了测试，加固前后测试点的选择必须是在同一个位置，这样测量的数据才具有可比性，通过加固前后光泽度数据的对比找寻规律。本次测试所采用的仪器为天津市其立科技有限公司生产的 MN 通用型光泽度仪（图 8-9）。图 8-10～图 8-23 为不同浓度的相同加固材料加固前后色泽度变化对比图。

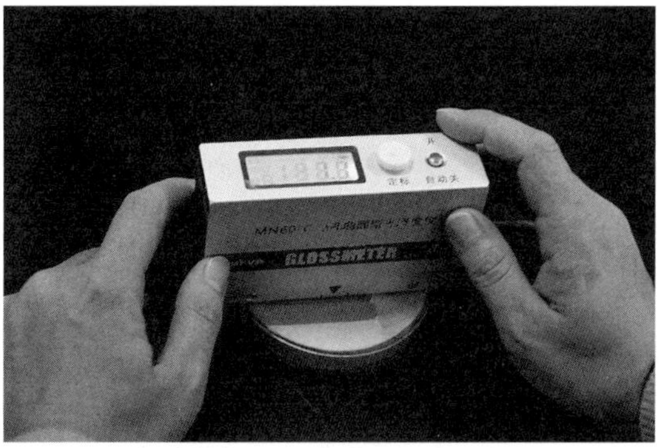

图 8-9　光泽度测试试验

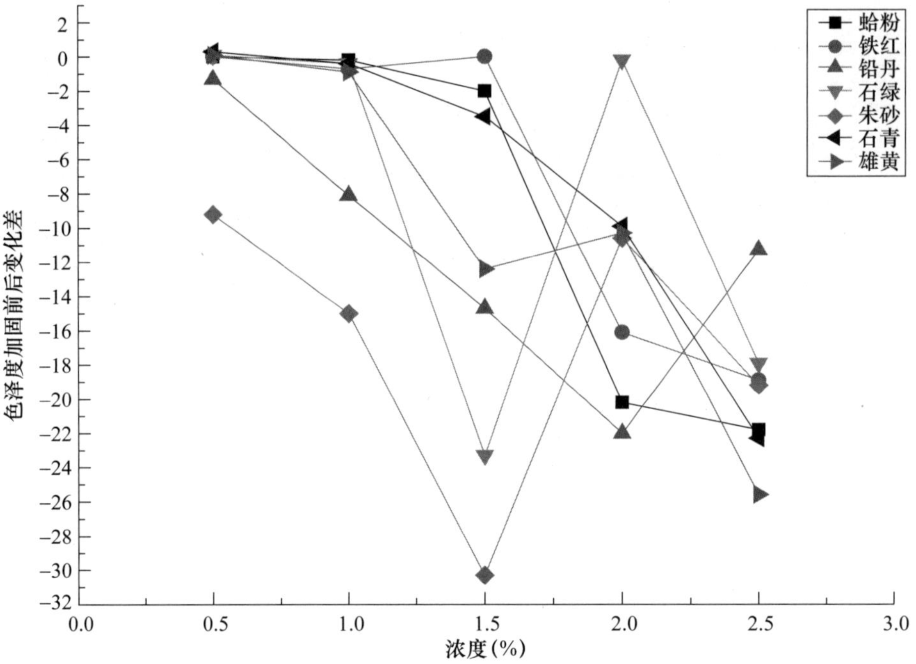

图 8-10　不同浓度的 AC33 加固前后不同颜料光泽度变化图

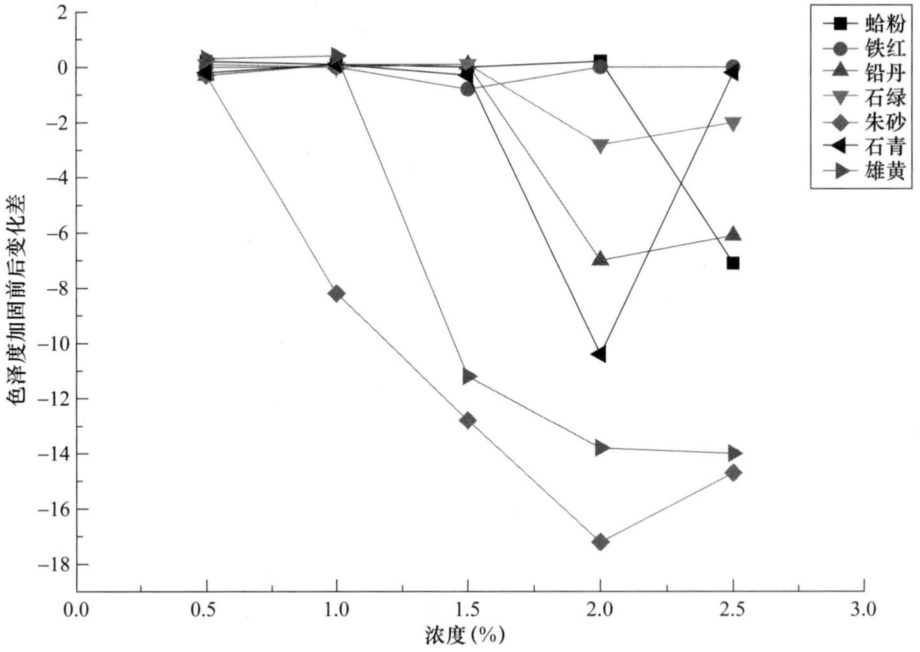

图 8-11　不同浓度的苯丙加固前后不同颜料光泽度变化图

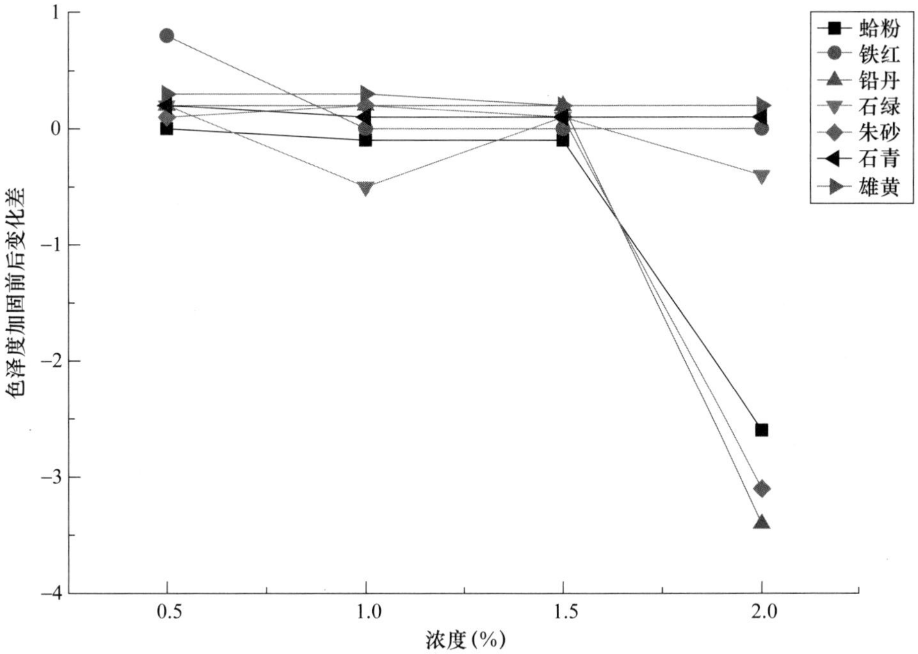

图 8-12　不同浓度的牛皮胶加固前后不同颜料光泽度变化图

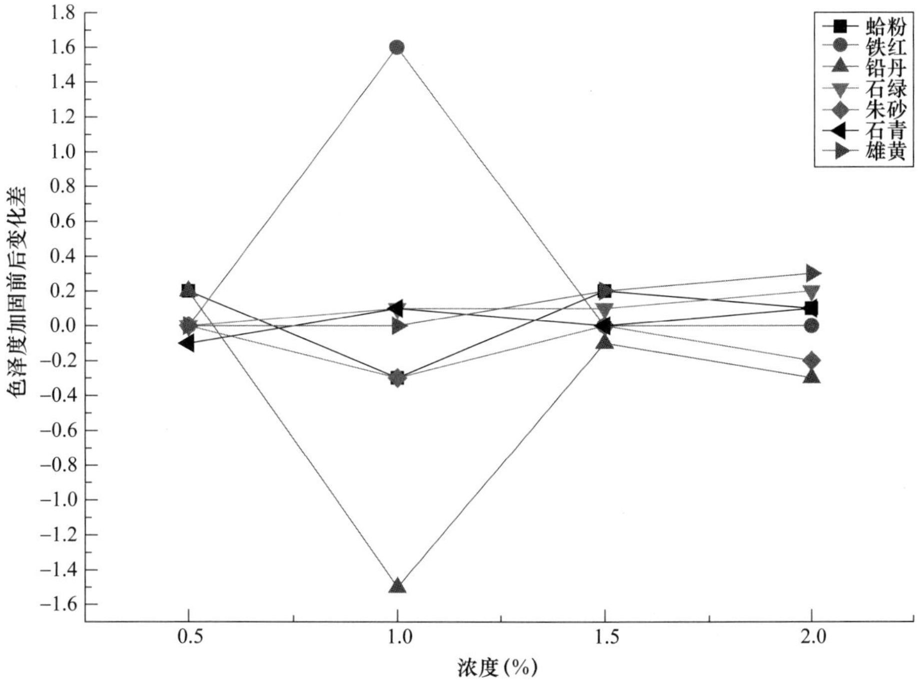

图 8-13　不同浓度的桃胶加固前后不同颜料光泽度变化图

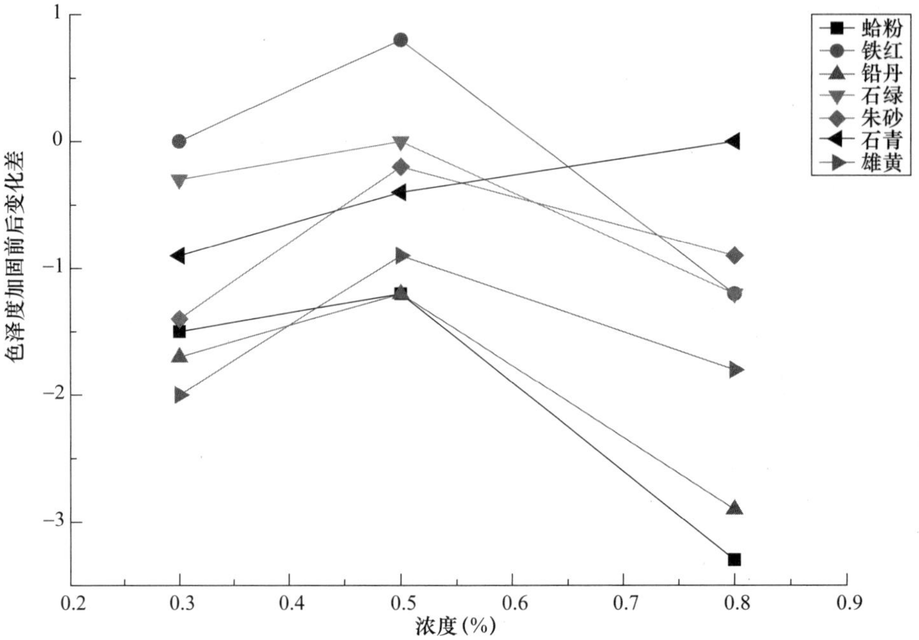

图 8-14　不同浓度的海藻胶加固前后不同颜料光泽度变化图

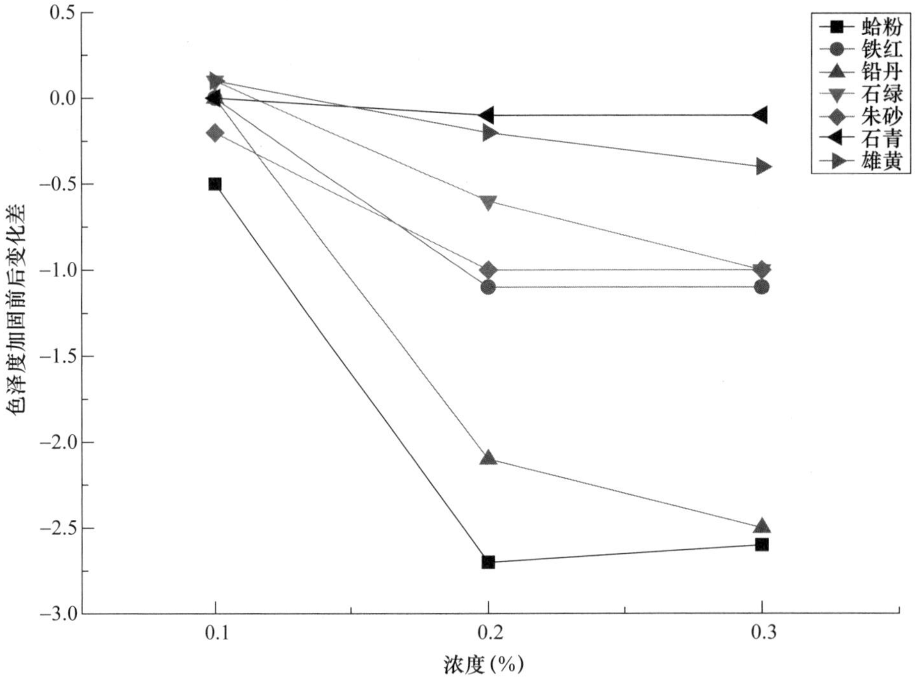

图 8-15　不同浓度的黄芪胶加固前后不同颜料光泽度变化图

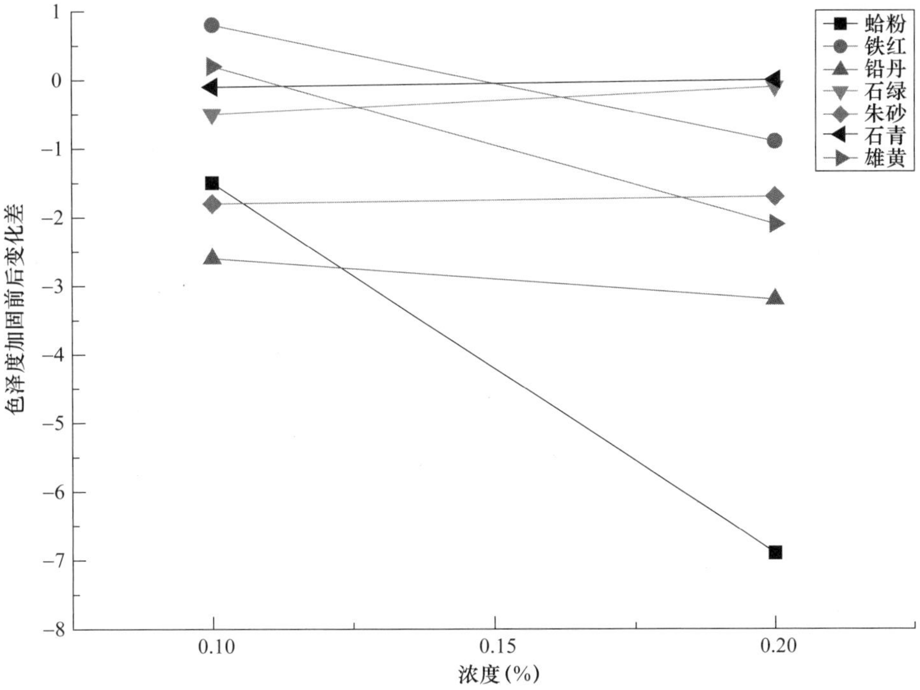

图 8-16　不同浓度的甲基纤维素加固前后不同颜料光泽度变化图

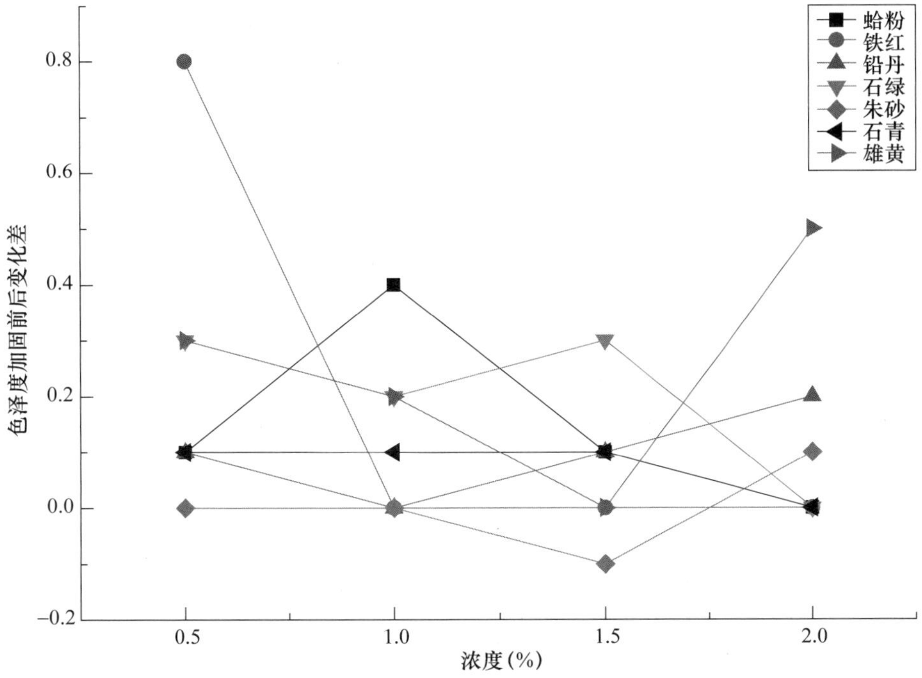

图 8-17　不同浓度的明胶加固前后不同颜料光泽度变化图

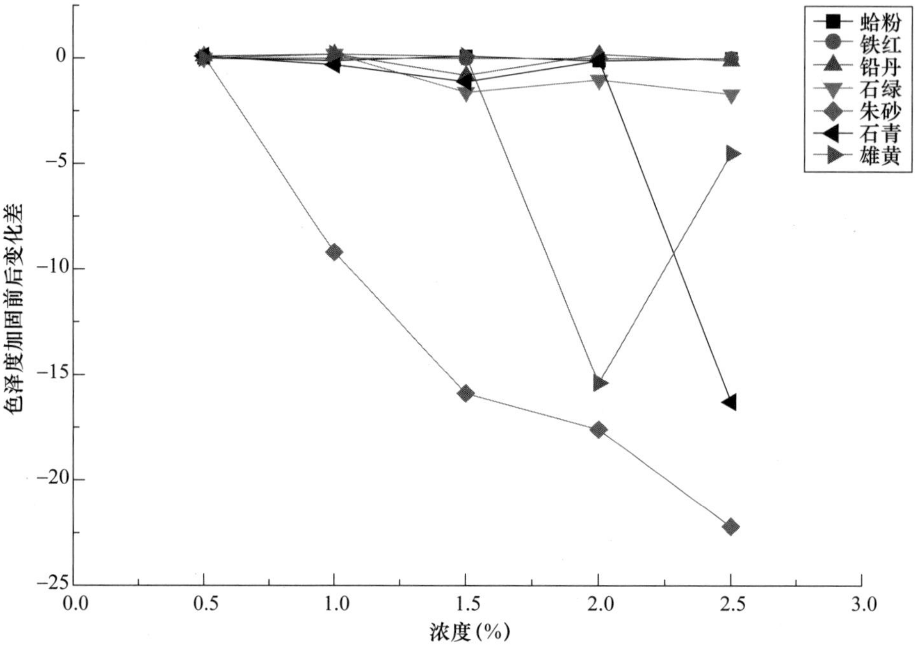

图 8-18　不同浓度的纯丙加固前后不同颜料光泽度变化图

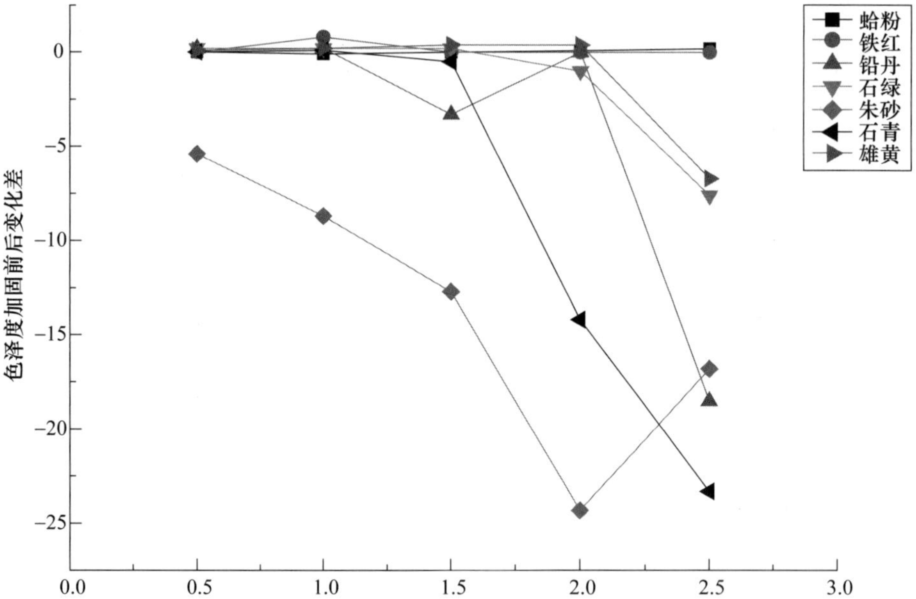

图 8-19　不同浓度的硅丙加固前后不同颜料光泽度变化图

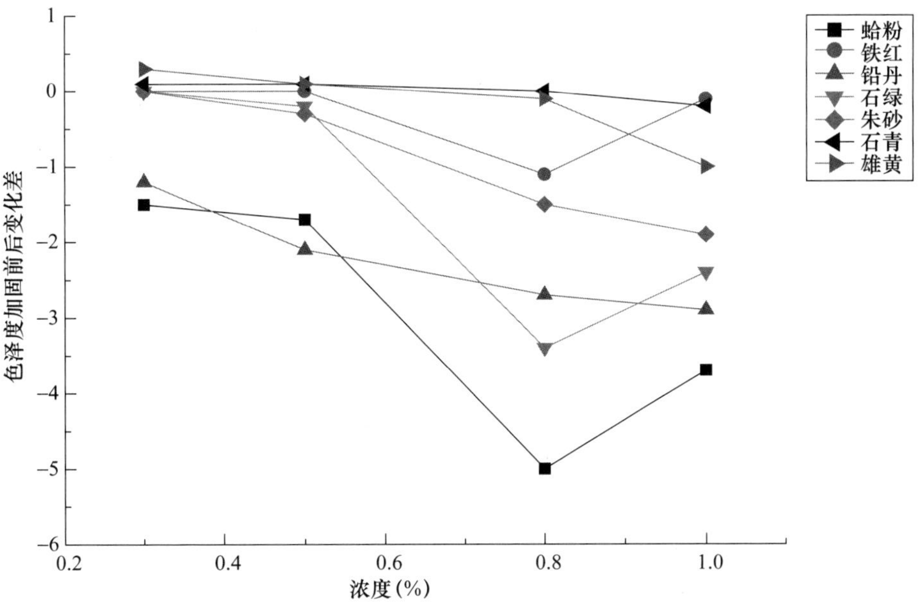

图 8-20　不同浓度的羟甲基纤维素加固前后不同颜料光泽度变化图

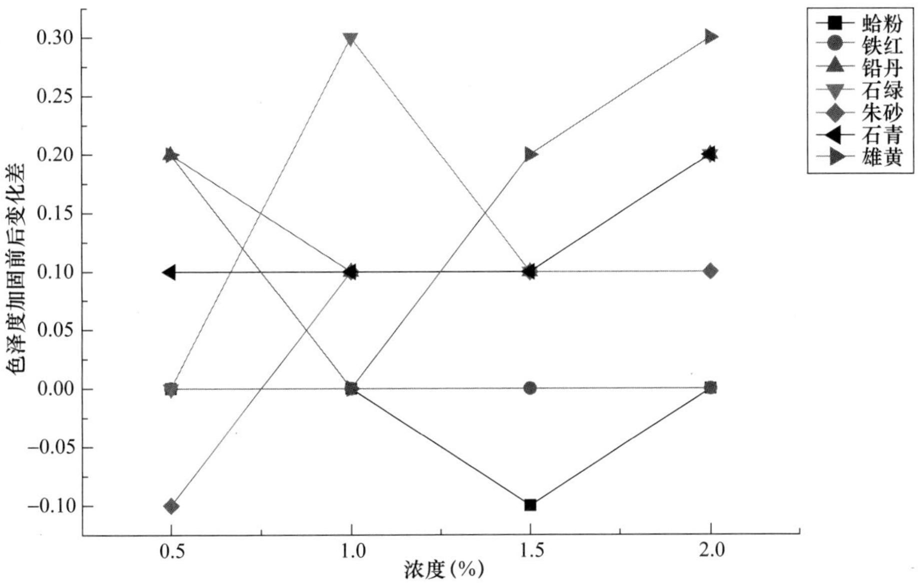

图 8-21　不同浓度的骨胶加固前后不同颜料光泽度变化图

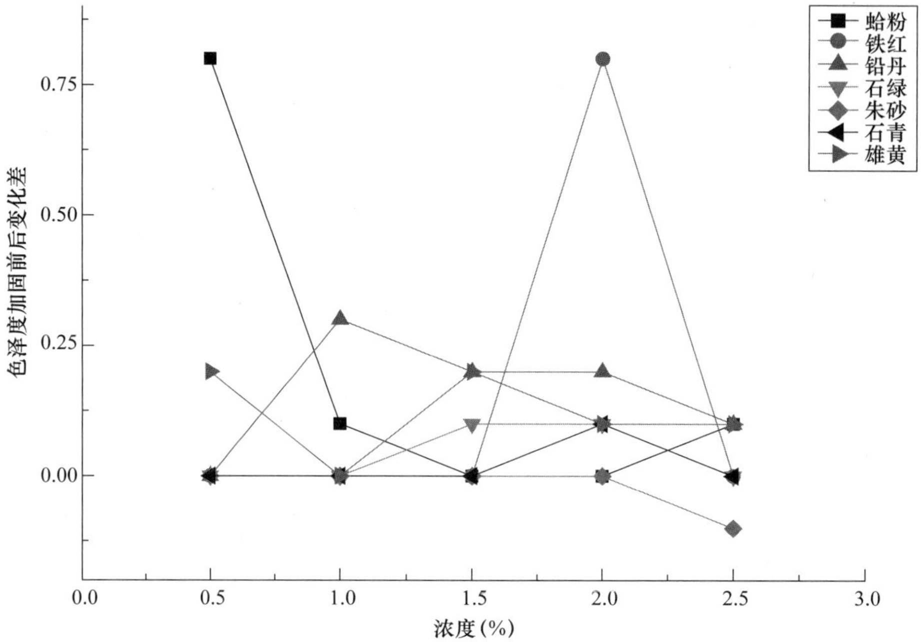

图 8-22　不同浓度的 ZB-WB-6 加固前后不同颜料光泽度变化图

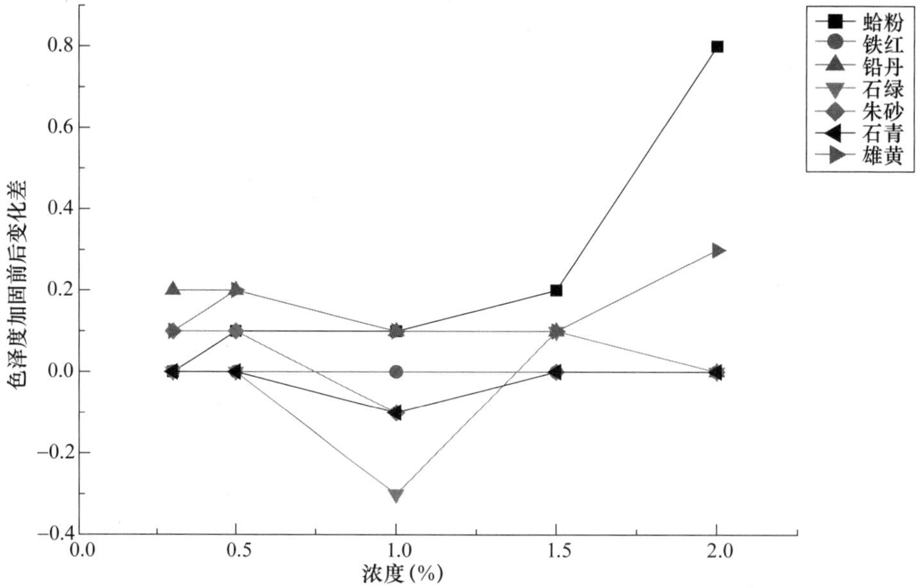

图 8-23　不同浓度的聚乙烯醇加固前后不同颜料光泽度变化图

从图 8-10～图 8-23 可以看出，AC33 对以上各种颜料的光泽度影响均非常大；苯丙、纯丙、硅丙对朱砂、石青和雄黄的影响比较大；牛皮胶、桃胶、海藻胶、黄芪胶、甲基纤维素、明胶、羟甲基纤维素、骨胶、ZB-WB-6 以及聚乙烯醇对以上各种颜料光泽度影响较小，加固前后光泽度差的绝对值均小于 5。一般来说，光泽度的变化大小与修复材料的浓度有关，浓度较大时，加固前、后光泽度差绝对值较大。

2. 色度

为了更好地了解不同浓度的不同修复材料在加固前后对不同颜料的颜色影响程度，对不同浓度、不同修复材料加固前后各种颜料的色度进行了测试。加固前后测试点的选择必须为同一个点，这样测量的数据才具有可比性，通过加固前后色差数据的对比找寻规律。本次测试所采用的仪器为天津市其立科技有限公司生产的 MN100 通用色差计（图 8-24）。图 8-25～图 8-38 为不同浓度的相同加固材料加固前后色度变化对比图。

图 8-24　色差计测量试验

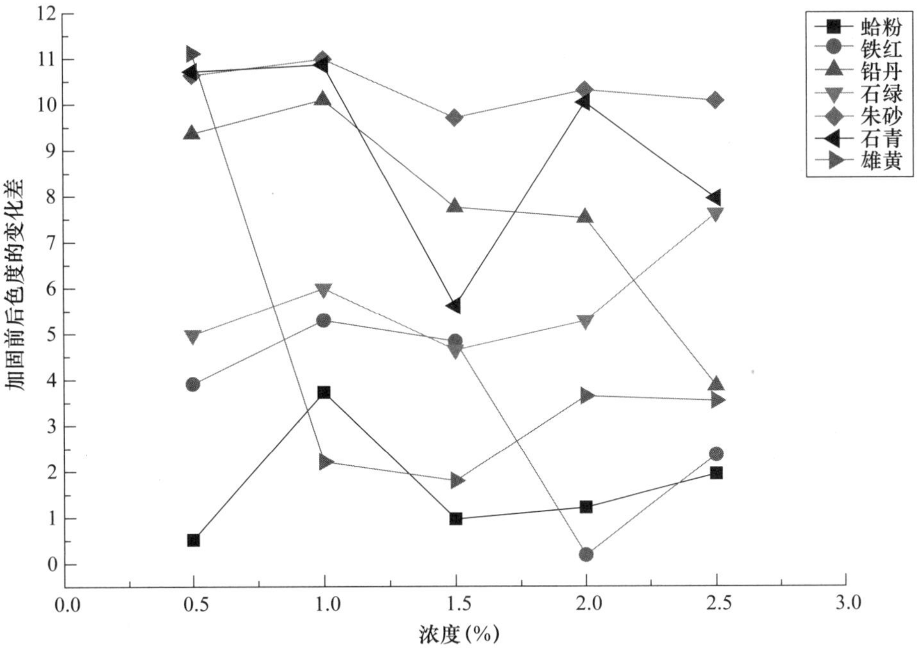

图 8-25　不同浓度的 AC33 加固前后不同颜料色度变化图

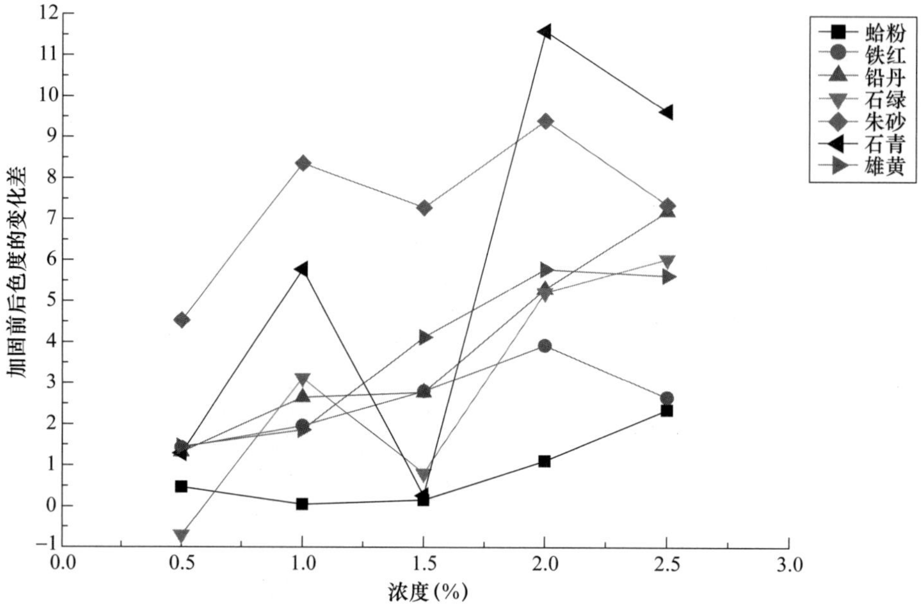

图 8-26　不同浓度的苯丙加固前后不同颜料色度变化图

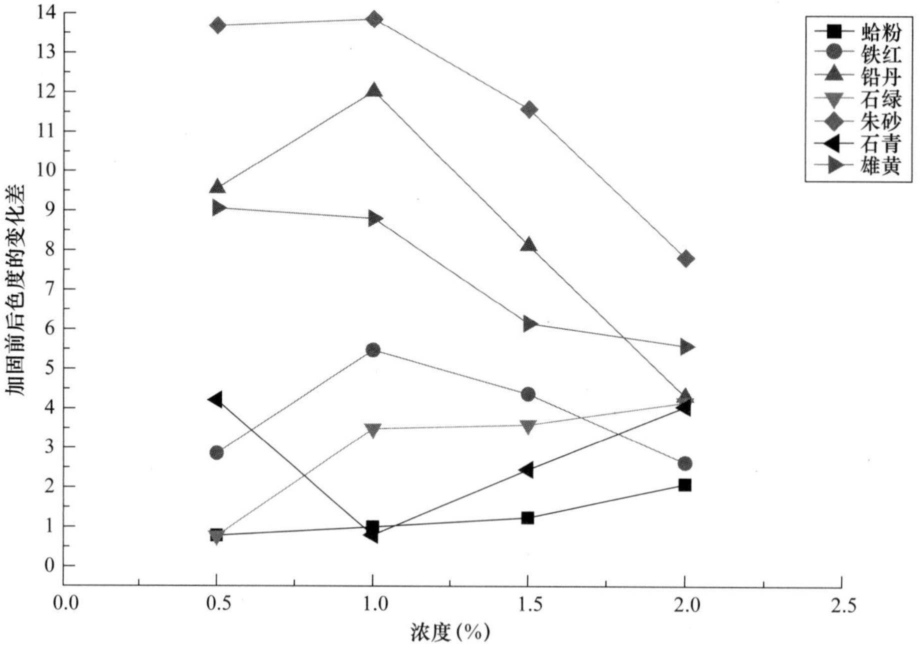

图 8-27　不同浓度的牛皮胶加固前后不同颜料色度变化图

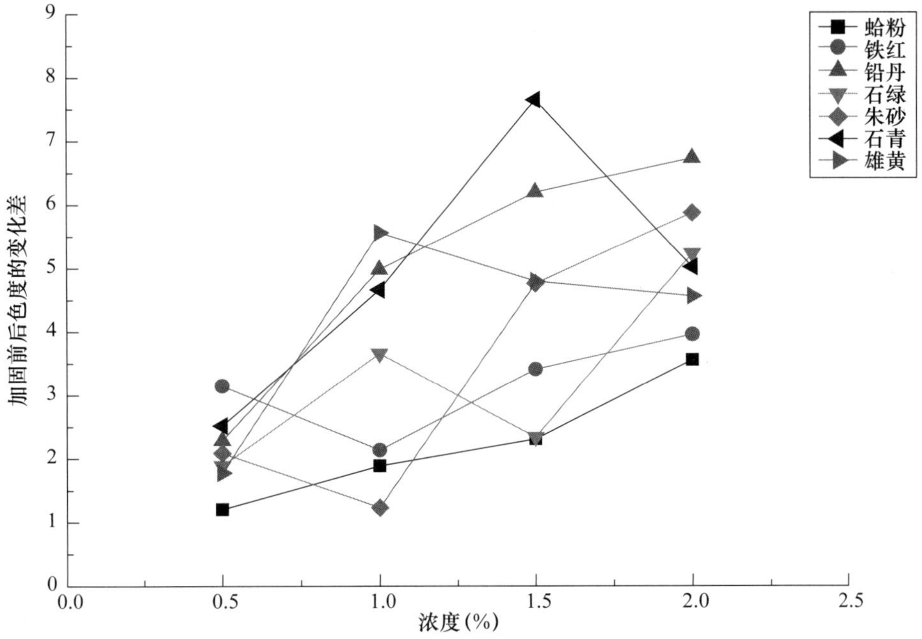

图 8-28　不同浓度的桃胶加固前后不同颜料色度变化图

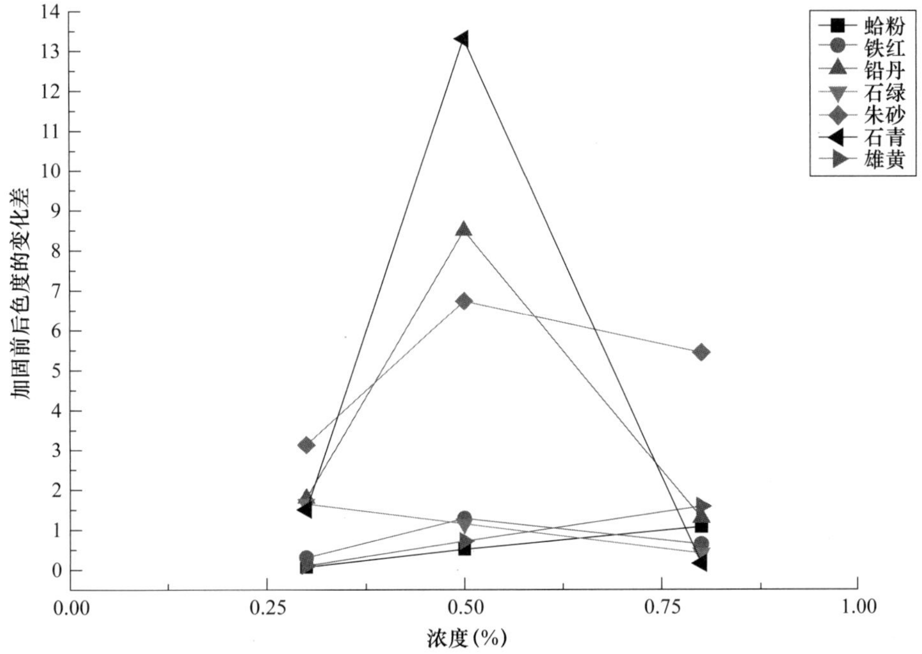

图 8-29　不同浓度的海藻胶加固前后不同颜料色度变化图

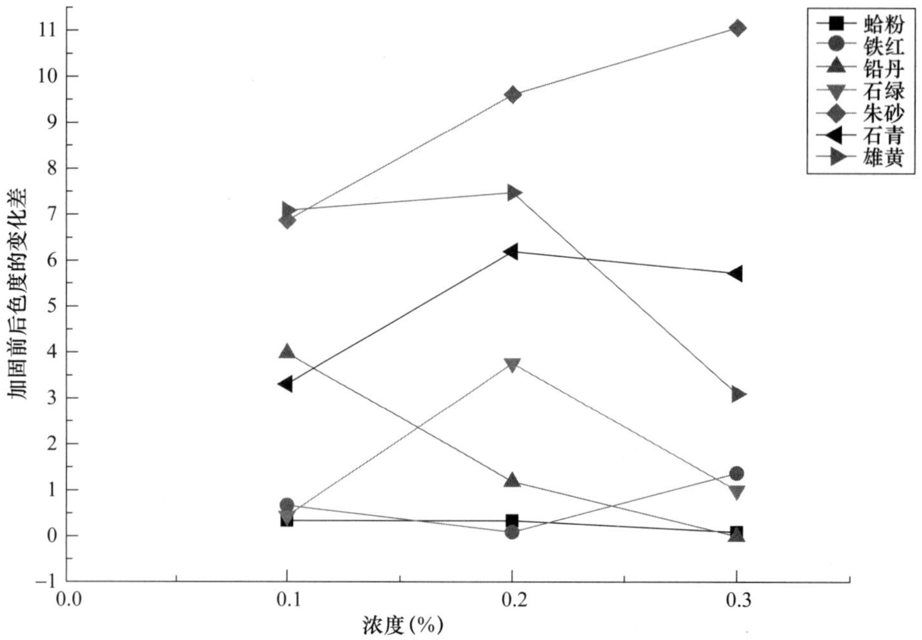

图 8-30　不同浓度的黄芪胶加固前后不同颜料色度变化图

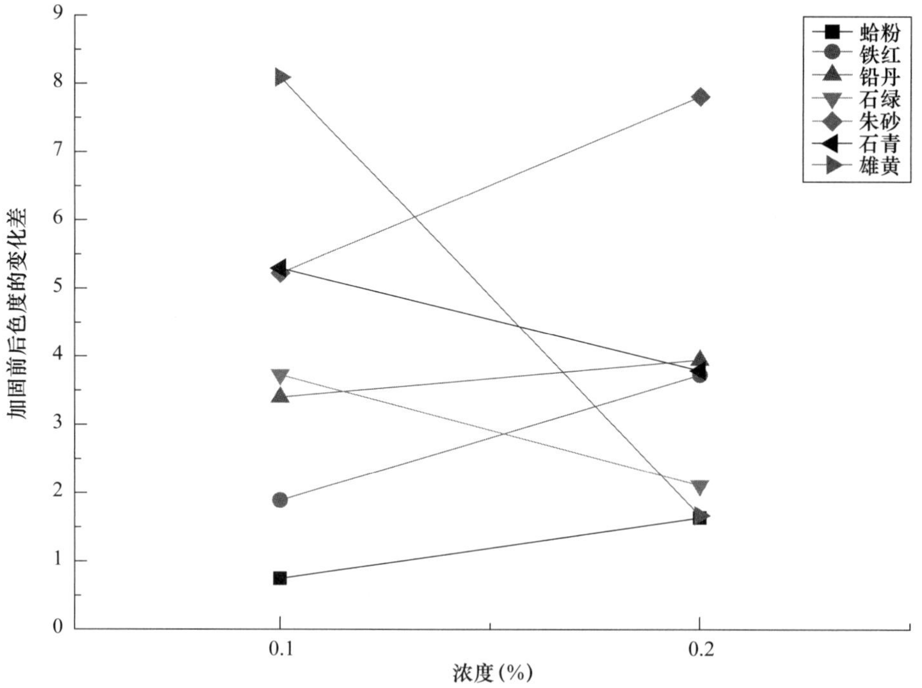

图 8-31　不同浓度的甲基纤维素加固前后不同颜料色度变化图

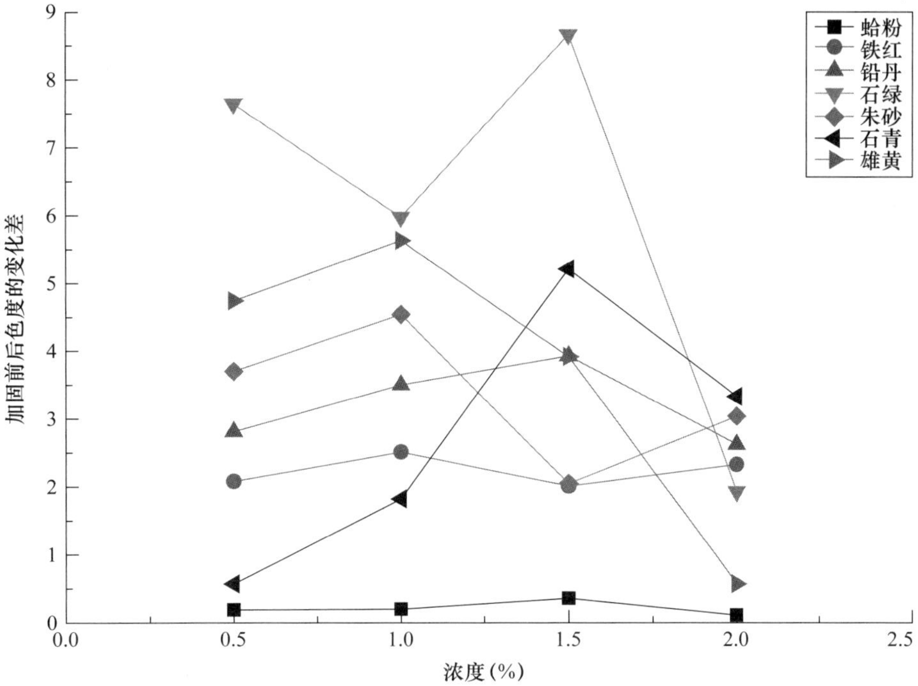

图 8-32　不同浓度的明胶加固前后不同颜料色度变化图

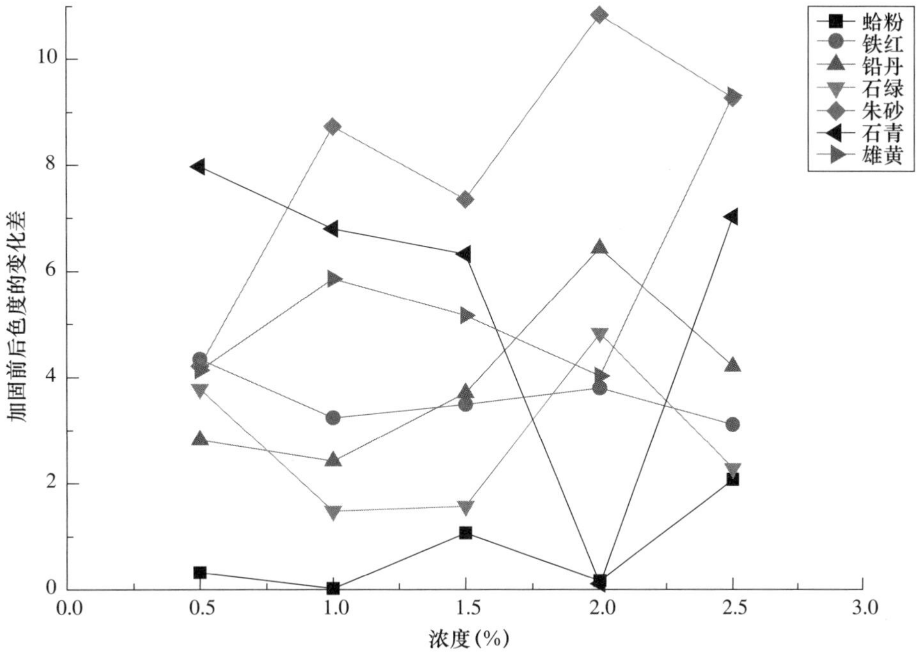

图 8-33　不同浓度的纯丙加固前后不同颜料色度变化图

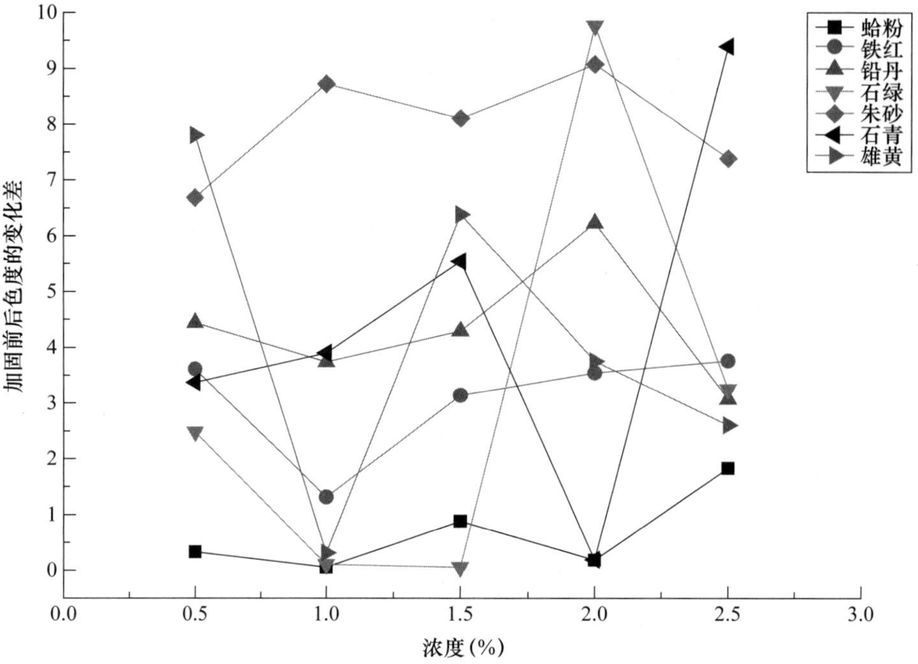

图 8-34　不同浓度的硅丙加固前后不同颜料色度变化图

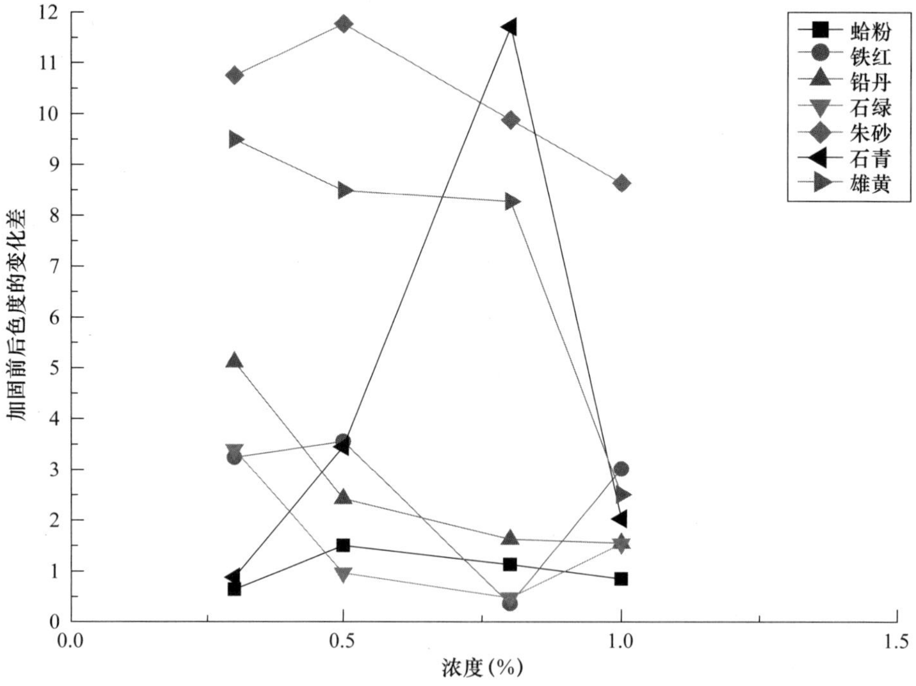

图 8-35　不同浓度的羟甲基纤维素加固前后不同颜料色度变化图

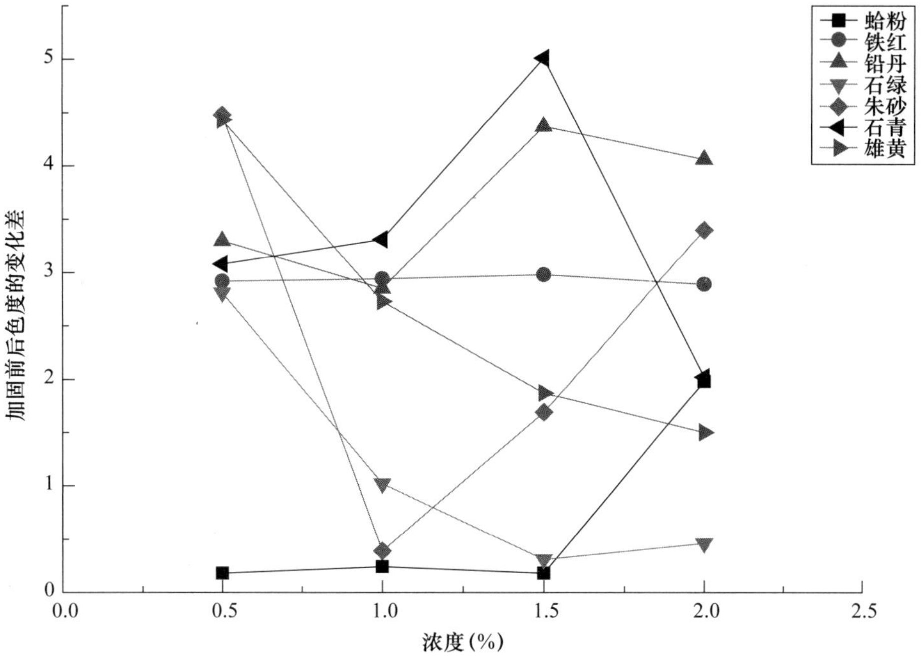

图 8-36　不同浓度的骨胶加固前后不同颜料色度变化图

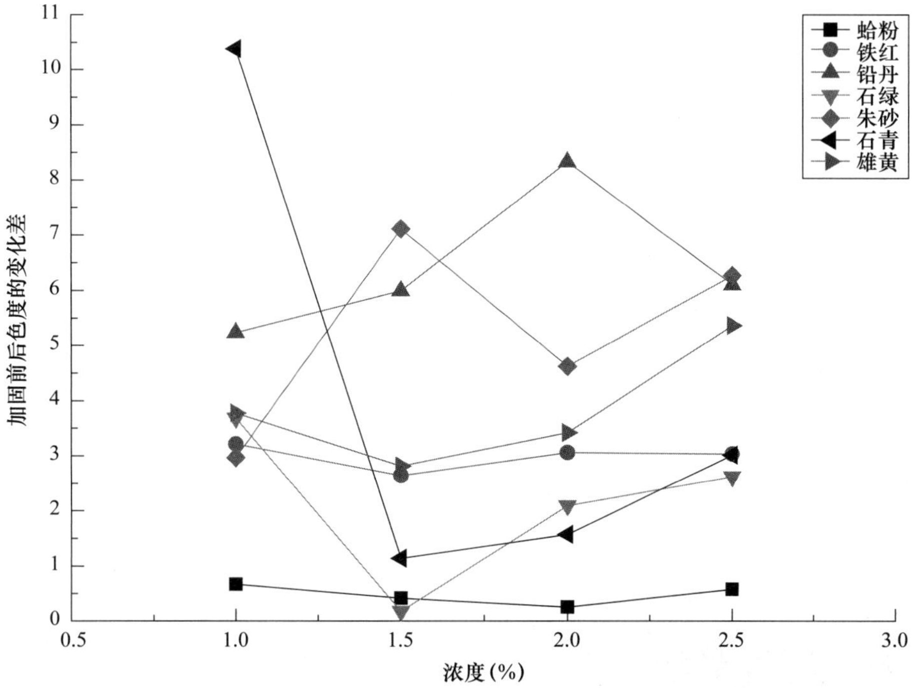

图 8-37　不同浓度的 ZB-WB-6 加固前后不同颜料色度变化图

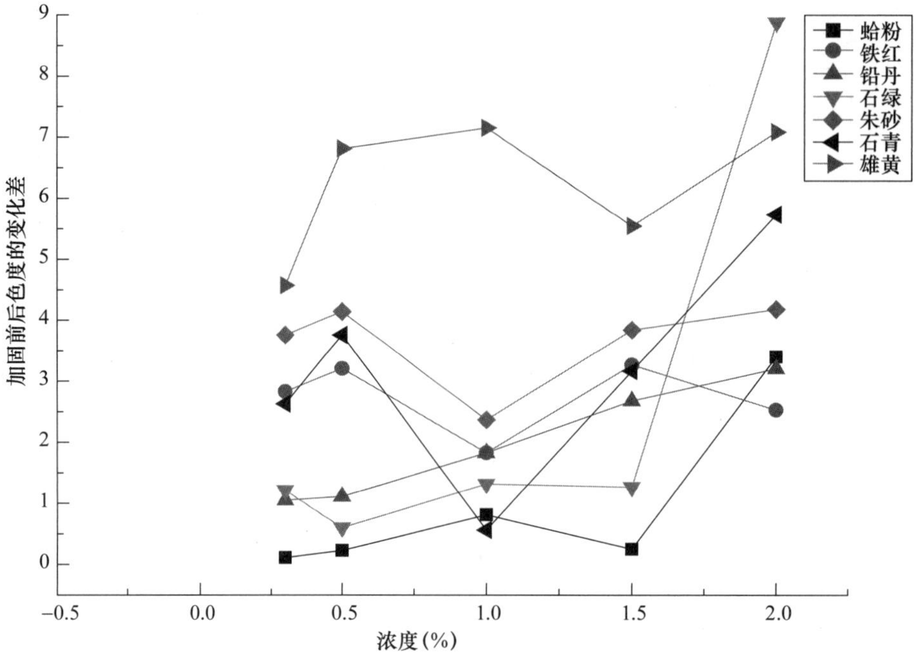

图 8-38　不同浓度的聚乙烯醇加固前后不同颜料色度变化图

从图 8-25～图 8-38 可以看出，AC33 对铅丹、石绿、朱砂、石青以及雄黄色度影响非常大，加固前后色度差的绝对值大多数都超过 10；苯丙对石膏和雄黄的色度影响比较大；牛皮胶对铅丹、朱砂以及雄黄的色度影响比较大，黄芪胶对朱砂、雄黄的色度影响比较大；甲基纤维素、羟甲基纤维素以及纯丙对朱砂、石膏以及雄黄的色度影响比较大；硅丙对朱砂的影响比较大；桃胶、骨胶、海藻胶、明胶、ZB-WB-6 以及聚乙烯醇对测试的各种颜料的色度影响不大，加固前后色度差绝对值均小于 5。

3. 黏度

本次对修复材料的黏度测试使用的测试仪器型号为：美国博力飞（BROOKFIELD）DV-II+ 可编程控制式黏度计（图 8-39）。

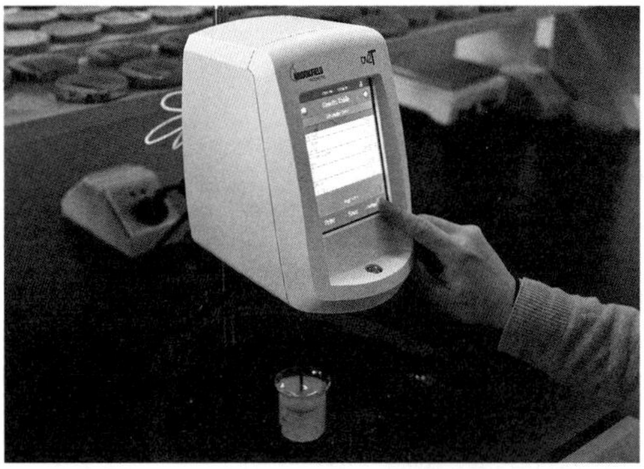

图 8-39　黏度测试试验照片

图 8-40～图 8-49 为同一种修复材料在不同浓度、相同转速下黏度的对比图，黏度特别小的有 AC33；较小的有苯丙、纯丙、硅丙；较大的有桃胶、明胶、牛皮胶、骨胶、ZB-WB-6 以及聚乙烯醇；特别大的有甲基纤维素、黄芪胶、羟甲基纤维素、海藻胶。AC33 随浓度的升高，黏度几乎无变化；ZB-WB-6 随浓度升高，黏度呈不规则下降；其他几种修复材料随浓度升高黏度呈上升趋势。

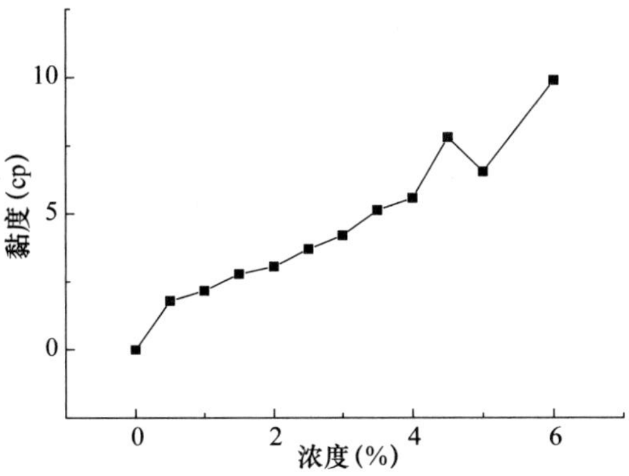

图 8-40　不同浓度的桃胶在转速为 50RPM 时黏度对比图（21.8℃）

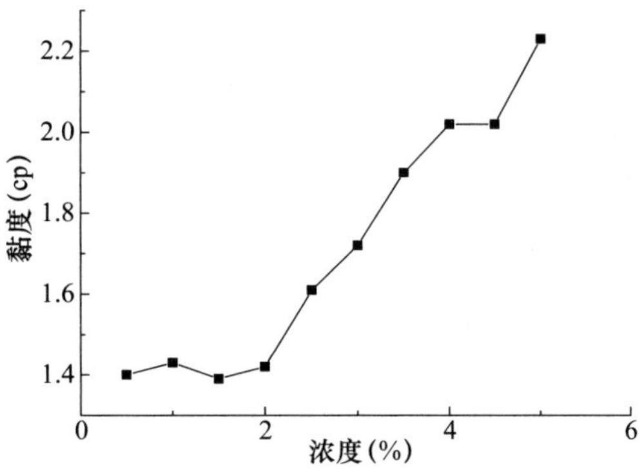

图 8-41　不同浓度的明胶在转速为 100RPM 时黏度对比图（21.8℃）

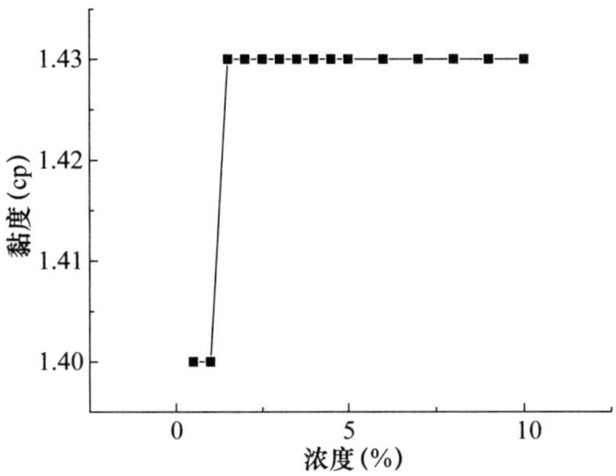

图 8-42　不同浓度的 AC33 在转速为 100RPM 时黏度对比图（21.8℃）

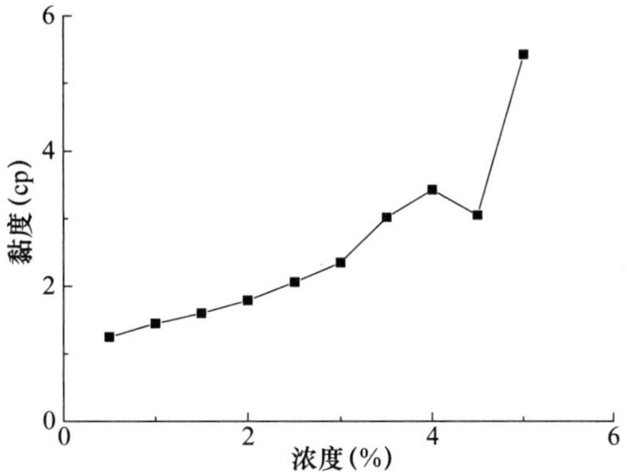

图 8-43　不同浓度的牛皮胶在转速为 100RPM 时黏度对比图（21.8℃）

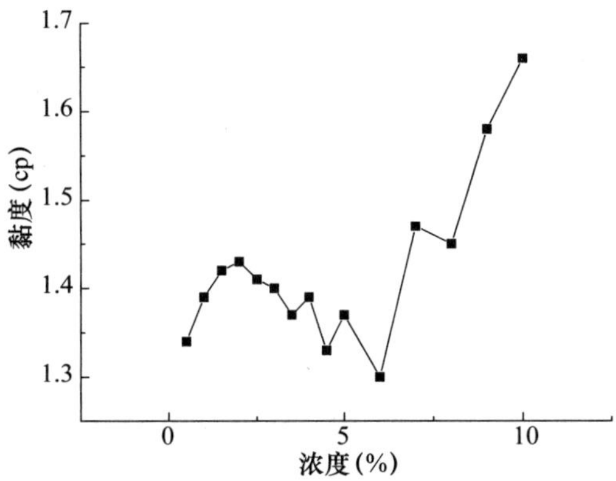

图 8-44　不同浓度的苯丙在转速为 100RPM 时黏度对比图（21.8℃）

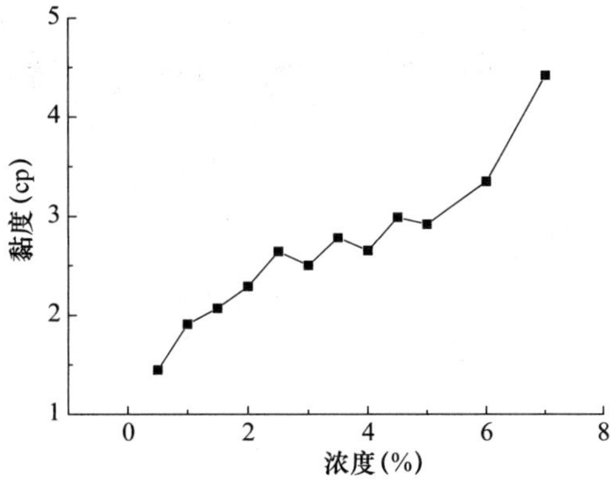

图 8-45　不同浓度的骨胶在转速为 100RPM 时黏度对比图（21.8℃）

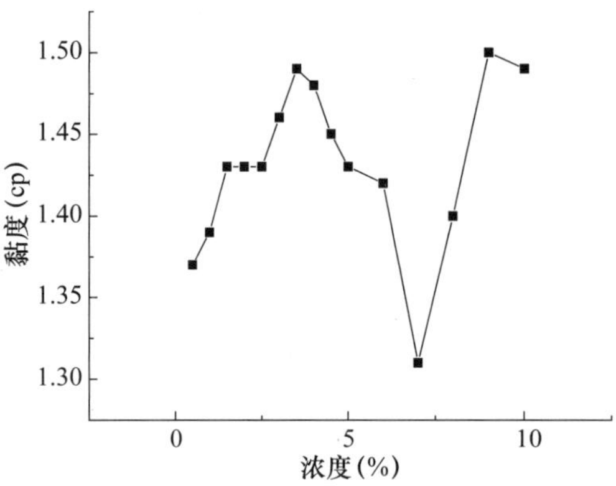

图 8-46　不同浓度的纯丙在转速为 100RPM 时黏度对比图（21.8℃）

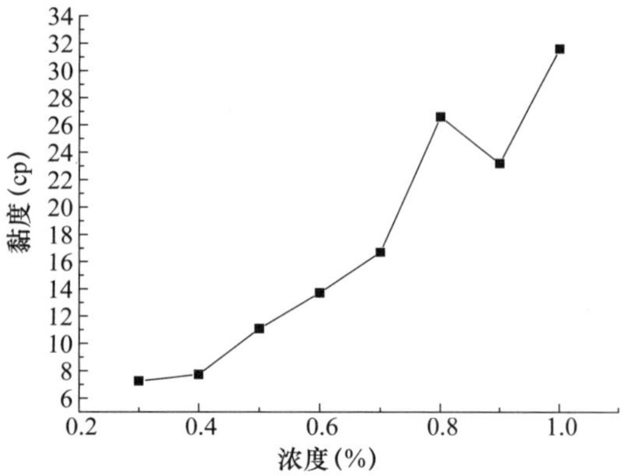

图 8-47　不同浓度的羟甲基纤维素在转速为 10RPM 时黏度对比图（21.8℃）

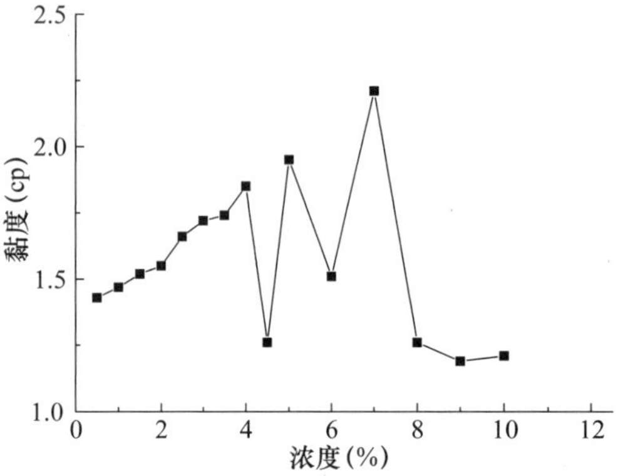

图 8-48　不同浓度的 ZB-WB-6 在转速为 100RPM 时黏度对比图（21.8℃）

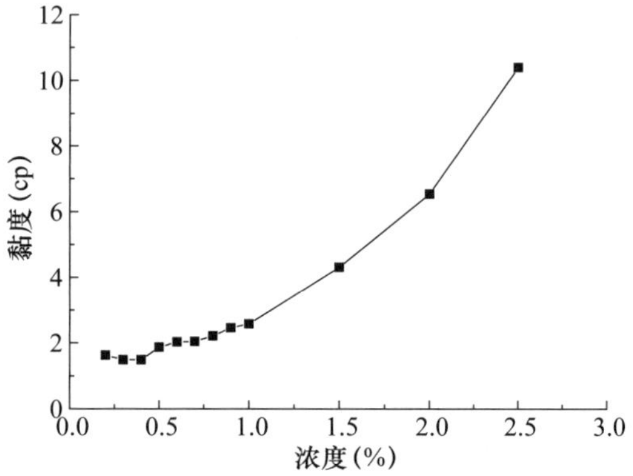

图 8-49　不同浓度的聚乙烯醇在转速为 50RPM 时黏度对比图（21.8℃）

图 8-50　表面张力测试试验

4. 表面张力

本次采用苏州江东精密仪器有限公司生产的 QZBY-3 型表面张力仪，采用铂金板法对不同浓度的 14 种修复材料进行了表面张力的测试（图 8-50）。其具有全自动测量、全程自动校准、全量程一键清零、准确性自动校准、温度自动补偿、多功能数据处理软件等特点。

从图 8-51～图 8-81 可以看出，在温度为 21.8℃时，除黄芪胶外，绝大多数不同浓度的同一种修复材料表面张力值随修复材料浓度的升高呈现一种不规则的下降趋势；海藻胶、黄芪胶随浓度的升高表面张力下降幅度比较大，而 ZB-WB-6、聚乙烯醇随浓度的升高表面张力变化不明显。从图 8-81 中可以看出，桃胶和聚乙烯醇在这 10 种修复材料中表面张力最大，ZB-WB-6 表面张力最小，

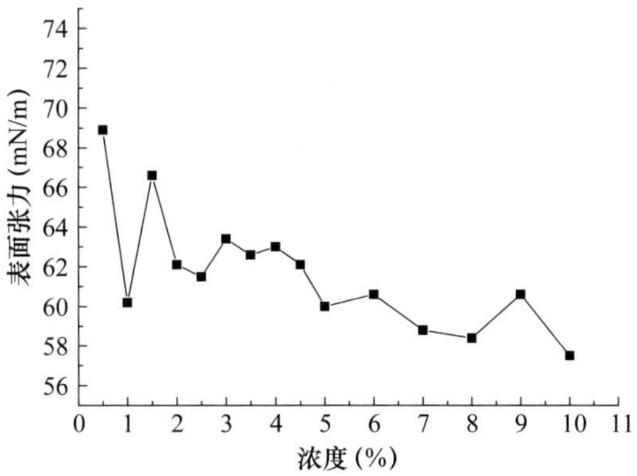

图 8-51　不同浓度的桃胶表面张力对比图
（21.8℃）

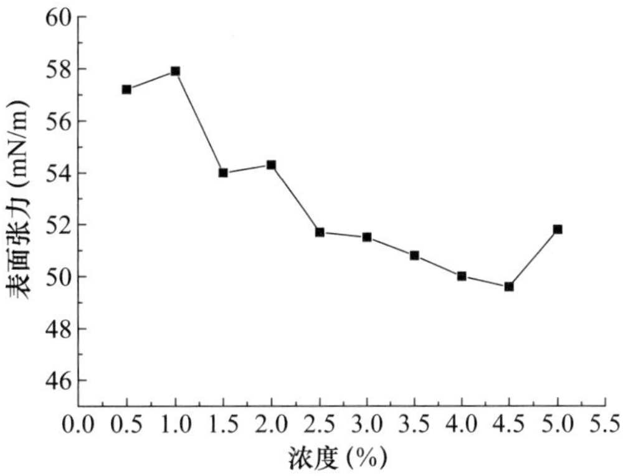

图 8-52　不同浓度的明胶表面张力对比图
（21.8℃）

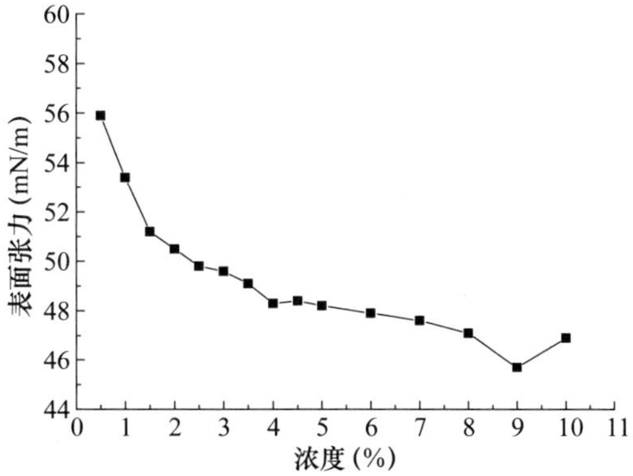

图 8-53　不同浓度的丙烯酸表面张力对比图
（21.8℃）

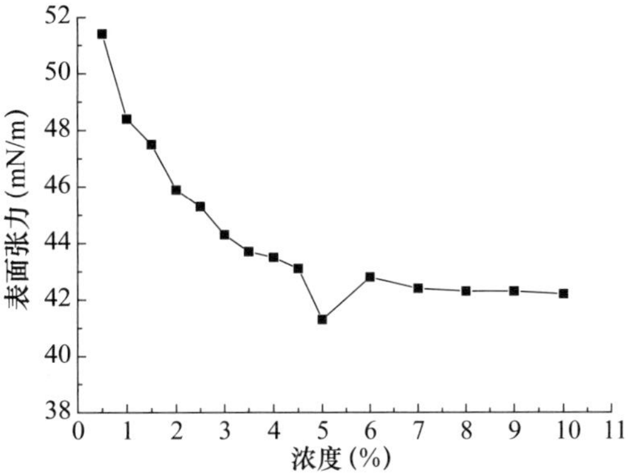

图 8-54　不同浓度的硅丙表面张力对比图
（21.8℃）

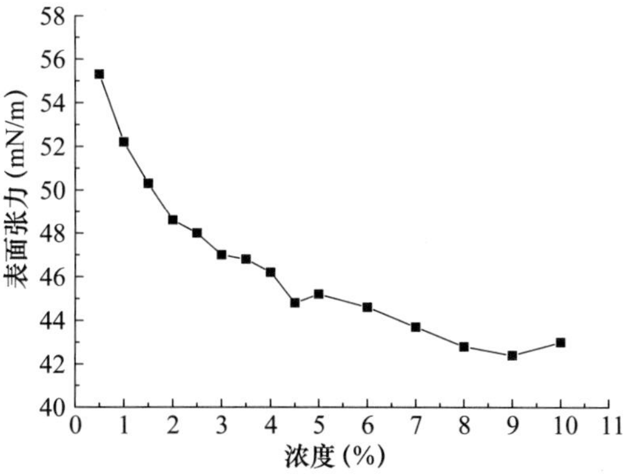

图 8-55　不同浓度的苯丙表面张力对比图
（21.8℃）

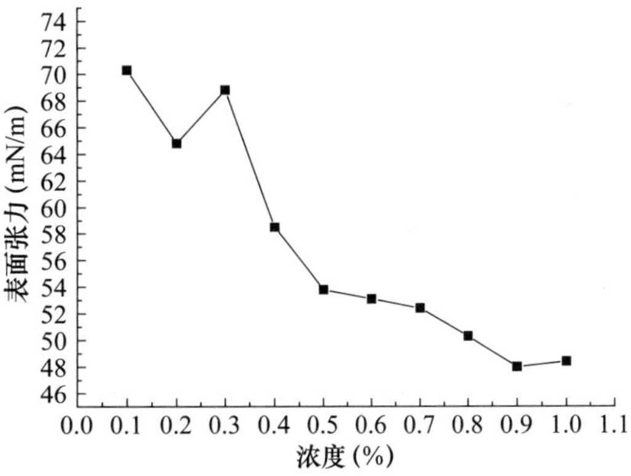

图 8-56　不同浓度的海藻胶表面张力对比图
（21.8℃）

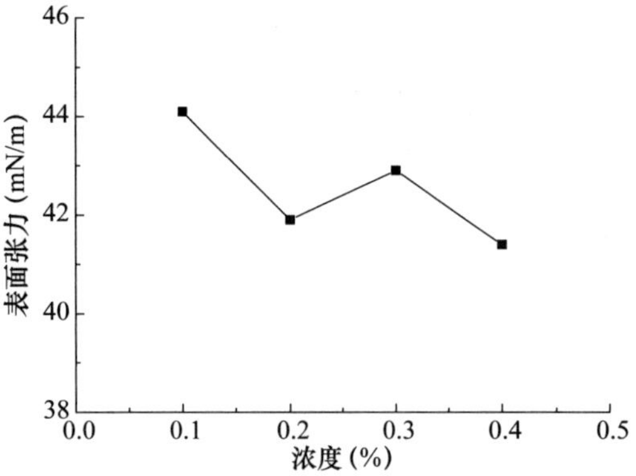

图 8-57　不同浓度的甲基纤维素表面张力对比图（21.8℃）

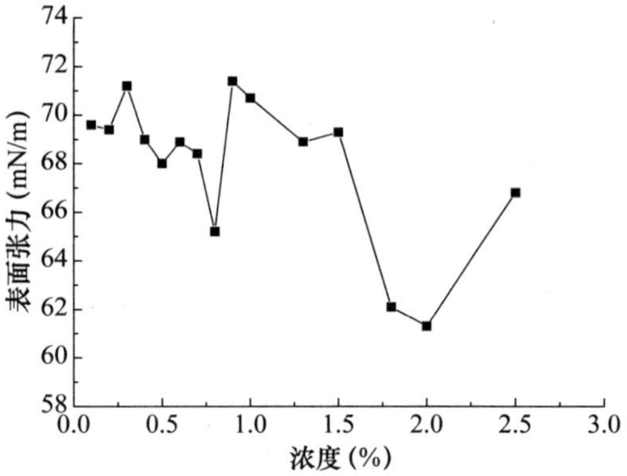

图 8-58　不同浓度的羟甲基纤维素表面张力对比图（21.8℃）

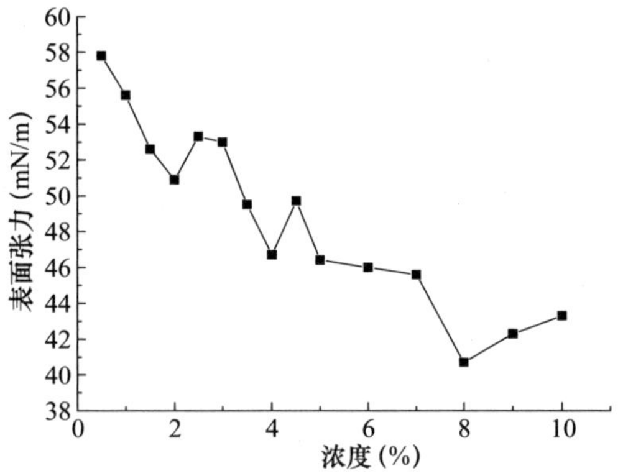

图 8-59　不同浓度的骨胶表面张力对比图（21.8℃）

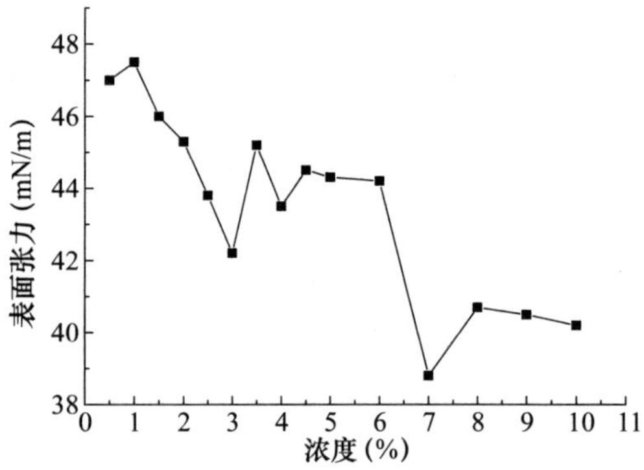

图 8-60　不同浓度的牛皮胶表面张力对比图（21.8℃）

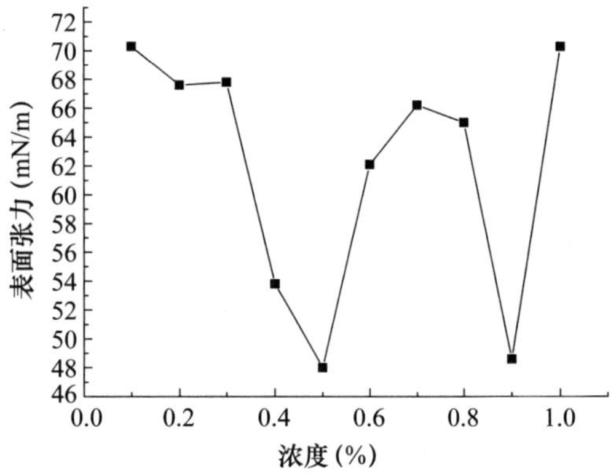

图 8-61　不同浓度的黄芪胶表面张力对比图（21.8℃）

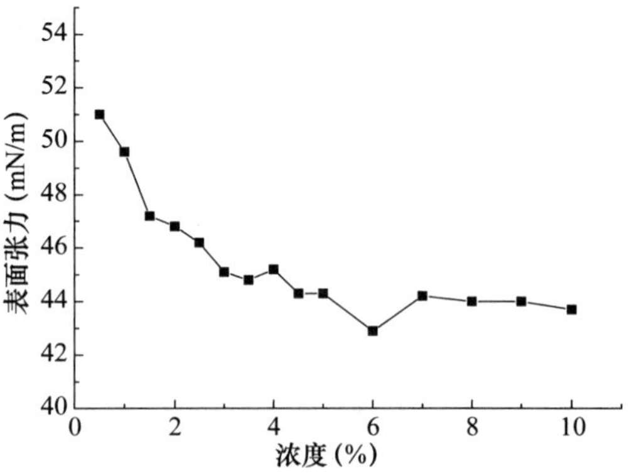

图 8-62　不同浓度的 AC33 表面张力对比图（21.8℃）

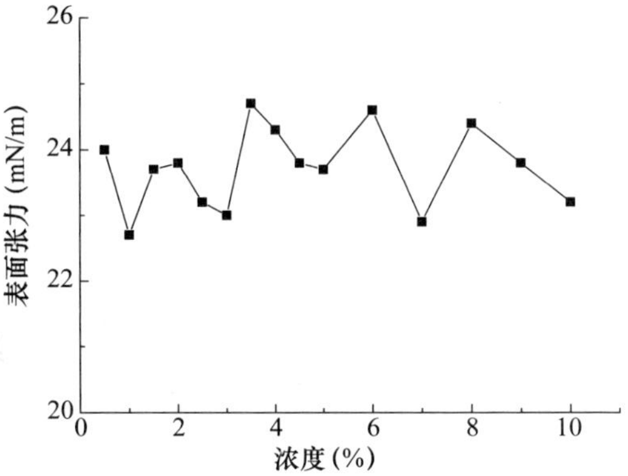

图 8-63　不同浓度的 ZB-WB-6 表面张力对比图（21.8℃）

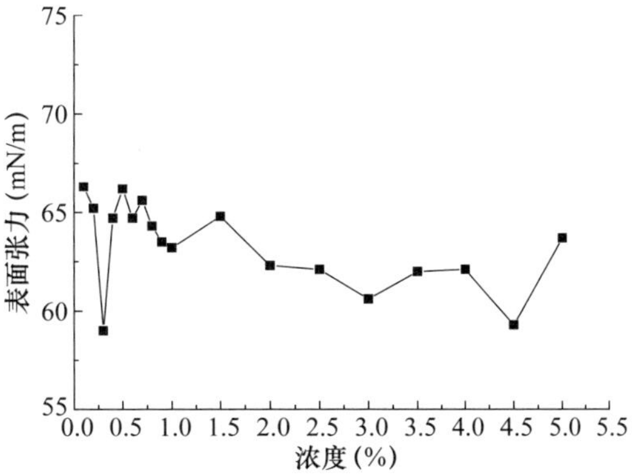

图 8-64　不同浓度的聚乙烯醇表面张力对比图（21.8℃）

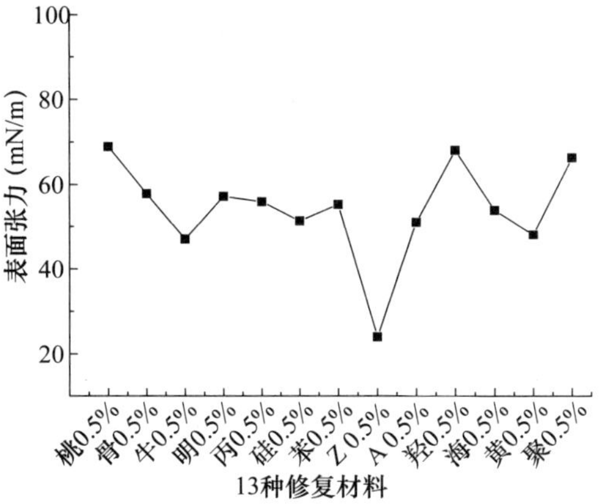

图 8-65　浓度为 0.5% 的 13 种修复材料表面张力对比图（21.8℃）

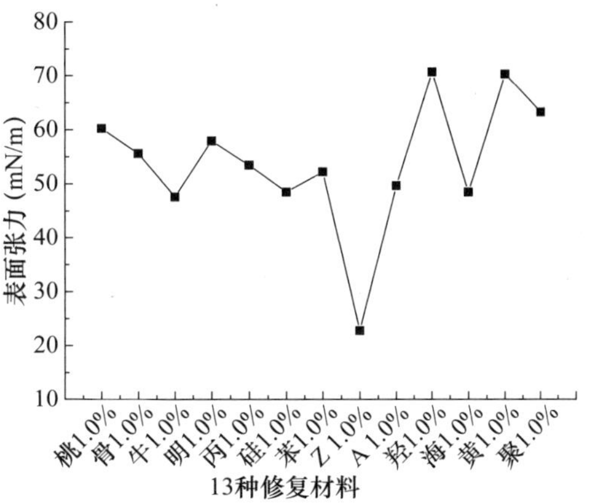

图 8-66　浓度为 1.0% 的 13 种修复材料表面张力对比图（21.8℃）

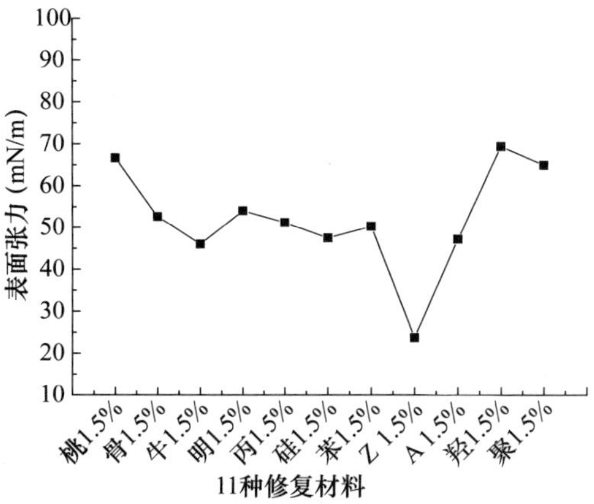

图 8-67　浓度为 1.5% 的 11 种修复材料表面张力对比图（21.8℃）

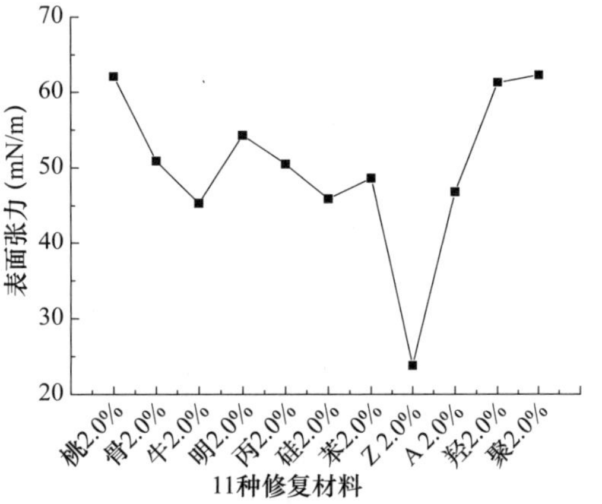

图 8-68　浓度为 2.0% 的 11 种修复材料表面张力对比图（21.8℃）

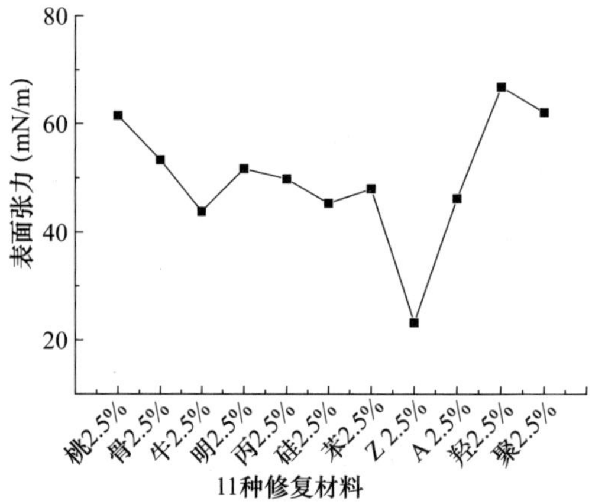

图 8-69　浓度为 2.5% 的 11 种修复材料表面张力对比图（21.8℃）

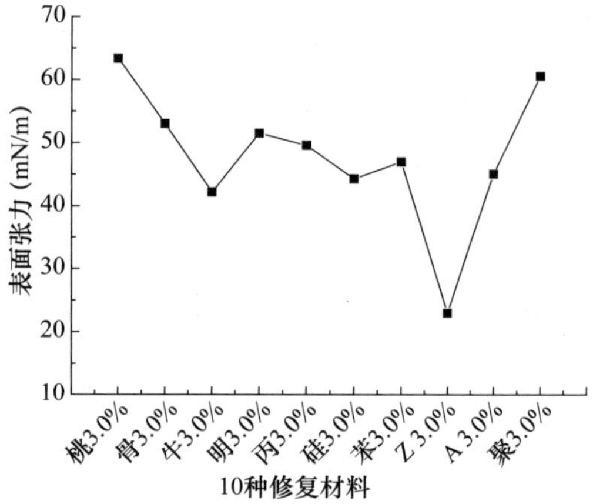

图 8-70　浓度为 3.0% 的 10 种修复材料表面张力对比图（21.8℃）

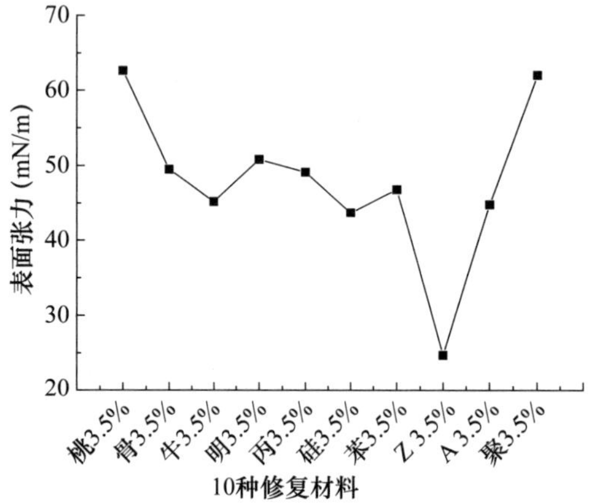

图 8-71　浓度为 3.5% 的 10 种修复材料表面张力对比图（21.8℃）

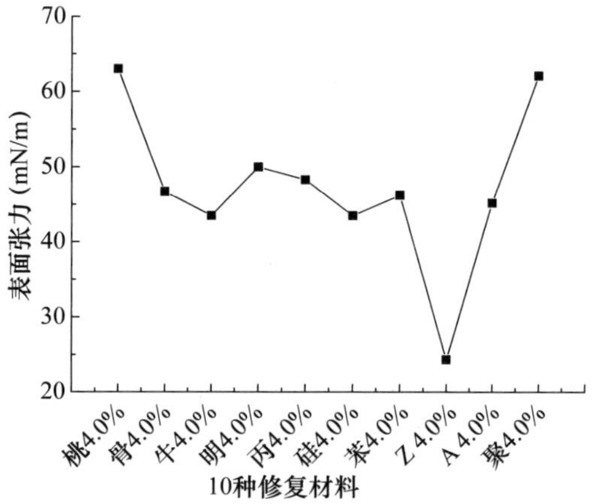

图 8-72　浓度为 4.0% 的 10 种修复材料表面张力对比图（21.8℃）

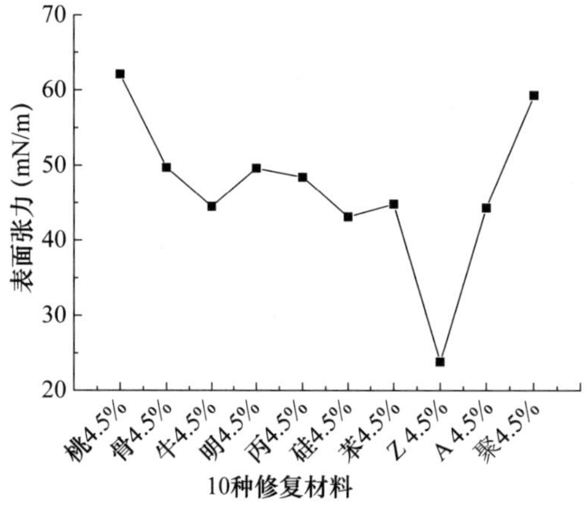

图 8-73　浓度为 4.5% 的 10 种修复材料表面张力对比图（21.8℃）

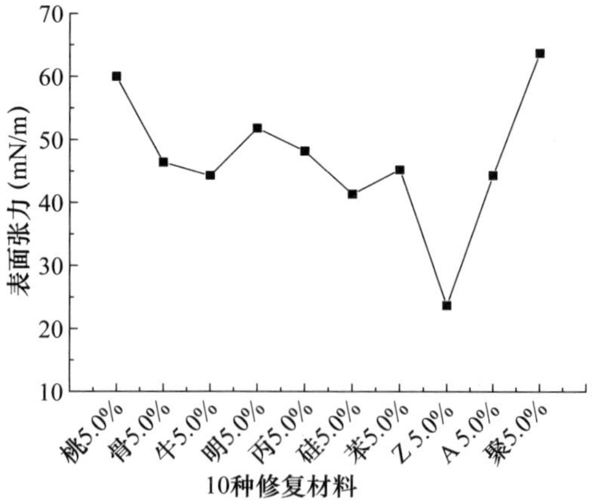

图 8-74　浓度为 5.0% 的 10 种修复材料表面张力对比图（21.8℃）

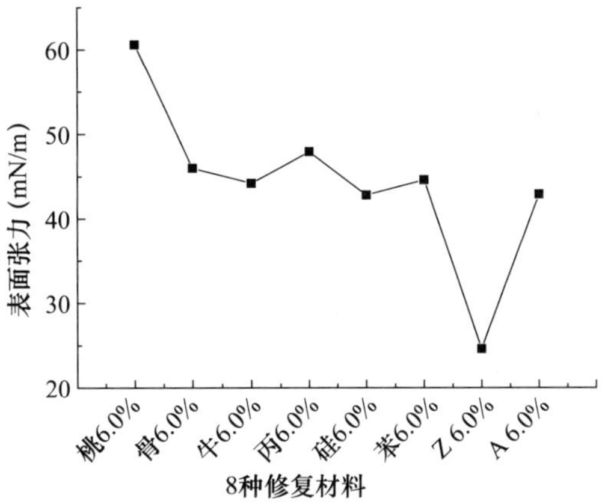

图 8-75　浓度为 6.0% 的 8 种修复材料表面张力对比图（21.8℃）

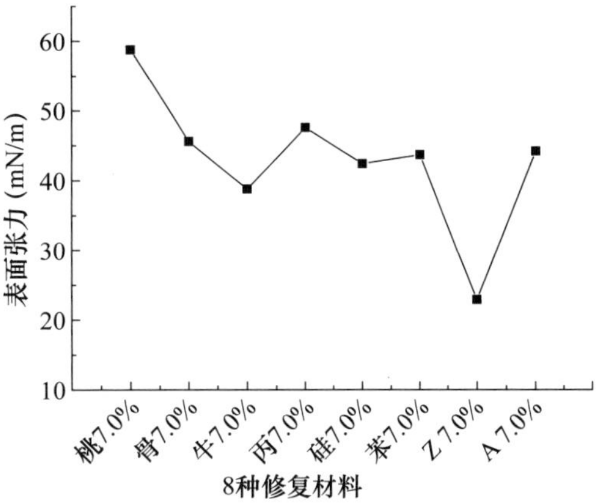

图 8-76　浓度为 7.0% 的 8 种修复材料表面张力对比图（21.8℃）

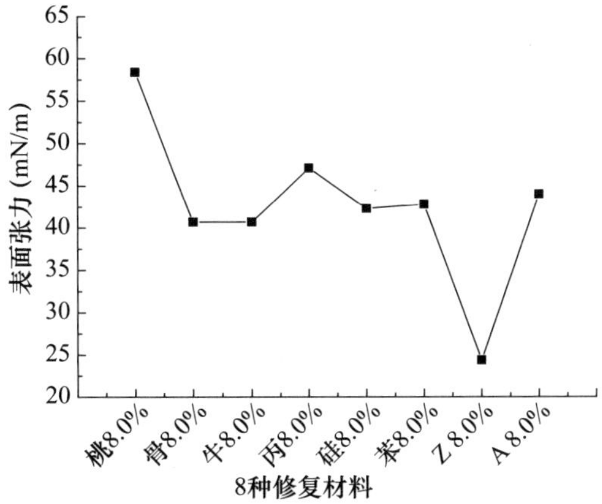

图 8-77　浓度为 8.0% 的 8 种修复材料表面张力对比图（21.8℃）

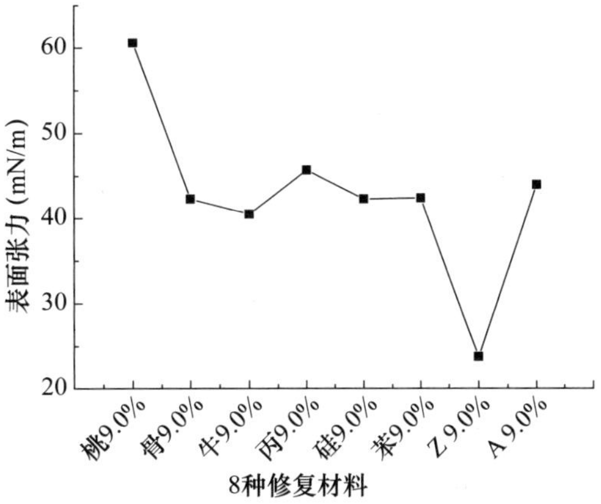

图 8-78　浓度为 9.0% 的 8 种修复材料表面张力对比图（21.8℃）

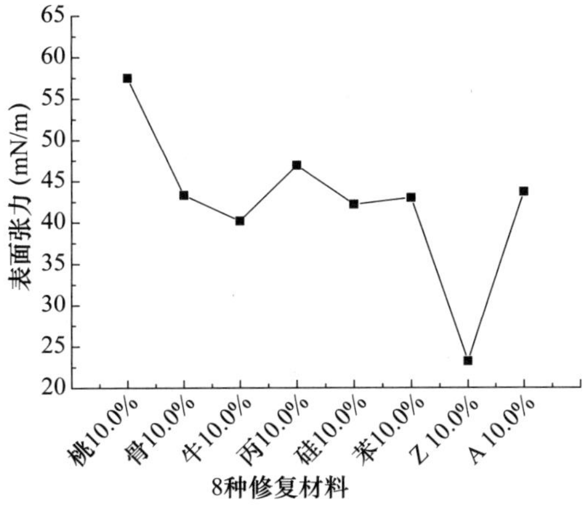

图 8-79　浓度为 10.0% 的 8 种修复材料表面张力对比图（21.8℃）

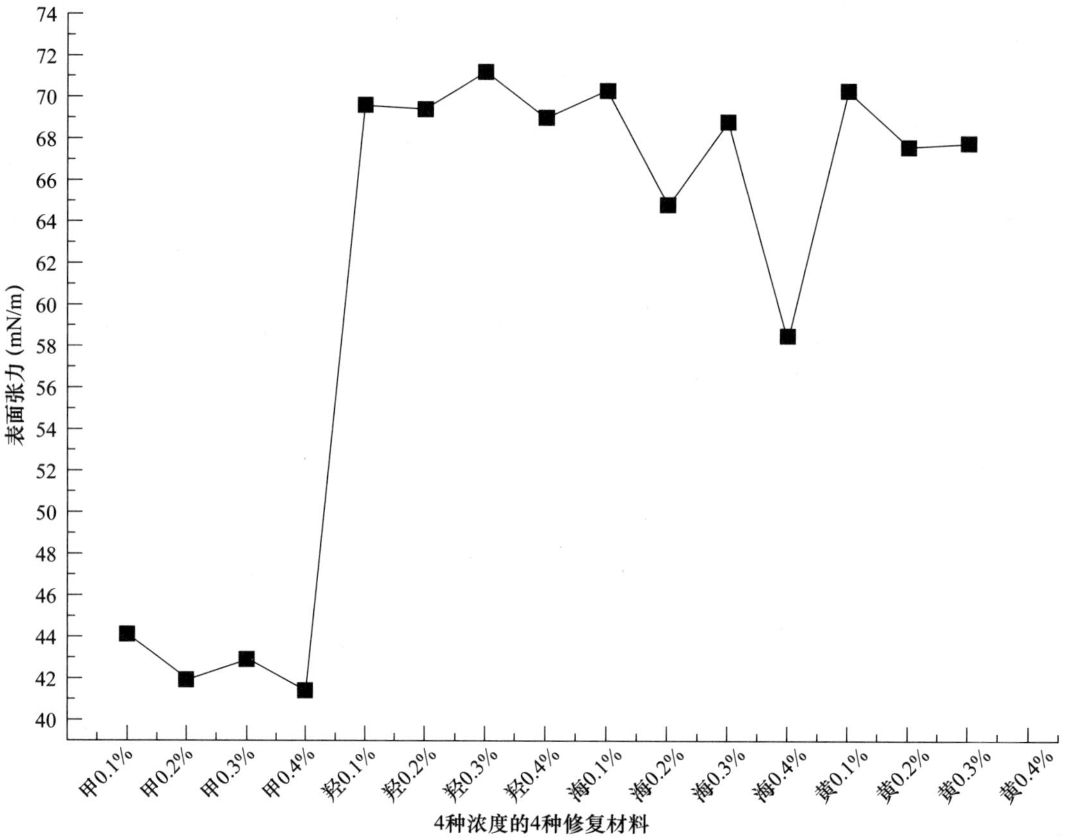

图 8-80　4 种浓度的四种修复材料表面张力对比图（21.8℃）

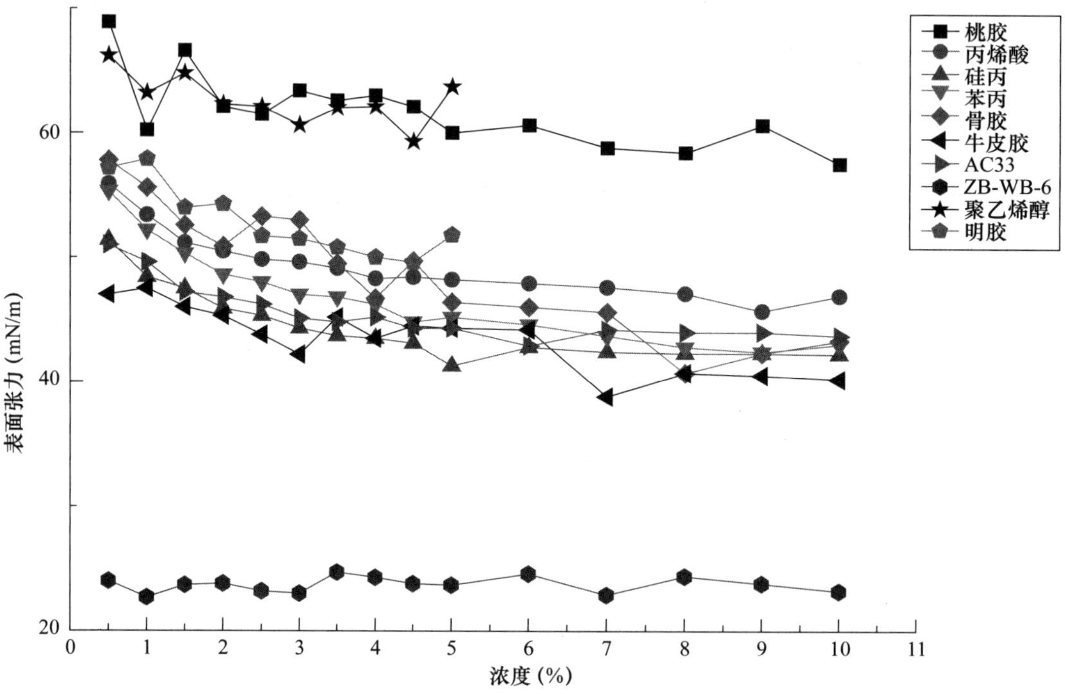

图 8-81　不同浓度的 10 种修复材料表面张力对比图（21.8℃）

其余修复材料表面张力由大到小（主要是有极个别的点交织在一起）大概排序为明胶、骨胶、丙烯酸、苯丙、AC33、硅丙、牛皮胶。因为甲基纤维素、羟甲纤维素、海藻胶以及黄芪胶在水中的溶解度比较低，所以配置的浓度比较低，没有放在图 8-81 中进行比较，但是从图 8-65、图 8-66 中可以看出，表面张力相对较大的几种修复材料为桃胶、甲基纤维素和聚乙烯醇，最小的为 ZB-WB-6；0.5% 黄芪胶与 1.0% 的黄芪胶表面张力变化幅度较大，从浓度为 0.5% 时表面张力为 48mN/m，到浓度为 1.0% 时，表面张力突然变为 70.3mN/m，与水的表面张力值接近。

5. 渗透性

分别取 11mL 不同浓度的各种加固材料，加固直径为 9cm 的 5% 的明胶模拟试块，通过记录渗透完 11mL 所需时间来判断各种修复材料渗透性的好坏，其是检测修复材料好坏的一项重要指标。

从图 8-82～图 8-94 可以看出，除纯丙、ZB-WB-6 和羟甲基纤维素外，相同材料、不同浓度渗透时间随着浓度的增加而增加，从图 8-95～图 8-100 可以看出，渗透时间相对较长的修复材料有羟甲基纤维素、海藻胶、甲基纤维素和 2% 的聚乙烯醇；最短

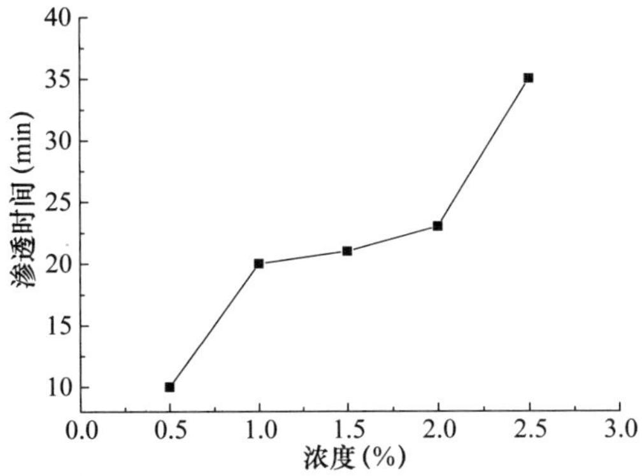

图 8-82　不同浓度的 AC33 渗透时间对比图

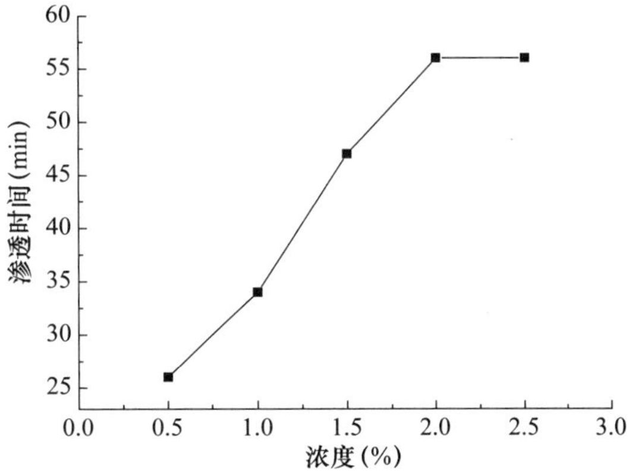

图 8-83　不同浓度的苯丙渗透时间对比图

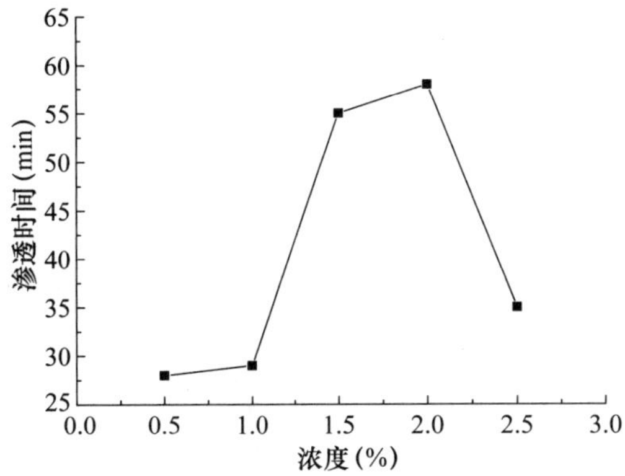

图 8-84　不同浓度的纯丙渗透时间对比图

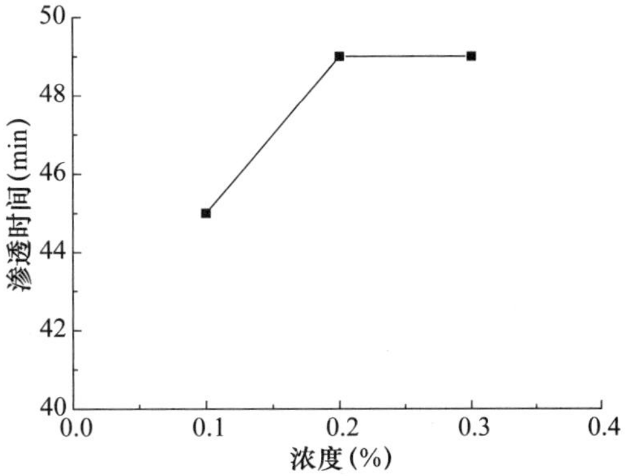

图 8-85　不同浓度的黄芪胶渗透时间对比图

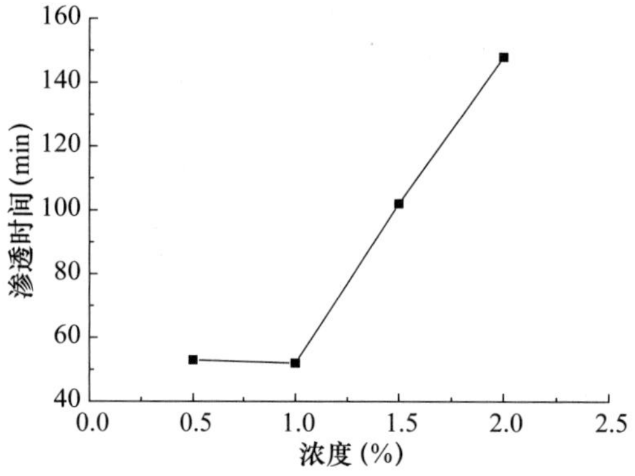

图 8-86　不同浓度的桃胶渗透时间对比图

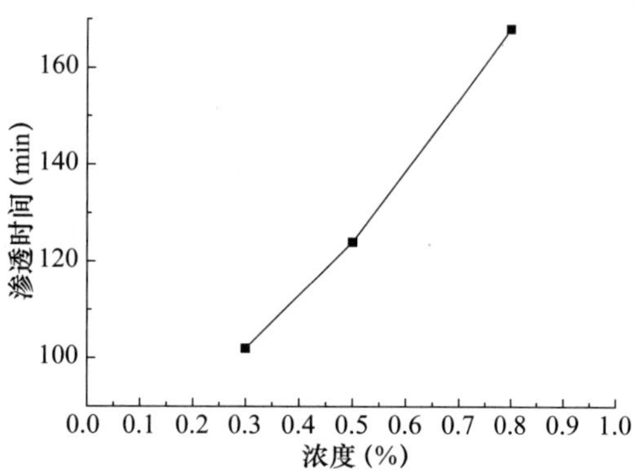

图 8-87　不同浓度的海藻胶渗透时间对比图

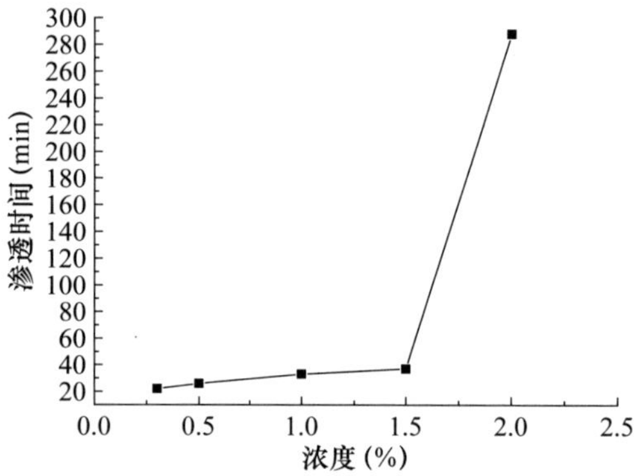

图 8-88　不同浓度的聚乙烯醇渗透时间对比图

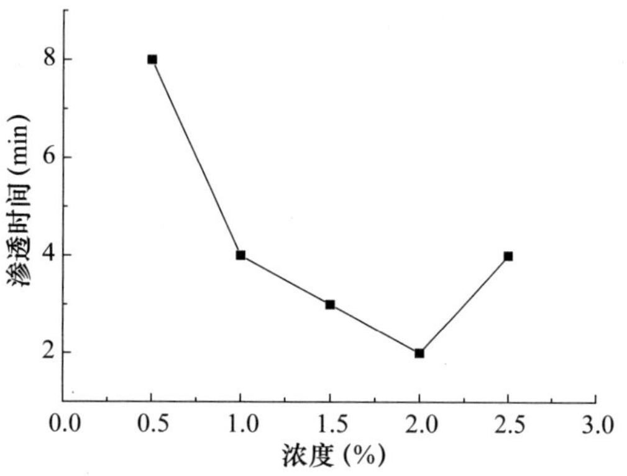

图 8-89　不同浓度的 ZB-WB-6 渗透时间对比图

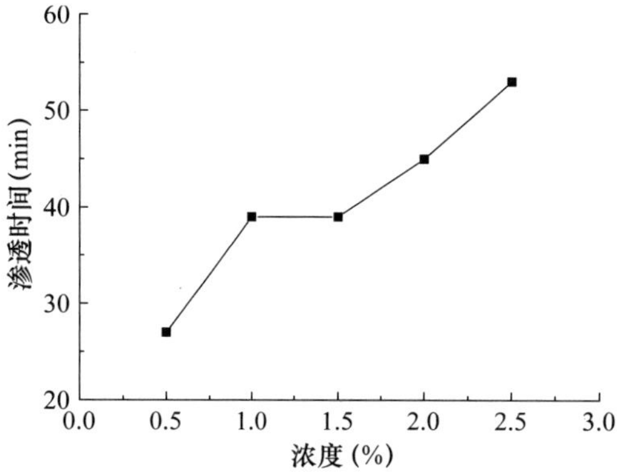

图 8-90　不同浓度的硅丙渗透时间对比图

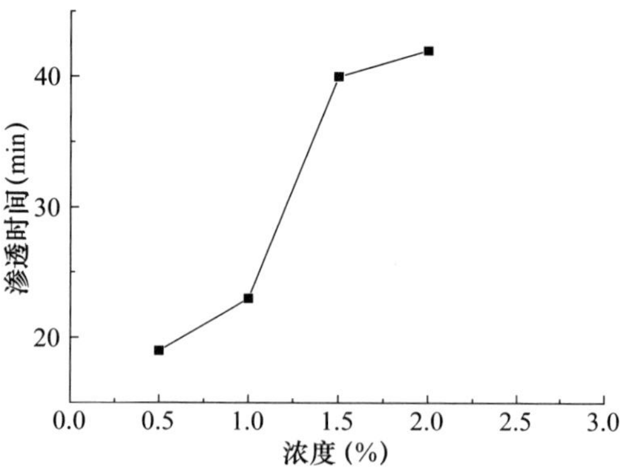

图 8-91　不同浓度的骨胶渗透时间对比图

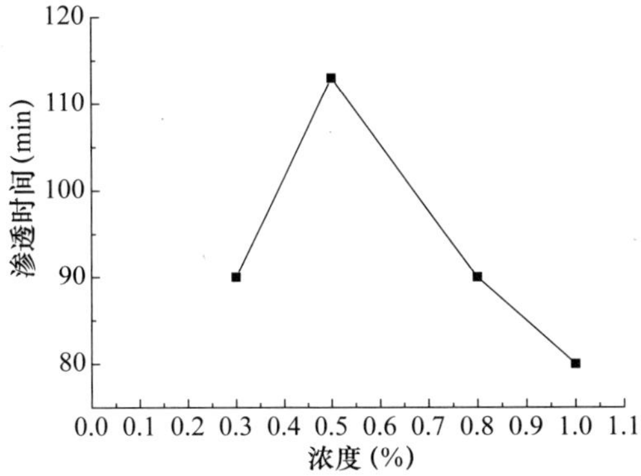

图 8-92　不同浓度的羟甲基纤维素渗透时间对比图

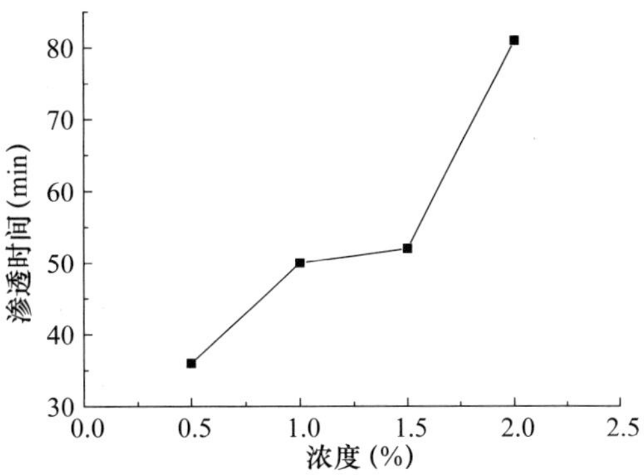

图 8-93　不同浓度的牛皮胶渗透时间对比图

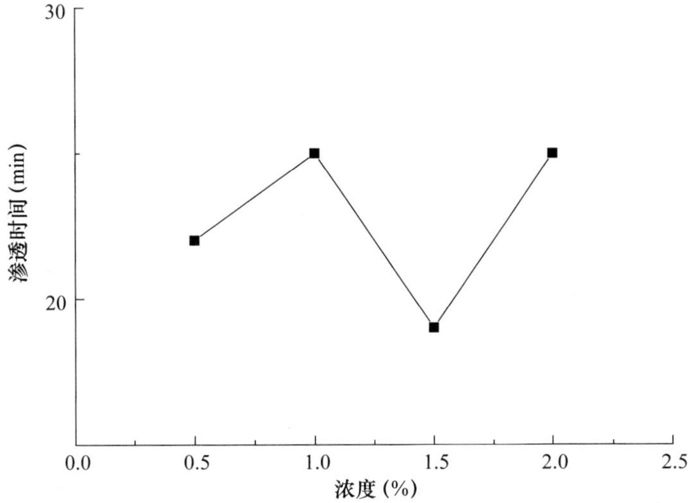

图 8-94　不同浓度的明胶渗透时间对比图

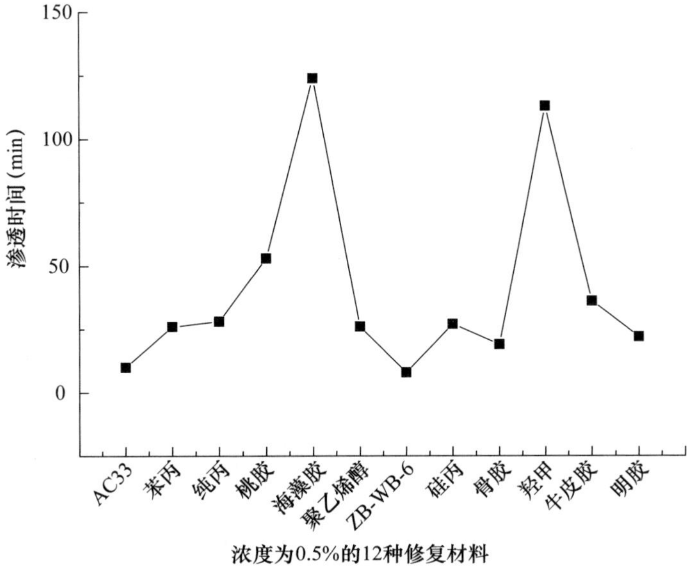

图 8-95　浓度为 0.5% 的 12 种修复材料渗透时间对比图

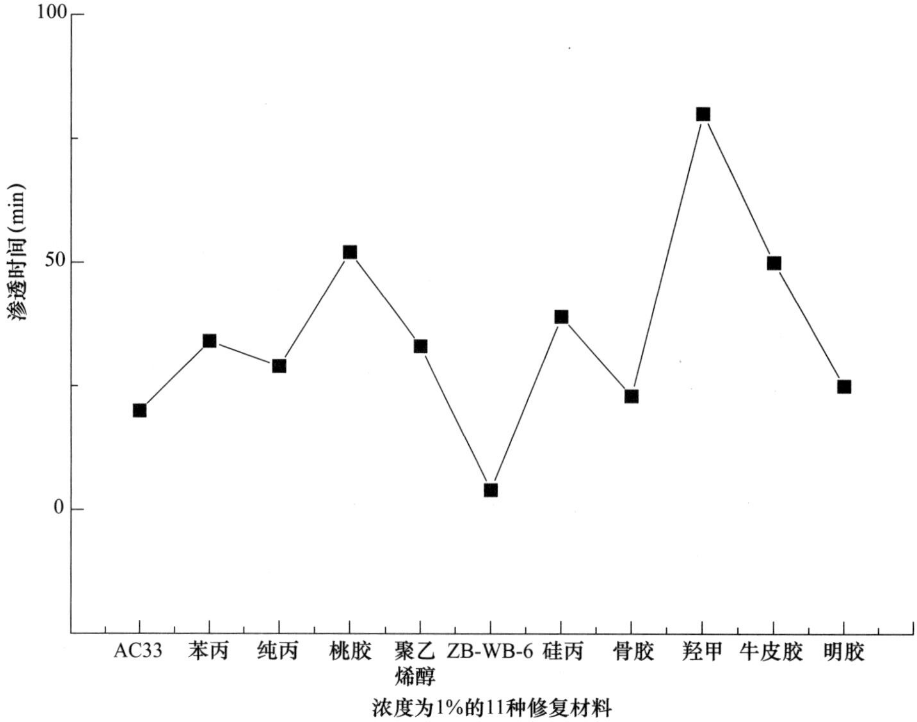

图 8-96　浓度为 1.0% 的 11 种修复材料渗透时间对比图

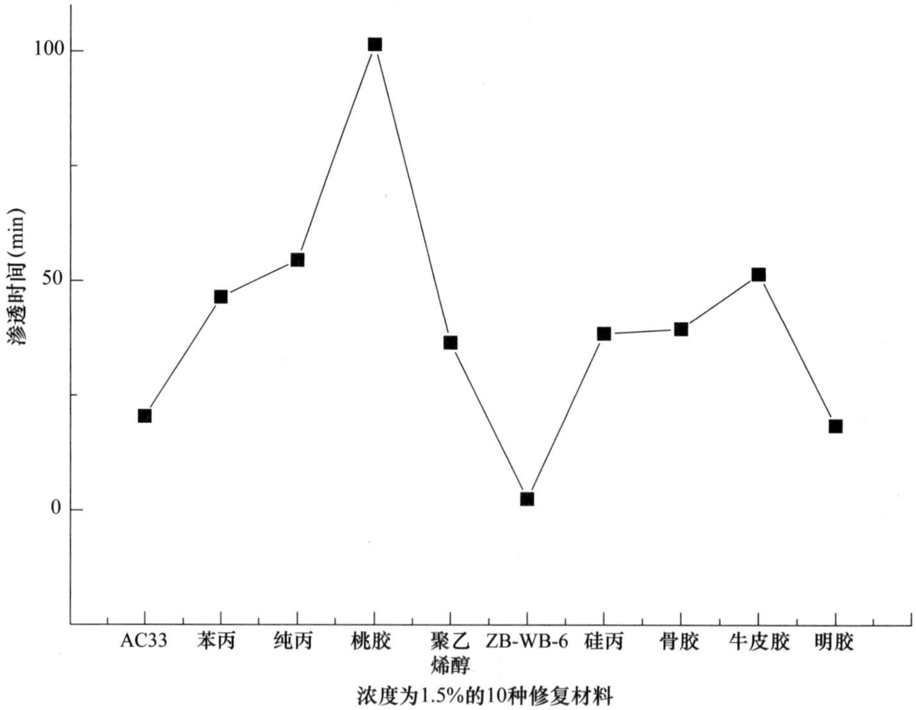

图 8-97　浓度为 1.5% 的 10 种修复材料渗透时间对比图

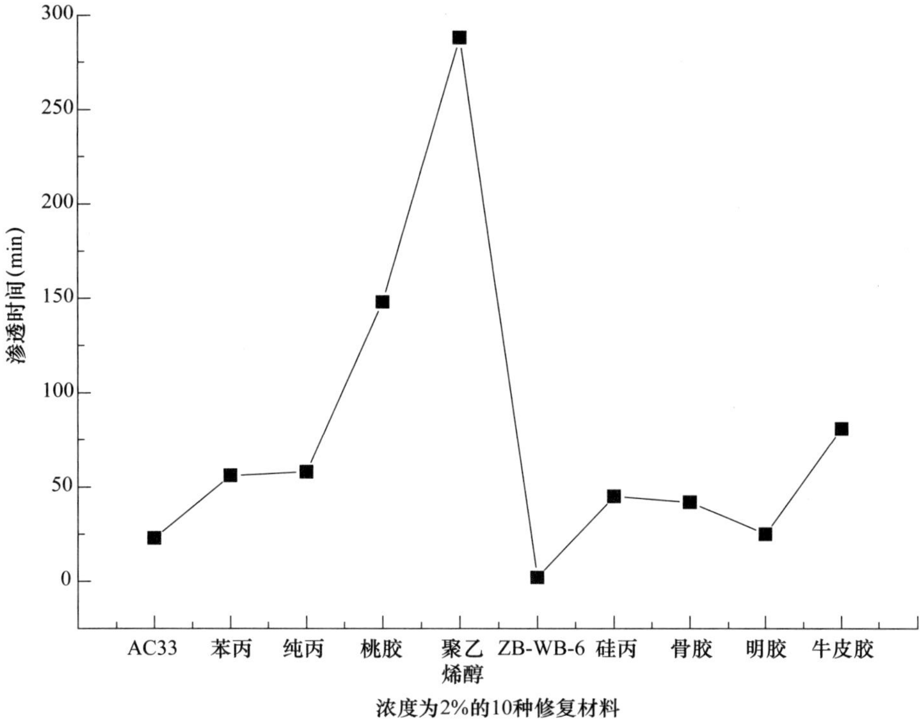

图 8-98　浓度为 2.0% 的 10 种修复材料渗透时间对比图

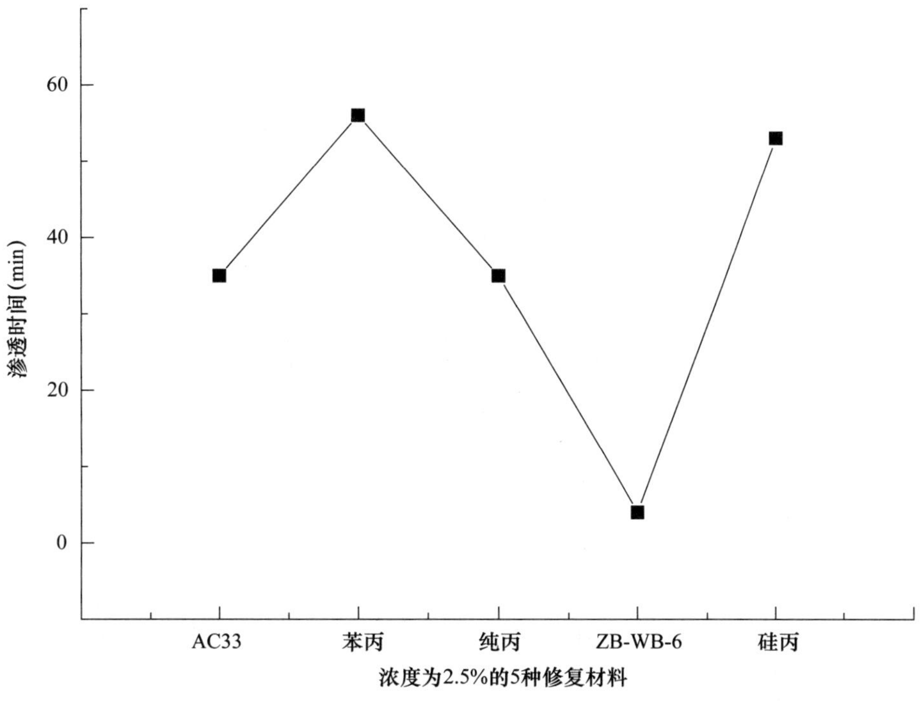

图 8-99　浓度为 2.5% 的 5 种修复材料渗透时间对比图

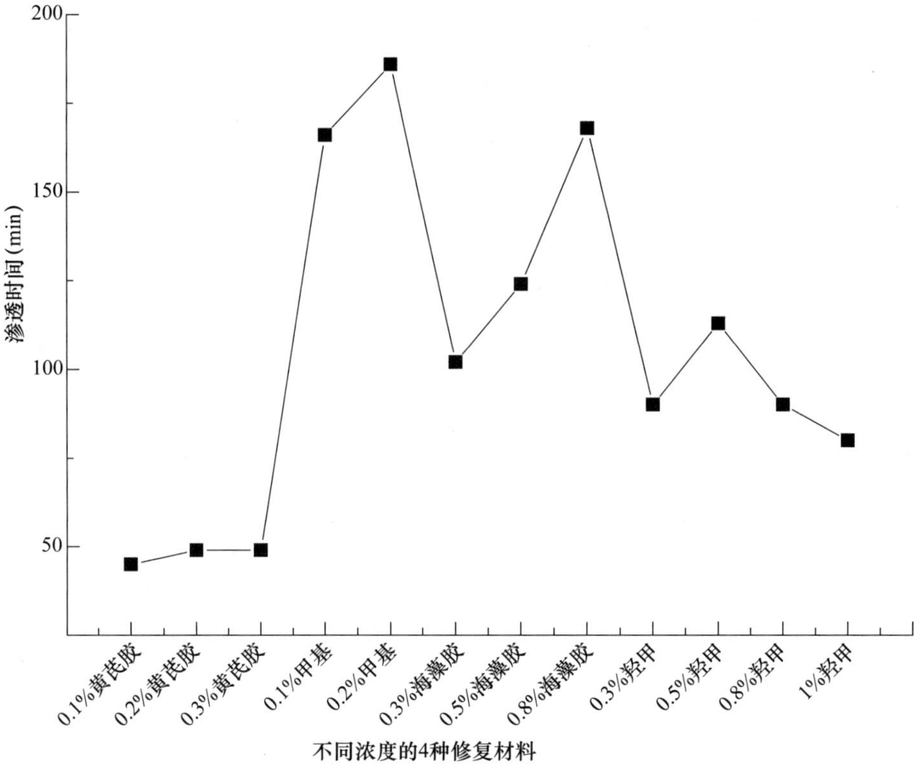

图 8-100　不同浓度的 4 种修复材料渗透时间对比图

的为 ZB-WB-6；其余相差不大。

6. 透气性

分别取 10mL 不同浓度的不同加固材料，加固直径为 9cm 的 6% 的明胶模拟试块，加固完成后，将模拟试块放置在盛有固定质量蒸馏水的烧杯中，然后用石蜡将其密封，放置在室温下，每天固定时间对其进行称重，经过一定时间后，通过计算烧杯中减少水的质量来判断修复材料的透气性好坏。

从图 8-101～图 8-112 的可以看出，绝大多数的修复材料透气性随着浓度的增加而降低，但大多数不是很明显。聚乙烯醇随浓度增大透气性降低较明显。从图 8-113～图 8-117 可以看出，硅丙、AC33 的透气性相对较差，明胶、海藻胶透气性较好，其余的相差不太大；透气性由好到差的顺序分别为海藻胶、明胶、黄芪胶、骨胶、羟甲基纤维素、聚乙烯醇、甲基纤维素、桃胶、牛皮胶、纯丙、苯丙、硅丙、AC33。

7. 耐老化性

（1）起甲。用 8% 的明胶模拟试块在温度为 55℃的烘箱内烘 3h，然后取出在室温下给试块以雾状喷水，打湿试块表层，稍干后，放置在 55℃的烘箱内继续烘 3h，五次循环后，试块产生颜料层起甲病害，然后用各种浓度的不同材料加固起甲试块，加固完成后，放在可程式恒温恒湿箱内进行循环老化，温度为 25℃，湿度为 80%，

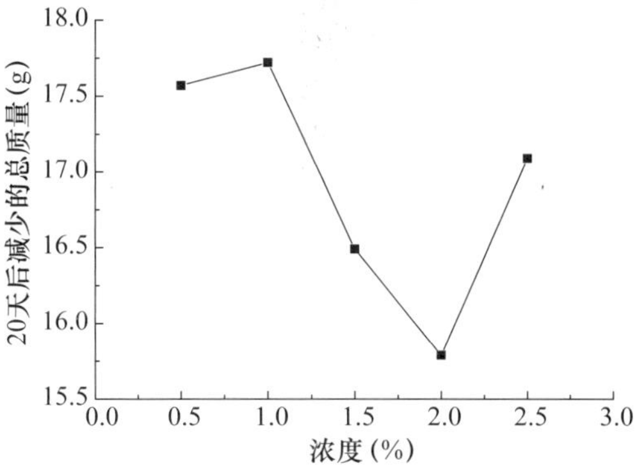

图 8-101　不同浓度的 AC33 经过 20 天后透气性试验对比图

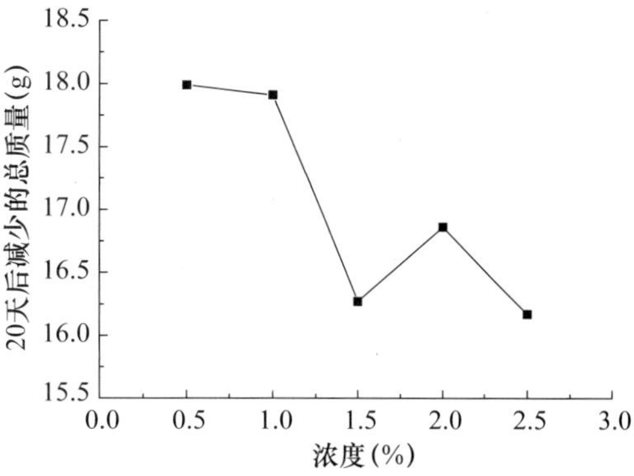

图 8-102　不同浓度的苯丙经过 20 天后透气性试验对比图

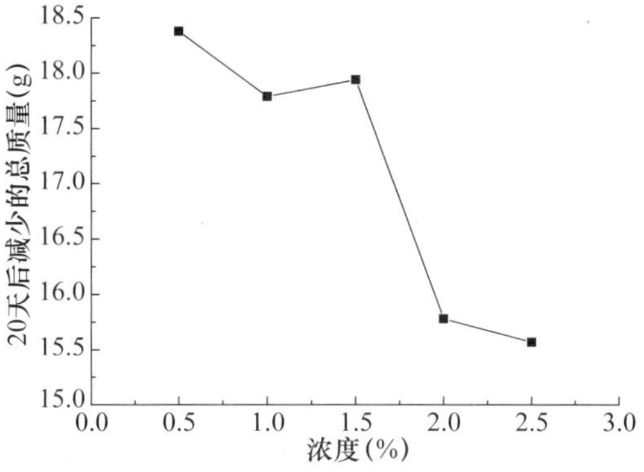

图 8-103　不同浓度的纯丙经过 20 天后透气性试验对比图

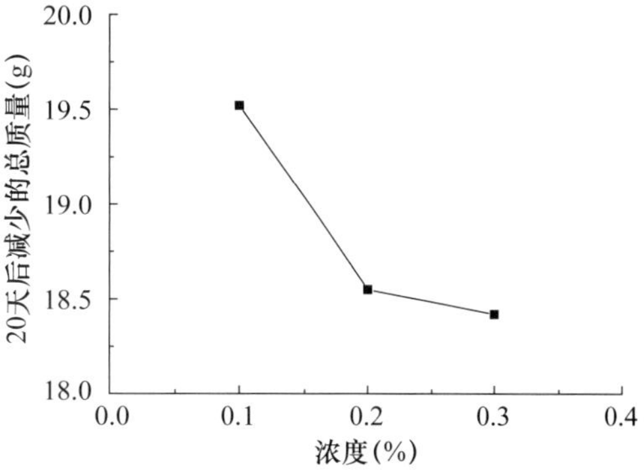

图 8-104　不同浓度的黄芪胶经过 20 天后透气性试验对比图

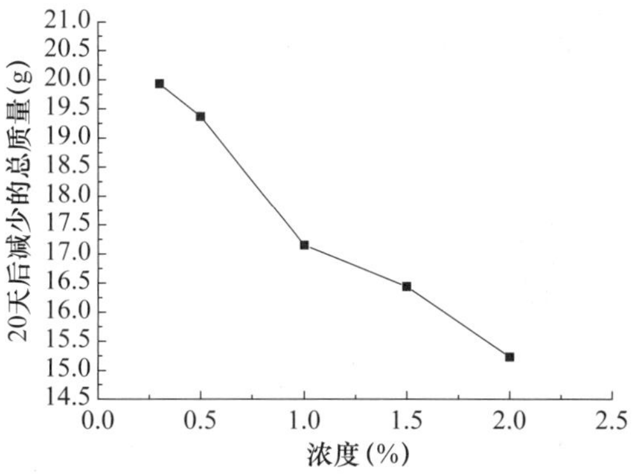

图 8-105　不同浓度的聚乙烯醇经过 20 天后透气性试验对比图

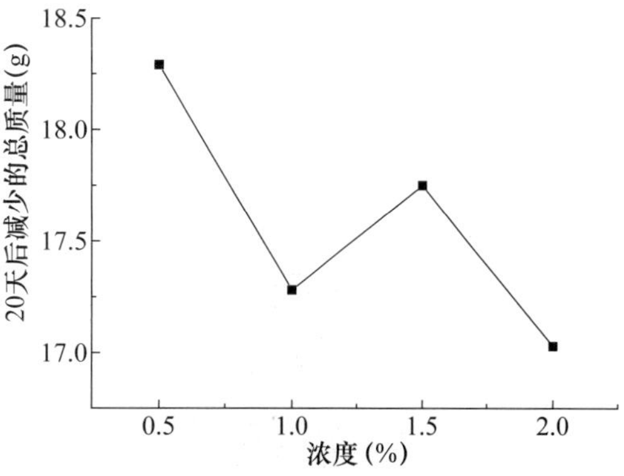

图 8-106　不同浓度的牛皮胶经过 20 天后透气性试验对比图

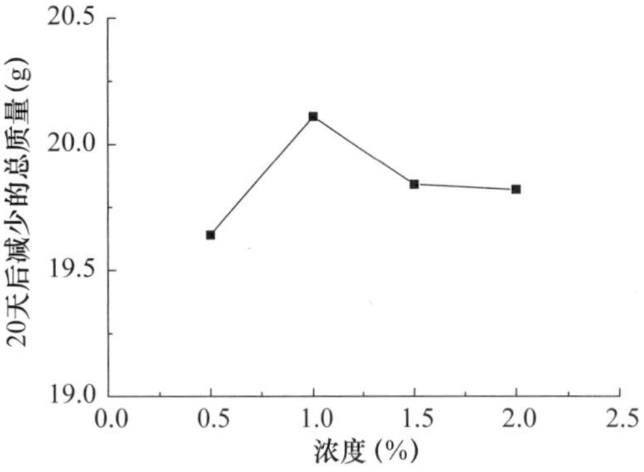

图 8-107　不同浓度的明胶经过 20 天后透气性试验对比图

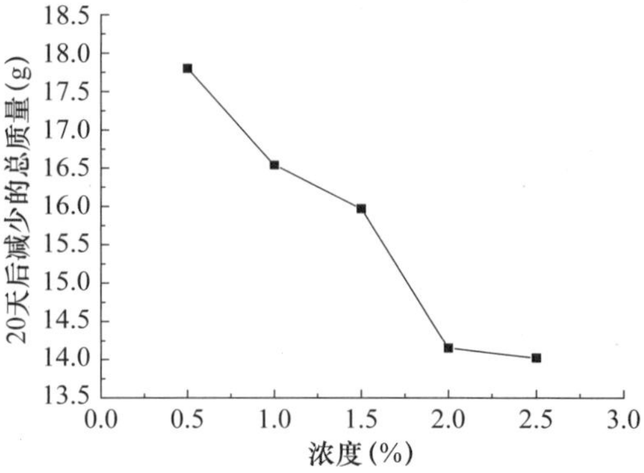

图 8-108　不同浓度的硅丙经过 20 天后透气性试验对比图

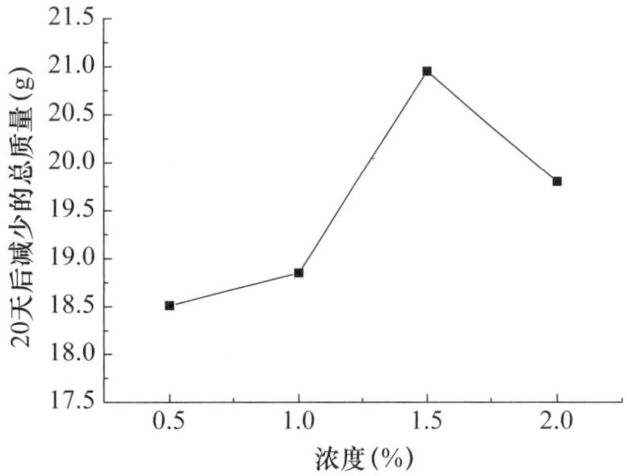

图 8-109　不同浓度的桃胶经过 20 天后透气性试验对比图

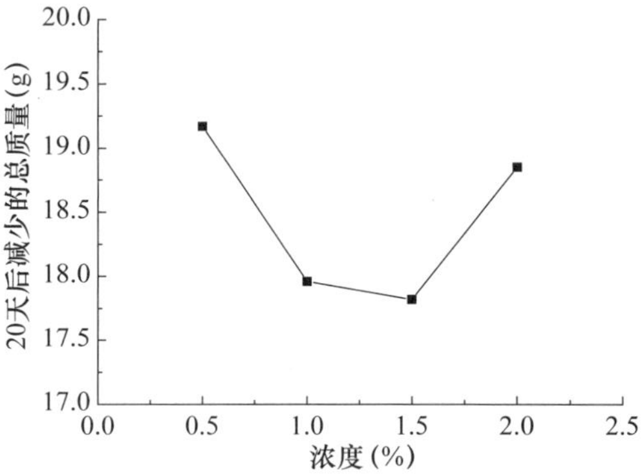

图 8-110　不同浓度的骨胶经过 20 天后透气性试验对比图

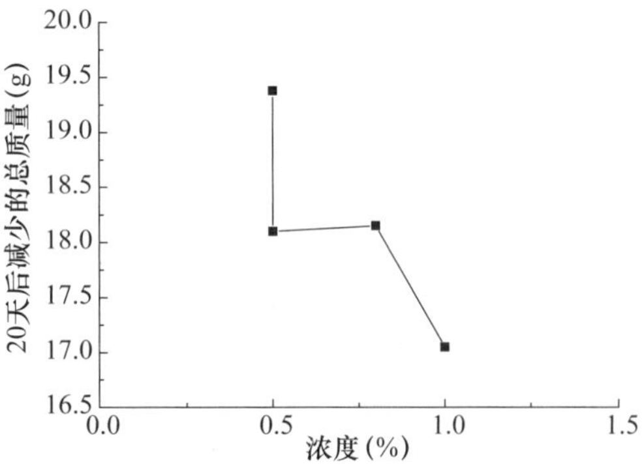

图 8-111　不同浓度的羟甲基纤维素经过 20 天后透气性试验对比图

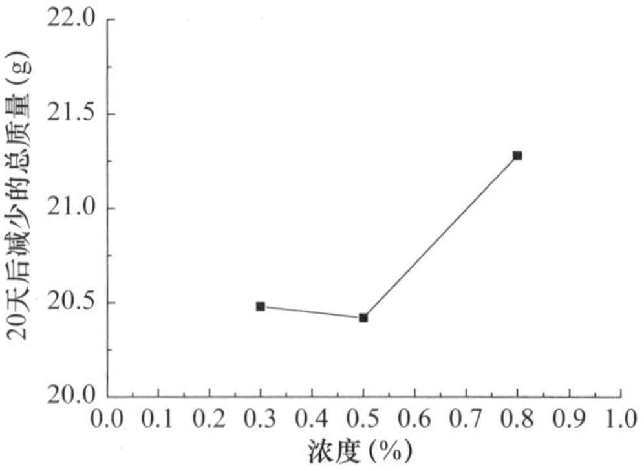

图 8-112　不同浓度的海藻胶经过 20 天后透气性试验对比图

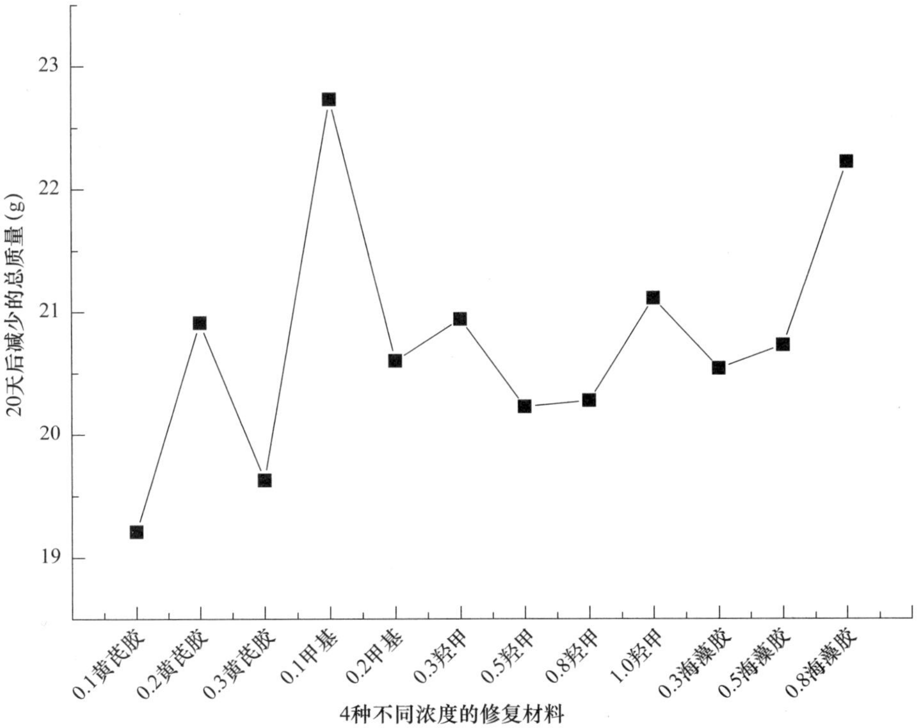

图 8-113　4 种不同浓度修复材料经过 20 天后透气性试验对比图

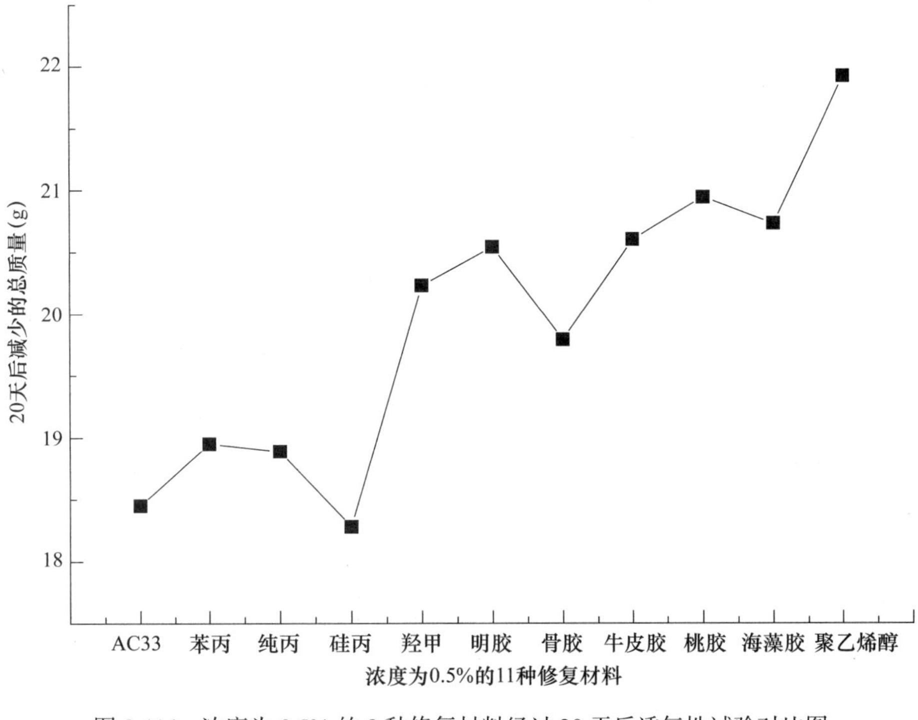

图 8-114　浓度为 0.5% 的 8 种修复材料经过 20 天后透气性试验对比图

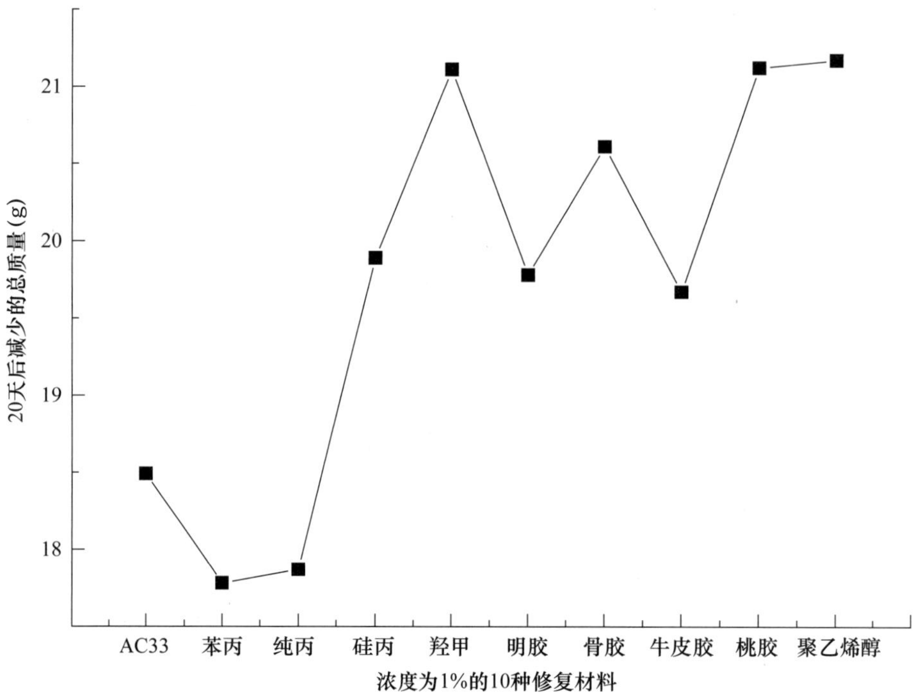

图 8-115　浓度为 1.0% 的 8 种修复材料经过 20 天后透气性试验对比图

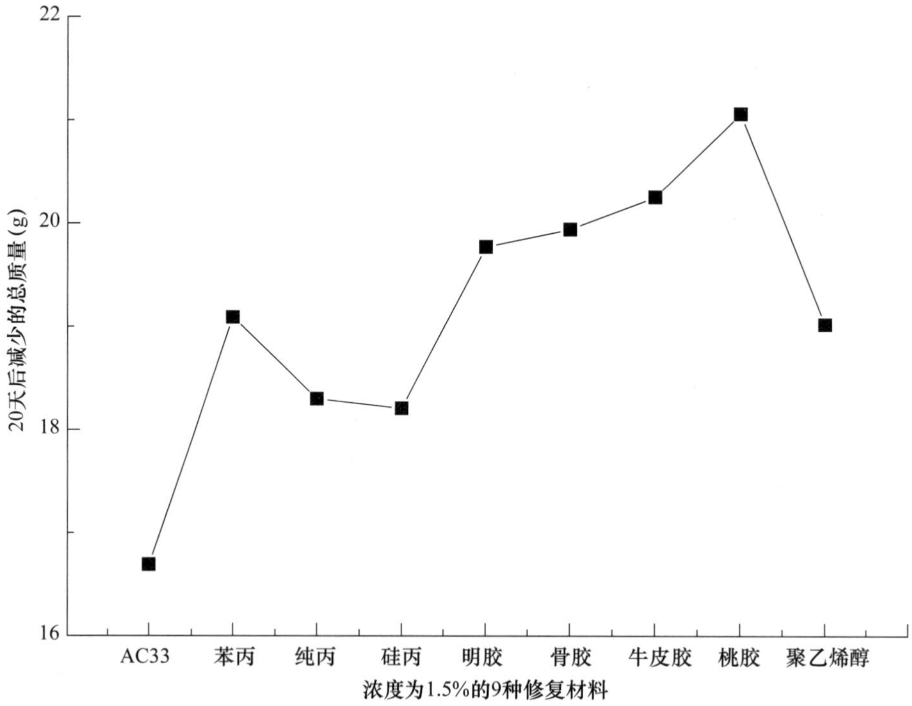

图 8-116　浓度为 1.5% 的 9 种修复材料经过 20 天后透气性试验对比图

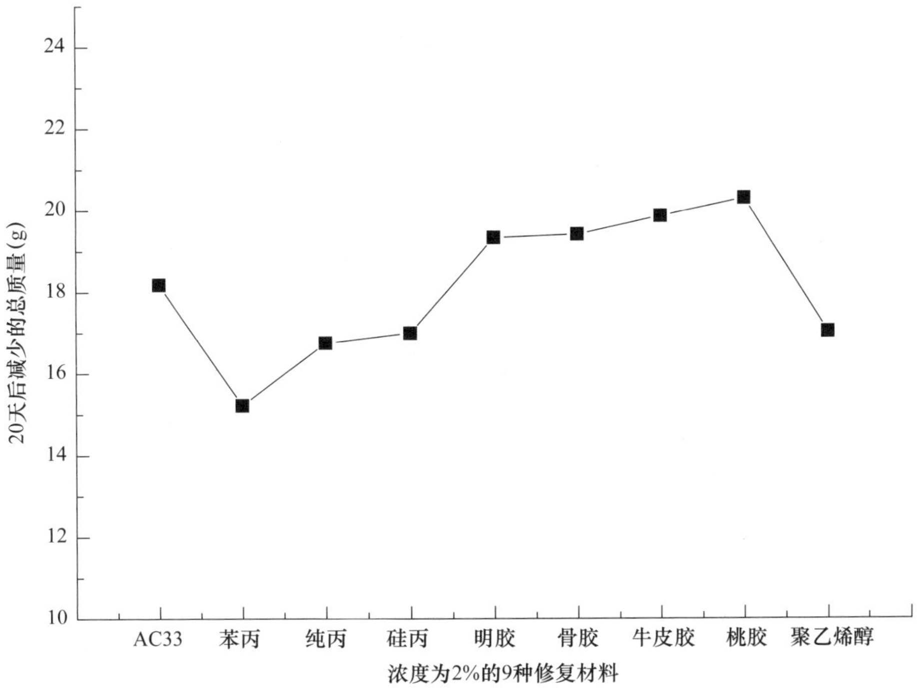

图 8-117　浓度为 2.0% 的 9 种修复材料经过 20 天后透气性试验对比图

循环 6h；温度为 55℃时，湿度为 30%，循环 6h；这样高湿、低湿为一个小循环，总计 12h，总共循环了 20 个循环后取出拍照监测，宏观观察试块的变化情况；同时，对起甲后、起甲加固后以及加固老化后的试块均进行了取样，用电子显微镜在微观下观察颗粒的变化，从微观上判断试块变化的程度。图 8-118～图 8-130 为部分浓度的各种修复材料加固后与 20 个循环老化后对比照片。图 8-131～图 8-162 为加固老化前、后微观电镜对比图。

图 8-118　2.5% AC33 加固后与 20 个循环老化后对比照

总的来说，将起甲模拟试块修复后，由于一些低浓度的胶结材料黏性较差，放在室温稍干后就会有些起翘现象，例如 0.5% 的 AC33、苯丙等。将加固后的模拟试

图 8-119　2.5% 苯丙加固后与 20 个循环老化后对比照

图 8-120　0.3% 黄芪胶加固后与 20 个循环老化后对比照

图 8-121　2.5% 纯丙加固后与 20 个循环老化后对比照

图 8-122　0.3% 羟甲纤维素加固后与 20 个循环老化后对比照

图 8-123　0.3% 甲基纤维素加固后与 20 个循环老化后对比照

图 8-124　2.0% 明胶加固后与 20 个循环老化后对比照

图 8-125　2.5% 硅丙加固后与 20 个循环老化后对比照

图 8-126　2.0% 骨胶加固后与 20 个循环老化后对比照

图 8-127　2.0% 牛皮胶加固后与 20 个循环老化后对比照

图 8-128　2.0% 桃胶加固后与 20 个循环老化后对比照

图 8-129　0.8% 海藻胶加固后与 20 个循环老化后对比照

图 8-130　2.0% 聚乙烯醇加固后与 20 个循环老化后对比照

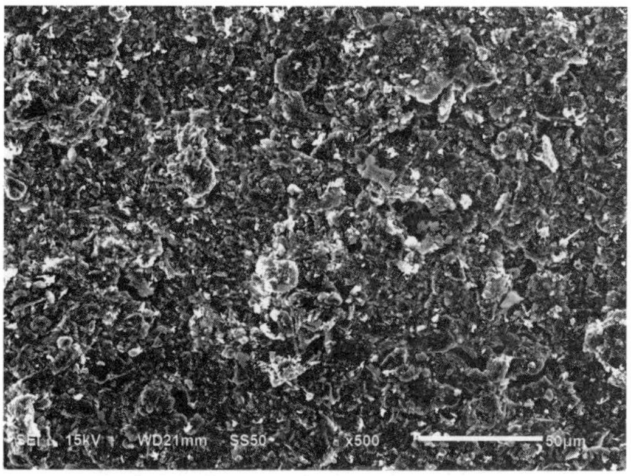

图 8-131　8% 明胶模拟试块起甲后电镜图（500 倍）

图 8-132　0.5% AC33 起甲加固老化前后对比电镜图（1000 倍）

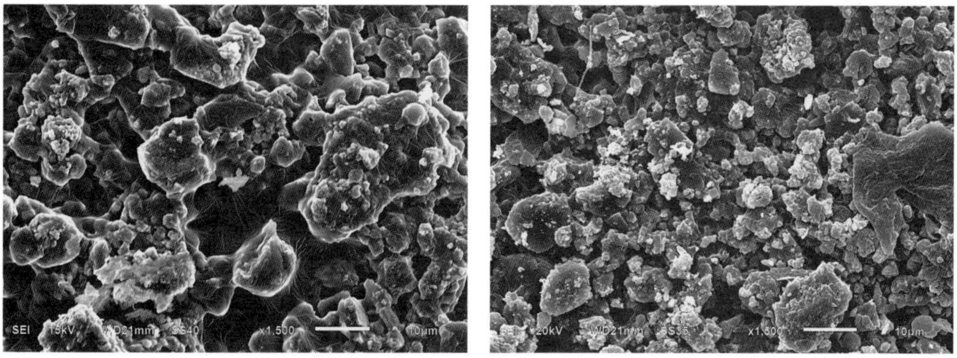

图 8-133　1.0% AC33 起甲加固老化前后对比电镜图（1500 倍）

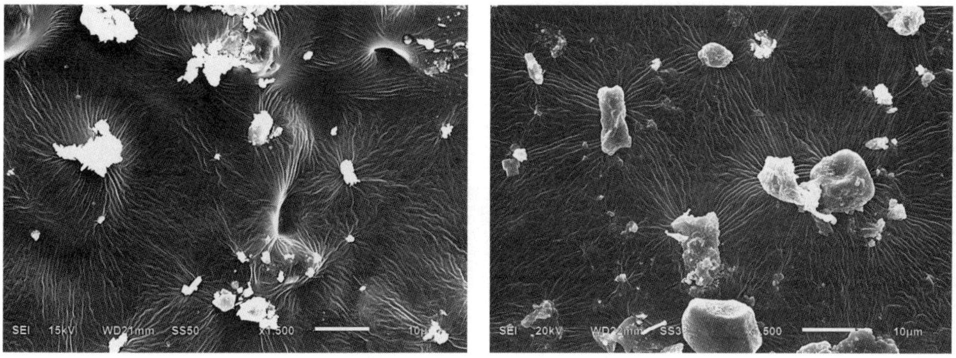

图 8-134　1.5% AC33 起甲加固老化前后对比电镜图（1500 倍）

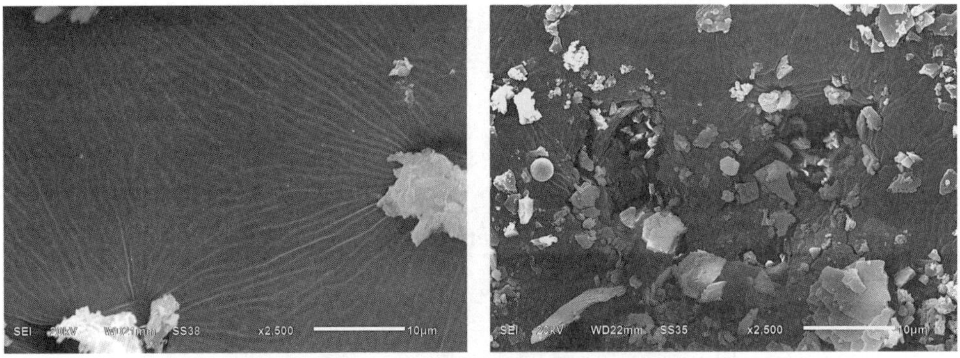

图 8-135　2.0% AC33 起甲加固老化前后对比电镜图（2500 倍）

图 8-136　2.5% AC33 起甲加固老化前后对比电镜图（1500 倍）

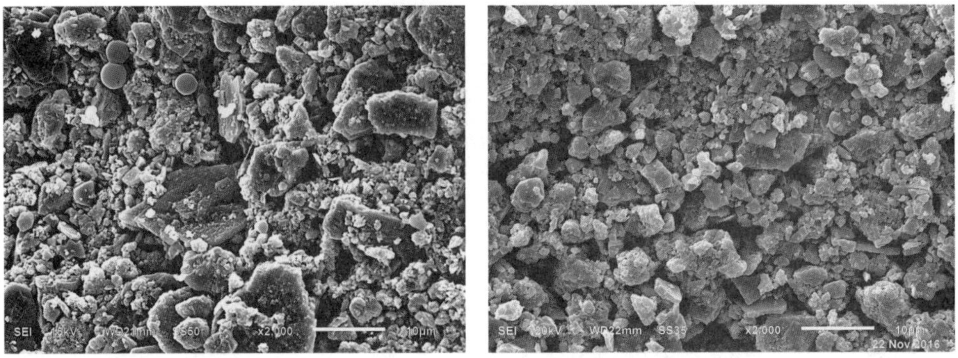

图 8-137　0.5% 苯丙起甲加固老化前后对比电镜图（2000 倍）

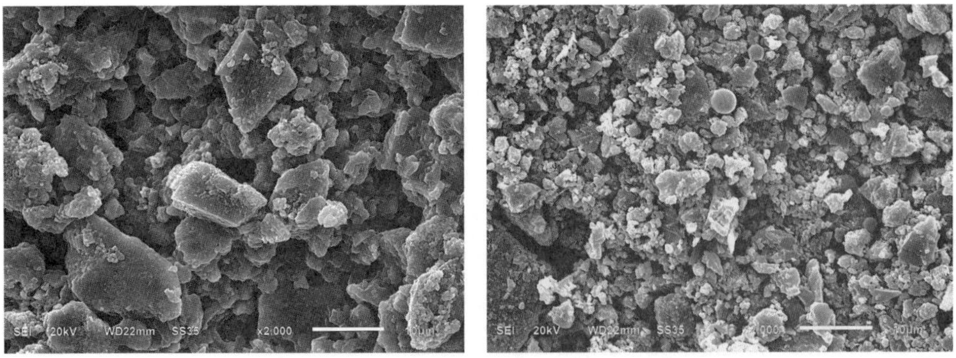

图 8-138　1.0% 苯丙起甲加固老化前后对比电镜图（2000 倍）

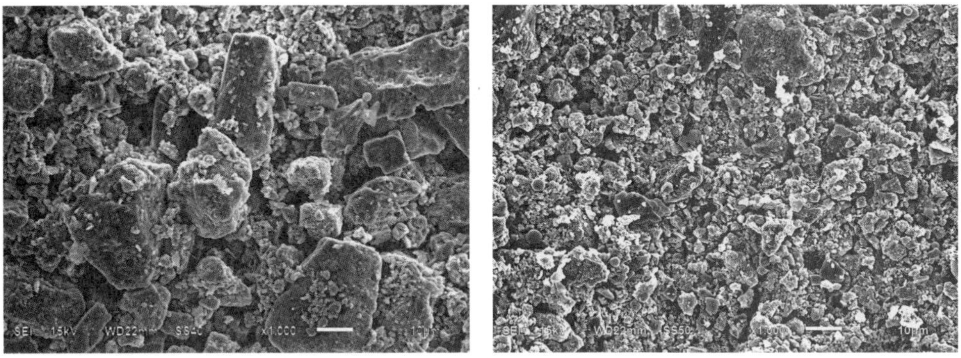

图 8-139　1.5% 苯丙起甲加固老化前后对比电镜图（1000 倍）

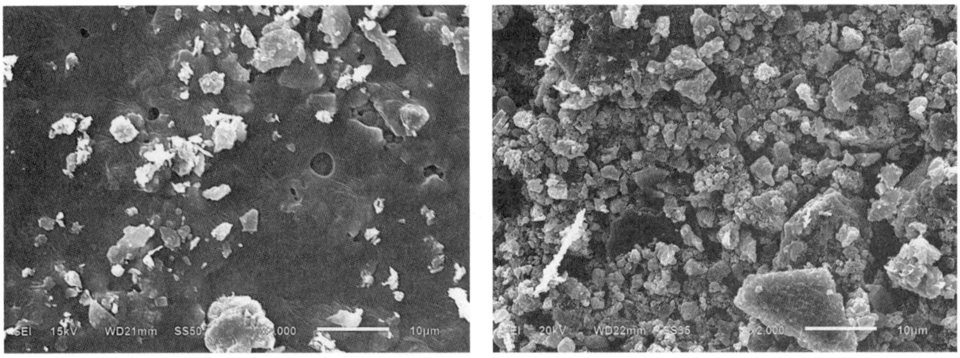

图 8-140　2.0% 苯丙起甲加固老化前后对比电镜图（2000 倍）

图 8-141　2.5% 苯丙起甲加固老化前后对比电镜图（2000 倍）

图 8-142　0.5% 纯丙起甲加固老化前后对比电镜图（2000 倍）

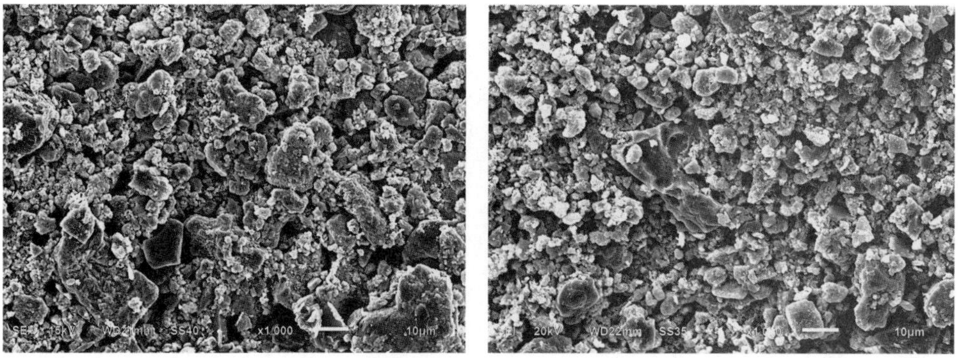

图 8-143　1.0% 纯丙起甲加固老化前后对比电镜图（1000 倍）

图 8-144　1.5% 纯丙起甲加固老化前后对比电镜图（2000 倍）

图 8-145　2.0% 纯丙起甲加固老化前后对比电镜图（2000 倍）

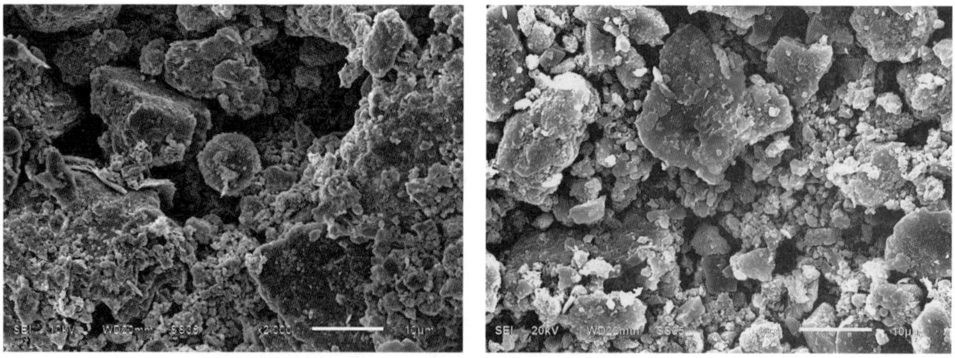

图 8-146　2.5% 纯丙起甲加固老化前后对比电镜图（2000 倍）

图 8-147　0.5% 硅丙起甲加固老化前后对比电镜图（2000 倍）

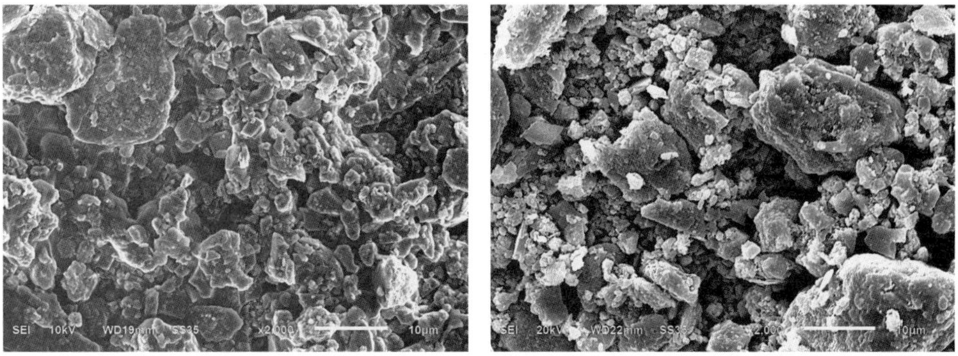

图 8-148　1.0% 硅丙起甲加固老化前后对比电镜图（2000 倍）

图 8-149　1.5% 硅丙起甲加固老化前后对比电镜图（2000 倍）

图 8-150　2.0% 硅丙起甲加固老化前后对比电镜图（2000 倍）

图 8-151　1.0% 骨胶起甲加固老化前后对比电镜图（2000 倍）

图 8-152　2.0% 骨胶起甲加固老化前后对比电镜图（2000 倍）

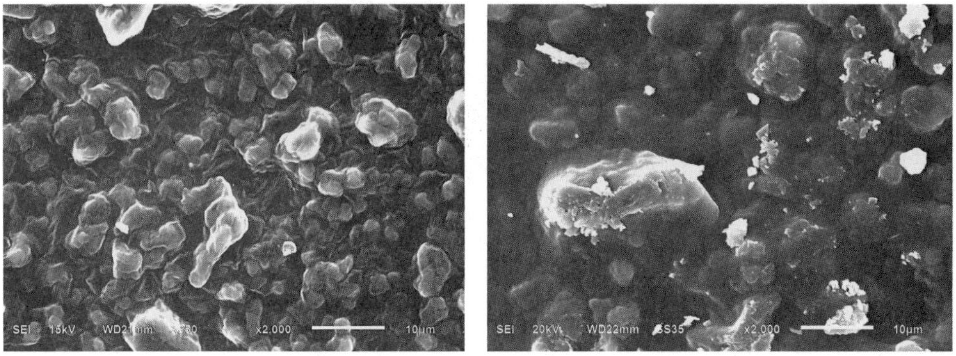

图 8-153　0.3% 海藻胶起甲加固老化前后对比电镜图（2000 倍）

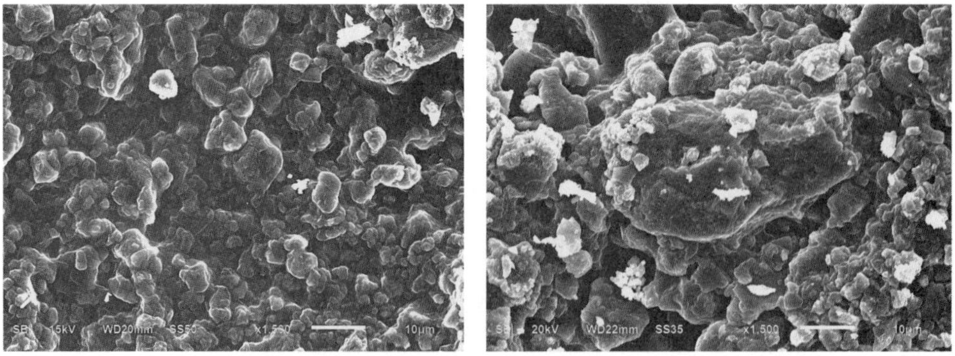

图 8-154　0.1% 黄芪胶起甲加固老化前后对比电镜图（1500 倍）

图 8-155 0.2% 甲基纤维素起甲加固老化前后对比电镜图（2000 倍）

图 8-156 2% 聚乙烯醇起甲加固老化前后对比电镜图（2000 倍）

图 8-157 2% 明胶起甲加固老化前后对比电镜图（2000 倍）

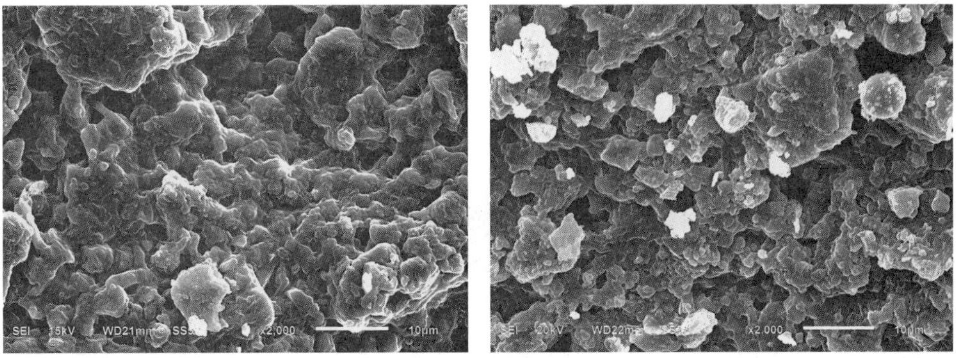

图 8-158 2% 牛皮胶起甲加固老化前后对比电镜图（2000 倍）

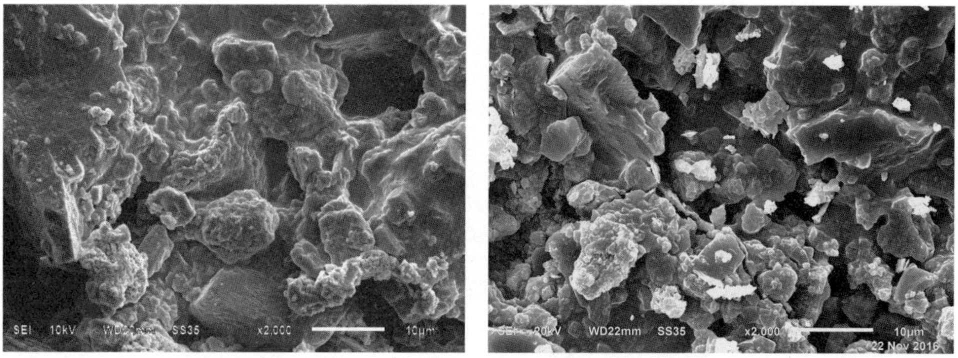

图 8-159　0.5% 羟甲纤维素起甲加固老化前后对比电镜图（2000 倍）

图 8-160　2.0% 桃胶起甲加固老化前后对比电镜图（2000 倍）

图 8-161　1.5% ZB-WB-6 起甲加固老化前后对比电镜图（2000 倍）

图 8-162　2.5% ZB-WB-6 起甲加固老化前后对比电镜图（2000 倍）

块放到可程式恒温恒湿箱内老化观察记录显示，AC33、苯丙、甲基纤维素、羟甲纤维素很快会出现再次起甲病害，这与拍照监测结果一致（图 8-118～图 8-130）；从图 8-131～图 8-162 可以看出。易成膜的修复材料有 AC33、苯丙、海藻胶、黄芪胶、甲基纤维素、羟甲纤维素、ZB-WB-6。耐老化差的有 ZB-WB-6、苯丙、AC33。而明胶、牛皮胶、桃胶、骨胶、纯丙、硅丙加固前后颗粒微观形貌变化不大。

（2）酥碱、疱疹。制作含氯化钠 1%、2% 和 4% 的模拟试块，干燥后发现 2% 模拟试块发生了疱疹现象，图 8-163 为 2% NaCl 模拟试块制作好后的照片和显微镜图片（20 倍）；图 8-164 为 4% NaCl 模拟试块制作好后的照片和显微镜图片（20 倍）。因为模拟试块制作好后就出现了疱疹、酥碱病害，因此直接用不同浓度的不同修复材料对模拟试块进行了加固，加固后将试块放到恒温恒湿箱中进行老化。温度为 25℃，湿度为 80%，循环 6h；温度为 35℃，湿度为 35%，循环 6h；这样高湿、低湿为一个小循环，总计 12h，总共循环了 12 个小循环。对 2% NaCl 模拟试块加固前、加固后以及加固老化后进行了取样，用电子显微镜在微观下观察颗粒的变化，从而从微观上判断试块加固前、加固后和老化后变化的程度。图 8-165 为试块加固前电子显微镜图，图 8-166～图 8-186 为加固后与加固老化后电子显微镜对比图。

图 8-163　2% NaCl 模拟试块表层疱疹病害

图 8-164　4% NaCl 模拟试块表层盐壳

从图 8-166～图 8-186 可以看出，不同浓度的各种修复材料加固后与加固老化后微观形貌均发生了一些变化，苯丙、AC33、硅丙、聚乙烯醇变化比较大，老化后能

图 8-165　2% NaCl 模拟试块加固前颗粒微观形貌（2500 倍）

图 8-166　0.5% AC33 加固后与十二个循环老化后对比图（2500 倍）

图 8-167　1.0% AC33 加固后与十二个循环老化后对比图（2500 倍）

图 8-168　1.5% AC33 加固后与十二个循环老化后对比图（2500 倍）

图 8-169　2.0% AC33 加固后与十二个循环老化后对比图（2500 倍）

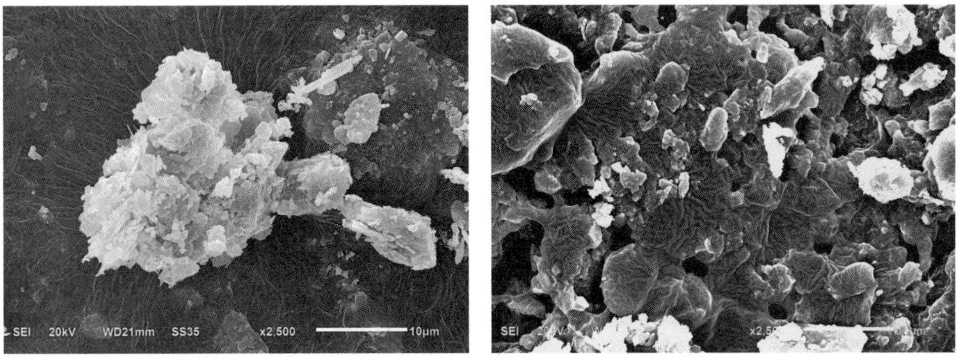

图 8-170　2.5% AC33 加固后与十二个循环老化后对比图（2500 倍）

图 8-171　1.5% 苯丙加固后与十二个循环老化后对比图（2500 倍）

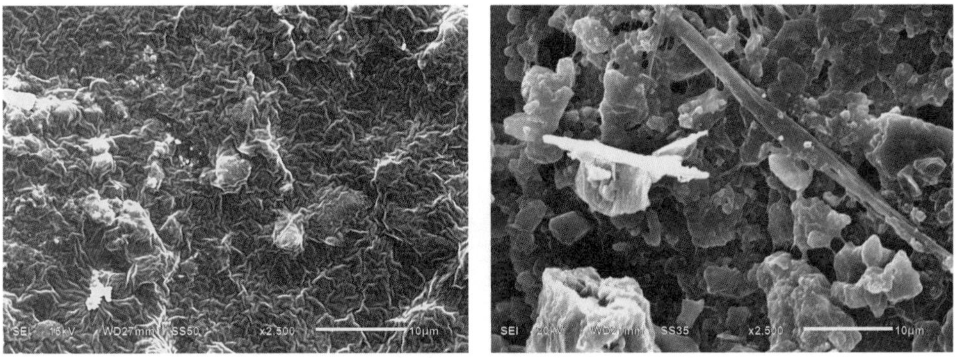

图 8-172　2.5% 苯丙加固后与十二个循环老化后对比图（2500 倍）

图 8-173　1.5% 纯丙加固后与十二个循环老化后对比图（2500 倍）

图 8-174　2.5% 纯丙加固后与十二个循环老化后对比图（2500 倍）

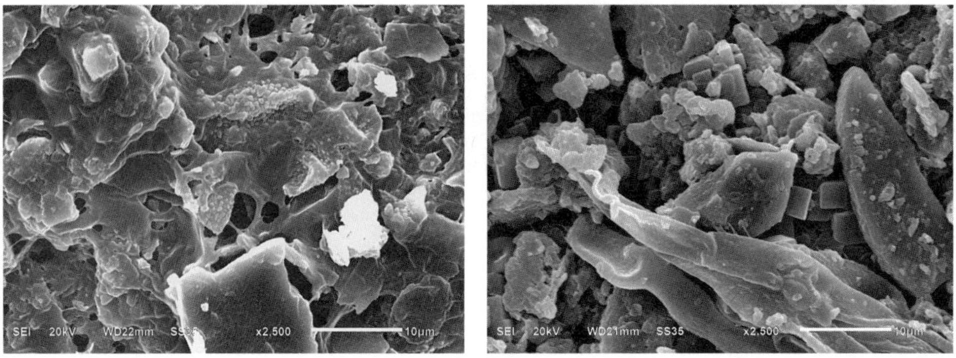

图 8-175　1.5% 硅丙加固后与十二个循环老化后对比图（2500 倍）

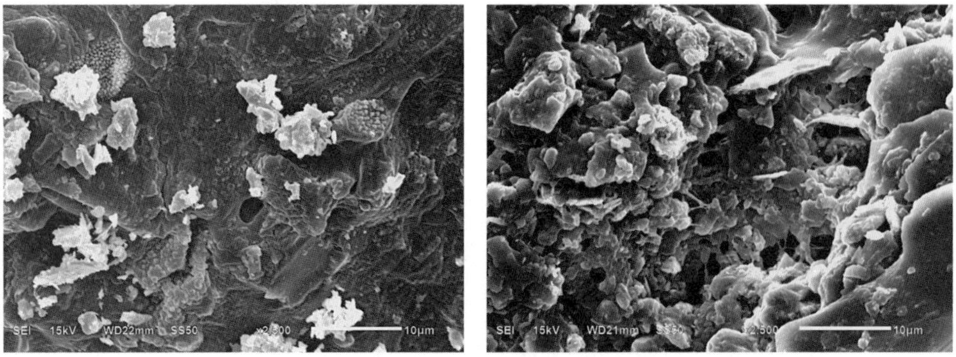

图 8-176　2.5% 硅丙加固后与十二个循环老化后对比图（2500 倍）

图 8-177　2.0% 骨胶加固后与十二个循环老化后对比图（2500 倍）

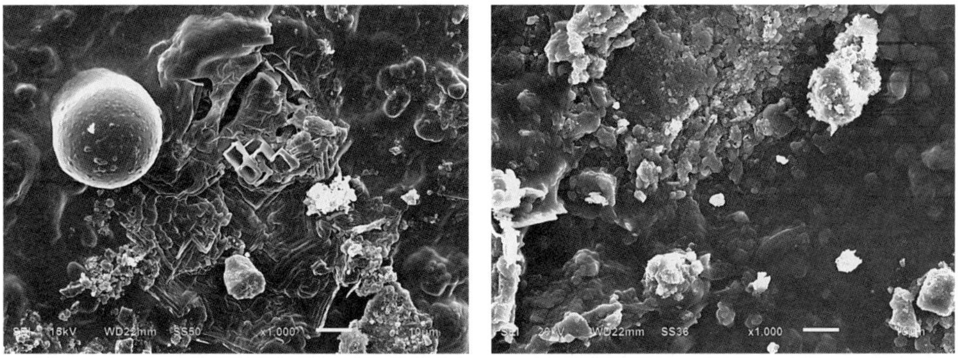

图 8-178　0.3% 海藻胶加固后与十二个循环老化后对比图（1000 倍）

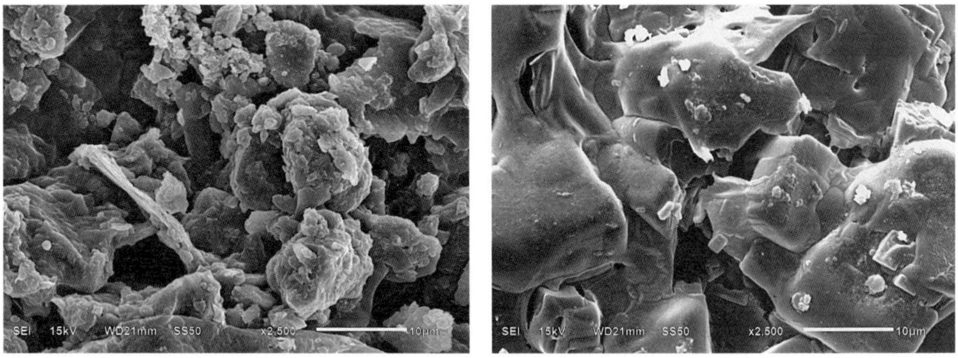

图 8-179　0.1% 黄芪胶加固后与十二个循环老化后对比图（2500 倍）

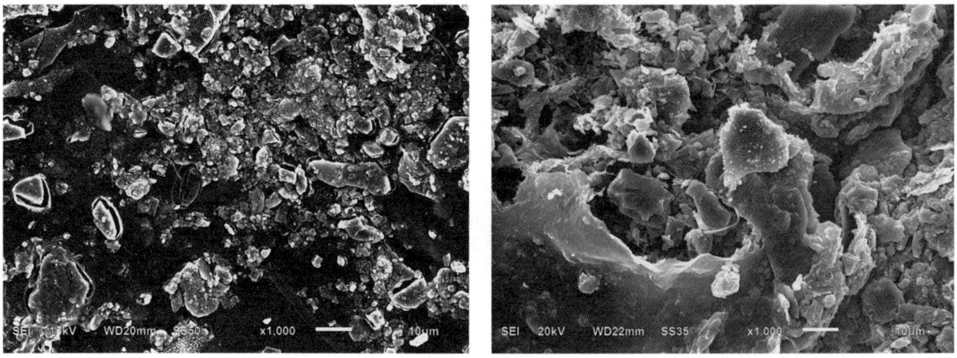

图 8-180　0.1% 甲基纤维素加固后与十二个循环老化后对比图（1000 倍）

图 8-181　0.3% 聚乙烯醇加固后与十二个循环老化后对比图（2500 倍）

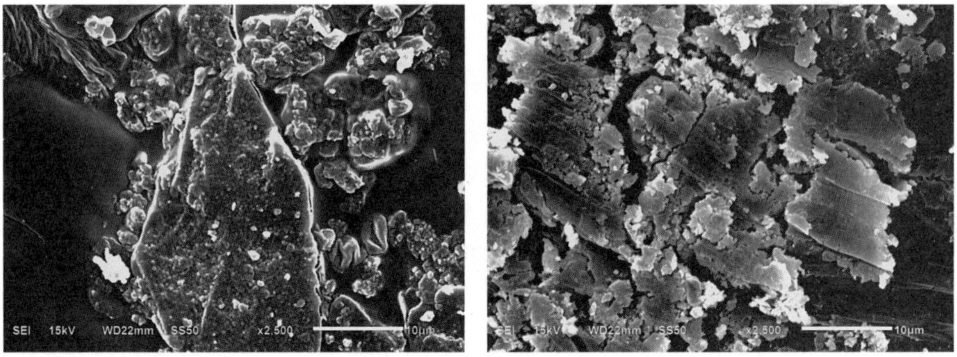

图 8-182　2.0% 聚乙烯醇加固后与十二个循环老化后对比图（2500 倍）

图 8-183　2.0% 明胶加固后与十二个循环老化后对比图（2500 倍）

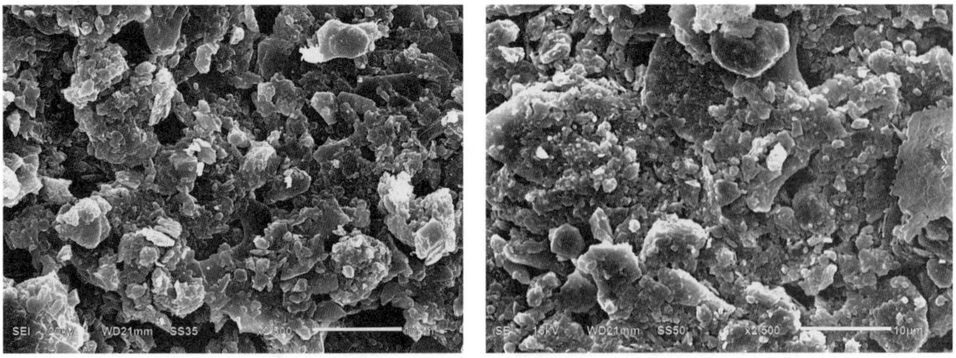

图 8-184　2.0% 牛皮胶加固后与十二个循环老化后对比图（2500 倍）

图 8-185 0.3% 羟甲纤维素加固后与十二个循环老化后对比图（2500 倍）

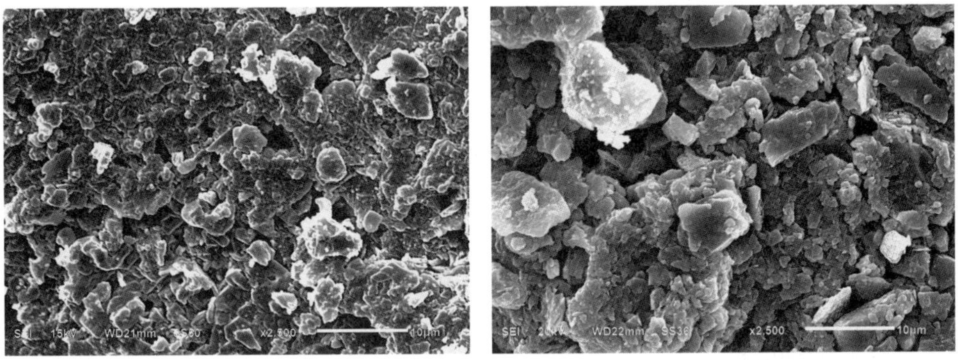

图 8-186 2.0% 桃胶加固后与十二个循环老化后对比图（2500 倍）

看到胶结材料破损丝状物；AC33、苯丙、黄芪胶、硅丙、海藻胶、甲基纤维素、羟甲基纤维素以及聚乙烯醇即使在低浓度下也能看到明显的成膜现象；明胶、桃胶、纯丙、骨胶和牛皮胶加固老化前后变化不是太明显。

8.1.3 小结

总的来说，通过对不同浓度的各种修复材料进行光泽度、色度、黏度、表面张力、渗透性、透气性以及耐老化等性能的测试，现总结以下几点：

（1）通过对加固前后光泽度、色度的变化来看，AC33、苯丙、纯丙、硅丙、海藻胶、黄芪胶、羟甲基纤维素、ZB-WB-6 等不适合应用于起甲壁画或有颜料壁画的修复工作，主要原因是加固后会引起壁画表面光泽度和颜色的改变，从而造成视觉上变化，违反修旧如旧的文物保护准则。

（2）通过对不同浓度的各种修复材料黏度的分析测试来看，黄芪胶、甲基纤维素、羟甲纤维素以及海藻胶强度太大，而 AC33 强度又太小；从不同浓度的各种修复材料的表面张力来看，桃胶和硅丙的表面张力相对较大；从不同浓度的各种修复材料的渗透性来看，羟甲纤维素、甲基纤维素、海藻胶渗透性非常差；从不同浓度的各种修复材料的透气性来看，硅丙和 AC33 透气性最差，明胶和海藻胶最好，但是差别不是很大。总的来说，从黏度、表面张力、渗透性和透气性来看，黄芪胶、甲基纤维素、羟甲纤维素、海藻胶、AC33、硅丙不太适合于脆弱性土质文物的保护加固。

（3）通过不同浓度的各种修复材料耐老化性对比发现，明胶、桃胶、骨胶、牛皮胶、纯丙以及聚乙烯醇耐老化性相对较好，而且这几种修复材料在浓度为 2.0% 时，均未发现成膜现象，结合其他性能检测结果，我们从这十三种修复材料中选用明胶、牛皮胶、桃胶、骨胶以及纯丙作为起甲、疱疹以及酥碱壁画保护修复材料，浓度控制在 1.5%～2.5% 之间。

8.2　空鼓灌浆材料研发与试验

敦煌研究院针对莫高窟 85 窟的壁画空鼓病害，从不同配比的 81 种灌浆加固材料中筛选出以澄板土为主料，掺加适量浮石和微玻璃珠，以蛋清配水加以混合的灌浆材料，筛选的灌浆材料收缩率小，干燥时间短，具有良好透气性和可灌性。这种灌浆材料应用于以莫高窟为典型的石窟寺空鼓壁画病害方面得到了很好的效果。

但是不同的支撑体或制作工艺产生的空鼓壁画病害类型差异较大，因此也会对空鼓灌浆材料提出不同的性能要求。针对壁画常见的砖墙、块石墙和土坯墙三种支撑体的特点，课题组研发了性能不同的灌浆材料，以适应不同支撑体空鼓壁画的灌浆修复加固。

8.2.1　基本原则与材料

根据多年空鼓灌浆的实验研究和实践经验，空鼓壁画灌浆材料应具有重量轻、透气性好、收缩率小、强度适中、流动性好等特点，应遵循最小介入和最大兼容的原则。

以前期研发的灌浆材料为基础，选择不同的添料，通过改良筛选出适用于不同支撑体的灌浆材料。四组灌浆材料的成分：

① 澄板土、青砖粉、玻璃微珠、白炭黑（适合于砖墙）；

② 澄板土、白炭黑、玻璃微珠（适合于土坯墙）；

③ 红色阿嘎土、黄色阿嘎土、澄板土、玻璃微珠（适合于土坯墙）；

④ 水硬性石灰、红色阿嘎土、黄色阿嘎土、澄板土、玻璃微珠（适合于块石墙）。

黏结剂和填充材料

纯丙烯酸乳液（加助渗剂）：兰州知本化工科技有限公司所生产。外观为半透明至乳白液体，固体含量 46.8%、黏度 62（秒）。

水硬性石灰：通过烧制和消化黏土含量不等的黏土质石灰岩或是二氧化硅含量不等的硅质石灰岩获取的消石灰，或是通过混和含有硅酸钙、铝酸钙和氢氧化钙的物质获取的石灰。它的特征是和水接触后硬化，然后在空气中炭化发展强度，并能在水中保持和继续发展强度。主要用来生产砌筑黏结砂浆、勾缝砂浆、外墙砂浆等。在古建筑修复领域，它具有水泥和传统气硬性石灰不可替代的特殊用处，具有广泛的应用前景。

阿嘎土：藏语名称，高原温带半干旱灌丛草原植被下形成的土壤，在中国主要分布在西藏雅鲁藏布江中游谷地。其常作为一种建筑材料，是风化的石灰岩或沙黏质岩类被捣成的粉末，主要化学成分是碳酸钙。

澄板土：澄板土是一种黏土，原来单指敦煌莫高窟前大泉河水和附近山洪过后冲刷至下游，在低洼处沉淀的粒度很细、杂质极少的沉积土，通常都在 0.001～0.005mm 之间。现凡符合这个技术要求的河床沉积土都称之为澄板土。

玻璃微珠：玻璃微珠是近年来发展起来的一种用途广泛、性能特殊的新型材料。该材料由硼硅酸盐原料经高科技加工而成，成分以 SiO_2、Al_2O_3 为主，粒度为 10～250μm，壁厚 1～2μm。该产品具有质轻、低导热、较高的强度、良好的化学稳定性等优点，其表面经过特殊处理具有亲油憎水性能，非常容易分散于有机材料体系中，增加被填充物的流动性，可以有效减少被填充物的收缩率、耐腐蚀。真实密度 1.78g/cm^3（堆密度 1.12g/cm^3）相对于玻纤、碳酸钙、滑石粉等填充物，可以明显达到壁画减重的效果（图 8-187）。

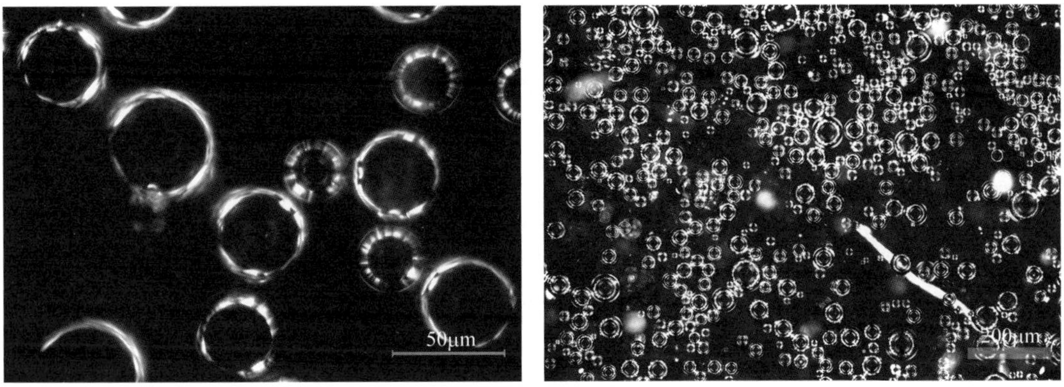

图 8-187　玻璃微珠在显微镜下放大至 50μm、200μm 的形态

白炭黑：白色粉末状 X 射线无定形硅酸和硅酸盐产品的总称，主要是指沉淀二氧化硅、气相二氧化硅和超细二氧化硅凝胶，也包括粉末状合成硅酸铝和硅酸钙等。白炭黑是多孔性物质，其组成可用 $SiO_2 \cdot nH_2O$ 表示，其中 nH_2O 是以表面羟基的形式存在。白炭黑能溶于苛性碱和氢氟酸，不溶于水、溶剂和酸（氢氟酸除外），耐高温、不燃、无味、无嗅，具有很好的电绝缘性（图 8-188）。

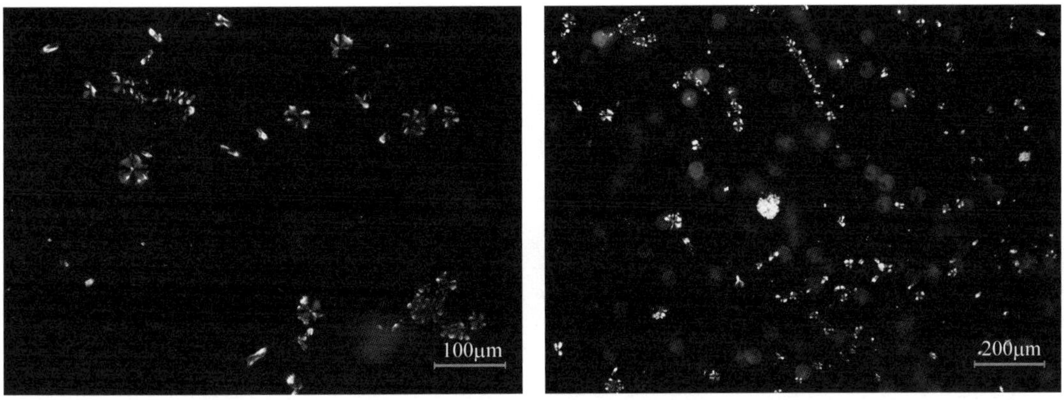

图 8-188　白炭黑在显微镜下放大至 100μm、200μm 的形态

8.2.2 实验设计

课题组在前期研发灌浆材料的基础上，初步确定四种灌浆材料成分，然后固定主剂浓度为 2% 的纯丙烯酸乳液，制作试块并测试线性收缩率、密度、析水性等性能，初步筛选合适的灌浆材料配比。接着测试筛选后的灌浆材料的透气性和抗折强度来确定灌浆材料的最佳配比。然后改变胶灰比例，测试各项灌浆材料性能，最后筛选出四种针对不同支撑体的灌浆材料（图 8-189）。

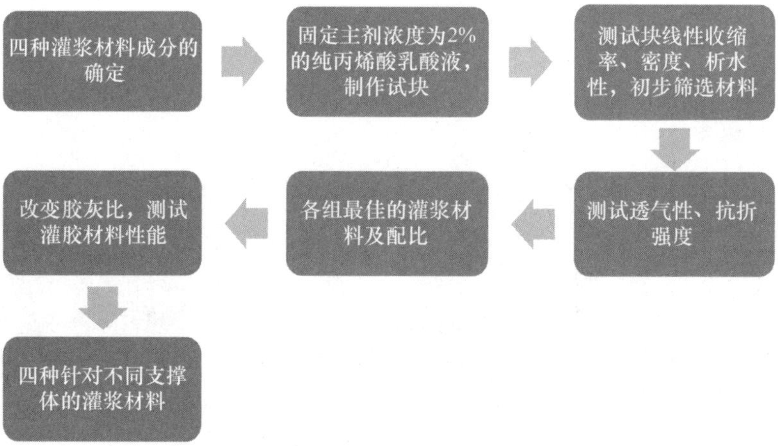

图 8-189　实验设计过程

8.2.3 样品制备

（1）根据灌浆量按照一定的胶灰比制备纯丙烯酸主剂。

（2）将青砖粉、水硬性石灰、澄板土等材料碾碎过土样筛，使得颗粒在 75～300μm 之间。

（3）将各种填料按质量比充分混合均匀备用。

（4）用搅拌器将填料和主剂搅拌均匀，主剂量控制在浆液进入流态为宜（图 8-190～图 8-193）。

图 8-190　混合灌浆材料

图 8-191　制作透气性、收缩率、干燥时间等试块

图 8-192　制作抗折、抗压试块

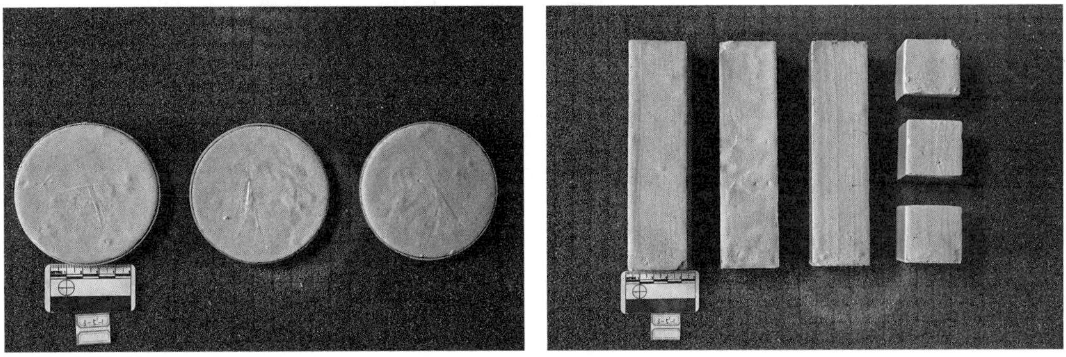

图 8-193　干燥后的试块

8.2.4　灌浆材料性能测试方法

1. 干燥时间

在一定的相对湿度和温度下，灌浆材料直到恒定重量所需要的时间称为干燥时间。把灌浆材料装入体积为 74.64cm^3 的培养皿（培养皿内侧均匀涂抹有凡士林）中称重，然后放入 30℃的恒温箱中，每天称重，直至恒重并记录干燥时间。

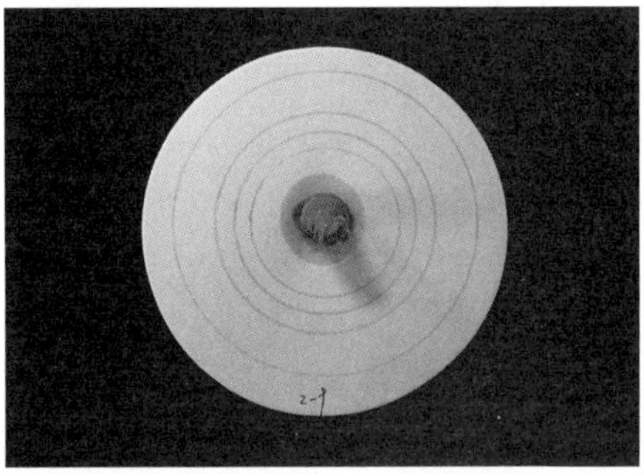

图 8-194　析水性测试

2. 析水性

定量灌浆材料中水分析出的范围和速度，通过直径为 5cm、6.2cm、7.5cm、10.5cm 的同心圆记录。取 5mL 样品装入注射器中，挤到已绘好不同直径的圆心纸上，记录水分达到各直径的时间（图 8-194）。

3. 透气性

在一定的相对湿度和温度下，7 天时间穿过一定体积样品的蒸馏水的量，透气性

用 $g/(m^3 \cdot h)$ 表示。将试块用蜡密封在装有 20mL 蒸馏水的塑料杯口，称重，然后放入相对湿度 40% 的恒温湿箱中，每天定时称重（图 8-195）。

图 8-195　透气性测试

4. 线性收缩率

干燥前后直径的变化［$(D_1-D_2)/D_1$］×100%
D_1= 玻璃皿直径（86.45cm）
D_2= 干燥后样品直径
线性收缩率用 % 表示。

5. 含水率

样品干燥前后重量变化［$(M_1-M_2)/M_1$］×100%，M_1 为样品初重，M_2 为样品终重，含水率用 % 表示。

6. 密度

灌浆材料的密度用 g/cm^3 表示。

7. 抗压强度

将模具中干燥的试块处理成 4cm×4cm×4cm 的测试样品，用东莞恒工设备有限公司的万能材料试验机进行测试（图 8-196）。

8. 抗折强度

将模具中干燥的试块处理成 15cm×4cm×4cm 的测试样品，用东莞恒工设备有限公司的万能材料试验机进行测试（图 8-197）。

9. 黏结力

将 8cm×8cm 的灌浆材料从支撑体上拉脱所需要的力，用 N 表示。用注射器将

图 8-196　抗压强度测试

图 8-197　抗折强度测试

40mL 灌浆材料挤到制作好的地仗试块上，贴到支撑体上，干燥后用 SW-6000C 高精度黏结强度检测仪进行拉拔测试（图 8-198）。

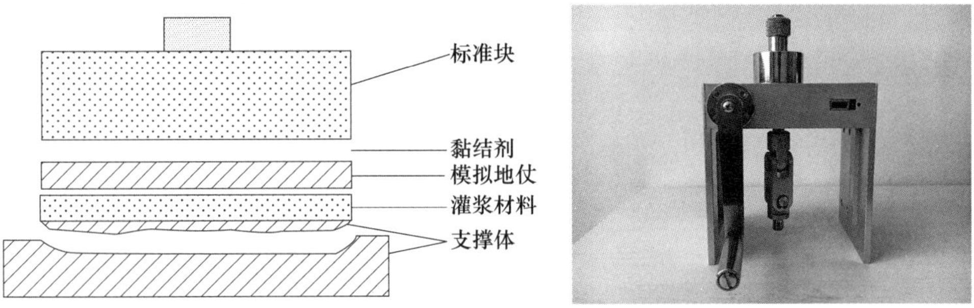

图 8-198　黏结力测试

8.2.5　灌浆材料筛选试验

对每组材料按照不同配比制作试块，然后测试其干燥时间、透气性、线性收缩率、抗折强度、密度、析水性等，筛选出适用于不同支撑体的灌浆材料配比。

（1）改变四类灌浆材料成分或者比例，固定纯丙烯酸浓度为 2%（质量比），测试试块的线性收缩率、析水性、含水率、密度等。表 8-3～表 8-6 为四类灌浆材料的各种配比。

表 8-3　第一组灌浆材料配比

编号	澄板土（g）	青砖粉（g）	玻璃微珠（g）	白炭黑（g）	主剂（g）
1-1	1000	500	30	30	1050
1-2	700	233	30	30	670
1-3	700	300			450
1-4	700	300	30		570
1-5	500	500	30		450
1-6	300	600	30		470

续表

编号	澄板土（g）	青砖粉（g）	玻璃微珠（g）	白炭黑（g）	主剂（g）
1-8	600	300	30		470
1-9	400	500	30		440
1-10	300	900	30		520
1-9′	400	500	30		440
1-10′	300	900	30		520

表 8-4　第二组灌浆材料配比

编号	澄板土（g）	白炭黑（g）	玻璃微珠（g）	主剂（g）
2-1	900	100	30	840
2-2	600	300	30	1435
2-3	700	100	60	920
2-4	600	100	100	953
2-5	450	150	100	1040
2-6	400	200	100	1115
2-7	400	100	100	780
2-8	420	84	70	655
2-9	400	100	50	700
2-10	300	100	100	800
2-11	300	100	100	750
2-12	90	30	30	225
2-10′	300	100	100	800
2-11′	300	100	100	800

注：2-11、2-11′ 主剂使用的 4% 的纯丙烯酸乳液，2-12 试块放于实验室内自然干燥。

表 8-5　第三组灌浆材料配比

编号	红色阿嘎土（g）	黄色阿嘎土（g）	澄板土（g）	玻璃微珠（g）	主剂（g）
3-1	200	200	100	50	350
3-2	200	200	200	50	400
3-3	200	200	100	50	310
3-4	300	300	100	50	430
3-5	200	200	100	100	550
3-6	200	200	100	25	300
3-1′	200	200	100	50	400
3-2′	200	200	200	50	400
3-3′	200	200	100	50	310
3-4′	300	300	100	50	450
3-5′	200	200	100	100	550

注：3-3 主剂使用的是纯净水。

表 8-6　第四组灌浆材料配比

编号	水硬性石灰（g）	红色阿嘎土（g）	黄色阿嘎土（g）	澄板土（g）	玻璃微珠（g）	主剂（g）
4-1	150	150	150	50	50	430
4-2	150	150	150	100	50	427
4-3	150	150	150	150	50	470
4-4	150	150	150	50	100	600
4-5	150	150	150	50	50	410
4-6	150	150	150	100	100	640
4-1′	150	150	150	50	50	450

注：4-3、4-5 主剂使用的是纯净水。

（2）每种配比制作三组对比试块，进行灌浆干燥时间、线性收缩率、析水性、含水率、密度的测试，结果如下所述（其中线性收缩率、含水率、密度为平均值）。

1. 第一类灌浆材料的析水性、干燥时间、线性收缩率、含水率、密度

各组分干燥时间分布在 96～125h，白炭黑的加入并没有减小线性收缩率，故没有用于后面几组配比，含水率均比较低，密度均大于 1g/cm³。

2. 第二类灌浆材料的析水性、干燥时间、线性收缩率、含水率、密度

各组分干燥时间分布在 72～120h，含水率均比较高，密度均小于 1g/cm³。

3. 第三类灌浆材料的析水性、干燥时间、线性收缩率、含水率、密度

各组分干燥时间分布在 72～120h，含水率适中，密度均小于 1g/cm³。

4. 第四类灌浆材料的析水性、干燥时间、线性收缩率、含水率、密度

各组分干燥时间分布在 60～72h，含水率适中，密度均小于 1g/cm³。

表 8-7～表 8-10 中各配比的线性收缩率、密度、含水率、干燥时间比较符合壁画空鼓灌浆材料特性的有：1-9′、1-10′；2-10′、2-11′；3-1′、3-2′、3-4′、3-5′；4-1′、4-2、4-3、4-4、4-5、4-6。

表 8-7　第一类灌浆材料的实验数据

试样编号	析水性			干燥时间（h）	线性收缩率（%）	含水率（%）	密度（g/cm³）
	达到第一圈的时间（5cm）	达到第二圈的时间（6.2cm）	达到第三圈的时间（7.5cm）				
1-1	3′09″	8′15″	—	96	6.60	35.02	1.12
1-2	3′09″	9′02″	—	96	6.13	35.94	1.01
1-3	7′45″	15′45″	—	96	8.03	32.78	1.45

续表

试样编号	析水性			干燥时间（h）	线性收缩率（%）	含水率（%）	密度（g/cm^3）
	达到第一圈的时间（5cm）	达到第二圈的时间（6.2cm）	达到第三圈的时间（7.5cm）				
1-4	10′44″	16′25″	—	96	5.58	31.91	1.08
1-5	5′22″	11′25″	—	96	4.11	29.75	1.13
1-6	4′51″	11′49″	—	96	4.10	26.16	1.03
1-8	9′45″	15′25″	—	96	5.12	31.15	1.08
1-9	4′45″	9′40″	—	125	3.89	29.35	1.10
1-9′	4′52″	12′48″	—	96	3.23	28.96	1.06
1-10	1′48″	4′05″	—	96	3.11	27.16	1.16
1-10′	1′55″	4′15″	—	120	2.71	27.05	1.09

表 8-8　第二类灌浆材料的实验数据

试样编号	析水性			干燥时间（h）	线性收缩率（%）	含水率（%）	密度（g/cm^3）
	达到第一圈的时间（5cm）	达到第二圈的时间（6.2cm）	达到第三圈的时间（7.5cm）				
2-1	8′10″	12′45″	—	72	7.70	41.56	0.89
2-2	6′47″	15′10″	—	96	9.61	55.27	0.63
2-3	4′39″	14′45″	—	72	5.68	45.99	0.61
2-4	9′10″	16′15″	—	72	3.87	47.44	0.47
2-5	5′23″	11′00″	—	96	4.63	52.40	0.42
2-6	5′45″	10′03″	—	96	5.28	53.82	0.41
2-7	5′13″	13′37″	—	96	3.86	49.10	0.38
2-8	5′36″	14′10″	—	60	4.92	47.97	0.52
2-9	4′15″	10′45″	—	72	6.06	49.99	0.52
2-10	3′15″	6′55″	—	96	3.15	53.85	0.31
2-10′	1′59″	3′15″	—	120	3.39	53.61	0.31
2-11	3′36″	6′55″	—	96	3.45	51.65	0.34
2-11′	2′15″	4′25″	—	96	4.05	52.57	0.34

表 8-9　第三类灌浆材料的实验数据

试样编号	析水性			干燥时间（h）	线性收缩率（%）	含水率（%）	密度（g/cm^3）
	达到第一圈的时间（5cm）	达到第二圈的时间（6.2cm）	达到第三圈的时间（7.5cm）				
3-1	3′05″	7′35″	—	72	2.20	39.07	0.58
3-1′	5′45″	9′32″	—	84	2.81	37.13	0.65
3-2	5′25″	12′06″	—	120	2.94	33.87	0.70
3-2′	4′25″	7′58″	—	96	3.29	33.81	0.76

续表

试样编号	析水性			干燥时间（h）	线性收缩率（%）	含水率（%）	密度（g/cm^3）
	达到第一圈的时间（5cm）	达到第二圈的时间（6.2cm）	达到第三圈的时间（7.5cm）				
3-3	3′13″	8′53″	—	72	1.93	32.8	0.75
3-4	3′01″	6′44″	—	72	2.80	32.84	0.77
3-4′	3′45″	5′28″	—	72	3.30	33.56	0.77
3-5	1′45″	3′36″	—	72	1.17	42.31	0.40
3-5′	1′58″	3′15″	—	72	1.14	41.87	0.43
3-6	2′56″	9′45″	—	72	3.73	32.16	0.89

表 8-10　第四类灌浆材料的实验数据

试样编号	析水性			干燥时间（h）	线性收缩率（%）	含水率（%）	密度（g/cm^3）
	达到第一圈的时间（5cm）	达到第二圈的时间（6.2cm）	达到第三圈的时间（7.5cm）				
4-1	1′58″	3′16″	—	72	1.79	38.61	0.58
4-1′	1′25″	3′38″	—	60	2.26	39.42	0.60
4-2	3′27″	7′31″	—	72	2.18	36.69	0.64
4-3	3′45″	7′07″	—	60	2.72	37.09	0.68
4-4	1′51″	4′45″	—	60	1.34	45.57	0.39
4-5	2′30″	8′49″	—	72	1.35	38.47	0.62
4-6	3′30″	12′35″	—	72	1.43	43.36	0.42

对符合条件的各类配比进行透气性测试，表 8-11 为上述配比各参数汇总。

表 8-11　灌浆材料初步筛选的测试结果

试样编号	析水性			干燥时间（小时）	线性收缩率（%）	含水率（%）	透气性［$g/(cm^3 \cdot h)$］	密度（g/cm^3）
	达到第一圈的时间（5cm）	达到第二圈的时间（6.2cm）	达到第三圈的时间（7.5cm）					
1-9′	4′52″	12′48″	—	96	3.23	28.96	6.07×10^{-4}	1.06
1-10′	1′55″	4′15″	—	120	2.71	27.05	7.07×10^{-4}	1.09
2-10′	1′59″	3′15″	—	120	3.39	53.61	7.35×10^{-4}	0.31
2-11′	2′15″	4′25″	—	96	4.05	52.57	6.47×10^{-4}	0.34
3-1′	5′45″	9′32″	—	84	2.81	37.13	6.66×10^{-4}	0.65
3-2′	4′25″	7′58″	—	96	3.29	33.81	5.67×10^{-4}	0.76
3-4′	3′45″	5′28″	—	72	3.30	33.56	6.2×10^{-4}	0.77
3-5′	1′58″	3′15″	—	72	1.40	41.87	7.15×10^{-4}	0.43
4-1′	1′25″	3′38″	—	60	2.26	39.42	7.63×10^{-4}	0.60
4-2	3′27″	7′31″	—	72	2.18	36.69	6.99×10^{-4}	0.64
4-3	3′45″	7′07″	—	60	2.72	37.09	6.51×10^{-4}	0.68
4-4	1′51″	4′45″	—	60	1.34	45.57	7.89×10^{-4}	0.39

续表

试样编号	析水性			干燥时间（小时）	线性收缩率（%）	含水率（%）	透气性［g/(cm³ · h)］	密度（g/cm³）
	达到第一圈的时间（5cm）	达到第二圈的时间（6.2cm）	达到第三圈的时间（7.5cm）					
4-5	2′30″	8′49″	—	72	1.35	38.47	6.63×10^{-4}	0.62
4-6	3′30″	12′35″	—	72	1.43	43.36	7.75×10^{-4}	0.42

满足析水性达到第一圈的时间（5cm）为 1～2min 和透气性大于 7.03×10^{-4} g/(cm³ · h) 的配比有 1-10′、2-10′、3-5′、4-1′。

综合以上数据对比分析，得到四组最佳灌浆材料的配比：1-10′、2-10′、3-5′、4-1′。初步筛选的实验中选择固定主剂浓度为 2% 的纯丙烯酸乳液，现在则需考虑在 1-10′、2-10′、3-5′、4-1′ 配比不变的情况下，不同的胶灰比对灌浆材料抗折强度的影响。每一类灌浆材料做 5 组抗折试块（4 组不同的胶灰比和一组不加黏合剂）（表 8-12）。

表 8-12　抗折试块胶灰比

1-10′	试块 1	试块 2	试块 3	试块 4	试块 5
胶：灰	0	1：118.3	1：60	1：40	1：30
2-10′	试块 1	试块 2	试块 3	试块 4	试块 5
胶：灰	0	1：62.5	1：31.25	1：15.6	1：5.21
3-5′	试块 1	试块 2	试块 3	试块 4	试块 5
胶：灰	0	1：109.08	1：54.54	1：27.27	1：18.18
4-1′	试块 1	试块 2	试块 3	试块 4	试块 5
胶：灰	0	1：122	1：61	1：31	1：20.3

四组灌浆材料的抗折强度测试结果如图 8-199～图 8-202、表 8-13～表 8-16 所示。

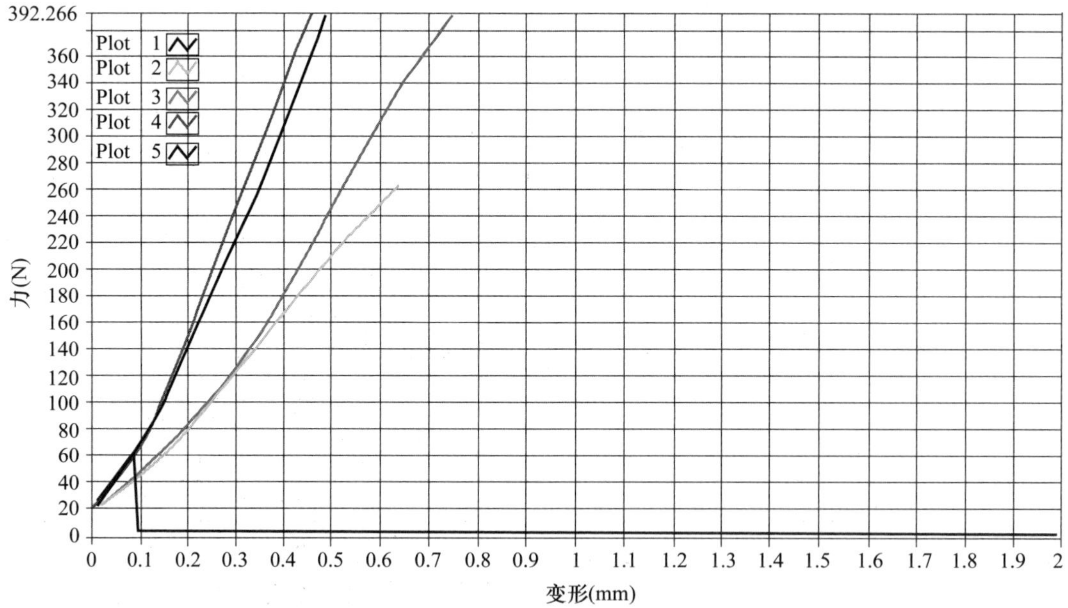

图 8-199　1-10′ 不同胶灰比下抗折强度

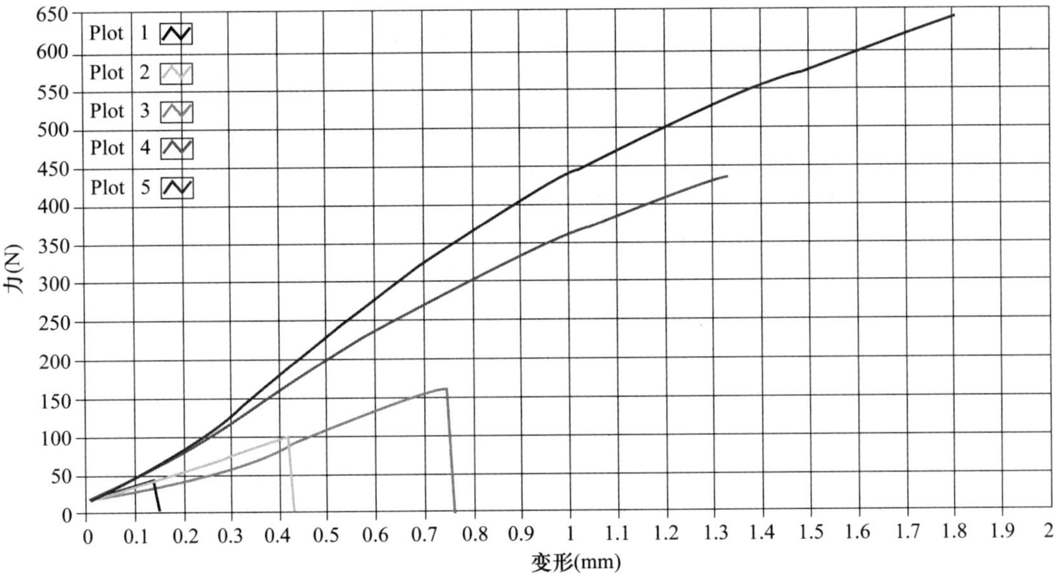

图 8-200　2-10′不同胶灰比下抗折强度

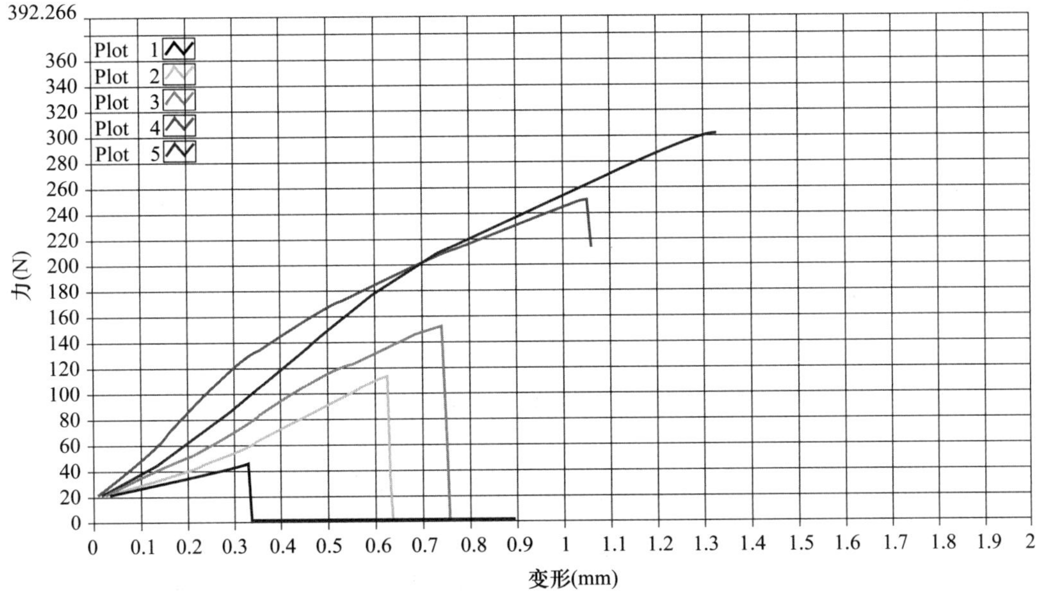

图 8-201　3-5′不同胶灰比下抗折强度

表 8-13　1-10′不同胶灰比下抗折强度

No.	最大力（N）	宽度（mm）	厚度（mm）	最大弯曲强度（MPa）	弯曲弹性模量（MPa）
1	818.189	40.000	40.000	1.918	83.182
2	263.211	40.000	40.000	0.617	37.325
3	481.547	40.000	40.000	1.129	48.862
4	603.423	40.000	40.000	1.414	92.977

续表

No.	最大力（N）	宽度（mm）	厚度（mm）	最大弯曲强度（MPa）	弯曲弹性模量（MPa）
5	64.685	40.000	40.000	0.152	83.238
最大值	818.189	40.000	40.000	1.918	92.977
最小值	64.685	40.000	40.000	0.152	37.325
平均值	446.211	40.000	40.000	1.046	69.117

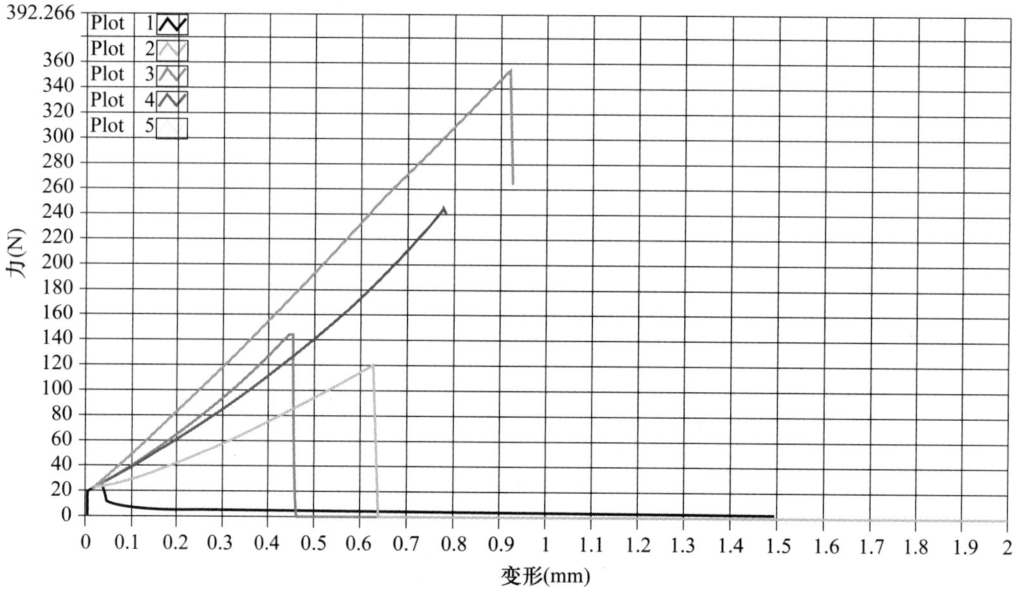

图 8-202　4-1′不同胶灰比下抗折强度

试块 1、5 数据异常，因为试块干燥后不标准引起的。抗折强度符合在 0.5～1.5MPa 的试块编号为 2、3、4，即胶灰比为 1∶60～1∶30 之间。

表 8-14　2-10′不同胶灰比下抗折强度

No.	最大力（N）	宽度（mm）	厚度（mm）	最大弯曲强度（MPa）	弯曲弹性模量（MPa）
1	45.856	40.000	40.000	0.107	340.762
2	100.067	40.000	40.000	0.235	19.871
3	162.164	40.000	40.000	0.380	14.311
4	437.221	40.000	40.000	1.025	38.432
5	642.336	40.000	40.000	1.505	48.324
最大值	642.336	40.000	40.000	1.505	340.762
最小值	45.856	40.000	40.000	0.107	14.311
平均值	277.529	40.000	40.000	0.650	92.340

抗折强度符合在 0.5～1.5MPa 的试块编号为 4，即胶灰比为 1∶15.6。

表 8-15　3-5′ 不同胶灰比下抗折强度

No.	最大力（N）	宽度（mm）	厚度（mm）	最大弯曲强度（MPa）	弯曲弹性模量（MPa）
1	45.739	40.000	40.000	0.107	105.754
2	113.287	40.000	40.000	0.266	11.647
3	152.632	40.000	40.000	0.358	16.733
4	251.365	40.000	40.000	0.589	34.725
5	301.653	40.000	40.000	0.707	27.516
最大值	301.653	40.000	40.000	0.707	105.754
最小值	45.739	40.000	40.000	0.107	11.647
平均值	172.935	40.000	40.000	0.405	39.275

抗折强度符合在 0.5～1.5MPa 的试块编号为 4、5，即胶灰比为 1∶27.27～1∶18.18 之间。

表 8-16　4-1′ 不同胶灰比下抗折强度

No.	最大力（N）	宽度（mm）	厚度（mm）	最大弯曲强度（MPa）	弯曲弹性模量（MPa）
1	24.909	40.000	40.000	0.058	-Inf
2	119.446	40.000	40.000	0.280	12.317
3	144.001	40.000	40.000	0.338	22.833
4	244.578	40.000	40.000	0.573	22.617
5	355.354	40.000	40.000	0.833	36.031
最大值	355.354	40.000	40.000	0.833	36.031
最小值	24.909	40.000	40.000	0.058	-Inf
平均值	177.658	40.000	40.000	0.416	-Inf

抗折强度符合在 0.5～1.5MPa 的是试块 4、5，即胶灰比为 1∶31～1∶20.3 之间。

在四类灌浆材料配比不变的情况下，根据灌浆材料的胶灰比与强度的关系，课题组设计了有梯度变化的胶灰比（表 8-17），然后测试四类灌浆材料的各种参数（表 8-18）。

表 8-17　四类灌浆材料各配比试剂胶灰比

1-10′	1-10′-1	1-10′-2	1-10′-3	1-10′-4	1-10′-5
胶∶灰	1∶157.69	1∶118.27	1∶59.13	1∶39.42	1∶33.79
纯丙烯酸浓度	1.42%	1.89%	3.78%	5.67%	6.62%
2-10′	2-10′-1	2-10′-2	2-10′-3	2-10′-4	2-10′-5
胶∶灰	1∶25	1∶20.8	1∶15.63	1∶12.5	1∶10.42
纯丙烯酸浓度	2.5%	3%	4%	5%	6%
3-5′	3-5′-1	3-5′-2	3-5′-3	3-5′-4	3-5′-5
胶∶灰	1∶36.36	1∶27.27	1∶21.82	1∶16.67	1∶13.64
纯丙烯酸浓度	2.75%	3.67%	4.58%	5.5%	7.33%
4-1′	4-1′-1	4-1′-2	4-1′-3	4-1′-4	4-1′-5
胶∶灰	1∶34.92	1∶30.56	1∶24.44	1∶20.37	1∶15.28
纯丙烯酸浓度	3.5%	4%	5%	6%	8%

表 8-18　实验数据结果

试样编号	析水性			抗折	抗压	干燥时间（h）	线性收缩率（%）	含水率（%）	透气性［g/（cm^3·h）］	密度（g/cm^3）	黏结力（N）
	达到第一圈的时间（5cm）	达到第二圈的时间（6.2cm）	达到第三圈的时间（7.5cm）	（MPa）							
1-10′-1	1′11″	2′49″	6′45″	0.418	1.074	72	2.16	28.15	7.65×10^{-4}	1.09	128
1-10′-2	1′19″	3′23″	—	0.478	0.897	72	2.37	28.19	7.71×10^{-4}	1.07	136
1-10′-3	0′59″	2′45″	—	0.900	1.794	72	2.69	27.95	7.28×10^{-4}	1.09	146
1-10′-4	1′15″	3′20″	—	1.517	2.989	72	2.76	27.69	6.56×10^{-4}	1.09	160
1-10′-5	1′51″	3′15″	—	1.952	2.714	72	3.2	27.47	5.61×10^{-4}	1.10	184
2-10′-1	1′22″	3′37″	—	0.612	1.043	72	3.12	54.26	7.25×10^{-4}	0.31	105
2-10′-2	1′31″	3′20″	—	0.758	1.348	72	3.20	54.49	7.17×10^{-4}	0.32	106
2-10′-3	1′24″	3′15″	—	0.829	1.511	84	2.9	54.06	7.06×10^{-4}	0.33	121
2-10′-4	1′50″	3′45″	10′	1.049	1.615	72	3.28	52.73	5.53×10^{-4}	0.34	127
2-10′-5	1′59″	3′57″	—	1.014	1.576	72	3.24	51.75	4.73×10^{-4}	0.34	152
3-5′-1	1′07″	2′15″	—	0.452	0.811	72	1.10	43.42	7.51×10^{-4}	0.38	130
3-5′-2	0′57″	2′40″	—	0.559	0.942	72	1.01	43.08	7.1×10^{-4}	0.38	148
3-5′-3	1′15″	2′59″	—	0.769	1.153	72	1.17	42.65	6.16×10^{-4}	0.38	173
3-5′-4	1′23″	3′15″	—	0.870	1.327	72	1.30	42.10	6.29×10^{-4}	0.41	171
3-5′-5	1′45″	3′59″	—	1.377	1.731	72	1.84	40.95	5.27×10^{-4}	0.40	190
4-1′-1	1′05″	2′59″	—	0.522	0.954	72	2.39	38.76	7.10×10^{-4}	0.6	110
4-1′-2	1′39″	3′32″	—	0.537	0.991	72	2.5	38.69	7.07×10^{-4}	0.59	124
4-1′-3	1′17″	3′29″	—	0.630	1.227	72	2.41	38.47	6.67×10^{-4}	0.59	141
4-1′-4	1′49″	3′45″	—	0.945	1.512	96	2.32	37.84	6.05×10^{-4}	0.58	156
4-1′-5	1′20″	3′15″	—	1.314	2.074	72	2.25	37.38	3.97×10^{-4}	0.60	170

8.2.6　材料筛选结果

灌浆材料性能满足以下条件。

黏结力可调：100～300N（8cm × 8cm 拉拔力）；

抗折强度（干状态，3cm × 3cm × 15cm）：0.5～1.5MPa；

块体密度：＜$1.1g/cm^3$；

线性收缩率：＜3.7%；

析水性（5cm）：1～2min；

透气性：＞$7.03 \times 10^{-4} g/(cm^3 \cdot h)$。

筛选出的 4 种材料满足如上要求。

1. 1-10′ 灌浆材料

澄板土、青砖粉、玻璃微珠（质量比：1∶3∶0.1），在胶灰比为 1∶115.75～1∶52.13 时，其参数如下所述。

线性收缩率：2.37%～2.76%；

黏结力：136～146N；

含水率：27.69%～28.19%；

密度：$1.07 \sim 1.09 g/cm^3$；

析水性（5cm）：0′59″～1′19″；

抗压强度：0.897～2.989MPa；

抗折强度：0.5～1.517MPa；

透气性：$7.03 \times 10^{-4} \sim 7.71 \times 10^{-4} g/(cm^3 \cdot h)$。

2. 2-10′ 灌浆材料

澄板土、白炭黑、玻璃微珠（质量比：3∶1∶1），在胶灰比为 1∶25～1∶15.63 时，其参数如下所述。

线性收缩率：2.9%～3.20%；

黏结力：105～121N；

含水率：54.06%～54.49%；

密度：$0.31 \sim 0.33 g/cm^3$；

析水性（5cm）：1′22″～1′31″；

抗压强度：1.043～1.511MPa；

抗折强度：0.612～0.829MPa；

透气性：$7.06 \times 10^{-4} \sim 7.25 \times 10^{-4} g/(cm^3 \cdot h)$。

3. 3-5′灌浆材料

红色阿嘎土、白色阿嘎土、澄板土、玻璃微珠（质量比：2∶2∶1∶1），在胶灰比为1∶32.47～1∶27.27时，其参数如下所述。

线性收缩率：1.01%～1.10%；

黏结力：130～148N；

含水率：43.08%～43.42%；

密度：0.38g/cm^3；

析水性（5cm）：0′57″～1′07″；

抗压强度：0.811～0.942MPa；

抗折强度：0.5～0.559MPa；

透气性：7.1×10^{-4}～7.36×10^{-4} g/(cm^3·h)。

4. 4-1′灌浆材料

水硬性石灰、红色阿嘎土、白色阿嘎土、澄板土、玻璃微珠（质量比：3∶3∶3∶1∶1），在胶灰比为1∶34.92～1∶30.56时，其参数如下所述。

线性收缩率：2.39%～2.5%；

黏结力：110～124N；

含水率：38.69%～38.76%；

密度：0.6g/cm^3；

析水性（5cm）：1′05″～1′39″；

抗压强度：0.954～0.991MPa；

抗折强度：0.522～0.537MPa；

透气性：7.07×10^{-4}～7.10×10^{-4} g/(cm^3·h)。

8.3 试验结论

通过对起甲、酥碱以及空鼓壁画修复材料的筛选实验，课题组提出了起甲、酥碱壁画修复材料评价方法体系，给出了壁画修复材料物化性能检测和最佳指标，为壁画修复材料指标科学化奠定了基础。主要结论如下：

（1）从十三种修复材料中筛选出明胶、牛皮胶、桃胶、骨胶以及纯丙作为起甲、疱疹以及酥碱壁画病害的保护修复材料，针对不同的壁画病害修复，其浓度在1.5%～2.5%之间为宜。

（2）修复材料加固前后光泽度差应控制在−2～2之间，色度加固前后差控制在

−5～5 之间，黏度值控制在 1.5～3.0cp 之间，表面张力值控制在小于 55mN/m，渗透能力大于 $0.17mL/(h\cdot cm^2)$，透气性控制在大于 $0.013g/(d\cdot cm^2)$。

（3）针对典型的空鼓壁画载体特性和地仗层组成成分，选择不同的填料，通过改性研发适用于石窟寺壁画、殿堂壁画等不同类型空鼓壁画的 4 种灌浆材料，实现黏结力可调（拉拔力 100～300N，8cm × 8cm），抗折强度适中（0.5～1.5MPa，3cm × 3cm × 15cm），块体密度小（$<1.1g/cm^3$），线性收缩率小（<3.7%），析水性适中（直径 5cm，1～2min），透气性良好［$>7.03\times10^{-4}g/(cm^3\cdot h)$］的预期目标。

第9章　壁画修复现场试验研究

9.1　莫高窟第465窟颜料层起甲、地仗酥碱及空鼓灌浆试验

9.1.1　颜料层起甲病害修复

针对莫高窟465窟起甲壁画特点，课题组选取主室南壁颜料层起甲部分进行修复试验（图9-1、图9-2）。

图9-1　试验位置示意图

图9-2　起甲病害选取范围示意图

修复材料：质量浓度为1%的聚醋酸乙烯乳液。

修复步骤如下所述。

1. 除尘

用洗耳球将起甲颜料背后的浮尘轻轻吹干净，否则会影响颜料层与地仗层的黏结效果；用软毛刷轻轻将壁画表面的浮尘进行清理，防止加固时污染壁画表面（图9-3、图9-4）。

图 9-3　除尘

图 9-4　软毛刷清理缝隙

2. 注射黏结剂

用专用注射器，将 1% 的聚醋酸乙烯乳液注射到起甲壁画颜料层的背部，注射胶的量和次数，视病害程度和颜料层厚度的具体情况而定。同时应避免修复材料流淌到壁画表面造成污染现象（图 9-5）。

3. 颜料层回贴

待修复材料被吸收并干燥至一定程度时，用垫有吸水纸的修复工具将起甲颜料层回贴归位（图 9-6）。然后用棉球滚压，滚压的方向应从颜料层未裂口处向开裂处轻轻滚压，一方面能将起甲内的空气排出，又不会产生气泡；另一方面，壁画也不会被压出皱褶。

图 9-5　注射黏结剂

图 9-6　颜料层回贴

9.1.2　酥碱病害修复

1. 保护笔研发与改进

“十一五”期间课题组进行的国家科技支撑计划课题“古代壁画脱盐关键技术研

究（2006BAK30B03）”首次研发了适用于古代壁画盐害治理的保护笔，在实践中证明效果良好。本次研究中，课题组进一步改进其功能和适用性，对出气量、加湿量、温度控制等做了一定的改进，达到了保护笔预期的性能指标（图 9-7）。

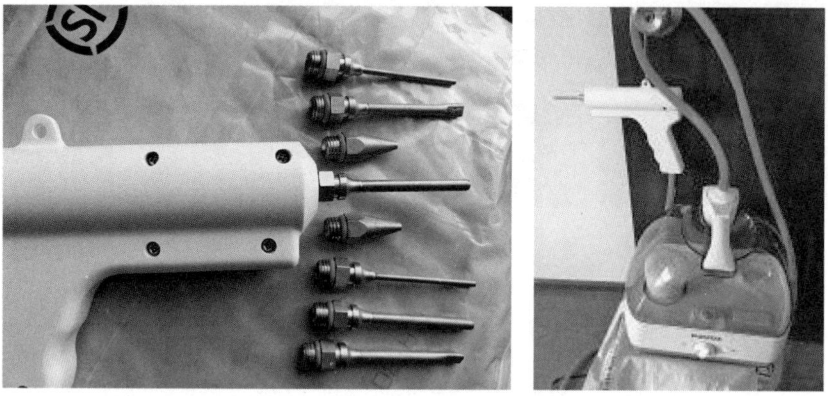

图 9-7　改进研发的保护笔

2. 酥碱壁画修复实施

选取 465 窟主室北壁西侧酥碱病害进行修复试验（图 9-8、图 9-9）。修复酥碱病害前，先用起甲修复的工艺和流程对涉及区域内的起甲病害进行修复加固。

图 9-8　试验位置示意图

修复材料：质量浓度为 0.5% 的甲基纤维素。

修复步骤如下所述。

（1）除尘：酥碱壁画和起甲壁画的除尘方法基本相同，值得注意的是酥碱壁画的颜料层非常脆弱，地仗层酥软粉状脱落严重，在除尘时一定要格外小心，掌握好力度（图 9-10）。

（2）注射黏结剂：用专用注射器，将 0.5% 甲基纤维素，少量多次滴注在酥碱病害部位（图 9-11）。

（3）压平：待修复材料被吸收并干燥至一定程度时，用垫有棉纸的修复工具对病害部位进行压实处理，力度要适中，避免在壁画表面留下凹痕（图 9-12）。

（4）贴敷吸水脱盐垫：壁画压平处理后，再用透气性顶板把吸水脱盐垫（棉纸、两层 KC-X60、KC-X60 泥垫、2cm 厚的海绵）敷贴在壁画表面，对壁画进行脱盐处理（图 9-13）。

图 9-9　酥碱病害

（5）更换吸水脱盐垫：吸水垫更换频率视壁画干燥程度而定，加固初期每天更换两次吸水脱盐材料，用非接触式红外相机，测定加固区域的温度变化，随着壁画逐渐干燥，逐渐减少更换次数，直至壁画完全干燥。

图 9-10　除尘

图 9-11　注射黏结剂

图 9-12　压平处理

图 9-13　脱盐处理

（6）二次脱盐：通常，壁画干燥后，在壁画的凹凸部位有可溶盐析出，这种情况下应进行二次脱盐。方法是用保护笔的蒸气将高强度吸水纸（5cm × 5cm）打潮并敷贴在壁画表面，用软海绵使纸条与壁面充分结合，从而将结晶盐吸附在吸水纸上，待纸条干燥后取下。重复 3～4 次，可清除壁画表面的盐晶体（图 9-14）。

图 9-14　二次脱盐处理及脱盐后

在酥碱病害的修复过程中，同时采用红外热成像仪监测黏结剂的渗透和干燥过程（表 9-1，图 9-15～图 9-22）。

表 9-1　修复过程中不同时段的红外照片记录表

图号	形态	拍摄时间
图 9-15、图 9-16	修复前	2016-09-26　上午 10: 47: 48
图 9-17、图 9-18	注射黏结剂后	2016-09-26　下午 14: 19: 27
图 9-19、图 9-20	干燥过程中	2016-09-26　下午 15: 08: 31
图 9-21、图 9-22	完全干燥	2016-09-27　下午 10: 47: 11

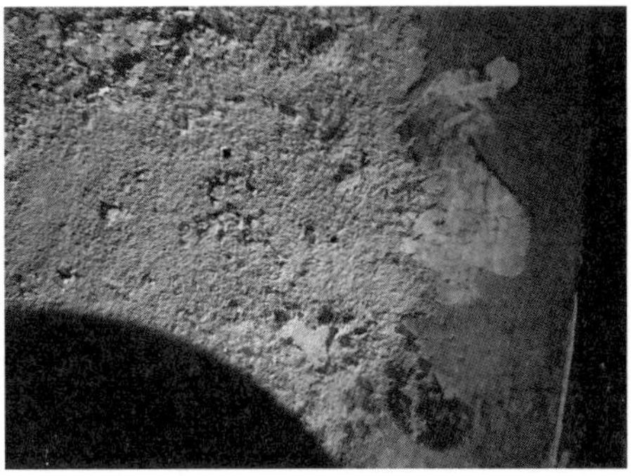

图 9-15　2016/9/26 10: 47 记录（修复前）

图 9-16　2016/9/26 10: 47 红外记录

图 9-17　2016/9/26 14: 19 记录（修复中）

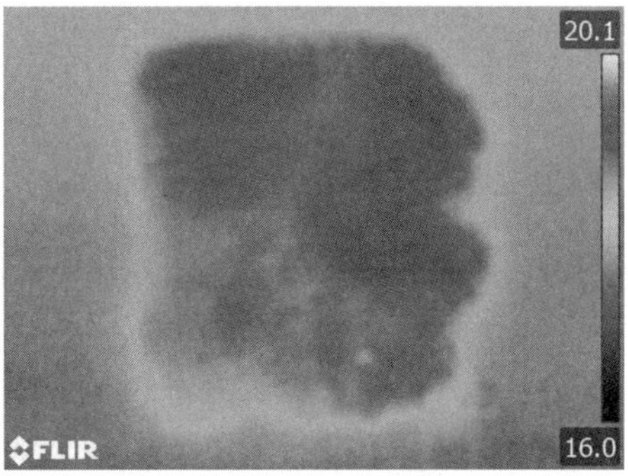

图 9-18　2016/9/26 14: 19 记录

图 9-19　2016/9/26 15: 08 记录（干燥中）

图 9-20　2016/9/26 15: 08 记录

图 9-21　2016/9/27 10: 47 记录（干燥后）

图 9-22　2016/9/27 10: 47 记录

9.1.3 空鼓病害修复

1. 修复工艺与步骤

空鼓病害修复试验分为两个区域。一区位于465窟主室西壁北侧下部（图9-23、图9-24），二区位于前室西壁甬道北侧中部（图9-25）。修复空鼓病害前，我们先对涉及区域内的起甲病害进行修复加固，修复工艺及修复材料同起甲病害修复流程一致（图9-26）。

图9-23 试验一区位置示意图

图9-24 空鼓病害区域

修复材料 去离子水、黏土、澄板土（黏土：澄板土=1：1）

灰水比=1：0.56

修复步骤如下所述。

（1）修复前收集资料：对选定壁画表面进行图像资料的拍摄与记录。同时利用红

图 9-25　试验二区位置示意图

外照相机记录修复前修复区的墙壁温度。

（2）剔除不当历史加固层：在不伤及壁画的情况下，将不当或失去保护作用的历史干预痕迹剔除，并对其进行预防性支护（图 9-27）。

图 9-26　颜料层加固

图 9-27　剔除历史干预层

（3）开设注浆孔：在空鼓壁画地仗缺失部位、或无颜料层部位、壁画非重点区域钻直径约 0.5cm 的小孔（图 9-28）。

（4）检查空鼓部位：用内窥镜对空鼓部位进行探查，若有地仗碎块或异物，需进行清理，否则会影响空鼓壁画回贴。细小异物可用吸尘设备进行清理，大块异物可将其破碎后吸附处理（图 9-29）。

（5）埋设注浆管：将注浆管从开设的注浆孔或破损处植入到壁画的空鼓部位，注浆管可根据空鼓病害的实际情况进行布设，使用地仗加固材料或脱脂棉对存在漏浆风险的边缘、裂隙进行封护，以防浆液渗漏污染壁画（图 9-30）。

（6）支顶回位：利用可调节螺丝杆对清理后的空鼓病害部位进行初步归位，在保证壁画安全的情况下使其尽可能回位（图 9-31）。

图 9-28　开设注浆孔

图 9-29　清理异物

图 9-30　埋设注浆管

图 9-31　支顶回位

（7）制备浆液：将脱盐处理并研磨后的黏土、澄板土调入去离子水制成的浆液，水灰比 0.56 : 1。搅拌均匀并放置 5min，让搅拌产生的气泡排出（图 9-32）。

（8）深度清理残留物：待异物清除后，再使用质量浓度为 0.5% 的聚醋酸乙烯乳液，通过注浆管缓慢推入空鼓部位，随即将其吸出，达到对细小异物的深度清理，同时对载体及壁画地仗进行了渗透处理（图 9-33）。

（9）红外监测：使用红外相机对空鼓病害修复过程进行全程拍照，利用其可显示温度的差异性，更好地监测浆液流动范围及干燥时间（图 9-34）。

（10）实施灌浆：用注射器将制备好的浆液沿布设的注浆管注射到病害部位，次序为自下而上、由边缘到中间。浆液灌注量视病害严重情况而定，过多会产生壁画凸起现象，反之则会产生壁画凹陷现象（图 9-35）。

（11）支顶归位：空鼓灌浆完成 2h 后，将支顶螺丝杆进行调整使空鼓壁画逐步归位；再放置 1.5h 后进行二次调整归位；继续放置 1.5h 再进行第三次调整归位，最终达到原有位置（图 9-36）。

（12）更换脱盐纸：灌浆归位工作结束 4h 后，将支顶螺丝杆松开，卸下防护板检查归位回贴效果、更换脱盐纸垫。脱盐纸的更换由开始时的每天 4 次改变成 8 天后的每天 2 次（持续 10 天），再变为每天一次，直至完全干燥为止（图 9-37）。

为防止试验过程中浆液中的水分激活更深层载体内的可溶盐，使用了真空壁板及真空泵以加快空气流通速度，从而达到快速干燥的目的。

图 9-32　制备浆液

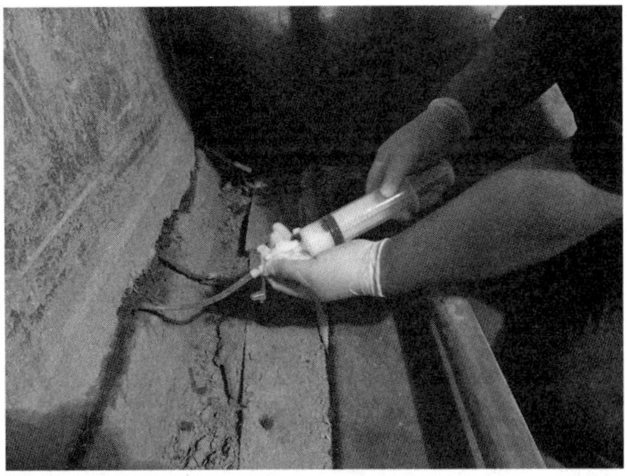

图 9-33　深度清理

图 9-34　红外记录

图 9-35　实施灌浆

图 9-36　支顶归位

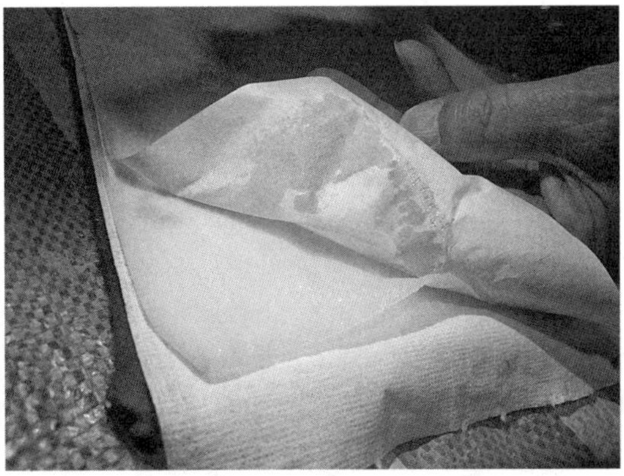

图 9-37　更换脱盐垫

（13）二次脱盐：试验一区干燥后，我们发现试验区上部（脱盐板覆盖边缘区域）有可溶盐富积并出现泛黄现象，为此，使用潮润的吸水纸加保护笔进行了两次贴敷脱盐处理，最终将表面结晶盐及泛黄彻底去除（图 9-38～图 9-42）。

（14）修补注浆孔：壁画干燥后，采用与原壁画地仗相同的材料，填补注浆孔，并对其进行作旧处理（图 9-43）。

图 9-38　返盐及泛黄

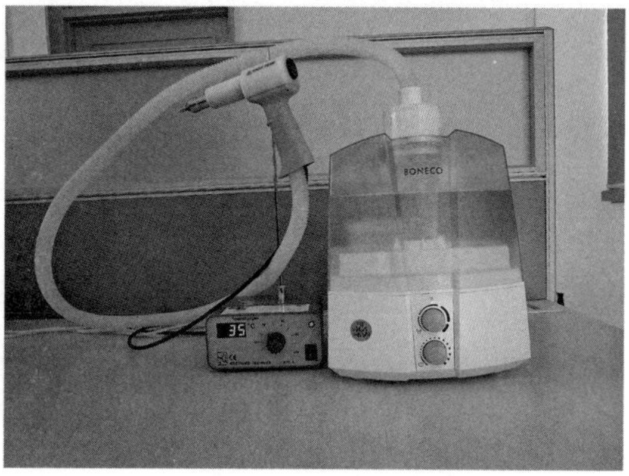

图 9-39　二次脱盐仪器

图 9-40　黏附脱盐纸

图 9-41　二次脱盐

图 9-42　二次脱盐处理后

图 9-43　修复注浆孔

2. 灌浆后干燥效果评价

1）红外拍摄监测空鼓灌浆干燥效果

在主室西壁北侧空鼓病害的修复过程中，我们采用红外热成像仪监测浆液的流动和干燥过程。从监测结果可以看出，7 月 31 日灌浆后约一天壁画表面水分扩散面积达到最大值（表 9-2，图 9-44～图 9-61）。

表 9-2　修复过程中不同时段的红外照片记录表

图号	形态	拍摄时间
图 9-44、图 9-45	灌浆前（封护裂隙）	2016-07-30　14: 35
图 9-46、图 9-47	灌浆	2016-07-30　16: 37
图 9-48、图 9-49	待干燥（表面返潮）	2016-07-30　16: 44
图 9-50、图 9-51	待干燥（表面返潮）	2016-07-31　11: 22
图 9-52、图 9-53	待干燥（返潮高峰）	2016-07-31　11: 29
图 9-54、图 9-55	逐渐干燥	2016-08-01　16: 59
图 9-56、图 9-57	逐渐干燥	2016-08-25　9: 24
图 9-58、图 9-59	逐渐干燥	2016-09-05　9: 08
图 9-60、图 9-61	基本干燥	2016-09-27　8: 50

图 9-44　2016/7/30　14: 35 记录（灌浆前）

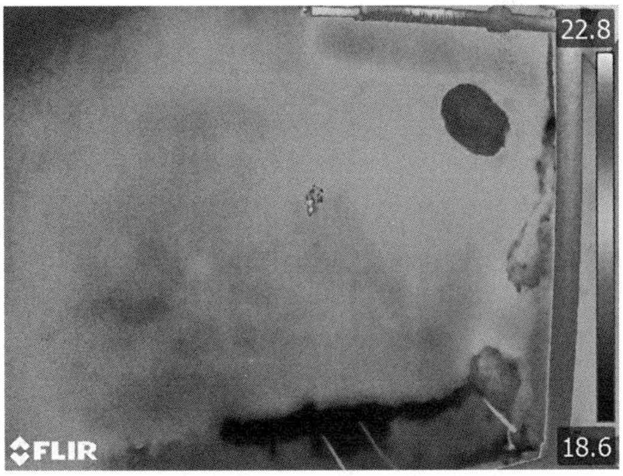

图 9-45　2016/7/30　14: 35 记录

2）探地雷达检测空鼓灌浆干燥效果

采用瑞典 MALA CX12 三维透视雷达系统（图 9-62）对壁画空鼓灌浆前后进行监测。为不损伤壁画，课题组制作透明的有机玻璃板并将其固定在木框上，探地雷达传感器探头在玻璃板上进行操作（图 9-63）。图像处理时，删去有机玻璃板与壁画墙壁之间的数据，测试结果见图 9-64～图 9-67。

图 9-46　2016/7/30　16: 37 记录（灌浆中）

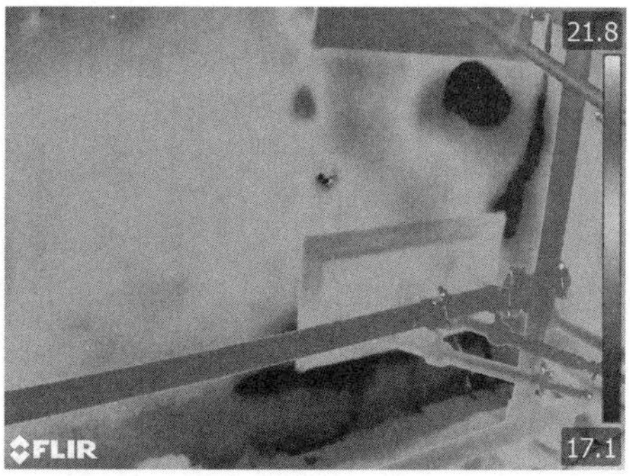

图 9-47　2016/7/30　16: 37 记录

图 9-48　2016/7/30　16: 44 记录（灌浆中）

图 9-49　2016/7/30　16: 44 记录

图 9-50　2016/7/31　11: 22 记录（灌浆结束）

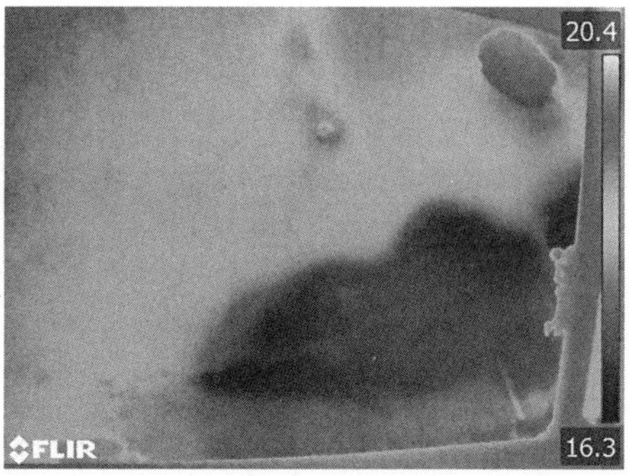

图 9-51　2016/7/31　11: 22 记录

图 9-52　2016/7/31　11: 29 记录（干燥中）

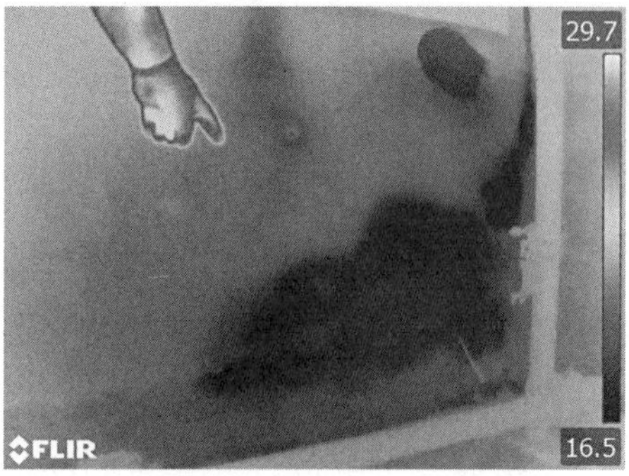

图 9-53　2016/7/31　11: 29 记录

图 9-54　2016/8/1　16: 59 记录（干燥中）

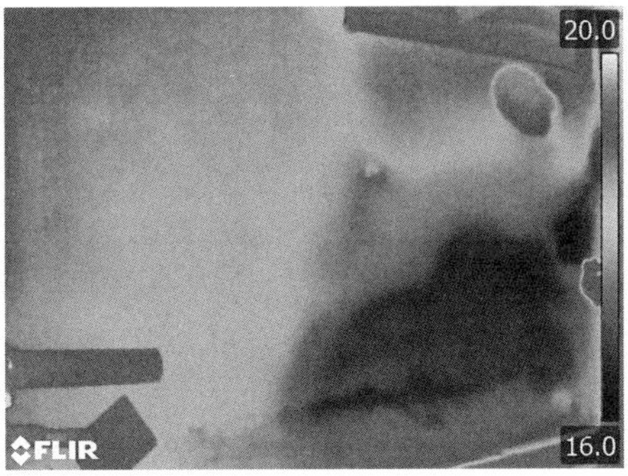

图 9-55　2016/8/1　16: 59 记录

图 9-56　2016/8/25　9: 24 记录（干燥中）

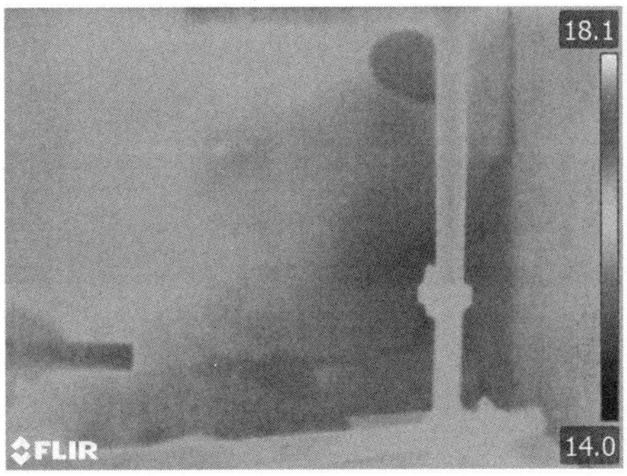

图 9-57　2016/8/25　9: 24 记录

图 9-58　2016/9/5　9: 08 记录（干燥中）

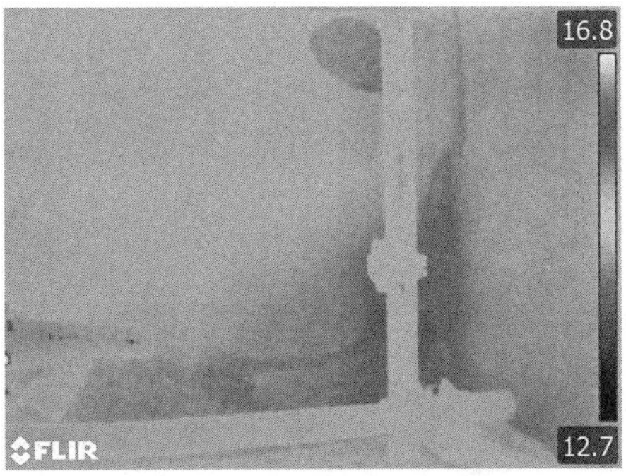

图 9-59　2016/9/5　9: 08 记录

图 9-60　2016/9/27　8: 50 记录（干燥中）

图 9-61　2016/9/27　8: 50 记录

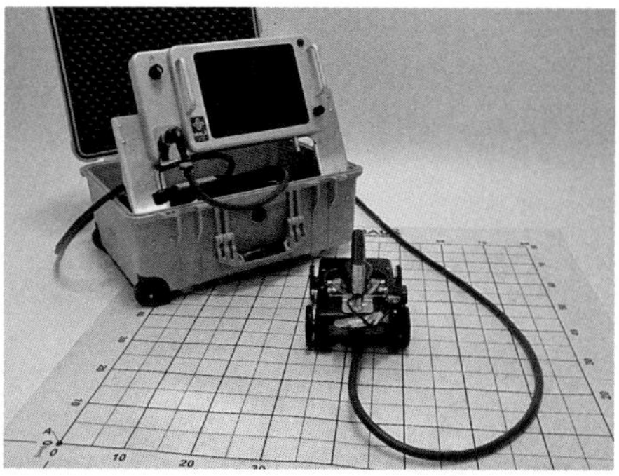

图 9-62　MALA CX12 透视雷达

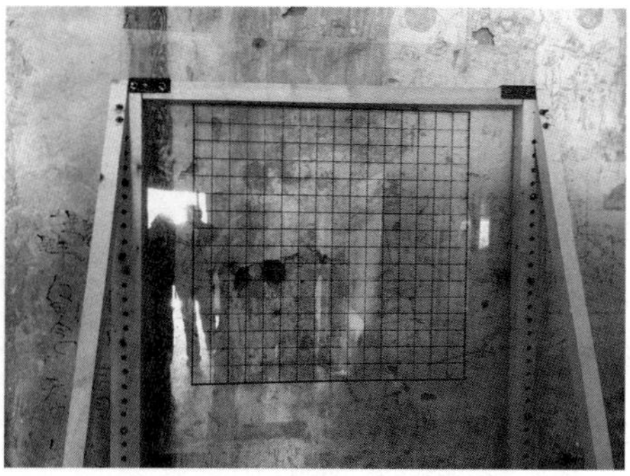

图 9-63　壁画保护装置

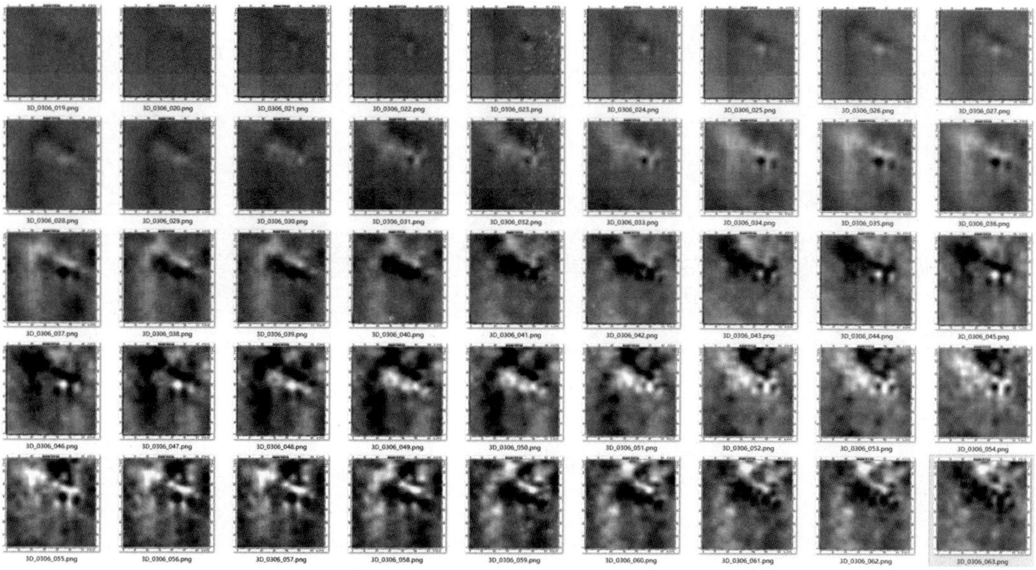

图 9-64　465 窟壁画空鼓测试：1 区壁画 1.8～6.2cm 深度，注浆前水平切片图

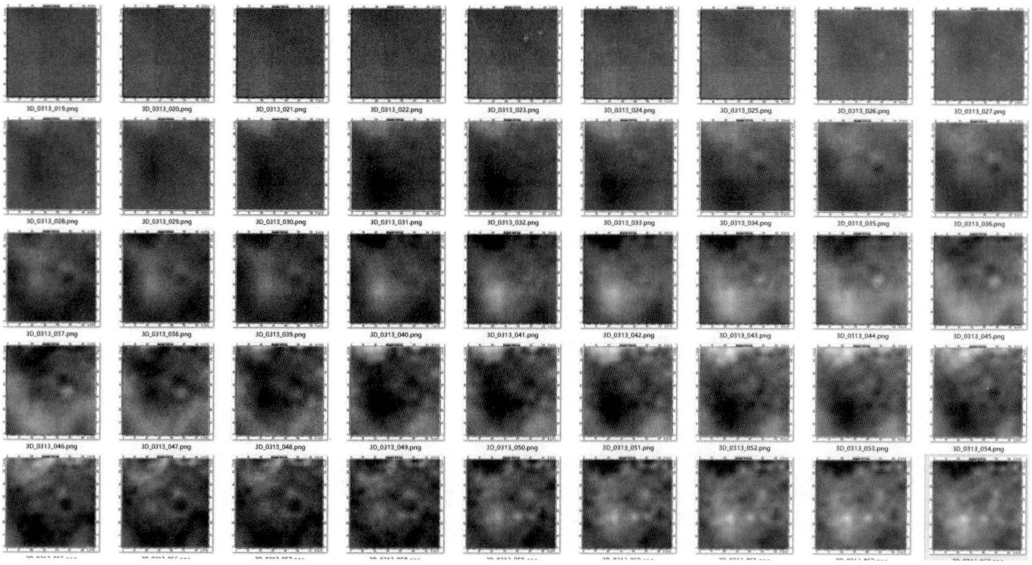

图 9-65　465 窟壁画空鼓测试：1 区壁画 1.8～6.2cm 深度，注浆后水平切片图

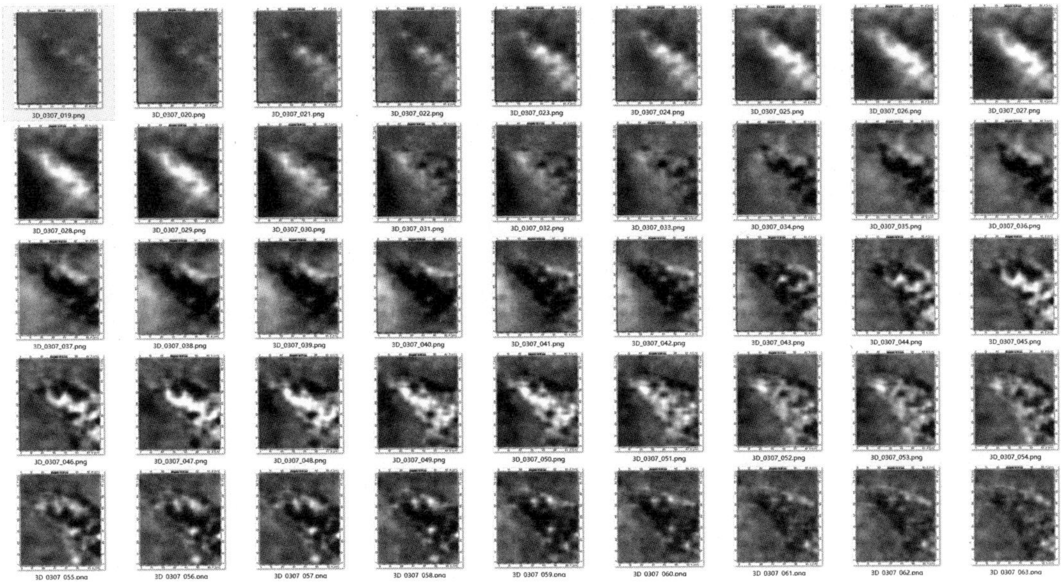

图 9-66　465 窟壁画空鼓测试：2 区壁画 1.8～6.2cm 深度，注浆前水平切片图

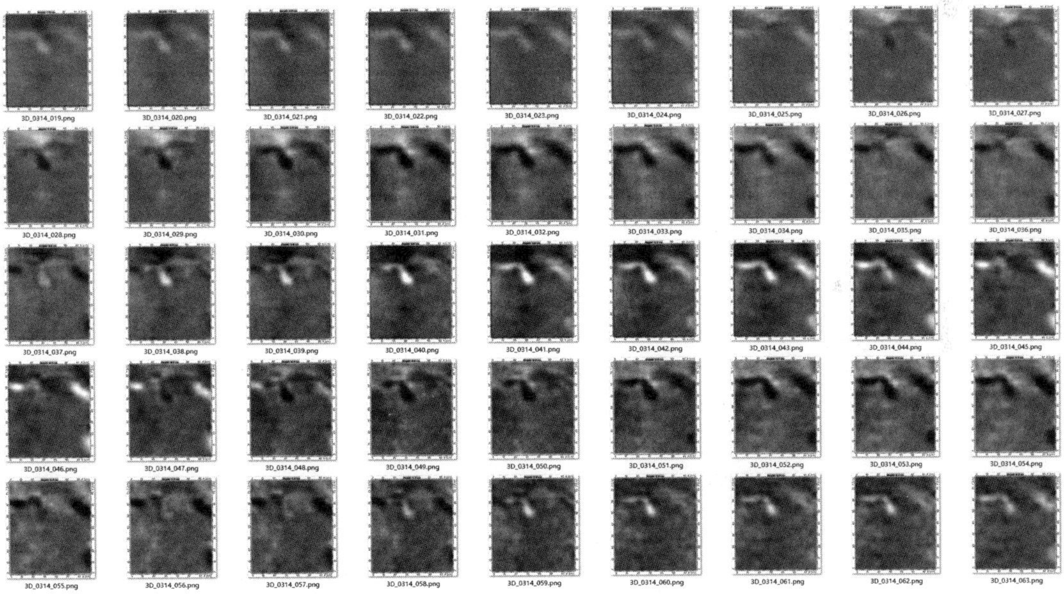

图 9-67　465 窟壁画空鼓测试：2 区壁画 1.8～6.2cm 深度，注浆后水平切片图

3. 修复前后脱盐效果评价

1）脱盐板

脱盐板是由支架、顶板以及吸附材料三部分组成，其中支架是由边长 50cm × 50cm、厚度 3.5cm 的半封闭不锈钢以及两边连接真空泵的气嘴组成；顶板是由布满直径 0.8cm 圆孔、1cm 厚胶合板以及厚 0.5cm 棉毯和 1cm 海绵各一层组成；吸附材料由两层 K-80+ 一层高吸水材料 + 两层镜头纸组成（图 9-68～图 9-71）。

图 9-68　顶板

图 9-69　吸附材料

图 9-70　吸水材料

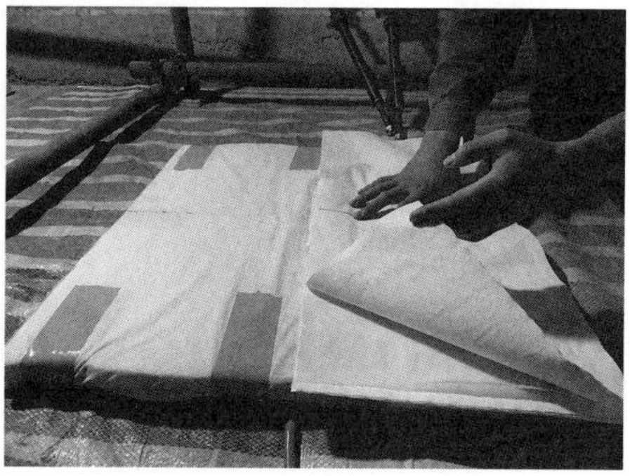

图 9-71　脱盐板

图 9-72　安装脱盐板

灌浆工作完成后，利用螺丝杆将组合的脱盐板支顶到工作面，同时连接真空泵（保持 −0.1MPa 压力）（图 9-72～图 9-74）。更换脱盐处理时，只将吸附材料进行更换即可。高吸水材料工作后仍可继续使用。

2）离子色谱法检测 465 窟修复前后脱盐效果评估

A. 主室灌浆区域脱盐板镜头纸可溶盐检测

检测脱盐板最里层镜头纸可溶盐含量，是对吸水、脱盐材料进行评估的指标之一。实验室内将纸样按同等面积浸泡于去离子水中，严格控制样品质量和水的比为 1∶10，放在超声振荡器上振荡 30min。用孔径为 0.22μm 的滤膜过滤浸泡液，利用戴安 ICS-90 睿智型离子色谱仪对清液进行测试。阴阳离子的分析条件如表 3-3 所示。根据样品浸泡处理时的固液比，对仪器分析结果进行计算。为方便对比，样品中的离子含量表示成质量百分含量。

图 9-75～图 9-77 为主室灌浆区域不同时间段替换下来的脱盐板第一层镜头纸可溶盐检测结果。

图 9-73　连接真空泵

图 9-74　真空泵

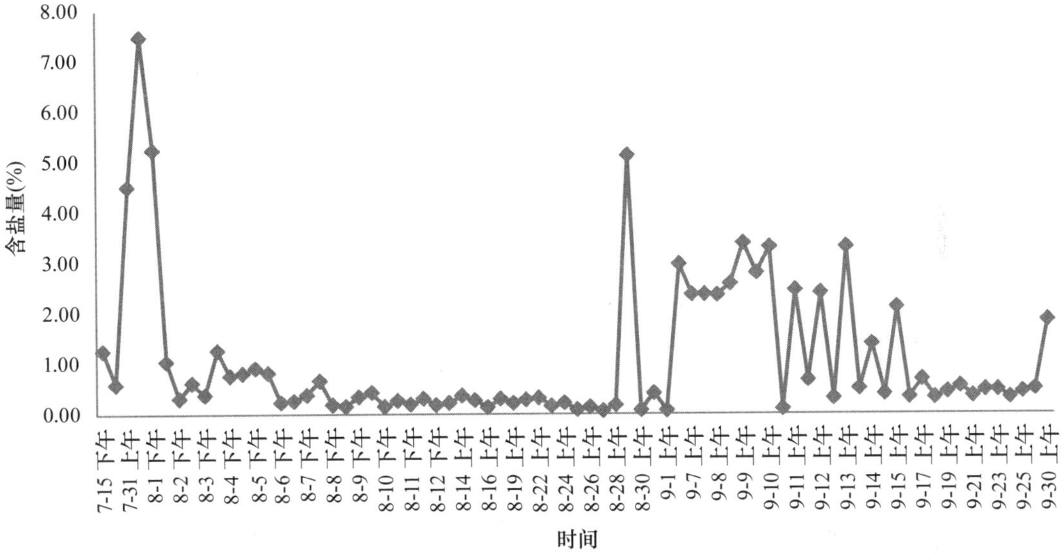

图 9-75　主室灌浆区域第一层镜头纸可溶盐含量随时间变化图

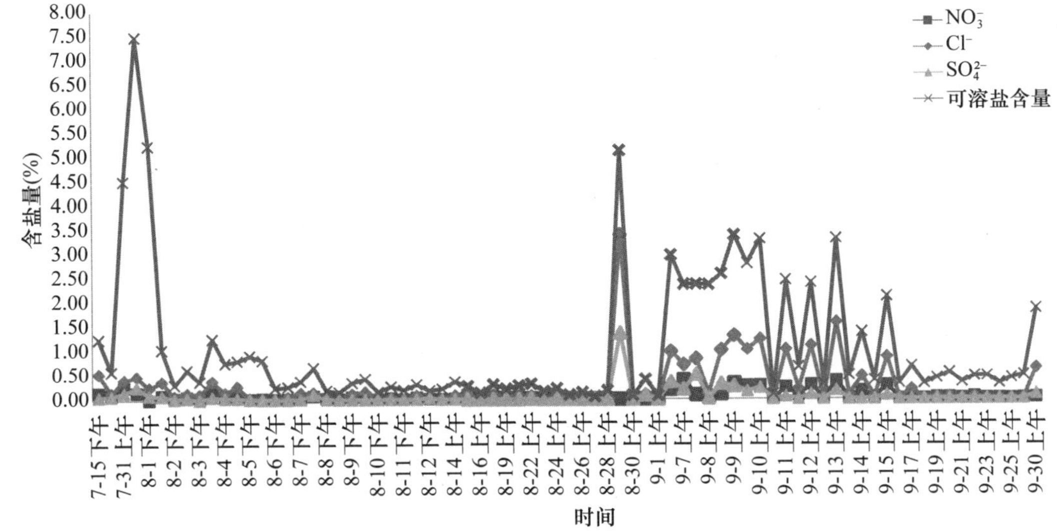

图 9-76　主室灌浆区域第一层镜头纸总盐量及各阴离子含量随时间变化图

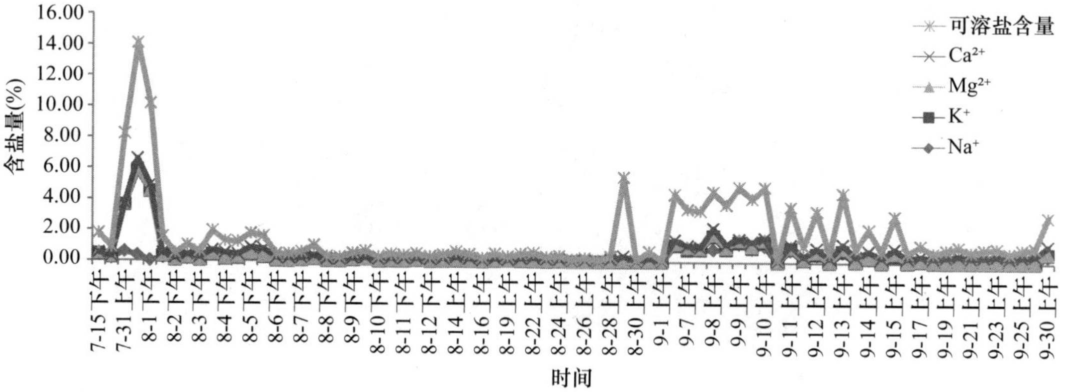

图 9-77　主室灌浆区域第一层镜头纸总盐量及各阳离子含量随时间变化图

图 9-78～图 9-81 为主室灌浆区域不同时间段替换下来的脱盐板第二层镜头纸可溶盐检测结果。图 9-81 为两层镜头纸含盐量对比图。

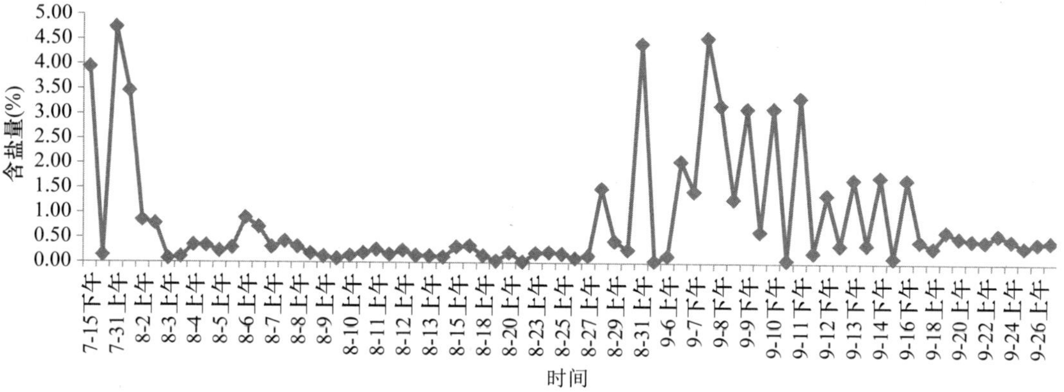

图 9-78　主室灌浆区域第二层镜头纸总盐量随时间变化图

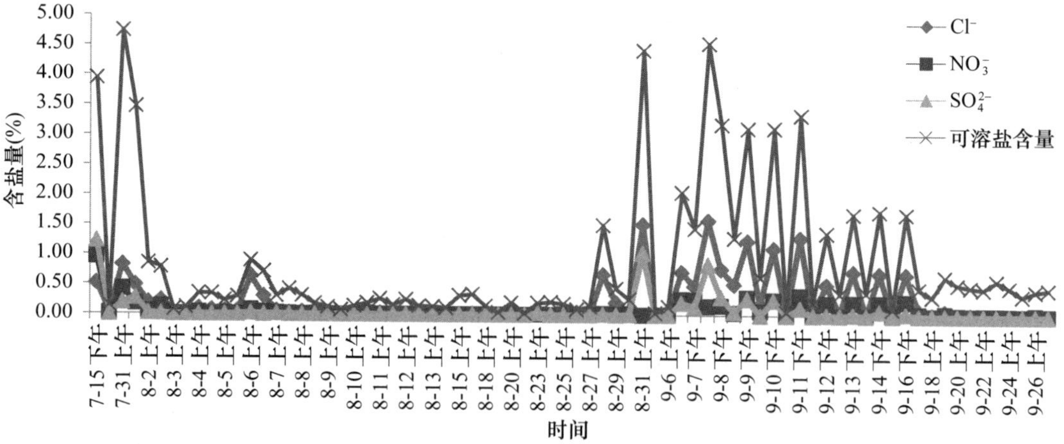

图 9-79　主室灌浆区域第二层镜头纸总盐量和阴离子含量随时间变化图

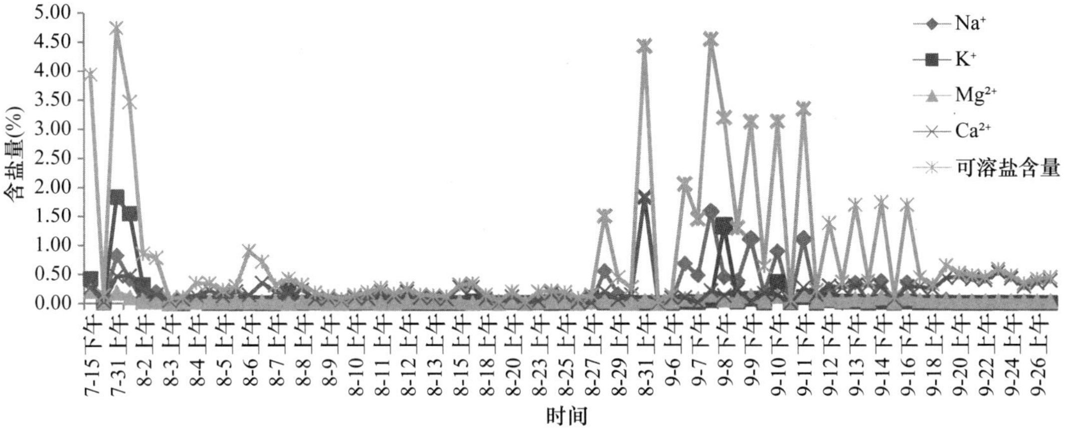

图 9-80　主室灌浆区域第二层镜头纸总盐量和阳离子含量随时间变化图

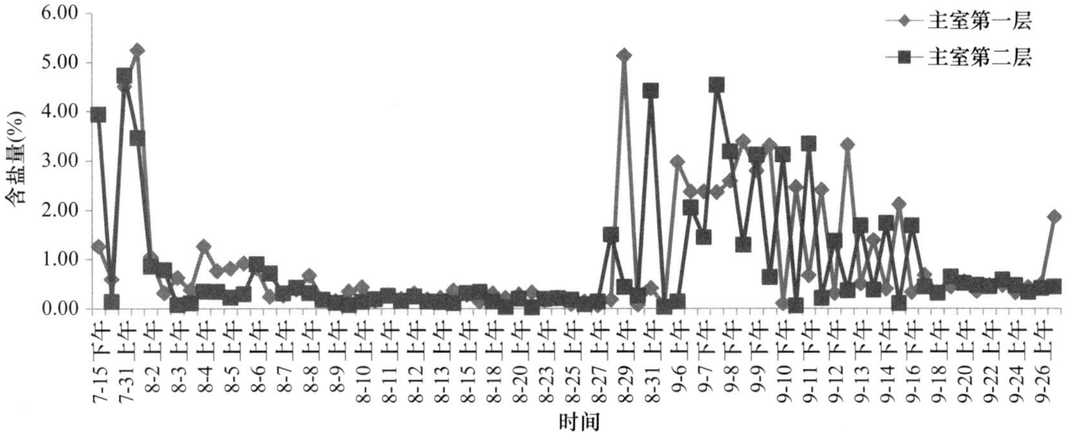

图 9-81　主室灌浆区域第一层与第二层镜头纸总盐量对比

B. 前室灌浆区域脱盐板镜头纸可溶盐检测

图 9-82～图 9-87 为前室灌浆区域不同时间段替换下来的脱盐板第一、二层镜头纸可溶盐检测结果。图 9-88 为两层镜头纸含盐量对比图。

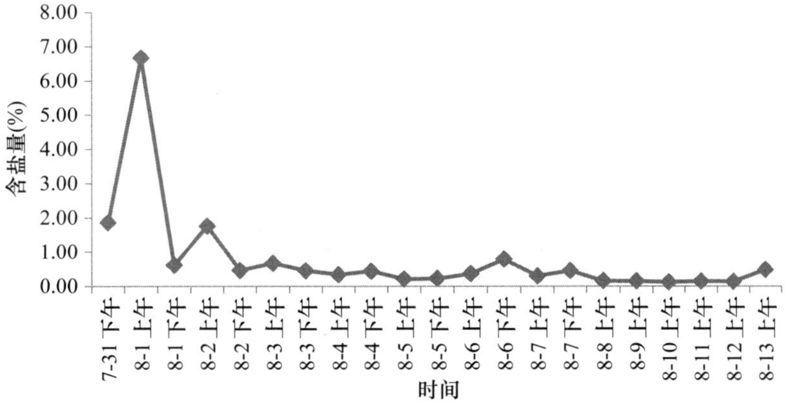

图 9-82　前室灌浆区域第一层镜头纸总盐量

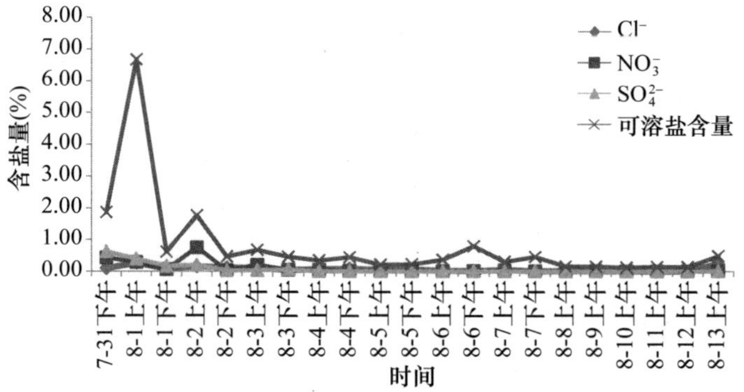

图 9-83　前室灌浆区域第一层镜头纸总盐量和阴离子含量随时间变化

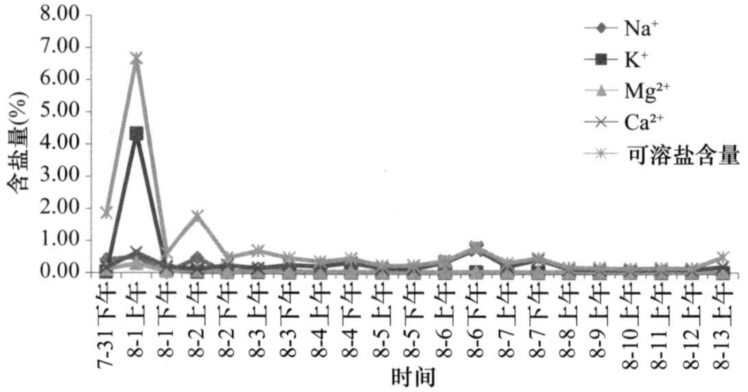

图 9-84　前室灌浆区域第一层镜头纸总盐量和阳离子含量随时间变化

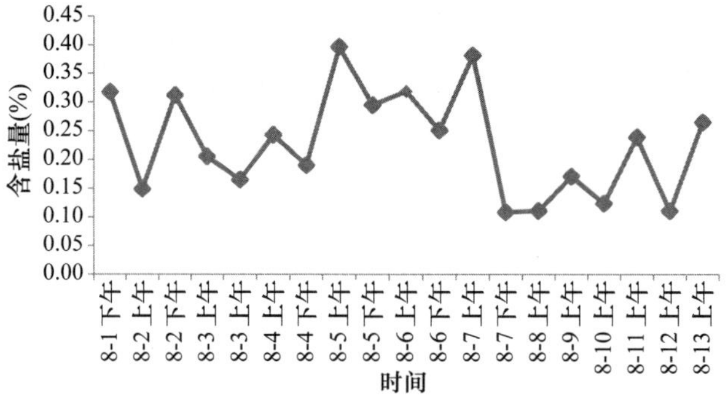

图 9-85　前室灌浆区域第二层镜头纸总盐量

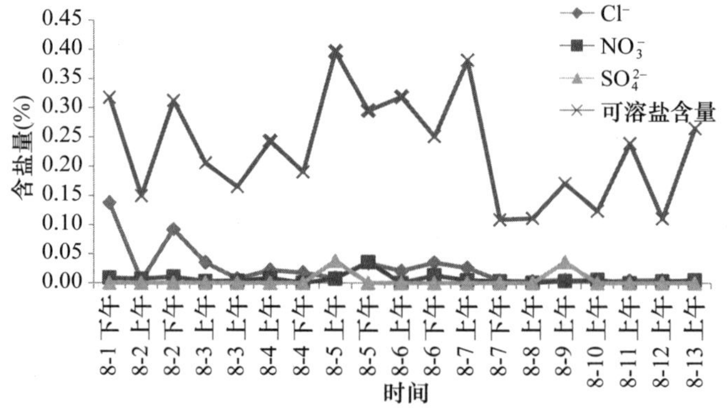

图 9-86　前室灌浆区域第二层镜头纸总盐量和阴离子含量随时间变化

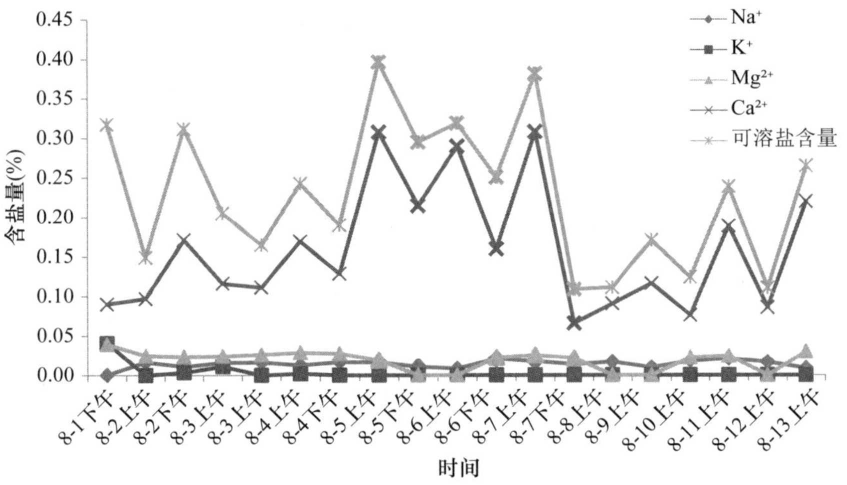

图 9-87　前室灌浆区域第二层镜头纸总盐量和阳离子含量随时间变化

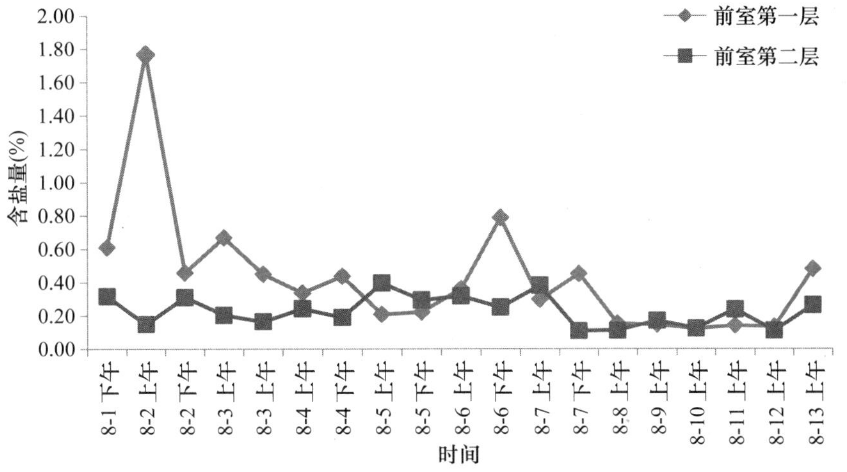

图 9-88　前室灌浆区域第一层与第二层镜头纸总盐量对比

采用离子色谱仪对脱盐板镜头纸中可溶盐含量的分析检测结果可以看出（图 9-75），7 月 15 日为灌浆前所采样品，7 月 30 日 16: 37 分实施灌浆，灌浆 2～3 天后，镜头纸上的含盐量达到最大值，说明水携带大量可溶盐到达壁画表面。灌浆量的多少，直接影响着壁画的干燥时间，同时也影响着可溶盐在地仗中的迁移速率与总量。镜头纸上检测出的阳离子主要以 Na^+为主，阴离子以 Cl^- 为主。

C. 采样分析测试

莫高窟 465 窟盐害问题非常严重，其中北壁西侧酥碱最为严重，颜料层大面积脱落、空鼓等。本次现场修复试验包括空鼓灌浆和酥碱修复两个部分，为了表征修复前后壁画脱盐效果，课题组在 465 窟北壁西侧酥碱处、西壁北侧壁画空鼓区域以及前室西壁甬道北侧空鼓区域不同深度获得土样若干，取样信息如表 9-3 所示。图 9-89～图 9-94 分别为各取样位置修复实验前后对比照片。

表 9-3　465 窟易溶盐检测样品信息表

样品编号	取样位置	取样深度	取样时间
K465NW01	北壁西侧距地面约 190cm 处	0～2mm	2016.7.10
K465NW02	北壁西侧距地面约 190cm 处	2～5mm	2016.7.10
K465NW03	北壁西侧距地面约 190cm 处	5～10mm	2016.7.10
K465NW04	北壁西侧距地面约 190cm 处	10～20mm	2016.7.10
K465NW05	北壁西侧距地面约 190cm 处，酥碱修复实验后	0～2mm	2016.12.30
K465NW06	北壁西侧距地面约 190cm 处，酥碱修复实验后	2～10mm	2016.12.30
K465NW07	北壁西侧距地面约 190cm 处，酥碱修复实验后	10～20mm	2016.12.30
K465WW01	西壁北侧距地面约 60cm 处	0～2mm	2016.7.10
K465WW02	西壁北侧距地面约 60cm 处	2～5mm	2016.7.10
K465WW03	西壁北侧距地面约 60cm 处	5～10mm	2016.7.10
K465WW04	西壁北侧距地面约 60cm 处，空鼓灌浆修复实验后	0～2mm	2016.12.30
K465WW05	西壁北侧距地面约 60cm 处，空鼓灌浆修复实验后	2～5mm	2016.12.30
K465WW06	西壁北侧距地面约 60cm 处，空鼓灌浆修复实验后	5～10mm	2016.12.30
K465AWW01	前室西壁门北侧中部，距地面约 150cm	0～2mm	2016.7.10
K465AWW02	前室西壁门北侧中部，距地面约 150cm	2～5mm	2016.7.10
K465AWW03	前室西壁门北侧中部，距地面约 150cm	5～10mm	2016.7.10
K465AWW04	前室西壁门北侧中部，距地面约 150cm，空鼓灌浆修复实验后	0～2mm	2016.12.30
K465AWW05	前室西壁门北侧中部，距地面约 150cm，空鼓灌浆修复实验后	2～5mm	2016.12.30
K465AWW06	前室西壁门北侧中部，距地面约 150cm，空鼓灌浆修复实验后	5～10mm	2016.12.30

图 9-89　465 窟北壁西侧修复前

图 9-90　465 窟北壁西侧修复后

利用离子色谱仪对所取土样进行可溶盐含量的测定。在实验室将烘干的土样浸泡于去离子水中，严格控制水土比为 5：1，放在超声振荡器上振荡 30min。用孔径为 0.45μm 滤膜过滤上部清液，利用戴安 ICS-90 睿智型离子色谱仪对清液进行分析。阴阳离子的分析条件如表 3-3 所示。根据土样浸泡处理时的固液比，对仪器分析结果进行计算。为方便计算，土样中的离子含量表示成质量百分含量。

图 9-91　465 窟西壁北侧修复前

图 9-92　465 窟西壁北侧修复后

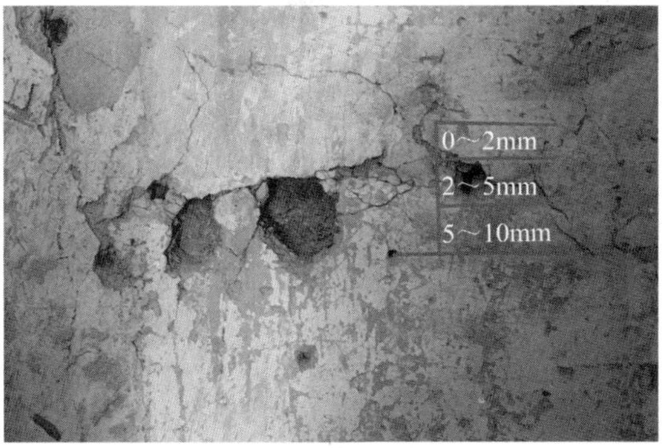

图 9-93　465 窟前室西壁门北修复前

图 9-94　465 窟前室西壁门北修复后

根据离子色谱对所取土样可溶盐检测结果显示：

（1）465 窟北壁西侧距地面 190cm 处修复前后易溶盐含量有明显的降低，修复前距壁画表层 0～2mm 处易溶盐含量约 3.5%，修复后易溶盐含量约 1.8%，修复前距壁画表层 2～5mm 处易溶盐含量高达 16.4%，修复后约 5.9%，距壁画表层 10～20mm 处易溶盐含量修复前后变化不大，如图 9-95 所示。

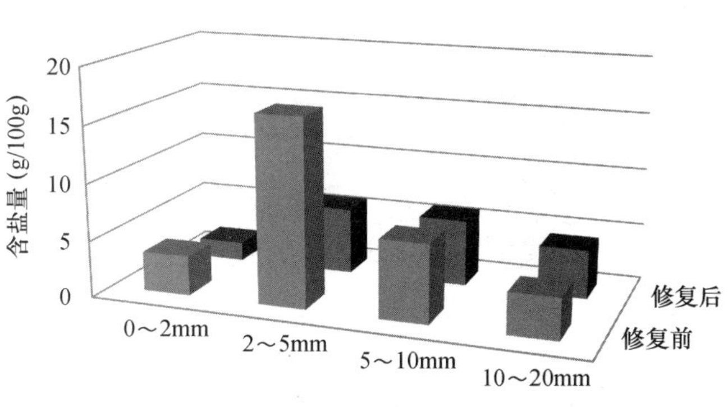

图 9-95　465 窟北壁西侧修复前后易溶盐含量变化图

（2）从盐害类型来看，阴离子主要是氯离子，其次是硫酸根离子，硝酸根离子含量较低；阳离子主要是钠离子，其次是钙离子，钾离子和镁离子的含量较低。

（3）465 窟主室西壁北侧空鼓区域修复前后易溶盐含量也有适当降低（图 9-96），

易溶盐种类主要为氯化盐。465 窟前室西壁甬道北侧空鼓区域修复前易溶盐含量较低，在 1% 左右，修复后易溶盐含量略有降低。

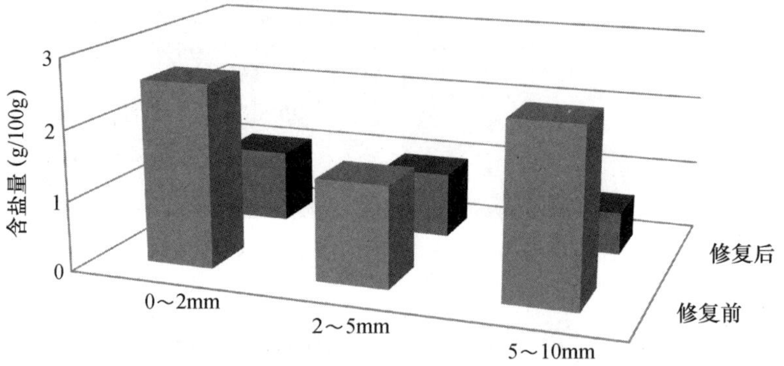

图 9-96 465 窟西壁北侧空鼓区域修复前后易溶盐含量变化图

（4）总的来说，酥碱区域修复加固前后脱盐效果非常明显，而对于空鼓区域脱盐效果不太明显，这主要是与空鼓区域本身可溶盐含量较低导致的误觉有关。

（5）脱盐板上第一层镜头纸上可溶盐阳离子主要以钾离子为主，而在对地仗土的检测中以钠离子为主，是否脱盐、吸水材料对钾盐更有效需进一步研究。

D. 纸条法分析检测

样品的采集方法：采用薄层色谱专用的纸张（型号：81-24，New-ark，Delaware USA，19714），将其裁成 1cm × 2cm 的纸条（重量约 0.04g，厚度 1mm），用镊子夹住纸条的一角，在去离子水中浸泡 5 秒钟，取出时在容器的边缘轻轻一抹（饱水的纸条重量约为 0.16g，n=27，RSD=2%），再将其放置于事先选好点的壁画表面，纸条要与壁画表面完全黏合不留空隙，有空隙时用镊子轻轻压平，停留 40 秒钟后用镊子轻轻取下纸条（此时水分进入壁画的量已达最大），放入事先准备好的用去离子水清洗

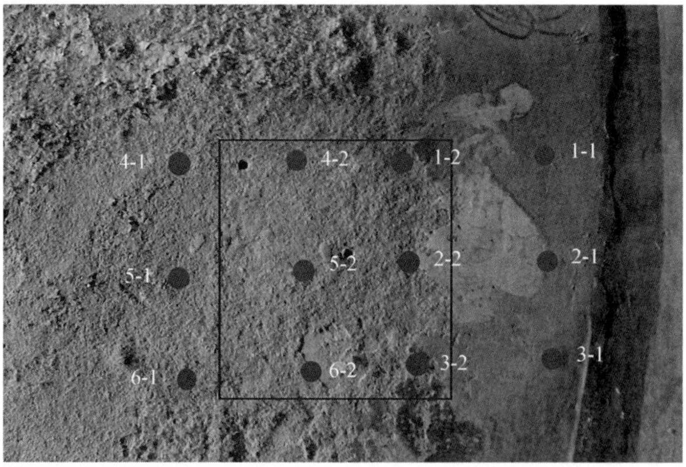

图 9-97 采样点位置图

过并干燥的高密度聚乙烯试管中。采样点位置如图 9-97 所示，线条框内区域为加固区域，进行了二次脱盐处理。

样品制备：将装有纸条的干燥乙烯试管中加入 10mL 的去离子水（R>18.2MΩ）浸泡，浸泡约 12h 后，放在超声振荡器上振荡 30min。采用注射针头过滤器（孔径 0.45μm）过滤上部清液，利用戴安 ICS-90 睿智型离子色谱仪对清液进行分析。

从图 9-98 可以看出：

（1）线条框内为酥碱修复试验区，1 号点、2 号点和 3 号点未加固区域可溶盐含量低于加固区，这是因为，这三个点加固区域酥碱非常严重，虽然进行了脱盐、二次脱盐处理，盐分仍然高于未加固区域，这三个点的未加固区域壁画酥碱病害不明显。

（2）4 号点、5 号点和 6 号点未加固区域可溶盐含量大于加固区，这是因为这三个点加固区与未加固区域酥碱均非常严重，因此可看出加固区域脱盐效果明显。

（3）纸条法检测出壁画表面可溶盐阴离子主要以 Cl^- 为主，阳离子主要以 Na^+ 为主，这与壁画地仗样分析结果相一致。

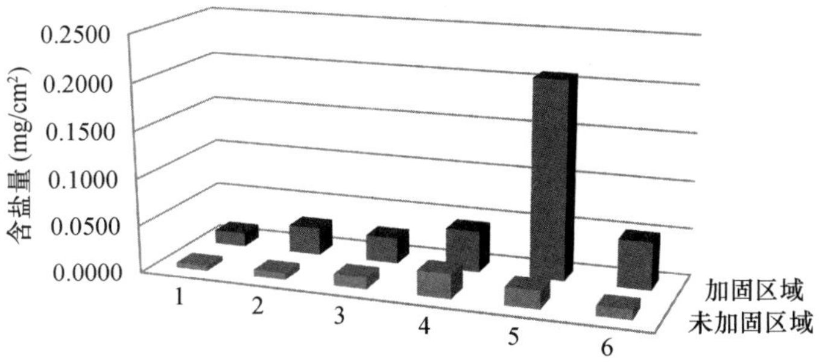

图 9-98 纸条法检测加固区域与非加固区域易溶盐含量对比图

9.2 拉卜楞寺壁画修复现场试验

9.2.1 颜料层起甲的修复

1. 加固材料

起甲壁画均采用质量浓度为 3% 丙烯酸乳液和 3% 有机硅丙烯酸乳液按照 1∶1 混合后进行修复。

2. 修复工艺

壁画修复采用注射黏结剂的方法，以增加颜料层和地仗层的黏结力。

（1）修复前用软毛笔或洗耳球轻轻地将起甲壁画背部及表面的尘土清除干净（图 9-99）。

（2）用注射器将 3% 丙烯酸与 3% 硅丙乳液按 1∶1 混合液沿起甲部位的裂口注射到壁画的背部和地仗处，使之渗透。每个部位视病害的程度注射 3～4 遍（图 9-100）。

（3）表面采用镜头纸防护，用木质修复刀将起甲部位轻轻回压至地仗（图 9-101），用脱脂棉球对壁面进行滚压（图 9-102），使颜料层和地仗层结合牢固。脱落较多的部位用调制好的泥补平，使起甲壁画与地仗很好地连为一体。

图 9-99　除尘

图 9-100　渗透

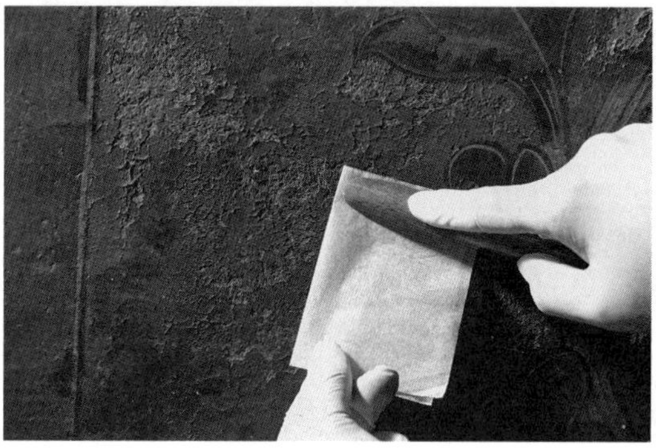

图 9-101　回贴

图 9-102　滚压

（4）用质量浓度为 0.3% 的硅丙乳液，均匀地在起甲壁画表面喷涂一遍，用脱脂棉球拍压，增加整个壁面的强度。

9.2.2　空鼓壁画修复

空鼓壁画一般是由于地仗层脱离支撑体而形成壁画的空鼓病害。针对空鼓壁画，主要采用灌浆为主的方法进行保护加固。拉卜楞寺弥勒佛殿壁画的支撑体为砖石，选择当地黄土、黑土作为灌浆材料（比例为 1∶1），用质量浓度为 2% 的丙烯酸乳液调制灰水比为 1∶0.65 的灌浆材料。该种材料具有重量轻、透气性好、收缩率小、强度适中、流动性好等性能。

1. *灌浆材料及其制备*

以丙烯酸乳液为主剂，当地土为填充料的灌浆加固材料（表 9-4），其特点是具有使壁画与地仗层结合牢固，透气、透水性好，收缩率小，流动性和可灌性好，强度适中并且可调，初凝和终凝速度适中以及最大兼容等特点。

表 9-4　灌浆材料配比表

主剂（w/w）	填充料比例（w/w）	水灰比（w/w）
2% 丙烯酸	当地黄土：黑土	0.65
	1 ：1	

当地土采自夏河县当地，粉碎后过筛，粒度为 150～300μm。在修复期间，浆液要每天制作，观察其性状，以确保前后灌浆材料性能的一致性（图 9-103）。

配浆时，采用天平准确称取灌浆材料的各个组分（图 9-104），混合搅拌，时间不少于 20min。图 9-105 为拉卜楞寺空鼓灌浆材料筛选试验研究。

图 9-103　灌浆材料

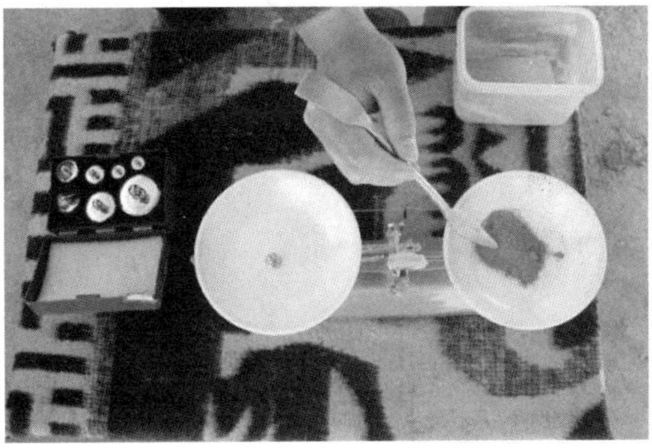

图 9-104　配比材料

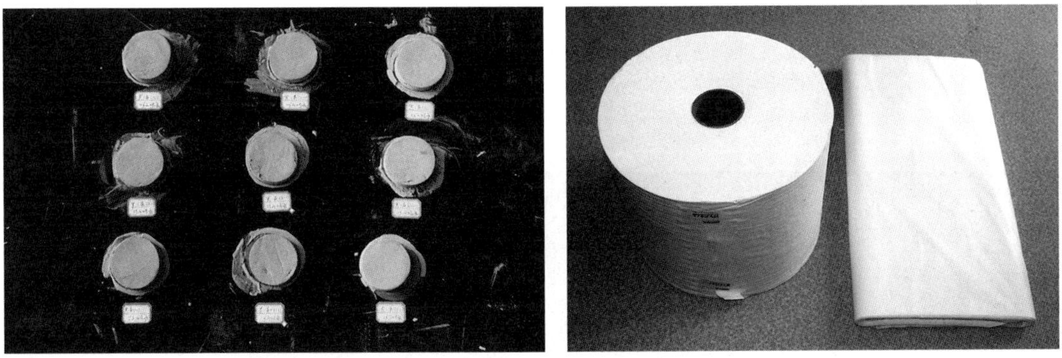

图 9-105　灌浆材料筛选试验研究

2. 修复工艺及步骤

（1）壁画表面烟熏层、灰尘去除后，把该空鼓区域分成上下两部分，铺上坐标纸，用探地雷达测试空鼓范围、深度等基本信息（图 9-106、图 9-107）。

（2）内窥镜探测。在壁画地仗破损处用内窥镜探测壁画地仗与墙体之间空鼓是否存有杂物及内部结构，为下一步清理内部杂物，保证壁画复位做准备。

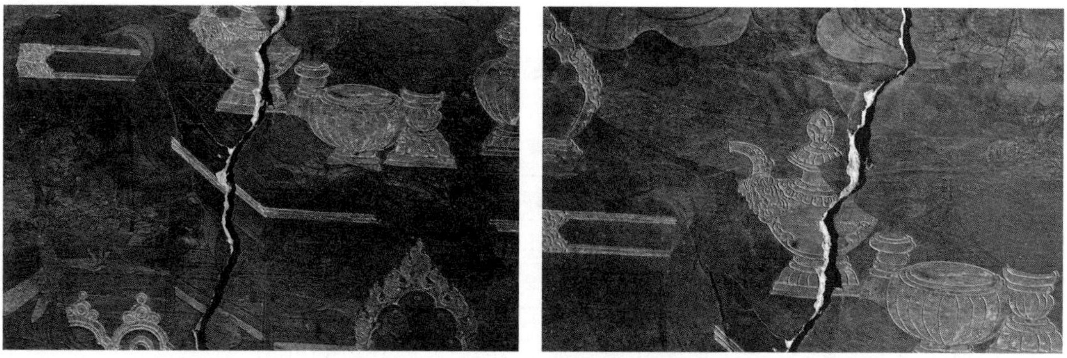

图 9-106　壁画裂缝处的空鼓现状

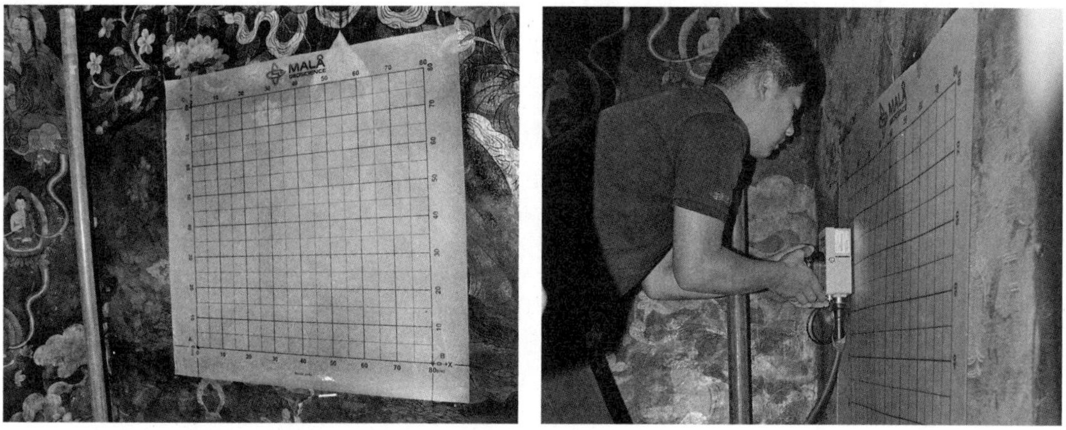

图 9-107　探地雷达扫描空鼓区域

（3）清理空鼓壁画内杂物。在画面破损处、裂缝或次要部位，用手术刀切开大小适度的孔，用专用修复工具将空鼓壁画内部的沙、土、破损地仗残块及碎石等杂物清理干净（图 9-108）。

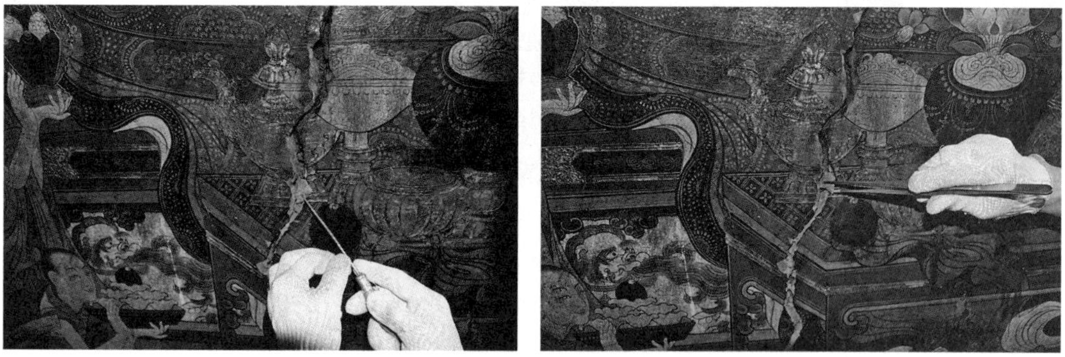

图 9-108　清理空鼓壁画内杂物

（4）浸润地仗。在裂缝或破损处，用针管滴渗浓度为 0.5% 的有机硅改性丙烯酸乳液，浸润地仗。

（5）支顶整形复位。待地仗干燥到一定程度，具有可塑性时，用固定在工作架上的可调螺丝杆将透气性顶板［由多孔七合板和薄海绵、吸水垫 KC-X60（2～3 层）与细棉纸组成］置于空鼓壁画处，小心支顶并逐渐推压整形，使空鼓凸出的壁画复位平整（图 9-109）。

图 9-109　支顶整型

（6）布设注浆孔。视壁画空鼓程度及面积，选择注浆孔。一般应选在裂缝或颜料脱落处，以保证画面的完整。注浆孔孔径为 0.5mm，用手摇钻在壁画表面开注浆孔。在同一壁画上，孔的分布应呈不规则三角形，一方面可实现顺利灌浆，另一方面可保证壁画与墙体黏结牢固，提高壁画整体稳定性。

（7）埋设注浆管。选用直径合适的透明塑胶管做注浆管，在每个注浆孔内尽量多插入几根注浆管，注浆管呈上下分布，以利于浆液流动并确保均匀分布。裂缝处塞上脱脂棉以免浆液从此处流出污染画面（图 9-110）。

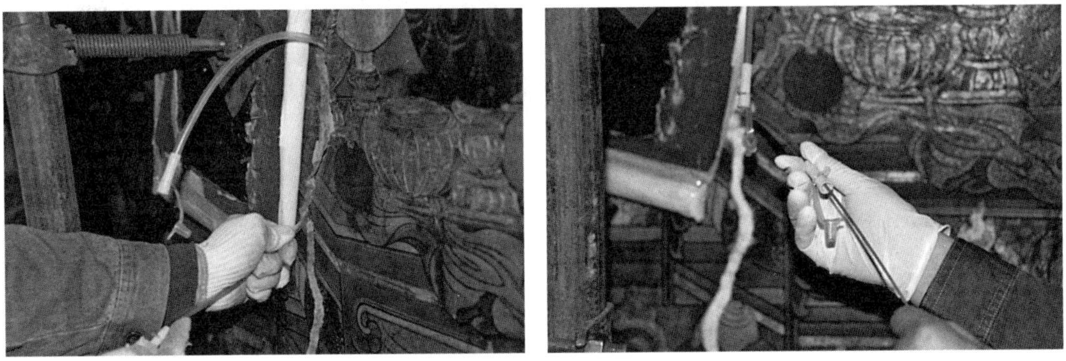

图 9-110　埋设注浆管

（8）灌浆。在灌浆前先用注射器通过注浆管注入质量浓度为 0.5% 的硅丙乳液，对空鼓内松散的壁画地仗和墙面进行加固，待注射的硅丙乳液被充分吸收后，进行灌浆。用 100mL 注射器吸取配置好的浆液从下往上注浆，通过手敲以及注射浆液时的压力可判断浆液量是否满足要求，灌浆时还需用壁板支顶壁画以防止壁画鼓起甚至脱落。壁板等到浆液完全凝固干燥后，经认真检查方可移去（图 9-111～图 9-113）。

（9）灌浆效果测试。灌浆完成后待干燥一段时间，用红外热成像仪测试灌浆区域，明确浆液分布、水分扩散、灌浆效果等（图 9-114）。

（10）封护灌浆孔、填补裂缝。封护灌浆孔：浆液凝固后先用质量浓度为 1.5% 的硅丙乳液渗透加固孔沿，然后用澄板土：当地土（1∶1）配制的泥浆进行封护灌浆孔，待半干燥后，压平表面使其略低于壁画颜料层。

填补裂缝：先清洁裂缝，使用质量浓度为 1.5% 硅丙乳液浸润裂缝两侧，并加固裂缝边缘（图 9-115）。使用修复刀将底层泥增补至裂缝底部，要求致密修补（图 9-116）。表层用质量浓度为 0.5% 硅丙乳液调制澄板土：当地土（1：1）配制的泥浆进行少量多次填贴并对表面修补处理。根据裂缝大小使用不同规格木质工具进行压平压实，不使之出现开裂，要求泥层平面低于颜料层 0.1mm。

图 9-111　配制浆液

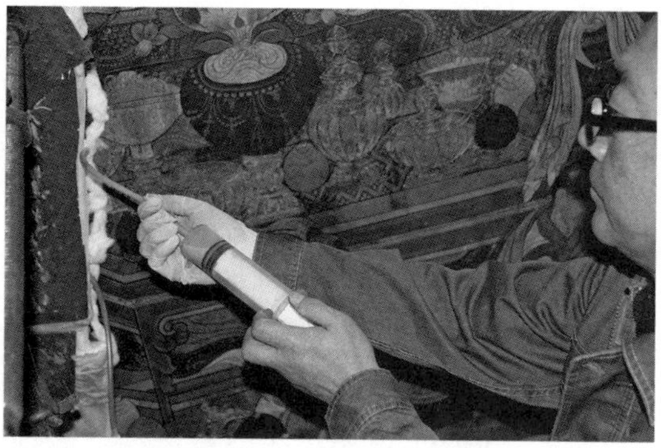

图 9-112　加固地仗、墙体

图 9-113　灌浆

图 9-114　红外热成像仪检测

图 9-115　浸润、加固地仗

图 9-116　填泥处理

（11）补色。补色一般限于所修补的注浆孔和裂缝，对于脱落的壁画不应进行还原性补色。选用与壁画相同的矿物颜料调配进行补色，做到“修旧如旧”时亦应有所区别（图 9-117）；图 9-118、图 9-119 为探地雷达对拉卜楞寺壁画空鼓注浆前后水平切面图；图 9-120 为拉卜楞寺壁画空鼓灌浆修复前后对比照。

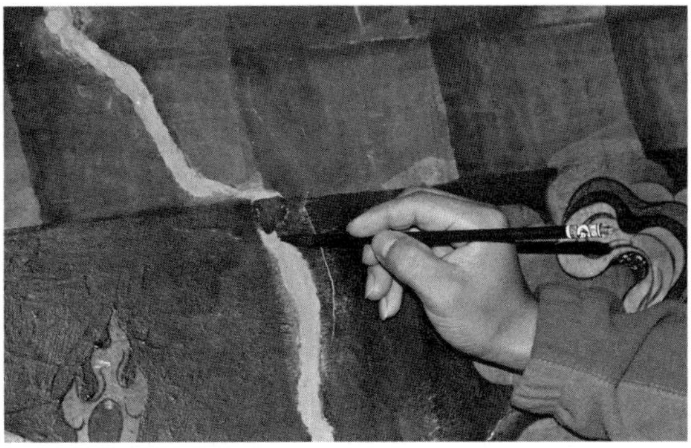

图 9-117　补色

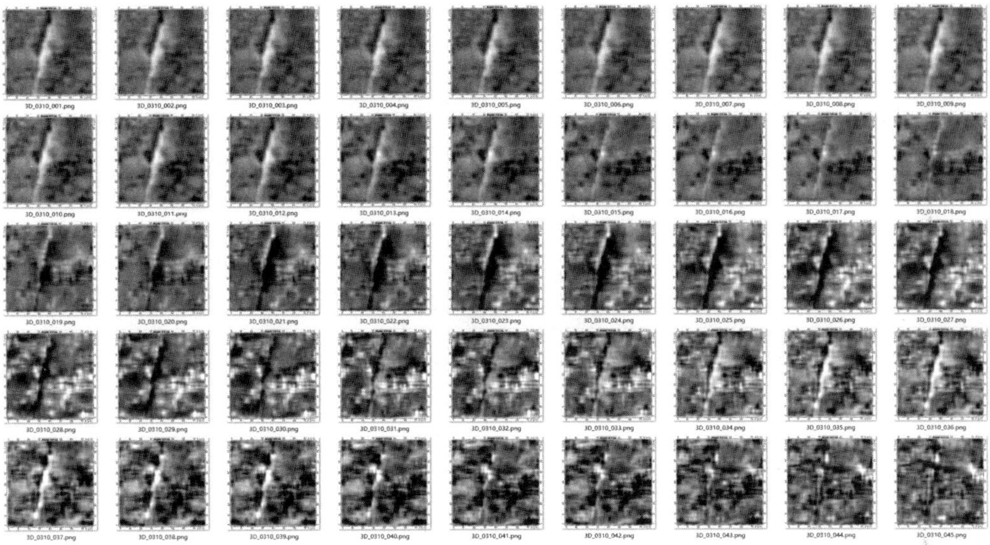

图 9-118　拉卜楞寺壁画空鼓测试：1-2 号壁画 0～4.4cm 深度，注浆前水平切片图

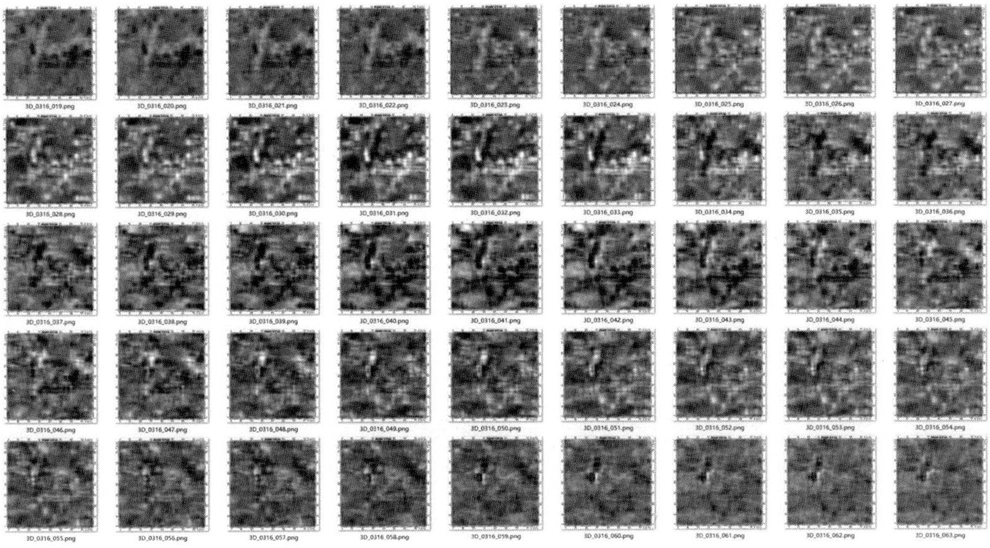

图 9-119　拉卜楞寺壁画空鼓测试：1-2 号壁画 0～4.4cm 深度，注浆后水平切片图

图 9-120　壁画空鼓灌浆修复前后对比

9.2.3　烟熏壁画的清除

1. 修复工艺

拉卜楞寺属于藏传佛教格鲁派六大寺院之一，殿内常年有酥油灯，壁画经过了长时间的烟熏，绝大部分壁画和彩塑的表面有很厚的烟熏层（当地人称油烟）。这层黑色膜使壁画和彩塑模糊不清，壁画内容已无法识别，大大降低了壁画和彩塑的价值。

根据现场试验的结果，采用表面活性剂对壁画烟熏进行清除。烟熏层清除材料选择十二烷基聚氧乙烯醚、十二烷基苯磺酸钠、乙二胺四乙酸二钠、碱性蛋白酶、甘油、硼砂、羟基纤维素、去离子水按照一定配比制成。这种烟熏层清除材料是由非离子表面活性剂、软化剂、浸润剂和抗沉淀增溶剂组成的无色透明半流动状胶体，其最大特点是：只浸润不渗透，改变了以往对烟熏壁画“清洗”的状况。这种材料在使用时只溶解烟熏中的有机物，胶体包裹炭颗粒一并拉出。

修复工艺为：

（1）用洗耳球或羊毛刷清除壁画表面尘土及污物。

（2）用修复刀仔细剔去壁面附着较厚的污物。

（3）用脱脂棉蘸取活性剂清除壁画表面烟熏。

（4）用去离子水清除壁画表面残留物。

（5）用质量浓度为 1.5% 的硅丙乳液：1.5% 丙烯酸乳液 =1：1 混合液加固起甲部位。

2. 现场试验

（1）清洁画面。用洗耳球将颜料层表面的灰尘吹干净，然后用软毛刷将实验区壁画表面的灰尘清除干净，壁画表面及细小裂缝里不能遗留尘土（图 9-121）。

（2）用医用棉棒将一定比例配制的清除材料蘸刷在烟熏层表面，再用医用棉棒轻轻拭去，反复多次将烟熏一层一层清除。清除过程中应避免棉棒蘸刷的清除液流到未烟熏壁画处（图 9-122）。

（3）用棉棒蘸去离子水拭去残留的清除材料。图 9-123 为试验区烟熏清除前后对比照片。

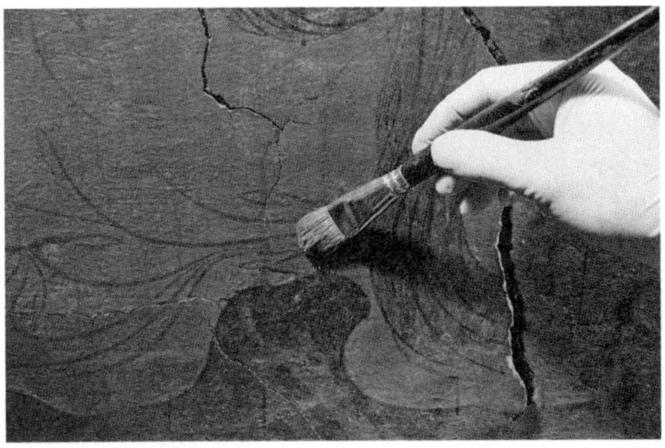

图 9-121　除尘

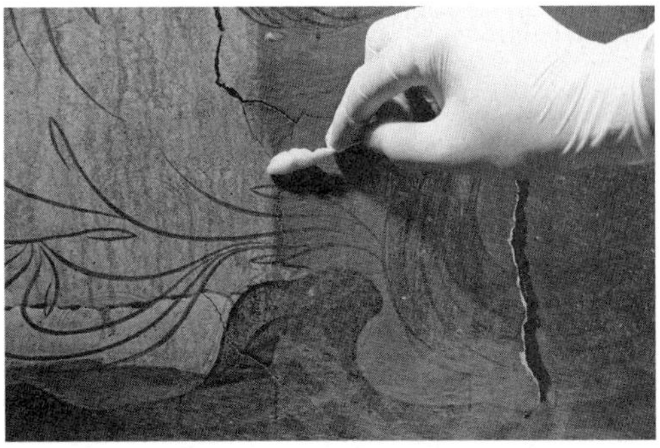

图 9-122　清除烟熏

图 9-123　实验区烟熏清除前后对比

9.3　嘉峪关魏晋墓砖壁画修复现场试验

9.3.1　馆藏画像砖修复工艺

1. 颜料层起甲修复

1）修复材料

采用无玄光、无色、透明、渗透性能较好的明胶作为起甲病害的修复材料，质量浓度约为 2%。

2）工艺

（1）加固前用羊毛笔或洗耳球轻轻清除颜料层表面的尘土及起甲颜料层背部尘土，操作时要特别细心，以防损伤颜料（图 9-124、图 9-125）。

图 9-124　用小毛笔去除尘土

图 9-125　用吸耳球吹去尘土

（2）先将明胶溶液加热，再用注射器将 2% 明胶沿起甲翘起部位注射到背部。使之渗透加固，渗透时反复注射三至四遍（图 9-126）。

（3）表面采用镜头纸防护，用木质修复刀将起甲部位轻轻回压至砖面，用脱脂棉球滚压，使颜料层与砖面黏结更牢固（图 9-127）。

（4）用 2% 明胶对画像砖表面没有起甲的颜料层均匀地渗透加固一遍，表面采用镜头纸防护，脱脂棉球拍压，增加整个画像砖表面颜料的强度。

2. 画像砖表面加固

1）修复材料

采用无玄光、无色、透明、渗透性能较好的明胶作为画像砖表面加固材料，质量浓度约为 2%。

2）工艺

加固前用羊毛笔或吸耳球轻轻清除画像砖表面的尘土，然后用 2% 明胶对画像砖

图 9-126 注射黏结剂

图 9-127 用脱脂棉球滚压

表面的颜料层均匀地渗透加固一遍，表面采用镜头纸防护，脱脂棉球拍压，增加整个画像砖表面颜料的强度。

3）画像砖盐害处理

A. 修复材料

采用无玄光、无色、透明、渗透性能较好的明胶作为画像砖盐害加固材料，质量浓度约为 2%。

B. 工艺

（1）用铁质小修刀将画像砖表面盐的结晶体轻轻剔除，尽可能不损伤画面。没有颜料层的部位要彻底清除干净（图 9-128）。

图 9-128 用小修刀去除盐分

（2）加固前用羊毛笔或洗耳球轻轻清除画像砖表面的尘土，然后用 2% 明胶对画像砖表面的颜料层均匀地渗透加固一遍，表面采用镜头纸防护，脱脂棉球拍压，增加整个画像砖表面颜料的强度。

4）画像砖表面层状剥离的修复

A. 修复材料

采用环氧树脂：固化剂 =2：1，质量浓度为 5% 的丙烯酸。

B. 工艺

（1）用羊毛刷或洗耳球把已剥离或剥落部位的尘土清除干净。

（2）将已脱落的严重部分拿掉后把适量环氧树脂抹入背面回贴原位。

（3）轻微部分用铁质修复刀蘸少量环氧树脂抹入剥离层背后，再用修复刀压回原位（图 9-129）。

（4）破损或剥离层已脱落部位，选用色彩相近的青砖粉加入 5% 丙烯酸调制浆液进行修补。

5）泥污处理

A. 修复材料

采用无玄光、无色、透明、渗透性能较好的明胶作为画像砖泥污处理后的加固材料，质量浓度约为 2%。

B. 工艺

（1）用小修复刀、竹棉签慢慢剔除画面的泥渍（图 9-130）。

图 9-129　蘸少量黏结剂抹入剥离层背后

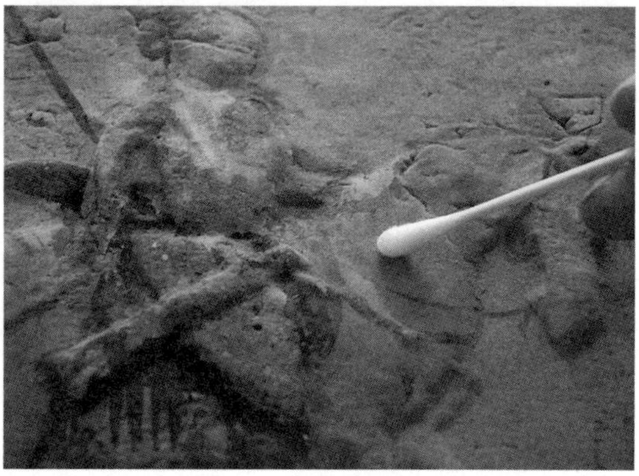

图 9-130　竹签慢慢剔除画面的泥渍

（2）加固前用羊毛笔或洗耳球轻轻清除画像砖表面的尘土，然后用 2% 明胶对画像砖表面颜料层均匀地渗透加固一遍，表面采用镜头纸防护，稍干后用脱脂棉球拍压，增加整个砖面颜料的强度。

9.3.2　现场试验

1. 试验位置

本次试验选在七号墓中室西壁（图 9-131）和后室南壁（图 9-132）。中室西壁污染病害画像砖宽 16cm、高 14cm。中室西壁起甲病害画像砖宽 34cm、高 16cm。后室南壁起甲画像砖宽 35cm、高 17cm。

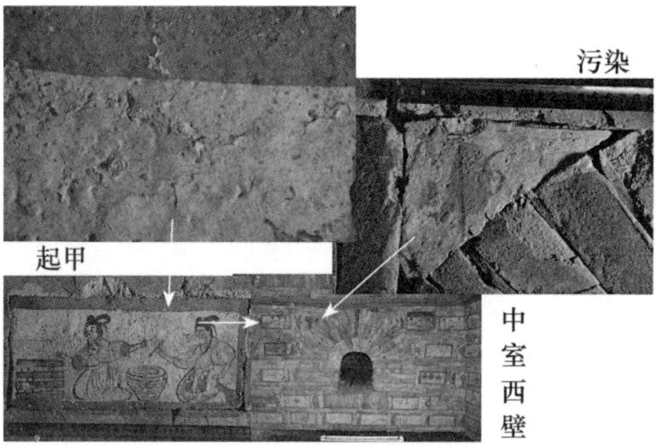

图 9-131　中室西壁试验位置示意图

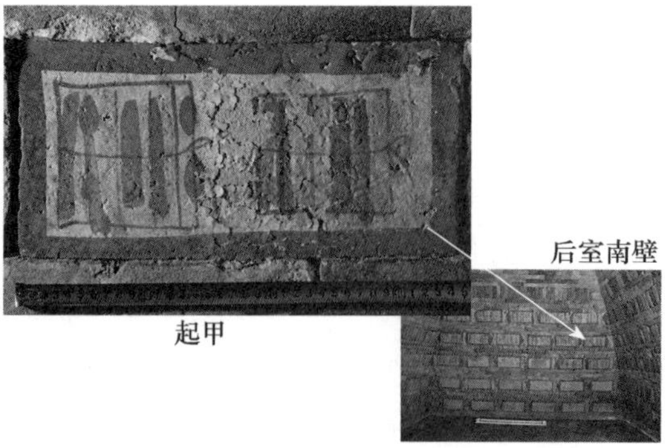

图 9-132　后室南壁试验位置示意图

2. 试验材料

根据对河西地区墓室画像砖修复经验，此次现场试验材料采用丙烯酸乳液和有机硅丙烯酸乳液 1∶1 混合，质量浓度分别为 1%、2%、3%（图 9-133）。

图 9-133　现场试验修复材料

3. 现场修复工艺

1）中室西壁表面污染修复工艺

（1）用羊毛刷和洗耳球清除表面浮尘，用羊毛刷除尘时，可根据浮尘的厚度和颜料层的强度选择不同硬度的羊毛刷（图 9-134）。洗耳球主要吹去裂隙及细小孔隙内的尘土（图 9-135）。

图 9-134　羊毛刷除尘

图 9-135　洗耳球除尘

（2）竹签剔除较厚的污渍，用竹签剔除污渍时不要一次剔除，应从厚至薄分层剔除，在剔除至颜料层表面时要特别注意不要伤到壁画，可以改用羊毛刷和洗耳球进行清除（图 9-136）。

（3）表面清除干净后，用 1% 丙烯酸乳液和 1% 有机硅丙烯酸乳液 1∶1 混合进行颜料层加固，渗透 1～2 遍（图 9-137）。

图 9-136　竹签剔除表面污渍

图 9-137　黏结剂渗透加固

（4）用木质修复刀垫镜头纸压一遍，增加颜料层的内聚力，再用脱脂棉球垫镜头纸压一遍，防止不平处没有压到。垫镜头纸是防止颜料层沾到刀子和脱脂棉球上（图 9-138、图 9-139）。

图 9-138　木质修复刀按压

图 9-139　棉球按压

2）中室西壁颜料层起甲修复

（1）用羊毛刷和洗耳球除尘（图 9-140、图 9-141），进行到起甲颜料层时动作要轻，避免将颜料层碰掉。

图 9-140　羊毛刷除尘

图 9-141　洗耳球除尘

（2）用注射器将 1% 丙烯酸乳液和 1% 有机硅丙烯酸乳液 1∶1 混合黏结材料沿起甲的裂口注射到起甲壁画的背部，反复渗透 2～3 遍，在渗透加固时避免注射过多黏结剂形成流痕（图 9-142）。

（3）待黏结材料中的水分被地仗层吸收后，表面采用镜头纸防护，用木质修复刀，将起甲壁画回贴。如果颜料层沾到镜头纸上可以在镜头纸上注射一些纯净水，很轻易地就能将镜头纸上的颜料取下（图 9-143）。

3）后室南壁颜料层起甲修复

（1）用羊毛刷和洗耳球除尘，清除至起甲颜料层时动作要轻，避免将颜料层碰掉（图 9-144、图 9-145）。

（2）用注射器将 1% 丙烯酸乳液和 1% 有机硅丙烯酸乳液 1∶1 混合黏结材料沿起甲的裂口注射到起甲壁画的背部，反复渗透 2～3 遍（图 9-146），在渗透加固时避

图 9-142　黏结剂渗透加固

图 9-143　木质修复刀回贴颜料层

图 9-144　羊毛刷除尘

图 9-145　洗耳球除尘

免注射过多黏结剂形成流痕。

（3）待黏结材料中的水分被地仗层吸收后，表面采用镜头纸防护，用木质修复刀，将起甲壁画回贴，然后用棉球进行滚压使其黏结更加牢固（图 9-147、图 9-148）。

图 9-146　黏结剂渗透加固

9.3.3　试验结果

此次嘉峪关新城魏晋壁画墓七号墓画像砖试验性修复共修复三个区域，其中中室西壁一块三角形画像砖病害主要是表面污染，修复工艺主要采取的是物理方法去污，再用 1% 丙烯酸乳液和 1% 有机硅丙烯酸乳液 1∶1 混合进行表面加固。修复效果比较理想（图 9-149）。

中室西壁颜料层起甲修复时课题组发现，2% 和 3% 的黏结剂渗透效果比较差，1% 的黏结剂渗透效果稍好，在修复时还发现画像砖的起甲不是颜料层的起甲，而是和砖表层一起翘起，由于青砖无法软化给修复带来了很大的难度（图 9-150）。

后室南壁颜料层起甲修复时课题组发现，青砖风化严重，而黏结剂无法将其软化，浓度小的黏结剂强度也无法达到黏结效果，浓度大的黏结剂渗透效果差，会聚集到表面，影响画面（图 9-151）。

图 9-147 木质修复刀回贴颜料层

图 9-148 棉球滚压

图 9-149 中室西壁污染修复前、后对比照

图 9-150 中室西壁起甲修复前、后对比照

图 9-151 后室南壁起甲修复前、后对比照

9.4 研究结论

通过对莫高窟第 465 窟、夏河拉卜楞寺以及嘉峪关魏晋墓壁画病害的保护修复工作，课题组总结出一套普遍适用于文物保护领域的保护修复程序，并在夏河拉卜楞寺、莫高窟第 465 窟得到应用，修复效果良好。

（1）起甲病害保护修复程序为：资料记录（拍照、病害现状调查等）—除尘—注射黏结剂—颜料层回贴—资料记录（拍照等）。

（2）酥碱病害保护修复程序为：资料记录（拍照、病害现状调查等）—除尘—注射黏结剂—压平—贴敷吸水脱盐垫—更换吸水脱盐垫—二次脱盐—资料记录（拍照等）。

（3）空鼓壁画病害加固程序为：资料记录（拍照、病害现状调查等）—剔除不当历史加固层—开设注浆孔—检查空鼓部位—埋设注浆管—支顶回位—制备浆液—深度清理残留物—红外监测—灌浆实施—支顶归位—更换脱盐纸—二次脱盐—修补注浆孔—资料记录（拍照等）。

（4）烟熏、起甲壁画修复程序为：资料记录（拍照、病害现状调查等）—除尘—去污—活性剂清除烟熏—清除残留活性剂—加固起甲部位—资料记录（拍照等）。

（5）在修复过程中，采用红外热成像仪、探地雷达技术，结合可溶盐分析和表面观察，可以为壁画修复效果评估提供翔实数据。

第10章　基于视觉变化的壁画修复效果评估分析研究

10.1　实验室验证

10.1.1　概述

本章包括两个方面的内容：基于视觉的变化检测方法测试与基于重定位的全景图像获取方法测试。第一个实验采用壁画仿真色块作为实验素材，人为模拟缺失、褪色、刀痕、起甲、水渍等病害变化或病害修复，然后利用微小变化检测算法对变化前后的数据进行测试，验证变化检测方法对于不同变化或在不同情况下的检测能力。第二个实验是测试一种基于重定位技术获取高清全景图像的方法，这种方法具有快速、高效、数据真实等特点。

图 10-1　数据采集平台

10.1.2　基于视觉的变化检测方法测试

1. 数据采集

实验使用如图 10-1 所示的平台采集实验数据，平台上固定的相机为佳能 5D Mark Ⅲ，使用焦距为 24～70mm 的镜头。采集数据时将色块平放在平台中心并由周围光源的不同组合采集 12 个不同侧光条件下的图像作为一组实验数据。制造变化时，将色块取下，加入变化后再尽可能摆放到原来的位置。实验使用了两个色块共采集了六组实验数据，按 1—2 组、3—4 组、5—6 组来进行共三次变化检测实验。图 10-2～图 10-4 分别展示了这三次实验数据的变化细节，其中图（a）、（b）为每组数据的某张侧光图像，图（c）等展示了人为制造的变化区域。每组实验数据的具体细节如下所述。

第一组：使用原始色块作为参考素材。

第二组：在第一组使用色块基础上加入六处变化。分别为刀痕［图 10-2（c）和图 10-2（f）］、缺失［图 10-2（d）和图 10-2（e）］、起甲［图 10-2（g）］、褪色［图 10-2（h）］。

第三组：以第二组使用色块作为参考素材。

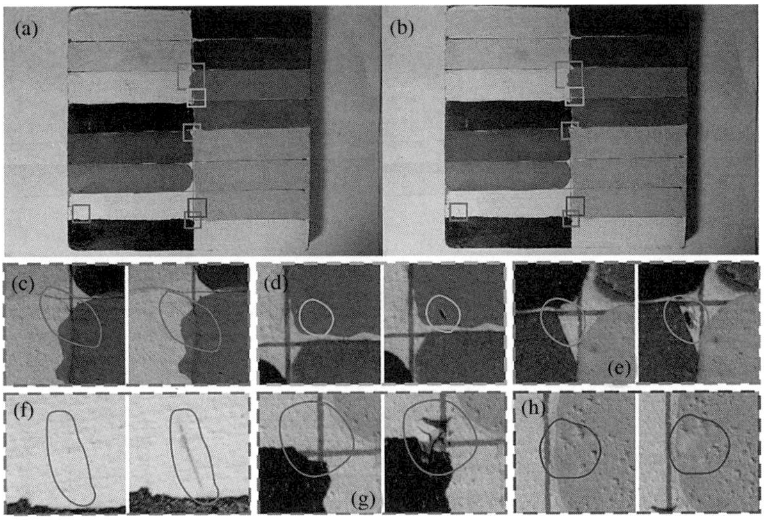

图 10-2　第 1—2 组采集数据的变化比较

第四组：在第三组使用色块基础上加入三处变化。分别为水渍［图 10-3（c）］、起甲修复［图 10-3（d）和图 10-3（e）］。

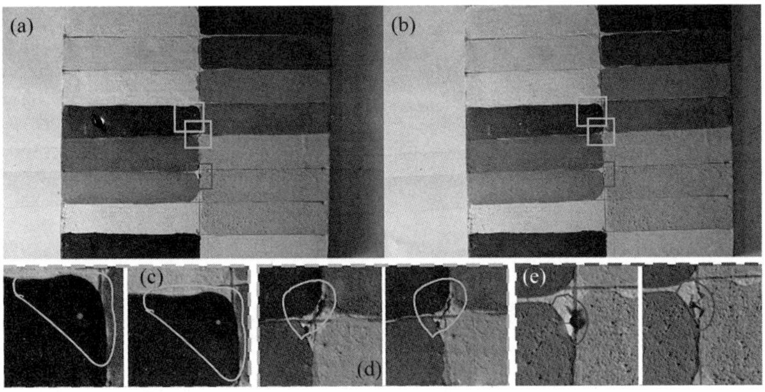

图 10-3　第 3—4 组采集数据的变化比较

第五组：使用原始色块作为参考素材，并适当拉长镜头焦距。

第六组：在第五组使用色块基础上加入六处变化。分别为起甲［(图 10-4（c）和图 10-4（g）］、褪色［图 10-4（d）］、大尺度刀痕［图 10-4（e）］、小尺度刀痕［图 10-4（f）］、缺失［图 10-4（h）］。

根据图 10-2～图 10-4 可以得到如下两个结论：

（1）小如刀痕的变化能够较清晰地在成像中反映出来，因此这就为利用视觉的方法进行变化检测提供了可能性。

（2）刀痕、缺失、褪色等变化能够很好地在图像中呈现出来，但一些起甲变化（表面颜色变化极小）并不能很好反映在图像中，因此合理的变化检测需要同时考虑到成像信息和三维结构信息。在这次实验中，我们根据多侧光图像并利用光度量体相

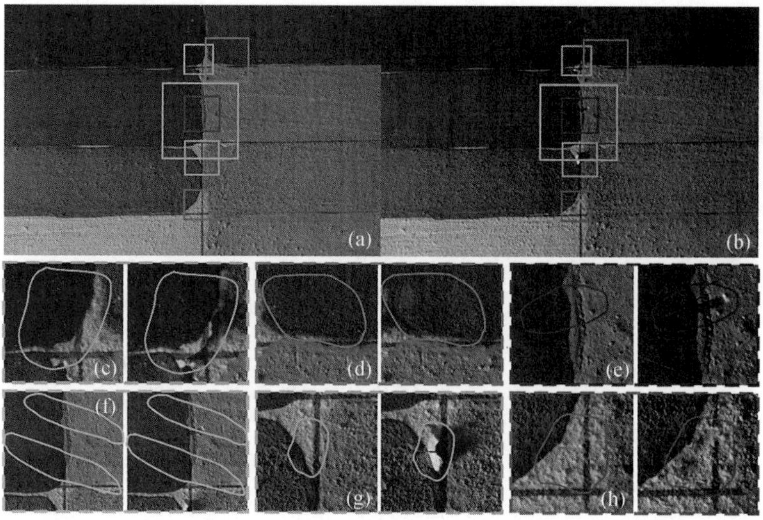

图 10-4　第 5—6 组采集数据的变化比较

关方法提取色块每个位置的法向量作为三维结构信息，在成像层面和结构层面同时进行变化检测。

2. 变化检测

如图 10-5 所示，使用的变化检测方法是一个由粗到精迭代的过程，包含三个子部分：光照一致化、位置矫正、变化检测。光照一致化、位置矫正两个步骤可以有效容忍采集数据时前后两次拍摄图像的光照和位置误差。

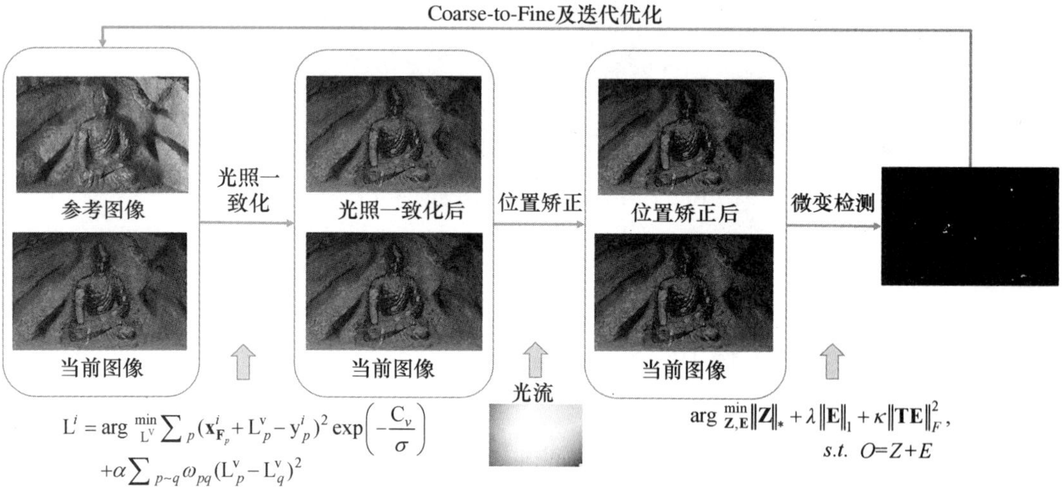

图 10-5　变化检测方法流程

3. 结果与分析

图 10-6、图 10-7 分别为第 1—2 组、第 3—4 组数据进行变化检测的结果，图中

标明了局部变化区域的面积，算法检测出了第 1—2 组数据中六处变化中的四处，第 3—4 组中三处变化中的两处。结合图 10-2、图 10-3 可以发现，算法能够有效地检测出起甲和缺失的变化［图 10-2（d）、图 10-2（e）、图 10-2（g）、图 10-3（d）、图 10-3（e）］，但没有检测出尺度极小的刀痕变化［图 10-2（c）、图 10-2（f）］和水渍变化［图 10-3(c)］。同时，算法对图 10-2(h) 中褪色变化的检测效果也不是很好。

图 10-8 为第 5—6 组数据进行变化检测的结果，共检测出六个变化中的五个。在拍摄这两组数据时，使用了更长的焦距，因此图像中呈现的变化要比 1～4 组数据中的更加明显。结合图 10-4 能够发现，这组实验能够检测出小尺度刀痕的变化［图 10-4(f)］，但是褪色变化［图 10-4(d)］仍然无法被检测出来。

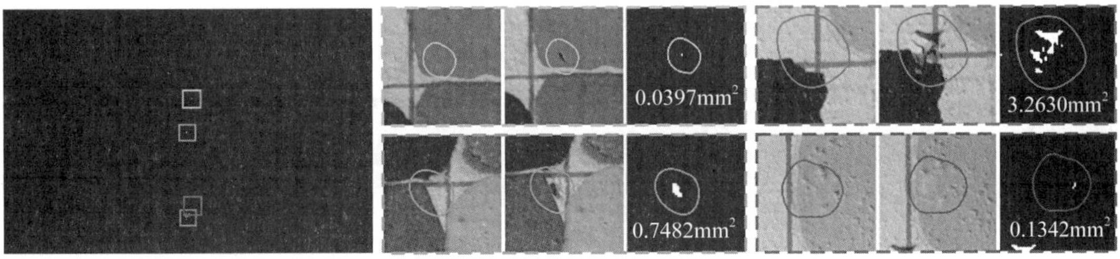

图 10-6　第 1—2 组数据变化检测结果

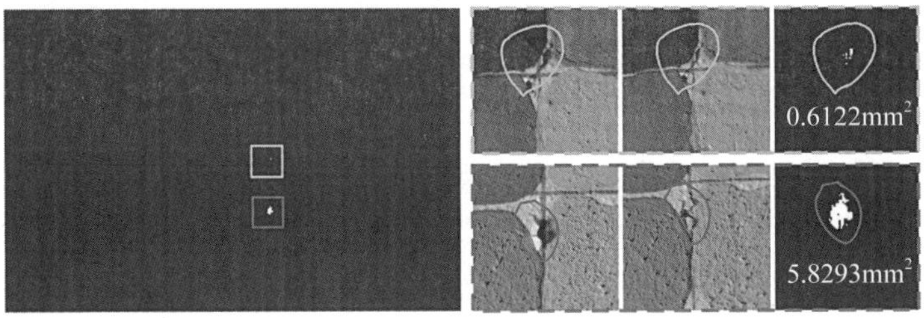

图 10-7　第 3—4 组数据变化检测结果

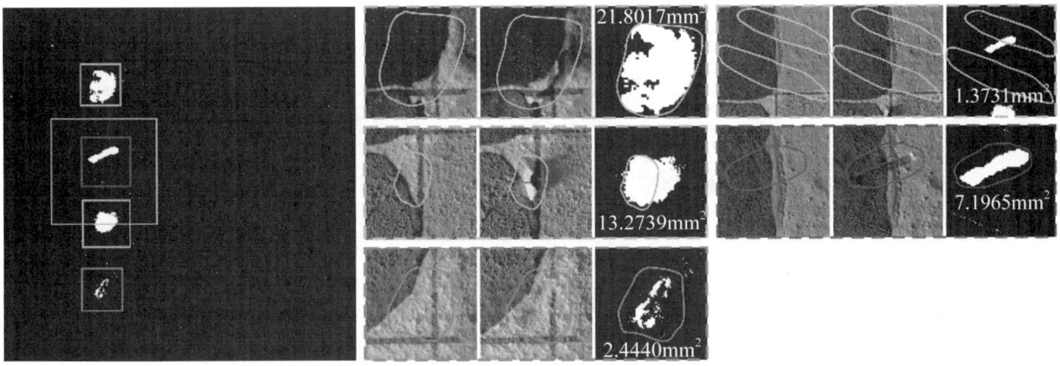

图 10-8　第 5—6 组数据变化检测结果

结合上文实验有如下分析结果：

（1）起甲、缺失变化能够有效地被算法检测出来。

（2）由于算法本身引入的误差，因此成像中尺度较小的刀痕变化［图 10-2（c）、

图 10-2（f）] 很容易被算法拟合掉，导致检测失败。但是若同类型的刀痕在成像中呈现的尺度较大 [图 10-4（f）]，则其仍然可以被算法检测出来。

（3）使用的变化检测方法完全依赖于场景的成像信息（图像）和结构信息（法向量）。由于实验中的褪色变化 [图 10-2（h）、图 10-4（d）] 和水渍变化 [图 10-3（c）] 无论在成像还是结构上都体现不明显，因此这些变化很难被算法检测出来。

（4）根据三维结构信息评估场景的平整度。图 10-9 左右两子图分别为第 5 组和第 6 组数据对应法向量信息的可视化结果。图中不同颜色表示不同的法向量方向，疱疹、起甲等病害的结构能清楚地在图中体现出来。这种量化的三维结构信息为试图评估场景的平整度提供了可能。

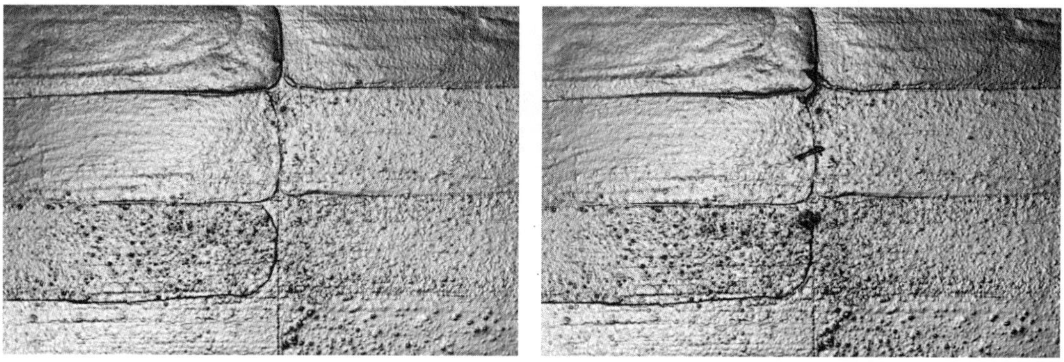

图 10-9　第 5—6 组数据对应场景法向量的可视化结果

综上所述，可以得到如下结论：在对场景的变化检测中，若场景的变化区域能在一定尺度下体现在场景的成像信息或结构信息中，则其变化可以被本书使用的变化检测算法有效地检测出来，检测灵敏度可达 0.1mm/0.01mm^2。

10.1.3　基于重定位技术的快速全景图像获取方法测试

利用基于机器人平台的两级相机重定位技术，可以方便快捷地获取场景的全景信息。图 10-10 展示了主动获取高清全景图像的流程细节。以图 10-10 所示为例，在 6 自由度下反复地以前一张拍摄图像的右边部分（如 60%）作为参考数据进行重定位操作，那么重定位结束后相机场景中相对的右边部分（40%）就是获取的新的图像信

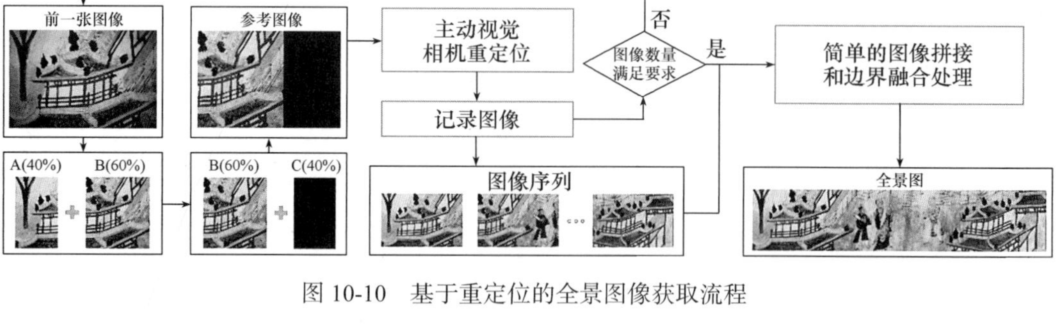

图 10-10　基于重定位的全景图像获取流程

息，即向右扩展了图像的范围。同理，也可以在另外三个方向扩展全景图像。由于两级重定位方法的精度能达到亚毫米级别，因此在子图像之间连接处几乎不存在空间位置差异，所以只需对所有子图像做简单的裁剪拼接即可得到无错位的全景图像。由于光照的影响，子图像连接处可能会有一定的颜色偏差，这种差异可以通过简单的融合算法来消除。

图 10-11～图 10-13 展示了基于重定位技术获取全景图像的一个实验结果，拍摄场景为敦煌五台山图局部区域。其中图 10-11 为使用重定位得到的 10 张子图（2×5），相邻图像间采用 70% 的重复区域用于相机重定位。图 10-12 为 10 张子图直接裁剪拼接后的结果，可以发现图像连接处由于光照的影响有一定的颜色差异。图 10-13 为加入边界融合后的结果，子图边界处的颜色差异被有效地消除。

图 10-11　产生全景图像所使用的数据

图 10-12　由 10 张子图直接裁剪拼接后的结果

图 10-13　拼接时加入边界融合后的结果

利用重定位技术获取的高清全景图像具有物理真实性的特点，传统的全景图像拼接方法需要在子图像间进行位置矫正处理，这类方法往往会引入算法造成的误差，使得得到的全景图像缺乏“真实性”。同时，两级重定位方法操作便捷，可以满足大尺度场景全景图像获取的需求。

10.2 壁画修复效果现场评估

10.2.1 监测点选取

本次共在敦煌莫高窟 465 窟、嘉峪关魏晋墓七号墓和拉卜楞寺弥勒佛殿三处文化遗产地，总计 17 个监测点进行了实地的壁画修复前后的测试评估，修复评估监测点的选取主要考虑选取了上述监测场地的几种典型病害，主要有空鼓、酥碱、起甲、烟熏和裂隙等病害类型。其中，莫高窟 465 窟主要为石窟寺壁画，包括 9 个监测点，病害类型主要为空鼓、酥碱和起甲，其中空鼓和起甲为主要修复病害。魏晋墓七号墓为画像砖，包括 3 个修复的监测点，病害类型主要为起甲和表面泥点。拉卜楞寺为殿堂壁画，包括 5 个监测点，病害类型主要为烟熏和裂隙。对于这些监测点，于 2016 年 7 月上旬进行修复前的数据采集，并在专业人员进行修复后，于 2016 年 11 月下旬进行了修复后的数据采集。

三处古代壁画监测点详情如表 10-1～表 10-3 所示。

表 10-1 莫高窟 465 窟测点

监测目标	监测点描述	图像示例
监测点 1	病害类型为空鼓，该监测点处于 465 窟前室西壁甬道门外北侧	
监测点 2	病害类型为起甲，该监测点处于 465 窟西壁北侧下部加固交界处	

续表

监测目标	监测点描述	图像示例
监测点 3	病害类型为酥碱和起甲，该监测点位于 465 窟主室北壁西侧，在酥碱病害与壁画区域的交界处	
监测点 4	病害类型为酥碱和起甲，该监测点位于 465 窟主室北壁西侧，在酥碱病害与壁画区域的交界处	
监测点 5	病害类型为起甲和裂隙，修复的病害为起甲，位于监测点 4 的右下方	
监测点 6	病害类型为起甲，修复病害类型为起甲，位于 465 窟主室南壁，中部左侧区域	
监测点 7	病害类型为起甲，位于 465 窟主室南壁，中部东侧下部小菩萨像	

续表

监测目标	监测点描述	图像示例
监测点 8	病害类型为起甲，位于 465 窟主室西壁，右下角的修补区域	
监测点 9	病害类型为起甲，位于 465 窟主室西壁，右下角的修补区域	

表 10-2 魏晋墓七号墓测点

监测目标	监测点描述	图像示例
监测点 1	病害类型为起甲，位于魏晋墓七号墓中室，西壁最上层最南侧的砖壁画	
监测点 2	主要病害为壁画砖上的泥污点，位于魏晋墓七号墓中室，西壁的中间弧形区域左上角区域	
监测点 3	主要病害为起甲，位于魏晋墓七号墓后室，南壁西侧	

表 10-3　拉卜楞寺测点

监测目标	监测点描述	图像示例
监测点 1	主要病害为烟熏与裂隙，位于弥勒佛殿内门上二层东北侧壁画中部裂隙交汇处	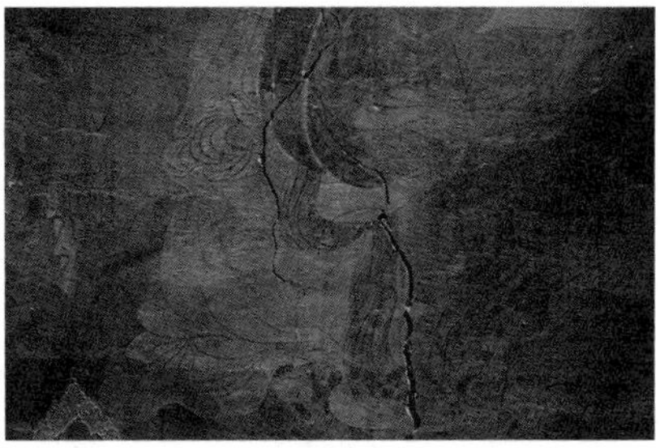
监测点 2	主要病害为烟熏和裂隙，位于弥勒佛殿内门上二层东北侧壁画上部	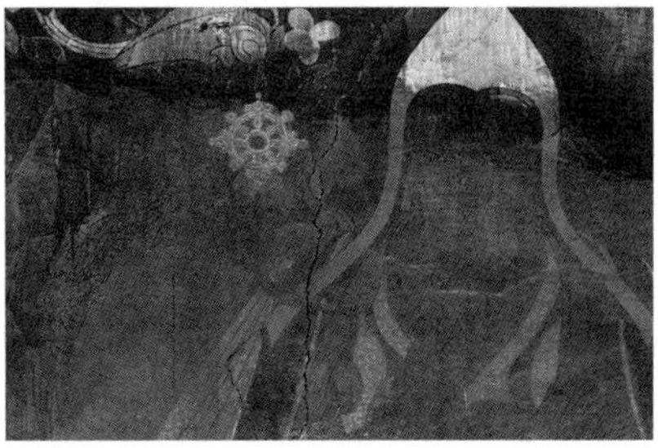
监测点 3	主要病害为烟熏和裂隙，位于弥勒佛殿内门上二层东北侧壁画中上部	
监测点 4	主要病害为烟熏，位于弥勒佛殿内门上二层东北侧壁画右下部	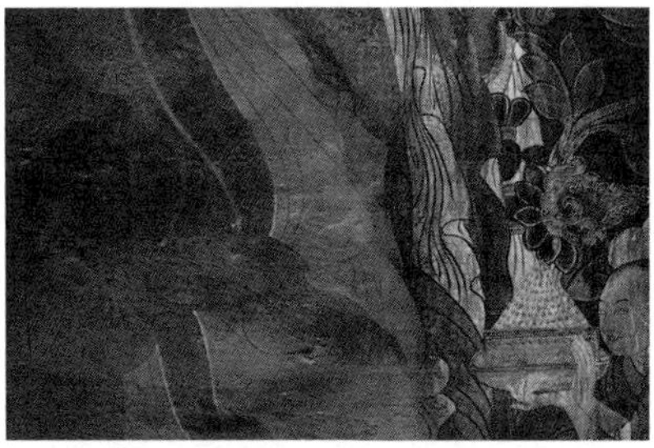
监测点 5	主要病害为烟熏和裂隙，位于弥勒佛殿内门上二层东北侧壁画下部	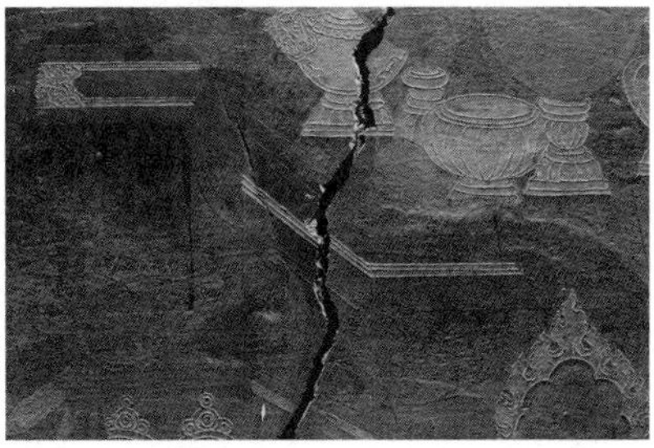

10.2.2 修复效果评估流程

病害修复评估主要是通过相机重定位技术对修复前和修复后分别进行数据采集，保证采集的区域在修复前后具有高度一致性，然后对采集数据进行处理与分析，得到壁画修复前后的缺失、起甲变化和色相变化的数据评估结果。其评估流程主要分为三个关键步骤。

1. 修复前的监测点选择与数据采集

在对病害进行修复前，考虑到敦煌莫高窟 465 窟、魏晋墓七号墓和拉卜楞寺三处遗产地的空鼓、酥碱、起甲、烟熏和裂隙的分布情况，课题组选取了上述 17 个监测点进行首次数据采集。为了获得高质量的数据采集结果，上述数据主要采用佳能 5D MarkIII 作为采集所使用的相机，使单张图像分辨率达到了 5760 × 3840，并配合 50mm 和 100mm 两种镜头，达到不同尺度的监测面积。同时，对于每个监测点，除了采集正面光源外，课题组也采集了若干侧光条件下的数据，从而使成像能充分捕获起甲等表面微观结构信息。对于拉卜楞寺，由于壁画材质的特殊性以及受修复前的烟熏和表面灰尘的影响，正面光源使得成像结果具有很强的高光性，从而使图像质量变差。因此，拉卜楞寺的数据主要是在侧光条件下采集得到。数据的采集主要依赖于如图 10-14 所示的精确重定位设备。

图 10-14　重定位数据采集设备

2. 修复后数据采集

在专业人员进行壁画修复之后，需对数据进行二次采集，二次采集主要依赖于相机重定位采集设备，保证修复前后采集的图像数据在采集内容上高度一致，从而获得高质量的图像数据，为进一步的数据处理和分析奠定良好基础。实现该目标需要高精度的相机重定位，也就是利用上述数据采集设备以及相应的软件系统，通过与人交互，并主动控制硬件运动，使相机重新精确定位到修复前的相机位置上。进而在高精度相机重定位基础上，对于每个监测点重新采集一组图像数据，包含一个正光和多个侧光情况。

一般而言，上述所有监测点中的数据采集均应采用同样的相机和镜头，除了敦煌莫高窟 465 监测点 8 和 9 修复前的数据来源略有不同，其余所有数据拍摄前后均使用佳能 5D MarkIII 以及 50mm 或 100mm 定焦镜头。在重定位精度上，除了拉卜楞寺部分场景由于修复前后表面差异过大导致定位精度稍微差外，其余场景都达到了很高的定位精度，保证了数据处理与分析的输入数据的可靠性。

3. 数据的处理与分析

图像采集、比对软件采用自研发的壁画微变提取与测量系统（软件著作权，2015SR276517），用以主要实现相机重定位、数据采集、数据管理及场景变化提取和测量等功能，同时包括相机参数调节、六自由度运动的手动控制、光源控制、报表生成等辅助功能。图 10-15 为该系统界面。

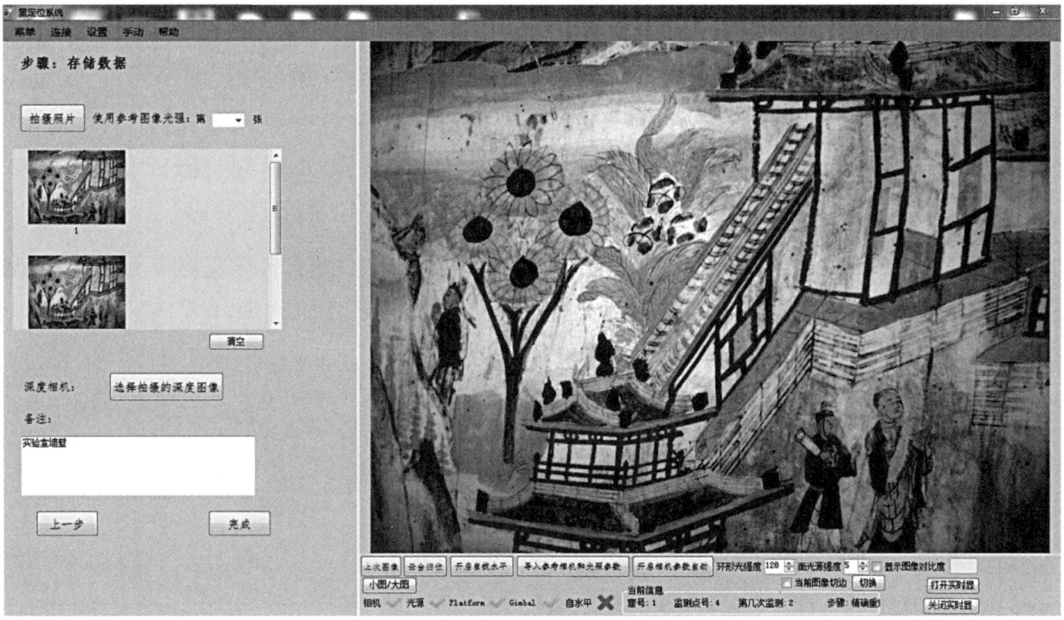

图 10-15 壁画微变提取与测量系统界面

在得到修复前后数据的基础上，需要对图像做进一步对齐处理，保证图像在位置上的精准对应，进而通过图像识别与半交互式结合的方法，分别标识得到壁画的缺失测试评估结果、壁画的起甲修复结果和壁画的色相变化结果，统计其变化面积与变化量。其中，壁画的缺失表示修复前后壁画本体发生的 1mm^2 以上的缺失。壁画的起甲修复评估是针对表面存在起甲的壁画，发生修复的起甲变化情况。壁画的色相变化评估表示测量 50% 相对色坐标距离以上的色相差异。

10.2.3 修复效果评估与分析

根据修复前后采集的数据结果和上述修复评估流程，可以有效得到壁画修复前后的缺失、起甲修复结果和壁画的色相变化的变化面积和变化程度分析，此次修复评估的 17 个监测点的总监测区域面积约为 1.934m^2，其中敦煌莫高窟 465 窟监测区域总面积为 7065.53cm^2，魏晋墓的监测区域总面积为 2768.17cm^2，拉卜楞寺总监测面积为 9506.31cm^2。表 10-4～表 10-20（图版一六～图版二〇）给出了所有监测点修复前后的监测图像及修复引起的缺失、起甲修复和色相变化的标识，其中绿色表示修复缺失，蓝色表示色相变化，红色表示起甲变化。表格同时给出了三个量的具体变化面积和比例，并对于色相变化，给出了相对色坐标变化比。从表格和每个监测点的详细分析可以看出：

（1）修复整体达到了比较好的修复效果，敦煌莫高窟465窟的空鼓、酥碱和起甲，魏晋墓的起甲和表面泥点，拉卜楞寺壁画的烟熏和裂隙等病害在修复前后得到了明显的改善，特别是拉卜楞寺，修复前后对比的视觉效果非常明显。

（2）由于敦煌莫高窟壁画的脆弱性，莫高窟壁画在修复过程中更容易发生修复缺失现象，多处莫高窟465窟的监测点出现了或多或少的修复缺失。

（3）除了拉卜楞寺的5个监测点和莫高窟465窟监测点6色相变化较多外，其余监测点整体色相变化不大，且色相变化主要是趋向于色彩更加饱和与鲜艳，褪色现象在目前的监测周期（4个月）内体现并不明显。

（4）修复前后不仅会引起壁画表面的变化，也会导致墙体本身发生一定位移，这种现象特别是在对修复含有空鼓、裂隙的区域更为明显（如敦煌465窟监测点1和2、拉卜楞寺的5个监测点）。

1. 莫高窟465窟

1）监测点1

表10-4　莫高窟465窟监测点1

	修复前	修复后	评估结果标识
图像			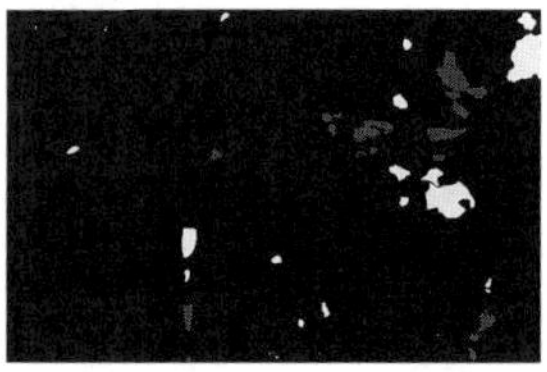
总面积	1040.2cm^2		
缺失评估	缺失面积为14.581cm^2，占总面积的1%（图片对照，均为泥渍清除、灰尘清除、地仗层补缺）		
起甲评估	无起甲变化		
色相评估	色相变化面积为14.581cm^2，占总面积的1%，相对色相值为35.18%（图片对照，均为泥渍清除、灰尘清除、地仗层补缺）		
详细分析	该监测点主要是对空鼓区域进行了修复，同时去除了表面黏附的泥渍，达到了修复效果。但修复也导致了一定的色相变化，修复也引起了墙体本身发生少许偏移		

2）监测点 2

表 10-5　莫高窟 465 窟监测点 2

	修复前	修复后	评估结果标识
图像			
总面积	$302.46cm^2$		
缺失评估	缺失面积为 $0.39792cm^2$，占总面积的 0.13%（为泥渍清除）		
起甲评估	起甲修复面积为 $1.4369cm^2$，占总面积的 0.48%		
色相评估	无色相变化		
详细分析	该部分的修复主要为起甲，从侧光可以看出，对图像中菩萨下方的部分区域进行了修复，修复区域许多表面起甲的微小翘起已经消失。修复的同时也去除了泥渍，另一方面，右侧的修补区域也发生了一定的墙体偏移		

3）监测点 3

表 10-6　莫高窟 465 窟监测点 3

	修复前	修复后	评估结果标识
图像		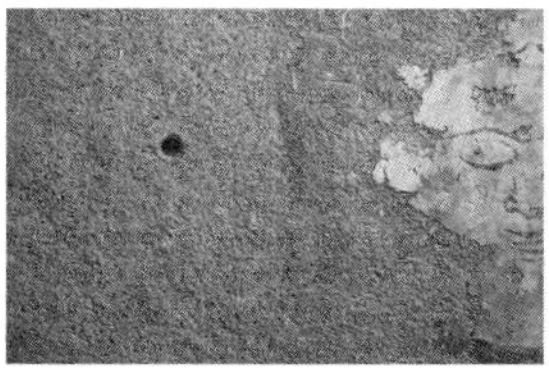	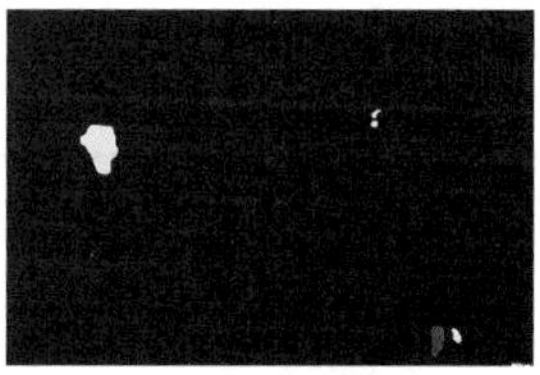
总面积	$844.91cm^2$		
缺失评估	缺失面积为 $6.3149cm^2$，占总面积的 0.75%（取样、地仗脱落面积 $6.3137cm^2$，颜料脱落 $0.0012cm^2$）		
起甲评估	起甲修复面积为 $13.71cm^2$，占总面积的 1.62%，起甲修复缺失比例 0.0087%		
色相评估	色相变化面积为 $1.3728cm^2$，占总面积的 0.16%，相对色相值为 20.28%		
详细分析	该监测点在左侧部分进行了酥碱病害的修复，并在右侧区域进行了起甲的修复。缺失面积较大区域为取样所造成，右侧有少量缺失。同时，右下侧的白色区域发生一定色相变化		

4）监测点 4

表 10-7　莫高窟 465 窟监测点 4

	修复前	修复后	评估结果标识
图像			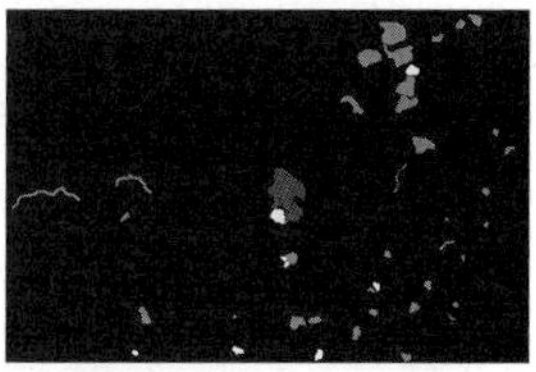

续表

总面积	743.71cm²
缺失评估	缺失面积为 1.9663cm²，占总面积的 0.26%（起甲回贴变化、清除灰尘 1.9662cm²，颜料脱落 0.0010cm²）
起甲评估	起甲修复面积为 14.1940cm²，占总面积的 1.91%，起甲修复缺失比例 0.007%
色相评估	色相变化面积为 4.7395cm²，占总面积的 0.64%，相对色相值为 40.96%
详细分析	该监测点变化较多，以起甲现象的修复为主，修复前起甲现象较为严重，经修复后墙面平整度得到较大改善。同时，修复也引起了局部区域极少量缺失和色相变化

5）监测点 5

表 10-8　莫高窟 465 窟监测点 5

	修复前	修复后	评估结果标识
图像			
总面积	475.26cm²		
缺失评估	缺失面积为 0.17897cm²，占总面积的 0.04%（均为污物清除）		
起甲评估	起甲修复面积为 1.261cm²，占总面积的 0.27%		
色相评估	色相变化面积为 0.26491cm²，占总面积的 0.06%，相对色相值为 35.26%		
详细分析	该监测点变化较少，左上侧区域的少量起甲现象得到修复，人像鼻子处表面有黑色附着导致色相变化		

6）监测点 6

表 10-9　莫高窟 465 窟监测点 6

	修复前	修复后	评估结果标识
图像			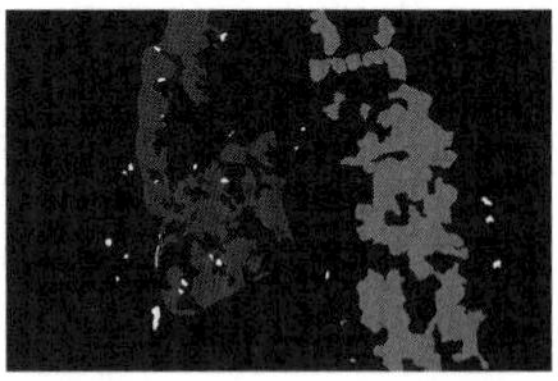
总面积	504.17cm²		
缺失评估	缺失面积为 2.287cm²，占总面积的 0.45%（主要是起甲回贴造成，颜料缺失 0.0056cm²）		
起甲评估	起甲修复面积为 56.267cm²，占总面积的 11.16%，起甲修复缺失比例 0.01%		
色相评估	色相变化面积为 40.535cm²，占总面积的 8.04%，相对色相值为 61.21%（均为清理灰尘）		
详细分析	该监测点的修复主要为起甲，大量的起甲区域得到了修复，达到了很好的修复效果。但由于修复，左侧颜料层的色相变化也比较明显，这可能是由于修复去除了表面的灰尘，使得颜色饱和度增强		

7）监测点 7

表 10-10　莫高窟 465 窟监测点 7

	修复前	修复后	评估结果标识
图像			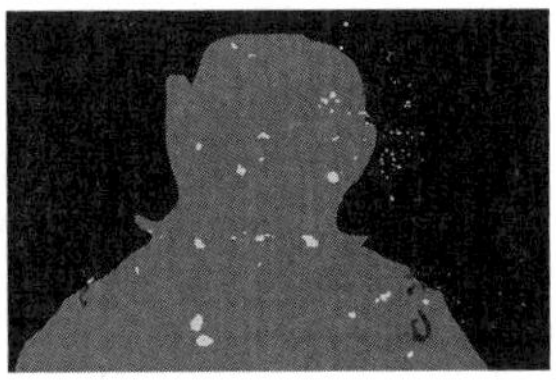
总面积	243.21cm^2		
缺失评估	缺失面积为 1.7665cm^2，占总面积的 0.73%（主要由颜料层回贴造成，壁画缺失 0.0083cm^2）		
起甲评估	起甲修复面积为 106.09cm^2，占总面积的 43.62%，起甲修复缺失比例 0.0075%		
色相评估	色相变化面积为 0.97845cm^2，占总面积的 0.40%，相对色相值为 37.32%		
详细分析	该监测点主要修复类型为起甲，可以看出起甲得到了很明显的修复，但修复本身也引起多处细微的局部区域缺失，另外受修复影响，佛像两侧的颜料色相有少量变化（饱和度增强）		

8）监测点 8

表 10-11　莫高窟 465 窟监测点 8

	修复前	修复后	评估结果标识
图像		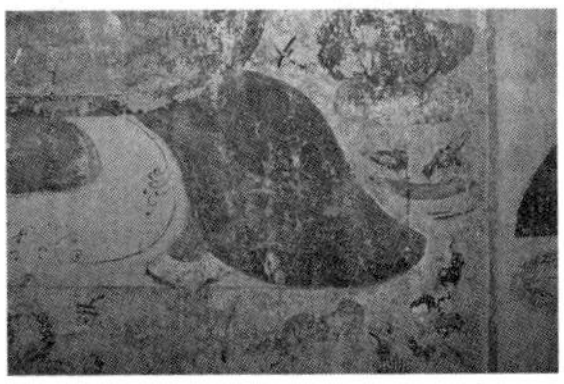	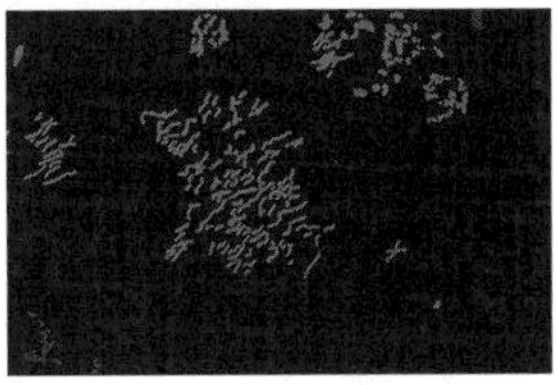
总面积	730.41cm^2		
缺失评估	无缺失变化		
起甲评估	起甲修复面积为 40.368cm^2，占总面积的 5.53%		
色相评估	色相变化面积为 2.5071cm^2，占总面积的 0.34%，相对色相值为 57.94%		
详细分析	该监测点修复前的起甲现象较为严重，起甲部分面积较大，修复后墙面平整度改善明显。同时，修复也引起一定的色相变化，部分表面白色附着物被修复出去，同时左下角黑色区域变得更明显，从而引起色相发生一定变化		

9）监测点 9

表 10-12　莫高窟 465 窟监测点 9

	修复前	修复后	评估结果标识
图像			

续表

总面积	2181.2cm^2
缺失评估	缺失面积为 3.2209cm^2，占总面积的 0.15%（均为泥渍清除）
起甲评估	起甲修复面积为 29.336cm^2，占总面积的 1.34%
色相评估	无色相变化
详细分析	该监测点主要修复病害为起甲和空鼓，修复前的起甲现象较为严重，起甲部分面积较大，修复后墙面平整度改善明显，同时墙体的空鼓区域得到了修复，但修复导致墙体的颜料层发生一定脱落

2. 魏晋墓七号墓

1）监测点 1

表 10-13　魏晋墓监测点 1

	修复前	修复后	评估结果标识
图像			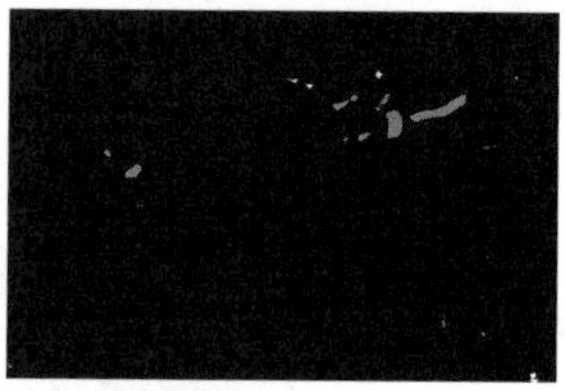
总面积	1014cm^2		
缺失评估	缺失面积为 0.46894cm^2，占总面积的 0.05%（污物清除）		
起甲评估	起甲修复面积为 4.2438cm^2，占总面积的 0.42%		
色相评估	无色相变化		
详细分析	修复前有少量起甲现象，修复后起甲现象得到改善。污物清除造成缺失变化		

2）监测点 2

表 10-14　魏晋墓监测点 2

	修复前	修复后	评估结果标识
图像			
总面积	816.67cm^2		
缺失评估	无缺失变化		
泥点修复	红色标识区域为表面泥点修复，面积为 1.0354cm^2，占总面积的 0.13%		
色相评估	无色相变化		
详细分析	该监测的修复区域主要为表面的泥点，表面泥点得到了很好的修复效果		

3）监测点 3

表 10-15　魏晋墓监测点 3

	修复前	修复后	评估结果标识
图像			
总面积	937.5cm^2		
缺失评估	缺失面积为 0.001233cm^2，占总面积的 0.0001%		
起甲评估	起甲修复面积为 13.247cm^2，占总面积的 1.41%。修复壁画缺失率 0.0093%		
色相评估	色相变化面积为 6.4487cm^2，占总面积的 0.69%		
详细分析	修复前有较多的起甲现象，修复后得到明显的改善，另外受修复影响，监测区域底部的颜料有一定的色相退化		

3. 拉卜楞寺

1）监测点 1

表 10-16　拉卜楞寺监测点 1

	修复前	修复后	评估结果标识
图像	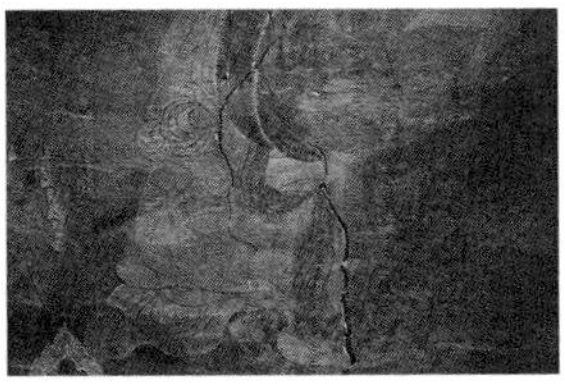		
总面积	3164.8cm^2		
缺失评估	缺失面积为 0.051367cm^2，占总面积的 0.002%		
起甲评估	无起甲变化		
色相评估	色相变化面积为 3164.8cm^2，占总面积的 100.00%，相对色相值为 87.35%		
详细分析	修复病害主要为烟熏和裂隙，可以看出修复前后色相变化非常明显，颜色亮度得到明显改善，裂隙修复效果明显		

2）监测点 2

表 10-17　拉卜楞寺监测点 2

	修复前	修复后	评估结果标识
图像	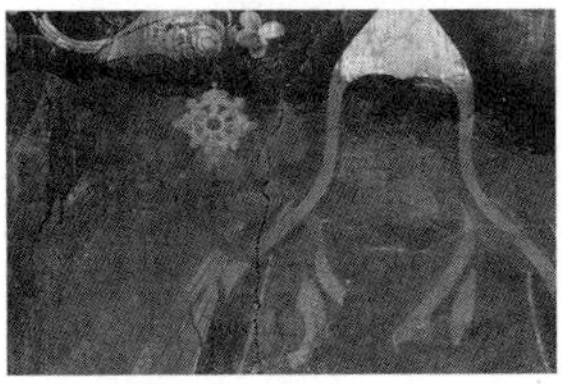		

续表

总面积	$1951.2cm^2$
缺失评估	缺失面积为 $0.20943cm^2$，占总面积的 0.01%
起甲评估	无起甲变化
色相评估	色相变化面积为 $1603.4cm^2$，占总面积的 82.17%，相对色相值为 78.90%
详细分析	修复病害主要为烟熏和裂隙，修复前后色相变化非常明显，颜色亮度得到明显改善，裂隙修复效果明显，但裂隙处有少量因修复带来的缺失

3）监测点 3

表 10-18　拉卜楞寺监测点 3

	修复前	修复后	评估结果标识
图像	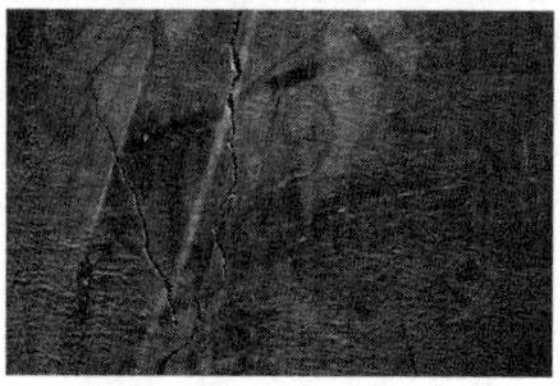		
总面积	$604.01cm^2$		
缺失评估	缺失面积为 $0.06514cm^2$，占总面积的 0.01%		
起甲评估	无起甲变化		
色相评估	色相变化面积为 $604.01cm^2$，占总面积的 100.00%，相对色相值为 74.34%		
详细分析	修复病害主要为烟熏和裂隙，修复前后色相变化非常明显，颜色亮度得到明显改善，裂隙修复效果明显，但也有少量因修复带来的缺失		

4）监测点 4

表 10-19　拉卜楞寺监测点 4

	修复前	修复后	评估结果标识
图像			
总面积	$1620.3cm^2$		
缺失评估	缺失面积为 $0.017875cm^2$，占总面积的 0.001%		
起甲评估	无起甲变化		
色相评估	色相变化面积为 $1000.6cm^2$，占总面积的 61.75%，相对色相值为 81.06%		
详细分析	修复病害主要为烟熏，修复前后左面墙壁画色相变化非常明显，颜色亮度得到明显改善		

5）监测点 5

表 10-20　拉卜楞寺监测点 5

	修复前	修复后	评估结果标识
图像	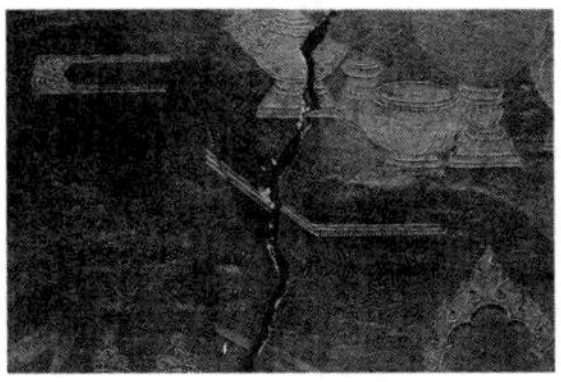		
总面积	2166cm²		
缺失评估	缺失面积为 1.6715cm^2，占总面积的 0.08%（裂缝处泥渍清除）		
起甲评估	无起甲变化		
色相评估	色相变化面积为 2166cm^2，占总面积的 100.00%，相对色相值为 34.57%		
详细分析	修复病害主要为烟熏和裂隙，修复前后色相变化非常明显，颜色亮度得到明显改善，裂隙也得到了比较明显的修复		

10.3　研究结论

在相机重定位的基础上，若场景的变化区域能在一定尺度下体现在场景的成像信息或结构信息中，则其变化可以利用自研发的壁画微变提取与测量系统有效地检测出来，其灵敏度可达 0.1mm/0.01mm^2（60cm × 60cm），如起甲、缺失变化面积能够有效地定量检测出来；色相的变化面积及其变化程度也可以定量计算。在莫高窟 465 窟、嘉峪关魏晋墓、夏河拉卜楞寺的壁画保护工程和壁画修复效果实践检验中，定量评估结果显示壁画修复颜料层缺失比例均小于 0.01%。该方法为壁画修复效果规范的编制提供了一套可行的定量评估方法。

第11章　结论与展望

本书通过总结和凝练近年来我国在干旱环境下古代壁画保护修复方面取得的研究成果，深入开展了干旱环境下古代壁画保护修复材料的集成与装备研发及保护效果评价等研究。通过对莫高窟第465窟、嘉峪关魏晋墓以及拉卜楞寺三种不同类型的壁画进行现状调查、环境监测、制作材料及工艺分析研究、病害成因分析、壁画修复材料和工艺的研发和筛选以及现场修复、脱盐、修复效果的评估等一系列的研究手段，课题组阐释了石窟寺和土遗址类盐分运移规律，研发出了新型脱盐材料和空鼓灌浆材料，提出了酥碱、起甲壁画修复材料的技术指标和科学评价，实现了壁画修复效果定量评估，在此基础上，研发出了一整套适用于干旱环境下壁画起甲、酥碱以及空鼓等病害保护工程应用示范体系，使得古代壁画保护加固更加规范、科学合理。主要研究结论如下：

（1）现状调查研究方面，三处典型古代壁画的颜料均以无机矿物为主，工艺上也体现了传统的古代壁画制作工艺的特征。465窟壁画盐分以氯化钠和硫酸钠为主，主要是起甲、酥碱、空鼓病害；拉卜楞寺壁画中的易溶盐以硝酸钙为主，壁画病害以烟熏、空鼓、裂缝为主；魏晋墓砖壁画盐分以硫酸钙为主，病害以起甲、霉菌、砖裂缝为主。

（2）环境监测方面，莫高窟465窟窟内不同高度的温湿度分布呈明显的差异，课题组采用模拟退火算法研究得出，布设8个温湿度监测仪是最优布局。拉卜楞寺殿堂内微环境气温日较差极小，受降雨影响较大。魏晋墓年度温湿度数值变化缓慢，地表水渗水对墓室环境有影响。

（3）盐分运移规律研究方面，研发了1m×1m和2m×2m范围的三维高密度电阻率成像系统，获得了两个时间点上的视电阻率三维分布图像，建立了描述洞窟墙体内水、盐、热运移的模型。课题组开展硫酸钠、氯化钠和硝酸钠的遗址类三元含盐体系研究，发现多元盐分的存在不一定会加剧盐害的发生，较高含量的钙盐反而会降低盐害的发生并从试验中得以验证。盐分在一定高度处形成润湿分界线，且对于不同种类盐分，其起迁移主导作用的因素并不相同，迁移速率也各不相同。

（4）课题组采用水溶液聚合法制备淀粉接枝AA/AM/AMPS高吸水树脂，得到合成四元吸水树脂的较佳工艺条件，所得高吸水树脂在3分钟内吸蒸馏水、3%氯化钠和3%硫酸钠溶液吸液倍率分别为676g/g、47g/g和53g/g，具有很好的吸水吸盐性能。研发的脱盐材料直接合成在无纺布上，更便于使用且效果更好。

（5）课题组研发了基于FPC电极与定量滤纸的组合的“基于电极芯片的盐分无损检测装置”，实现壁画盐分便捷、多次、无损测试。在相机重定位的基础上，课题组利用自研发的壁画微变提取与测量系统，起甲、缺失变化、色相的变化场景可以有效地检测出来，其灵敏度可达 0.1mm/0.01mm^2（60cm × 60cm），实现了壁画修复效果评估定量计算。

（6）课题组开展起甲、酥碱以及空鼓壁画修复材料筛选实验研究和评价方法体系研究，得出了壁画修复材料物化性能检测和最佳指标。集成研发的脱盐材料、灌浆材料、修复工艺、壁画修复效果评估方法等系列成套工艺，形成的一整套典型壁画修复技术，在莫高窟第 465 窟、拉卜楞寺壁画保护修复现场试验和壁画保护工程项目中得到了应用示范。课题组总结、凝练研究成果，为编制古代壁画起甲、空鼓病害修复相关材料评价、工艺实施、效果评估和石窟寺环境监测相关标准奠定了基础。

本研究虽然在古代壁画保护技术等方面取得了一些突破，但仍然有一些问题需进一步深入开展研究。

（1）干旱环境下古代壁画保护成套技术应用仍有局限性。课题组选择三处典型古代壁画——石窟寺壁画、殿堂壁画、墓葬壁画作为研究对象，虽具有代表性，但由于我国干旱地区古代壁画保存数量多、壁画制作材料和病害成因类型复杂，而且有的也显示出非干旱环境区域的遗址特征。因此，选择的三处遗址并不能全面反映干旱环境地区所有古代壁画，其保护材料和工艺仍需进一步研究。

（2）课题组仍没有解决盐害壁画修复这种被动的治理方式，只能对壁画表面或地仗中极少部分盐分进行吸附，这一根本问题需要今后长期的研究。适度的“干预修复 + 科学管理”是当前盐害壁画长久保存的首选。

（3）课题组研发的便携式“盐分无损检测设备”虽具有快速、便携、无损、高灵敏的特点，也能够反映出盐分总量的状况，但是由于盐分电离程度的不同和各离子电导率的差异，导致不能区分何种盐分以及判断何种盐分占主导，这需要在盐分分析的基础上使用便携式盐分检测设备。

（4）基于相机重定位技术结合壁画微变提取与测量系统，课题组可以实现壁画修复效果定量评估计算，但是其定量计算是将所有的变化都统计其中，除了壁画颜料缺失外，还有灰尘清除、泥渍清除、地仗修补等与壁画颜料缺失无关的项目也被统计，造成计算误差，目前软件还不能自动识别非壁画修复部分的缺失，这需要后续人工对照核对方能实现壁画缺失的定量计算。

参 考 文 献

［1］ 李最雄. 丝绸之路石窟壁画彩塑保护［M］. 北京：科学出版社，2005.

［2］ 中国文物古迹保护准则［M］. 北京：国际古迹遗址理事会中国国家委员会，2015.

［3］ 吕宁.《中国文物古迹保护准则》推动下的石窟遗产保护［D］. 北京：清华大学，2013.

［4］ 叶扬.《中国文物古迹保护准则》研究［D］. 北京：清华大学，2005.

［5］ 吕舟.《中国文物古迹保护准则》的修订与中国文化遗产保护的发展［J］. 中国文化遗产，2015，2：4-24.

［6］ 张成渝. 从国际宪章和中国案例评《中国文物古迹保护准则》［A］. 云冈石窟研究院. 2005年云冈国际学术研讨会论文集（保护卷）［C］. 云冈石窟研究院，2005：11.

［7］ 樊锦诗.《中国文物古迹保护准则》在莫高窟项目中的应用——以《敦煌莫高窟保护总体规划》和《莫高窟第85窟保护研究》为例［J］. 敦煌研究，2007，(7)：1-5.

［8］ 王旭东. 基于中国文物古迹保护准则的壁画保护方法论探索与实践［J］. 敦煌研究，2011，6：1-7，125.

［9］ Mogao Caves.［EB/OL］.［2015-01-01］. http://whc.unesco.org/en/list/440.

［10］ 中华人民共和国国家质量监督检验检疫总局，中国国家标准化管理委员会. GB/T 30237-2013 古代壁画病害与图示［S］. 北京：中国标准出版社，2014.

［11］ 郭宏，李最雄，宋大康，等. 敦煌莫高窟壁画酥碱病害机理研究之一［J］. 敦煌研究，1998，(3)：153-163.

［12］ 郭宏，李最雄，裘元勋，等. 敦煌莫高窟壁画酥碱病害机理研究之二［J］. 敦煌研究，1998，(4)：159-172.

［13］ 郭宏，李最雄，裘元勋，等. 敦煌莫高窟壁画酥碱病害机理研究之三［J］. 敦煌研究，1999(3)：153-175.

［14］ 张明泉，张虎元，曾正中，等. 莫高窟壁画酥碱病害产生机理［J］. 兰州大学学报（自然科学版），1995，31(1)：96-101.

［15］ 张明泉，张虎元，曾正中，李最雄. 敦煌壁画盐害及其地质背景［A］，敦煌研究文集·石窟保护篇（上）［C］. 兰州：甘肃民族出版社，1993.

［16］ 张明泉，张虎元，曾正中，等. 莫高窟地仗层物质成分及微结构特征［J］. 敦煌研究，1995，45(3)：23-28.

［17］ 段修业，郭宏，付文丽. 莫高窟第3窟泡疹状病害的研究［J］. 敦煌研究，1991，(1)：103-120.

［18］ 靳治良，陈港泉，夏寅，等. 硫酸盐与氯化物对壁画的破坏性对比研究——硫酸钠超强的穿透、迁移及结晶破坏力证据［J］. 文物保护与考古科学，2015，1：29-38.

［19］ Rijniers L A, Pel L, Huinink H P, et al. Salt crystallization as damage mechanism in porous building materials—a nuclear magnetic resonance study [J]. Magnetic Resonance Imaging, 2005, 23 (2): 273-276.

［20］ Valeria D T, Noemi P, Marco G, et al. Non-destructive mapping of dampness and salts in degraded wall paintings in hypogeous buildings: the case of St. Clement at mass fresco in St. Clement Basilica, Rome [J]. Analytical and Bioanalytical Chemistry, 2010, 396 (5): 1885-1896.

［21］ Flatt R J. Salt damage in porous materials: how high supersaturations are generated [J]. Journal of Crystal Growth, 2002, 242 (s3-4): 435-454.

［22］ Theoulakis P, Moropoulou A. Salt Crystal Growth as Weathering Mechanism of Porous Stone on Historic Masonry [J]. Journal of Porous Materials, 1999, 6 (4): 345-358.

［23］ Pel L, Huinink H, Kopinga K. Salt transport and crystallization in porous building materials [J]. Magnetic Resonance Imaging, 2003, 21(3): 317-320.

［24］ Gonçalves T D, Pel L, Rodrigues J D. Influence of paints on drying and salt distribution processes in porous building materials [J]. Construction and Building Materials, 2008, 23 (5): 1751-1759.

［25］ Rodriguez-Navarro C, Linares-Fernandez L, Doehne E, et al. Effects of ferrocyanide ions on NaCl crystallization in porous stone [J]. Journal of Crystal Growth, 2002, 243 (3): 503-516.

［26］ Natali I, Saladino M L, Andriulo F, et al. Consolidation and protection by nanolime: Recent advances for the conservation of the graffiti, Carceri dello Steri Palermo and of the 18th century lunettes, SS. Giuda e Simone

Cloister, Corniola (Empoli) [J]. Journal of Cultural Heritage, 2013, (13): 334-346.

[27] D'Agostino D, Congedo P M, Cataldo R, et al. Computational fluid dynamics (CFD) modeling of microclimate for salts crystallization control and artworks conservation [J]. Journal of Cultural Heritage, 2014, (15) 448-457.

[28] Moussa A B, Kantiranis N, Voudouris K S, et al. Diagnosis of weathered Coptic wall paintings in the Wadi El Natrun region, Egypt [J]. Journal of Cultural Heritage, 2009, (10): 152-157.

[29] Iordanidisa A, Garcia-Guinea J, Strati A, et al. Byzantine wall paintings from Kastoria, northern Greece: Spectroscopic study of pigments and efflorescing salts [J]. Spectrochimica Acta Part A: Molecular and Biomolecular Spectroscopy, 2011 , (78): 874-887.

[30] Sawdy A, Price C. Salt damage at Cleeve Abbey, England Part I: a comparison of theoretical predictions and practical observations [J]. Journal of Cultural Heritage, 2005, (6): 125-135.

[31] 靳治良，陈港泉，钱玲，等．莫高窟壁画盐害作用机理研究 I [J]．敦煌研究，2008，(6)：50-53.

[32] 靳治良，陈港泉，钱玲，等．莫高窟壁画盐害作用机理研究 II [J]．敦煌研究，2009，(3)：100-103.

[33] 靳治良，陈港泉，钱玲，等．基于莫高窟成盐元素相关系探究壁画盐害作用机理 [J]．化学研究与应用，2009，21 (4)：450-454.

[34] 段修业，傅鹏，付有旭，等．莫高窟第 16 窟酥碱悬空壁画的修复 [J]．敦煌研究，2005，(4)：30-34.

[35] 段修业，孙宏才．莫高窟第 108 窟酥碱起甲壁画的修复报告 [J]．敦煌研究，1990，(3)：92-94.

[36] 樊再轩．莫高窟第九十四窟病害壁画的修复报告 [J]．敦煌研究，2000，(1)：136-138.

[37] 樊再轩，陈港泉，苏伯民，等．莫高窟第 98 窟酥碱壁画保护修复试验研究 [J]．敦煌研究，2009，(6)：4-7，120，125.

[38] 樊再轩，Stephen Rickerby，Lisa Shekede，等．敦煌莫高窟第 85 窟壁画修复技术研究 [J]．敦煌研究，2008，(6)：19-22.

[39] Adam N. The confused world of sulfate attack on concrete [J]. Cem Concr Res, 2004, 34(8): 1275-1296.

[40] Xie P, Beaudoin J J. Mechanism of sulfate expansion II. Validation of thermodynamic theory [J]. Cem Concr Res, 1992, 22(5): 845-854.

[41] Wellman H W, Wilson A T. Salt weathering, a neglected geological erosive agent in coastal and arid environments [J]. Nature, 1965: 1097-1098.

[42] Goudie A S, Viles H A. Salt weathering hazards [M]. [S. L.]: Wiley, 1997.

[43] 孙儒僩．莫高窟的保护工作 [J]．敦煌研究，1988，(3)：5-9.

[44] 李云鹤．莫高窟壁画修复初探 [J]．敦煌研究，1985，(2)：174-184.

[45] 李云鹤，李实，李铁朝，等．聚醋酸乙烯和聚乙烯醇在壁画修复中的应用研究 [J]．敦煌研究，1990，(3)：95-106.

[46] 段修业．对莫高窟壁画制作材料的认识 [J]．敦煌研究，1988，(3)：41-59.

[47] 屈建军，张明泉，张伟民，等．敦煌莫高窟岩体盐风化过程的初步研究 [J]．地理科学，1995，(2)：182-187.

[48] 王旭东，郭青林，李最雄，等．敦煌莫高窟洞窟围岩渗透特性研究 [J]．岩土力学，2010，31 (10)：3139-3144.

[49] 郭青林．敦煌莫高窟壁画病害水盐来源研究 [D]．兰州大学，2009.

[50] 闫玲，张虎元，吕擎峰，等．洞窟壁画等温吸湿 - 放湿数理模型 [J]．敦煌研究，2008，(6)：58-62.

[51] 姜啸，张虎元，严耿升，等．湿度对盐溶液在壁画地仗中的毛细迁移影响研究 [J]．岩土力学，2014，(2)：459-465.

[52] Arnold A, Zehnder K. Monitoring wall paintings affected by soluble salts [A]. The conservation of wall paintings [C]. In: Proceedings of a symposium organized by the Courtauld Institute of Art and the Getty Conservation Institute, London, July 13-16, 1987. The Getty Conservation Institute, 1991: 103-135.

[53] Turner E. Report of a lecture on the chemistry of geology [J]. Philosophical Magazine Serises 7, 1932, (13): 21-28.

[54] 王锦芳．孔隙材料盐劣化及可溶盐特征 [J]．甘肃科技，2011，27 (2)：55-58.

[55] Rodriguez-Navarro C, Doehne E. Salt weathering: influence of evaporation rate: super saturation and crystallization pattern [J]. Earth Surface Processes and Landforms, 1999, 24(3): 191-209.

[56] Sawdy A. The kinetics of salt weathering of porous materials: stone monuments and wall paintings [D]. University College London, 2001.

[57] Kuchitsu N, Ishizaki T, Nishiura T. Salt weathering of the brick monuments in Ayutthaya, Thailand [J]. Engineering Geology, 2000, 55(1-2): 91-99.

[58] Rodriguez-Navarro C, Doehne E, Sebastian E. How does sodium sulphate crystallize? Implications for the decay

and testing of building material [J]. Cement Concrete Res, 2000, 30(10): 1527-1534.
[59] Scherer G. Crystallization in pores [J]. Cement Concrete Res, 1999, 29(99): 1347-1358.
[60] Flatt R J. Salt damage in porous materials: how high supersaturations are generated [J]. J Cryst Growth, 2002(S3-4), 242: 435-454.
[61] Benavente D, Garcı'a del Cura M A, Garcı'a-Guinea J, et al. The role of pore structure in salt crystallisation in unsaturated porous stone [J]. J Cryst Growth, 2004a, 260(S3-4): 532-544.
[62] Benavente D, Garcia del Cura M A, Fort R, et al. Durability of porous building stones from pore structure and strength [J]. Eng Geol, 2004b, (74): 113-127.
[63] Steiger M. Crystal growth in porous materials-I: the crystallization pressure of large crystals [J]. J Cryst Growth, 2005, 282(3-4): 455-469.
[64] Zehnder K. Long-term monitoring of wall paintings affected by soluble salts [J]. Environmental Geology, 2007, 52(2): 353-367.
[65] Lopez-Acevedo V, Viedma C, Gonzalez V, et al. Salt crystallization in porous construction materials II. Mass transport and crystallization processes [J]. Journal of Crystal Growth, 1997, 182(1-2): 103-110.
[66] La Iglesia A, Gonzlilez V, Lopez-Acevedo V, et al. Salt crystallization in porous construction materials I: Estimation of crystallization pressure [J]. Journal of Crystal Growth , 1997, 177(s1-2): 111-118.
[67] Angelia M, Héberta R, Menéndeza B, et al. Influence of temperature and salt concentration on the salt weathering of a sedimentary stone with sodium sulphate [J]. Engineering Geology, 2010, 115(3-4): 193-199.
[68] Larsen P K. The salt decay of medieval bricks at a vault in Brarup Church, Denmark [J]. Environmental Geology, 2007, 52 (2): 375-383.
[69] Rijniers L. Salt crystallization in porous materials [D]. Technische Universiteit Eindhoven, 2004.
[70] Prokos P. Salt weathering in the coastal environment: the deterioration of wall paintings at Delos, Greece [D]. University of London, University College London (United Kingdom), 2005.
[71] 敦煌研究院保护研究所病害调查组，日本东京国立文化财研究所病害调查组．莫高窟第 53 窟壁画酥碱病害原因的初步研究［A］．敦煌研究文集·石窟保护篇（上）[C]．兰州：甘肃民族出版社，1993.
[72] 段修业，郭宏，付文丽．莫高窟第 3 窟疱疹状病害的研究与治理［A］．敦煌研究文集·石窟保护篇（上）[C]．兰州：甘肃民族出版社，1993.
[73] 郭宏，段修业，李军．莫高窟第 194 窟崖体和地仗分析报告［J］．敦煌研究，1992，(3)：55-66.
[74] 郭宏，段修业，李军．莫高窟 53 窟壁画酥碱病害原因的初步研究［J］．敦煌研究，1992，(3)：73-85.
[75] Sawdy A, Heritage A. Evaluating the influence of mixture composition on the kinetics of salt damage in wall paintings using time lapse video imaging with direct data annotation [J]. Environmental Geology, 2007, 52(2): 303-315.
[76] Gil M, Martins M R, Carvalho M L, et al. Microscopy and Microanalysis of an Extreme Case of Salt and Biodegradation in 17th Century Wall Paintings [J]. Microscopy and Microanalysis, 2015, 21(3): 606-616.
[77] 陈港泉，苏伯民，赵林毅，等．莫高窟第 85 窟壁画地仗酥碱模拟试验［J］．敦煌研究，2005，(4)：62-66.
[78] 陈港泉．引起莫高窟第 351 窟壁画疱疹病害发生的水分来源分析及疱疹病害初步模拟试验［J］．敦煌研究，2010，(6)：54-58.
[79] 苏伯民，陈港泉．不同含盐量壁画地仗泥层的吸湿和脱湿速度的比较［J］．敦煌研究，2005，(5)：67-70, 121.
[80] Zhang H Y, Yan G S, Wang X D. Laboratory test on moisture adsorption-desorption of wall paintings at Mogao Grottoes, China [J]. Journal of Zhejiang University SCIENCE A，2012, 13 (3): 208-218
[81] 姜啸．壁画地仗盐分毛细输送机制研究［D］．兰州：兰州大学，2014.
[82] 张虎元，姜啸，王锦芳，等．壁画地仗中盐分的毛细输送机制研究［J］．岩土力学，2016，37（1）：1-11.
[83] 李佳珉，陶利英，张秉坚，等．石窟壁画可溶盐破坏过程的实验室模拟研究［J］．文物保护与考古科学，2014，26（2）：37-45.
[84] 于龙龙．敦煌莫高窟壁画病害产生及发展历程研究［D］．北京：北京化工大学，2013.
[85] Ma Y M, Zhang H, Zhang B J. Structure of sodium sulphate aqueous solution/quartz interface: a molecular dynamics simulation [J]. Molecular Simulation, 2014, 40 (7-9): 634-639.
[86] 王永进，于群力，阎敏，等．北方地区寺庙、殿堂壁画可溶盐活动规律的实验室模拟研究［J］．文物保护与考古科学，2010，22（3）：15-20.
[87] 汪万福，马赞峰，于宗仁，等．西藏布达拉宫、罗布林卡和萨迦寺壁画制作材料分析［J］．敦煌研究，

2002，(6)：78-84.
[88] 孙兵，顾成权，方云，等. 应用超声波检测地杖层空腔区域 [J]. 工程地球物理学报，2004，1(6)：489-493.
[89] 张学超，张虎元，宋佳航. 游客呼吸对敦煌壁画白粉层的损害机理研究 [J]. 科学技术与工程，2015，1(15)：131-137.
[90] 周国信，程怀文. 云冈石窟古代壁画颜料剖析 [J]. 考古，1994，(10)：948-951.
[91] 薛俊彦，马清林，周国信. 甘肃酒泉、嘉峪关壁画墓颜料分析 [J]. 考古，1995，(1)：277-281.
[92] 陈平，纳鹏君，毛学峰，等. 反相高效液相色谱测定敦煌壁画胶结材料中氨基酸 [J]. 分析测试技术与仪器，2002，8(2)：99-102.
[93] 周华，赵芳琴，高峰，等. 核磁共振(NMR)T2 分布对云冈石窟风化的初步研究 [J]. 文物保护与考古科学，2013，25(4)：106-113.
[94] 曾庆光，张国雄，谭金花. 开平碉楼灰雕和壁画颜料碎片原材料的拉曼光谱分析 [J]. 光散射学报，2011，23(2)：158-161.
[95] Castro K, Perez-Alonso M, Etxebarria N, et al. Non-invasive and non-destructive micro-XRF and micro-Raman analysis of a decorative wallpaper from the beginning of the 19th century [J]. Anal Bioanal Chem, 2007, 387(3): 847-860 .
[96] Edwards H G M, Farwell D W, Brooke C J. Raman spectroscopic study of a post medieval wall painting in need of conversation [J]. Anal Bioanal Chem, 2005, 383(2): 312-321.
[97] Sendova M, Kaiser B, Scalera M, et al. Della Robbia blue glaze: micro-Raman temperature study and X-ray fluorescence spectroscopy characterization [J]. J Raman Spectrosc, 2010, 41(4): 469-472.
[98] Burgio L, Ciomartan D A , Clark R J H . Raman Microscopy study of the pigments on three illuminated medieval latin manuscripts [J]. J Raman Spectrosc, 1997, 28(2-3): 79-83.
[99] Clark R J H, Curri L, Henshaw G S. Characterization of Brown-Black and Blue Pigments in Glazed Pottery Fragments from Castel Fiorentino(Foggia, Italy) by Raman Microscopy, X-Ray Powder Diffractometry and X-Ray Photoelectron Spectroscopy [J]. J Raman Spectrosc, 1997, 28(2-3): 105-109.
[100] 那娜，欧阳启名，乔玉青，等. 傅里叶变换红外光谱和近红外傅里叶变换拉曼光谱法无损鉴定中国字画 [J]. 光谱学与光谱分析，2004，24(11)：1327-1330.
[101] 左健，许存义. 古壁画、陶彩颜料的拉曼光谱分析 [J]. 光散射学报，1999，10(3)：215-219.
[102] 杨群，王怡林，张鹏翔，等. 拉曼光谱对新石器时期白石斧的研究 [J]. 光散射学报，2001，13(2)：119-124.
[103] 胡文英，王岳. 拉曼光谱在水泉梁北齐墓葬壁画颜料中的研究分析 [J]. 硅谷，2012，(17)：153-154.
[104] 谷口陽子，森井順之，陳港泉，等. 敦煌莫窟 53 窟仏龕周辺における土壁中の可溶性塩類について [J]. 2005，44：127-134.
[105] 赵林毅，李燕飞，范宇权，等. 莫高窟第 3 窟壁画制作材料与工艺的无损检测分析 [J]. 敦煌研究，2010，(6)：69-73.
[106] 王锦芳，严耿升，杨善龙. 莫高窟崖体可溶盐分布特征研究 [J]. 水文地质工程地质，2010，37(6)：116-120.
[107] 王岩松. 山西古代壁画损毁成因及其保护 [J]. 文物世界，2003，(2)：55-57.
[108] 马赞峰，汪万福. 敦煌莫高窟第 44 窟壁画材质及起甲病害研究 [J]. 敦煌研究，2014，(5)：108-118.
[109] 杜红英，周雷，苏伯民，等. 敦煌壁画盐害的毛细管电泳快速检测分析 [J]. 敦煌研究，2009，(6). 44-49.
[110] Oehrle S A, Blanchard R D, Stumpf C I, et al. Environmental monitoring of waste water using capillary ion electrophoresis [J]. Journal of Chromatography A, 1994, 680(1-2): 645-652.
[111] Kuban P, Kuban V. Capillary electrophoretic determination of inorganic anions in the drainage and surface water samples [J]. Journal of Chromatography A, 1999, 848(1-2): 545-551.
[112] Fritz J S. Recent development in the separation of inorganic and small organic ions by capillary electrophoresis [J]. Journal of Chromatography A, 2000, 884(1-2): 261-275.
[113] Hiissa T, Siren H, Kotiaho T, et al. Quantification of anions and cations in environmental water samples, measurements with capillary electrophoresis and indirect-UV detection [J]. Journal of Chromatography A, 1999, 853(1-2): 403-411.
[114] Ahumada I, Mendoza J, Ascar L. Determination of organic acids and phosphate in soil aqueous extracts by capillary zone electrophoresis [J]. Communications in Soil Science and Plant Analysis, 1999, 30(1): 213-220.

[115] 傅小芸，吕建德，夏旭建．某些碱金属、碱土金属和过渡金属离子的毛细管电泳分离和测定 [J]．分析化学，1996，24（8）：943-946.

[116] Wildman B J, Jackson P E, Jones W R, et a1. Analysis of anion constituents of urine by inorganic capillary electrophoresis [J]. Journal of Chromatography, 1991, 546 (1-2): 459-466.

[117] 中华人民共和国建设部．GB/T 50123-1999 土工试验方法标准 [S]．北京：中国标准出版社，1999.

[118] 中华人民共和国国家质量监督检验检疫总局，中国国家标准化管理委员会．GB/8538-2008 饮用天然矿泉水水检试方法 [S]．北京：中国标准出版社，2008.

[119] 中华人民共和国国家质量监督检验检疫总局，中国国家标准化管理委员会．GB/15454-2009 工业循环冷却水中钠、铵、钾、镁和钙离子的测定离子色谱法 [S]．北京：中国标准出版社，2009.

[120] 中华人民共和国国家质量监督检验检疫总局，中国国家标准化管理委员会．GB/T 14642-2009 工业循环冷却水及锅炉水中氟、氯、磷酸根、亚硝酸根、硝酸根和硫酸根的测定 离子色谱法 [S]．北京：中国标准出版社，2009.

[121] 范云场，朱岩．离子色谱分析中的样品前处理技术 [J]．色谱，2007，(5)：633-640.

[122] 刘永强，于泓．离子色谱法在离子液体阴阳离子分析中的应用 [J]．分析测试学报，2015，(6)：734-743.

[123] 王娜妮．新型离子色谱体系的建立及在复杂基体中的应用 [D]．杭州：浙江大学，2014.

[124] 刘永强，于泓．离子色谱法在离子液体阴阳离子分析中的应用 [J]．分析测试学报，2015，(6)：734-743.

[125] 汪玲，牛明改，王振领．离子色谱技术及其在环境监测中的应用 [J]．周口师范学院学报，2009，(2)：80-82.

[126] 何小清．离子色谱法的原理及其在水质分析中的应用 [J]．生命科学仪器，2010，3：62-65.

[127] 张莹．离子色谱的应用及新进展 [J]．天津药学，2013，(2)：67-70.

[128] 孙鸣镝，孙凯英．离子色谱的发展及其在环境分析中的应用 [J]．黑龙江科学，2011，(4)：39-42.

[129] 梅朵．离子选择电极分析法多组分同时测定研究 [D]．天津：天津大学，2005.

[130] 江映，胡宏波．建设用砂氯离子的快速测定方法——离子选择性电极法 [J]．混凝土世界，2012，(8)：78-83.

[131] 谢向东．离子选择电极法测定粉煤灰中的氟 [J]．环境保护与循环经济，2013，(6)：62-64.

[132] 付志军，罗桂娟，李雅妍，等．离子选择电极法测定水中氯化物 [J]．环境监测管理与技术，2014，(1)：49-52.

[133] 郑永裕．离子选择电极分析技术的应用与发展 [J]．漳州职业大学学报，2004，(1)：80-83.

[134] 宗玉英．浅谈离子选择电极法的应用 [J]．广西轻工业，2010，(4)：16-17.

[135] 张丽楠．基于离子选择电极的土壤主要速效养分快速检测技术研究 [D]．北京：中国农业大学，2015.

[136] 赖振尧，李永生，周磊，等．同时测定海水中 K^+、Na^+、Ca^{2+}、Cl^- 的流动注射离子选择电极分析 [J]．分析试验室，2012，(8)：103-107.

[137] 张军军，杨慧中．磷酸根离子选择电极的研究现状 [J]．传感器与微系统，2010，(8)：1-4.

[138] Abd El Salam, Safaa A. Egyptian and graeco-roman wall plasters and mortars: a comparative scientific study [D]. University of Leicester (United Kingdom), 2001.

[139] Mahmoud H H M, Kantiranis N A, Stratis J. Salt Damage on the Wall Paintings of the Festival Temple of Thutmosis III, Karnak Temples Complex, Upper Egypt. A Case Study [J]. International Journal of Conservation Science, 2010, 1(3): 133-142.

[140] Zanetta P. Optical techniques applied to measurements in art [D]. Loughborough University (United Kingdom), 1994.

[141] Thomson G. The Museum Environment [M]. London: Butterworths, 1986.

[142] Rogers G. The ideal of the ideal environment [J]. IIC-Canadian Group, 1976, 2(1): 34-39.

[143] Cristini O, Kinowski C, Turrell S. A detailed micro-Raman spectroscopic study of wall paintings of the period AD 100-200: Effect of atmospheric conditions on the alteration of samples [J]. Raman Spectroscopy, 2010, 41(11): 1410-1417.

[144] Samanian K. Investigation of environmental factors causing the deterioration of Safavid period murals, Iran (1501-1736 AD) [D]. University of Leicester (United Kingdom), 2009.

[145] 李峥嵘，徐之锐，赵群，等．澳门古教堂壁画保存环境夏季实测及评价 [J]．建筑科学，2012，(8)：36-39.

[146] 唐玉民．敦煌小气候的初步观测 [A]．敦煌研究文集·石窟保护篇（上）[C]．兰州：甘肃民族出版社，1993.

[147] 张拥军，王宝义，付文丽．观众对洞窟环境影响的实验分析 [A]．敦煌研究文集·石窟保护篇（上）[C]．

兰州：甘肃民族出版社，1993.
[148] 张国彬，薛平，侯文芳．游客对莫高窟洞窟小环境的影响研究［J］．敦煌研究，2005，(4)：83-86.
[149] 王宝义，张拥军，付文丽．敦煌莫高窟窟内温度湿度的观测与分析［A］．敦煌研究文集·石窟保护篇（上）［C］．兰州：甘肃民族出版社，1993.
[150] 刘刚，薛平，侯文芳，等．莫高窟85窟微气象环境的监测研究［J］．敦煌研究，2000，(1)：36-41.
[151] 李实，张拥军，三浦定俊，等．敦煌莫高窟的气象观测——1988年春的温湿度变化［A］．敦煌研究文集·石窟保护篇（上）［C］．兰州：甘肃民族出版社，1993.
[152] 三浦定俊，西浦忠辉．敦煌莫高窟的气象［A］．敦煌研究文集·石窟保护篇（上）［C］．兰州：甘肃民族出版社，1993.
[153] 李实，屈建军．敦煌莫高窟的气候环境特征［A］．敦煌研究文集·石窟保护篇（上）［C］．兰州：甘肃民族出版社，1993.
[154] 侯文芳，薛平，张国彬，等．莫高窟第217窟微环境监测分析［J］．敦煌研究，2007，(5)：93-97.
[155] 王亚军，张艳杰，郭青林，杨善龙，张国彬．敦煌莫高窟第87窟温湿度特征［J］．兰州大学学报（自然科学版），2014，(1)：1-6.
[156] 张秉坚，魏国锋，杨富巍，等．不可移动文物保护材料研究中的问题和发展趋势［J］．文物保护与考古科学，2010，22(4)：102-109.
[157] Price C. Stone conservation: an overview of current research [M]. Los Angeles: Getty Conservation Institute, 1996: 13-24.
[158] Clifton J R. Stone consolidation materials: a status report [EB/OL]. [2004-08-03]. http://palimpsest.stanford.edu/byauth/clifton/stone/.
[159] 陈坤龙，铁付德．材料科学在文物保护中的应用［J］．中原文物，2002，(1)：86-88.
[160] 李最雄．敦煌石窟的保护现状和面临的任务［J］．敦煌研究，2000，(1)：10-23.
[161] 敦煌研究院．敦煌石窟保护工作综述［J］．装饰，2008，(6)：22-27.
[162] 李最雄．敦煌石窟保护工作六十年［J］．敦煌研究，2004，(3)：10-26，111.
[163] 马清林，陈庚龄，卢燕玲，等．潮湿环境下壁画地仗加固材料研究［J］．敦煌研究，2005，(5)：66-72.
[164] 陈庚龄，马清林．潮湿环境下壁画地仗修复材料与技术［J］．敦煌研究，2005，(4)：51-60.
[165] 马赞峰，青木繁夫，犬竹和．敦煌莫高窟壁画地仗修补材料筛选［J］．敦煌研究，2007，(5)：22-27.
[166] 苏伯民，蒋德强，马想生，等．布达拉宫等处壁画起甲原因的初步分析和修复材料的筛选［J］．敦煌研究，2007，(5)：39-44，113.
[167] 苏伯民，张化冰，蒋德强，孙秀娟．壁画保护材料纯丙乳液的性能表征［J］．涂料工业，2014，(2)：54-59.
[168] 苏伯民，李茹．三种加固材料对壁画颜色的影响［J］．敦煌研究，1996，(2)：171-179.
[169] 苏伯民，张化冰，蒋德强，等．3种常用壁画保护材料的力学性能和水汽透过性研究［J］．涂料工业，2015，(6)：51-55.
[170] 汪万福，苏伯民，青木繁夫．几种壁画修复材料物性指数的实验测试［J］．敦煌研究，2000，(1)：87-94.
[171] 张化冰，苏伯民，段修业，等．壁画保护材料PVAc、PVA的性质研究与表征［J］．敦煌研究，2011，(6)：29-35.
[172] 樊再轩，斯蒂文·里克比，丽莎·舍克德，等．敦煌莫高窟第85窟空鼓壁画灌浆加固材料筛选实验［J］．敦煌研究，2007，(5)：19-25.
[173] 李佳珉．莫高窟壁画病害和已用典型保护材料的调查研究［D］．杭州：浙江大学，2013.
[174] 曹文仲，钟宏，田伟威．淀粉接枝丙烯酰胺-丙烯酸（盐）三元共聚反应研究［J］．现代化工，2006，(S2)：181-183.
[175] 杨富杰，朱红祥，夏南南，等．微波辐射制备蔗渣浆纤维素系高吸水性树脂的研究［J］．中国造纸，2012，(4)：6-10.
[176] 彭娜娜．玉米秸秆基高吸水性树脂的合成及其性能的研究［J］．功能材料，2013，44(1)：79-83.
[177] 鲁金芝，张福强，张志斌，等．紫外光引发制备高岭土/聚（丙烯酸-丙烯酰胺）高吸水性复合材料［J］．复合材料学报，2007，(5)：19-22.
[178] 苟春林，曲东，杜建军．不同价态离子对保水剂吸水倍率的影响［J］．中国土壤与肥料，2009，(2)：52-55.
[179] 王文忠，王志强，陈晓艳，等．高耐盐性吸水树脂的制备及其性能研究［J］．化学工程与装备，2009，(12)：5-8.
[180] 李坤，陈泉良，郑砚萍，等．AA/AMPS-淀粉-OMMT复合耐盐性吸水树脂的制备及表征［J］．化学推进

剂与高分子材料，2014，(6)：73-78.

[181] 邢宏龙，贝培培，谭德新，等. 紫外光固化法制备AMPS/AA/AM/CTS四元共聚高吸水性树脂[J]. 化工新型材料，2013，(11)：53-55.

[182] 刘玉贵，张瑾，朱忠其，等. 聚(丙烯酸-丙烯酰胺)高吸水树脂吸水保水性能研究[J]. 功能材料，2013，(13)：1842-1846.

[183] 马红梅. 蔗渣纤维/高岭土/丙烯酸复合高吸水树脂的制备及性能研究[D]. 南宁：广西大学，2013.

[184] 谢静思. 耐水解高吸水树脂的合成与性能研究[J]. 化学研究与应用，2010，22(7)：934-938.

[185] 汪万福，马赞峰，李最雄，等. 空鼓病害壁画灌浆加固技术研究[J]. 文物保护与考古科学，2006，01：52-59.

[186] 陈港泉，樊再轩，于群力，等. 陕西白水仓颉庙酥碱壁画脱盐修复的初步试验[J]. 敦煌研究，2009，(6)：8-12，120，125，126.

[187] 大竹秀実，谷口陽子，青木繁夫. バーミヤーン仏教壁画の保存修復(1)ーグラウティングによる応急処置[J]. 2006，45：17-23.

[188] 大竹秀実，谷口陽子，青木繁夫. バーミヤーン仏教壁画の保存修復(2)-I窟およびN(a)窟における保存修復[J]. 2007，46：189-200.

[189] 籾井基充，谷口陽子，大竹秀実. バーミヤーン仏教壁画の保存修復(3)ーI窟およびN(a)窟における保存修復[J]. 2008，47：227-233.

[190] 卢燕玲，韩鉴卿，田小龙，等. 甘肃河西魏晋画像砖画面固色及砖体脱盐[J]. 敦煌研究，2003，(5)：104-107.

[191] 孙明远. 古代壁画表面失效加固材料的去除技术研究[D]. 杭州：浙江大学，2015.

[192] Rathgen F. Die Konservierung von AItertumsflinden, Teil I: Stein und steinartige StofFe [M]. Berlin: Georg Reimer. 1915: 1-64.

[193] Bowley M J. Desalination of stone: a case study [J]. Building Research Establishment, 1975, 46: 46-54.

[194] Leitner H, Laue S, Siedel H. Mauersalze und Architekturoberflächen [M]. Hochschule für Bildende Künste Dresden, 2002.

[195] Larsen P K. The development and testing of a salt extracting mortar [J]. Restoration of buildings and monuments, 2001, 7(1): 79-90.

[196] Larsen P K, Bollingtoft P. Desalination of a painted brick vault in Kirkerup Church [A]. 12th triennial meeting, Lyon, 29 August-3 September 1999: preprints (ICOM Committee for Conservation) [C]. Bridgland, Janet (Editor). Earthscan/James & James (1999): 473-477.

[197] Friese P. Desalination of brickwork [A]. NATO-CCMS pilot study "Conservation of historic brick structures": proceedings of the 5th expert meeting, Berlin, 17-19 October 1991 [C]. 1992: 186-194.

[198] Vergès-Belmin V, Siedel H. Desalination of masonries and monumental sculptures by poulticing: a review [J]. Belmin, 2005, (11): 391-408.

[199] Siedel H. Experiences from desalting of tuffstone and sandstone monuments by compresses [M]. Poitiers: SFIIC. 1996: 191-198.

[200] Dragovich D, Egan M. Salt weathering and experimental desalination treatment of building sandstone [J]. Environmental Earth Sciences, 2011, 62(2): 277-288.

[201] Ottosen L M, Rörig-Dalgaard I. Desalination of a brick by application of an electric DC field [J]. Materials & Structures, 2009, 42(7): 961-971.

[202] Rörig-Dalgaard I. Desalination for preservation of murals by electromigration and regulated climate [A]. Structural Studies, Repairs and Maintenance of Heritage Architecture XI(2009) [C], Brebbia C. A. , Tallinn, Estonia, 2009: 71-82.

[203] Rörig-Dalgaard I. Development of a poultice for electrochemical desalination of porous building materials: desalination effect and pH changes [J]. Materials and Structures, 2013, 46 (6): 959-970.

[204] Wilimzig M, Einfluss von Mikroorganismerv auf bauschadliche Salze, in Mauersalze und Architekturoberflachen [M]. Tagungsbeitrage: H. Leitner, S. Laue and H. Siedel, 2003: 79-82.

[205] Flavia Caroppo，曹金刚 编译. 天才杰作的重生[J]. Newton-科学世界，2003，(8)：59-64.

[206] 赵林毅，李燕飞，于宗仁，等. 丝绸之路石窟壁画地仗制作材料及工艺分析[J]. 敦煌研究，2005，(4)：75-82.

[207] 巴金，王秀琴. 敦煌近50a气候特征分析[J]. 干旱气象，2010，28(3)：304-308.

[208] HOBO U23 温湿度记录仪性能介绍.[EB/OL].[2015-01-01]. http://www.onsethobo.cn/humidity/show70.html.

[209] 徐淑青. 莫高窟第 98 窟现状调查报告 [J]. 敦煌研究，2005，(5)：80-82，125，126.

[210] 陈港泉，于宗仁. 莫高窟第 351 窟壁画疱疹和壁画地仗可溶盐分析 [J]. 敦煌研究，2008 (6)：39-45.

[211] Zehnder K, Arnold A. Crystal growth in salt efflorescence [J]. Journal of Crystal Growth, 1989, 97 (2): 513-521.

[212] 王进玉. "中美合作保护莫高窟第 85 窟项目中期评估会" 在敦煌召开 [J]. 敦煌研究，2002，(4)：28.

[213] 邹新禧. 超强吸水剂（第 2 版）[M]. 北京：化学工业出版社：2002.

[214] 何培新，肖卫东，黄鹤，等. 高吸水性三元共聚树脂的合成及性能研究 [J]. 高分子材料科学与工程，1999，(6)：65-68.

[215] 郭丹峰，王微宏，曹小玉，等. 高吸水树脂的研究现状及展望 [J]. 广东化工，2014，(9)：89-90.

[216] 康红梅. 聚丙烯酸系高吸水树脂研究 [D]. 湘潭：湘潭大学，2002.

[217] Flory P J. Principles of Polymer Chemistry [M]. New York: Cornell University Press, 1954.

[218] Omidian H, Hashemi S A, Sammes P G, et al. Model for the swelling of super absorbent polymers [J]. Polymer, 1998, 39 (26): 6697-6704.

[219] 张立颖，廖朝东，尹沾合，等. 高吸水树脂的吸水机理及吸盐性的改进 [J]. 应用化工，2009，(2)：282-285.

[220] 张立颖，梁兴唐，黎洪，等. 高吸水性树脂的研究进展及应用 [J]. 化工技术与开发，2009，(10)：34-39.

[221] 李敏，王力，蒋爱玲. 耐盐性高吸水树脂的研究进展 [J]. 广东化工，2006，33 (3)：59，68-70.

[222] 马建泰，康红卫，陈港泉，等. 正交法制备淀粉接枝丙烯酰胺高吸水树脂 [J]. 兰州大学学报（自然科学版），2009，45 (3)：101-103.

[223] 聂明，谭世语，王孝华. 接枝共聚法合成高吸水性树脂 [J]. 高分子材料科学与工程，2005，21 (6)：84-87.

[224] Witońska I A, Walock M J, Binczarski M, et al. Pd-Fe/SiO_2 and Pd-Fe/Al_2O_3 catalysts for selective hydrodechlorination of 2, 4-dichlorophenol into phenol [J]. Journal of Molecular Catalysis A: Chemical, 2014, 393 (18): 248-256.

[225] 汪娟，任皞. 淀粉接枝丙烯酸 / 丙烯酰胺影响因素的研究 [J]. 山东化工，2009，38 (3)：19-22.

[226] 贝培培. 四元共聚高吸水性树脂的制备及热分解动力学研究 [D]. 淮南：安徽理工大学，2014.

[227] 魏春红. 玉米淀粉接枝丙烯酸制备高吸水性树脂及其应用研究 [D]. 大庆：黑龙江八一农垦大学，2009.

[228] 杨娟. 淀粉接枝聚丙烯酸高吸水树脂的制备及其性能研究 [D]. 兰州：兰州理工大学，2009.

[229] WYP ALL*60&70 全能擦拭布介绍.[EB/OL].[2014-12-01]. http://www.kcprofessional.com.cn/products/wipers/reusable/x60/93495a.

[230] WiseHIC 湿度指示卡介绍.[EB/OL].[2015-12-01]. http://www.wisepac.com.cn/ProductInfo.aspx?pid=9

[231] Pruess K, Oldenburg C, Moridis G. Tough2 user's guide, version2.0. Technical report, LBNL43234, Earth Sciences Division, Lawrence Berkeley National Laboratory University of California, Berkeley, California 94720, 1999.

[232] 汪娟，任皞. 淀粉接枝丙烯酸 / 丙烯酰胺影响因素的研究 [J]. 山东化工，2009，(3)：19-22.

[233] 邢宏龙，贝培培，谭德新，等. 紫外光固化法制备 AMPS/AA/AM/CTS 四元共聚高吸水性树脂 [J]. 化工新型材料，2013，(11)：53-55.

[234] 龚磊，甘鹏，温世和，等. AA/AM/AMPS 三元吸水树脂的合成与性能研究 [J]. 江西农业大学学报，2006，(61)：956-961.

[235] 朱正. 耐盐性丙烯酸系列高吸水树脂的合成与性能研究 [D]. 青岛：中国海洋大学，2014.

[236] 周斌. 水性树脂吸水率测定方法研究 [J]. 造纸化学品，2003，(2)：32-35.

[237] 聂明，谭世语，王孝华. 接枝共聚法合成高吸水性树脂 [J]. 高分子材料科学与工程，2005，(6)：84-87.

[238] Witońska I A, Walock M J, Binczarski M, et al. Pd-Fe/SiO_2 and Pd-Fe/Al_2O_3 catalysts for selective hydrodechlorination of 2, 4-dichlorophenol into phenol [J]. Journal of Molecular Catalysis A: Chemical, 2014, 393: 248-256.

[239] 康红梅. 聚丙烯酸系高吸水树脂研究 [D]. 湘潭：湘潭大学，2002.

[240] Charola A E. Salts in the deterioration of porous materials: an Overview [J]. Journal of the American Institute for Conservation, 2000, 39 (3): 327-343.

[241] 郭青林. 敦煌莫高窟壁画病害水盐来源研究 [D]. 兰州：兰州大学，2009.

[242] 苏伯民. 敦煌壁画的盐害与日常维护 [J]. 敦煌研究，2010，(6)：14-16.

[243] 李佳珉，陶利英，张秉坚等. 石窟壁画可溶盐破坏过程的实验室模拟研究 [J]. 文物保护与考古科学，2014，26 (2)：37-45.

[244] 姜啸. 壁画地仗盐分毛细输送机制研究 [D]. 兰州：兰州大学，2014.
[245] 郭宏. 应用 XRD 方法分析鉴定古代绘画颜料 [C]. 第七届全国考古与文物保护化学学术会议论文集，2002：56-58.
[246] 郭宏，李最雄，裘元勋，等. 敦煌莫高窟壁画酥碱病害的机理研究之二 [J]. 敦煌研究，1998，(4)：159-172，184.
[247] 林娟，任家富，穆克亮，等. 高精度 EDXRF 多元素分析仪在考古中的应用 [J]. 核电子学与探测技术，2008，28 (4)：737-739，743.
[248] Madariaga J M, Maguregui M, De Vallejuelo S F-O, et al. In situ analysis with portable Raman and ED-XRF spectrometers for the diagnosis of the formation of efflorescence on walls and wall paintings of the Insula IX 3 (Pompeii, Italy) [J]. Journal of Raman Spectroscopy, 2014, 45 (11-12): 1059-1067.
[249] 苏伯民，陈港泉，樊再轩，等. 新型合成脱盐材料在治理莫高窟盐害壁画中的试验研究 [J]. 文博，2009，(6)：175-183.
[250] 陈港泉，Schilling M，李燕飞，等. 纸条检测法对第 85 窟壁画空鼓灌浆脱盐效果的评估 [J]. 敦煌研究，2007，(5)：45-48.

后　　记

古代壁画保护，特别是因盐害而造成的壁画保护，长期以来一直都是文物保护工作者的难题。一些壁画损害机理的基础性研究还不够深入，这在一定程度上也阻碍了壁画保护技术水平的进一步提升。近几十年来虽然积累了大量的研究成果和工程实践经验，但是古代壁画保护科学化问题仍没有得到很好的解决。面对我国大量的古代壁画病害仍亟待治理、一些壁画保护关键问题没有深入研究、壁画保护技术科学化薄弱的现状，在甘肃省科技厅的组织下，将“干旱环境下古代壁画保护成套技术集成与应用示范”列入国家科技支撑计划课题，以期通过开展绝大部分保存于我国干旱环境下的古代壁画保护研究，促进上述问题的解决。该课题由敦煌研究院联合兰州大学、中国科学院兰州化学物理研究所、南京大学、浙江大学、敦煌研究院文物保护技术服务中心共同承担实施。本书稿就是在这个课题研究报告的基础上撰写而成的。

“干旱环境下古代壁画保护成套技术集成与应用示范”课题组在课题负责人的主持、协调下，由以下几个研究团队组成：由陈港泉研究员领导的敦煌研究院研究团队，除负责整个课题研究、制定技术路线、对接各研究团队研究内容外，还参加了所选三处典型古代壁画的现状调查研究、环境监测研究、制作材料分析研究、壁画修复材料技术指标测试及修复工艺筛选研究、壁画修复现场试验、壁画修复效果评估研究等，其中现状调查研究团队主要人员有：王小伟、孙胜利、柴勃隆、毛嘉民、刘瑞、柴宗香、戴川、高文强、李凌志、李晓洋、王兴龙、张伟、王恭、郝尚飞等；环境监测研究团队主要人员有：薛平、陈海玲、张正模、侯文芳、张国彬，浙江大学的董亚波教授及他的研究生潘海宽、黄澎江研究了洞窟传感器布设最优化布局方案；制作材料分析研究团队主要人员有：于宗仁、李燕飞、崔强、张文元、水碧纹、殷志媛、冯亚琪等；壁画修复材料性能指标研究团队主要人员有：李燕飞、戴川、冯雅琪、方晓芸、唐伟、殷志宏、黄伟等；壁画修复工艺筛选和现场试验研究团队主要人员有：李燕飞、樊再轩、李波、乔兆广、戴川、朱万煜、孙军永、李菱志、牛贺强、沈廷胤、刘韬、吴海林、庄岳、李晓洋等；壁画修复效果评估研究团队主要人员有：樊再轩、李波、李燕飞、冯雅琪、方晓芸、王兴龙、张博等，北京鑫衡运科贸有限公司的刘赛参加了空鼓壁画修复效果的检测工作。南京大学周启友教授及其团队成员宋云、宋震，以及敦煌研究院的王彦武，进行了洞窟墙体内水盐热运移研究。中国科学院兰州化学物理研究所吕功煊、靳治良研究员及其团队成员胡红岩、钱玲、郝旭强、夏娅娜、李振等，开展了含盐体系破坏遗址机理研究。兰州大学李苇教授及其研究团队成员赵仕玲、霍鸿飞、李丰等，开展了脱盐材料制备及负载试验。浙江大学的梁波、周剑两位老师，开展了“基于电极芯片的盐分无损检测装置”的研发工作。天津大学冯伟教授及其团队成员张乾、田飞鹏、肖冬瑞等，开展了基于视觉变化的壁画修复效果定量分析评估研究。李燕飞完成了书稿的统稿、校核工作。除上述人员外，敦煌研究院保护研究所、监测中心、文物保护技术服务中心和甘肃莫高窟文化遗产保护设计咨询有限公司的很多同志都参加了本课题的研究工作并做出了应有的贡献，兹不一一列举，作者非常感谢课题组所有成员的辛勤工作！

课题研究过程中，得到了甘肃省科技厅的高度重视和全力支持。敦煌研究院前院长王旭东研究员，敦煌研究院副院长苏伯民研究员、保护研究所所长郭青林研究员，敦煌研究院文物保护技术服务中心主任赵林毅研究员，在课题研究指导、课题实施过程中的人力、物力支持等方面都给予了极大的帮助，在这里对他们表示衷心的感谢！

古代壁画保护修复研究复杂、难度大，受作者水平限制，本书难免有错误或遗漏，敬请专家、学者批评、指正。

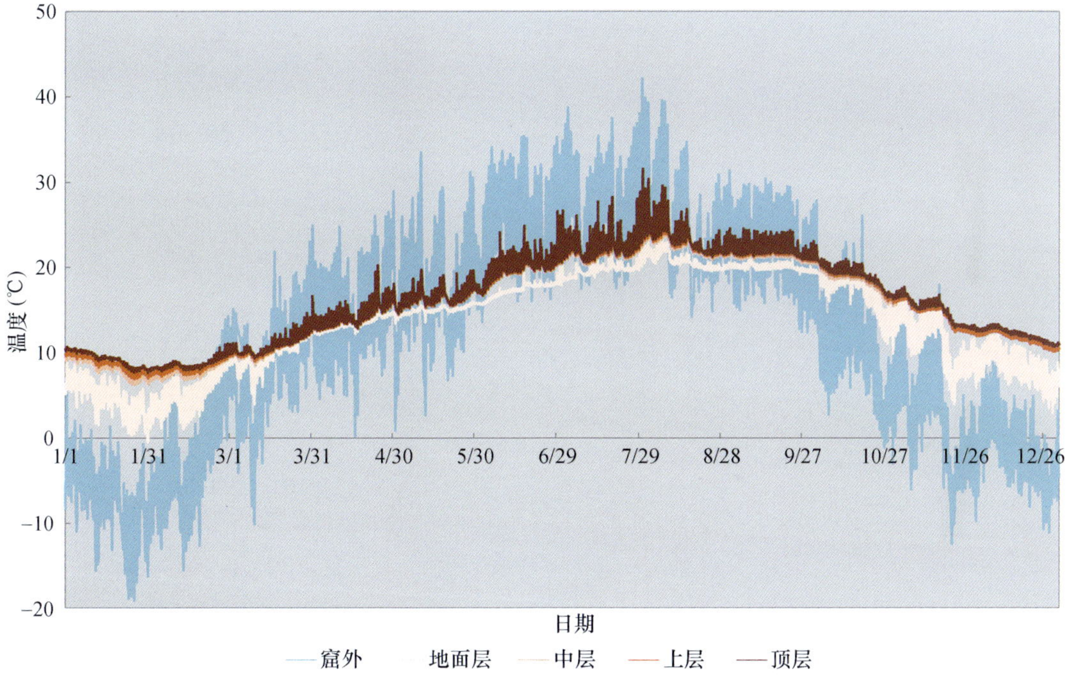

第465窟前室中央垂直方向温度变化曲线

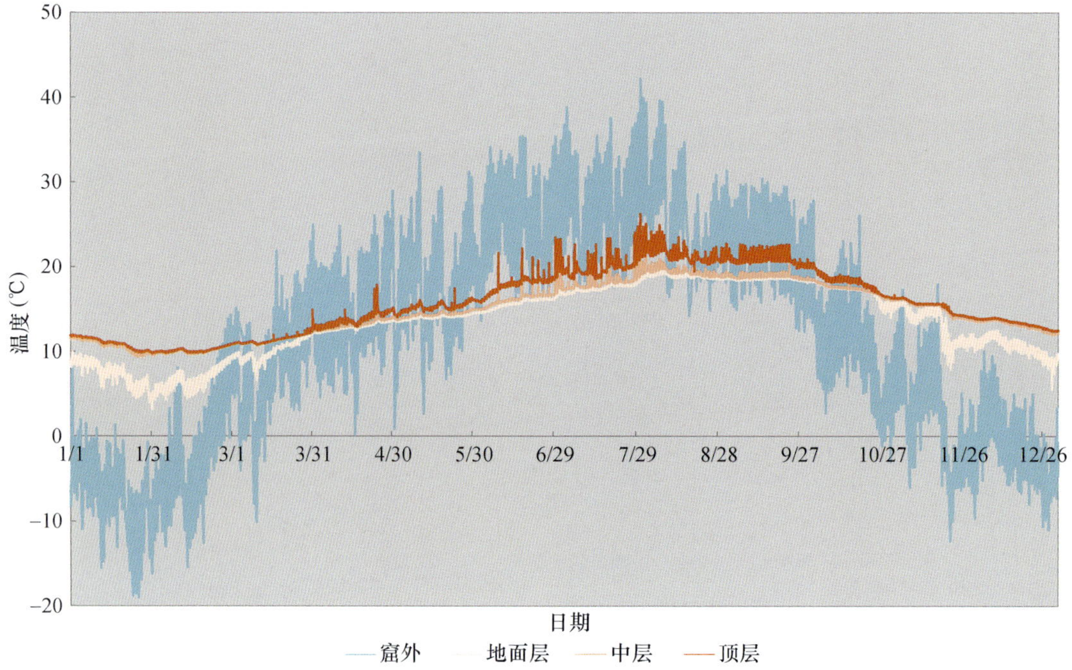

第465窟甬道垂直方向温度变化曲线

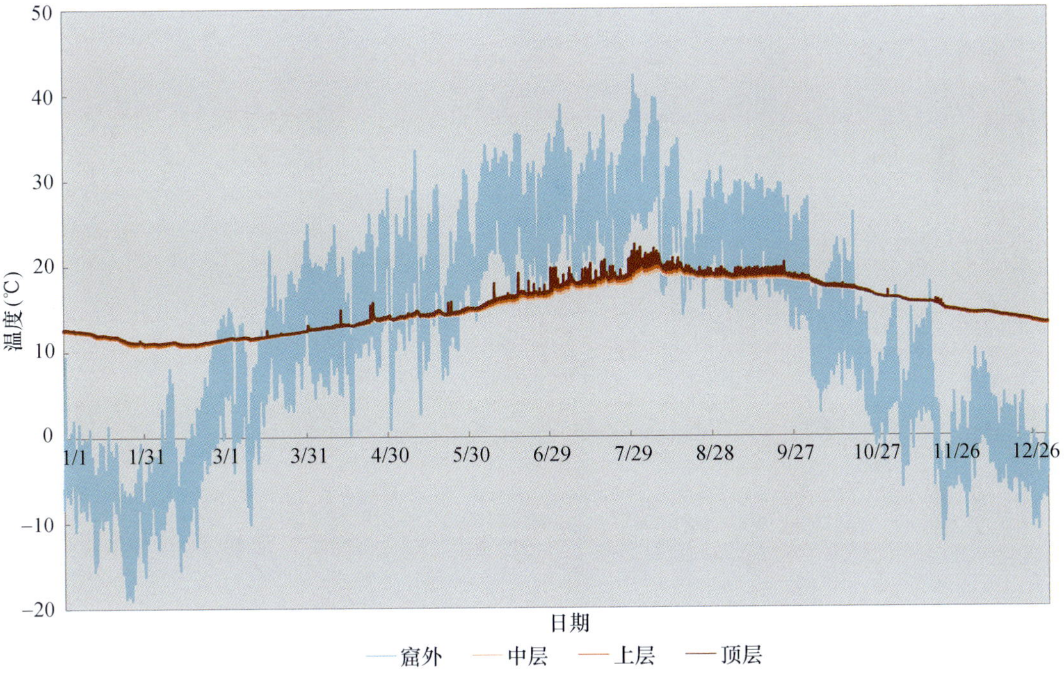

第465窟主室中央垂直方向温度变化曲线

图版四

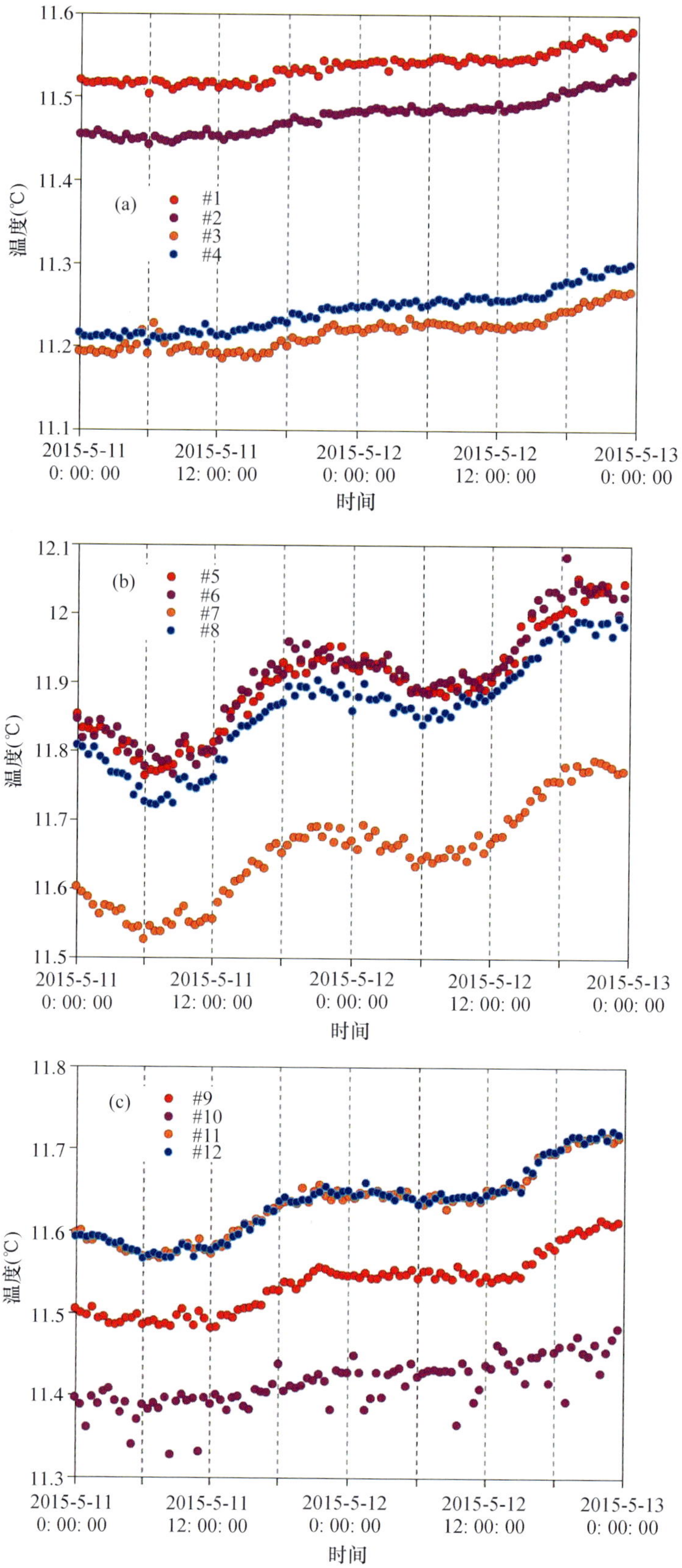

108窟内5月11～12日的空气温度变化过程

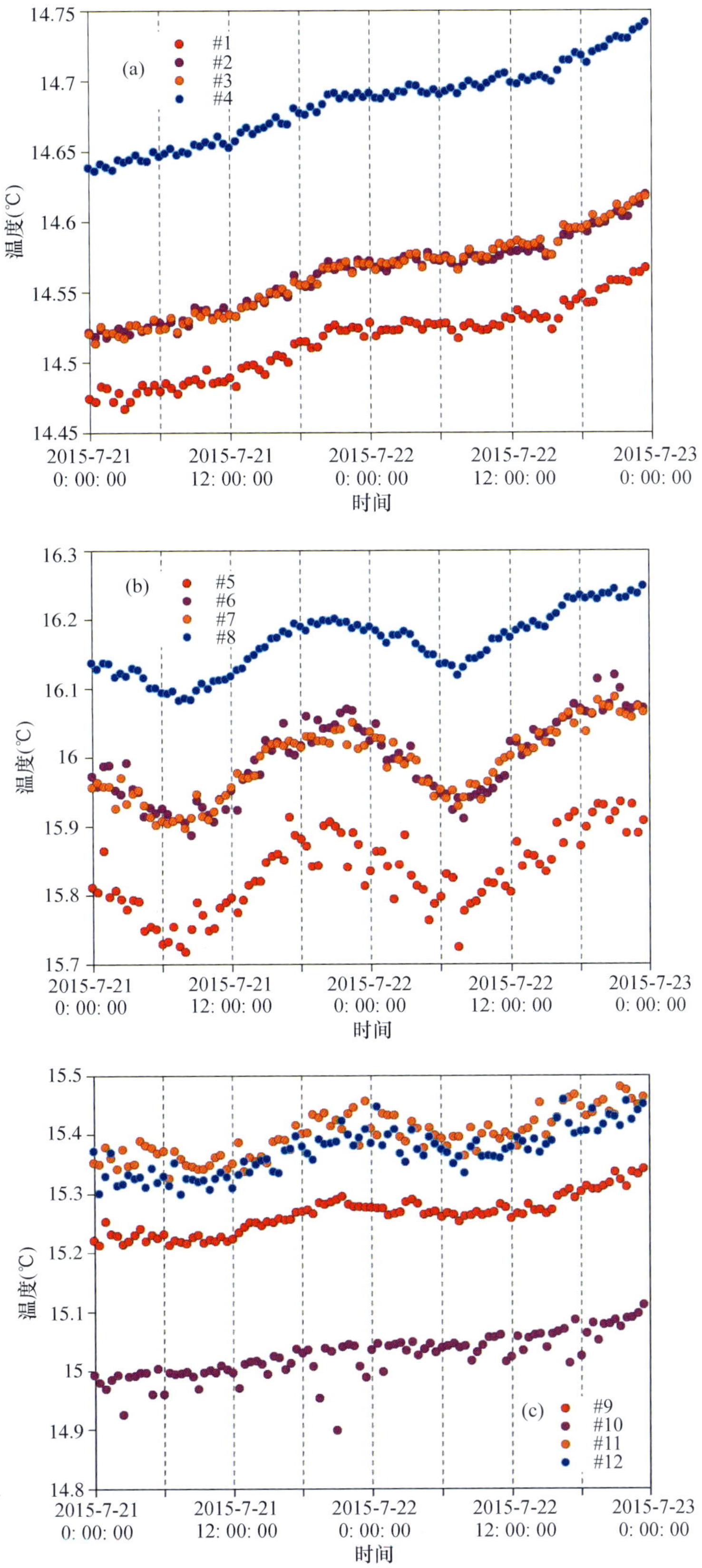

108窟内7月21～22日的空气温度变化过程

图版六

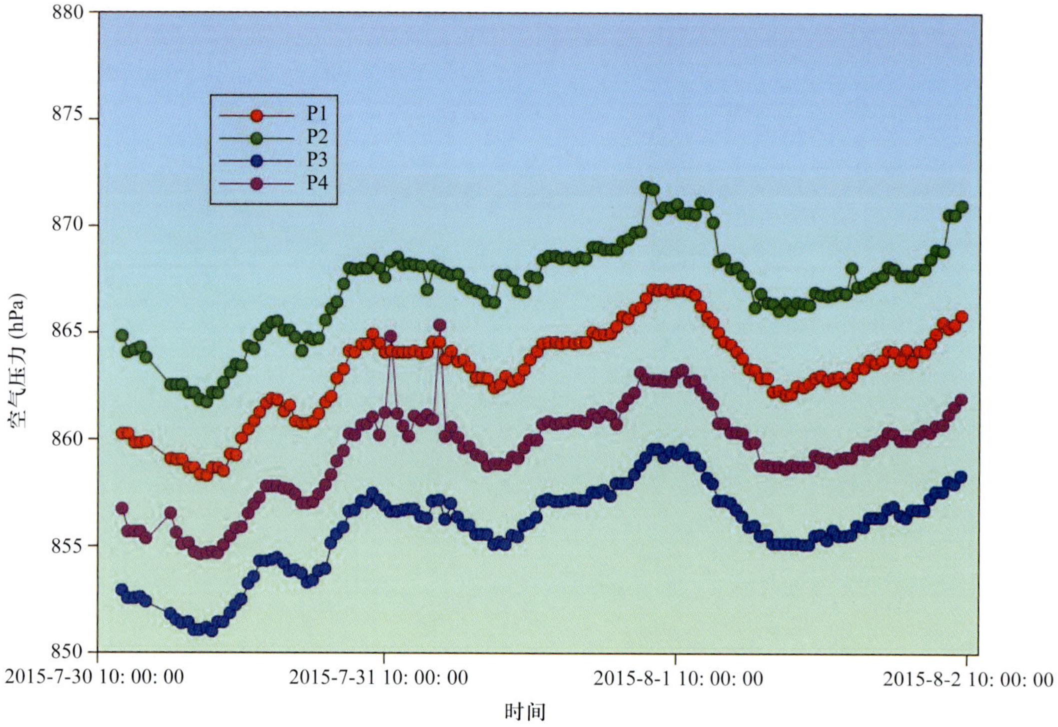

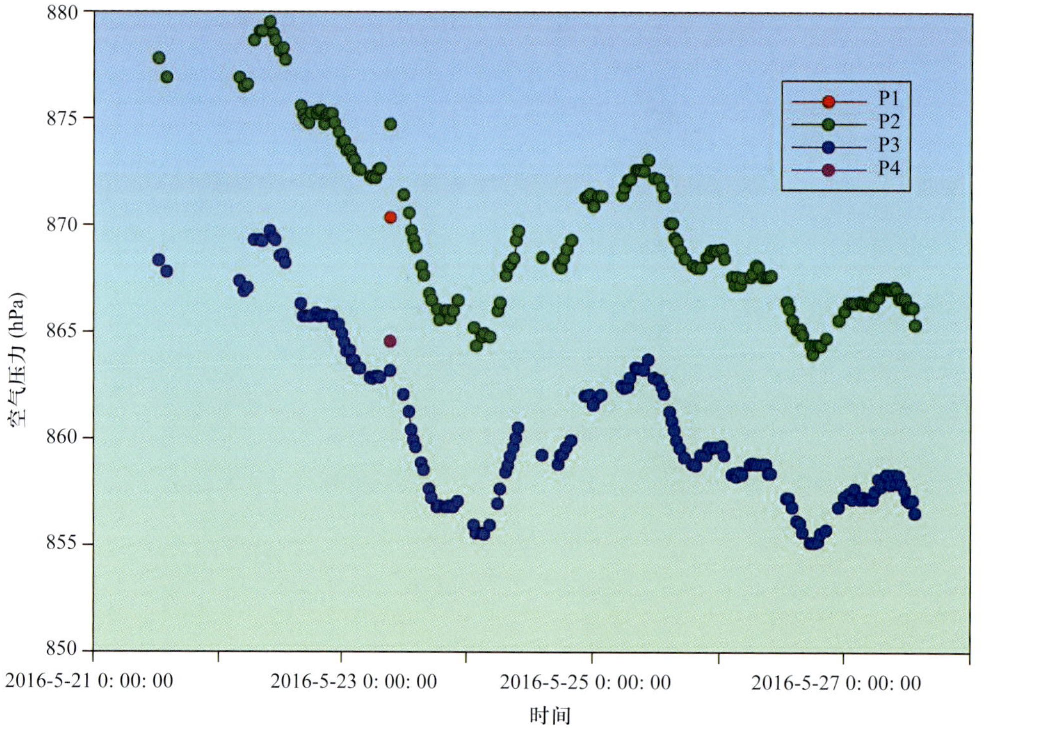

108窟内2015年7月和2016年5月的空气压力变化过程

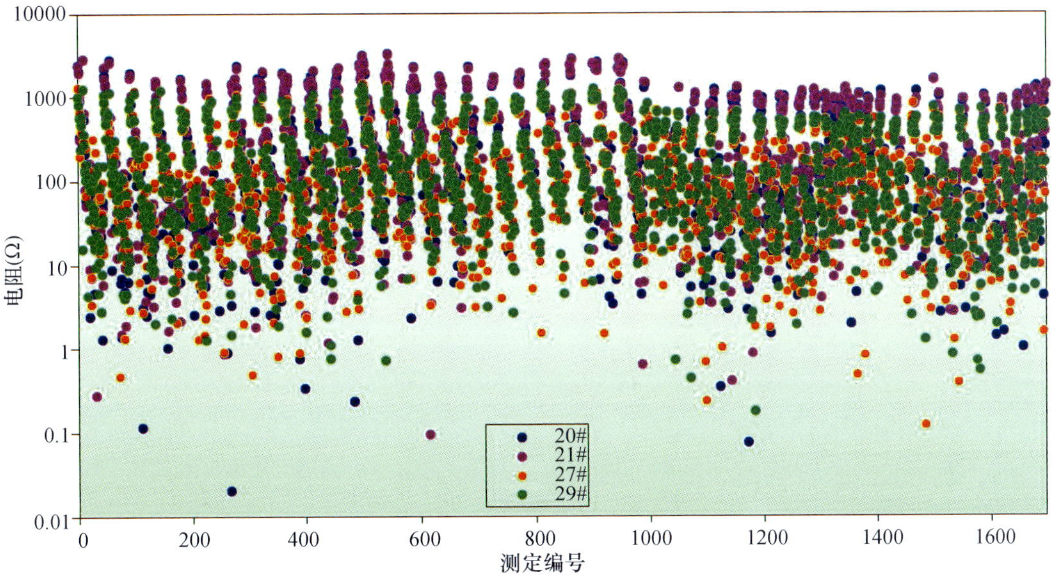

108窟西壁面4m^{2}范围上测定结果的稳定性

图版八

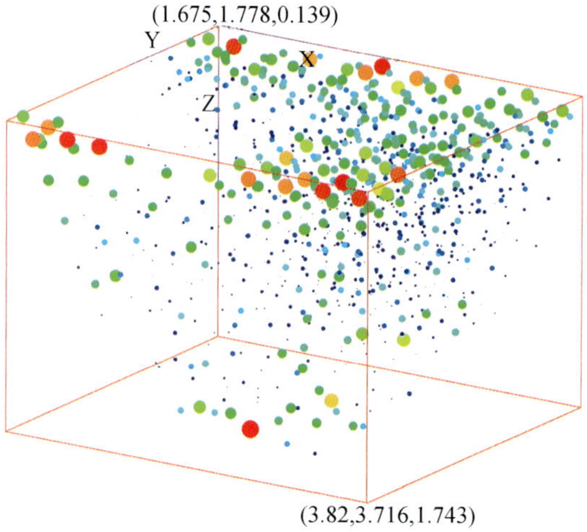

（a）2016.5.21.13: 35

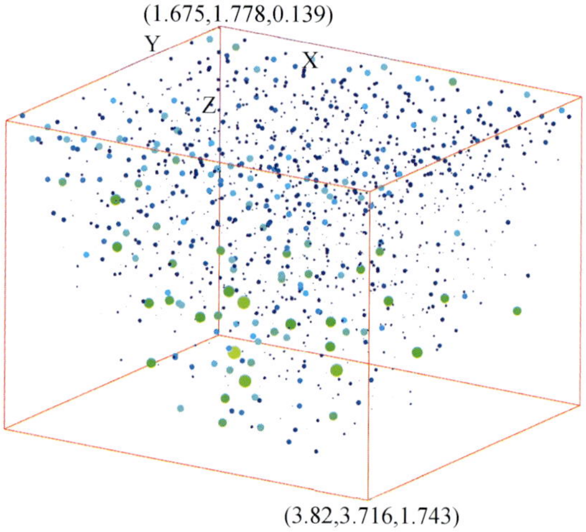

（b）2016.8.24.10: 37

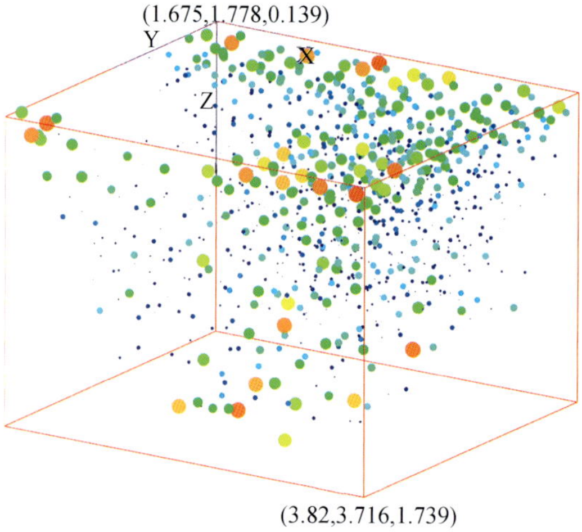

（c）2016.5.21.21: 00

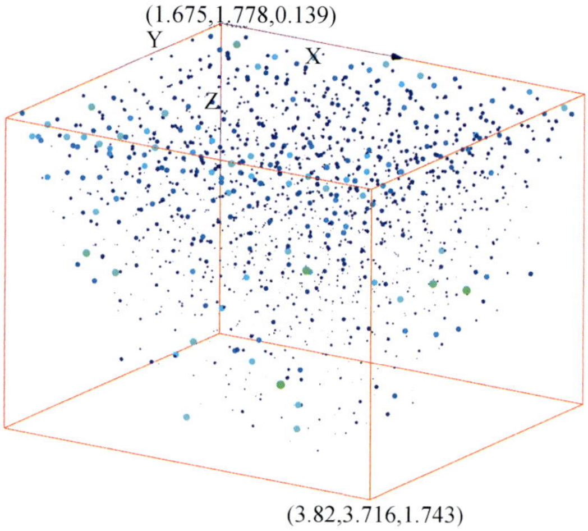

（d）2016.8.25.10: 08

2016年5月和8月所得视电阻率空间分布的对比

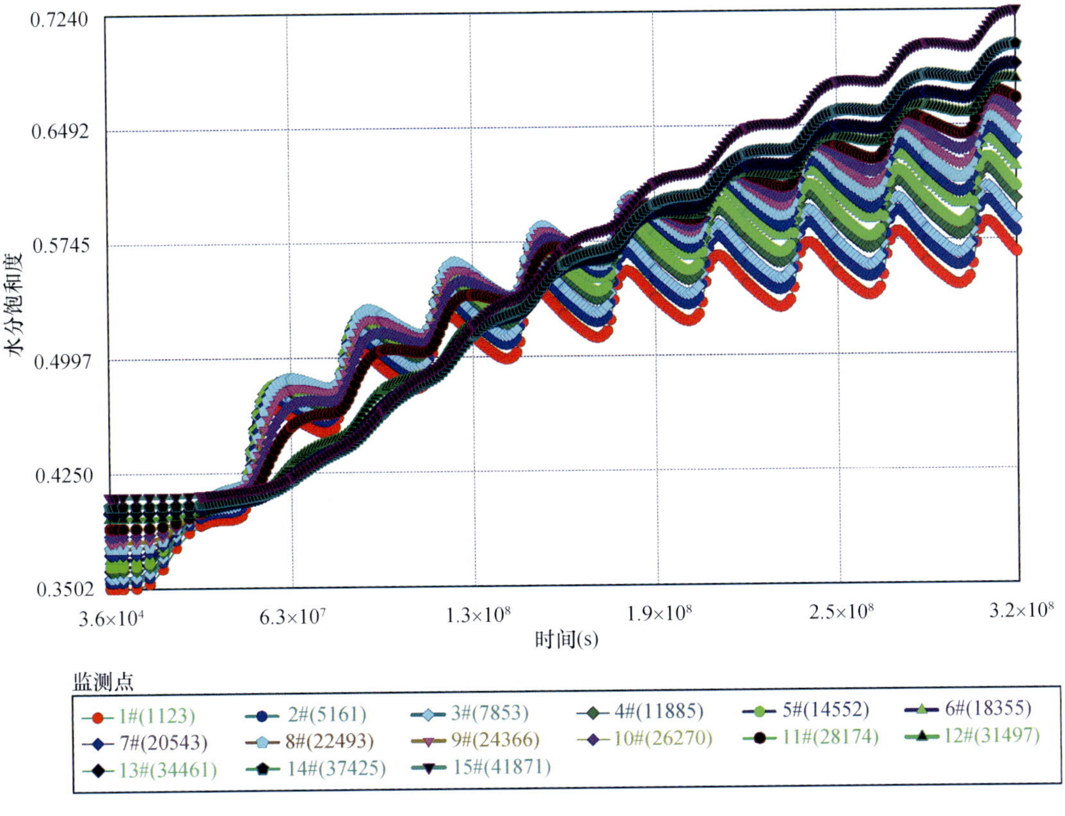

降雨入渗10年间1～15号监测点处墙体水分饱和度的变化过程

图版一〇

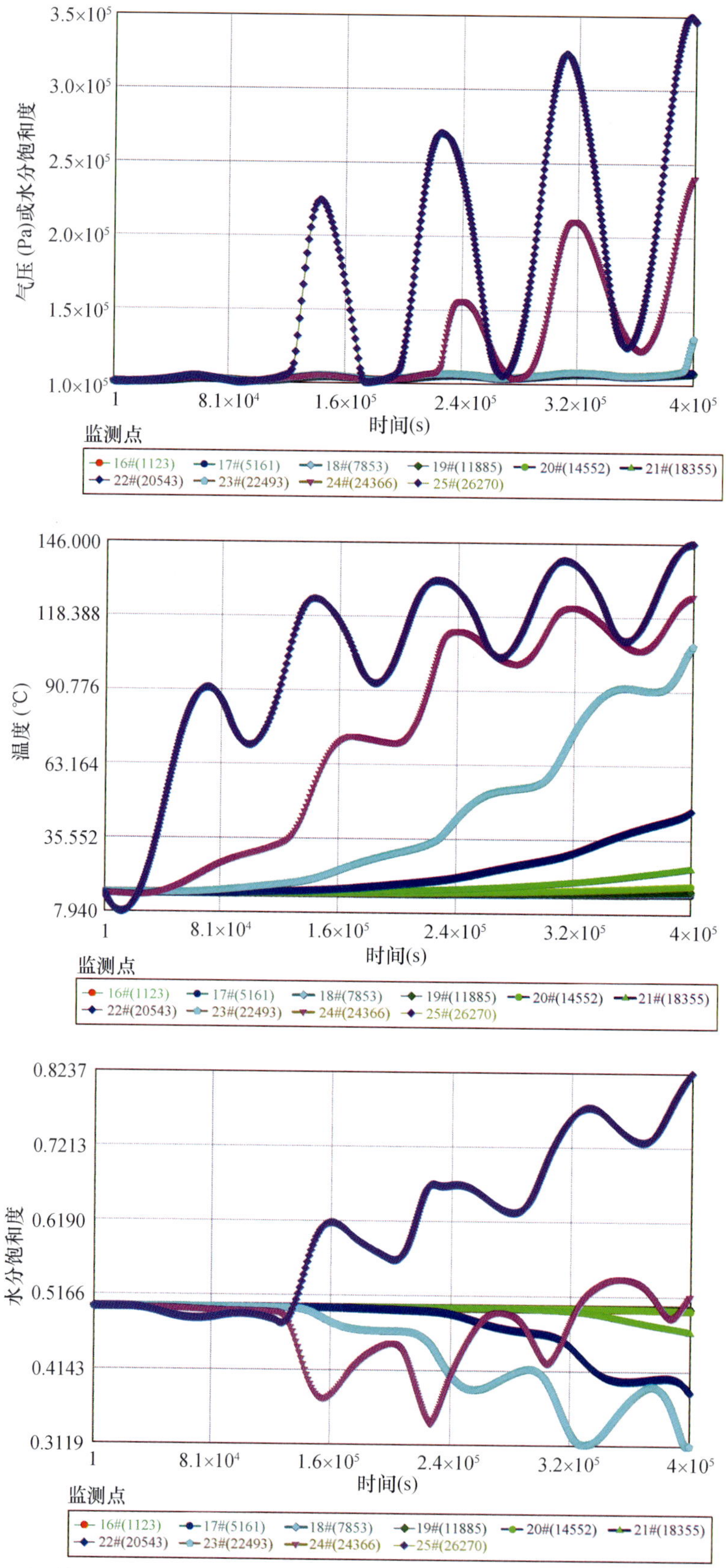

辐射作用下监测点16～25上各参数随时间的变化过程

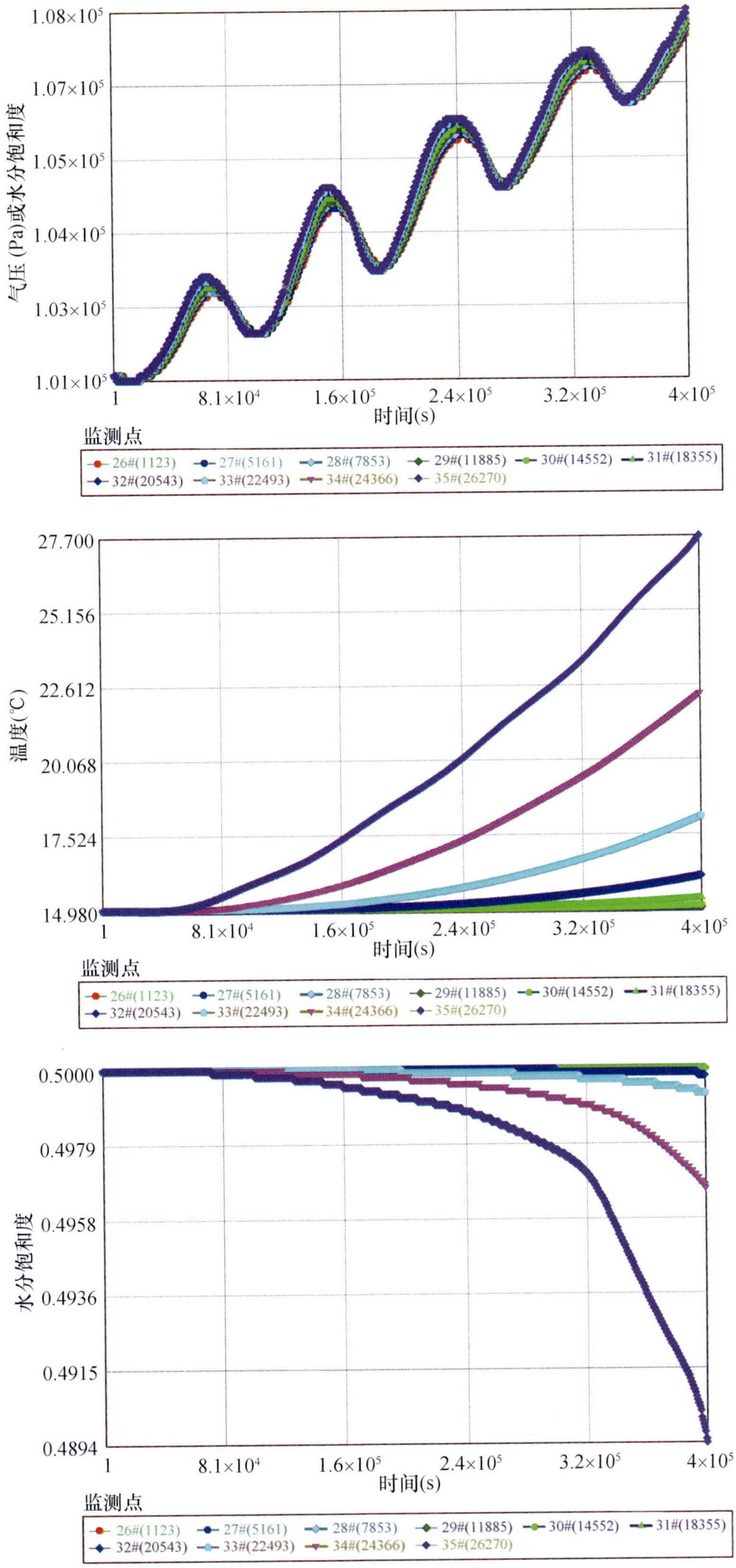

辐射作用下监测点26～35上各参数随时间的变化过程

图版一二

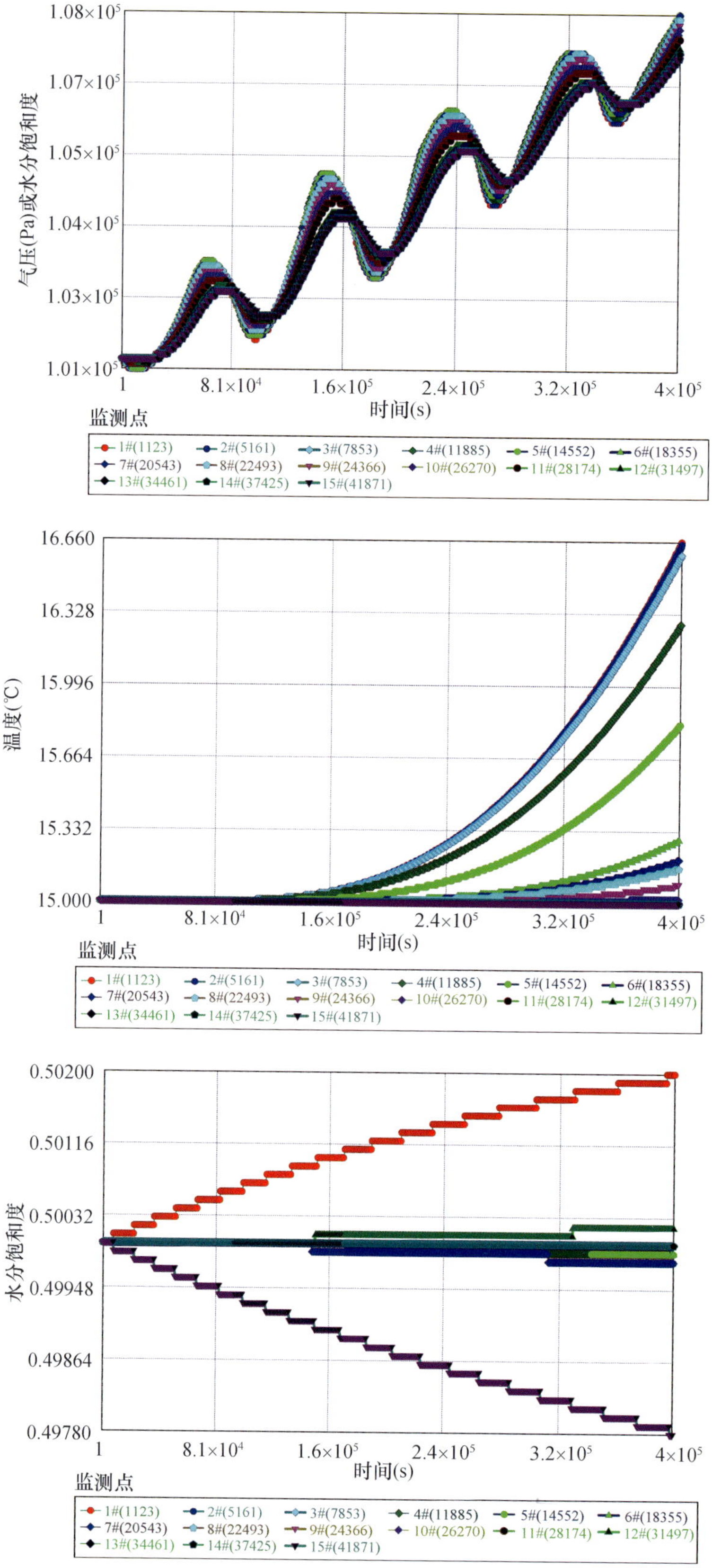

辐射作用下监测点1～15上各参数随时间的变化过程

图版一三

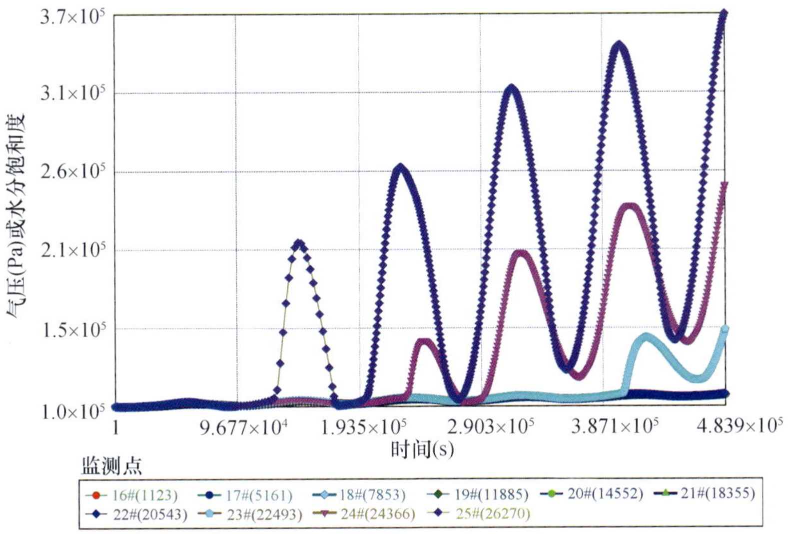

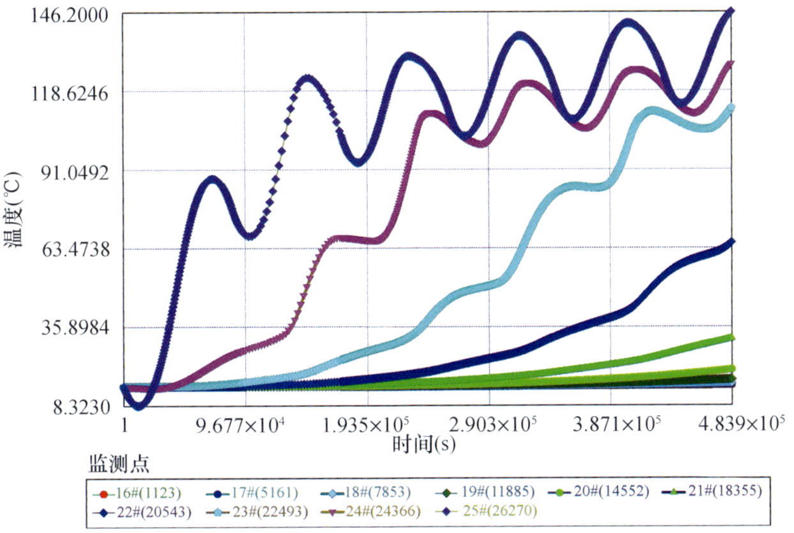

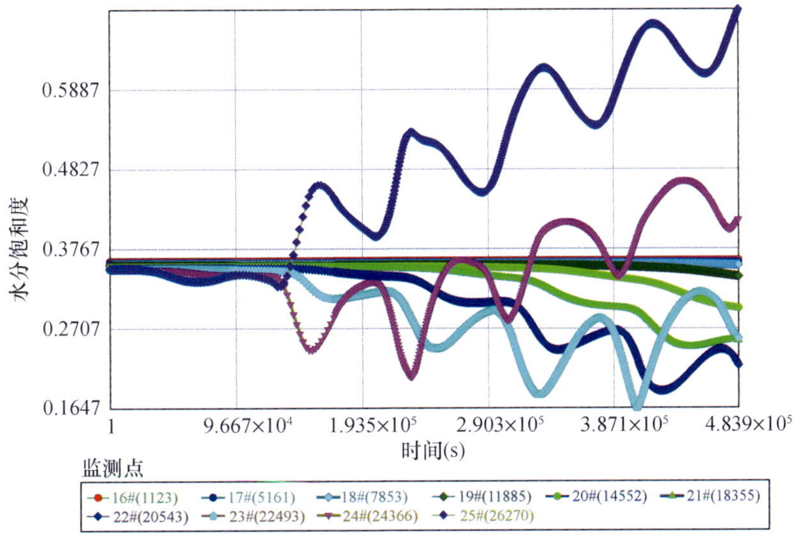

辐射作用下监测点16～25上各参数随时间的变化过程

图版一四

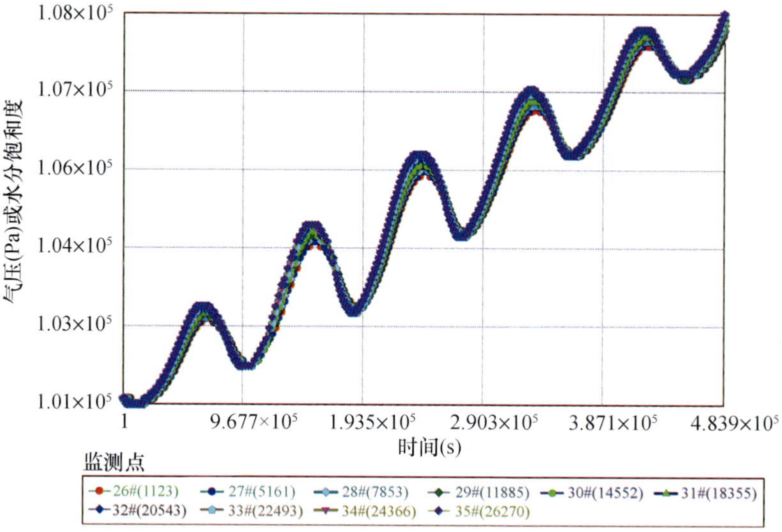

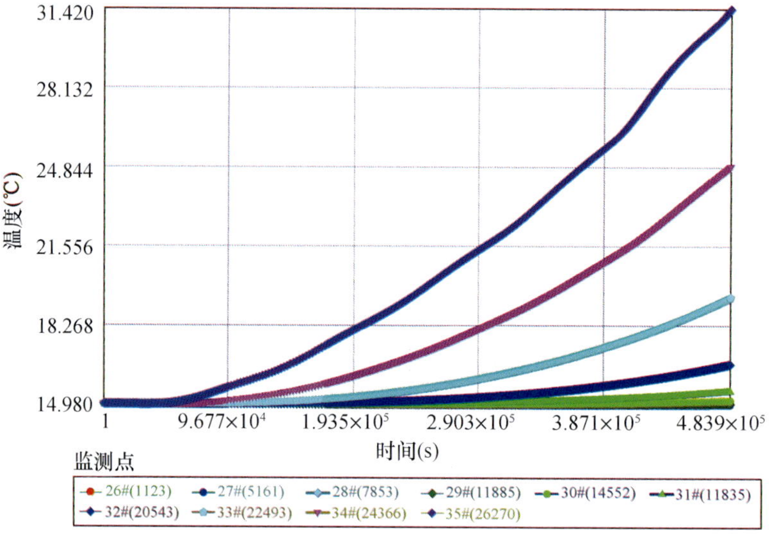

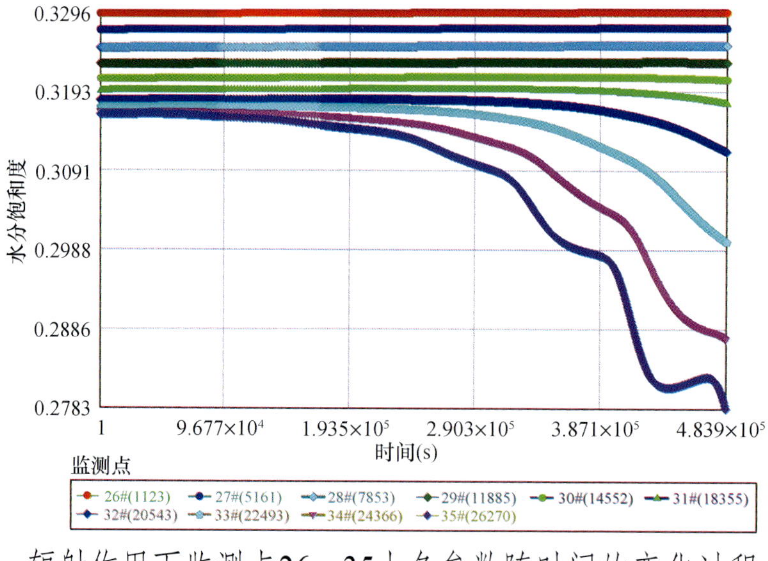

辐射作用下监测点26～35上各参数随时间的变化过程

图版一五

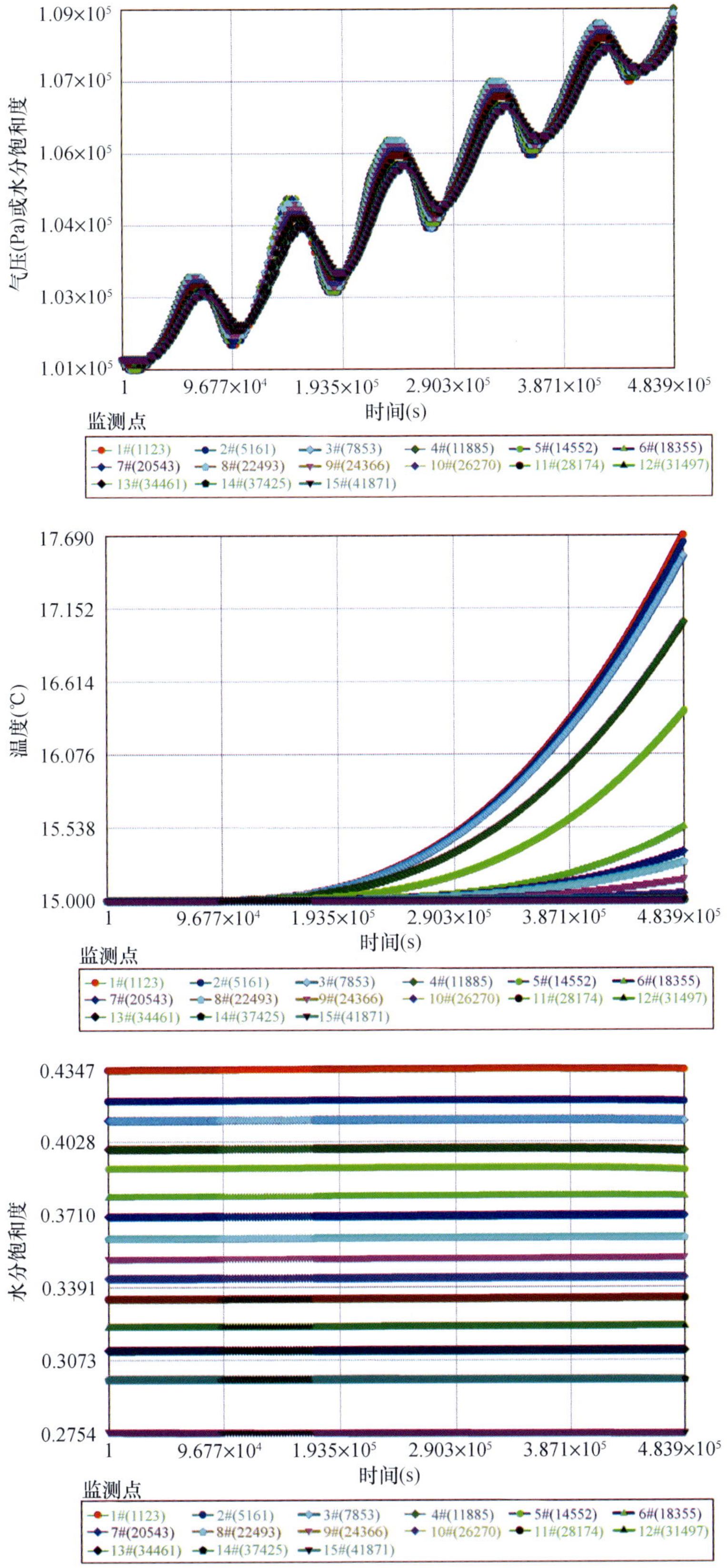

辐射作用下监测点1～15上各参数随时间的变化过程

图版一六

修复前

修复后

评估结果标识

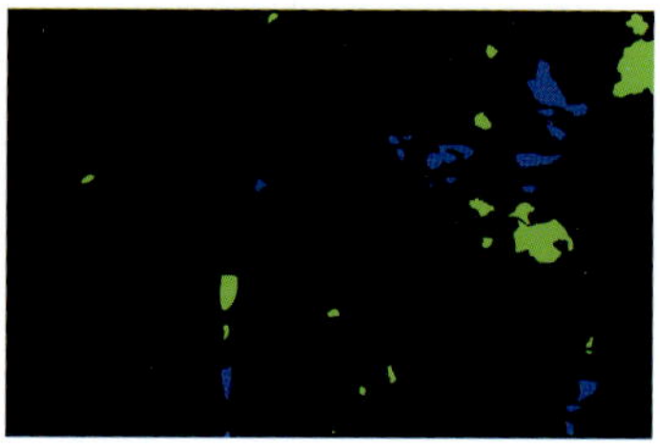

莫高窟465窟监测点1

修复前

修复后

评估结果标识

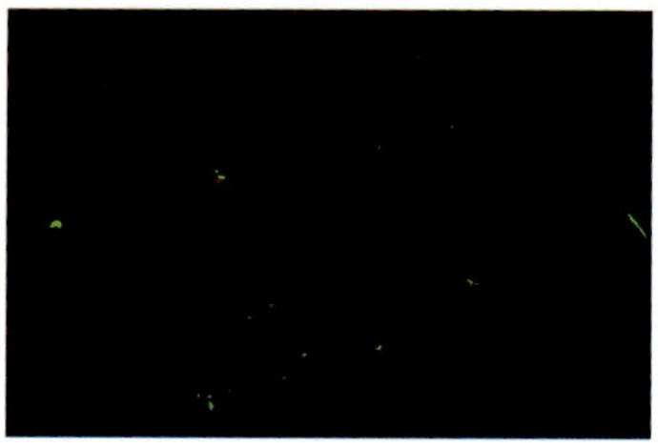

莫高窟465窟监测点2

修复前

修复后

评估结果标识

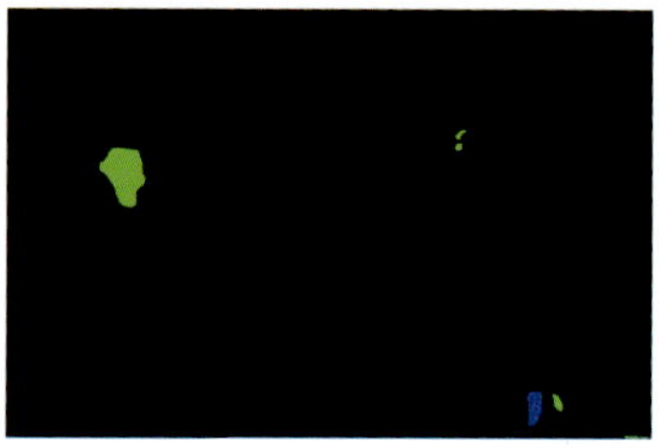

莫高窟465窟监测点3

修复前

修复后

评估结果标识

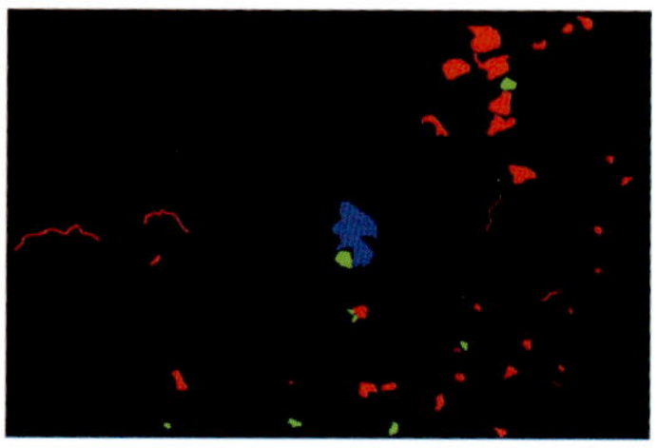

莫高窟465窟监测点4

修复前

修复后

评估结果标识

莫高窟 465 窟监测点 5

修复前

修复后

评估结果标识

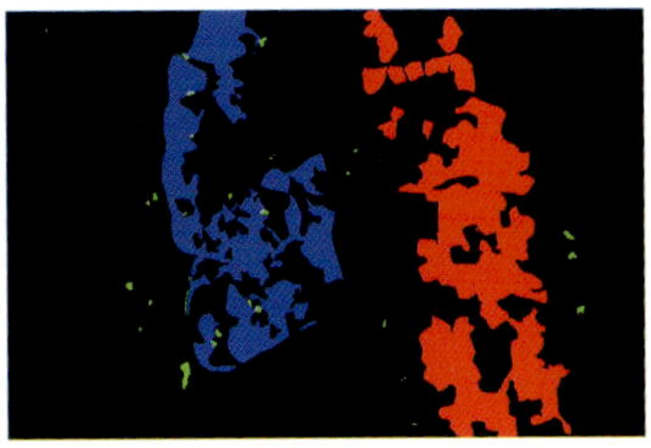

莫高窟 465 窟监测点 6

修复前

修复后

评估结果标识

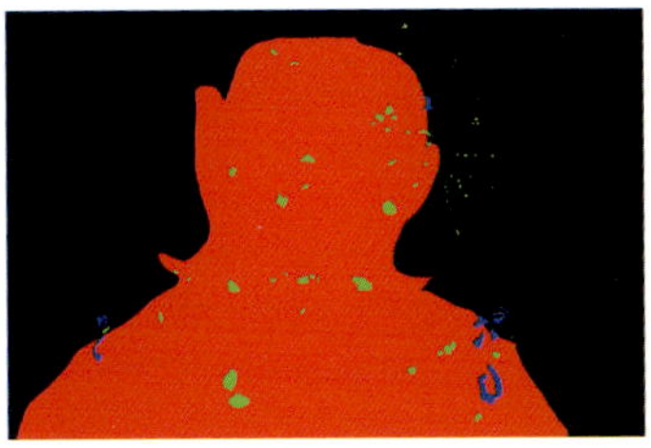

莫高窟 465 窟监测点 7

修复前

修复后

评估结果标识

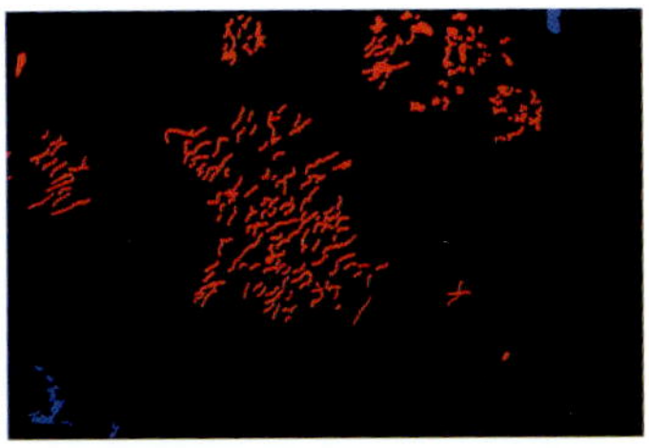

莫高窟 465 窟监测点 8

图版一八

修复前

修复后

评估结果标识

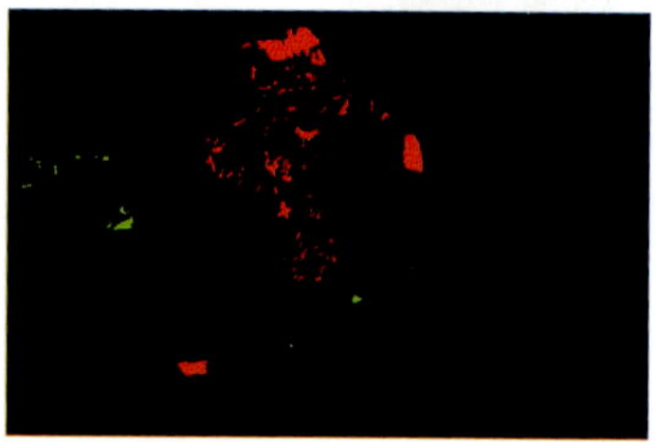

莫高窟 465 窟监测点 9

修复前

修复后

评估结果标识

魏晋墓监测点 1

修复前

修复后

评估结果标识

魏晋墓监测点 2

修复前

修复后

评估结果标识

魏晋墓监测点 3

图版一九

修复前	修复后	评估结果标识

拉卜楞寺监测点 1

修复前	修复后	评估结果标识

拉卜楞寺监测点 2

修复前	修复后	评估结果标识

拉卜楞寺监测点 3

图版二〇

修复前 修复后 评估结果标识

拉卜楞寺监测点 4

修复前 修复后 评估结果标识

拉卜楞寺监测点 5